ŒUVRES COMPLÈTES

DE VOLTAIRE

TOME VINGT-QUATRIÈME

PARIS

LIBRAIRIE HACHETTE ET Cie

79, BOULEVARD SAINT-GERMAIN, 79

ŒUVRES
DES PRINCIPAUX ÉCRIVAINS FRANÇAIS

VOLUMES IN-18 JÉSUS

On peut se procurer chaque volume de cette série relié en percaline gaufrée, sans être rogné, moyennant 50 cent.; en demi-reliure, dos en chagrin, tranches jaspées, moyennant 1 fr. 50 cent.; et avec tranches dorées, moyennant 2 fr. en sus du prix marqué.

1re Série à 1 franc 25 c. le volume.

Barthélemy : *Voyage du jeune Anacharsis en Grèce dans le milieu du IVe siècle avant l'ère chrétienne.* 3 volumes.

Atlas pour le Voyage du jeune Anacharsis, dressé par J.-D. Barbié du Bocage, revu par A.-D. Barbié du Bocage. In-8, 1 fr. 50 c.

Boileau : *Œuvres complètes.* 2 vol.

Bossuet : *Œuvres choisies.* 5 vol.

Corneille : *Œuvres complètes.* 7 vol.

Fénelon : *Œuvres choisies.* 4 vol.

La Fontaine : *Œuvres complètes.* 3 volumes.

Marivaux : *Œuvres choisies.* 2 vol.

Molière : *Œuvres complètes.* 3 vol.

Montaigne : *Essais*, précédés d'une lettre à M. Villemain sur l'éloge de Montaigne, par P. Christian. 2 vol.

Montesquieu : *Œuvres complètes.* 3 volumes.

Pascal : *Œuvres complètes.* 3 vol.

Racine : *Œuvres complètes.* 3 vol.

Rousseau (J.-J.) : *Œuvres complètes.* 13 volumes.

Saint-Simon (le duc de) : *Mémoires complets et authentiques* sur le siècle de Louis XIV et la Régence, collationnés sur le manuscrit original par M. Chéruel, et précédés d'une notice de M. Sainte-Beuve, de l'Académie française. 13 vol.

Sedaine : *Œuvres choisies.* 1 vol.

Voltaire : *Œuvres complètes.* 46 vol.

2e Série à 3 francs 50 cent. le volume.

Chateaubriand : *Le Génie du Christianisme.* 1 vol.

— *Les Martyrs*; — *le Dernier des Abencerrages.* 1 vol.

— *Atala*; — *René*; — *les Natchez.* 1 vol.

Fléchier : *Mémoires sur les Grands-Jours d'Auvergne en 1665*, annotés par M. Chéruel et précédés d'une notice par M. Sainte-Beuve 1 vol.

Malherbe : *Œuvres poétiques*, réimprimées pour le texte sur la nouvelle édition des *Œuvres complètes de Malherbe*, publiées par M. Lud. Lalanne dans la Collection des GRANDS ÉCRIVAINS DE LA FRANCE. 1 vol.

Sévigné (Mme de) : *Lettres de Mme de Sévigné, de sa famille et de ses amis*, réimprimées pour le texte sur la nouvelle édition publiée par M. Monmerqué dans la Collection des GRANDS ÉCRIVAINS DE LA FRANCE. 8 vol.

COULOMMIERS. — TYPOGRAPHIE PAUL BRODARD.

ŒUVRES COMPLÈTES

DE VOLTAIRE

COULOMMIERS

Imprimerie PAUL BRODARD.

ŒUVRES COMPLÈTES

DE VOLTAIRE

TOME VINGT-QUATRIÈME

PARIS

LIBRAIRIE HACHETTE ET Cⁱᵉ

79, BOULEVARD SAINT-GERMAIN, 79

—

1892

MÉLANGES.

MÉMOIRE DU SIEUR DE VOLTAIRE[1].

(6 FÉVRIER 1739.)

Au milieu de ce tumulte d'intérêts publics et particuliers, d'affaires et de plaisirs, qui emportent si rapidement les moments des hommes, ne sera-t-il point trop téméraire de conjurer le public éclairé de lire avec quelque attention ce mémoire qu'on lui présente? Il ne s'agit en apparence que de quelques citoyens; mais l'intérêt d'un seul particulier devient souvent l'affaire de tout honnête homme : car quel homme de bien n'est pas exposé à la calomnie plus ou moins publique? On prie chaque lecteur de se dire ici : *Homo sum, humani nihil a me alienum puto.* Tout lecteur sage devient en de pareilles circonstances un juge qui décide de la vérité et de l'honneur en dernier ressort, et c'est à son cœur que l'injustice et la calomnie crient vengeance.

L'auteur de ce mémoire a des imputations injustes à détruire comme homme de lettres, et des accusations affreuses à confondre comme citoyen. L'amour du vrai, le respect pour le public, la nécessité de la plus juste défense, et non l'envie de nuire à son ennemi, dirigeront toutes ses paroles.

Un petit écrit, intitulé *le Préservatif*, a paru dans le monde; cet écrit n'est point du sieur de Voltaire; il s'occupe à des choses plus importantes. On n'y retrouve assurément ni son caractère ni son style : il ne dit pas cependant que sa manière d'écrire soit meilleure; il dit qu'il est bien aisé de voir si elle est différente.

Un ennemi cruel du sieur de Voltaire (et pourquoi est-il son ennemi, on le sait!) prend ce prétexte pour inonder Paris du plus affreux libelle diffamatoire qui ait jamais soulevé l'indignation publique. Com-

---

1. Ce mémoire qui, jusqu'en 1830, ne figurait pas dans les *Œuvres de Voltaire*, est évidemment celui dont il cite une phrase dans sa lettre à d'Olivet, du 29 décembre 1738, et encore dans la lettre à l'abbé Moussinot, du commencement de février 1739. Voltaire, peu après, changea l'intitulé et la rédaction de cet écrit, qu'il reproduisit sous le titre de *Mémoire sur la satire*; c'est la pièce qui suit immédiatement. Quelques phrases, en très-petit nombre, se trouvent dans les deux versions. (*Note de M. Beuchot.*)

ment ne serait-on pas révolté d'un libelle où l'on traite si injurieusement M. Andry, qui travaille avec applaudissement depuis trente ans,
sous M. Bignon, au *Journal des Savants;* où l'on appelle un autre médecin Thersite de la faculté; M. de Fontenelle, ridicule; celui-là,
faquin; celui-ci, polisson; un autre, cyclope; un autre, colporteur;
un autre, enragé, etc.; où l'on ne prodigue enfin que des injures
atroces? Malheureux partage de la colère et de l'aveuglement! J'ose
demander surtout à l'estimable corps des avocats quelle est leur indignation contre un pertubateur du repos public qui ose mettre sous le
nom d'avocat cet écrit scandaleux, comme s'il y avait un avocat qui fît
un mémoire sans le signer, qui pût se charger de tant d'horreurs, qui
pût jamais écrire dans un semblable style!

On divisera la réfutation en deux parties. Les accusations littéraires
les plus graves seront le sujet de la première : on se détermine à en
parler, parce que le public en peut retirer quelque avantage, et qu'on
ne doit jamais négliger l'éclaircissement d'une vérité; d'ailleurs, par
une fatalité malheureuse, ces éclaircissements tiennent à des calomnies
personnelles; la vertu s'y trouve souvent intéressée ainsi que les belles-
lettres. La seconde partie contiendra la réfutation par pièces originales
des plus outrageantes impostures que jamais honnête homme ait essuyées, et qui aient armé la sévérité des lois. Le sieur de Voltaire,
préférant la retraite et l'étude à la malheureuse occupation de solliciter
lui-même sa vengeance au tribunal de la justice, s'adresse d'abord à
celui du public, et impose quelque silence à sa douleur pour examiner
ce qui concerne certaines accusations littéraires dans lesquelles il s'agit
de noms illustres dont il doit venger l'honneur outragé.

Première partie. — Il y a dix ans que le sieur de Voltaire amasse de
tous côtés des mémoires pour écrire l'histoire du siècle de Louis XIV,
de ce siècle fécond en tant de grands hommes, et qui doit servir
d'exemple à la postérité. Ne se flattant pas de pouvoir mêler son nom
au nombre des artistes qui ont fait l'honneur de ces temps trop courts,
il veut au moins essayer de les consacrer dans un ouvrage qui n'aura
de mérite que celui d'être vrai.

L'histoire militaire y trouve sa place aussi bien que celle des arts;
et c'est surtout dans la guerre que le sieur de Voltaire avait besoin
d'instructions et de mémoires authentiques.

Parmi plusieurs lettres de M. de Précontal, lieutenant général, il y
en a une qui contient une relation exacte de la bataille de Spire. Cette
relation est conforme à celle de deux officiers qu'on a aussi entre les
mains : tous sont témoins oculaires, et il faut avouer, à l'honneur du
nom français et à celui du feu maréchal de Tallard, que jamais action
ne fut conduite avec plus de sagesse, de célérité et de valeur. Il y a
environ quatre ou cinq ans que l'abbé Desfontaines, dans ses feuilles
périodiques, a avancé que le maréchal de Tallard gagna la bataille de
Spire par une bévue et contre toutes les règles; il y avait déjà longtemps, dit-il, qu'il le savait. Le sieur de Voltaire dès lors fit donner
copie à plusieurs personnes de la lettre de M. de Précontal; il se faisait
un devoir de venger la mémoire d'un général français malheureux une

fois, mais toujours estimable. On vient en dernier lieu d'imprimer cette lettre, c'est de quoi le sieur de Voltaire ne peut se plaindre; mais il se plaint que l'éditeur, en opposant le témoignage de M. de Précontal, témoin oculaire, et celui de M. de Feuquières, qui n'était pas à cette bataille, se soit servi d'un mot qui peut offenser la mémoire de M. de Feuquières. En vain le sieur Desfontaines veut en cela noircir le sieur de Voltaire, qui n'a, dans tout ce différend, d'autre part que d'avoir soutenu l'honneur de sa nation.

Prendre le parti de la vertu outragée est presque toujours ce qu'on reproche au sieur de Voltaire dans ce libelle fait pour n'outrager que la vertu. Dans quel autre livre eût-on pu faire un crime au sieur de Voltaire d'avoir depuis longtemps justifié un des plus estimables et des plus savants prélats qui soient au monde? Milord Berkeley, évêque de Cloyne, cet homme dans qui l'amour du bien public est la passion dominante, cet homme qui a fondé une mission pour civiliser l'Amérique septentrionale, est l'auteur d'un livre dans le goût de celui de M. l'abbé de Houteville, d'un écrit plein d'esprit et de sagesse en faveur de la religion chrétienne. L'abbé Desfontaines ayant pris peut-être les objections qui se trouvent dans ce livre pour les sentiments de l'auteur, avance dans ses *Observations* que cet ouvrage est celui d'un libertin méprisable, qui écrit dans un cabaret contre la religion et contre la société. Le sieur de Voltaire, ami depuis longtemps de milord Berkeley, a détruit hautement, dans vingt de ses lettres, cette scandaleuse méprise; il en parle même dans sa préface des *Éléments de la philosophie de Newton*. L'auteur du *Préservatif* rapporte à peu près le sentiment du sieur de Voltaire. Qu'aurait fait alors un auteur qui aurait eu du respect pour la vérité? il se fût rétracté, il eût remercié le sieur de Voltaire. Mais à sa place les honnêtes gens seront pour nous; ils feront ce que M. de Voltaire a fait pour l'évêque de Cloyne; tout homme de lettres doit justifier l'homme de lettres calomnié, comme tout citoyen doit secourir le citoyen qu'on assassine.

Non-seulement la cause d'un maréchal de France très-estimé, c ̀ 'e d'un vertueux évêque, se trouvent ici jointes à celle du sieur de Voltaire; mais il a encore à venger la mémoire de cet ambassadeur qui vient de verser son sang pour l'honneur de sa patrie, de feu M. le comte de Plélo, dont le nom sera toujours cher à la France, et très-respecté dans toutes les nations. C'est ce ministre, ce guerrier digne d'être comparé aux anciens Grecs et aux anciens Romains, que l'abbé Desfontaines veut par une calomnie flétrir du ridicule le plus avilissant: voici le fait. L'abbé Desfontaines traduit, en 1729, un *Essai sur la poésie épique* que le sieur de Voltaire avait composé en anglais. Il le fait imprimer chez son libraire Chaubert. Le sieur de Voltaire, quelque temps après, a la complaisance de corriger plus de cinquante contre-sens de cette traduction. Il en fait tout l'honneur à l'abbé Desfontaines dans deux éditions de la *Henriade;* mais comme cet ouvrage avait toujours un air de traduction, un air étranger, l'auteur le refondit entièrement, et le donna ensuite sous son propre nom : voilà ce qui aigrit le traducteur, voilà peut-être la source de toute la haine; il l'osa même reprocher un jour à M. de Voltaire; il ne put lui pardonner d'avoir usé de son bien. Mais aujourd'hui qu'ose-t-il dire dans son livre? que sa traduction imprimée chez Chaubert, et qui fourmille de fautes, n'est pas de lui, mais de feu M. le comte de Plélo. Pouvez-vous ainsi insulter à la mémoire d'un homme aussi cher à la France? Qui l'eût cru qu'un ambassadeur qui a versé son sang pour la patrie dût être avec vous en compromis? Quoi! pendant six années entières vous avouez cette traduction, vous recevez les éloges que M. de Voltaire (votre bienfaiteur en tout) a donnés à votre ouvrage, corrigé de sa main! et lorsque enfin la vérité éclate, ce n'est plus vous qui avez fait cette traduction, c'est un mort qui ne peut vous contredire!

Serait-ce encore le comte de Plélo qui serait l'auteur d'un libelle clandestin fait contre le sieur de Voltaire dans le temps des représentations d'*Alzire?* Serait-ce lui qui aurait fait toutes ces brochures dont on est inondé depuis si longtemps, ces *Lettres à un comédien*, ces *Réceptions à l'académie*, ces *Pantalons*, ces *Rats calotins*, tous ces petits recueils des plus basses satires, dont l'auteur est si connu?

Pour mieux confondre toutes ces satires, toutes ces accusations que le sieur Desfontaines a semées, et qu'il voudrait répandre dans toute l'Europe savante contre le sieur de Voltaire, nous ne voulons ici que mettre sous les yeux du lecteur, en peu de mots, qui sont ceux que cet écrivain a outragés, et comment il les outrage : ne parlons que des libelles mêmes qu'il avoue, et ne citons que des faits positifs.

M. l'abbé de Houteville fait-il un livre éloquent et estimé sur la religion chrétienne: l'abbé Desfontaines écrit contre ce livre à mesure qu'il le lit, fait imprimer à mesure qu'il compose, et enfin[1] (quel aveu pour un satirique!) il est obligé d'avouer, dans le cours de sa critique, qu'il s'est hâté de reprendre, dans la première partie du livre de M. l'abbé de Houteville, les choses dont il trouve l'explication dans la seconde : y a-t-il un plus grand exemple d'une satire injuste et précipitée?

Imprime-t-on un livre sage et ingénieux de M. de Muralt[2] qui fait tant d'honneur à la Suisse, et qui peint si bien les Anglais chez lesquels il a voyagé: l'abbé Desfontaines prend la plume, déchire M. de Muralt qu'il ne connaît pas, et décide sur l'Angleterre qu'il n'a jamais vue. Quelles censures injustes, amères, mais frivoles de l'*Histoire du vicomte de Turenne*, par M. de Ramsay! Ce savant Écossais écrit dans notre langue avec une éloquence singulière; il honore par là notre nation : et un homme qui, dans ses gazettes littéraires, ose parler au nom de cette nation, outrage cet étranger estimable! L'illustre marquis Maffei fait-il un voyage en France : l'observateur[3] saisit cette occasion pour l'avilir, pour parler indignement de la tragédie de *Mérope*; il en traduit des scènes; et on lui a prouvé qu'il en avait altéré le sens. Avec quelle opiniâtreté ne s'est-il pas longtemps déchaîné contre M. de Fon-

1. *Lettres contre l'abbé de Houteville.* (ÉD).
2. *Lettres sur les Anglais et les Français*, 1726, deux volumes in-12. (ÉD.)
3. Desfontaines était le rédacteur des *Observations sur les ouvrages modernes.* (ÉD.)

tenelle, jusqu'à ce qu'enfin on lui ait imposé silence! Mais que la satire est aveugle, et qu'on est malheureux de ne chercher qu'à reprendre, là où tous les autres hommes cherchent à s'instruire! Il s'honorait
de l'amitié et des instructions de M. l'abbé d'Olivet; il fait imprimer fur-
tivement un livre contre lui; il ose le dédier à l'Académie française;
et l'Académie flétrit à jamais dans ses registres et le livre et la dédicace
de l'auteur.

Quel acharnement personnel l'abbé Desfontaines n'a-t-il pas marqué
contre feu M. de La Motte? Y a-t-il beaucoup de gens de lettres qu'il
n'ait point offensés? Par où est-il connu que par ses outrages? Quel
trouble n'a-t-il pas voulu porter partout, tantôt imprimant les satires
les plus sanglantes contre un certain auteur[1], tantôt se liguant avec
lui pour écrire des libelles, pour faire la *Ramsaïde* qu'il osa bien envoyer à Cirey pour distribuer à Paris, pour imprimer des feuilles scandaleuses; délit dont il a été juridiquement convaincu à la chambre de
l'Arsenal, et pour lequel il a obtenu des lettres d'abolition? Mais ces
lettres du roi, qui ont pardonné un crime, donnent-elles le droit d'en
commettre encore? Nous avons la preuve, dans une lettre déposée
dans les mains d'un magistrat, que le jour même qu'il fut condamné,
il acheva ce libelle contre le sieur de Voltaire (au sujet d'*Alzire*), duquel nous venons de parler tout à l'heure.

La voix publique s'éleva contre les insultes faites à tant de citoyens
et dans la *Voltairomanie* et dans tant d'autres écrits. Non, ce n'est
point ici une simple réponse que l'on fait à un libelle; c'est une requête qu'on ose présenter aux magistrats contre les libelles de vingt
années, contre l'abus le plus cruel des belles-lettres, enfin contre la
calomnie.

On apprend dans ce moment que cinq ou six personnes de lettres,
qui, à la réserve d'un seul, n'ont jamais vu le sieur de Voltaire,
viennent de demander justice à monseigneur le chancelier, dans le
temps qu'il ne la demandait pas encore. Ils ont signé une requête, ils
sont intervenus, au nom du public, pour faire cesser de tels scandales.
C'est une grande consolation pour lui et pour tous ceux qui cultivent
les beaux-arts : il est pénétré de reconnaissance; et sa voix, soutenue
par la leur, en devient plus forte contre l'injustice.

En effet, que le sort d'un homme à talent, d'un artiste, d'un écrivain serait à plaindre, si, toujours en guerre dans sa profession paisible, toujours en butte à des ouvrages imprimés, toujours calomnié,
ou du moins cruellement offensé, il ne trouvait aucun tribunal qui
confondît enfin les agresseurs, et qui défendît la vérité contre l'op-
pression! Ce n'est pas assez que la magistrature ait réprimé souvent
le sieur Desfontaines, et le contienne encore autant qu'elle le peut; si
les traits des hommes méchants, quoique punis, laissaient des cica-
trices, la condition de l'offensé serait pire que celle de l'imposteur le
plus sévèrement châtié. Mais le magistrat inflige les peines au coupable,
et la voix publique console l'innocence.

---

1. Dans son *Dictionnaire néologique*. (Éd.)

Ce que je dis ici des atteintes de l'imposture, je le dis à proportion de la satire et de cette raillerie amère qui n'est pas, à la vérité, un si grand crime que la calomnie, mais qui est une offense souvent aussi cruelle. Chaque particulier est jaloux justement de sa réputation, non-seulement de la réputation d'honneur, mais de celle de n'être point ridicule dans son art, dans son emploi, dans la société civile; le public, composé d'hommes qui ont tous le même intérêt, prend à la longue, et même hautement, le parti de quiconque a été injustement immolé à la satire.

Quand on lit les opéras charmants de Quinault, la comédie excellente de la *Mère coquette*, ce modèle des pièces d'intrigues; quand on étudie les bons ouvrages de MM. Perrault, comme le *Vitruve* et tant de savantes recherches de ces deux frères; lorsqu'on sait enfin quelles étaient leurs mœurs, il faut bien aimer les vers corrects de Despréaux pour ne pas haïr alors sa personne. Mais quel sentiment éprouverait-on pour des écrivains qui, avec moins de talent, ou sans talent même, passeraient leur vie à déchirer leurs bienfaiteurs, leurs amis, tous leurs contemporains, et qui des belles-lettres, destinées pour adoucir les mœurs des hommes, feraient l'instrument continuel de la malignité et de la férocité?

Nous voudrions nous borner à de telles plaintes; mais il faut venir à ces impostures plus criminelles dont on va peut-être presser la punition dans les tribunaux de la justice, et sur lesquelles il ne faut pas laisser ici le moindre doute, puisque le doute en matière d'honneur est un affront certain.

Seconde partie. — Le sieur Desfontaines, dans son libelle, appelle celui qu'il a voulu perdre *fou, impie, téméraire, brutal, fougueux, détracteur, voleur, enragé;* il ajoute encore un *et cætera* à cet amas d'injures. On ne s'en plaindra point ici : des injures vagues sont-elles autre chose que des traits lancés maladroitement, qui ne blessent que celui qui les décoche? Qu'il appelle M. de Voltaire petit-fils d'un paysan, l'auteur de la *Henriade* n'en sera pas plus ému. Uniquement occupé de l'étude, il ne cherche point la gloire de la naissance : content, comme Horace, de ses parents, il n'en aurait jamais demandé d'autres au ciel, et il ne réfuterait pas ici ce vain mensonge, s'il n'avait beaucoup de parents dans l'épée et dans la robe, qui s'intéresseront peut-être davantage à l'honneur d'une famille outragée, laquelle a été longtemps dans la judicature en province, et qui n'a exercé aucun de ces emplois que la vanité appelle bas et humiliants. Nous remarquerons seulement ici qu'il faut que la haine aveugle étrangement un ennemi pour le porter jusqu'à imaginer une si frivole accusation contre un homme de lettres qu'un tel reproche (s'il était vrai) ne pourrait jamais humilier. Nous espérons que ceux qui font tant de recueils d'anecdotes, qui compilent la vie des gens de lettres, qui écrivent dans toute l'Europe tant de nouvelles, qui même transmettent à la postérité tant de faits hasardés, jugeront au moins de toutes les calomnies du sieur Desfontaines par ce trait qui caractérise si bien la satire aveugle et impuissante. Mais en voici un autre dont peut-être il n'y a point d'exemple

Il est triste qu'on ait imprimé une lettre écrite il y a environ deux ans par M. de Voltaire à M. Maffei. L'importunité de quelques amis lui avait arraché cette lettre, dictée par la vérité et par la nécessité d'une défense légitime. La lettre exposait naïvement un fait connu de tout Paris et de toute l'Europe littéraire. Ce fait est que le sieur abbé Desfontaines, enfermé dans une maison de force, après l'avoir été au Châtelet, et prêt de succomber sous un procès criminel qui devait se terminer d'une façon bien terrible, n'eut recours qu'au sieur de Voltaire, qu'il connaissait à peine. Le sieur de Voltaire était assez heureux alors pour avoir des amis très-puissants; il fut le seul qui s'employa pour lui; et à force de soins il obtint son élargissement de Bicêtre, et la discontinuation d'un procès où il s'agissait de la vie. Cette lettre ajoute à ce fait si connu, que vers ce temps-là même, le sieur Desfontaines, retiré chez le président de Bernières, à la seule sollicitation de celui qui l'avait sauvé, fit pour récompense un libelle contre son bienfaiteur nous avouons que la chose est horrible, mais elle est vraie. Ce libelle était intitulé : *Apologie du sieur de Voltaire :* oui, il fit imprimer à Rouen cette apologie ironique et sanglante; oui, il eut la hardiesse de la montrer imprimée au sieur Thieriot qui la jeta dans les flammes.

Nous n'avançons rien ici que nous n'allions prouver tout à l'heure, papiers originaux en main; mais nous protestons d'abord que ce n'est qu'au bout de près de dix années d'insultes, de libelles, de lettres anonymes; que ce n'est, dis-je, qu'après dix ans de la plus opiniâtre ingratitude, que M. de Voltaire a écrit enfin cette lettre si simple, si vraie, pour infirmer au moins les témoignages outrageants que rendait contre lui l'abbé Desfontaines, de bouche et par écrit, en public et en particulier.

Qu'avait le sieur Desfontaines à faire quand l'auteur du *Préservatif*, outragé par lui, a publié enfin cette lettre du sieur de Voltaire? rien autre chose qu'à dire ce qu'il avait dit autrefois à M. de Voltaire même, au sujet du libelle en question : « Je suis coupable, je demande pardon; j'ai offensé celui à qui je devais la vie et l'honneur : je passerai le reste de ma vie à réparer un tort que je supplie qu'on n'impute qu'à mon malheureux penchant pour la satire, que j'abjure à jamais. »

Au lieu de prendre ce parti, le seul qui lui restait, voyons ce qu'il a fait, et par quels outrages nouveaux il a réparé son crime : « Je suis, dit-il, un homme de condition; il y a une présidente qui est mon alliée : le sieur de Voltaire m'a rendu à la vérité un petit service, mais il est petit-fils d'un paysan, et ce qu'il a fait en ma faveur, il ne l'a fait que pour obéir à M. le président de Bernières, son bienfaiteur, son protecteur, qui le nourrissait, qui le logeait par charité, et qui l'a chassé de chez lui en 1726. A l'égard du libelle prétendu qu'il m'imputait, M. Thieriot, aussi honoré des honnêtes gens que Voltaire en est détesté, dément publiquement Voltaire qui est un menteur impudent. » Ce sont là presque toutes les paroles du sieur Desfontaines; elles feraient un tort irréparable au sieur de Voltaire, s'il y en avait une seule de vraie : l'honneur de sa famille l'oblige à les réfuter. Méprisez les calomniateurs, dit-on ; reposez-vous sur votre innocence, sur la honte de vos ennemis. Ce sont là des conseils très-bons à donner sur un ouvrage de goût, sur un poëme épique, sur une tragédie ; mais quand il s'agit de l'honneur, ils sont très-mauvais. J'ai assez d'expérience pour savoir qu'un homme public, qui n'est pas un homme puissant, doit repousser les calomnies publiques : eh! d'ordinaire, quels amis s'en chargeraient? Hélas ! souvent les amis craignent de se compromettre : quelquefois même ils voient avec une secrète complaisance une accusation qui semble leur donner des droits sur vous ! ils se consolent de l'outrage fait à leur ami, par la petite supériorité qu'ils en retirent. Des amis plus fermes, plus amis[1], engagent ici le sieur de Voltaire à se défendre avec la même confiance qu'ils le justifient. Quel cœur assez cruel trouvera mauvais que celui qui a rendu le plus grand des services confonde les plus noires des accusations, intentées par celui-là même dont il a dû attendre sa défense ?

Mais quelle sera sa justification? éclatera-t-elle en plaintes? rassemblera-t-elle quelques circonstances éparses pour en faire un corps de preuves? Non; il rapportera seulement une des lettres du sieur Desfontaines même, écrite en sortant de Bicêtre. On vient de la déposer chez un notaire : la lettre est signée, le cachet est encore entier ; c'est un chevron et trois marteaux.

« De Paris, ce 31 mai

« Je n'oublierai jamais les obligations infinies que je vous ai. Votre bon cœur est bien au-dessus de votre esprit; vous êtes l'ami le plus généreux qui ait jamais été. Que ne vous dois-je point? ma vie doit être employée à vous en marquer ma reconnaissance...............

....
L'abbé Nadal, l'abbé de Pons, Danchet, Fréret, se réjouissent; ils traitent ma personne comme je traiterai toujours leurs indignes écrits....

....
Ne pourriez-vous point faire en sorte que l'ordre qui m'exile à trente lieues soit levé? Voilà, mon cher ami, ce que je vous conjure d'obtenir encore pour moi : je ne me recommande qu'à vous, qui seul m'avez servi, etc. »...

Le sieur de Voltaire ne put obtenir la révocation de l'exil ; mais il obtint que cet exil fût chez le président de Bernières, qui, avant ce temps, n'avait jamais parlé à l'abbé Desfontaines. Faut-il une autre preuve? on a la lettre du frère du sieur Desfontaines, qui remercie en termes encore plus forts le bienfaiteur de son frère.

Je veux que M. de Bernières eût nourri et logé M. de Voltaire; quelle excuse l'ingratitude y trouvera-t-elle? Quoi ! vous vous croiriez en droit d'insulter pendant dix ans celui qui vous a sauvé, de susciter un libraire de votre pays contre lui, de le déchirer partout, de faire imprimer contre lui vingt libelles, enfin, pour comble d'outrage, de le louer quelquefois, afin de donner plus de poids à vos injures, et tout cela

---

1. Mme du Châtelet. (ÉD.)

pourquoi? parce qu'il était logé, dites-vous, et nourri chez un autre : voilà la logique des ingrats.

Que M. de Voltaire eût été sans fortune; que M. de Bernières l'eût recueilli : il n'y aurait rien là de déshonorant. Heureux les hommes puissants et riches qui s'attachent à des gens de lettres, qui se ménagent par là des secours dans leurs études, une société agréable, une instruction toujours prête; mais M. de Voltaire et M. de Bernières n'étaient point dans ce cas; et puisqu'il faut couper toutes les branches de la calomnie, on est obligé de rapporter un acte fait double, passé entre M. de Bernières et M. de Voltaire; le 4 mai 1723. Par cet acte, le sieur de Voltaire loue un appartement dans la maison du président de Bernières, pour la somme de six cents livres par an; et s'accordent en outre à douze cents livres de pension pour lui et pour son ami[1], qui lui faisait l'honneur d'accepter la moitié de cet appartement; même sa pension, son loyer, tout a été exactement payé; la dernière quittance doit être entre les mains du sieur Arouet, trésorier de la chambre des comptes, frère du sieur de Voltaire; et madame la présidente de Bernières, qui a toujours eu une amitié inviolable pour M. de Voltaire, certifie tout ce qu'on est obligé d'avancer. On atteste son témoignage; elle vient d'écrire la lettre la plus forte; elle permet qu'on la montre à monseigneur le chancelier, aux principaux magistrats. Ils deviennent eux-mêmes témoins contre l'abbé Desfontaines avant d'être ses juges.

Oser dire que le sieur président de Bernières ait chassé de chez lui le sieur de Voltaire en 1726, c'est une imposture aussi grande que toutes les autres : ni l'un ni l'autre ne pouvait se donner congé; jamais ils n'en eurent la moindre volonté; jamais le moindre petit mécontentement domestique n'altéra leur union; et c'est ce qui est encore attesté par la lettre de Mme de Bernières.

Quant à cet ami, témoin oculaire de votre libelle contre votre bienfaiteur, osez-vous bien affirmer qu'il dément aujourd'hui ce qu'il a dit tant de fois de bouche et par écrit, ce qu'il a confirmé en dernier lieu en présence de témoins respectables, dans son voyage à Cirey? En vain vous cherchez, comme vous avez toujours fait, à rompre les liens d'une amitié de vingt-quatre années, qui unissent le sieur de Voltaire et le sieur Thieriot : on ne vous répondra jamais que papiers sur table. On a une des lettres de cet ami, du 16 août 1726; elle est aussi déposée chez un notaire. Je passe quelques lignes qui seraient trop accablantes pour vous; vous les verrez si vous le voulez : voici celles qui regardent le fait en question : « Il a fait, du temps de Bicêtre, un ouvrage contre vous, intitulé *Apologie de M. de Voltaire*, que je l'ai forcé avec bien de la peine à jeter dans le feu. C'est lui qui a fait à Évreux une édition du poëme de la *Ligue*, dans laquelle il a inséré des vers contre M. de La Motte, etc. »

Et dans une lettre récente, du 31 décembre 1738, à une autre personne, voici comment il s'exprime : « Je me souviens très-bien qu'à la

---

1. Thieriot. (ÉD.)

Rivière-Bourdet, chez feu M. le président de Bernières, il fut question d'un écrit contre M. de Voltaire, que l'abbé Desfontaines me fit voir, et que je l'engageai de jeter au feu, etc. »

Et dans une autre lettre, du 14 janvier 1730 : « Je démens les impostures d'un calomniateur, et je méprise les éloges qu'il me donne : je témoigne ouvertement mon estime, mon amitié, et ma reconnaissance pour vous[1]. »

Il n'est donc que trop avéré, ingrat calomniateur (qu'on nous passe cette exclamation qui échappe à la douleur)! il n'est que trop public que le bienfait a été payé d'un libelle. Repentez-vous-en, s'il est possible ; du moins ne comblez pas la mesure de tant de méchancetés en les faisant servir à brouiller deux amis que tant de liens unissent : apprenez que l'amitié est presque la seule consolation de la vie, et que la détruire est un des plus grands crimes. M. de Voltaire vous dira : « Continuez vos ouvrages, publiez, imprimez, réimprimez sous cent noms différents ce que j'ai fait et ce que je n'ai point fait : reprochez-moi de m'être conduit avec trop d'honneur, avec trop de fermeté, dans une affaire où le gouvernement s'interposa ; accusez-moi d'avoir fait par vanité des libéralités (Dieu m'est témoin si elles sont parties d'un autre principe que de l'humanité) : faites entendre que le roi m'a privé de la pension dont il m'honore, que je n'ose revenir à Paris ; imaginez des querelles qui n'ont jamais existé ; mentez hardiment ; détruisez-moi si vous pouvez ; mais laissez-moi mon ami. »

Mais, quoi! l'abbé Desfontaines ne voit-il pas qu'il outrage plus le sieur Thieriot, en le louant, qu'il ne l'offensait autrefois en le traitant si indignement dans son *Dictionnaire néologique*, où il l'appelle *colporteur*, et où il le charge d'injures? Satirique malheureux, et plus malheureux flatteur, avez-vous pensé que l'affront d'être loué par vous pût jamais le porter à cet excès de bassesse, de trahir la vérité, l'amitié, l'honneur? et pour qui? pour vous, auteur de libelles qui le déchirent.

Après tant d'iniquités, il n'y en a point de si punissable que celle d'oser parler de votre modération, et des égards qu'on doit à votre âge et à votre prêtrise. Quelle modération! le public la connaît. Votre âge et votre sacerdoce, qui exigent de vous plus de pureté et de vertu, sont en effet respectables ; mais ce sont de respectables témoins qui vous reprochent devant Dieu et devant les hommes des crimes que la nature abhorre : je parle de la calomnie et de l'ingratitude.

Certes, lorsque le sieur de Voltaire, attaqué pour lors de la fièvre, et ranimé par le plaisir de secourir un malheureux, obtint la permission d'aller à cette prison, y courut porter au coupable les premières consolations ; quand l'abbé Desfontaines se jeta à ses pieds, qu'il les

---

1. Avec quelle audace aveugle le sieur Desfontaines ose-t-il défier qu'on lui montre un seul exemplaire de ce libelle, intitulé : *Apologie*? Peut-il nier que, malgré les soins du sieur Thieriot, il n'en ait échappé quelques exemplaires ? L'abbé Desfontaines lui-même, dans un autre de ses libelles, intitulé : *Pantalon Phœbus*, page 73, fait parler ainsi M. de La Motte : « J'ai été bien maltraité dans un écrit intitulé : *Apologie de Voltaire* ; ce qui me console, c'est que cet ouvrage a été supprimé. » Voilà donc l'abbé Desfontaines convaincu par lui-même.

mouilla de larmes, et que le sieur de Voltaire ne put retenir les siennes, il ne s'attendait pas alors qu'un jour l'abbé Desfontaines deviendrait son plus implacable ennemi.

En fut-il jamais un plus archarné? Les plus cruels se contentent d'ordinaire de leurs propres fureurs; l'abbé Desfontaines y joint toutes celles qu'il peut ramasser. Il fait trophée de je ne sais quel malheureux libelle, aussi inconnu qu'absurde et calomnieux, qu'il attribue au sieur de Saint-Hyacinthe. Vous prétendez de tant de poisons composer un poison mortel qui, selon vous, flétrira à jamais, qui anéantira parmi les hommes l'honneur d'un homme que ses services vous ont rendu insupportable! Le sieur de Saint-Hyacinthe serait bien malheureux, sans doute, s'il était l'auteur des libelles que vous lui imputez; s'il avait outragé un homme qui ne l'a jamais offensé; s'il avait augmenté le nombre de ces brochures criminelles, qui sont la honte de la littérature et de l'humanité. Il est certain que la Hollande en a été trop longtemps infectée; les magistrats commencent à réprimer les progrès de cette contagion; elle s'est glissée jusque dans plusieurs journaux; quelque soin que la prudence humaine apporte à prévenir ce mal, il est difficile d'en étouffer les semences : la pauvreté, la liberté d'écrire, la jalousie, sont trois sources intarissables de libelles; un grand mal en est la suite. Ces libelles servent quelquefois d'autorité dans l'histoire des gens de lettres; l'illustre Bayle lui-même s'est abaissé jusqu'à en faire usage. On est donc réduit à la nécessité d'arrêter dans leur source, autant que l'on peut, le cours de ces eaux empoisonnées. On les arrête en les faisant connaître; on prévient le jugement de la postérité; car tout homme public, soit ceux qui gouvernent, soit ceux qui écrivent, soit le ministre, soit l'auteur, ou le poëte, ou l'historien, doit toujours se dire à soi-même : « Quel jugement la postérité pourra-t-elle faire de ma conduite? » C'est sur ce principe que tant de ministres et de généraux ont écrit des mémoires justificatifs; que tant d'orateurs, de philosophes et de gens de lettres, ont fait leur apologie. Imitons-les, quelque grande distance qui soit entre eux et nous. Le devoir est le même. Pardonnez donc, encore une fois, lecteur, qui jetterez les yeux sur cet écrit; excusez des choses personnelles que la nécessité d'une juste défense arrache à un citoyen connu de vous par un travail assidu de vingt-cinq années, et qui, du fond de son cabinet, où il ne cherche qu'à s'instruire et à vous servir, porte au public, aux magistrats, à monseigneur le chancelier, père des lettres et des lois, des plaintes qui ne seront point étouffées par la calomnie.

Le sieur Desfontaines a-t-il rendu sa cause meilleure en rapportant encore dans son libelle quelques nouveaux vers du sieur Rousseau, qu'il qualifie d'épigramme, tels que ceux-ci, dans lesquels il fait parler l'abbé Desfontaines?

> Petit rimeur anti chrétien,
> On reconnaît dans tes ouvrages
> Ton caractère et non le mien.
> Ma principale faute, hélas! je m'en souvien,

Vint d'un cœur qui, séduit par tes patelinages,
Crut trouver un ami dans un parfait vaurien.
    Charme des fous, horreur des sages,
Quand pour lui mon esprit aveuglé, j'en convien,
    Hasardait pour toi ses suffrages
    Mais je ne me reproche rien
    Que d'avoir sali quelques pages
    D'un nom aussi vil que le tien.

Il cite un autre morceau de prose de Rousseau, une lettre du 14 novembre 1738, dans laquelle le sieur Rousseau dit *qu'on attend le dernier
coup de foudre qui doit écraser le sieur de Voltaire*. C'est avec de telles
armes que le sieur Desfontaines veut soutenir cette triste guerre, où la
victoire même serait un opprobre pour l'agresseur.

Non, nous ne croirons jamais que le sieur Rousseau, dans le temps
même qu'il vient d'essayer, après trente années, de fléchir la justice,
d'apaiser et sa partie civile, et le procureur général, et le parlement,
et le public; tandis qu'il veut mettre le rempart de la religion entre ses
fautes passées et son danger présent, puisse exposer à ce public qu'il
veut apaiser, et de nouvelles satires, et de nouvelles iniquités qui le
révoltent. Que penserait-on de celui avec qui vous vous êtes ligué
depuis si longtemps, s'il trempait dans le fiel le plus amer des mains
affaiblies qu'il joint tous les jours au pied des autels?

Continuez : remettez-nous sous les yeux les horreurs que le sieur
Rousseau (avant sa conversion sans doute) a fait imprimer contre le
sieur de Voltaire, pendant tant d'années en Hollande; rappelez surtout
le libelle diffamatoire qu'il a publié, en dernier lieu, dans le journal
de la *Bibliothèque française*, et qui pourrait être, ainsi que le vôtre,
la source d'un procès criminel, aussi funeste que celui qui lui attira
la condamnation du parlement. Nous n'imprimerons point ici les pièces
originales que nous avons; nous ne publierons point encore les remords
de ceux qui ont eu part à ces libelles; nous réservons, en cas de besoin, ces productions pour les tribunaux de la justice. Ne présentons
ici que ces faits, qui ne demandent qu'un coup d'œil pour être jugés
sans retour par le public. Le sieur Rousseau imprime que la source de
sa haine contre le sieur de Voltaire vient en partie de ce que le sieur
de Voltaire l'avait voulu détruire dans l'esprit de M. le prince d'Aremberg. Nous ne répondrons jamais que par pièces justificatives; nous
n'opposerons à cette calomnie du sieur Rousseau que la lettre[1] même
de ce prince à M. de Voltaire, déjà rapportée dans le journal de Du-
sauzet[2], mais peu connue en France.

                              « A Enghien, ce 8 septembre 1736.

« Au reste, je suis très-surpris et très-indigné que Rousseau ait osé
me citer dans l'article de la *Bibliothèque française* qui vous regarde;

---

1. Elle a été aussi déposée.
2. *Bibliothèque française*, t. XXIV, page 157. (ÉD.)

ce que je puis vous assurer, c'est qu'il me fait parler très-faussement. Je suis, monsieur, votre très-humble et très-obéissant serviteur,

« Le duc D'AREMBERG. »

'il est vrai que cette imposture détermina ce prince à bannir le sieur Rousseau du petit hôtel d'Aremberg, on ne désire point que ceux qui daignent le recueillir encore en usent de même. On lui souhaite seulement de longs remords dans une vie longue, et dont les derniers jours soient moins orageux. M. de Voltaire, qui a dû se venger, saurait lui pardonner, s'il se rétractait de bonne foi, s'il pouvait enfin ouvrir les yeux, et se souvenir efficacement de ce beau vers de Boileau (sat. XI, v. 34) :

Pour paraître honnête homme, en un mot, il faut l'être.

Plût à Dieu que ces querelles si déshonnêtes pussent aussi aisément s'éteindre qu'elles ont été allumées! Plût à Dieu qu'elles fussent oubliées à jamais! Mais le mal est fait, il passera peut-être à la postérité; que le repentir aille donc jusqu'à elle : il est bien tard, mais n'importe; il y a encore pour le sieur Rousseau quelque gloire à se repentir; peut-être même, si nos fautes et nos malheurs peuvent corriger les autres hommes, naîtra-t-il quelque avantage de ces tristes querelles dont le sieur Rousseau a fatigué deux générations d'hommes. Cet avantage que j'espère de ce fléau malheureux, c'est que les gens de lettres en sentiront mieux le prix de la paix et l'horreur de la satire, et qu'il arrivera dans la littérature ce qu'on voit dans les États, qui ne sont jamais mieux réglés qu'après des guerres civiles.

Encore quelques paroles : nous n'avons pas assez détruit la calomnie, ni assez prévenu ses attaques pour l'avenir; il reste quelque chose de plus important mille fois que tout ce qu'on a vu. Les citoyens sont membres de la société en deux manières; ils vivent sous les lois de l'État et sous celles de la religion; leur soumission à ces lois fait leur sûreté. Accuser un citoyen d'enfreindre l'un de ces devoirs, c'est vouloir lui ôter tous les droits de l'humanité; c'est vouloir le dépouiller d'une partie de son être; c'est un assassinat qui se commet avec la plume. Les hommes de tous les temps et de tous les lieux s'accordent à flétrir d'une exécration éternelle ces délateurs qui répandent l'accusation d'irréligion; ces meurtriers qui prennent le couteau sur l'autel pour égorger impunément l'innocence; monstres d'autant plus à craindre qu'ils ont souvent mis dans leur parti la vertu même. Votre dessein est donc de perdre le sieur de Voltaire par cette accusation affreuse d'irréligion et d'athéisme que vous répétez sans cesse; c'est là ce dont il se plaignait si justement dans sa préface d'*Alzire*; c'est là ce qu'il appelle la dernière ressource des calomniateurs. Eh bien! connaissez celui que vous voulez perdre, et lisez la lettre suivante[1].

Après ce témoignage authentique des sentiments d'un homme sans

1. Cette lettre est celle au P. Tournemine, qu'on trouvera dans la *Correspondance*, fin de décembre 1738. (ÉD.)

ambition, sans brigue, qui n'a jamais sollicité la moindre place, dont tous les jours languissants et accablés de maladies sont sacrifiés à l'étude, qui ne demande rien, qui ne veut rien, sinon la retraite et la paix, lui envierez-vous cette paix consacrée au travail? chercherez-vous à troubler sa vie, vous qui, après tout, lui devez la vôtre?

Ce mémoire, composé à la hâte par un homme qui n'a que la vérité pour éloquence, et son innocence pour protection, apprendra du moins à la calomnie à trembler. Son véritable supplice est d'être réfutée; et, s'il n'y a point parmi nous de loi contre l'ingratitude, il y en a une gravée dans tous les cœurs, qui venge le bienfaiteur outragé, et punit l'ingrat qui persécute.

VOLTAIRE.

A Cirey, ce 6 février 1739.

MÉMOIRE SUR LA SATIRE,

A L'OCCASION D'UN LIBELLE DE L'ABBÉ DESFONTAINES CONTRE L'AUTEUR.

(1739.)

Il est honteux pour l'esprit humain que sous un gouvernement de sagesse et de paix, qui semble faire de la France une seule famille, la discorde règne dans les belles-lettres, et que la société ne soit troublée que par ceux qui devraient en faire la douceur principale.

Un libelle infâme[1] ayant révolté le public, il y a quelques mois, j'ai cru qu'il ne serait pas inutile de proposer ici quelques idées sur la satire, accompagnées de l'histoire récente des injustices, des crimes même, et des malheurs qu'elle a produits de nos jours. Je tâcherai de parler en philosophe et en historien, et de montrer la vérité la plus exacte dans les réflexions comme dans les faits.

Je commencerai d'abord par examiner la nature de la critique; ensuite je donnerai une histoire, peut-être utile, de la satire et de ses effets, à prendre seulement depuis Boileau jusqu'au dernier libelle diffamatoire qui a paru depuis peu : ce qui fera un tableau, dont le premier trait sera l'abus que Boileau a fait de la critique; et le dernier sera l'excès horrible où la satire s'est portée de nos jours.

Peut-être que les jeunes gens qui liront cet essai apprendront à détester la satire. Ceux qui ont embrassé ce genre funeste d'écrire en rougiront; et les magistrats qui veillent sur les mœurs regarderont peut-être cet essai comme une requête présentée au nom de tous les honnêtes gens pour réprimer un abus intolérable.

1. La *Voltairomanie*. (ÉD.)

DE LA CRITIQUE PERMISE.

J'espère que ce siècle si éclairé permettra d'abord que j'entre un moment dans l'intérieur de l'homme; car c'est sur cette connaissance que toute la vie civile est fondée.

Je crois qu'il y a, dans tous les hommes, une horreur pour le mépris, aussi nécessaire pour la conservation de la société et pour le progrès des arts, que la faim et la soif le sont pour nous conserver la vie. L'amour de la gloire n'est pas si général, mais l'impossibilité de supporter le mépris paraît l'être. Il n'est pas plus dans la nature qu'un homme puisse vivre avec des hommes qui lui feront sentir des dédains continuels, qu'avec des meurtriers qui lui feraient tous les jours des blessures.

Ce que je dis là n'est point une exagération : et il est très-vraisemblable que Dieu, qui a voulu que nous vécussions en société, nous a donné ce sentiment ineffaçable, comme il a donné l'instinct aux fourmis et aux abeilles pour vivre en commun.

Aussi toute la politesse des hommes ne consiste qu'à se conformer à cette horreur invincible que la nature humaine aura toujours pour ce qui porte le caractère de mépris. La première règle de l'éducation, dans tous les pays, est de ne jamais rien dire de choquant à personne.

Les Français ont été plus loin en cela que les autres peuples; ils ont presque fait une loi de la société, de dire des choses flatteuses.

Il serait donc bien étrange que, dans la nation la plus polie de l'Europe, il fût permis d'écrire, d'imprimer, de publier d'un homme, à la face de tout le monde, ce qu'on n'oserait jamais dire à lui-même, ni en présence d'un tiers, ni en particulier.

Il n'est permis de critiquer par écrit, sans doute, que de la même façon dont il est permis de contredire dans la conversation. Il faut prendre le parti de la vérité; mais faut-il blesser pour cela l'humanité? faut-il renoncer à savoir vivre, parce qu'on se flatte de savoir écrire?

Depuis le beau règne de Louis XIV, où tout s'est perfectionné en France, les magistrats qui veillent sur la littérature ont eu soin, autant qu'ils ont pu, que les Français ne démentissent point, par leurs écrits, ce caractère de politesse qu'ils ont dans le commerce. Il n'y a point aujourd'hui de censeur de livres qui pût donner son approbation à un écrit mordant, à moins peut-être que cet ouvrage ne fût une réponse à un agresseur. Il est triste qu'il ait fallu tant de temps pour établir dans la littérature ce qui l'a toujours été dans le commerce des hommes, et qu'on se soit aperçu si tard que des injures ne sont pas des raisons.

Il se trouva, dans le siècle passé, un homme qui donna un bel exemple de la critique la plus judicieuse et la plus sage : c'est Vaugelas. On croit qu'il n'a donné que des leçons de langage : il en a donné de la plus parfaite politesse; il critique trente auteurs, mais il n'en nomme ni n'en désigne aucun : il prend souvent même la peine de changer leurs phrases en y laissant seulement ce qu'il condamne, de peur qu'on ne reconnaisse ceux qu'il censure. Il songeait également à instruire et à ne pas offenser; et certainement il s'est acquis plus de gloire, en ne voulant pas flétrir celle des autres, que s'il s'était donné le malheureux plaisir de faire passer des injures à la postérité.

Il me convient mal de parler de moi, et je me garderais bien d'en demander la permission, si je ne me trouvais dans une circonstance qui autorise cette extrême liberté. L'excès des horribles calomnies dont on a voulu me noircir dans le libelle le plus odieux excusera peut-être une hardiesse que je ne me permets ici qu'avec peine.

Je me crus obligé, il y a quelques années, de m'élever contre un homme d'un mérite très-distingué, contre feu M. de La Motte, qui se servait de tout son esprit pour bannir du théâtre les règles et même les vers. J'allai le trouver avec M. de Crébillon, intéressé plus que moi à soutenir l'honneur d'un art dans lequel je ne l'égalais pas. Nous demandâmes tous deux à M. de La Motte la permission d'écrire contre ses sentiments. Il nous la donna; M. de Crébillon voulut bien que je tinsse la plume.

Deux jours après je portai mon écrit à M. de La Motte. C'est une préface qu'on a mise à la nouvelle édition d'*OEdipe*. Enfin, on vit ce que je ne pense pas qu'on eût vu encore dans la république des lettres, un auteur, censeur royal, devenir l'approbateur d'un ouvrage écrit contre lui-même.

Encore une fois, je suis bien loin d'oser me citer pour exemple; mais il me semble qu'on peut tirer de là une règle bien sûre pour juger si un homme s'est tenu dans les bornes d'une critique honnête : « Osez montrer votre ouvrage à celui même que vous censurez. »

Il y a encore un meilleur parti à prendre, surtout dans les ouvrages de goût et de sentiment : c'est de ne critiquer qu'en essayant de mieux faire. Je conviens qu'en physique, en histoire, en philosophie, on est obligé de relever des erreurs. Ce n'est pas assez à M. l'abbé Dubos d'établir, avec l'érudition la plus exacte et la plus grande vraisemblance, l'origine des Français[1]; il faut absolument qu'il réfute des opinions moins probables. Il a fallu montrer que Descartes avait donné six règles fausses du mouvement, lorsqu'on a établi les véritables règles. Mais en fait d'art, c'est, je crois, tout autre chose. Un peintre, un sculpteur, un musicien, n'auraient pas bonne grâce à écrire contre leurs confrères. Pourquoi cette différence? c'est que les hommes ne peuvent savoir si Descartes et Mézerai ont tort, sans le secours de la critique; mais il suffit d'avoir des yeux et des oreilles pour juger d'un beau tableau et d'une bonne musique. Aussi je ne vois point que les Destouches aient écrit contre les Campra, ni les Girardon contre les Puget : chacun a tâché de surpasser son émule. Les poëtes, et ceux qu'on nomme littérateurs, sont presque les seuls artistes auxquels on puisse reprocher ce ridicule de se déchirer mutuellement sans raison.

Lorsque Scudéri porta au cardinal de Richelieu sa très-mauvaise

---

1. L'abbé Dubos est auteur d'une *Histoire critique de l'établissement de la monarchie française dans les Gaules*. Montesquieu l'a souvent citée et réfutée. (ÉD.)

censure de la belle mais imparfaite tragédie du *Cid*, pourquoi le cardinal ne dit-il pas à Soudéri et à ses confrères : « Messieurs, qui méprisez tant le *Cid*, écrivez sur le même sujet, et traitez-le mieux que Corneille? » On sentait apparemment que cette manière de critiquer n'était pas à la portée des censeurs. C'était pourtant la seule dont Corneille s'était servi contre ses rivaux; et ce fut la seule que Racine employa contre Corneille même.

L'auteur de *Cinna* et de *Polyeucte* était homme : il y avait quelques défauts dans ses meilleures pièces; il était un peu déclamateur; il ne parlait pas purement sa langue; il n'allait pas toujours assez au cœur. On aurait écrit en vain des volumes contre ses défauts. Il vint un homme qui, sans écrire contre lui et en le respectant, donna des tragédies plus intéressantes, plus purement écrites, et moins pleines de déclamations.

Avant nos bons avocats, on citait les Pères de l'Église au barreau, quand il s'agissait du loyer d'une maison; avant nos bons prédicateurs, on parlait en chaire de Plutarque, de Cicéron, et d'Ovide. Ceux qui ont banni ce mauvais goût en ont-ils purgé la France en se moquant des orateurs leurs contemporains? non; ils ont marché dans la bonne route, et alors on a quitté la mauvaise.

J'aurais bien d'autres exemples à donner pour faire voir que ce n'est point par des satires, mais par des ouvrages écrits dans le bon goût, qu'on réforme le goût des hommes. Mais cette vérité étant suffisamment prouvée, je passe à l'histoire de la satire, que j'ai promise, à ses effets, et à ses progrès. Je commence par Boileau; car en France, quand il s'agit des arts, je crois qu'il n'y a guère d'autre époque à prendre que le règne de Louis XIV.

DE DESPRÉAUX

L'abbé Furetière, homme caustique et médiocre écrivain, faisait des satires dans le goût de Régnier. Il les montrait à Boileau jeune encore : le disciple, né avec plus de talent que le maître, profita trop bien dans cette école dangereuse. Il y avait alors à Paris un homme d'une érudition immense, qui écrivait en prose avec assez de grâce et de justesse, qui passait pour bon juge, qui était l'ami et même le protecteur de tous les gens de lettres. S'attendrait-on à voir le nom de Chapelain au bas de ce portrait? Tout cela est pourtant exactement vrai; et Chapelain aurait joui d'une grande réputation s'il n'avait pas voulu en avoir davantage. La *Pucelle* et Boileau firent un écrivain très-ridicule d'un homme d'ailleurs très-estimable.

Malgré cette malheureuse *Pucelle*, Chapelain était un si galant homme et si considéré, que le grand Colbert, lorsqu'il engagea Louis XIV à donner des pensions aux gens de lettres, chargea Chapelain de faire la liste de ceux qui méritaient les bienfaits du roi.

Cette faveur de Chapelain irrita le jeune Boileau, qui, dans la première édition de sa première satire, fit imprimer ces vers, lesquels ne sont pas ses meilleurs :

> Enfin je ne saurais, pour faire un juste gain,
> Aller, bas en rampant, fléchir sous Chapelain.

Voilà donc l'origine de la querelle : un peu d'envie et de penchant à médire. Ce goût pour la médisance était dans lui, du moins en ce temps-là, si dominant et si injuste, que dans la même satire, il traite de parasite [1] un honnête homme qui souffrait la pauvreté avec courage, et qui la rendait respectable en n'allant jamais manger chez personne : il s'appelait Pelletier.

> Tandis que Pelletier, crotté jusqu'à l'échine,
> S'en va chercher son pain de cuisine en cuisine.

Je demande à tout esprit raisonnable en quoi ces traits, assez bas et assez indignes d'un homme de mérite, pouvaient contribuer à établir en France le bon goût. Quel service Boileau rendait-il aux lettres en disant dans sa seconde satire :

> Si je veux d'un galant dépeindre la figure,
> Ma plume, pour rimer, trouve l'abbé de Pure :
> Si je pense exprimer un auteur sans défaut,
> La raison dit Virgile, et la rime Quinault.

J'ai déjà montré quelque part combien ce trait est injuste de toutes façons. *Quinault* ne rime point assez bien avec *défaut*, pour que ce nom soit amené par la rime ; et la raison n'a jamais dit que Virgile soit sans défaut : la raison dit seulement que Virgile, malgré tout ce qui lui manque, est le plus grand poëte de Rome.

Il est bien indubitable que ce n'est point un zèle trop vif pour le bon goût, mais un esprit de satire et de cabale qui acharnait ainsi Boileau contre Quinault ; car dans une satire qui parut bientôt après, il dit :

> Je ne sais pas pourquoi l'on vante l'*Alexandre* ;
> Ce n'est qu'un glorieux qui ne dit rien de tendre :
> Les héros chez Quinault parlent bien autrement.

L'*Alexandre* du célèbre Racine ne valait peut-être guère mieux que l'*Astrate* ; il était infiniment moins intéressant. J'ai ouï conter même à un homme de ce temps-là qu'un vieux comédien dit à M. Racine : « Vous ne réussirez jamais si vous ne traitez pas l'amour aussi tendrement que le jeune Quinault : vous faites des vers mieux que lui ; si vous traitez les passions, vous surpasserez Corneille. » Ce comédien avait raison ; et je suis persuadé que, sans Quinault, Racine, qui avait méconnu son talent dans *Théagène*, dans les *Frères ennemis*, et même dans *Alexandre*, eût pu continuer à s'égarer.

Mais j'insiste encore, et je demande comment Boileau pouvait insulter si indignement et si souvent l'auteur de la *Mère coquette* ; comment il ne demanda pas enfin pardon à l'auteur d'*Atys*, de *Roland*, d'*Armide* ; comment il n'était pas touché du mérite de Quinault, et de

---

1. Voyez les *Commentaires* mêmes de Boileau. (Éd.)

l'indulgence singulière du plus doux de tous les hommes, qui souffrit trente ans, sans murmure, les insultes d'un ennemi qui n'avait d'autre mérite par-dessus lui que de faire des vers plus corrects et mieux tournés, mais qui certes avait moins de grâce, de sentiment et d'invention.

Est-ce enfin par l'amour du bon goût que Despréaux se croyait forcé à louer Ségrais, que personne ne lit; et à ne jamais prononcer le nom de La Fontaine, qu'on lira toujours? Est-ce à ses satires qu'on doit la perfection où les muses françaises s'élevèrent? pour lors Molière et Corneille n'avaient-ils pas déjà écrit?

Boileau a-t-il appris à quelqu'un que la *Pucelle* est un mauvais ouvrage? non, sans doute. A quoi donc ont servi ses satires? à faire rire aux dépens de dix ou douze gens de lettres; à faire mourir de chagrin deux hommes [1] qui ne l'avaient jamais offensé; à lui susciter enfin des ennemis qui le poursuivirent presque jusqu'au tombeau, et qui l'auraient perdu plus d'une fois sans la protection de Louis XIV.

Aussi quelle serait sa réputation s'il n'avait couvert ces fautes de sa jeunesse par le mérite de ses belles épîtres et de son admirable *Art poétique?* Je ne connais de véritablement bons ouvrages que ceux dont le succès n'est point dû à la malignité humaine.

DE LA SATIRE APRÈS LE TEMPS DE DESPRÉAUX.

Boileau dans ses satires, quoique cruelles, avait toujours épargné les mœurs de ceux qu'il déchirait : quelques personnes qui se mêlèrent de poésie après lui poussèrent plus loin la licence. Un style qu'on appelle marotique fut quelque temps à la mode. Ce style est la pierre sur laquelle on aiguise aisément le poignard de la médisance. Il n'est pas propre aux sujets sérieux; parce qu'étant privé d'articles, et étant hérissé de vieux mots, il n'a aucune dignité; mais, par ces raisons-là même, il est très-propre aux contes cyniques et à l'épigramme.

On vit donc paraître beaucoup d'épigrammes et de satires dans ce style : on y ajouta des couplets encore plus infâmes. On appelait couplets certaines chansons parodiées des opéras. Personne, je crois, ne s'avisera de dire que c'était l'amour du vrai, le goût de la saine antiquité, le respect pour les anciens, qui obligeaient les auteurs de ces infamies à les écrire. C'est pourtant ce que ces auteurs osaient dire pour leur défense : tant on cherche à couvrir ses fautes de quelque ombre de raison! Pour moi qui, quoique très-jeune alors, ai vu naître toutes ces horreurs, je sais très-bien que l'envie en fut la seule cause. Et quelle envie encore! quelle source ridicule de tant de disgrâces sérieuses! de quoi s'agissait-il? d'un opéra qui n'avait pas réussi! Il n'y a point d'autre origine de la haine qui fit faire cette infâme pièce intitulée *la Francinade*, et ces soixante-douze couplets qui désolèrent longtemps plusieurs gens de lettres et des familles entières; et ceux

---

1. D'Olivet, dans son *Histoire de l'Académie*, 1743, II, 169, ne parle que d'un ; et c'est l'abbé Cassagne. (*Note de M. Beuchot.*)

que l'auteur avoua lui-même contre les sieurs Danchet, Bertin, et Pécourt; enfin ceux qui furent la cause de ce fameux procès, rapporté très-exactement dans le livre des *Causes célèbres.*

MM. de La Motte, Danchet, Saurin, et le sieur Rousseau, étaient amis. MM. de La Motte et Danchet donnèrent des opéras qui eurent du succès; ceux de Rousseau n'en auraient point eu : joignez à cela la chute de la comédie du *Capricieux*, et ne cherchez point ailleurs ce qui attira tant de crimes et une condamnation si publique.

Mais voici quelque chose qui doit frapper bien davantage. Il est certain qu'un homme flétri pour avoir abusé à ce point du talent de la poésie, pour avoir fait les satires les plus horribles, et qui cherchait à laver cette tache, ne devait jamais se permettre la moindre raillerie contre personne. Et cependant qu'a-t-il fait pendant trente années de bannissement? de nouvelles satires, auxquelles il ne manque que d'être bien écrites pour être aussi odieuses que les premières.

Je ne dissimule point qu'étant outragé par lui, comme tant d'autres, j'ai perdu patience; et que surtout, dans une pièce contre la calomnie, j'ai marqué toute mon indignation contre le calomniateur. J'ai cru être en droit de venger et mes injures et celles de tant d'honnêtes gens. J'aurais mieux fait peut-être d'abandonner au mépris et à l'horreur du public les crimes que j'ai attaqués; mais enfin, si c'est une faute d'écrire contre le perturbateur du repos public, c'est une faute excusable; c'est, j'ose le dire, celle d'un citoyen.

Ce fut alors que les journaux destinés à l'honneur des lettres devinrent le théâtre de l'infamie. L'homme dont je parle, et dont je voudrais supprimer ici absolument le nom pour ne me plaindre que du crime, et non du criminel, osa faire imprimer dans la *Bibliothèque française*, en 1736, un tissu de calomnies. Il osait alléguer, entre autres raisons de sa conduite envers moi, qu'autrefois, en passant par Bruxelles, j'avais voulu le perdre dans l'esprit de M. le duc d'Aremberg, son protecteur. Quel a été le fruit de cette imposture? M. le duc d'Aremberg en est instruit : il me fait aussitôt l'honneur de m'écrire pour désavouer cette calomnie; il chasse de sa maison celui qui en est l'auteur. On publie la lettre de ce prince; le calomniateur est confondu; et enfin les auteurs du journal de la *Bibliothèque française* me font des excuses publiques.

Je ne me résous à rapporter ce qui va suivre que comme un exemple fatal de cette opiniâtreté malheureuse qui porte l'iniquité jusqu'au tombeau. Ce même homme prend enfin le parti de vouloir couvrir tant de fautes et de disgrâces du voile de la religion; il écrit des *Épîtres morales et chrétiennes* (ce n'est pas ici le lieu d'examiner si c'est avec succès); il sollicite enfin son retour à Paris et sa grâce; il veut apaiser le public et la justice, on le voit prosterné aux pieds des autels; et dans le même temps il trempe dans le fiel sa main moribonde. A l'âge de soixante-douze ans il fait de nouveaux vers satiriques; il les envoie à un homme qui tient un bureau public de ces horreurs; on les imprime. Les voici. La meilleure censure qu'on en puisse faire, c'est de les rapporter.

Petit rimeur antichrétien,
On reconnaît dans tes ouvrages
Ton caractère et non le mien.
Ma principale faute, hélas! je m'en souvien,
Vint d'un cœur qui, séduit par tes patelinages,
Crut trouver un ami dans un parfait vaurien.
Charme des fous, horreur des sages,
Quand par lui mon esprit aveuglé, j'en convien,
Hasardait pour toi ses suffrages;
Mais je ne me reproche rien
Que d'avoir sali quelques pages
D'un nom aussi vil que le tien.

Un pareil exemple prouve bien que, quand on n'a pas travaillé de bonne heure à dompter la perversité de ses penchants, on ne se corrige jamais, et que les inclinations vicieuses augmentent encore à mesure que la force d'esprit diminue.

DES SATIRES NOMMÉES CALOTTES

Au milieu des délices pour lesquelles seules on semble respirer à Paris, la médisance et la satire en ont corrompu souvent la douceur. L'on y change de mode dans l'art de médire et de nuire comme dans les ajustements. Aux satires en vers alexandrins succédèrent les couplets; après les couplets vinrent ce qu'on appelle *les calottes*. Si quelque chose marque sensiblement la décadence du goût en France, c'est cet empressement qu'on a eu pour ces misérables ouvrages. Une plaisanterie ignoble, toujours répétée, toujours retombant dans les mêmes tours, sans esprit, sans imagination, sans grâce, voilà ce qui a occupé Paris pendant quelques années; et pour éterniser notre honte, on en a imprimé deux recueils, l'un en quatre et l'autre en cinq volumes : monuments infâmes de méchanceté et de mauvais goût, dans lesquels, depuis les princes jusqu'aux artisans, tout est immolé à la médisance la plus atroce et la plus basse, et à la plus plate plaisanterie. Il est triste pour la France, si féconde en écrivains excellents, qu'elle soit le seul pays qui produise de pareils recueils d'ordures et de bagatelles infâmes.

Les pays qui ont porté les Copernic, les Tycho-Brahé, les Otto-Guericke, les Leibnitz, les Bernouilli, les Wolf, les Huygens; ces pays où la poudre, les télescopes, l'imprimerie, les machines pneumatiques, les pendules, etc., ont été inventés; ces pays que quelques-uns de nos petits-maîtres ont osé mépriser parce qu'on n'y faisait pas la révérence si bien que chez nous; ces pays, dis-je, n'ont rien qui ressemble à ces recueils, soit de chansons infâmes, soit de calottes, etc. Vous n'en trouvez pas un seul en Angleterre, malgré la liberté et la licence qui y règnent. Vous n'en trouverez pas même en Italie, malgré le goût des Italiens pour les pasquinades.

Je fais exprès cette remarque, afin de faire rougir ceux de nos com-

patriotes qui, pouvant faire mieux, déshonorent notre nation par des
ouvrages si malheureusement faciles à faire, auxquels la malignité
humaine assure toujours un prompt débit, mais qu'enfin la raison, qui
prend toujours le dessus, et qui domine dans la saine partie des
Français, condamne ensuite à un mépris éternel.

DES CALOMNIES CONTRE LES ÉCRIVAINS DE RÉPUTATION.

Il s'est glissé dans la république des lettres une peste cent fois plus
dangereuse ; c'est la calomnie, qui va effrontément, sous le nom de
justice et de religion, soulever les puissances et le public contre des
philosophes; contre les plus paisibles des hommes, incapables de jamais nuire, par cela même qu'ils sont philosophes.

J'ai entendu demander souvent : Pourquoi Charron a-t-il été calomnié et persécuté, et que Montaigne, le libre, le pyrrhonien, le
hardi Montaigne, et Rabelais même ne l'ont jamais été? pourquoi
Socrate a-t-il été condamné à mort, et Spinosa a-t-il vécu tranquille?
pourquoi La Mothe Le Vayer, cent fois plus hardi, plus cynique que
Bayle, a-t-il été précepteur de deux enfants de Louis XIII, et que
Bayle a été accablé? pourquoi Descartes et Wolf, les deux lumières de
leur siècle, ont-ils été chassés l'un d'Utrecht, et l'autre de l'université
de Hall, et que tant d'autres qui ne les valaient pas ont été comblés
d'honneurs? On rapportait tous ces événements à la fortune, etc.

Et moi je dis : Examinez bien les sources des persécutions qu'ont
essuyées ces grands hommes, vous trouverez que ce sont des gens de
lettres, des sophistes, des professeurs, des prêtres, qui les ont excitées ;
lisez, si vous pouvez, toutes les injures qu'on a vomies contre les meilleurs écrivains, vous ne trouverez pas un seul libelle qui n'ait été écrit
par un rival. On appelle les belles-lettres *humaniores litteræ*, les lettres
humaines; mais, dit un homme d'esprit, en voyant cette fureur réciproque de ceux qui les cultivent, on les appellera plutôt les lettres in-
humaines. Je ne veux point m'étendre ici sur les persécutions qui ont
privé de leur liberté, de leur patrie, ou de la vie même, tant de grands
personnages dont les noms sont consacrés à la vérité : je ne veux parler ici que de cette persécution sourde que fait continuellement la calomnie, de cet acharnement à composer des libelles, à diffamer ceux
qu'on voudrait détruire.

La jalousie, la pauvreté, la liberté d'écrire, sont trois sources intarissables de ce poison. Je conserve précieusement, parmi plusieurs
lettres assez singulières que j'ai reçues dans ma vie, celle d'un écrivain[1] qui a fait imprimer plus d'un ouvrage. La voici :

« Monsieur, étant sans ressource, j'ai composé un ouvrage contre
vous; mais si vous voulez m'envoyer deux cents écus, je vous remettrai fidèlement tous les exemplaires, etc., etc. »

Je rappellerai encore ici la réponse que fit, il y a quelques années,

1. La Jonchère. (ED.)

un de ces malheureux écrivains[1] à un magistrat qui lui reprochait ses libelles scandaleux : « Monsieur, dit-il, il faut que je vive. »

Il s'est trouvé réellement des hommes assez perdus d'honneur pour faire un métier public de ces scandales : semblables à ces assassins à gages, ou à ces monstres du siècle passé qui gagnaient leur vie à vendre des poisons.

Mais je ne crois pas que depuis que les hommes sont méchants et calomniateurs, on ait jamais mis au jour un libelle aussi déshonorant pour l'humanité que celui qui a paru à Paris au mois de janvier de cette année 1739, sous le titre de *Voltairomanie ou Mémoire d'un jeune avocat*. (1738, in-12.)

C'est de quoi je suis obligé par toutes les lois de l'honneur de dire un mot ici; et je prie tout lecteur attentif de vouloir bien examiner une cause qui devient l'affaire de tout honnête homme : car quel homme de bien n'est pas exposé à la calomnie plus ou moins publique? Tout lecteur sage est, en de pareilles circonstances, un juge qui décide de la vérité et de l'honneur en dernier ressort, et c'est à son cœur que l'injustice et la calomnie crient vengeance.

EXAMEN D'UN LIBELLE CALOMNIEUX INTITULÉ

LA VOLTAIROMANIE, OU MÉMOIRE D'UN JEUNE AVOCAT.[1]

Il est juste en premier lieu de laver l'opprobre que l'on fait au corps respectable des avocats, en imputant à l'un de leurs membres un malheureux libelle, où les injures et les calomnies les plus atroces tiennent lieu de raisons, un libelle où l'on traite avec indignité M. Andry, qui travaille avec applaudissement depuis trente ans au *Journal des Savants* sous M. l'abbé Bignon; un libelle où l'on appelle M. de Fontenelle *ridicule;* celui-ci, *Thersite* de la faculté; celui-là, *cyclope;* cet autre, *faquin;* un libelle enfin qui, pour me servir des expressions d'un des plus estimables hommes de Paris, est l'ouvrage des furies, si les furies n'ont point d'esprit.

Quand on s'abaisse à parler d'un libelle, je crois qu'il n'en faut parler que papiers justificatifs en main, soit devant les juges, soit devant le public. Voici donc la lettre d'un des plus anciens et des meilleurs avocats de Paris, qui prouve qu'il est impossible qu'un avocat soit l'auteur de ce libelle punissable.

                                    « A Paris, ce 12 février 1739.

« J'ai vu, monsieur, un imprimé qui a couru ici, intitulé *La Voltairomanie ou lettre d'un jeune avocat*, en forme de mémoire. J'ai vu au palais la plupart de messieurs les avocats. Après avoir parlé à M. Deniau, qui est à présent notre bâtonnier, je puis vous assurer, monsieur, qu'il n'y a qu'un cri de blâme et d'indignation contre les calomnies atroces répandues dans ce libelle. Le sentiment commun est qu'il n'est pas possible qu'un ouvrage si méchant soit imputé à un avo-

---

1. L'abbé Desfontaines. (ÉD.)

cat, ni même à quelqu'un qui connaîtrait les lois de cette profession,
dont le premier devoir est la sagesse. Je vous proteste, au nom de tous
ceux à qui j'ai parlé (et c'est, encore une fois, la meilleure partie du
palais), que, bien loin que quelqu'un s'en avoue l'auteur, tous le condamnent comme extrêmement scandaleux. Je vous ajouterai même que
c'est avec une vraie peine que la plupart vous ont vu si injurieusement
traité que vous l'êtes dans cet écrit; car nous faisons gloire, monsieur,
d'honorer les grands génies, et vos ouvrages sont dans nos mains. Tout
cela vous serait attesté par monsieur le bâtonnier au nom de l'ordre,
sans la difficulté de convoquer une assemblée générale. Si de pareilles
brochures, distribuées sous le nom vague d'un avocat, devenaient fréquentes, nous serions exposés sans cesse à nous mettre en mouvement
pour les désavouer. Mais pour suppléer à une attestation en forme, je
me suis chargé de vous rendre compte du sentiment général; et je le
fais de l'aveu de tous ceux à qui j'en ai parlé. Je m'en acquitte avec d'autant plus de satisfaction, que c'est ce que j'avais pensé à la vue du libelle.

« Je suis avec toute l'estime, etc. *Signé* PAGEAU. »

Il n'y a personne qui, ayant lu cette lettre, et ayant remarqué que
le libelle est tout entier en faveur du sieur abbé Guyot Desfontaines,
et plein d'anecdotes qui le regardent, jusque-là même que sa généalogie
y est rapportée; il n'y a personne, dis-je, qui ne voie évidemment par
cent autres raisons qu'aucun avocat n'a composé cet ouvrage. Mais
qui donc pourrait en être l'auteur?

Quoique l'abbé Guyot Desfontaines soit depuis quelque temps mon
plus cruel ennemi, cependant je me garderai bien d'imputer à un
homme de son âge, à un prêtre, une si infâme pièce : je croirais lui faire
une trop grande injure. Je l'en crois incapable, et en voici les raisons.

Il est dit dans ce libelle, en termes exprès, que je suis *un voleur,
un brutal, un enragé, un athée, le petit-fils d'un paysan*, etc., etc.

Or je soutiens qu'un homme de lettres, quelque méchant qu'il
puisse être, ne peut vomir de pareilles injures : celles de *voleur*, d'*enragé*, d'*athée*, de *brutal*, sont des termes horribles, mais vagues, qui
ne peuvent souiller la plume d'un homme auquel il resterait la moindre pudeur et la moindre étincelle d'esprit.

Il est encore bien peu probable qu'un écrivain reproche à un autre
écrivain sa naissance. L'auteur de *la Henriade* doit peu s'embarrasser
quel a été son grand-père. Uniquement occupé de l'étude, je ne cherche point la gloire de la naissance. Content, comme Horace, de mes
parents, je n'en ai jamais demandé d'autres au ciel; et je ne réfuterais
point ici ce vain mensonge, si je n'avais parmi mes proches parents
des magistrats et des officiers généraux qui s'intéresseront peut-être
davantage à l'honneur d'une famille outragée. Pour moi, je sens qu'un
tel reproche, s'il était vrai, ne pourrait jamais m'affliger. Je me suis
consacré à l'étude dès ma jeunesse; j'ai refusé la charge d'avocat du
roi à Paris, que ma famille, qui a exercé longtemps des charges de
judicature en province, voulait m'acheter. En un mot, l'étude fait tous
mes titres, tous mes honneurs, toute mon ambition.

Voici des preuves encore plus fortes que cet infâme écrit ne peut être de l'homme à qui tout Paris l'impute.

On ose avancer dans ce libelle que ce service signalé qu'avait rendu si publiquement autrefois le sieur de Voltaire au sieur Desfontaines, il ne l'avait rendu que pour obéir à M. le président de Bernières, son patron, qui le nourrissait et le logeait par bonté, et que par conséquent le sieur Desfontaines n'avait aucune obligation au sieur de Voltaire.

Premièrement, comment se pourrait-il faire qu'un homme de bon sens raisonnât ainsi? Quoi! il serait permis d'insulter son bienfaiteur, parce qu'il aurait été logé et nourri chez un autre? est-ce là la logique de l'ingratitude? En second lieu, l'abbé Desfontaines ne savait-il pas que j'ai longtemps loué chez M. de Bernières un appartement assez connu? faut-il lui apprendre que j'ai en main l'acte fait double, du 4 de mai 1723, par lequel je payais 1800 livres de pension pour moi et pour un de mes amis? faudrait-il enfin dire ici que le chef de la justice et plusieurs autres magistrats ont vu la lettre de la veuve du président de Bernières, qui dément d'une manière si forte toutes les impostures du libelle? Nous ne la rapportons point ici, parce que nous n'en avons point demandé la permission, comme nous avions demandé celle de la faire voir à M. le chancelier.

Enfin comment se pourrait-il faire que l'abbé Desfontaines osât dire qu'il n'a jamais eu aucune obligation au sieur de Voltaire?

On n'a qu'à lire la lettre qu'il m'écrivit en sortant de l'endroit d'où je l'avais tiré; elle est écrite et signée de sa main; le cachet est même presque entier.

« De Paris, ce 31 mai.

« Je n'oublierai jamais les obligations infinies que je vous ai. Votre bon cœur est bien au-dessus de votre esprit. Vous êtes l'ami le plus généreux qui ait jamais été. Que ne vous dois-je point! etc., etc.

« L'abbé Nadal, l'abbé de Pons, Danchet, Fréret, se réjouissent; ils traitent ma personne comme je traiterai toujours leurs indignes écrits. Ne pourriez-vous pas faire en sorte que l'ordre qui m'exile à trente lieues soit levé? Voilà, mon cher ami, ce que je vous conjure d'obtenir encore pour moi. Je ne me recommande qu'à vous seul, qui m'avez servi, etc., etc. »

Après tant de preuves, je soutiendrai toujours qu'il faudrait que l'abbé Desfontaines, au moins, eût absolument perdu la mémoire, pour avancer, contre un homme qui lui a rendu de tels services, des impostures si horribles et si aisées à confondre.

Mais, me dira-t-on, si vers le temps même où il vous avait les plus grandes obligations qu'un homme puisse avoir à un homme, il fit un libelle contre vous; si vous avez plusieurs lettres des personnes auxquelles il montra cet écrit; si l'on sait qu'il était intitulé : *Apologie de M. de Voltaire*, et que cette apologie ironique et sanglante était un libelle diffamatoire contre vous et contre feu M. de La Motte; si lui-même, dans un autre libelle intitulé : *Pantalo-Phebeana*, p. 73, a eu l'imprudence de citer cette apologie ironique; enfin s'il a été capable d'une telle ingratitude quand le service était récent, que n'a-t-il point pu faire après plus de treize années? J'avoue que cette objection est pressante; mais voici ce que j'ai à répondre.

Je ne crois pas qu'il soit permis d'accuser, sans preuves juridiques, un citoyen, de quelque faute que ce puisse être : or j'ai, à la vérité, des preuves juridiques, des témoignages subsistants, que la première chose qu'il fit au sortir de Bicêtre, ce fut un libelle contre moi; mais je n'ai aucune preuve assez forte pour l'accuser du malheureux libelle qui a paru cette année; je n'ai que la voix publique. Elle suffit pour devoir attribuer à un homme une bonne action; mais elle ne suffit pas pour lui imputer un crime.

Je pourrais poursuivre, et faire voir jusqu'à quel comble d'horreur la calomnie a été poussée dans cet écrit; mais mon dessein n'est pas de répondre en détail à des discours dignes de la plus vile canaille; ce serait trop mal employer un temps précieux. J'ai voulu seulement, pour l'honneur des lettres, essayer de faire voir combien il est difficile de croire qu'un homme de lettres se soit souillé d'un opprobre si avilissant.

J'écris ici dans la vue d'être utile à la littérature encore plus qu'à moi-même. Plût à Dieu que toutes ces haines flétrissantes, ces querelles également affreuses et ridicules, fussent éteintes parmi des hommes qui font profession, non-seulement de cultiver leur raison, mais de vouloir éclairer celle des autres! plût à Dieu que les exemples que j'ai rapportés pussent rendre sages ceux qui sont tentés de les suivre!

Faudra-t-il donc que les lettres, qu'on prétend avoir adouci les mœurs des hommes, ne servent quelquefois qu'à les rendre malins et farouches? Si je pouvais exciter le repentir dans un cœur coupable de ces horreurs, je ne croirais pas avoir perdu ma peine en composant ce petit écrit, que je présente à tous les gens de lettres comme un gage de mon amour pour leurs études et pour le bien de la société.

MÉMOIRE

SUR UN OUVRAGE DE PHYSIQUE

DE MADAME LA MARQUISE DU CHATELET,

LEQUEL A CONCOURU POUR LE PRIX DE L'ACADÉMIE DES SCIENCES EN 1738

Le public a vu cette année un des événements les plus honorables pour les beaux-arts. De près de trente dissertations présentées par les meilleurs philosophes de l'Europe, pour les prix que l'Académie des sciences devait distribuer l'année 1738, il n'y en eut que cinq qui concoururent, et l'une de ces cinq était d'une dame dont le haut rang est le moindre avantage.

L'Académie des sciences a jugé cette pièce digne de l'impression, et vient de la joindre à celles qui ont eu le prix. On sait que c'est en effet être couronné que d'être imprimé par ordre de cette compagnie.

Le premier prix d'éloquence qu'avait donné l'Académie française fut remporté par une personne du même sexe. Le discours sur la gloire, composé par Mlle Scudéri, sera longtemps mémorable par cette raison.

Mais on peut dire sans flatterie que l'*Essai de physique* de l'illustre dame dont il est ici question est autant au-dessus du discours de Mlle Scudéri que les véritables connaissances sont au-dessus de l'art de la parole, sans qu'on prétende en cela diminuer le mérite de l'éloquence.

Le sujet était, *La nature du feu et sa propagation.*

L'ouvrage dont je rends compte est fondé en partie sur les idées du grand Newton, sur celles du célèbre M. s'Gravesande, actuellement vivant; mais surtout sur les expériences et les découvertes de M. Boerhaave, qui, dans sa chimie, a traité à fond cette matière; et l'Europe savante sait avec quel succès.

Il est vrai que ces notions ne sont pas généralement goûtées par messieurs de l'Académie des sciences; et quoique l'Académie en corps n'adopte aucun système, cependant il est impossible que les académiciens n'adjugent pas le prix aux opinions les plus conformes aux leurs.

Car, toutes choses d'ailleurs égales, qui peut nous plaire que celui qui est de notre avis?

C'est ainsi qu'on couronna, il y a quelques années, un bon ouvrage du R. P. Mazière, dans lequel il dit « qu'on ne s'avisera plus d'admettre désormais les forces vives, de calculer la quantité du mouvement par le produit de la masse et du carré de la vitesse, » calcul assez proscrits alors dans l'Académie; mais cette même Académie fit aussi imprimer l'excellente dissertation de M. Bernouilli, qui a mis le sentiment contraire dans un si beau jour, qu'aujourd'hui plusieurs académiciens ne font nulle difficulté d'admettre les forces vives et le carré de cette vitesse.

Voici à peu près un cas pareil : Le R. P. Fiesc, jésuite, assure, dans sa dissertation qui a remporté un des prix, que « le feu élémentaire est une chimère, parce qu'on n'en a jamais vu, et que le feu est un mixte composé de sels, de soufre, d'air, et de matière éthérée. »

Le révérend père traite donc de chimères les admirables idées de Boerhaave : nous sommes bien loin de vouloir abaisser l'ouvrage du savant jésuite, que nous estimons sincèrement; mais nous pensons, avec la plupart des plus grands physiciens de l'Europe, qu'il est absolument impossible que le feu soit un mixte.

Nous ne nous arrêtons pas beaucoup à combattre cette idée « qu'on ne doit point admettre le feu élémentaire, parce qu'il est invisible, » car l'air est souvent invisible, et cependant il existe. La matière éthérée est bien invisible, bien douteuse; cependant le révérend père l'admet. Il ne paraît pas vrai non plus que nos yeux voient le feu; car il n'y a point de feu plus ardent sur la terre que la pointe du cône lumineux au foyer d'un verre ardent. Cependant, comme le remarque très-bien la dame illustre qui a fait tant d'honneur au sentiment de Boerhaave, on ne voit jamais ce feu que lorsqu'il touche quelque objet. Nous voyons les choses matérielles embrasées; mais, pour le feu qui les embrase, il est prouvé que nous ne le voyons jamais, car il n'y a pas deux sortes de feu. Cet être qui dilate tout, qui échauffe tout, ou qui éclaire tout, est le même que la lumière : or la lumière sert à faire voir, et n'est elle-même jamais aperçue; donc nous n'apercevons jamais le feu, qui est la même chose que la lumière [1].

Mais, pour être convaincu que le feu ne saurait être un mixte produit par d'autres mixtes, il me suffit de faire les réflexions suivantes:

Qu'entendez-vous par ce mot *produire?* Si le feu n'est que développé, n'est que délivré de la prison où il était lorsqu'il commença à paraître, il existait donc déjà; il y avait donc une substance de feu, un feu élémentaire caché dans les corps dont il échappe.

Si le feu est un mixte composé des corps qui le produisent, il retient donc la substance de tous les corps; la lumière est donc de l'huile, du sel, du soufre; elle est donc l'assemblage de tous les corps. Cet être si simple, si différent des autres êtres, est donc le résultat d'une infinité de choses auxquelles il ne ressemble en rien. N'y aurait-il pas dans cette idée une contradiction manifeste? et n'est-il pas bien singulier que dans un temps où la philosophie enseigne aux hommes qu'un brin d'herbe ne saurait être produit, et que son germe doit être aussi ancien que le monde, on puisse dire que le feu répandu dans toute la nature est une production de sels, de soufre, et de la matière éthérée! Quoi! je serai contraint d'avouer que tout l'arrangement, que tout le mouvement possible, ne pourront jamais former un grain de moutarde, et j'oserais assurer que le mouvement de quelques végétaux et d'une prétendue matière éthérée fait sortir du néant cette substance de feu, et cette même substance inaltérable que le soleil nous envoie, qui a des propriétés si étonnantes, si constantes, qui seule s'infléchit vers les corps, se réfracte seule, et seule produit un nombre fixe de couleurs primitives !

Que cette idée du fameux Boerhaave et des philosophes modernes est belle, c'est-à-dire vraie, que *rien ne se peut changer en rien!* Nos corps se détruisent à la vérité; mais les choses dont ils sont composés restent à jamais les mêmes. Jamais l'eau ne devient terre; jamais la terre ne devient eau. Il faut avouer que le grand Newton fut trompé par une fausse expérience, quand il crut que l'eau pouvait se changer en terre. Les expériences de Boerhaave ont prouvé le contraire. Le feu est comme les autres éléments des corps; il n'est jamais produit d'un autre, et n'en produit aucun. Cette idée si philosophique, si vraie, s'accorde encore mieux que toute autre avec la puissante sagesse de celui qui a tout créé, et qui a répandu dans l'univers une foule in-

---

1. On sent qu'on peut dire dans un autre sens que nous ne voyons que la lumière ; mais nous rapportons toujours la sensation à un autre objet, et cela suffit pour détruire le raisonnement du P. Lozeran de Fiesc. (*Éd. de Kehl.*)

croyable d'êtres, lesquels peuvent bien se confondre, aider au développement les uns des autres, mais ne peuvent jamais se convertir en d'autres substances.

Je prie chaque lecteur d'approfondir cette opinion, et de voir si elle tire sa sublimité d'une autre source que de la vérité.

A cette vérité l'illustre auteur ajoute l'opinion que le feu n'est point pesant; et j'avoue que, quoique j'aie embrassé l'opinion contraire après les Boerhaave et les Musschenbroeck, je suis fort ébranlé par les raisons qu'on voit dans la dissertation.

Je ne sais si toutes les autres matières ayant reçu de Dieu la propriété de la gravitation, il n'était pas nécessaire qu'il y en eût une qui servît à désunir continuellement des corps que la gravitation tend à réunir sans cesse. Le feu pourrait bien être l'unique agent qui divise tout ce que le reste assemble. Au moins, si le feu est pesant, on doit être fort incertain sur les expériences qui paraissent déposer en faveur de son poids, et qui toutes, en prouvant trop, ne prouvent rien. Il est beau de se défier de l'expérience même.

L'illustre auteur semble prouver par l'expérience et par le raisonnement que le feu tend toujours à l'équilibre, et qu'il est également répandu dans tout l'espace. Elle examine ensuite comment il s'éteint, comment la glace se forme; et il est à croire que ces recherches, si bien faites et si bien exposées, auraient eu le prix, si on n'y avait pas ajouté une opinion trop hardie.

Cette opinion est que le feu n'est ni esprit ni matière. C'est sans doute élargir la sphère de l'esprit humain et de la nature que de reconnaître dans le Créateur la puissance de former une infinité de substances qui ne tiennent ni à cet être purement pensant dont nous ne connaissons rien, sinon la pensée, ni à cet être étendu dont nous ne connaissons guère que l'étendue divisible, figurable, et mobile. Mais il est bien hardi peut-être de refuser le nom de matière, au feu, qui divise la matière, et qui agit, comme toute matière, par son mouvement.

Quoi qu'il en soit de cette idée, le reste n'en est ni moins exact, ni moins vrai. Tout le physique du feu reste le même. Toutes ses propriétés subsistent, et je ne connais d'erreurs capitales en physique que celles qui vous donnent une fausse économie de la nature. Or qu'importe que la lumière soit un être à part, ou un être semblable à la matière, pourvu qu'on démontre que c'est un élément doué de propriétés qui n'appartiennent qu'à lui? C'est par là qu'il faut considérer cette dissertation; elle serait très-estimable, si elle était de la main d'un philosophe uniquement occupé de ces recherches; mais qu'une dame, attachée d'ailleurs à des soins domestiques, au gouvernement d'une famille, et à beaucoup d'affaires, ait composé un tel ouvrage, je ne sais rien de si glorieux pour son sexe et pour le temps éclairé dans lequel nous vivons.

Un des plus sages philosophes de nos jours, M. l'abbé Conti, noble vénitien, qui a cultivé toujours la poésie et les mathématiques, ayant lu l'ouvrage de cette dame, ne put s'empêcher de faire sur-le-champ ces vers italiens, qui font également honneur et au poëte et à Mme la marquise du Châtelet:

Si d'Urania, e d'Amor questa è la figlia,
Cui del bel globo la custodia diero
L'infallibili Parche, e'l sommo impero
Sù tutta l'amorosa ampia famiglia.

Ad Amore nel volto ella somiglia,
Ad Urania nel rapido pensiero,
Chè sa d'ogn' astro il moto, ed il sentiero,
Ed onde argentea luce abbia, o vermiglia.

Non t'inganni, mi disse il franco vate;
Ma costei non d'Urania, e non d'Amore,
Ma da Minerva d'Apollo ebbe i natali;

Come a Minerva, a lei furo svelate
L'opre di Giove, ed alla il genitore
Propose qual oracolo a' mortali.

RÉPONSE

AUX OBJECTIONS PRINCIPALES QU'ON A FAITES EN FRANCE

CONTRE

LA PHILOSOPHIE DE NEWTON.

(1739.)

Les *Éléments de Newton* furent donnés au public parce qu'il semblait utile de mettre le public au fait de ces nouvelles vérités dont tout le monde parlait à Paris comme d'un monde inconnu. M. Algarotti travaillait en même temps à faire goûter cette philosophie à ses compatriotes, et ornait, par les agréments de son esprit, des vérités qui ne semblaient soumises qu'au calcul. Ces vérités pénétraient dans l'Académie des sciences, malgré le goût dominant de la philosophie cartésienne; elles y furent d'abord proposées par un grand mathématicien[1] qui depuis, par ses mesures prises sous le cercle polaire, a reconnu et déterminé la figure que Newton et Huygens avaient assignée à la terre. D'autres géomètres physiciens, et surtout celui qui a traduit la *Statique des végétaux*[2], et qui enchérit encore sur ces expériences étonnantes, embrassaient avec courage cette physique admirable, qui n'est fondée que sur les faits et sur le calcul, qui rejette toute hypothèse, et qui, par conséquent, est la seule physique véritable.

1. M. de Maupertuis; il a trouvé le moyen d'occuper le public de lui seul, et de faire oublier ses compagnons de voyage. (*Éd. de Kehl.*)
2. M. de Buffon; il a eu depuis avec M. Clairaut une dispute sur la nature des forces attractives, dispute où tout l'avantage a été pour le grand géomètre. (*Éd. de Kehl.*)

L'auteur des *Éléments* tâcha de mettre ces vérités nouvelles à la portée des esprits les moins exercés dans ces matières ; et quoique son ouvrage ait été imprimé avec beaucoup de fautes, et que l'impatience des libraires ne lui eût pas donné le temps de l'achever, il n'a pas laissé pourtant d'être de quelque utilité. On n'a pas reproché le défaut de clarté à ce livre.

Cependant il faut bien qu'il soit plus difficile à entendre qu'on ne croyait, puisque tous ceux qui ont écrit contre les vérités dont il était l'interprète lui ont reproché des choses qui assurément ne se trouvent ni dans son livre ni dans aucun disciple de Newton.

L'un s'imagine, par exemple, que, dans un verre ardent, le milieu doit attirer plus que les bords, et que c'est par cette raison que les rayons de lumière, selon Newton, se rassemblent au foyer du verre ; et il perd bien du temps et de la peine pour réfuter ce qui n'a jamais été dit.

Un autre croit que chez Newton la lumière ne vient du soleil sur la terre que parce que la terre l'attire de 33 millions de lieues.

Il y en a qui, ayant lu par hasard ces mots, *la lumière se réfléchit du sein du vide*, ont cru, sans faire attention à ce qui précède et à ce qui suit, qu'on attribuait au vide une action sur la matière ; et là-dessus ils ont triomphé, et ils ont débité ou des injures, ou des plaisanteries, ou des arguments également inutiles.

Si ces messieurs, par exemple, au lieu de crier contre ce qu'ils n'avaient pas assez examiné, s'étaient voulu informer de l'état de la question, voici ce qu'on leur aurait répondu.

Newton a découvert entre la lumière et les corps une action dont on n'avait pas d'idée. Il fait voir, par exemple, que la même lumière oblique qui ne se transmet point à travers un cristal s'y transmet dès qu'on met de l'eau sous ce cristal ; il a assuré que, si on trouvait le secret de pomper l'air sous ce cristal dans la machine du vide, ce même rayon oblique, qui passait presque tout entier du verre dans l'eau appliquée à ce cristal, ne passerait point du tout dans ce vide. L'auteur des *Éléments de Newton* est peut-être le premier en France qui en ait fait l'expérience, et de là il a conclu, avec grande raison, qu'il y a une action inconnue du cristal et de l'eau sur la lumière, action d'une espèce nouvelle, action dont aucun philosophe n'a pu rendre raison par les mécaniques ordinaires ; action que l'on nomme *attraction*, *propter egestatem linguæ et rerum novitatem*, en attendant que Dieu nous en révèle la cause.

L'auteur des *Éléments*, en parlant de ce phénomène, s'est servi de cette expression très-française, *que la lumière rejaillit du sein du vide*, à peu près comme il a dit en vers :

> Valois se réveilla du sein de son ivresse....
> Gouverner son pays du sein des voluptés....

Il n'y a personne qui ne sache ce que valent ces expressions ; elles sont si claires qu'on peut s'en servir en prose comme en poésie, pourvu qu'on n'affecte pas de les employer fréquemment, et qu'on évite la prose poétique avec autant de soin que le style familier et plaisant. On sait bien que ni l'ivresse, ni les voluptés, ni le vide, n'ont un sein qui agisse réellement; et tout ce qu'un lecteur qui ne veut point chicaner devait comprendre, c'est que la lumière qui rejaillit du vide en rejaillit parce que le corps voisin exerce une force quelconque sur elle.

Quelques-uns, plus injustes encore, prenant l'accessoire pour le principal, comme il arrive presque toujours, ont fait semblant de croire que l'auteur se vantait d'avoir trouvé la trisection de l'angle par la règle et le compas; et, au lieu d'examiner avec lui une question d'optique très-importante, ils ont laissé là cette question dont il s'agissait, et l'ont harcelé sur la prétendue trisection de l'angle, dont il ne s'agit point du tout.

Voici, encore une fois, le problème que proposait l'auteur : Vous regardez à la fois deux hommes, ou plusieurs hommes de même taille, dont le premier est à un pied de vous, et le dernier à quarante : le premier trace sur votre rétine un angle 40 fois plus grand que le dernier : la grandeur des images dépend de la grandeur des angles, et cependant ces deux hommes vous paraissent d'égale hauteur : je dis que ce phénomène journalier ne peut être expliqué par aucun changement dans l'œil ou dans le cristallin, comme l'ont prétendu presque tous les opticiens : je dis que si l'œil prend une nouvelle conformation, il la prend également pour l'homme qui est distant d'un pied et pour celui qui est à quarante pieds : je dis que les voyant tous deux à la fois, si l'angle sous lequel vous les voyez s'agrandit ou diminue, il s'agrandit ou diminue également pour tous deux; je dis donc que ce problème est insoluble aux règles de l'optique.

Personne n'a répondu, et l'on ose dire que personne ne pourra répondre à cet argument.

Qu'a-t-on fait? On a prétendu jeter un ridicule sur l'expression; les censeurs ont dit qu'il n'était pas absolument vrai qu'un homme distant de 30 pieds trace dans votre rétine un angle précisément 30 fois plus petit qu'à un pied : non, cela n'est pas absolument vrai; sans doute, on le sait bien; mais 1° la différence est si petite qu'elle ne change en rien l'état de la question; quand cet angle ne serait que 26 ou 27 fois plus petit, le phénomène et la difficulté ne subsistent-ils pas? Ce cas est précisément le même que celui de deux hommes qui partiraient au même moment de Paris, et qui iraient d'un pas égal, l'un à Saint-Denis, l'autre à Orléans. Si quelqu'un vous dit qu'il faut trente fois plus de temps à l'un qu'à l'autre, serez-vous bien venu à prétendre que sa proposition est ridicule, sous prétexte qu'il s'en faut quelques pas qu'il n'y ait une lieue complète de Paris à Saint-Denis? D'ailleurs ces critiques ne savaient pas que par angle l'on n'entend ici que les diamètres apparents, qui sont réellement en raison réciproque des distances.

La plupart des objections que l'on a faites contre les *Éléments de Newton* sont dans ce goût, et ceux que la passion de critiquer domine, n'ayant pas de meilleures raisons à dire, ont eu recours aux injures, selon l'usage; ils ont voulu faire un crime à l'auteur d'avoir enseigné des vérités découvertes en Angleterre; ils lui ont reproché l'esprit de parti, à lui qui n'a jamais été d'aucun parti : ils ont prétendu que c'est être mauvais Français que de n'être pas cartésien. Quelle révolution dans les opinions des hommes! La philosophie de Descartes fut proscrite en France, tandis qu'elle avait l'apparence de la vérité et que ses hypothèses ingénieuses n'étaient point démenties par l'expérience; et aujourd'hui que nos yeux nous démontrent ses erreurs, il ne sera pas permis de les abandonner!

Quoi! les noms de Descartes et de Newton deviendront des mots de ralliement! et on se passionnera toujours quand il ne faut que s'instruire? Qu'importent les noms? qu'importent les lieux où les vérités ont été découvertes? Il ne s'agit ici que d'expériences et de calculs, et non de chefs de parti.

Je rends autant de justice à Descartes que ses sectateurs; je l'ai toujours regardé comme le premier génie de son siècle : mais autre chose est d'admirer, autre chose est de croire. Je l'ai déjà dit : Aristote, qui réunissait à la fois les mérites d'Euclide, de Platon, de Quintilien, de Pline; Aristote, qui, par l'assemblage de tant de talents, était, en ce sens, au-dessus de Descartes et même de Newton, est pourtant un auteur dont il ne faut pas lire la philosophie.

Veut-on se faire une idée très-juste de la physique de Descartes, qu'on lise ce qu'en dit le célèbre Boerhaave, qui vient de mourir[1]; voici comme il s'explique dans une de ses harangues :

« Si de la géométrie de Descartes vous passez à la physique, à peine croirez-vous que ces ouvrages soient du même homme; vous serez épouvanté qu'un si grand mathématicien soit tombé dans un si grand nombre d'erreurs; vous chercherez Descartes dans Descartes, vous lui reprocherez tout ce qu'il reprochait aux péripatéticiens, c'est-à-dire que rien ne peut s'expliquer par ses principes. »

Voilà comme pensent, malgré eux, des livres de Descartes, ceux-là mêmes qui se disent cartésiens; aucun ne peut suivre son système sur la lumière, que toutes les expériences ont ruiné; ses lois du mouvement furent démontrées fausses par Waren et par Huygens, etc. Sa description anatomique de l'homme est contraire à ce que l'anatomie nous apprend; de tous ceux qui ont adopté son roman contradictoire des tourbillons il n'y en a aucun qui n'en ait fait un autre roman. On proscrit donc tous ses dogmes en détail, et cependant on se dit encore cartésien; c'est comme si on avait dépouillé un roi de toutes ses provinces l'une après l'autre, et qu'on se dît encore son sujet.

L'auteur du nouveau livre intitulé *Réfutation des Éléments de Newton*[2] a ramassé toutes ces fausses accusations; il en a composé un volume; il a fait comme tous les critiques, qui, sentant la faiblesse de leurs raisons, s'acharnent à rendre leur adversaire odieux; il a le courage de dire, page 121, que l'auteur des *Éléments* a péché *contre*

1. Boerhaave était mort le 23 septembre 1738. (ÉD.)
2. Jean Banières. Son ouvrage est intitulé : *Examen et Réfutation des Éléments de la philosophie de Newton.*

sa patrie. Mais en quoi celui qu'il attaque a-t-il commis ce grand crime envers sa patrie? En disant que Snellius, Hollandais, a le premier trouvé la raison constante des sinus d'incidence aux angles de réfraction. Voilà ce que l'auteur de la *Réfutation* transforme judicieusement et avec charité en crime d'État.

Le critique, devenu ainsi délateur, accuse au hasard M. de Voltaire d'avoir trouvé ce fait dans Vossius, et il ajoute que le *théorème* dont Vossius parle est contraire à celui de Descartes.

Mais M. de Voltaire proteste qu'il n'a point lu Vossius, et que le fait se trouve dans Huygens, contemporain et disciple de Descartes, pages 2 et 3 de sa *Dioptrique*. Si d'ailleurs on veut savoir l'histoire de cette découverte, la voici : La mesure des réfractions fut tentée d'abord par l'Arabe Alhazen, puis par Vitellion, ensuite par Kepler, qui échouèrent tous; Snellius Villebrode trouva enfin la proportion des sécantes, et Descartes finit par celle des sinus; ce qui est le même théorème que celui des sécantes, comme on peut le voir dans l'excellente physique de M. Musschenbroeck, page 285. « Cartesius, dit-il, adhibuit sinus « usus inventioni Snellii, etc. » L'auteur des *Éléments* n'a fait en cela que dire simplement la vérité : est-ce être mauvais citoyen que de rendre justice aux étrangers? y a-t-il donc des étrangers pour un philosophe [1]?

Après avoir traité M. de Voltaire de traître à la patrie pour avoir loué un Hollandais, il le tourne de son mieux en ridicule sur ce même sujet tant rebattu de l'attraction de la lumière; il a cru voir que Newton et ses disciples pensent que la terre attire la lumière du corps même du soleil. Est-il possible, encore une fois, qu'on entende si fort à rebours l'état de la question? et est-il possible qu'on puisse nous attribuer une opinion digne tout au plus de Cyrano de Bergerac?

Voici ce qui a donné lieu probablement à cette étrange méprise.

L'auteur des *Éléments* ayant souvent à parler, dans son livre, de la raison inverse du carré des distances, avait jugé à propos d'expliquer ce que c'est, en parlant de la lumière, parce qu'en effet l'intensité de la lumière est précisément en cette proportion; mais il avertit expressément, page 88, édition de Londres, que l'attraction de la lumière et des corps, et l'attraction des planètes et du soleil, qu'on nomme gravitation, sont différentes.

De ce que Newton a découvert deux phénomènes admirables, il ne s'ensuit pas que ces phénomènes obéissent aux mêmes lois.

Il faut bien se mettre dans la tête que Newton a trouvé que les corps et les rayons de lumière agissent les uns sur les autres à des distances très-petites, et que les planètes agissent mutuellement les unes sur les autres à des distances très-grandes. L'action du soleil sur Saturne, sur

---

1. On ne peut guère se dispenser de croire, sur la parole de Huygens et de Vossius, que cette proportion ne se trouve dans le manuscrit de Snellius; et il est certain qu'elle donne celle de Descartes : mais le philosophe français connaissait-il la découverte de Snellius? voilà toute la question; et il n'est pas vraisemblable que Descartes ait connu ni le manuscrit de Snellius, ni cette proportion en particulier. (*Éd. de Kehl.*)

Jupiter, sur **la** terre, est aussi différente de l'action d'un cristal auprès duquel et dans lequel un rayon s'infléchit, que ce rayon diffère en grosseur du globe de Saturne. Confondre l'attraction de la lumière avec celle des planètes, c'est n'avoir pas la plus légère idée des découvertes de Newton.

L'empressement ou l'esprit de parti qui a porté tant de personnes à critiquer la philosophie de Newton, avant de l'avoir étudiée, les a jetées ici dans une étrange contradiction.

D'un côté ils s'imaginent que la terre attire, selon Newton, la lumière de la substance du soleil, ce qui est ridicule; de l'autre ils ne peuvent concevoir comment Newton admet l'émission de la lumière de la substance même du soleil, ce qui est pourtant fort aisé à comprendre.

Le grand Newton était convaincu, et M. Bradley a prouvé aussi depuis, que la lumière nous est dardée du soleil et des étoiles. La découverte connue de M. Bradley, qui démontre à la fois le mouvement de la terre et la progression de la lumière, nous fait voir que cette progression est uniformément la même; qu'elle n'est point retardée dans son cours; qu'elle parcourt également environ trente-trois millions de lieues par sept minutes, dans un cours uniforme de plus de six ans; qu'ainsi il n'y a, depuis les étoiles jusqu'à notre atmosphère, aucune matière résistante; car, s'il y en avait, cette lumière serait retardée, et par conséquent la lumière nous est dardée de la substance des étoiles à travers un milieu non résistant. Il reste à voir à ceux qui raisonnent de bonne foi s'il est possible qu'un rayon de lumière vienne à nous pendant six ans sans se déranger, et sans retarder sa course à travers un plein absolu. Newton, ni aucun de ses disciples, n'ont donc, encore une fois, jamais imaginé que cette lumière du soleil et des étoiles nous vînt par attraction : ils enseignent tous qu'elle est dardée de la substance du globe lumineux.

Il est très-aisé de concevoir comment le soleil nous envoie ses rayons si rapidement; il faut songer seulement ce que c'est qu'un tel globe enflammé qui tourne sur son axe quatre fois plus rapidement que la terre.

L'auteur de la réfutation prétendue a donc un très-grand tort : premièrement, d'avoir cru qu'il s'agisse d'attraction dans l'émission des rayons du soleil; secondement, d'avoir cru que la lumière ne peut émaner du soleil; mais il a beaucoup plus de tort encore d'oser appeler *énorme absurdité* ce que les Newton, les Keill, les Musschenbroeck, les s'Gravesande, etc., et de très-grands philosophes français, croient si bien prouvé. Ce serait assurément le comble de l'indécence de traiter ainsi de pareils hommes, quand même on aurait raison contre eux. Que sera-ce donc lorsqu'on se trompe si visiblement ?

On ne peut s'empêcher ici de faire voir combien l'esprit de système et de parti pervertit les idées les plus naturelles des hommes : quel est celui qui, en voyant au milieu de la nuit un flambeau éclairer tout d'un coup une lieue de pays, ne soupçonnera pas que ce flambeau qui se consume envoie des parties de flamme à une lieue à l'entour? N'y a-t-il pas des corps odoriférants qui, sans diminuer sensiblement de leur poids, envoient en un instant des corpuscules à plus d'une lieue à la ronde ? La même chose arrive à la lumière, et il n'est pas d'un philosophe de se révolter contre la rapidité de son cours et contre la petitesse de ses parties; car rien en soi n'est ni petit ni prompt, et il se peut faire qu'il y ait des êtres un million de fois plus déliés et plus agiles.

L'auteur de la *Réfutation* n'est ni plus exact, ni plus équitable, quand il reproche à M. de Voltaire et à ceux qu'il appelle newtoniens d'avoir dit que la pesanteur est essentielle à la matière; il est tout aussi faux qu'ils aient avancé cette erreur, qu'il est faux qu'ils aient dit que la terre attire la lumière de la substance du soleil.

L'auteur des *Éléments* a dit, à la vérité, avec tous les bons philosophes, que la pesanteur, la tendance vers un centre, la gravitation, est une qualité de toute la matière connue, laquelle lui est donnée de Dieu, et qui lui est inhérente. Le terme d'*inhérent* est bien éloigné de signifier *essentiel*; il signifie ce qui est attaché intérieurement, comme *adhésion* signifie ce qui est attaché extérieurement : l'essence d'une chose est la propriété sans laquelle on ne peut la concevoir : mais on peut très-bien concevoir la matière sans pesanteur : il faudrait toujours commencer par convenir de la valeur des termes; cette méthode abrégerait bien des disputes.

Voici une discussion d'un détail plus utile, et qui peut conduire à des vérités nouvelles.

L'auteur de la *Réfutation* s'étonne que l'auteur des *Éléments* ait dit que la lumière décrit une petite courbe en pénétrant le cristal.

Nous ne l'en croirons pas, dit-il, sur sa parole. Non, ce n'est pas à ma parole qu'il faut croire, pourrait-il répondre, mais c'est à la nature; et l'examen de la nature nous apprend qu'il ne peut y avoir ni réflexion, ni réfraction sans une petite courbure; ce serait une grande erreur de penser qu'une boule quelconque pût se réfléchir par des lignes droites qui formeraient un angle absolument en pointe : il faut qu'au point d'incidence l'angle se courbe un peu (*fig.* 74), sans quoi il y aurait un saut, un *changement d'état sans raison suffisante*; ce qui est impossible. Tout se fait par gradation, comme l'a très-bien remarqué le célèbre Leibnitz; et c'est en conséquence de ce principe invariable de la nature qu'il n'y a aucun passage subit dans aucun cas; la chaîne de la nature n'est jamais cassée. Ainsi un rayon ni ne se réfléchit, ni ne se réfracte tout d'un coup d'une ligne droite dans une autre ligne droite; et la physique de Newton s'accorde en ce point à merveille avec la métaphysique de Leibnitz. Cette action du verre qui détourne le rayon incident de la ligne droite est la machine que la nature emploie ici pour obéir à ce grand principe général.

Voici comment se forme nécessairement cette courbe imperceptible. Qu'un corps rond et à ressort tombe sur ce plan DD (*fig.* 75), suivant la direction AB, son mouvement est composé de la ligne horizontale AF et de la perpendiculaire AG, la seule suivant laquelle le corps se précipite en bas. Or, lorsque ce corps à ressort est en B, il perd dans l'instant de la compression une quantité de sa vitesse proportionnelle à cette compression; mais cette vitesse ne peut être perdue que dans la direction de la ligne de chute AG, et non dans la direction horizontale AF, suivant laquelle le corps ne se comprime pas. Donc ce corps avance un peu dans cette direction horizontale en BC, et cet espace BC devient la naissance d'une courbe. Il en est de même de l'action que le corps réfringent exerce sur le rayon de lumière; il commence à se courber en approchant de sa surface.

Ce principe est sensible aux yeux dans l'inflexion de la lumière auprès des corps : il ne faut pas croire, par exemple, que quand la lumière s'infléchit auprès d'une lame d'acier dans une chambre obscure, elle forme un angle absolu; elle courbe, et se plie visiblement en cette sorte (*fig.* 76).

Natura est sibi consona; et c'est par la même raison que la lumière, en passant de l'air dans l'eau, décrit une petite courbe AB, en cette manière (*fig.* 77). Et cette petite courbe est renfermée dans les limites de l'attraction du verre, limites imperceptibles, et qui sont bien différentes de celles d'une attraction prétendue entre la terre et un rayon lumineux partant du soleil.

On a fait encore une méprise non moins singulière. L'auteur des *Éléments* avance, après Newton, et fondé sur l'extrême porosité des corps, qu'un rayon de soleil de trente-trois millions de nos lieues n'a pas probablement un pied de matière solide mise bout à bout.

« Nous ne savons pas si c'est d'un pied linéaire ou d'un pied cubique qu'il parle, » disent quelques censeurs; et, sur cette incertitude, l'auteur de la *Réfutation* fait son calcul sur un pied cubique; il évalue le poids d'un rayon du soleil à mille livres pesant, et il conclut que les seuls rayons qui tombent sur la terre en un jour, montent à cent quarante-quatre mille fois mille millions de livres. Mais on pouvait s'épargner ce calcul; il n'y avait qu'à consulter le premier bon livre de physique ou le bon sens, et on aurait vu qu'il ne s'agit ici ni de pied purement linéaire, ni de pied cubique, mais d'un pied en longueur, dont un trait de lumière fait la grosseur.

Il est très-sûr qu'il y a peu de matière propre dans tous les corps de l'univers; il est sûr que tous les corps les plus déliés sont ceux qui en ont le moins; que la lumière est des êtres sensibles le plus délié, le plus rare; et qu'ainsi les prétendus millions de millions de livres que le soleil nous envoie par jour peuvent aisément se réduire à deux ou trois onces, tout au plus. Voilà où conduit l'équivoque du mot linéaire, et voilà qui prouve qu'il faudrait au moins avoir des idées nettes des choses pour critiquer avec tant de hauteur et de mépris.

L'auteur des *Éléments* a dit que, dans le système de Descartes, nous devrions voir clair la nuit. Cela est très-vrai, et cela est démontré par les lois des fluides. Si la lumière était un fluide répandu dans l'espace, et toujours existant; s'il n'attendait que d'être pressé pour agir, il agirait en tout sens dès qu'il serait pressé : et non-seulement le soleil sous l'horizon pousserait la lumière à nos yeux, comme le son fait le tour d'une montagne pour venir à nos oreilles; mais nous ne verrions jamais si clair que dans une éclipse centrale du soleil : car si la lune, en passant sous le soleil, presse l'atmosphère, elle presse la prétendue matière lumineuse, et cette matière lumineuse, plus pressée qu'elle n'était, doit agir davantage.

L'auteur de la *Réfutation*, et plusieurs autres, opposent à cette vérité des hypothèses; ils supposent qu'il 'faut raisonner de la lumière comme du son : mais ce n'est pas ici qu'il est permis de dire que la nature agit toujours de la même manière. La nature n'est uniforme que dans les mêmes cas, et ici les cas sont absolument différents. Si la lumière nous venait comme le son, elle nous viendrait à travers une muraille; le son est l'effet des vibrations de l'air, qui est un élément, et la lumière est l'effet d'un autre élément.

Il ne restait à l'auteur de la *Réfutation*, après tant de malentendus, tant de fausses imputations, tant de fausses critiques et de reproches injustes, qu'à oser donner un petit système pour expliquer les effets de la nature, que Newton a découverts; et c'est ce qu'on n'a pas manqué de faire.

Newton nous apprend, par exemple, et les plus obstinés sont forcés enfin d'en convenir, que la lumière ne rejaillit point des parties solides des corps.

Au lieu de se contenter d'une vérité nouvelle que Newton a démontrée, et qu'on ne peut nier, on imagine une hypothèse, on feint un petit vernis de matière lumineuse répandue dans les pores et sur les surfaces des corps; on pense qu'à la faveur de ce petit vernis, de cette prétendue atmosphère, on pourra expliquer pourquoi la lumière se réfléchit uniformément sur une glace toujours inégale : cette atmosphère, dit-on, remplit les sinuosités et les aspérités de cette glace. Mais n'est-il pas évident que votre vernis d'atmosphère lumineuse que vous supposez s'attacher intimement à cette glace doit se conformer à sa figure, et que, si cette glace est raboteuse, votre vernis doit l'être aussi?

Vous avez beau soutenir cette hypothèse par des exemples; vous avez beau alléguer que tout a son atmosphère, qu'un vaisseau a la sienne, et que c'est cette atmosphère qui fait qu'une balle tombant du haut du mât du vaisseau vient frapper le pied du mât, en décrivant une parabole : vous avez lu, il est vrai, cet exemple dans plusieurs auteurs qui rapportent ce fait à l'impression de l'atmosphère; mais malheureusement tous ces auteurs-là se sont trompés, et voici en quoi consiste leur erreur et la vôtre.

Qu'un oiseau, planant sur le mât d'un vaisseau qui vogue à pleines voiles, laisse tomber du haut du mât un corps pesant, il s'en faudra beaucoup que ce corps tombe au pied du mât, ni qu'il décrive une parabole; il tombera ou sur la poupe, ou derrière la poupe dans la mer, en ligne droite : pourquoi? Parce que le mouvement de la parabole étant le résultat d'une force perpendiculaire sur l'horizon avec une vitesse de projection parallèle à l'horizon, il n'y a point de vitesse de projection, mais seulement une force perpendiculaire; par conséquent point de parabole.

Quel sera donc le cas où ce corps décrira une parabole? Ce sera lorsqu'il participera à la fois au mouvement horizontal du vaisseau, et au mouvement de gravité qui l'entraînera du haut du mât.

Soit le vaisseau A (*fig.* 78), voguant de A en B, le mât CC, le corps D attaché au mât par une corde que l'on coupe; le corps a le mouvement en DD comme le vaisseau, et le mouvement en DC par la gravitation : or, de ces deux mouvements se compose la parabole DB; et quand le mât est en B, le corps y est aussi : donc l'air et l'atmosphère n'ont aucune part à ce phénomène, ils ne pourraient que le troubler. C'est uniquement par la même raison qu'un cavalier jetant en l'air une orange perpendiculairement, la retient dans sa main en courant au galop ; mais si une autre main lui jette cette orange tandis qu'il court, elle retombe loin derrière le cavalier. C'est encore la même raison qui fait retomber à peu près à plomb une pierre qu'on a jetée perpendiculairement à l'horizon, malgré la rotation de la terre ; et l'atmosphère n'a pas plus de part à tout cela que celle d'un homme qui se promène n'en a aux moucherons qui voltigent autour de lui.

Ce petit système des effets prétendus d'une atmosphère doit servir au moins à mettre sur leurs gardes tous ceux qui, n'étant point encore guéris de la maladie des hypothèses, en inventent tous les jours pour rendre raison, à ce qu'ils croient, des découvertes de Newton. Ce grand homme, pendant soixante ans de recherches, de calculs et d'expériences, a été obligé de se contenter du simple fait qu'il a découvert. Jamais il n'a fait d'hypothèse pour expliquer la cause de l'attraction des planètes et de celle de la lumière ; il a démontré que cette gravitation existe ; qu'un corps grave ne retombe sur la terre que par la même force centripète qui retient les astres dans leur orbite, et qu'aucun tourbillon de matière subtile, grand ou petit, ne peut être la cause de cette force centripète. Qu'on s'en tienne là, et qu'on n'imagine pas pouvoir faire par un roman ce que Newton n'a pu faire par ses mathématiques.

Un de ceux qui ont écrit le plus modérément contre Newton est l'estimable auteur du *Spectacle de la nature* et de *l'Histoire du Ciel*; mais il s'en faut bien qu'il lui ait rendu justice. Il suppose, dans ses objections, que Newton a eu, comme les autres philosophes, la témérité d'imaginer un système pour expliquer la formation de l'univers, ce qui est assurément le contre-pied des procédés de Newton. *Hypotheses non fingo*, etc., dit Newton à la fin de ses *Principes mathématiques*, et avec cela on lui reproche encore ce qu'il nie si formellement.

L'auteur de *l'Histoire du Ciel* suppose, après beaucoup de personnes, et beaucoup d'autres supposent après lui, que les newtoniens regardent l'attraction comme un principe qui « a donné l'être à des comètes, aux planètes, un rang dans le zodiaque, un cortége plus ou moins grand de satellites. » Mais c'est encore une imputation que ni Newton ni aucun de ses disciples n'ont jamais méritée. Ils ont tous dit formellement le contraire; ils avouent tous que la matière n'a rien par elle-même, et que le mouvement, la force d'inertie, la pesanteur, le ressort, la végétation, etc., tout est donné par l'Être souverain.

Par quelle injustice peut-on soupçonner que celui qui a découvert tant de secrets du Créateur, inconnus au reste des hommes, ait nié l'action de Dieu la plus connue et la plus sensible aux moindres esprits? Il n'y a point de philosophie qui mette plus l'homme sous la main de Dieu que celle de Newton. Cette philosophie, la seule géométrique et la seule modérée, nous apprend les lois les plus exactes du mouvement, la théorie des fluides et du son; elle anatomise la lumière; elle découvre la pesanteur réelle des astres les uns sur les autres; elle ne dit point que cette pesanteur, cette gravitation dont elle calcule les lois et les effets, soit la même chose que la force par laquelle la lumière se détourne de sa route et accélère son mouvement dans des milieux différents; elle est bien loin de confondre les miracles de la réflexion et de la réfraction de la lumière avec ceux de la pesanteur des corps graves; mais, ayant démontré que le soleil pèse sur la terre, et la terre sur lui, elle démontre que ce pouvoir est dans les moindres parties de la matière, par cela même qu'il est dans le tout : elle avoue ensuite que nul mécanisme ne rend raison de ses profondeurs, et elle adore la Sagesse éternelle qui en est le seul principe.

Elle ne dit point (comme on le lui reproche) que l'attraction universelle est la cause de l'*électricité* et du *magnétisme*, elle est bien loin d'une telle absurdité; mais elle dit : Attendez, pour juger de la cause du magnétisme et de l'électricité, que vous ayez assez d'expériences. Il n'est pas encore prouvé qu'il y ait une vertu magnétique. On est sur les voies de la matière électrique; mais, pour la gravitation et le cours des planètes, il est prouvé qu'aucun fluide n'en est la cause, et que nous devons nous en tenir à une loi particulière du Créateur : car recourir à Dieu est d'un ignorant, quand il s'agit de calculer ce qui est à notre portée; mais quand on touche aux premiers principes, recourir à Dieu est d'un sage.

L'auteur de l'*Histoire du Ciel* renouvelle encore une méprise assez considérable, où plusieurs savants sont tombés. Ils croient que Newton attribue l'élévation de l'équateur au pouvoir seul de l'attraction de la terre.

Ni Newton ni ses sectateurs ne s'expriment ainsi. Ils avouent tous que l'élévation nécessaire de l'équateur vient et doit venir de l'effort de la force centrifuge, qui est plus grande dans le grand cercle d'une sphère que dans les petits, et qui est nulle au point des pôles de la sphère.

L'attraction, la gravitation, la pesanteur est moins forte sous l'équateur, parce que cet équateur est plus élevé; mais il n'est pas plus élevé, parce que l'attraction y est moins forte.

On nous demande dans un livre sérieux[1] « si ce n'est pas l'attraction qui a mis en saillie le devant du globe de l'œil, qui a élancé au milieu du visage de l'homme ce morceau de cartilages qu'on appelle le nez. » Nous répondrons qu'une telle raillerie n'est ni une bonne raison ni un

---

1. C'est à propos de l'explication de l'anneau de Saturne de M. de Maupertuis.

bon mot; et quand même la raillerie serait fine, elle ne conviendrait point dans un livre où il ne faut que chercher la vérité, et serait très-mal appliquée à un homme comme Newton, et aux illustres géomètres qui l'étudient. D'ailleurs nous félicitons le sage auteur du *Spectacle de la Nature* et de *l'Histoire du Ciel* de tomber moins qu'un autre dans le défaut de vouloir être plaisant; cette affectation trop répandue de traiter des matières sérieuses d'un style gai et familier rendrait à la longue la philosophie ridicule sans la rendre plus facile.

On reproche encore à Newton qu'il admet des qualités immatérielles dans la matière. Mais que ceux qui font un tel reproche consultent leurs propres principes, ils verront que beaucoup d'attributs primordiaux de cet être si peu connu qu'on nomme matière sont tous immatériels, c'est-à-dire que ces attributs sont des effets de la volonté libre de l'Être suprême : si la matière a du mouvement, si elle peut le communiquer, si elle gravite, si les astres tournent sur eux-mêmes d'occident en orient plutôt qu'autrement, tout cela est un don de Dieu, aussi bien que la faculté que ma volonté a reçue de remuer mon bras. Toute matière qui agit nous montre un être immatériel qui agit sur elle. Rien n'est plus certain que ce sont les vrais sentiments de Newton.

Ces réflexions que l'on donne au public ont déjà fait impression sur quelques esprits, et on espère qu'enfin les préjugés de quelques autres céderont à des choses si sublimes et si raisonnables, dont l'auteur des *Éléments* n'a été que le faible interprète.

VIE DE MOLIÈRE,

AVEC

DE PETITS SOMMAIRES DE SES PIÈCES [1].

(1739.)

Le goût de bien des lecteurs pour les choses frivoles, et l'envie de faire un volume de ce qui ne devrait remplir que peu de pages, sont cause que l'histoire des hommes célèbres est presque toujours gâtée par des détails inutiles et des contes populaires aussi faux qu'insipides. On y ajoute souvent des critiques injustes de leurs ouvrages. C'est ce qui est arrivé dans l'édition de Racine faite à Paris en 1728. On tâchera d'éviter cet écueil dans cette courte histoire de la vie de

---

1. *Avertissement.* — Cet ouvrage était destiné à être imprimé à la tête du Molière in-4°, 1734, édition de Paris. On pria un homme très-connu de faire cette Vie et ces courtes analyses destinées à être placées au-devant de chaque pièce. M. Rouillé, chargé alors du département de la librairie, donna la préférence à un nommé La Serre : c'est de quoi on a plus d'un exemple. L'ouvrage de l'infortuné rival de La Serre fut imprimé très-mal à propos, puisqu'il ne convenait qu'à l'édition du Molière. On nous a dit que quelques curieux désiraient une nouvelle édition de cette bagatelle ; nous la donnons, malgré la répugnance de l'auteur écrasé par La Serre.

Molière; on ne dira de sa propre personne que ce qu'on a cru vrai et digne d'être rapporté, et on ne hasardera sur ses ouvrages rien qui soit contraire aux sentiments du public éclairé.

Jean-Baptiste Poquelin naquit à Paris, en 1620, dans une maison qui subsiste encore sous les piliers des halles[1]. Son père, Jean-Baptiste Poquelin, valet de chambre tapissier chez le roi, marchand fripier, et Anne Boutet, sa mère, lui donnèrent une éducation trop conforme à leur état, auquel ils le destinaient : il resta jusqu'à quatorze ans dans leur boutique, n'ayant rien appris, outre son métier, qu'un peu à lire et à écrire. Ses parents obtinrent pour lui la survivance de leur charge chez le roi; mais son génie l'appelait ailleurs. On a remarqué que presque tous ceux qui se sont fait un nom dans les beaux-arts les ont cultivés malgré leurs parents, et que la nature a toujours été en eux plus forte que l'éducation.

Poquelin avait un grand-père qui aimait la comédie, et qui le menait quelquefois à l'hôtel de Bourgogne. Le jeune homme sentit bientôt une aversion invincible pour sa profession. Son goût pour l'étude se développa; il pressa son grand-père d'obtenir qu'on le mît au collége, et il arracha enfin le consentement de son père, qui le mit dans une pension, et l'envoya externe aux jésuites, avec la répugnance d'un bourgeois qui croyait la fortune de son fils perdue s'il étudiait.

Le jeune Poquelin fit au collége les progrès qu'on devait attendre de son empressement à y entrer. Il y étudia cinq années; il y suivit le cours des classes d'Armand de Bourbon, premier prince de Conti, qui, depuis, fut le protecteur des lettres et de Molière.

Il y avait alors dans ce collége deux enfants qui eurent, depuis, beaucoup de réputation dans le monde : c'étaient Chapelle et Bernier : celui-ci connu par ses voyages aux Indes, et l'autre célèbre par quelques vers naturels et aisés, qui lui ont fait d'autant plus de réputation qu'il ne rechercha pas celle d'auteur.

L'Huillier, homme de fortune, prenait un soin singulier de l'éducation du jeune Chapelle, son fils naturel; et, pour lui donner de l'émulation, il faisait étudier avec lui le jeune Bernier, dont les parents étaient mal à leur aise. Au lieu même de donner à son fils naturel un précepteur ordinaire et pris au hasard, comme tant de pères en usent avec un fils légitime qui doit porter leur nom, il engagea le célèbre Gassendi à se charger de l'instruire.

Gassendi ayant démêlé de bonne heure le génie de Poquelin, l'associa aux études de Chapelle et de Bernier. Jamais plus illustre maître n'eut de plus dignes disciples. Il leur enseigna sa philosophie d'Épicure, qui, quoique aussi fausse que les autres, avait au moins plus de méthode et plus de vraisemblance que celle de l'école, et n'en avait pas la barbarie.

---

1. Dans la *Dissertation sur J. B. Poquelin Molière, etc.,* par *L. F. Beffara,* 1821, in-8°, il est établi 1° que Molière a été baptisé le 15 janvier 1622; 2° que son père demeurait rue Saint-Honoré, et n'eut probablement qu'en 1626 le titre de valet de chambre tapissier du roi; 3° que la mère de Molière s'appelait Cresset (et non Boutet ou Boudet). (*Note de M. Beuchot.*)

Poquelin continua de s'instruire sous Gassendi. Au sortir du collége, il reçut de ce philosophe les principes d'une morale plus utile que sa physique, et il s'écarta rarement de ces principes dans le cours de sa vie.

Son père étant devenu infirme et incapable de servir, il fut obligé d'exercer les fonctions de son emploi auprès du roi. Il suivit Louis XIII dans le voyage que ce monarque fit en Languedoc, en 1641; et, de retour à Paris, sa passion pour la comédie, qui l'avait déterminé à faire ses études, se réveilla avec force.

Le théâtre commençait à fleurir alors : cette partie des belles-lettres, si méprisée quand elle est médiocre, contribue à la gloire d'un Etat quand elle est perfectionnée.

Avant l'année 1625, il n'y avait point de comédiens fixes à Paris. Quelques farceurs allaient, comme en Italie, de ville en ville : ils jouaient les pièces de Hardy, de Monchrétien ou de Balthazar Baro. Ces auteurs leur vendaient leurs ouvrages dix écus pièce.

Pierre Corneille tira le théâtre de la barbarie et de l'avilissement, vers l'année 1630. Ses premières comédies, qui étaient aussi bonnes pour son siècle qu'elles sont mauvaises pour le nôtre, furent cause qu'une troupe de comédiens s'établit à Paris. Bientôt après, la passion du cardinal de Richelieu pour les spectacles mit le goût de la comédie à la mode, et il y avait plus de sociétés particulières qui représentaient alors que nous n'en voyons aujourd'hui.

Poquelin s'associa avec quelques jeunes gens qui avaient du talent pour la déclamation : ils jouaient au faubourg Saint-Germain et au quartier Saint-Paul. Cette société éclipsa bientôt toutes les autres; on l'appela l'*illustre théâtre*. On voit, par une tragédie de ce temps-là, intitulée *Artaxerce*, d'un nommé Magnon, et imprimée en 1645, qu'elle fut représentée sur l'illustre théâtre.

Ce fut alors que Poquelin, sentant son génie, résolut de s'y livrer tout entier, d'être à la fois comédien et auteur, et de tirer de ses talents de l'utilité et de la gloire.

On sait que, chez les Athéniens, les auteurs jouaient souvent dans leurs pièces, et qu'ils n'étaient point déshonorés pour parler avec grâce en public devant leurs concitoyens. Il fut plus encouragé par cette idée que retenu par les préjugés de son siècle. Il prit le nom de Molière, et il ne fit, en changeant de nom, que suivre l'exemple des comédiens d'Italie et de ceux de l'hôtel de Bourgogne. L'un, dont le nom de famille était Le Grand, s'appelait Belleville dans la tragédie, et Turlupin dans la farce, d'où vient le mot de *turlupinade*. Hugues Guéret était connu, dans les pièces sérieuses, sous le nom de Fléchelles; dans la farce, il jouait toujours un certain rôle qu'on appelait Gautier-Garguille. De même, Arlequin et Scaramouche n'étaient connus que sous ce nom de théâtre. Il y avait déjà eu un comédien appelé Molière, auteur de la tragédie de *Polyxène*[1].

1. François de Molière, mort vers 1623, est auteur d'un roman intitulé *Polyxène*. (Éd.)

Le nouveau Molière fut ignoré pendant tout le temps que durèrent les guerres civiles en France; il employa ces années à cultiver son talent et à préparer quelques pièces. Il avait fait un recueil de scènes italiennes, dont il faisait de petites comédies pour les provinces. Ces premiers essais, très-informes, tenaient plus du mauvais théâtre italien, où il les avait pris, que de son génie, qui n'avait pas eu encore l'occasion de se développer tout entier. Le génie s'étend et se resserre par tout ce qui nous environne. Il fit donc, pour la province, *le Docteur amoureux, les trois Docteurs rivaux, le Maître d'école,* ouvrages dont il ne reste que le titre. Quelques curieux ont conservé deux pièces de Molière dans ce genre : l'une est *le Médecin volant,* et l'autre *la jalousie de Barbouille.* Elles sont en prose et écrites en entier. Il y a quelques phrases et quelques incidents de la première qui nous sont conservés dans le *Médecin malgré lui;* et on trouve, dans *la Jalousie de Barbouille,* un canevas, quoique informe, du troisième acte de *Georges Dandin.*

La première pièce régulière en cinq actes qu'il composa fut *l'Étourdi.* Il représenta cette comédie à Lyon, en 1653. Il y avait dans cette ville une troupe de comédiens de campagne, qui fut abandonnée dès que celle de Molière parut.

Quelques acteurs de cette ancienne troupe se joignirent à Molière, et il partit de Lyon pour les États de Languedoc avec une troupe assez complète, composée principalement de deux frères nommés Gros-René[1], de Duparc, d'un pâtissier[2] de la rue Saint-Honoré, de la Duparc, de la Béjart et de la Debrie.

Le prince de Conti, qui tenait les États de Languedoc à Béziers, se souvint de Molière, qu'il avait vu au collége; il lui donna une protection distinguée. Molière joua devant lui *l'Étourdi, le Dépit amoureux* et *les Précieuses ridicules.*

Cette petite pièce des *Précieuses,* faite en province, prouve assez que son auteur n'avait eu en vue que les ridicules des provinciales; mais il se trouva, depuis, que l'ouvrage pouvait corriger et la cour et la ville.

Molière avait alors trente-quatre ans; c'est l'âge où Corneille fit *le Cid.* Il est bien difficile de réussir avant cet âge dans le genre dramatique, qui exige la connaissance du monde et du cœur humain.

On prétend que le prince de Conti voulut alors faire Molière son secrétaire, et qu'heureusement pour la gloire du théâtre français, Molière eut le courage de préférer son talent à un poste honorable. Si ce fait est vrai, il fait également honneur au prince et au comédien.

Après avoir couru quelque temps toutes les provinces, et avoir joué à Grenoble, à Lyon, à Rouen, il vint enfin à Paris, en 1658. Le prince de Conti lui donna accès auprès de Monsieur, frère unique du roi

---

1. Sur ce passage, M. Beffara, dans sa *Dissertation,* remarque 1° que Voltaire aurait dû dire : « De deux frères nommés Béjart, de Gros-René, etc. ; » 2° qu'il ne parle pas de Debrie qui, ainsi que sa femme, faisait pourtant partie de la troupe. (*Note de M. Beuchot.*)

2. M. Decroix propose de lire : « De Duparc, *fils* d'un pâtissier, etc. » (*Id.*)

Louis XIV; Monsieur le présenta au roi et à la reine mère. Sa troupe et lui représentèrent, la même année, devant Leurs Majestés, la tragédie de *Nicomède*, sur un théâtre élevé par ordre du roi dans la salle des gardes du vieux Louvre.

Il y avait, depuis quelque temps, des comédiens établis à l'hôtel de Bourgogne. Ces comédiens assistèrent au début de la nouvelle troupe. Molière, après la représentation de *Nicomède*, s'avança sur le bord du théâtre, et prit la liberté de faire au roi un discours par lequel il remerciait Sa Majesté de son indulgence et louait adroitement les comédiens de l'hôtel de Bourgogne, dont il devait craindre la jalousie : il finit en demandant la permission de donner une pièce d'un acte qu'il avait jouée en province.

La mode de représenter ces petites farces après de grandes pièces était perdue à l'hôtel de Bourgogne. Le roi agréa l'offre de Molière; et l'on joua, dans l'instant, *le Docteur amoureux*. Depuis ce temps, l'usage a toujours continué de donner de ces pièces d'un acte ou de trois après les pièces de cinq.

On permit à la troupe de Molière de s'établir à Paris : ils s'y fixèrent, et partagèrent le théâtre du Petit-Bourbon avec les comédiens italiens, qui en étaient en possession depuis quelques années.

La troupe de Molière jouait sur ce théâtre les mardis, les jeudis et les samedis; et les italiens, les autres jours.

La troupe de l'hôtel de Bourgogne ne jouait aussi que trois fois la semaine, excepté lorsqu'il y avait des pièces nouvelles.

Dès lors la troupe de Molière prit le titre de *la Troupe de Monsieur*, qui était son protecteur. Deux ans après, en 1660, il leur accorda la salle du Palais-Royal. Le cardinal de Richelieu l'avait fait bâtir pour la représentation de *Mirame*, tragédie dans laquelle ce ministre avait composé plus de cinq cents vers. Cette salle est aussi mal construite que la pièce pour laquelle elle fut bâtie, et je suis obligé de remarquer, à cette occasion, que nous n'avons aujourd'hui aucun théâtre supportable : c'est une barbarie gothique que les Italiens nous reprochent avec raison. Les bonnes pièces sont en France, et les belles salles en Italie.

La troupe de Molière eut la jouissance de cette salle jusqu'à la mort de son chef. Elle fut alors accordée à ceux qui eurent le privilége de l'opéra, quoique ce vaisseau soit moins propre encore pour le chant que pour la déclamation.

Depuis l'an 1658 jusqu'à 1673, c'est-à-dire en quinze années de temps, il donna toutes ses pièces, qui sont au nombre de trente. Il voulut jouer dans le tragique; mais il n'y réussit pas : il avait une volubilité dans la voix et une espèce de hoquet qui ne pouvaient convenir au genre sérieux, mais qui rendaient son jeu comique plus plaisant. La femme [1] d'un des meilleurs comédiens que nous ayons eus a donné ce portrait-ci de Molière :

---

1. Marie-Angélique-Gassaud Ducroisy, femme de Paul Poisson, née en 1658, morte en 1756, à quatre-vingt-dix-huit ans. (*Note de M. Beuchot.*)

« Il n'était ni trop gras ni trop maigre ; il avait la taille plus grande que petite, le port noble, la jambe belle ; il marchait gravement ; avait l'air très-sérieux, le nez gros, la bouche grande, les lèvres épaisses, le teint brun, les sourcils noirs et forts ; et les divers mouvements qu'il leur donnait lui rendaient la physionomie extrêmement comique. A l'égard de son caractère, il était doux, complaisant, généreux. Il aimait fort à haranguer, et quand il lisait ses pièces aux comédiens, il voulait qu'ils y amenassent leurs enfants, pour tirer des conjectures de leur mouvement naturel. »

Molière se fit dans Paris un très-grand nombre de partisans et presque autant d'ennemis. Il accoutuma le public, en lui faisant connaître la bonne comédie, à le juger lui-même très-sévèrement. Les mêmes spectateurs qui applaudissaient aux pièces médiocres des autres auteurs relevaient les moindres défauts de Molière avec aigreur. Les hommes jugent de nous par l'attente qu'ils en ont conçue ; et le moindre défaut d'un auteur célèbre, joint avec les malignités du public, suffit pour faire tomber un bon ouvrage. Voilà pourquoi *Britannicus* et *les Plaideurs* de M. Racine furent si mal reçus ; voilà pourquoi *l'Avare, le Misanthrope, les Femmes savantes, l'École des Femmes*, n'eurent d'abord aucun succès.

Louis XIV, qui avait un goût naturel et l'esprit très-juste, sans l'avoir cultivé, ramena souvent, par son approbation, la cour et la ville aux pièces de Molière. Il eût été plus honorable pour la nation de n'avoir pas besoin des décisions de son prince pour bien juger. Molière eut des ennemis cruels, surtout les mauvais auteurs du temps, leurs protecteurs et leurs cabales : ils suscitèrent contre lui les dévots ; on lui imputa des livres scandaleux ; on l'accusa d'avoir joué des hommes puissants, tandis qu'il n'avait joué que les vices en général ; et il eût succombé sous ces accusations, si ce même roi, qui encouragea et qui soutint Racine et Despréaux, n'eût pas aussi protégé Molière.

Il n'eut à la vérité qu'une pension de mille livres, et sa troupe n'en eut qu'une de sept. La fortune qu'il fit par le succès de ses ouvrages le mit en état de n'avoir rien de plus à souhaiter ; ce qu'il retirait du théâtre, avec ce qu'il avait placé, allait à trente mille livres de rente, somme qui, en ce temps-là, faisait presque le double de la valeur réelle de pareille somme d'aujourd'hui.

Le crédit qu'il avait auprès du roi paraît assez par le canonicat qu'il obtint pour le fils de son médecin. Ce médecin s'appelait Mauvilain. Tout le monde sait qu'étant un jour au dîner du roi : « Vous avez un médecin, dit le roi à Molière, que vous fait-il ? — Sire, répondit Molière, nous causons ensemble, il m'ordonne des remèdes, je ne les fais point, et je guéris. »

Il faisait de son bien un usage noble et sage ; il recevait chez lui des hommes de la meilleure compagnie, les Chapelle, les Jonsac, les Desbarreaux, etc., qui joignaient la volupté et la philosophie. Il avait une maison de campagne à Auteuil, où il se délassait souvent avec eux des fatigues de sa profession, qui sont bien plus grandes qu'on ne pense. Le maréchal de Vivonne, connu par son esprit et par son amitié pour

Despréaux, allait souvent chez Molière, et vivait avec lui comme Lélius avec Térence. Le grand Condé exigeait de lui qu'il le vînt voir souvent, et disait qu'il trouvait toujours à apprendre dans sa conversation.

Molière employait une partie de son revenu en libéralités, qui allaient beaucoup plus loin que ce qu'on appelle dans d'autres hommes *des charités*. Il encourageait souvent par des présents considérables de jeunes auteurs qui marquaient du talent : c'est peut-être à Molière que la France doit Racine. Il engagea le jeune Racine, qui sortait de Port-Royal, à travailler pour le théâtre dès l'âge de dix-neuf ans. Il lui fit composer la tragédie de *Théagène et Chariclée;* et quoique cette pièce fût trop faible pour être jouée, il fit présent au jeune auteur de cen louis, et lui donna le plan des *Frères ennemis.*

Il n'est peut-être pas inutile de dire qu'environ dans le même temps, c'est-à-dire en 1661, Racine ayant fait une ode sur le mariage de Louis XIV, M. Colbert lui envoya cent louis au nom du roi.

Il est très-triste, pour l'honneur des lettres, que Molière et Racine aient été brouillés depuis; de si grands génies, dont l'un avait été le bienfaiteur de l'autre, devaient être toujours amis.

Il éleva et il forma un autre homme qui, par la supériorité de ses talents et par les dons singuliers qu'il avait reçus de la nature, mérite d'être connu de la postérité. C'était le comédien Baron, qui a été unique dans la tragédie et dans la comédie. Molière en prit soin comme de son propre fils.

Un jour, Baron vint lui annoncer qu'un comédien de campagne, que la pauvreté empêchait de se présenter, lui demandait quelques légers secours pour aller joindre sa troupe. Molière ayant su que c'était un nommé Mondorge, qui avait été son camarade, demanda à Baron combien il croyait qu'il fallait lui donner. Celui-ci répondit au hasard : « Quatre pistoles. — Donnez-lui quatre pistoles pour moi, lui dit Molière; en voilà vingt qu'il faut que vous lui donniez pour vous; » et il joignit à ce présent celui d'un habit magnifique. Ce sont de petits faits; mais ils peignent le caractère.

Un autre trait mérite plus d'être rapporté. Il venait de donner l'aumône à un pauvre : un instant après le pauvre court après lui, et lui dit : « Monsieur, vous n'aviez peut-être pas dessein de me donner un louis d'or, je viens vous le rendre. — Tiens, mon ami, dit Molière, en voilà un autre; » et il s'écria : « Où la vertu va-t-elle se nicher! » Exclamation qui peut faire voir qu'il réfléchissait sur tout ce qui se présentait à lui, et qu'il étudiait partout la nature en homme qui la voulait peindre.

Molière, heureux par ses succès et par ses protecteurs, par ses amis et par sa fortune, ne le fut pas dans sa maison. Il avait épousé, en 1661 [1], une jeune fille née de la Béjart et d'un gentilhomme nommé Modène. On disait que Molière en était le père : le soin avec lequel on avait répandu cette calomnie fit que plusieurs personnes prirent

---

1. Ce fut le 20 février 1662 que Molière épousa Armande-Gresinde-Claire-Elisabeth Béjart, sœur cadette et non fille de celle qu'on disait mariée à un Modène. (*Note de M. Beuchot.*)

celui de la réfuter. On prouva que Molière n'avait connu la mère qu'à près la naissance de cette fille. La disproportion d'âge, et les dangers auxquels une comédienne jeune et belle est exposée, rendirent ce mariage malheureux; et Molière, tout philosophe qu'il était d'ailleurs, essuya dans son domestique les dégoûts, les amertumes, et quelquefois les ridicules qu'il avait si souvent joués sur le théâtre : tant il est vrai que les hommes qui sont au-dessus des autres par les talents, s'en rapprochent presque toujours par les faiblesses; car pourquoi les talents nous mettraient-ils au-dessus de l'humanité?

La dernière pièce qu'il composa fut *le Malade imaginaire*. Il y avait quelque temps que sa poitrine était attaquée, et qu'il crachait quelquefois du sang. Le jour de la troisième représentation il se sentit plus incommodé qu'auparavant : on lui conseilla de ne point jouer; mais il voulut faire un effort sur lui-même, et cet effort lui coûta la vie.

Il lui prit une convulsion en prononçant *juro*, dans le divertissement de la réception du malade imaginaire. On le rapporta mourant chez lui, rue de Richelieu. Il fut assisté quelques moments par deux de ces sœurs religieuses qui viennent quêter à Paris pendant le carême, et qu'il logeait chez lui. Il mourut entre leurs bras, étouffé par le sang qui lui sortait par la bouche, le 17 février 1673, âgé de cinquante-trois ans. Il ne laissa qu'une fille qui avait beaucoup d'esprit [1]. Sa veuve épousa un comédien nommé Guérin.

Le malheur qu'il avait eu de ne pouvoir mourir avec les secours de la religion, et la prévention contre la comédie, déterminèrent Harlay de Chanvalon, archevêque de Paris, si connu par ses intrigues galantes, à refuser la sépulture à Molière. Le roi le regrettait; et ce monarque, dont il avait été le domestique et le pensionnaire, eut la bonté de prier l'archevêque de Paris de le faire inhumer dans une église. Le curé de Saint-Eustache, sa paroisse, ne voulut pas s'en charger. La populace, qui ne connaissait dans Molière que le comédien, et qui ignorait qu'il avait été un excellent auteur, un philosophe, un grand homme en son genre, s'attroupa en foule à la porte de sa maison le jour du convoi : sa veuve fut obligée de jeter de l'argent par les fenêtres; et ces misérables qui auraient, sans savoir pourquoi, troublé l'enterrement, accompagnèrent le corps avec respect.

La difficulté qu'on fit de lui donner la sépulture, et les injustices qu'il avait essuyées pendant sa vie, engagèrent le fameux P. Bouhours à composer cette espèce d'épitaphe, qui, de toutes celles qu'on fit pour Molière, est la seule qui mérite d'être rapportée, et la seule qui ne soit pas dans cette fausse et mauvaise histoire qu'on a mise jusqu'ici au-devant de ses ouvrages :

> Tu réformas et la ville et la cour;
> Mais quelle en fut la récompense!

---

1. Elle s'appelait Esprit-Magdeleine; née ou du moins baptisée le 4 août 1665, elle eut pour parrain et marraine Modène et la Béjart, ses oncle et tante. Elle épousa Rachel de Montalant, avec qui elle passa sa vie à Auteuil. Elle n'a point eu d'enfant. (*Note de M. Beuchot.*)

> Les Français rougiront un jour
> De leur peu de reconnaissance.
> Il leur fallut un comédien
> Qui mît à les polir sa gloire et son étude;
> Mais, Molière, à ta gloire il ne manquerait rien,
> Si parmi les défauts que tu peignais si bien,
> Tu les avais repris de leur ingratitude.

Non-seulement j'ai omis dans cette *Vie de Molière* les contes populaires touchant Chapelle et ses amis; mais je suis obligé de dire que ces contes adoptés par Grimarest sont très-faux. Le feu duc de Sulli, le dernier prince de Vendôme, l'abbé de Chaulieu, qui avaient beaucoup vécu avec Chapelle, m'ont assuré que toutes ces historiettes ne méritaient aucune créance.

L'ÉTOURDI, OU LES CONTRE-TEMPS,

Comédie en vers et en cinq actes, jouée d'abord à Lyon, en 1653, et à Paris, au mois de décembre 1658, sur le théâtre du Petit-Bourbon.

Cette pièce est la première comédie que Molière ait donnée à Paris : elle est composée de plusieurs petites intrigues assez indépendantes les unes des autres; c'était le goût du théâtre italien et espagnol, qui s'était introduit à Paris. Les comédies n'étaient alors que des tissus d'aventures singulières, où l'on n'avait guère songé à peindre les mœurs. Le théâtre n'était point, comme il le doit être, la représentation de la vie humaine. La coutume humiliante pour l'humanité que les hommes puissants avaient pour lors de tenir des fous auprès d'eux, avait infecté le théâtre; on n'y voyait que de vils bouffons qui étaient les modèles de nos *Jodelets;* et on ne représentait que le ridicule de ces misérables, au lieu de jouer celui de leurs maîtres. La bonne comédie ne pouvait être connue en France, puisque la société et la galanterie, seules sources du bon comique, ne faisaient que d'y naître. Ce loisir, dans lequel les hommes rendus à eux-mêmes se livrent à leur caractère et à leur ridicule, est le seul temps propre pour la comédie; car c'est le seul où ceux qui ont le talent de peindre les hommes aient l'occasion de les bien voir, et le seul pendant lequel les spectacles puissent être fréquentés assidûment. Aussi ce ne fut qu'après avoir bien vu la cour et Paris, et bien connu les hommes, que Molière les représenta avec des couleurs si vraies et si durables.

Les connaisseurs ont dit que *l'Étourdi* devrait seulement être intitulé *les Contre-temps.* Lélie, en rendant une bourse qu'il a trouvée, en secourant un homme qu'on attaque, fait des actions de générosité plutôt que d'étourderie. Son valet paraît plus étourdi que lui, puisqu'il n'a presque jamais l'attention de l'avertir de ce qu'il veut faire. Le dénoûment, qui a trop souvent été l'écueil de Molière, n'est pas meilleur ici que dans ses autres pièces : cette faute est plus inexcusable dans une pièce d'intrigue que dans une comédie de caractère.

On est obligé de dire (et c'est principalement aux étrangers qu'on le dit) que le style de cette pièce est faible et négligé, et que surtout il y a beaucoup de fautes contre la langue. Non-seulement il se trouve dans les ouvrages de cet admirable auteur des vices de construction, mais aussi plusieurs mots impropres et surannés. Trois des plus grands auteurs du siècle de Louis XIV, Molière, La Fontaine et Corneille, ne doivent être lus qu'avec précaution par rapport au langage. Il faut que ceux qui apprennent notre langue dans les écrits des auteurs célèbres y discernent ces petites fautes, et qu'ils ne les prennent pas pour des autorités.

Au reste, *l'Étourdi* eut plus de succès que *le Misanthrope*, *l'Avare* et *les Femmes savantes* n'en eurent depuis. C'est qu'avant *l'Étourdi* on ne connaissait pas mieux, et que la réputation de Molière ne faisait pas encore d'ombrage. Il n'y avait alors de bonne comédie au théâtre français que *le Menteur*.

LE DÉPIT AMOUREUX,

Comédie en vers et en cinq actes, représentée au théâtre du Petit-Bourbon, en 1658.

Le Dépit amoureux fut joué à Paris immédiatement après *l'Étourdi*. C'est encore une pièce d'intrigue, mais d'un autre genre que la précédente. Il n'y a qu'un seul nœud dans *le Dépit amoureux*. Il est vrai qu'on a trouvé le déguisement d'une fille en garçon peu vraisemblable. Cette intrigue a le défaut d'un roman, sans en avoir l'intérêt; et le cinquième acte, employé à débrouiller ce roman, n'a paru ni vif ni comique. On a admiré dans *le Dépit amoureux* la scène de la brouillerie et du raccommodement d'Éraste et de Lucile. Le succès est toujours assuré, soit en tragique, soit en comique, à ces sortes de scènes qui représentent la passion la plus chère aux hommes dans la circonstance la plus vive. La petite ode d'Horace, *Donec gratus eram tibi*, a été regardée comme le modèle de ces scènes qui sont enfin devenues des lieux communs.

LES PRÉCIEUSES RIDICULES,

Comédie en un acte et en prose, jouée d'abord en province, et représentée pour la première fois à Paris sur le théâtre du Petit-Bourbon, au mois de novembre 1659.

Lorsque Molière donna cette comédie, la fureur du bel esprit était plus que jamais à la mode. Voiture avait été le premier en France qui avait écrit avec cette galanterie ingénieuse dans laquelle il est si difficile d'éviter la fadeur et l'affectation. Ses ouvrages, où il se trouve quelques vraies beautés avec trop de faux brillants, étaient les seuls modèles; et presque tous ceux qui se piquaient d'esprit n'imitaient que ses défauts. Les romans de Mlle Scudéri avaient achevé de gâter le goût : il régnait dans la plupart des conversations un mélange de galanterie guindée, de sentiments romanesques et d'expressions bizarres, qui composaient un jargon nouveau, inintelligible et admiré. Les provinces, qui outrent toutes les modes, avaient encore renchéri sur ce ridicule : les femmes qui se piquaient de cette espèce de bel esprit s'appelaient *précieuses*. Ce nom, si décrié depuis par la pièce de Molière, était alors honorable; et Molière même dit dans sa préface qu'il a beaucoup de respect pour *les véritables précieuses*, et qu'il n'a voulu jouer que les fausses.

Cette petite pièce, faite d'abord pour la province, fut applaudie à Paris, et jouée quatre mois de suite. La troupe de Molière fit doubler pour la première fois le prix ordinaire, qui n'était alors que de dix sous au parterre.

Dès la première représentation, Ménage, homme célèbre dans ce temps-là, dit au fameux Chapelain : « Nous adorions vous et moi toutes les sottises qui viennent d'être si bien critiquées; croyez-moi, il nous faudra brûler ce que nous avons adoré. » Du moins c'est ce que l'on trouve dans le *Ménagiana*; et il est assez vraisemblable que Chapelain, homme alors très-estimé, et cependant le plus mauvais poëte qui ait jamais été, parlait lui-même le jargon des *Précieuses ridicules* chez Mme de Longueville, qui présidait, à ce que dit le cardinal de Retz, à ces combats spirituels dans lesquels on était parvenu à ne se point entendre.

La pièce est sans intrigue et toute de caractère. Il y a très-peu de défauts contre la langue, parce que, lorsqu'on écrit en prose, on est bien plus maître de son style; et parce que Molière, ayant à critiquer le langage des beaux esprits du temps, châtia le sien davantage. Le grand succès de ce petit ouvrage lui attira des critiques que *l'Étourdi* et le *Dépit amoureux* n'avaient pas essuyées. Un certain Antoine Bodeau fit *les véritables Précieuses*: on parodia la pièce de Molière; mais toutes ces critiques et ces parodies sont tombées dans l'oubli qu'elles méritaient.

On sait qu'à une représentation des *Précieuses ridicules* un vieillard s'écria du milieu du parterre : « Courage, Molière! voilà la bonne comédie. » On eut honte de ce style affecté, contre lequel Molière et Despréaux se sont toujours élevés. On commença à ne plus estimer que le naturel, et c'est peut-être l'époque du bon goût en France.

L'envie de se distinguer a ramené depuis le style des *Précieuses* : on le retrouve encore dans plusieurs livres modernes. L'un[1], en traitant sérieusement de nos lois, appelle un exploit, *un compliment timbré*. L'autre[2], écrivant à une maîtresse en l'air, lui dit : « Votre nom est écrit en grosses lettres sur mon cœur.... Je veux vous faire peindre en Iroquoise, mangeant une demi-douzaine de cœurs par amusement. » Un troisième[3] appelle un cadran au soleil, *un greffier solaire;* une grosse rave, *un phénomène potager*. Ce style a reparu sur le théâtre même, où Molière l'avait si bien tourné en ridicule; mais la nation entière a marqué son bon goût en méprisant cette affectation dans des auteurs que d'ailleurs elle estimait.

1. Tourreil. — 2. Fontenelle. — 3. La Motte.

LE COCU IMAGINAIRE,

Comédie en un acte et en vers, représentée à Paris, le 28 mai 1660.

Le Cocu imaginaire fut joué quarante fois de suite, quoique dans l'été, et pendant que le mariage du roi retenait toute la cour hors de Paris. C'est une pièce en un acte, où il entre un peu de caractère, et dont l'intrigue est comique par elle-même. On voit que Molière perfectionna sa manière d'écrire par son séjour à Paris. Le style du *Cocu imaginaire* l'emporte beaucoup sur celui de ses premières pièces en vers : on y trouve bien moins de fautes de langage. Il est vrai qu'il y a quelques grossièretés :

La bière est un séjour par trop mélancolique,
Et trop malsain pour ceux qui craignent la colique.

Il y a des expressions qui ont vieilli. Il y a aussi des termes que la politesse a bannis aujourd'hui du théâtre, comme *carogne*, *cocu*, etc.

Le dénoûment, que fait Villebrequin, est un des moins bien ménagés et des moins heureux de Molière. Cette pièce eut le sort des bons ouvrages qui ont et de mauvais censeurs et de mauvais copistes. Un nommé Doneau fit jouer à l'hôtel de Bourgogne *la Cocue imaginaire* à la fin de 1661.

DON GARCIE DE NAVARRE, OU LE PRINCE JALOUX,

Comédie héroïque en vers et en cinq actes, représentée pour la première fois le 4 février 1661.

Molière joua le rôle de don Garcie; et ce fut par cette pièce qu'il apprit qu'il n'avait point de talent pour le sérieux, comme acteur. La pièce et le jeu de Molière furent très-mal reçus. Cette pièce, imitée de l'espagnol, n'a jamais été rejouée depuis sa chute. La réputation naissante de Molière souffrit beaucoup de cette disgrâce, et ses ennemis triomphèrent quelque temps. *Don Garcie* ne fut imprimé qu'après la mort de l'auteur.

L'ÉCOLE DES MARIS,

Comédie en vers et en trois actes, représentée à Paris, le 24 juin 1661.

Il y a grande apparence que Molière avait au moins les canevas de ces premières pièces déjà préparés, puisqu'elles se succédèrent en si peu de temps.

L'École des maris affermit pour jamais la réputation de Molière : c'est une pièce de caractère et d'intrigue. Quand il n'aurait fait que ce seul ouvrage, il eût pu passer pour un excellent auteur comique.

On a dit que *l'École des maris* était une copie des *Adelphes* de Térence : si cela était, Molière eût plus mérité l'éloge d'avoir fait passer en France le bon goût de l'ancienne Rome, que le reproche d'avoir dérobé sa pièce. Mais *les Adelphes* ont fourni tout au plus l'idée de *l'École des maris*. Il y a dans *les Adelphes* deux vieillards de différente humeur, qui donnent chacun une éducation différente aux enfants qu'ils élèvent; il y a de même dans *l'École des maris* deux tuteurs, dont l'un est sévère et l'autre indulgent : voilà toute la ressemblance. Il n'y a presque point d'intrigue dans *les Adelphes*; celle de *l'École des maris* est fine, intéressante et comique. Une des femmes de la pièce de Térence, qui devrait faire le personnage le plus intéressant, ne paraît sur le théâtre que pour accoucher[1]. L'Isabelle de Molière occupe presque toujours la scène avec esprit et avec grâce, et mêle quelquefois de la bienséance, même dans les tours qu'elle joue à son tuteur. Le dénoûment des *Adelphes* n'a nulle vraisemblance : il n'est point dans la nature qu'un vieillard qui a été soixante ans chagrin, sévère et avare, devienne tout à coup gai, complaisant et libéral. Le dénoûment de *l'École des maris* est le meilleur de toutes les pièces de Molière. Il est vraisemblable, naturel, tiré du fond de l'intrigue; et, ce qui vaut bien autant, il est extrêmement comique. Le style de Térence est pur, sentencieux, mais un peu froid, comme César, qui excellait en tout, le lui a reproché. Celui de Molière, dans cette pièce, est plus châtié que dans les autres. L'auteur français égale presque la pureté de la diction de Térence, et le passe de bien loin dans l'intrigue, dans le caractère, dans le dénoûment, dans la plaisanterie.

LES FACHEUX,

Comédie en vers et en trois actes, représentée à Vaux, devant le roi, au mois d'août; et à Paris, sur le théâtre du Palais-Royal, le 4 novembre de la même année 1661.

Nicolas Fouquet, dernier surintendant des finances, engagea Molière à composer cette comédie pour la fameuse fête qu'il donna au roi et à la reine mère dans sa maison de Vaux, aujourd'hui appelée Villars. Molière n'eut que quinze jours pour se préparer. Il avait déjà quelques scènes détachées toutes prêtes; il y en ajouta de nouvelles, et en composa cette comédie, qui fut, comme il le dit dans la préface, faite, apprise et représentée en moins de quinze jours. Il n'est pas vrai, comme le prétend Grimarest, auteur d'une *Vie de Molière*, que le roi lui eût alors fourni lui-même le caractère du chasseur. Molière n'avait point encore auprès du roi un accès assez libre : de plus, ce n'était pas ce prince qui donnait la fête, c'était Fouquet; et il fallait ménager au roi le plaisir de la surprise.

Cette pièce fit au roi un plaisir extrême, quoique les ballets des intermèdes fussent mal inventés et mal exécutés. Paul Pellisson, homme célèbre dans les lettres, composa le prologue en vers à la louange du roi. Ce prologue fut très-applaudi de toute la cour, et plut beaucoup à Louis XIV. Mais celui qui donna la fête, et l'auteur du prologue, furent

---

1. Elle ne paraît pas du tout sur le théâtre : on entend seulement sa voix du dehors. (*Note de M. Beuchot.*)

tous deux mis en prison peu de temps après; on les voulait même arrêter au milieu de la fête : triste exemple de l'instabilité des fortunes de cour.

Les Fâcheux ne sont pas le premier ouvrage en scènes absolument détachées qu'on ait vu sur notre théâtre. *Les Visionnaires* de Desmarets étaient dans ce goût[1], et avaient eu un succès si prodigieux que tous les beaux esprits du temps de Desmarets l'appelaient *l'inimitable comédie*. Le goût du public s'est tellement perfectionné depuis, que cette comédie ne paraît aujourd'hui inimitable que par son extrême impertinence. Sa vieille réputation fit que les comédiens osèrent la jouer en 1719; mais ils ne purent jamais l'achever. Il ne faut pas craindre que *les Fâcheux* tombent dans le même décri. On ignorait le théâtre du temps de Desmarets; les auteurs étaient outrés en tout, parce qu'ils ne connaissaient point la nature; ils peignaient au hasard des caractères chimériques; le faux, le bas, le gigantesque dominaient partout : Molière fut le premier qui fit sentir le vrai, et par conséquent le beau. Cette pièce le fit connaître plus particulièrement de la cour et du roi; et lorsque, quelque temps après, Molière donna cette pièce à Saint-Germain, le roi lui ordonna d'y ajouter la scène du chasseur. On prétend que ce chasseur était le comte de Soyecourt: Molière, qui n'entendait rien au jargon de la chasse, pria le comte de Soyecourt lui-même de lui indiquer les termes dont il devait se servir.

L'ÉCOLE DES FEMMES,

Comédie en vers et en cinq actes, représentée à Paris, sur le théâtre du Palais-Royal, le 26 décembre 1662.

Le théâtre de Molière, qui avait donné naissance à la bonne comédie, fut abandonné la moitié de l'année 1661, et toute l'année 1662, pour certaines farces moitié italiennes, moitié françaises, qui furent alors accréditées par le retour d'un fameux pantomime italien, connu sous le nom de Scaramouche. Les mêmes spectateurs, qui applaudissaient sans réserve à ces farces monstrueuses, se rendirent difficiles pour *l'École des femmes*, pièce d'un genre tout nouveau, laquelle, quoique toute en récits, est ménagée avec tant d'art que tout paraît être en action.

Elle fut très-suivie et très-critiquée, comme le dit la gazette de Loret

> Pièce qu'en plusieurs lieux on fronde,
> Mais où pourtant va tant de monde
> Que jamais sujet important
> Pour le voir n'en attira tant.

Elle passe pour être inférieure en tout à *l'École des maris*, et surtout dans le dénoûment, qui est aussi *postiche* dans *l'École des femmes*

---

1. *Les Visionnaires* de Desmarets, joués en 1637, comme le remarque Auger dans son édition de Molière, II, 460, ne sont pas une comédie à scènes détachées, et Molière est le premier qui ait fait parmi nous une pièce de ce genre. (*Note de M. Bouchot.*)

qu'il est bien amené dans *l'École des maris*. On se révolta généralement contre quelques expressions qui paraissaient indignes de Molière;
on désapprouva *le corbillon, la tarte à la crème, les enfants faits par
l'oreille*. Mais aussi les connaisseurs admirèrent avec quelle adresse
Molière avait su attacher et plaire pendant cinq actes, par la seule confidence d'Horace au vieillard, et par de simples récits. Il semblait qu'un
sujet ainsi traité ne dût fournir qu'un acte; mais c'est le caractère du
vrai génie de répandre sa fécondité sur un sujet stérile, et de varier
ce qui semble uniforme. On peut dire en passant que c'est là le grand
art des tragédies de l'admirable Racine.

LA CRITIQUE DE L'ÉCOLE DES FEMMES,

Petite pièce en un acte et en prose, représentée à Paris, sur le théâtre
du Palais-Royal, le 1er juin 1663.

C'est le premier ouvrage de ce genre qu'on connaisse au théâtre.
C'est proprement un dialogue, et non une comédie. Molière y fait plus
la satire de ses censeurs, qu'il ne défend les endroits faibles de *l'École
des femmes*. On convient qu'il avait tort de vouloir justifier *la tarte à
la crème*, et quelques autres bassesses de style qui lui étaient échappées; mais ses ennemis avaient plus grand tort de saisir ces petits défauts pour condamner un bon ouvrage.

Boursault crut se reconnaître dans le portrait de Lysidas. Pour s'en
venger, il fit jouer à l'hôtel de Bourgogne une petite pièce dans le goût
de *la Critique de l'École des femmes*, intitulée *le Portrait du peintre,
ou la Contre-Critique*.

L'IMPROMPTU DE VERSAILLES,

Petite pièce en un acte et en prose, représentée à Versailles,
le 14 octobre 1663, et à Paris, le 4 novembre de la même année.

Molière fit ce petit ouvrage en partie pour se justifier devant le roi
de plusieurs calomnies, et en partie pour répondre à la pièce de Boursault. C'est une satire cruelle et outrée. Boursault y est nommé par
son nom. La licence de l'ancienne comédie grecque n'allait pas plus
loin. Il eût été de la bienséance et de l'honnêteté publique de supprimer la satire de Boursault et celle de Molière. Il est honteux que les
hommes de génie et de talent s'exposent par cette petite guerre à être
la risée des sots. Il n'est permis de s'adresser aux personnes que quand
ce sont des hommes publiquement déshonorés, comme Rolet et Wasp.
Molière sentit d'ailleurs la faiblesse de cette petite comédie, et ne la
fit point imprimer.

LA PRINCESSE D'ÉLIDE, OU LES PLAISIRS DE L'ILE ENCHANTÉE,

Représentée le 7 mai 1664, à Versailles, à la grande fête que le roi donna aux reines.

Les fêtes que Louis XIV donna dans sa jeunesse méritent d'entrer dans l'histoire de ce monarque, non-seulement par les magnificences singulières, mais encore par le bonheur qu'il eut d'avoir des hommes célèbres en tous genres, qui contribuaient en même temps à ses plaisirs, à la politesse et à la gloire de la nation. Ce fut à cette fête, connue sous le nom de l'*Ile enchantée*, que Molière fit jouer *la Princesse d'Élide*, comédie-ballet en cinq actes. Il n'y a que le premier acte et la première scène du second qui soient en vers : Molière, pressé par le temps, écrivit le reste en prose. Cette pièce réussit beaucoup dans une cour qui ne respirait que la joie, et qui, au milieu de tant de plaisirs, ne pouvait critiquer avec sévérité un ouvrage fait à la hâte pour embellir la fête.

On a depuis représenté *la Princesse d'Élide* à Paris; mais elle ne put avoir le même succès, dépouillée de tous ses ornements et des circonstances heureuses qui l'avaient soutenue. On joua la même année la comédie de *la Mère coquette*, du célèbre Quinault : c'était presque la seule bonne comédie qu'on eût vue en France, hors les pièces de Molière, et elle dut lui donner de l'émulation. Rarement les ouvrages faits pour des fêtes réussissent-ils au théâtre de Paris Ceux à qui la fête est donnée sont toujours indulgents; mais le public libre est toujours sévère. Le genre sérieux et galant n'était pas le génie de Molière; et cette espèce de poëme, n'ayant ni le plaisant de la comédie ni les grandes passions de la tragédie, tombe presque toujours dans l'insipidité.

LE MARIAGE FORCÉ,

Petite pièce en prose et en un acte, représentée au Louvre le 24 janvier 1664, et au théâtre du Palais-Royal, le 15 décembre de la même année.

C'est une de ces petites farces de Molière, qu'il prit l'habitude de faire jouer après les pièces en cinq actes. Il y a dans celle-ci quelques scènes tirées du théâtre italien. On y remarque plus de bouffonnerie que d'art et d'agrément. Elle fut accompagnée, au Louvre, d'un petit ballet où Louis XIV dansa.

DON JUAN, OU LE FESTIN DE PIERRE,

Comédie en prose et en cinq actes, représentée sur le théâtre du Palais-Royal, le 15 février 1665.

L'original de la comédie bizarre du *Festin de Pierre* est de Triso de Molina, auteur espagnol. Il est intitulé *El Combidado de piedra* (*le Convié de pierre*). Il fut joué ensuite en Italie, sous le titre de *Convitato di pietra*. La troupe des comédiens italiens le joua à Paris, et on rappela *le Festin de Pierre*. Il eut un grand succès sur ce théâtre irrégulier : on ne se révolta point contre le monstrueux assemblage de bouffonnerie et de religion, de plaisanterie et d'horreur, ni contre les prodiges extravagants qui font le sujet de cette pièce. Une statue qui marche et qui parle, et les flammes de l'enfer qui engloutissent un débauché sur le théâtre d'Arlequin, ne soulevèrent point les esprits, soit qu'en effet il y ait dans cette pièce quelque intérêt, soit que le jeu des comédiens l'embellît, soit plutôt que le peuple, à qui *le Festin de Pierre* plaît beaucoup plus qu'aux honnêtes gens, aime cette espèce de merveilleux.

Villiers, comédien de l'hôtel de Bourgogne, mit *le Festin de Pierre* en vers, et il eut quelque succès à ce théâtre. Molière voulut aussi traiter ce bizarre sujet. L'empressement d'enlever des spectateurs à l'hôtel de Bourgogne fit qu'il se contenta de donner en prose sa comédie : c'était une nouveauté inouïe alors, qu'une pièce de cinq actes en prose. On voit par là combien l'habitude a de puissance sur les hommes, et comme elle forme les différents goûts des nations. Il y a des pays où l'on n'a pas l'idée qu'une comédie puisse réussir en vers : les Français, au contraire, ne croyaient pas qu'on pût supporter une longue comédie qui ne fût pas rimée. Ce préjugé fit donner la préférence à la pièce de Villiers sur celle de Molière ; et ce préjugé a duré si longtemps, que Thomas Corneille, en 1673, immédiatement après la mort de Molière, mit son *Festin de Pierre* en vers : il eut alors un grand succès sur le théâtre de la rue Guénégaud ; et c'est de cette seule manière qu'on le représente aujourd'hui.

A la première représentation du *Festin de Pierre* de Molière, il y avait une scène entre don Juan et un pauvre. Don Juan demandait à ce pauvre à quoi il passait sa vie dans la forêt. « A prier Dieu, répondait le pauvre, pour les honnêtes gens qui me donnent l'aumône. — Tu passes ta vie à prier Dieu ? disait don Juan ; si cela est, tu dois donc être fort à ton aise. — Hélas ! monsieur, je n'ai pas souvent de quoi manger. — Cela ne se peut pas, répliquait don Juan : Dieu ne saurait laisser mourir de faim ceux qui le prient du soir au matin. Tiens voilà un louis d'or ; mais je te le donne pour l'amour de l'humanité. »

Cette scène, convenable au caractère impie de don Juan, mais dont les esprits faibles pouvaient faire un mauvais usage, fut supprimée à la seconde représentation, et ce retranchement fut peut-être cause du peu de succès de la pièce.

Celui qui écrit ceci a vu la scène écrite de la main de Molière, entre les mains du fils de Pierre Marcassus, ami de l'auteur.

Cette scène a été imprimée depuis.

L'AMOUR MÉDECIN,

Petite comédie en un acte et en prose, représentée à Versailles le 15 septembre 1665, et sur le théâtre du Palais-Royal, le 22 du même mois.

L'Amour médecin est un impromptu fait pour le roi en cinq jours de temps : cependant cette petite pièce est d'un meilleur comique que *le*

Mariage forcé; elle fut accompagnée d'un prologue en musique, qui est l'une des premières compositions de Lulli.

C'est le premier ouvrage dans lequel Molière ait joué les médecins. Ils étaient fort différents de ceux d'aujourd'hui; ils allaient presque toujours en robe et en rabat, et consultaient en latin.

Si les médecins de notre temps ne connaissent pas mieux la nature, ils connaissent mieux le monde, et savent que le grand art d'un médecin est l'art de plaire. Molière peut avoir contribué à leur ôter leur pédanterie; mais les mœurs du siècle, qui ont changé en tout, y ont contribué davantage. L'esprit de raison s'est introduit dans toutes les sciences, et la politesse dans toutes les conditions.

LE MISANTHROPE,

Comédie en vers et en cinq actes, représentée sur le théâtre du Palais-Royal le 4 juin 1666.

L'Europe regarde cet ouvrage comme le chef-d'œuvre du haut comique. Le sujet du Misanthrope a réussi chez toutes les nations longtemps avant Molière, et après lui. En effet, il y a peu de choses plus attachantes qu'un homme qui hait le genre humain, dont il a éprouvé les noirceurs, et qui est entouré de flatteurs dont la complaisance servile fait un contraste avec son inflexibilité. Cette façon de traiter le Misanthrope est la plus commune, la plus naturelle, et la plus susceptible du genre comique. Celle dont Molière l'a traité est bien plus délicate, et, fournissant bien moins, exigeait beaucoup d'art. Il s'est fait à lui-même un sujet stérile, privé d'action, dénué d'intérêt. Son Misanthrope hait les hommes encore plus par humeur que par raison. Il n'y a d'intrigue dans la pièce que ce qu'il en faut pour faire sortir les caractères, mais peut-être pas assez pour attacher; en récompense, tous ces caractères ont une force, une vérité et une finesse que jamais auteur comique n'a connues comme lui.

Molière est le premier qui ait su tourner en scène ces conversations du monde, et y mêler des portraits. *Le Misanthrope* en est plein; c'est une peinture continuelle, mais une peinture de ces ridicules que les yeux vulgaires n'aperçoivent pas. Il est inutile d'examiner ici en détail les beautés de ce chef-d'œuvre de l'esprit; de montrer avec quel art Molière a peint un homme qui pousse la vertu jusqu'au ridicule, rempli de faiblesse pour une coquette, et de remarquer la conversation et le contraste charmant d'une prude avec cette coquette outrée. Quiconque lit doit sentir ces beautés, lesquelles même, toutes grandes qu'elles sont, ne seraient rien sans le style. La pièce est, d'un bout à l'autre, à peu près dans le style des satires de Despréaux; et c'est, de toutes les pièces de Molière, la plus fortement écrite.

Elle eut, à la première représentation, les applaudissements qu'elle méritait. Mais c'était un ouvrage plus fait pour les gens d'esprit que pour la multitude, et plus propre encore à être lu qu'à être joué. Le théâtre fut désert dès le troisième jour. Depuis, lorsque le fameux acteur Baron, étant remonté sur le théâtre après trente ans d'absence, joua le Misanthrope, la pièce n'attira pas un grand concours; ce qui confirma l'opinion où l'on était que cette pièce serait plus admirée que suivie. Ce peu d'empressement qu'on a, d'un côté, pour le Misanthrope, et de l'autre, la juste admiration qu'on a pour lui, prouvent, peut-être plus qu'on ne pense, que le public n'est point injuste. Il court en foule à des comédies gaies et amusantes, mais qu'il n'estime guère; et ce qu'il admire n'est pas toujours réjouissant. Il en est des comédies comme des jeux : il y en a que tout le monde joue; il y en a qui ne sont faits que pour les esprits plus fins et plus appliqués.

Si on osait encore chercher dans le cœur humain la raison de cette tiédeur du public aux représentations du Misanthrope, peut-être les trouverait-on dans l'intrigue de la pièce, dont les beautés ingénieuses et fines ne sont pas également vives et intéressantes; dans ces conversations même qui sont des morceaux inimitables, mais qui, n'étant pas toujours nécessaires à la pièce, peut-être refroidissent un peu l'action, pendant qu'elles font admirer l'auteur; enfin, dans le dénoûment, qui, tout bien amené et tout sage qu'il est, semble être attendu du public sans inquiétude, et qui, venant après une intrigue peu attachante, ne peut avoir rien de piquant. En effet, le spectateur ne souhaite point que le Misanthrope épouse la coquette Célimène, et ne s'inquiète pas beaucoup s'il se détachera d'elle. Enfin, on prendrait la liberté de dire que le Misanthrope est une satire plus sage et plus fine que celles d'Horace et de Boileau, et pour le moins aussi bien écrite; mais qu'il y a des comédies plus intéressantes; et que le Tartufe, par exemple, réunit les beautés du style du Misanthrope avec un intérêt plus marqué.

On sait que les ennemis de Molière voulurent persuader au duc de Montausier, fameux par sa vertu sauvage, que c'était lui que Molière jouait dans le Misanthrope. Le duc de Montausier alla voir la pièce, et dit, en sortant, qu'il aurait bien voulu ressembler au Misanthrope de Molière.

LE MÉDECIN MALGRÉ LUI,

Comédie en trois actes et en prose, représentée sur le théâtre du Palais-Royal,
le 9 août 1666.

Molière, ayant suspendu son chef-d'œuvre du Misanthrope, le rendi quelque temps après au public, accompagné du Médecin malgré lui, farce très-gaie et très-bouffonne, et dont le peuple grossier avait besoin; à peu près comme à l'Opéra, après une musique noble et savante, on entend avec plaisir ces petits airs qui ont par eux-mêmes peu de mérite, mais que tout le monde retient aisément. Ces gentillesses frivoles servent à faire goûter les beautés sérieuses.

Le Médecin malgré lui soutint le Misanthrope : c'est peut-être à la honte de la nature humaine; mais c'est ainsi qu'elle est faite : on va plus à la comédie pour rire que pour être instruit. Le Misanthrope était l'ouvrage d'un sage qui écrivait pour les hommes éclairés; et il fallut que le sage se déguisât en farceur pour plaire à la multitude.

MÉLICERTE,

Pastorale héroïque, représentée à Saint-Germain-en-Laye, pour le r^*, au Ballet des Muses, en décembre 1666.

Molière n'a jamais fait que deux actes de cette comédie; le roi se contenta de ces deux actes dans la fête du *Ballet des Muses*[1]. Le public n'a point regretté que l'auteur ait négligé de finir cet ouvrage : il est dans un genre qui n'était point celui de Molière. Quelque peine qu'il y eût prise, les plus grands efforts d'un homme d'esprit ne remplacent jamais le génie[2].

LE SICILIEN, OU L'AMOUR PEINTRE,

Comédie en prose et en un acte, représentée à Saint-Germain-en-Laye en 1667, et sur le théâtre du Palais-Royal le 10 juin de la même année.

C'est la seule petite pièce en un acte où il y ait de la grâce et de la galanterie. Les autres petites pièces que Molière ne donnait que comme des farces ont d'ordinaire un fond plus bouffon et moins agréable.

AMPHITRYON,

Comédie en vers et en trois actes, représentée sur le théâtre du Palais-Royal le 13 janvier 1668.

Euripide et Archippus avaient traité ce sujet de tragi-comédie chez les Grecs : c'est une des pièces de Plaute qui a eu le plus de succès; on la jouait encore à Rome cinq cents ans après lui; et ce qui peut paraître singulier, c'est qu'on la jouait toujours dans des fêtes consacrées à Jupiter. Il n'y a que ceux qui ne savent point combien les hommes agissent peu conséquemment qui puissent être surpris qu'on se moquât publiquement au théâtre des mêmes dieux qu'on adorait dans les temples.

Molière a tout pris de Plaute, hors les scènes de Sosie et de Cléanthis. Ceux qui ont dit qu'il a imité son prologue de Lucien ne savent pas la différence qui est entre une imitation et la ressemblance très-éloignée de l'excellent dialogue de la Nuit et de Mercure, dans Molière, avec le petit dialogue de Mercure et d'Apollon, dans Lucien : il n'y a pas une plaisanterie, pas un seul mot que Molière doive à cet auteur grec.

Tous les lecteurs exempts de préjugés savent combien l'*Amphitryon* français est au-dessus de l'*Amphitryon* latin. On ne peut pas dire des plaisanteries de Molière ce qu'Horace dit de celles de Plaute :

Vestri proavi plantinos et numeros et
Laudavere sales, nimium patienter utrumque[1].

1. *Le Ballet des Muses* est de Benserade. (ÉD.)
2. Dans les premières éditions le *quelque peine qu'il y eût prise* termine la phrase précédente; mais d'une ou d'autre manière le texte me paraît altéré. Voltaire refuserait à Molière le génie qu'il lui a reconnu, plus haut. (ÉD.)

Dans Plaute, Mercure dit à Sosie : « Tu viens avec des fourberies cousues. » Sosie répond : « Je viens avec des habits cousus. — Tu as menti, réplique le dieu; tu viens avec tes pieds, et non avec tes habits. » Ce n'est pas là le comique de notre théâtre. Autant Molière paraît surpasser Plaute dans cette espèce de plaisanterie que les Romains nommaient *urbanité*, autant paraît-il aussi l'emporter dans l'économie de sa pièce. Quand il fallait chez les anciens apprendre aux spectateurs quelque événement, un acteur venait, sans façon, le conter dans un monologue : ainsi Amphitryon et Mercure viennent seuls sur la scène dire tout ce qu'ils ont fait pendant les entr'actes. Il n'y avait pas plus d'art dans les tragédies. Cela seul fait peut-être voir que le théâtre des anciens (d'ailleurs à jamais respectable) est, par rapport au nôtre, ce que l'enfance est à l'âge mûr.

Mme Dacier, qui a fait honneur à son sexe par son érudition, et qui lui en eût fait davantage, si avec la science des commentateurs elle n'en eût pas eu l'esprit, fit une dissertation pour prouver que l'*Amphitryon* de Plaute était fort au-dessus du moderne; mais ayant ouï dire que Molière voulait faire une comédie des *Femmes savantes*, elle supprima sa dissertation.

L'*Amphitryon* de Molière réussit pleinement et sans contradiction : aussi est-ce une pièce faite pour plaire aux plus simples et aux plus grossiers, comme aux plus délicats. C'est la première comédie que Molière ait écrite en vers libres. On prétendit alors que ce genre de versification était plus propre à la comédie que les rimes plates, en ce qu'il y a plus de liberté et plus de variété. Cependant les rimes plates en vers alexandrins ont prévalu. Les vers libres sont d'autant plus malaisés à faire, qu'ils semblent plus faciles. Il y a un rhythme très-peu connu qu'il y faut observer, sans quoi cette poésie rebute. Corneille ne connut pas ce rhythme dans son *Agésilas*.

L'AVARE,

Comédie en prose et en cinq actes, représentée à Paris sur le théâtre du Palais-Royal, le 9 septembre 1668.

Cette excellente comédie avait été donnée au public en 1667; mais le même préjugé qui fit tomber *le Festin de Pierre*, parce qu'il était en prose, avait fait tomber *l'Avare*. Molière, pour ne point heurter de front le sentiment des critiques, et sachant qu'il faut ménager les hommes quand ils ont tort, donna au public le temps de revenir, et ne rejoua *l'Avare* qu'un an après : le public, qui, à la longue, se rend toujours au bon, donna à cet ouvrage les applaudissements qu'il mérite. On comprit alors qu'il peut y avoir de fort bonnes comédies en prose, et qu'il y a peut-être plus de difficulté à réussir dans ce style ordinaire, où l'esprit seul soutient l'auteur, que dans la versification,

1. *Art poétique*, 270. 271. (ÉD.)

qui, par la rime, la cadence et la mesure, prête des ornements à des idées simples que la prose n'embellirait pas.

Il y a dans *l'Avare* quelques idées prises de Plaute, et embellies par Molière. Plaute avait imaginé le premier de faire en même temps voler la cassette de l'Avare, et séduire sa fille; c'est de lui qu'est toute l'invention de la scène du jeune homme qui vient avouer le rapt, et que l'Avare prend pour le voleur. Mais on ose dire que Plaute n'a point assez profité de cette situation; il ne l'a inventée que pour la manquer; que l'on en juge par ce trait seul : l'amant de la fille ne paraît que dans cette scène; il vient sans être annoncé ni préparé, et la fille elle-même n'y paraît point du tout.

Tout le reste de la pièce est de Molière, caractères, intrigues, plaisanteries; il n'a imité que quelques lignes, comme cet endroit où l'Avare, parlant (peut-être mal à propos) aux spectateurs, dit : « Mon voleur n'est-il point parmi vous? Ils me regardent tous, et se mettent à rire : » — *Quid est quod ridetis? Novi omnes, scio fures hic esse complures;* et cet autre endroit encore où, ayant examiné les mains du valet qu'il soupçonne, il demande à voir la troisième : *Ostende tertiam.*

Mais si l'on veut connaître la différence du style de Plaute et du style de Molière, qu'on voie les portraits que chacun fait de son Avare. Plaute dit :

« . . . . .Clamat
Suam rem periisse, seque eradicarier,
De suo tigillo fumus si qua exit foras.
Quin quum it dormitum, follem sibi obstringit ob gulam.
— Cur? — Ne quid animæ forte amittat dormiens.
— Etiamne obturat inferiorem gutturem? »

Aulularia, act. II, sc. 4.

« Il crie qu'il est perdu, qu'il est abîmé, si la fumée de son feu va hors de sa maison. Il se met une vessie à la bouche pendant la nuit, de peur de perdre son souffle. — Se bouche-t-il aussi la bouche d'en-bas? »

Cependant ces comparaisons de Plaute avec Molière, toutes à l'avantage du dernier, n'empêchent pas qu'on ne doive estimer ce comique latin, qui, n'ayant pas la pureté de Térence, et fort inférieur à Molière, a été, pour la variété de ses caractères et de ses intrigues, ce que Rome a eu de meilleur. On trouve aussi, à la vérité, dans *l'Avare* de Molière quelques expressions grossières, comme : « Je sais l'art de traire les hommes; » et quelques mauvaises plaisanteries, comme : « Je marierais, si je l'avais entrepris, le Grand-Turc et la république de Venise. »

Cette comédie a été traduite en plusieurs langues, et jouée sur plus d'un théâtre d'Italie et d'Angleterre, de même que les autres pièces de Molière; mais les pièces traduites ne peuvent réussir que par l'habileté du traducteur. Un poëte anglais nommé Shadwell, aussi vain que mauvais poëte, la donna en anglais du vivant de Molière. Cet homme dit dans sa préface : « Je crois pouvoir dire, sans vanité, que Molière n'a rien perdu entre mes mains. Jamais pièce francaise n'a été maniée par un de nos poëtes, quelque méchant qu'il fût, qu'elle n'ait été rendue meilleure. Ce n'est ni faute d'invention ni faute d'esprit que nous empruntons des Français; mais c'est par paresse : c'est aussi par paresse que je me suis servi de *l'Avare* de Molière. »

On peut juger qu'un homme qui n'a pas assez d'esprit pour mieux cacher sa vanité n'en a pas assez pour faire mieux que Molière. La pièce de Shadwell est généralement méprisée. M. Fielding, meilleur poëte et plus modeste, a traduit *l'Avare*, et l'a fait jouer à Londres, en 1733. Il y a ajouté réellement quelques beautés de dialogue particulières à sa nation, et sa pièce a eu près de trente représentations; succès très-rare à Londres, où les pièces qui ont le plus de cours ne sont jouées tout au plus que quinze fois.

GEORGES DANDIN, OU LE MARI CONFONDU,

Comédie en prose et en trois actes représentée à Versailles le 15 juillet 1668, et à Paris le 9 novembre suivant.

On ne connaît et on ne joue cette pièce que sous le nom de *Georges Dandin*; et au contraire, *le Cocu imaginaire*, qu'on avait intitulé et affiché *Sganarelle*, n'est connu que sous le nom du *Cocu imaginaire*; peut-être parce que ce dernier titre est plus plaisant que celui du *Mari confondu*. *Georges Dandin* réussit pleinement; mais si on ne reprocha rien à la conduite et au style, on se souleva un peu contre le sujet même de la pièce : quelques personnes se révoltèrent contre une comédie dans laquelle une femme mariée donne un rendez-vous à son amant. Elles pouvaient considérer que la coquetterie de cette femme n'est que la punition de la sottise que fait Georges Dandin d'épouser la fille d'un gentilhomme ridicule.

L'IMPOSTEUR, OU LE TARTUFE,

Joué sans interruption en public, le 5 février 1669.

On sait toutes les traverses que cet admirable ouvrage essuya. On en voit le détail dans la préface de l'auteur au-devant du *Tartufe*.

Les trois premiers actes avaient été représentés à Versailles, devant le roi, le 12 mai 1664. Ce n'était pas la première fois que Louis XIV, qui sentait le prix des ouvrages de Molière, avait voulu les voir avant qu'ils fussent achevés; il fut fort content de ce commencement, et par conséquent la cour le fut aussi.

Il fut joué le 29 novembre de la même année, au Rainci, devant le grand Condé. Dès lors les rivaux se réveillèrent; les dévots commencèrent à faire du bruit; les faux zélés (l'espèce d'homme la plus dangereuse) crièrent contre Molière, et séduisirent même quelques gens de bien. Molière, voyant tant d'ennemis qui allaient attaquer sa personne encore plus que sa pièce, voulut laisser ces premières fureurs se calmer : il fut un an sans donner *le Tartufe ;* il le lisait seulement dans quelques maisons choisies, où la superstition ne dominait pas.

Molière, ayant opposé la protection et le zèle de ses amis aux cabales naissantes de ses ennemis, obtint du roi une permission verbale de jouer *le Tartufe.* La première représentation en fut donc faite à Paris, le 5 août 1667. Le lendemain on allait la rejouer; l'assemblée était la plus nombreuse qu'on eût jamais vue; il y avait des dames de la première distinction aux troisièmes loges, les acteurs allaient commencer, lorsqu'il arriva un ordre du premier président du parlement, portant défense de jouer la pièce.

C'est à cette occasion qu'on prétend que Molière dit à l'assemblée : « Messieurs, nous allions vous donner *le Tartufe;* mais M. le premier président ne veut pas qu'on le joue. »

Pendant qu'on supprimait cet ouvrage, qui était l'éloge de la vertu et la satire de la seule hypocrisie, on permit qu'on jouât sur le théâtre italien *Scaramouche ermite,* pièce très-froide, si elle n'eût été licencieuse, dans laquelle un ermite vêtu en moine monte la nuit par une échelle à la fenêtre d'une femme mariée, et y reparaît de temps en temps en disant : *Questo è per mortificar la carne.* On sait sur cela le mot du grand Condé : « Les comédiens italiens n'ont offensé que Dieu, mais les Français ont offensé les dévots. » Au bout de quelque temps, Molière fut délivré de la persécution; il obtint un ordre du roi par écrit de représenter *le Tartufe.* Les comédiens ses camarades voulurent que Molière eût toute sa vie deux parts dans le gain de la troupe, toutes les fois qu'on jouerait cette pièce; elle fut représentée trois mois de suite, et durera autant qu'il y aura en France du goût et des hypocrites.

Aujourd'hui bien des gens regardent comme une leçon de morale cette même pièce qu'on trouvait autrefois si scandaleuse. On peut hardiment avancer que les discours de Cléante, dans lesquels la vertu vraie et éclairée est opposée à la dévotion imbécile d'Orgon, sont, à quelques expressions près, le plus fort et le plus élégant sermon que nous ayons en notre langue; et c'est peut-être ce qui révolta davantage ceux qui parlaient moins bien dans la chaire que Molière au théâtre.

Voyez surtout cet endroit :

> Allez, tous vos discours ne me font point de peur;
> Je sais comme je parle, et le ciel voit mon cœur.
> Il est de faux dévots ainsi que de faux braves, etc.

Presque tous les caractères de cette pièce sont originaux; il n'y en a aucun qui ne soit bon, et celui du Tartufe est parfait. On admire la conduite de la pièce jusqu'au dénoûment; on sent combien il est forcé, et combien les louanges du roi, quoique mal amenées, étaient nécessaires pour soutenir Molière contre ses ennemis.

Dans les premières représentations, l'imposteur se nommait Panulphe, et ce n'était qu'à la dernière scène qu'on apprenait son véritable nom de Tartufe, sous lequel ses impostures étaient supposées être connues du roi. A cela près, la pièce était comme elle est aujourd'hui. Le changement le plus marqué qu'on y ait fait est ce vers .

> O ciel! pardonne-lui la douleur qu'il me donne.

Il y avait :

> O ciel! pardonne-moi, comme je lui pardonne.

Qui croirait que le succès de cette admirable pièce eût été balancé par celui d'une comédie qu'on appelle *la Femme juge et partie*, qui fut jouée à l'hôtel de Bourgogne aussi longtemps que *le Tartufe* au Palais-Royal ? Montfleuri, comédien de l'hôtel de Bourgogne, auteur de *la Femme juge et partie*, se croyait égal à Molière, et la préface qu'on a mise au-devant du recueil de ce Montfleuri avertit que ce M. de Montfleuri était un grand homme. Le succès de *la Femme juge et partie*, et de tant d'autres pièces médiocres, dépend uniquement d'une situation que le jeu d'un acteur fait valoir. On sait qu'au théâtre il faut peu de chose pour faire réussir ce qu'on méprise à la lecture. On représenta sur le théâtre de l'hôtel de Bourgogne, à la suite de *la Femme juge et partie*, *la critique du Tartufe*. Voici ce qu'on trouve dans le prologue de cette critique :

> Molière plaît assez; c'est un bouffon plaisant
> Qui divertit le monde, en le contrefaisant;
> Ses grimaces souvent causent quelques surprises;
> Toutes ses pièces sont d'agréables sottises :
> Il est mauvais poëte et bon comédien;
> Il fait rire ; et de vrai, c'est tout ce qu'il fait bien.

On imprima contre lui vingt libelles. Un curé de Paris s'avilit jusqu'à composer une de ces brochures, dans laquelle il débutait par dire qu'il fallait brûler Molière. Voilà comme ce grand homme fut traité de son vivant; l'approbation du public éclairé lui donnait une gloire qui le vengeait assez : mais qu'il est humiliant pour une nation, et triste pour les hommes de génie, que le petit nombre leur rende justice, tandis que le grand nombre les néglige et les persécute.

MONSIEUR DE POURCEAUGNAC,

Comédie-ballet en prose et en trois actes, faite et jouée à Chambord, pour le roi , au mois de septembre 1669, et représentée sur le théâtre du Palais-Royal le 15 novembre de la même année.

Ce fut à la représentation de cette comédie que la troupe de Molière prit pour la première fois le titre de *la troupe du roi*. *Pourceaugnac* est une farce; mais il y a dans toutes les farces de Molière des scènes dignes de la haute comédie. Un homme supérieur, quand il badine, ne peut s'empêcher de badiner avec esprit. Lulli, qui n'avait point encore le privilége de l'Opéra, fit la musique du ballet de *Pourceaugnac*: il y dansa, il y chanta, il y joua du violon. Tous les grands talents étaient employés aux divertissements du roi, et tout ce qui avait rapport aux beaux-arts était honorable.

On n'écrivit point contre *Pourceaugnac* : on ne cherche à rabaisser les grands hommes que quand ils veulent s'élever. Loin d'examiner sévèrement cette farce, les gens de bon goût reprochèrent à l'auteur d'avilir trop souvent son génie à des ouvrages frivoles qui ne méritaient pas d'examen ; mais Molière leur répondait qu'il était comédien aussi bien qu'auteur, qu'il fallait réjouir la cour et attirer le peuple, et qu'il était réduit à consulter l'intérêt de ses acteurs aussi bien que sa propre gloire.

LES AMANTS MAGNIFIQUES,

Comédie-ballet en prose et en cinq actes, représentée devant le roi,
à Saint-Germain, au mois de janvier 1670.

Louis XIV lui-même donna le sujet de cette pièce à Molière. Il voulut qu'on représentât deux princes qui se disputeraient une maîtresse, en lui donnant des fêtes magnifiques et galantes. Molière servit le roi avec précipitation. Il mit dans cet ouvrage deux personnages qu'il n'avait point encore fait paraître sur son théâtre, un astrologue et un fou de cour. Le monde n'était point alors désabusé de l'astrologie judiciaire ; on y croyait d'autant plus qu'on connaissait moins la véritable astronomie. Il est rapporté dans Vittorio Siri qu'on n'avait pas manqué, à la naissance de Louis XIV, de faire tenir un astrologue dans un cabinet voisin de celui où la reine accouchait. C'est dans les cours que cette superstition règne davantage, parce que c'est là qu'on a plus d'inquiétude sur l'avenir.

Les fous y étaient aussi à la mode ; chaque prince et chaque grand seigneur même avait son fou ; et les hommes n'ont quitté ce reste de barbarie qu'à mesure qu'ils ont plus connu les plaisirs de la société et ceux que donnent les beaux-arts. Le fou qui est représenté dans Molière n'est point un fou ridicule, tel que le Moron de *la princesse d'Élide ;* mais un homme adroit, et qui, ayant la liberté de tout dire, s'en sert avec habileté et avec finesse. La musique est de Lulli. Cette pièce ne fut jouée qu'à la cour, et ne pouvait guère réussir que par le mérite du divertissement et par celui de l'à-propos.

On ne doit pas omettre que, dans les divertissements des *Amants magnifiques*, il se trouve une traduction de l'ode d'Horace :

« Donec gratus eram tibi. »

LE BOURGEOIS GENTILHOMME,

Comédie-ballet en prose et en cinq actes, faite et jouée à Chambord, au
mois d'octobre 1670, et représentée à Paris le 23 novembre de la même
année.

Le Bourgeois gentilhomme est un des plus heureux sujets de comédie que le ridicule des hommes ait jamais pu fournir. La vanité, attribut de l'espèce humaine, fait que les princes prennent le titre de rois, que les grands seigneurs veulent être princes, et, comme dit La Fontaine :

> Tout petit prince a des ambassadeurs,
> Tout marquis veut avoir des pages.

Cette faiblesse est précisément la même que celle d'un bourgeois qui veut être homme de qualité; mais la folie du bourgeois est la seule qui soit comique, et qui puisse faire rire au théâtre : ce sont les extrêmes disproportions des manières et du langage d'un homme avec les airs et les discours qu'il veut affecter qui font un ridicule plaisant. Cette espèce de ridicule ne se trouve point dans des princes, ou dans des hommes élevés à la cour, qui couvrent toutes leurs sottises du même air et du même langage; mais ce ridicule se montre tout entier dans un bourgeois élevé grossièrement, et dont le naturel fait à tout moment un contraste avec l'art dont il veut se parer. C'est ce naturel grossier qui fait le plaisant de la comédie, et voilà pourquoi ce n'est jamais que dans la vie commune qu'on prend les personnages comiques. Le Misanthrope est admirable, le Bourgeois gentilhomme est plaisant.

Les quatre premiers actes de cette pièce peuvent passer pour une comédie; le cinquième est une farce qui est réjouissante, mais trop peu vraisemblable. Molière aurait pu donner moins de prise à la critique, en supposant quelque autre homme que le fils du Grand-Turc; mais il cherchait, par ce divertissement, plutôt à réjouir qu'à faire un ouvrage régulier.

Lulli fit aussi la musique du ballet, et il y joua comme dans Pourceaugnac.

LES FOURBERIES DE SCAPIN,

Comédie en prose et en trois actes ; représentée sur le théâtre du Palais-Royal le 24 mai 1671.

Les Fourberies de Scapin sont une de ces farces que Molière avait préparées en province. Il n'avait pas fait scrupule d'y insérer deux scènes entières du Pédant joué, mauvaise pièce de Cyrano de Bergerac. On prétend que quand on lui reprochait ce plagiat, il répondait : « Ces deux scènes sont assez bonnes; cela m'appartenait de droit; il est permis de reprendre son bien partout où on le trouve. »

Si Molière avait donné la farce des Fourberies de Scapin pour une vraie comédie, Despréaux aurait eu raison de dire dans son Art poétique :

> C'est par là que Molière, illustrant ses écrits,
> Peut-être de son art eût remporté le prix,
> Si, moins ami du peuple en ses doctes peintures,
> Il n'eût point fait souvent grimacer ses figures,
> Quitté pour le bouffon l'agréable et le fin,
> Et sans honte à Térence allié Tabarin.
> Dans ce sac ridicule où Scapin s'enveloppe,
> Je ne reconnais plus l'auteur du Misanthrope.

On pourrait répondre à ce grand critique que Molière n'a point allié Térence avec Tabarin dans ses vraies comédies, où il surpasse Té-

rence ; que s'il a déféré au goût du peuple, c'est dans ses farces, dont
le seul titre annonce du bas comique, et que ce bas comique était nécessaire pour soutenir sa troupe.

Molière ne pensait pas que *les Fourberies de Scapin* et *le Mariage
forcé* valussent *l'Avare*, *le Tartufe*, *le Misanthrope*, *les Femmes savantes*, ou fussent même du même genre. De plus, comment Despréaux
peut-il dire que « Molière peut-être de son art eût remporté le prix? »
Qui aura donc ce prix si Molière ne l'a pas?

PSYCHÉ,

Tragédie-ballet en vers libres et en cinq actes, représentée devant le roi,
    dans la salle des machines du palais des Tuileries, en janvier et durant le
    carnaval de l'année 1670, et donnée au public sur le théâtre du Palais-Roy l
    en 1671.

Le spectacle de l'opéra, connu en France sous le ministère du cardinal Mazarin, était tombé par sa mort. Il commençait à se relever.
Perrin, introducteur des ambassadeurs chez Monsieur, frère de
Louis XIV; Cambert, intendant de la musique de là reine mère, et le
marquis de Sourdiac, homme de goût, qui avait du génie pour les machines, avaient obtenu, en 1669, le privilége de l'Opéra; mais ils ne
donnèrent rien au public qu'en 1671. On ne croyait pas alors que les
Français pussent jamais soutenir trois heures de musique, et qu'une
tragédie toute chantée pût réussir. On pensait que le comble de la perfection est une tragédie déclamée, avec des chants et des danses dans
les intermèdes. On ne songeait pas que si une tragédie est belle et intéressante, les entr'actes de musique doivent en devenir froids, et que
si les intermèdes sont brillants, l'oreille a peine à revenir tout d'un
coup du charme de la musique à la simple déclamation. Un ballet peut
délasser dans les entr'actes d'une pièce ennuyeuse; mais une bonne
pièce n'en a pas besoin, et l'on joue *Athalie* sans les chœurs et sans la
musique. Ce ne fut que quelques années après que Lulli et Quinault
nous apprirent qu'on pouvait chanter toute une tragédie, comme on
le faisait en Italie, et qu'on la pouvait même rendre intéressante, perfection que l'Italie ne connaissait pas.

Depuis la mort du cardinal Mazarin, on n'avait donc donné que
des pièces à machines avec des divertissements en musique, telles
qu'*Andromède* et *la Toison d'or*. On voulut donner au roi et à la cour,
pour l'hiver de 1670, un divertissement dans ce goût, et y ajouter des danses. Molière fut chargé du sujet de la fable le plus ingénieux et le plus galant, et qui était alors en vogue par le roman aimable, quoique beaucoup trop allongé, que La Fontaine venait de donner
en 1669.

Il ne put faire que le premier acte, la première scène du second et
la première du troisième : le temps pressait. Pierre Corneille se chargea du reste de la pièce; il voulut bien s'assujettir au plan d'un autre,
et ce génie mâle, que l'âge rendait sec et sévère, s'amollit pour plaire
à Louis XIV. L'auteur de *Cinna* fit, à l'âge de soixante-sept ans, cette

déclaration de Psyché à l'Amour, qui passe encore pour un des morceaux les plus tendres et les plus naturels qui soient au théâtre.

Toutes les paroles qui se chantent sont de Quinault. Lulli composa les airs. Il ne manquait à cette société de grands hommes que le seul Racine, afin que tout ce qu'il y eut jamais de plus excellent au théâtre se fût réuni pour servir un roi qui méritait d'être servi par de tels hommes.

Psyché n'est pas une excellente pièce, et les derniers actes en sont très-languissants; mais la beauté du sujet, les ornements dont elle fut embellie, et la dépense royale qu'on fit pour ce spectacle, firent pardonner ses défauts.

LES FEMMES SAVANTES,

Comédie en vers et en cinq actes, représentée sur le théâtre du Palais-Royal le 11 mars 1672.

Cette comédie, qui est mise, par les connaisseurs, dans le rang du *Tartufe* et du *Misanthrope*, attaquait un ridicule qui ne semblait propre à réjouir ni le peuple ni la cour, à qui ce ridicule paraissait être également étranger. Elle fut reçue d'abord assez froidement; mais les connaisseurs rendirent bientôt à Molière les suffrages de la ville, et un mot du roi lui donna ceux de la cour. L'intrigue, qui, en effet, a quelque chose de plus plaisant que celle du *Misanthrope*, soutint la pièce longtemps.

Plus on la vit, plus on admira comment Molière avait pu jeter tant de comique sur un sujet qui paraissait fournir plus de pédanterie que d'agrément. Tous ceux qui sont au fait de l'histoire littéraire de ce temps-là savent que Ménage y est joué sous le nom de Vadius, et que Trissotin est le fameux abbé Cotin, si connu par les satires de Despréaux. Ces deux hommes étaient, pour leur malheur, ennemis de Molière; ils avaient voulu persuader au duc de Montausier que le *Misanthrope* était fait contre lui; quelque temps après, ils avaient eu che Mademoiselle, fille de Gaston de France, la scène que Molière a si bien rendue dans *les Femmes savantes* Le malheureux Cotin écrivait également contre Ménage, contre Molière et contre Despréaux. Les satires de Despréaux l'avaient déjà couvert de honte, mais Molière l'accabla. Trissotin était appelé, aux premières représentations, Tricotin. L'acteur qui le représentait avait affecté, autant qu'il avait pu, de ressembler à l'original par la voix et par les gestes. Enfin, pour comble de ridicule, les vers de Trissotin, sacrifiés sur le théâtre à la risée publique, étaient de l'abbé Cotin même. S'ils avaient été bons, et si leur auteur avait valu quelque chose, la critique sanglante de Molière et celle de Despréaux ne lui eussent pas ôté sa réputation. Molière lui-même avait été joué aussi cruellement sur le théâtre de l'hôtel de Bourgogne, et n'en fut pas moins estimé : le vrai mérite résiste à la satire. Mais Cotin était bien loin de se pouvoir soutenir contre de telles attaques : on dit qu'il fut si accablé de ce dernier coup, qu'il tomba dans une mélancolie qui le conduisit au tombeau. Les satires de Despréaux coûtèrent aussi la vie à l'abbé Cassaigne, triste effet d'une liberté plus dangereuse qu'utile, et qui flatte plus la malignité humaine qu'elle n'inspire le bon goût.

La meilleure satire qu'on puisse faire des mauvais poëtes, c'est de donner d'excellents ouvrages; Molière et Despréaux n'avaient pas besoin d'y ajouter des injures.

LA COMTESSE D'ESCARBAGNAS,

Petite comédie en un acte et en prose, représentée devant le roi, à Saint-Germain, en février 1672, et à Paris, sur le théâtre du Palais-Royal, le 8 juillet de la même année.

C'est une farce, mais toute de caractères, qui est une peinture naïve, peut-être en quelques endroits trop simple, des ridicules de la province, ridicules dont on s'est beaucoup corrigé à mesure que le goût de la société et la politesse aisée qui règne en France se sont répandus de proche en proche.

LE MALADE IMAGINAIRE,

En trois actes, avec des intermèdes, fut représenté sur le théâtre du Palais-Royal le 10 février 1673.

C'est une de ces farces de Molière dans laquelle on trouve beaucoup de scènes dignes de la haute comédie. La naïveté, peut-être poussée trop loin, en fait le principal caractère. Ses farces ont le défaut d'être quelquefois un peu trop basses, et ses comédies de n'être pas toujours assez intéressantes : mais, avec tous ces défauts-là, il sera toujours le premier de tous les poëtes comiques. Depuis lui, le théâtre français s'est soutenu, et même a été asservi à des lois de décence plus rigoureuses que du temps de Molière. On n'oserait aujourd'hui hasarder la scène où le Tartufe presse la femme de son hôte; on n'oserait se servir des termes de *fils de putain*, de *carogne* et même de *cocu*. La plus exacte bienséance règne dans les pièces modernes. Il est étrange que tant de régularité n'ait pu laver encore cette tache qu'un préjugé très-injuste attache à la profession de comédien. Ils étaient honorés dans Athènes, où ils représentaient de moins bons ouvrages. Il y a de la cruauté à vouloir avilir des hommes nécessaires à un État bien policé, qui exercent, sous les yeux des magistrats, un talent très-difficile et très-estimable. Mais c'est le sort de tout ceux qui n'ont que leur talent pour appui, de travailler pour un public ingrat.

On demande pourquoi, Molière ayant autant de réputation que Racine, le spectacle cependant est désert quand on joue ses comédies, et qu'il ne va presque plus personne à ce même *Tartufe*, qui attirait autrefois tout Paris, tandis qu'on court encore avec empressement aux tragédies de Racine, lorsqu'elles sont bien représentées? C'est que la peinture de nos passions nous touche encore davantage que le portrait de nos ridicules; c'est que l'esprit se lasse des plaisanteries, et que le cœur est inépuisable. L'oreille est aussi plus flattée de l'harmonie des beaux vers tragiques et de la magie étonnante du style de Racine, qu'elle ne peut l'être du langage propre à la comédie; ce langage peut plaire, mais il ne peut jamais émouvoir, et l'on ne vient au spectacle que pour être ému.

Il faut encore convenir que Molière, tout admirable qu'il est dans son genre, n'a ni des intrigues assez attachantes, ni des dénoûments assez heureux, tant l'art dramatique est difficile!

FRAGMENT D'UNE LETTRE

SUR UN USAGE TRÈS-UTILE ÉTABLI EN HOLLANDE.

(1739.)

Il serait à souhaiter que ceux qui sont à la tête des nations imitassent les artisans. Dès qu'on sait à Londres qu'on fait une nouvelle étoffe en France, on la contrefait. Pourquoi un homme d'État ne s'empressera-t-il pas d'établir dans son pays une loi utile qui viendra d'ailleurs? Nous sommes parvenus à faire la même porcelaine qu'à la Chine; parvenons à faire le bien qu'on fait chez nos voisins, et que nos voisins profitent de ce que nous avons d'excellent.

Il y a tel particulier qui fait croître dans son jardin des fruits que la nature n'avait destinés qu'à mûrir sous la ligne : nous avons à nos portes mille lois, mille coutumes sages; voilà les fruits qu'il faut faire naître chez soi, voilà les arbres qu'il faut y transplanter : ceux-là viennent en tous climats, et se plaisent dans tous les terrains.

La meilleure loi, le plus excellent usage, le plus utile que j'aie jamais vu, c'est en Hollande. Quand deux hommes veulent plaider l'un contre l'autre, ils sont obligés d'aller d'abord au tribunal des *conciliateurs*, appelés *faiseurs de paix*. Si les parties arrivent avec un avocat et un procureur, on fait d'abord retirer ces derniers, comme on ôte le bois d'un feu qu'on veut éteindre. Les *faiseurs de paix* disent aux parties : «Vous êtes de grands fous, de vouloir manger votre argent à vous rendre mutuellement malheureux; nous allons vous accommoder sans qu'il vous en coûte rien.»

Si la rage de la chicane est trop forte dans ces plaideurs, on les remet à un autre jour, afin que le temps adoucisse les symptômes de leur maladie. Ensuite les juges les envoient chercher une seconde, une troisième fois. Si leur folie est incurable, on leur permet de plaider, comme on abandonne au fer des chirurgiens des membres gangrenés : alors la justice fait sa main.

Il n'est pas nécessaire de faire ici de longues déclamations, ni de calculer ce qui en reviendrait au genre humain, si cette loi était adoptée. D'ailleurs, je ne veux point aller sur les brisées de M. l'abbé de Saint-Pierre, dont un ministre plein d'esprit appelait les projets *les rêves d'un homme de bien.* Je sais que, souvent, un particulier qui s'avise de proposer quelque chose pour le bonheur public se fait berner. On dit : « De quoi se mêle-t-il ? voilà un plaisant homme, de vouloir que nous soyons plus heureux que nous ne sommes! ne sait-il pas qu'un abus est toujours le patrimoine d'une bonne partie de la nation ? pourquoi nous ôter un mal où tant de gens trouvent leur bien ? » A cela je n'ai rien à répondre.

EXPOSITION

DU LIVRE DES INSTITUTIONS PHYSIQUES

DANS LAQUELLE ON EXAMINE LES IDÉES DE LEIBNITZ.

(1740.)

Il a paru au commencement de cette année un ouvrage qui ferait honneur à notre siècle s'il était d'un des principaux membres des académies de l'Europe. Cet ouvrage est cependant d'une dame, et ce qui augmente encore ce prodige, c'est que cette dame, ayant été élevée dans les dissipations attachées à la haute naissance, n'a eu de maître que son génie et son application à s'instruire.

Ce livre est le fruit des leçons qu'elle a données elle-même à son fils; elle a eu la patience de lui enseigner elle seule ce qu'elle avait eu le courage d'apprendre. Ces deux mérites sont également rares; elle y en a ajouté un troisième qui relève le prix des deux autres; c'est la modestie de cacher son nom.

L'ouvrage est intitulé *Institutions de physique*, et se vend à Paris, chez Prault fils, quai de Conti. On n'en a encore que le premier tome[1], qui contient vingt et un chapitres. L'illustre auteur commence par un avant-propos capable de donner du goût pour les sciences à ceux à qui leur génie en a refusé. Tout y est naturel, et en même temps sublime. Une des personnes les plus respectables qui soient en France s'est exprimée ainsi en parlant de cet avant-propos dans une de ses lettres : « Ce n'est pas vouloir avoir de l'esprit, c'est en avoir naturellement plus qu'on n'en connaisse à personne. Ce n'est pas vouloir écrire mieux qu'un autre, c'est ne pouvoir écrire que mille fois mieux : elle est la seule dont on voie la gloire sans envie. »

On gâterait un tel éloge si on voulait y ajouter; on se bornera donc ici à rendre compte de cet ouvrage, moins encore pour le plaisir d'en parler que pour celui d'en faire une étude nouvelle.

Les idées métaphysiques de Leibnitz sont l'objet des premiers chapitres. C'est une philosophie qui jusqu'ici n'a guère eu cours qu'en Allemagne, et qui a été commentée plutôt qu'éclaircie. Leibnitz avait répandu dans sa *Théodicée* et dans les *Actes* de Leipsick quelques idées

---

1. Le reste de l'ouvrage n'a pas paru. (*Éd. de Kehl.*)

de ses systèmes. Le célèbre professeur Wolf a déjà fait dix volumes in-4° sur ces matières ; et les *Institutions de physique* paraissent expliquer tout ce que Leibnitz avait resserré, et contenir tout ce que Wolf a étendu.

Le premier principe qu'on éclaircit avec méthode et sans longueur dans le livre des *Institutions physiques* est celui de la raison suffisante.

Depuis que les hommes raisonnent, ils ont toujours avoué qu'il n'y a rien sans cause. Leibnitz a inventé, dit-on, un autre principe de nos connaissances bien plus étendu ; c'est qu'il n'y a rien sans raison suffisante. Si par raison suffisante d'une chose l'on entend ce qui fait que cette chose est ainsi plutôt qu'autrement, j'avoue que je ne vois pas ce que Leibnitz a découvert. Si par raison suffisante Leibnitz a entendu que nous devons toujours rendre une raison suffisante de tout, il me semble qu'il a exigé un peu trop de la nature humaine. J'imagine qu'il eût été embarrassé lui-même, si on lui avait demandé pourquoi les planètes tournent d'occident en orient plutôt qu'en sens contraire ; pourquoi telle étoile est à une telle place dans le ciel, etc.

Ainsi il me paraît que le principe de la raison suffisante n'est autre chose que celui des premiers hommes : il n'y a rien sans cause. Reste à savoir si Leibnitz a connu des causes suffisantes qu'on avait ignorées avant lui.

Le second principe de Leibnitz est qu'il n'y a et ne peut y avoir dans la nature deux choses entièrement semblables. Sa preuve de fait était que, se promenant un jour dans le jardin de l'évêque de Hanovre, on ne put jamais trouver deux feuilles d'arbre indiscernables. Sa preuve de droit était que, s'il y avait deux choses semblables dans la nature, il n'y aurait pas de raison suffisante pourquoi l'une serait à la place de l'autre. Il voulait donc que le plus petit de tous les corps imaginables fût infiniment différent de tout autre corps. Cette idée est grande ; il paraît qu'il n'y a qu'un Être tout-puissant qui ait pu faire des choses infinies, infiniment différentes. Mais aussi il paraît qu'il n'y a qu'un Être tout-puissant qui puisse faire des choses infiniment semblables, et peut-être les premiers éléments des choses doivent-ils être ainsi ; car comment les espèces pourraient-elles être reproduites éternellement les mêmes, si les éléments qui les composent étaient absolument différents ? Comment par exemple, s'il y avait une différence absolue entre chaque élément de l'or et du mercure, l'or et le mercure auraient-ils un certain poids qui ne varie jamais ? La proposition de Leibnitz est ingénieuse et grande, la proposition contraire est aussi vraisemblable pour le moins que la sienne. Tel a toujours été le sort de la métaphysique : on commence par deviner, on passe beaucoup de temps à disputer, et on finit par douter.

La loi de continuité est un principe de Leibnitz sur lequel l'illustre auteur a plus insisté que sur les autres, parce qu'en effet il y a des cas où ce principe est d'une vérité incontestable. La géométrie, et la physique qui est appuyée sur elle, font voir que dans les directions des mouvements il faut toujours passer par une infinité de degrés ; et c'est même le fondement du calcul des fluxions, inventé par Newton, et publié par Leibnitz.

Newton a montré le premier que l'incrément naissant d'une quantité mathématique est moindre que la plus petite assignable, et que ces quantités peuvent augmenter par des degrés infinis jusqu'à une telle quantité qui soit plus grande qu'aucune assignable : voilà ce qu'on appelle les fluxions.

Je demanderai seulement si, avant que l'incrément naissant commence à exister, il y a de la continuité. N'y a-t-il pas une distance infinie entre exister et n'exister pas?

Je ne vois guère de cas où la loi de continuité ait lieu que dans le mouvement : il me semble que c'est là seulement que cette loi est observée à la rigueur; car peut-être ne pouvons-nous dire que très-improprement qu'un morceau de matière est continu; il n'y a peut-être pas deux points dans un lingot d'or entre lesquels il n'y ait de la distance.

C'est de cette loi que Leibnitz tire cet axiome : *Il ne se fait rien par saut dans la nature.* Si cet axiome n'est vrai que dans le mouvement, cela ne veut dire autre chose sinon que ce qui est en mouvement n'est pas en repos; car un mouvement est continué sans interruption jusqu'à ce qu'il périsse; et tant qu'il dure il ne peut admettre de repos. Il en faut donc toujours revenir au grand principe de la contradiction, première source de toutes nos connaissances, c'est-à-dire qu'une chose ne peut exister et n'exister pas en même temps; et c'est aussi le premier principe admis par l'illustre auteur, et qui tient lieu de tous ceux que Leibnitz y veut ajouter.

Si on prétendait que la loi de continuité a lieu dans toute l'économie de la nature, on se jetterait dans d'assez grandes difficultés; il serait, ce me semble, malaisé de prouver qu'il y a une continuité d'idées dans le cerveau d'un homme endormi profondément, et qui est tout d'un coup frappé de la lumière en s'éveillant. Si tout était continu dans la nature, il faudrait qu'il n'y eût point de vide, ce qui n'est pas aisé à prouver; et s'il y a du vide, on ne voit pas trop comment la matière sera continue. Aussi l'illustre auteur dont je parle ne cite d'autres effets de cette loi de continuité que le mouvement et les lignes courbes à rebroussement produites par le mouvement.

L'auteur des *Institutions de physique* prouve un Dieu par le moyen de la raison suffisante. Ce chapitre est à la fois subtil et clair. L'auteur paraît pénétré de l'existence d'un Être créateur que tant d'autres philosophes ont la hardiesse de nier. Elle croit, avec Leibnitz, que Dieu a créé le meilleur des mondes possibles; et, sans y penser, elle est elle-même une preuve que Dieu a créé des choses excellentes.

Tout ce que l'on dit ici des essences, etc., est d'une métaphysique encore plus fine que le chapitre de l'existence de Dieu. Peut-être quelques lecteurs, en lisant ce chapitre, seraient tentés de croire que les essences des choses subsistent en elles-mêmes : je ne crois pas que ce soit la pensée de l'illustre auteur.

Le sage Locke regarde l'essence des choses uniquement comme une idée abstraite que nous attachons aux êtres, soit qu'ils existent ou non. Par exemple, une figure fermée de trois côtés est appelée du nom de *triangle;* nous appelons ainsi tout ce que nous concevons de cette espèce. C'est là son essence, *ab essendo;* c'est ce qui est, soit dans notre imagination, soit en effet. Ainsi, quand nous nous sommes fait l'idée d'un évêque de mer, l'essence de cet être imaginaire est un poisson qui a une espèce de mitre sur la tête.

Mais si nous voulons connaître l'essence de la matière en général, c'est-à-dire ce que c'est que matière, nous y sommes un peu plus embarrassés qu'à un triangle; car nous avons bien pu voir tout ce qui constitue un triangle quelconque, mais nous ne pouvons jamais connaître ce qui constitue une matière quelconque; et voilà en quoi il paraît que l'inventeur Leibnitz et le commentateur Wolf se sont engagés dans un labyrinthe de subtilités dont Locke s'est tiré avec une très-grande circonspection. Je ne sais si on peut admettre cette règle du célèbre professeur Wolf : « Que les déterminations primordiales d'un être font son essence ; que, par exemple, deux côtés et un angle, qui font les déterminations primordiales, sont l'essence d'un triangle; » car deux côtés et un angle sont aussi les premières déterminations d'un carré, d'un trapèze. Il faudrait, à mon avis, pour que cette règle fût vraie, que deux côtés et un angle étant donnés, il ne pût en résulter qu'un triangle ; l'essence est, ce me semble, non pas seulement ce qui sert à déterminer une chose, mais ce qui la détermine différemment de toute autre chose [1].

Ce que les philosophes disent encore des attributs, et surtout des attributs de la matière, ne paraît pas entraîner une pleine conviction. Ils disent qu'il ne peut y avoir de propriétés dans un sujet que celles qui dérivent de son essence; mais on ne voit pas comment la propriété d'être bleu ou rouge est contenue dans l'essence d'un triangle ou d'un carré.

Il faut qu'un attribut ne répugne pas à l'essence d'une chose ; mais il ne semble pas nécessaire qu'il en dérive. Par exemple, pour qu'un animal puisse avoir du sentiment, il suffit que le sentiment ne répugne pas à la matière organisée; mais il ne faut pas que le sentiment soit un attribut nécessaire de la matière organisée; car alors un arbre, un champignon, aurait du sentiment.

L'illustre auteur favorise assez Leibnitz pour faire l'apologie des hypothèses. Si on appelle hypothèses des recherches de la vérité, il en faut sans doute. Je veux savoir combien de fois 15 est contenu dans 200. Je fais l'hypothèse de 14, et c'est trop ; je fais celle de 13, et c'est trop peu : j'ajoute un reste à 13, et je trouve mon compte. Voilà deux re-

1. Ce passage de Wolf n'est pas clair : s'il parle de l'essence du triangle en général, les réflexions de M. de Voltaire sont justes ; mais s'il parle de l'essence d'un triangle particulier donné, qu'on sait déjà être une figure déterminée, ce qu'il dit est exact. Cependant il faut observer que trois côtés, deux angles et un côté et la surface, etc., déterminent également un triangle ; ainsi toute détermination qui distingue la chose de toute autre serait également son essence. (*Éd. de Kehl.*)

cherches, et je ne me suis exposé sur aucune avant que j'aie découvert
la vérité. Mais supposer l'harmonie préétablie des monades, un enchaînement des choses avec lequel on veut rendre raison de tout, n'est-ce
pas bâtir des hypothèses pires que les tourbillons de Descartes et ses
trois éléments? Il faut faire en physique comme en géométrie, chercher la solution des problèmes, et ne croire qu'aux démonstrations.

La question de l'espace n'a peut-être jamais été traitée avec plus de
profondeur. On veut ici, avec Leibnitz, qu'il n'y ait point d'espace
pur; que par conséquent toute étendue soit matière; qu'ainsi la matière remplisse tout, etc. Leibnitz avait commencé autrefois par admettre l'espace; mais depuis qu'il fut le second inventeur des fluxions,
il nia la réalité de l'espace, que Newton reconnaissait.

« L'idée de l'espace, dit-on dans ce chapitre, vient de ce qu'on
fait uniquement attention à la manière des êtres d'exister l'un hors de
l'autre, et qu'on se représente que cette coexistence de plusieurs êtres
produit un certain ordre ou ressemblance dans leur manière d'exister;
en sorte qu'un de ces êtres étant pris pour le premier, un autre devient le second; un autre, le troisième. »

C'est ainsi que le célèbre professeur Wolf éclaircit les idées
simples.

Le sage Locke s'était contenté de dire : « J'avoue que j'ai acquis l'i-
dée de l'espace par la vue et par le toucher. »

La question est de savoir s'il y a un espace pur ou non. Descartes
avança que la matière est infinie, et que le vide est impossible. Si cela
était, Dieu ne peut donc anéantir un pouce de matière; car alors il y
aurait un pouce de vide. Or il est assez extraordinaire de dire que celui
qui a créé une matière infinie ne peut en anéantir un pouce. Les sectateurs de Descartes n'ayant jamais répondu à cet argument, Leibnitz
fortifia d'un autre côté cette opinion qui croulait de ce côté-là.

Il dit que, si le monde a été créé dans l'espace pur, il n'y a pas de
raison suffisante pourquoi ce monde est dans telle partie de l'espace
plutôt que dans une autre; mais il paraît que Leibnitz n'a pas songé
que dans le plein il n'y a pas plus de raison suffisante pourquoi la moitié du monde qui est à notre gauche n'est pas à notre droite. Leibnitz
voulait-il donner une raison suffisante de tout ce que Dieu a fait?
c'est beaucoup pour un homme.

La raison principale qui engagea Wallis, Newton, Clarke, Locke,
et presque tous les grands philosophes, à admettre l'espace pur, est
l'impossibilité géométrique et physique qu'il y ait du mouvement dans
le plein absolu. Leibnitz, qui avait, comme on dit, changé d'avis sur
le vide, a toujours été obligé de dire que, dans le plein, le mouvement
circulaire peut avoir lieu à cause d'une matière très-fine qui peut y
circuler.

Si on voulait bien songer qu'une matière très-fine, infiniment pressée, devient une masse infiniment dure, on trouverait ce mouvement
circulaire un peu difficile.

Newton d'ailleurs a démontré que les mouvements célestes ne peuvent s'opérer dans un fluide quelconque, et personne n'a jamais pu

éluder cette démonstration, quelques efforts qu'on ait faits. Cette difficulté rend l'idée d'un plein absolu plus difficile qu'on n'aurait cru d'a-
bord.

La question du temps est aussi épineuse que celle de l'espace, et est
traitée avec la même profondeur. On y explique le sentiment que Leibnitz a embrassé. Il pensait que, comme l'espace n'existe point, selon
lui, sans corps, le temps ne subsiste point sans succession d'idées.

Il faut remarquer que, dans ce chapitre, le temps est pris pour la
durée même; et cela ne peut y causer de confusion, parce qu'en effet
le temps est une partie de la durée.

Il s'agit donc de savoir si la durée existe indépendamment des êtres
créés; et, si elle existe ainsi, l'illustre auteur remarque très-bien qu'on
est obligé de dire que la durée est un attribut nécessaire. De là aussi
Newton croyait que l'espace et la durée appartiennent nécessairement
à Dieu, qui est présent partout et toujours.

L'illustre auteur reproche à Clarke, disciple de Newton, d'avoir demandé à Leibnitz pourquoi Dieu n'avait pas créé le monde six mille
ans plus tôt; et elle ajoute que Leibnitz n'eut pas de peine à renverser
cette objection du docteur anglais. C'est au quinzième article de sa
quatrième réplique à Leibnitz que le docteur Clarke dit formellement :
« Il n'était pas impossible que Dieu créât le monde plus tôt ou plus tard; »
et Leibnitz fut si embarrassé à répondre que, dans son cinquième
écrit, il avoue en un endroit que la chose est possible, et donne même
pour le prouver une figure géométrique qui me paraît fort étrangère à
cette dispute; et dans un autre endroit il nie que la chose soit possible;
sur quoi le docteur Clarke remarque, dans son cinquième écrit, que le
savant Leibnitz se contredit un peu trop souvent[1].

Quoi qu'il en soit, il paraît qu'il est difficile aux leibnitziens de faire
concevoir que Dieu ne puisse pas détruire le monde dans 9000 ans. Il
peut donc le détruire plus tôt que plus tard; il y a donc une durée et
un temps indépendants des choses successives. La raison suffisante
qu'on oppose à tous ces raisonnements est-elle bien suffisante? Si
tous les instants sont égaux, dit-on, il n'y a pas de raison pourquoi
Dieu aurait créé ou détruirait en un instant plutôt que dans un autre :
on veut toujours juger Dieu; mais ce n'est pas à nous ni d'instruire
sa cause, ni de la juger. Toutes les parties de la durée se ressemblent,
je le veux : donc Dieu, dit Leibnitz, ne peut choisir un instant préféra-
blement à un autre. Je le nie; Dieu ne peut-il pas avoir en lui-même
mille raisons pour agir, et ne peut-il pas y avoir une infinité de rapports entre chacun de ces instants et les idées de Dieu, sans que nous
les connaissions?

---

1. Si Leibnitz s'est contredit ici, ce ne peut être que parce qu'il n'osa
point prononcer ouvertement que le monde est nécessairement éternel; cette
éternité du monde est une conséquence si palpable de son système, qu'elle
ne pouvait lui échapper; il devint ensuite plus hardi. Le théologien Clarke
a eu tort de se moquer d'un philosophe à qui la crainte des persécutions
théologiques ne permettait point d'avouer toutes les conséquences de ses opinions. (*Éd. de Kehl.*)

Si, selon Leibnitz et ses sectateurs, Dieu n'a pu choisir un instant de la durée plutôt qu'un autre pour créer ce monde, il est donc créé de toute éternité. C'est à eux à voir s'ils peuvent aisément comprendre cette éternité de la durée du monde, à qui Dieu a pourtant donné l'être. Avouons que, dans ces discussions, nous sommes tous des aveugles qui disputent sur les couleurs; mais on ne peut guère être aveugle, c'est-à-dire homme, avec plus d'esprit que Leibnitz, et surtout que l'auteur qui l'a embelli : le génie de cette personne illustre est assez éclairé pour douter de beaucoup de choses dont Leibnitz s'est efforcé de ne pas douter.

Leibnitz, cherchant un système, trouva que personne n'avait dit encore que les corps ne sont pas composés de matière, et il le dit. Il lui parut qu'il devait rendre raison de tout, et ne pouvant dire pourquoi la matière est étendue, il avança qu'il fallait qu'elle fût composée d'êtres qui ne le sont point. En vain il est démontré que la plus petite portion de matière est divisible à l'infini; il voulut que les éléments de la matière fussent des êtres indivisibles, simples, et ne tenant nulle place. Il était malaisé de comprendre qu'un composé n'eût rien de son composant : cette difficulté ne l'arrêta pas; il se servit de la comparaison d'une montre. Ce qui compose une horloge n'est pas horloge; donc ce qui compose la matière n'est pas matière. Peut-être quelqu'un lui dit alors : « Votre comparaison de l'horloge n'est guère concluante; car vous savez bien de quoi une horloge est composée, puisque vous l'avez vu faire; mais vous n'avez point vu faire la matière; et c'est un point sur lequel il ne vous est pas trop permis de deviner. »

Leibnitz ayant donc créé ses êtres simples, ses monades, il les distribua en quatre classes : il donna aux unes la perception par un seul P; et aux autres, la perception par deux PP. Il dit que chaque monade est un miroir concentrique de l'univers. Il veut que chaque monade ait un rapport avec tout le reste du monde; ainsi on a proposé ce problème à résoudre : Un élément étant donné, en déterminer l'état présent, passé et futur de l'univers. Ce problème est résolu par Dieu seul. On pourrait encore ajouter que Dieu seul sait la solution de la plupart de nos questions; lui seul sait quand et pourquoi il créa le monde; pourquoi il fit tourner les astres d'un certain côté; pourquoi il fit un nombre déterminé d'espèces; pourquoi les anges ont péché; ce que c'est que la matière et l'esprit; ce que c'est que l'âme des animaux; comment le mouvement et la force motrice se communiquent; ce que c'est originairement que cette force; ce que c'est que la vie; comment on digère; comment on dort, etc.

L'aimable et respectable auteur des *Institutions physiques* a bien senti l'inconvénient du système des monades, et elle dit, p. 143, qu'il a besoin d'être éclairci et d'être sauvé du ridicule. Il n'y a eu encore ni aucun Français ni aucun Anglais, ni, je crois, aucun Italien, qui ait adopté ces idées étrangères. Plusieurs Allemands les ont soutenues; mais il est à croire que c'est pour exercer leur esprit, et par jeu plutôt que par conviction.

J'ajouterai ici que, pour rendre le roman complet, Leibnitz imagina que notre corps étant composé d'une infinité de monades d'une espèce, la monade de notre âme est d'une autre espèce; que notre âme n'agit aucunement sur notre corps, ni le corps sur elle; que ce sont deux automates qui vont chacun à part, à peu près comme dans certains sermons burlesques un homme prêche tandis qu'un autre fait des gestes; qu'ainsi, par exemple, la main de Newton écrivit mécaniquement le calcul des fluxions, tandis que sa monade était montée séparément pour penser au calcul : cela s'appelle l'harmonie préétablie; et l'auteur des *Institutions physiques* n'a pas voulu encore exposer ce sentiment, elle a voulu y préparer les esprits.

Si on doit être content de cet art, de cette élégance, avec lesquels l'illustre auteur a rendu compte de tous ces sentiments extraordinaires, on ne doit pas moins admirer les ménagements et les précautions ingénieuses dont elle colore les idées de Leibnitz sur la nature des corps.

Ces corps étendus étant composés de monades non étendues, c'est toujours à ces monades qu'il en faut revenir. Il n'y a point de corps qui n'ait à la fois étendue, force active, et force passive : voilà, disent les leibnitziens, la nature des corps; mais c'est aux monades à qui appartient de droit la force active et passive.

Il est encore ici assez étrange que les monades étant les seules substances, les corps aient l'étendue pour eux, et les monades aient la force. Ces monades sont toujours en mouvement, quoique ne tenant point de place; et c'est des mouvements d'une infinité de monades qu'un boulet de canon reçoit le sien. Voilà donc le mouvement essentiel, non pas tout à fait à la matière, mais aux êtres intangibles et inétendus qui composent la matière. Ces monades ont un principe actif qui est la raison suffisante pourquoi un corps en pousse un autre; et un principe passif qui rend aussi une raison très-suffisante pourquoi les corps résistent. Il faut avoir tout l'esprit de la personne qui a fait les *Institutions physiques*, pour répandre quelque clarté sur des choses qui paraissent si obscures.

Chacun de ces sujets fait un article à part, et on reconnaît partout la même méthode et la même élégance. Les découvertes de Galilée sur la pesanteur et sur la chute des corps sont surtout mises dans un jour très-lumineux. L'auteur paraît là plus à son aise qu'ailleurs, puisqu'il n'y a que des vérités à développer.

L'auteur s'élève ici fort au-dessus de ce qu'elle appelle modestement *Institutions*. On voit dans ce chapitre comment Newton découvrit cett vérité si admirable, et si inconnue jusqu'à lui, que la même force qu opère la pesanteur sur la terre fait tourner les globes célestes dan leurs orbites. Kepler avait préparé la voie à cette recherche, et quelques expériences faites par des astronomes français déterminèrent Newton à la faire. Ce n'est point un système imaginaire et métaphysique qu'il ait tâché de rendre probable par des raisons spécieuses, c'est une démonstration tirée de la plus sublime géométrie, c'est l'effort de l'esprit humain, c'est une loi de la nature que Newton a développée; il n'y a ici ni monade, ni harmonie préétablie, ni principes des indiscernables, ni aucune de ces hypothèses philosophiques qui semblent faites pour détourner les hommes du chemin du vrai, et qui ont égaré l'antiquité, Descartes, et Leibnitz.

Newton, ayant découvert et démontré qu'une pierre retombe sur la terre par la même loi qui fait tourner Saturne autour du soleil, etc., appela ce phénomène attraction, gravitation : ensuite il démontra qu'aucun fluide et aucune loi du mouvement ne peuvent être cause de cette gravitation.

Il démontre encore que cette gravitation est dans toutes les parties de la matière, à peu près de même que les parties d'un corps en mouvement sont toutes en mouvement.

Newton, dans ses *Recherches sur l'optique*, déploya ce même esprit d'invention qui s'appuie sur des vérités incontestables, entièrement opposé à cet esprit d'invention qui se joue dans des hypothèses. Il trouva entre les corps et la lumière une attraction nouvelle dont jamais on ne s'était aperçu avant lui. Il trouva encore, par l'expérience, d'autres attractions, comme, par exemple, entre deux petites boules de cristal, qui, pressées l'une contre l'autre, acquièrent une force de huit onces, etc., etc.

Mille gens ont voulu rendre raison de toutes ces découvertes; ceux surtout qui n'en ont jamais fait ont tous fait des systèmes. Newton seul s'en est tenu aux vérités, peut-être inexplicables, qu'il a trouvées. La même supériorité de génie qui lui a fait connaître ces nouveaux secrets de la création l'a empêché d'en assigner la cause. Il lui a paru très-vraisemblable que cette attraction est elle-même une cause première dépendante de celui qui seul a tout fait. C'est sur quoi ceux qui en Allemagne ont pris le parti de Leibnitz se sont élevés; et notre illustre auteur a la complaisance pour eux de prêter de la force à leurs objections. « Un corps ne peut se mouvoir, dit-elle, vers un autre, sans qu'il arrive à ce corps aucun changement; ce changement ne peut venir que de l'un des deux corps, ou que du milieu qui les sépare : or, il n'y a aucune raison pour qu'un corps agisse sur un autre sans le toucher; il n'y a aucune raison de son attraction dans le milieu qui les sépare, puisque les newtoniens disent que ce milieu est vide : donc l'attraction étant sans raison suffisante, il n'y a point d'attraction. »

Les newtoniens répondront que l'attraction, la gravitation, quelle qu'elle soit, étant réelle et démontrée, aucune difficulté ne peut l'ébranler, et qu'étant tout de même démontré qu'aucun fluide ne peut causer cette attraction qui subsiste entre les corps célestes, la raison suffisante est bien loin de suffire à prouver que les corps ne peuvent s'attirer sans milieu.

Un newtonien sera encore assez fort s'il prie seulement un leibnitzien de faire un moment d'attention à ce que nous sommes et à ce qui nous environne. Nous pensons, nous éprouvons des sensations, nous mettons des corps en mouvement, les corps agissent sur nos âmes, etc. Quelle raison suffisante, je vous prie, me trouverez-vous de ce que la matière influe sur ma pensée, et ma pensée sur elle? Quel milieu y a-t-il entre mon âme et une corde de clavecin qui résonne? Quelle cause a-t-on jamais pu alléguer de ce que l'air frappé donne à une âme l'idée et le sentiment du son? N'êtes-vous pas forcé d'avouer que Dieu l'a voulu ainsi? Que ne vous soumettez-vous de même quand Newton démontre que Dieu a donné à la matière la propriété de la gravitation?

Lorsqu'on aura trouvé quelque bonne raison mécanique de cette propriété, on rendra service aux hommes en la publiant; mais depuis soixante et dix ans que les plus grands philosophes cherchent cette cause, ils n'ont rien trouvé. Tenons-nous-en donc à l'attraction, jusqu'à ce que Dieu en révèle la raison suffisante à quelque leibnitzien.

Les découvertes de Galilée et d'Huygens sont expliquées ici avec une clarté qui fait bien voir que ce ne sont point là des hypothèses, lesquelles laissent toujours l'esprit égaré et incertain, mais des vérités mathématiques qui entraînent la conviction.

Je me hâte de venir à ce dernier chapitre. On y prête de nouvelles armes au sentiment de Leibnitz; c'est Camille qui vient au secours de Turnus, ou Minerve au secours d'Ulysse. Cette dispute sur les forces actives, qui partage aujourd'hui l'Europe, n'a jamais exercé de plus illustres mains qu'aujourd'hui. La dame respectable dont je parle, et Mme la princesse de Columbrano, ont toutes deux suivi l'étendard de Leibnitz, non pas comme les femmes prennent d'ordinaire parti pour des théologiens, par faiblesse, par goût, et avec une opiniâtreté fondée sur leur ignorance, et souvent sur celle de leurs maîtres; elles ont écrit l'une et l'autre en mathématiciennes, et toutes deux avec des vues nouvelles. Il n'est ici question que du chapitre de notre illustre Française; c'est un des plus forts et des plus séduisants de cet ouvrage profond.

Pour mettre les lecteurs au fait, il est bon de dire ici que nous appelons force d'un corps en mouvement l'action de ce corps; c'est sa masse qui agit, c'est avec de la vitesse qu'agit cette masse, c'est dans un temps plus ou moins long qu'agit cette vitesse; ainsi on a toujours supputé la force motrice des corps par leur masse multipliée par leur vitesse appliquée au temps. Une puissance qui presse et donne une vitesse à un corps lui donne une force motrice; deux puissances qui le pressent en même temps, et qui lui donnent deux degrés de vitesse, lui en donnent deux de force; et dans deux temps elles lui en donneront quatre de force. Cela parut clair et démontré à tous les mathématiciens.

Newton fut, sur ce point, de l'avis de Descartes; et l'expérience dans toutes les parties des mécaniques fut d'accord avec leurs démonstrations.

Mais Leibnitz, ayant besoin que cette théorie ne fût pas vraie, afin qu'il y eût toujours égale quantité de force dans la nature, prétendit qu'on s'était trompé jusque-là, et qu'on aurait dû estimer la force motrice des corps en mouvement par le carré de leurs vitesses multipliées par leurs masses; et avec cette manière de compter, Leibnitz trouvait qu'en effet il se perdait du mouvement dans la nature, mais qu'il pouvait bien ne se perdre point de force.

Le docteur Clarke, illustre élève de Newton, traite ce sentiment de

Leibnitz avec beaucoup de hauteur, et lui reprocha sans détour que ses sophismes étaient indignes d'un philosophe.

Il discuta cette question dans la cinquième Réplique à Leibnitz, qui roulait d'ailleurs sur d'autres sujets importants.

Il fit voir qu'il est impossible d'omettre le temps; que quand un corps tombe par la force de la gravité, il reçoit en temps égaux des degrés de vitesse égaux.

Il répondit à toutes les objections, qui se réduisent à celle-ci : Qu'un mobile tombe de la hauteur trois, il fait effet comme trois ; qu'il tombe de la hauteur six, il agit comme six, c'est-à-dire il agit en raison de ses hauteurs; mais ses hauteurs sont comme le carré de ses vitesses : donc, disent les partisans de Leibnitz, qui l'ont éclairci depuis, un mobile agit comme le carré de ses vitesses : donc sa force est comme le carré.

Samuel Clarke renversa, dis-je, toutes ces objections en faisant voir de quoi est composé ce carré. Un corps parcourt un espace, cet espace est le produit de sa vitesse par le temps : or le temps et la vitesse sont égaux; donc il est évident que ce carré de la vitesse n'est autre chose que le temps lui-même, multiplié ou par lui-même, ou par cette vitesse ; ce qui rend parfaitement raison de ce carré, qui étonnait M. de Fontenelle en 1721. « D'où viendrait, dit-il, ce carré? » On voit clairement ici d'où il vient.

Mais on ne voit guère d'abord comment, après une pareille explication, il y avait encore lieu de disputer. L'émulation qui régnait alors entre les Anglais et les amis de Leibnitz engagea un des plus grands mathématiciens de l'Europe, le célèbre Jean Bernouilli, à secourir Leibnitz : tout ce qui porte le nom de Bernouilli est philosophe. Tous combattirent pour Leibnitz, hors un d'eux qui tient fermement pour l'ancienne opinion.

C'était une guerre; et on se servit d'artifices. Une de ces ruses qui firent le plus d'impression fut celle-ci :

Que le corps A (fig. 79) soit poussé par deux puissances à la fois en AB et en AE, on sait qu'il décrit la diagonale AD : or la puissance en AB n'augmente ni ne diminue la puissance AE, et pareillement AE ne diminue ni n'augmente AB; donc le mobile a une force composée de AB et de AE; mais le carré de AB et celui de AE, pris ensemble, font juste le carré de cette diagonale, et ce carré exprime la vitesse du mobile : donc la force de ce mobile est sa masse par le carré de sa vitesse.

Mais on fit voir bientôt la supercherie de ce raisonnement très-captieux.

Il est bien vrai que AB et AE ne se nuisent point, tant qu'ils vont chacun dans leur direction; mais dès que le corps A est porté dans la diagonale, ils se nuisent; car décomposez son mouvement une seconde fois, résolvez la force AE en AF et FE (fig. 80), de sorte que AE devienne à son tour diagonale d'un nouveau rectangle : résolvez de même AB en AD et en BD, il est clair que les forces AD, AF se détruisent. Que reste-t-il donc de force au corps? Il lui reste FE d'un côté, et BD de l'autre : donc il n'a pas la force de AB et de AE, réunies comme on le prétendait; donc, etc.

Il y avait beaucoup de finesse dans la difficulté, et il y en a encore plus dans la réponse; elle est de M. Jurin, l'un des meilleurs physiciens d'Angleterre.

M. Jurin, pour épargner tout calcul, toute décomposition, et pour faire voir encore plus clairement, s'il est possible, comment deux vitesses en un même temps ne donnent qu'une force double, imagina cette expérience :

Qu'on fasse mouvoir, avec l'aide d'un ressort, une balle avec un degré de vitesse quelconque; qu'ensuite ce degré étant bien constaté, le ressort bien rétabli, la balle en repos, on donne à la table un mouvement égal à celui que le ressort communique à la boule, c'est-à-dire qu'on fasse en même temps mouvoir la boule avec la vitesse 1, et la table avec la vitesse 1 : il est clair qu'alors la boule acquerra deux vitesses, et simplement deux forces : donc, quand il n'y a pas plusieurs temps différents à considérer, il faut ne reconnaître dans les corps mobiles d'autre force que celle de leur masse par leur vitesse.

L'illustre auteur, engagée aux leibnitziens, a voulu contredire cette expérience. « Voici, dit-elle, en quoi consiste le vice du raisonnement de M. Jurin.

« Supposons, pour plus de facilité, au lieu du plan mobile de M. Jurin, un bateau AB qui avance sur la rivière avec la vitesse 1, et le mobile P transporté avec le bateau : ce mobile acquiert la même vitesse que le bateau. Supposons un ressort capable de donner cette vitesse 1 hors du bateau, il ne la lui donnera plus, car l'appui du ressort dans le bateau n'est pas inébranlable, etc. »

Il est vrai que cette expérience peut être sujette à cette difficulté, et qu'il y aura une petite diminution de force dans l'action du ressort, parce que le bateau cédera un peu à l'effort du ressort; cela fera peut-être un dix-millième de différence; ainsi le mobile aura deux de force moins un dix-millième : mais certainement cette diminution de force ne fera pas qu'il aura le carré de deux, c'est-à-dire quatre; et il n'y a pas d'apparence que, pour avoir perdu quelque chose, il ait gagné plus du double.

D'ailleurs il est très-aisé de faire cette expérience, en attachant le ressort à une muraille, et en le détendant contre le mobile qui sera sur la table. A cela il n'y a rien à répondre, et il faut absolument se rendre à cette démonstration expérimentale de M. Jurin.

Il paraît que les expériences qui se font en temps égaux favorisent aussi pleinement l'ancienne doctrine. Que deux corps qui sont en raison réciproque de leur masse et de leur vitesse viennent se choquer : s'il fallait estimer la force motrice par le carré de la vitesse, il se trouverait que le mobile avec cent de masse et un de vitesse, rencontrant celui qui aurait cent de vitesse et un de masse, en serait prodigieusement repoussé, ce qui n'arrive jamais; car si les deux mobiles sont sans ressort, ils se joignent et s'arrêtent; s'ils sont flexibles, ils rejaillissent également. Les leibnitziens ont tâché de ramener ce phénomène à leur système, en disant que les cent de vitesse se consument dans les enfoncements qu'ils produisent dans le corps qui a cent de masse.

Mais on répond aisément à cette évasion : Que le corps qui souffr
ces enfoncements se rétablit s'il est à ressort, et rend toute cette force
qu'il a reçue; et, s'il n'est pas à ressort, il doit être entraîné par le
corps qui l'enfonce; car le corps cent, supposé non élastique, n'ayant
qu'un de vitesse, résiste bien par ses cent de masse au cent de vitesse
du corps un; mais il ne peut résister aux cent fois cent qu'on suppose
au corps choquant; il faudrait alors qu'il cédât, et c'est ce qui n'arrive
jamais.

Enfin M. Jurin ayant fait voir démonstrativement qu'il faut toujours
faire mention du temps, et ayant imaginé cette expérience hors de toute
exception, dans laquelle deux vitesses en un temps ne donnent qu'une
force double, a défié publiquement tous ses adversaires d'imaginer un
seul cas où une vitesse double pût en un temps donner quatre de force;
et il a promis de se rendre le disciple de quiconque résoudrait ce problème. On a entrepris de le résoudre d'une manière extrêmement ingénieuse.

On suppose une boule qui ait un de masse et deux de vitesse, et
qui rencontre deux boules, dont chacune a deux de masse, de façon
que la masse 1 communique tout son mouvement par le choc à ces
masses doubles : or, dit-on, si cette masse 1, qui a deux de vitesse,
communique à chacune des masses doubles un de vitesse, chacune de
ces masses doubles aura donc deux de force, ce qui fait quatre; la
boule 1, qui n'avait que deux de force, aura donc donné plus qu'elle
n'avait. Voilà donc, peut-on dire, une absurdité dans l'ancien système;
mais, dans le nouveau, le compte se trouve juste : car la boule 1, avec
deux de vitesse, aura eu quatre de force, et n'a donné précisément que
ce qu'elle possédait.

Il faut voir maintenant si M. Jurin se rendra à cet argument, et s'il
se fera le disciple de celui qui en est l'auteur. Je crois qu'il ne lui sera
pas difficile de répondre. Soient dans ce cercle les trois boules; la
boule 1 choque les boules 2 sous un angle de 60 degrés; la boule 1,
avec deux de vitesse, eût parcouru en un seul temps deux fois le rayon
du cercle.

Les boules 2, avec chacune 1 de vitesse, parcourent en un même
temps le rayon DC et le rayon IC; donc les deux boules ne font en un
même temps, dans la direction du rayon, que ce qu'eût fait la boule 1;
il n'y a de plus que les deux forces latérales en sens contraire; excédant de forces qu'on ne peut expliquer par cette manière de les évaluer, puisqu'il existe dans les corps durs, où la loi de la conservation
des forces vives n'est pas observée.

On trouve également une solution pour le cas qu'on rapporte de
M. Herman. Que la boule 1, dit-on, qui a 2 de vitesse, rencontre la
masse 3, elle lui donnera 1 de vitesse, et gardera 1. Voilà donc quatre
de force qui semblent naître de deux, et cette boule 1 a donné, dit-on,
ce qu'elle n'avait pas.

Non, elle n'a pas donné ce qu'elle n'avait pas. Si la boule 3, avec
cette unité de vitesse reçue, agit ensuite comme trois, et la boule,
avec l'unité de vitesse qui lui reste, agit comme un, il faut observer

que cette augmentation de force n'a lieu ici que parce que les boules ont un mouvement en sens contraire; phénomène dont l'élasticité de ces corps est la cause : on trouverait, en supposant les corps durs dans des·hypothèses où il se produirait, une augmentation de force, que la mesure des forces proposée par Leibnitz n'expliquerait pas; et tous ces exemples prouvent seulement que le principe de la conservation des forces vives a lieu dans les corps élastiques.

Il me paraît évident que, si la force est proportionnelle au mouvement, il se perd de la force, puisqu'il se perd du mouvement. L'exemple rapporté par le grand Newton à la fin de son *Optique* demeure incontestable.

Donc, s'il se perd à tout moment de la force dans la nature, il faut un principe qui la renouvelle; ce principe n'est-il pas l'attraction, quelle que puisse être la cause de l'attraction?

RÉSUMÉ.

. J'ai non-seulement fait l'analyse la plus exacte que j'ai pu de l'ouvrage le plus méthodique, le plus ingénieux et le mieux écrit qui ait paru en faveur de Leibnitz; j'ai pris la liberté d'y joindre mes doutes, que les lecteurs pourront éclaircir; je n'ai point touché aux objections que l'illustre auteur a adressées à M. de Mairan, dans le chapitre *De la force des corps;* c'est à ce philosophe à répondre, et on attend avec impatience les solutions qu'il doit donner des difficultés qu'on lui fait. Je croirais lui faire tort en répondant pour lui; il est seul digne d'une telle adversaire. La vérité gagnera sans doute à ces contradictions, qui ne doivent servir qu'à l'éclaircir; et ce sera un modèle de la dispute littéraire la plus profonde et la plus polie.

PRÉFACE DE L'ANTI-MACHIAVEL [1].

(1740.)

Je crois rendre service aux hommes en publiant l'*Essai de critique sur Machiavel*. L'illustre auteur de cette réfutation est une de ces grandes âmes que le ciel forme rarement, pour amener le genre humain à la vertu par leurs exemples. Il mit par écrit ses pensées, il y a quelques années, dans le seul dessein d'écrire des vérités que son cœur lui dictait. Il était encore très-jeune; il voulait seulement se former à la sagesse, à la vertu. Il comptait ne donner des leçons qu'à soi-même; mais ces leçons qu'il s'est données · méritent d'être celles de tous les rois, et peuvent être la source du bonheur des hommes. Il me fit l'honneur de m'envoyer son manuscrit; je crus qu'il était de mon devoir de lui demander la permission de le publier. Le poison de Machiavel est

[1]. Ouvrage de Frédéric le Grand, lorsqu'il n'était encore que prince royal. (Éd.)

trop public, il fallait que l'antidote le fût aussi. On s'arrachait à l'envi les copies manuscrites ; il en courait déjà de très-fautives, et l'ouvrage allait paraître défiguré, si je n'avais eu le soin de fournir cette copie exacte, à laquelle j'espère que les libraires à qui j'en ai fait présent se conformeront. On sera sans doute étonné quand j'apprendrai aux lecteurs que celui qui écrit en français d'un style si noble, si énergique, et souvent si pur, est un jeune étranger qui n'était jamais venu en France. On trouvera même qu'il s'exprime mieux qu'Amelot de La Houssaie, que je fais imprimer à côté de la réfutation. C'est une chose inouïe, je l'avoue ; mais c'est ainsi que celui dont je publie l'ouvrage a réussi dans toutes les choses auxquelles il s'est appliqué. Qu'il soit Anglais, Espagnol, ou Italien, il n'importe ; ce n'est pas de sa patrie, mais de son livre qu'il s'agit ici. Je le crois mieux fait et mieux écrit que celui de Machiavel ; et c'est un bonheur pour le genre humain, qu'enfin la vertu ait été mieux ornée que le vice. Maître de ce précieux dépôt, j'ai laissé exprès quelques expressions qui ne sont pas françaises, mais qui méritent de l'être ; et j'ose dire que ce livre peut à la fois perfectionner notre langue et nos mœurs. Au reste, j'avertis que tous les chapitres ne sont pas autant de réfutations de Machiavel, parce que cet Italien ne prêche pas le crime dans tout son livre. Il y a quelques endroits de l'ouvrage que je présente qui sont plutôt des réflexions sur Machiavel que contre Machiavel ; voilà pourquoi j'ai donné au livre le titre d'*Essai critique sur Machiavel.*

L'illustre auteur ayant pleinement répondu à Machiavel, mon partage sera ici de répondre en peu de mots à la préface d'Amelot de La Houssaie. Ce traducteur a voulu se donner pour un politique ; mais je puis assurer que celui qui combat ici Machiavel est véritablement ce qu'Amelot veut paraître. Ce qu'on peut dire peut-être de plus favorable pour Amelot, c'est qu'il traduisit *le Prince* de Machiavel, et en soutint les maximes, plutôt dans l'intention de débiter son livre, que dans celle de persuader. Il parle beaucoup de raison d'État dans son *épître dédicatoire ;* mais un homme qui, ayant été secrétaire d'ambassade, n'a pas eu le secret de se tirer de la misère, entend mal, à mon gré, la raison d'État. Il veut justifier son auteur par le témoignage de Juste-Lipse, qui avait, dit-il, autant de piété et de religion que de savoir et de politique. Sur quoi je remarquerai : 1° que Juste-Lipse et tous les savants déposeraient en vain en faveur d'une doctrine funeste au genre humain ; 2° que la piété et la religion, dont on se pare ici très-mal à propos, enseignent tout le contraire ; 3° que Juste-Lipse, né catholique, devenu luthérien, puis calviniste, et enfin redevenu catholique, ne passa jamais pour un homme religieux, malgré ses très-mauvais vers pour la sainte Vierge ; 4° que son gros livre de polititique est le plus méprisé de ses ouvrages, tout dédié qu'il est aux empereurs, rois et princes ; 5° qu'il dit précisément le contraire de ce qu'Amelot lui fait dire. « Plût à Dieu, dit Juste-Lipse, p. 6 de l'édition de Plantin, que Machiavel eût conduit son prince au temple de la vertu et de l'honneur ! mais en ne suivant que l'utile, il s'est trop écarté du chemin royal de l'honnête. » *Utinam principem suum recta duxisset ad templum virtutis et honoris !* etc. Amelot a supprimé exprès ces paroles. La mode de son temps était encore de citer mal à propos; mais altérer un passage aussi essentiel, ce n'est pas être pédant, ce n'est pas se tromper, c'est calomnier. Le grand homme dont je suis l'éditeur ne cite point; mais je me trompe fort, ou il sera cité à jamais par tous ceux qui aimeront la raison et la justice. Amelot s'efforce de prouver que Machiavel n'est point impie : il s'agit bien ici de piété ! Un homme donne au monde des leçons d'assassinat et d'empoisonnement, et son traducteur ose nous parler de sa dévotion ! Les lecteurs ne prennent point ainsi le change. Amelot a beau dire que son auteur a beaucoup loué les cordeliers et les jacobins; il n'est point ici question de moines, mais de souverains à qui l'auteur veut enseigner l'art d'être méchants, qu'on ne savait que trop sans lui. D'ailleurs, croirait-on bien justifier Myri-Veis, Cartouche, Jacques Clément, ou Ravaillac, en disant qu'ils avaient de très-bons sentiments sur la religion? et se servira-t-on toujours de ce voile sacré pour couvrir ce que le crime a de plus monstrueux? César Borgia, dit encore le traducteur, est un bon modèle pour les princes nouveaux, c'est-à-dire pour les usurpateurs. Mais, premièrement, tout prince nouveau n'est point usurpateur. Les Médicis étaient nouvellement princes, et on ne pouvait leur reprocher d'usurpation. Secondement, l'exemple de ce bâtard d'Alexandre VI, toujours détesté, et souvent malheureux, est un très-méchant modèle pour tout prince. Enfin La Houssaie prétend que Machiavel haïssait la tyrannie : sans doute tout homme la déteste; mais il est bien lâche et bien affreux de la détester et de l'enseigner. Je n'en dirai pas davantage; il faut écouter le vertueux auteur dont je ne ferais qu'affaiblir les sentiments et les expressions.

P. S. Dans le temps qu'on finissait cette édition, il en parut deux autres : l'une est intitulée de Londres, chez Jean Meyer; l'autre, à la Haye, chez Vanduren. Elles sont très-différentes du manuscrit original; ce qu'il est aisé de connaître aux indications suivantes : 1° Dans ces éditions le titre est : *Anti-Machiavel, ou Examen du Prince,* etc.; et celui-ci est intitulé : *Anti-Machiavel, ou Essai critique sur le Prince de Machiavel.* 2° Le premier chapitre, dans ces éditions, a pour titre : *Combien il y a de sortes de principauté,* etc.; et ici le titre est : *Des différents gouvernements.* Le second chapitre de ces éditions est : *Des principautés héréditaires;* et ici : *Des États héréditaires.* Il y a d'ailleurs des omissions considérables, des interpolations, des fautes en très-grand nombre dans ces éditions que j'indique. Ainsi lorsque les libraires qui les ont faites voudront réimprimer ce livre, je les prie de suivre en tout la présente copie.

C'est une belle réfutation de Machiavel que le livre du roi de Prusse; mais on en pourra voir quelque jour une réfutation encore plus belle, ce sera l'histoire de la vie de ce prince. Être son historiographe sera un emploi aussi agréable que glorieux.

J'aime un livre dont la lecture me laisse une idée grande et aimable du caractère, des sentiments, des mœurs de celui qui l'a composé. J'aime un ouvrage sérieux qui ne soit point écrit trop sérieusement. Le sérieux de celui-ci n'a rien de triste, rien d'austère, rien de guindé.

C'est le sérieux d'un philosophe qui a la maturité d'un homme de cinquante ans avec la fleur de la jeunesse, et qui joint à un esprit orné, à un jugement solide, à un discernement peu commun, une imagination féconde et agréable, une sérénité riante, si j'ose ainsi dire, et quelquefois même enjouée, qui est peut-être un des caractères essentiels d'une belle âme, surtout dans un âge comme celui de vingt à trente ans, et dans un de ces hommes nés pour le trône, que la séduction du trône ne porte souvent que trop à étouffer un enjouement qui, au gré de l'orgueil, marque trop d'humanité.

On pourrait appliquer à ce livre ce qu'a dit La Bruyère dans le chapitre, *Des ouvrages de l'esprit*. Voici ses paroles : « Quand une lecture vous élève l'esprit, et qu'elle vous inspire des sentiments nobles et courageux, ne cherchez pas une autre règle pour juger l'ouvrage ; il est bon et fait de main d'ouvrier. » La critique, après cela, peut s'exercer sur les petites choses, relever quelques expressions, corriger des phrases, parler de syntaxe, épiloguer sur certaines pensées incidentes, et décider que l'auteur pouvait dire encore telle ou telle chose, et que telle ou telle autre pouvait être dite en d'autres termes.

Il y a tel prince qui a écrit, mais moins en prince qu'en pédant ; de façon qu'on y reconnaît moins un auteur qui est prince, qu'un prince qui est auteur. Celui qui a fait l'*Anti-Machiavel* écrit véritablement en homme de qualité, et cela sans qu'on puisse lui reprocher de se donner certains petits airs de qualité, qui ne sont au fond qu'une nouvelle espèce de pédanterie plus choquante peut-être ou plus visible que celle de l'école ou du cloître. Je me souviens d'un endroit où il insinue quelque chose touchant son illustre naissance ; mais il le fait d'une manière qui n'a rien que de très-aimable. Lisez ce qu'il dit aux pages 128 et 129 : « Un homme élevé à l'empire par son courage n'a plus de parents ; on songe à son pouvoir, et non à son extraction. Aurélien était fils d'un maréchal de village ; Probus, d'un jardinier ; Dioclétien, d'un esclave ; Valentinien, d'un cordier ; ils furent tous respectés. Le Sforce qui conquit Milan était un paysan ; Cromwell, qui assujettit l'Angleterre et fit trembler l'Europe, était un simple citoyen ; le grand Mahomet, fondateur de l'empire le plus florissant de l'univers, avait été un garçon marchand ; Samon, premier roi d'Esclavonie, était un marchand français ; le fameux Piast, dont le nom est si révéré en Pologne, fut élu roi ayant encore aux pieds ses sabots, et il a vécu respecté jusqu'à cent ans. Que de généraux d'armée, que de ministres et de chanceliers roturiers ! l'Europe en est pleine, et n'en est que plus heureuse, car ces places sont données au mérite. Je ne dis pas cela pour mépriser le sang des Witikind, des Charlemagne, des Ottoman ; je dois au contraire, par plus d'une raison, aimer le sang des héros ; mais j'aime encore plus le mérite. » Il n'y a guère qu'un des premiers gentilshommes du monde qui puisse parler sur ce ton-là.

EXTRAIT

DE LA NOUVELLE BIBLIOTHÈQUE [1].

(NOVEMBRE 1740.)

Machiavel publia son *Prince* environ l'an 1515, et le dédia à Laurent de Médicis, neveu du pape Léon X. Ce pape, loin de savoir mauvais gré à Machiavel d'avoir réduit en art la méchanceté des hommes, l'engagea à composer d'autres ouvrages.

Adrien VI et Clément VII firent cas du livre. Clément VII accorda à l'auteur un privilége daté du 23 août 1531. Dix papes consécutivement permirent le débit du *Prince* de Machiavel, tandis que d'excellents livres de morale étaient à l'index. Enfin Clément VIII condamna cet ouvrage dangereux lorsqu'il n'était plus temps, et qu'il y avait prescription.

Il paraît enfin, après plus de deux cents années, une réfutation en forme de cet ouvrage.

M. de Voltaire, éditeur de cette réfutation, nous insinue dans sa préface que l'auteur est un homme d'un très-haut rang, et dans une très-grande place. Notre emploi de journaliste consiste à rendre seulement compte au public des ouvrages qui peuvent l'instruire et lui plaire. Nous ne prétendons pas jeter des regards indiscrets sur ce qu'on croit dérober à nos yeux : mais s'il est vrai, ce que l'on commence à dire, que c'est un prince qui a fait cet ouvrage, qu'il nous soit permis de remercier le ciel d'avoir inspiré de tels sentiments à un homme chargé du bonheur des autres hommes.

Nous ne connaissons aucun livre moral comparable à celui que nous annonçons. La plupart des autres livres peuvent former d'honnêtes citoyens; mais où sont les livres qui forment les rois? Depuis le sage Antonin, il n'a paru rien de pareil sur la terre. On apprend ailleurs à régler ses mœurs, à vivre en homme sociable; ici on apprend à régner.

Nous souhaitons que tous les souverains et tous les ministres lisent ce livre, parce que nous souhaitons le bonheur du genre humain, si pourtant la lecture d'un bon livre peut servir à rendre meilleur, et si le poison des cours n'est pas plus fort que cette nourriture salutaire que nous conseillons.

L'avant-propos de l'auteur est écrit avec cette éloquence vraie que le cœur seul peut donner : en voici un exemple :

« Combien n'est point déplorable la situation des peuples lorsqu'ils ont tout à craindre de l'abus du pouvoir souverain, lorsque leurs biens sont en proie à l'avarice du prince; leur liberté, à ses caprices; leur repos, à son ambition; leur sûreté, à sa perfidie; et leur vie, à ses

1. On a cru que cet article avait été envoyé aux journalistes, par M. de Voltaire. (*Ed. de Kehl.*)

cruautés! C'est là le tableau tragique d'un État où régnerait un prince comme Machiavel prétend le former. »

Ne sent-on pas son cœur ému d'une tendresse respectueuse quand on lit ces paroles, et ne prodiguerait-on pas son sang pour un prince qui penserait ainsi, qui parlerait des souverains comme un particulier, qui serait pénétré de nos mêmes sentiments, qui élèverait ainsi sa voix avec nous pour détester la tyrannie?

Ce qui nous a étonnés, c'est ce langage si pur, cet usage si singulier d'une langue qui n'est pas, dit-on, celle de l'auteur. Plusieurs morceaux nous ont semblé écrits dans des termes si énergiques; le mot propre nous a paru si souvent employé, et si souvent mis à sa place, que nous avons douté quelque temps que l'ouvrage fût d'un étranger. Pour nous en instruire, nous avons consulté l'éditeur lui-même, et nous avons vu entre ses mains la preuve évidente que ces traits dont nous parlons sont en effet de la main respectable dont nous doutions.

L'*Essai de critique sur Machiavel* a autant de chapitres que l'ouvrage de cet Italien intitulé *le Prince*; mais ce n'est pas une réfutation continuelle : ce sont souvent des réflexions à l'occasion de celles de l'Italien; ce sont mille exemples tirés de l'histoire ancienne et moderne; c'est un raisonnement fort et suivi; c'est partout la vertu la plus pure, partout la preuve que la meilleure politique est d'être vertueux.

Une de ces choses qui nous a le plus frappés, c'est ce que nous avons trouvé au chapitre III :

« Si aujourd'hui, parmi les chrétiens, il y a moins de révolutions, c'est que les principes de la saine morale commencent à être plus répandus; les hommes ont plus cultivé leur esprit, ils en sont moins féroces; et peut-être est-ce une obligation qu'on a aux gens de lettres qui ont poli l'Europe. »

Il semblerait, à la première lecture, que c'est un homme de lettres qui a écrit ce passage, soit par un intérêt particulier, soit par le goût que l'on sent toujours pour sa profession, et par ce désir naturel de la rendre plus recommandable. Il est pourtant très-certain, et nous en sommes convaincus par le témoignage de nos yeux, et par la confrontation la plus scrupuleuse, que ce n'est point un homme de lettres, un simple philosophe qui parle ainsi; c'est un homme né dans un rang où il est ordinaire de mépriser les gens de lettres, de les compter pour rien dans l'État, d'ignorer même s'ils existent.

Quelle bonté et quelle magnanimité dans tout le reste de l'ouvrage! comme la vertu qui y règne est indulgente! qu'elle est éloignée de cette superstition pédantesque qui s'effarouche de tout! qu'on sent bien que c'est un homme qui écrit, et non pas un pédagogue qui veut se mettre au-dessus de l'homme!

Plus d'un prince, à la vérité, a honoré les sciences par des écrits qui ont passé à la postérité. Les *Césars* de Julien, ce philosophe couronné, vivront tant qu'il y aura du goût sur la terre; mais ce n'est qu'une satire ingénieuse. Ses autres écrits seront estimés des savants; mais la vertu et l'éloquence qui y règnent sont employées à soutenir une cause que nous réprouvons. Henri VIII d'Angleterre écrivit contre Luther;

mais on ne lit ni l'un ni l'autre. Jacques Ier composa des ouvrages; mais ni son règne ni ses écrits n'ont eu l'approbation universelle. Si nous remontons jusqu'à Jules César, nous avons perdu sa tragédie d'*OEdipe*, et nous avons ses *Commentaires*; ils sont le bréviaire, dit-on, des gens de guerre, moins lus peut-être qu'estimés. Après tout, c'est l'ouvrage d'un usurpateur, et l'histoire des malheurs qu'il a causés, non moins que des belles actions qu'il a faites : mais il n'y a pas une page dans le livre que nous annonçons qui ne soit destinée à rendre les hommes meilleurs et plus heureux.

L'auteur d'un roman intitulé *Séthos* a dit que si le bonheur du monde pouvait naître d'un livre, il naîtrait de *Télémaque*. Qu'il nous soit permis de dire qu'à cet égard l'*Anti-Machiavel* l'emporte peut-être beaucoup sur le *Télémaque* même; l'un est principalement fait pour les jeunes gens, l'autre pour des hommes. Le roman aimable et moral de *Télémaque* est un tissu d'aventures incroyables; et l'*Anti-Machiavel* est plein d'exemples réels, tirés de l'histoire. Le roman inspire une vertu presque idéale, des principes de gouvernement faits pour les temps fabuleux qu'on nomme héroïques. Il veut, par exemple, qu'on divise les citoyens en sept classes : il donne à chaque classe un vêtement distinctif. Il bannit entièrement le luxe, qui est pourtant l'âme d'un grand État et le principe du commerce : l'*Anti-Machiavel* inspire une vertu d'usage; ses principes sont applicables à tous les gouvernements de l'Europe. Enfin, le *Télémaque* est écrit dans cette prose poétique que personne ne doit imiter, et qui n'est convenable que dans cette suite de l'*Odyssée*, laquelle a l'air d'un poëme grec traduit en prose.

Ici on voit un style uni, mais vigoureux et plein, un langage mâle fait pour les choses sérieuses que l'on traite. On y rencontre à tout moment de ces tours naïfs qui partent d'un cœur pénétré : la vérité y est sans art et sans détour.

Voici un de ces morceaux naturels qui nous ont frappés :

« Les princes qui ont été hommes avant de devenir rois peuvent se ressouvenir de ce qu'ils ont été, et ne s'accoutument pas si facilement aux aliments de la flatterie. Ceux qui ont régné toute leur vie ont toujours été nourris d'encens comme les dieux, et ils mourraient d'inanition s'ils manquaient de louanges. »

Nous avons été surpris de trouver, au commencement du chapitre xxv, des pensées sur la liberté et la nécessité, qui supposent une connaissance aussi profonde de la métaphysique que de la morale. Nous craignons de nous laisser emporter ici au plaisir que nous a fait cette lecture : et qu'on ne pense pas que le nom de l'auteur auquel on attribue l'ouvrage nous en a imposé; c'est sur quoi nous nous sommes examinés nous-mêmes avec scrupule. Nous sommes dans un pays libre, où on n'a rien à espérer ni à craindre de ceux du rang de l'illustre auteur qu'on soupçonne.

Nous sommes inconnus, et nous nous flattons de l'être toujours; la seule vérité conduit notre plume.

Il a paru deux autres éditions, subreptices, de cet ouvrage, intitu-

lées : *Examen de Machiavel ou Anti-Machiavel;* l'une à Londres, chez
Meyer, dans le Strand; et l'autre à la Haye, chez J. Vanduren : mais
M. de Voltaire les désavoue. Elles sont informes, pleines de fautes
grossières et d'interpolations. Il y a des endroits où l'on trouve des
dix lignes entières d'oubliées, et d'autres où le sens est entièrement
défiguré. Il en va paraître une quatrième : on traduit l'ouvrage en anglais et en italien : on ne saurait trop multiplier une instruction faite
pour tous les temps et pour tous les hommes.

DOUTES

SUR LA MESURE DES FORCES MOTRICES

ET SUR LEUR NATURE,

PRÉSENTÉS A L'ACADÉMIE DES SCIENCES DE PARIS EN 1741.

PREMIÈRE PARTIE.

De la mesure de la force.

1° Une pression quelconque en un temps peut-elle donner autre
chose qu'une vitesse, et ce qu'on appelle une force ?

2° Si une pression en un temps ne peut donner qu'une force, deux
pressions dans le même temps ne donneront-elles pas simplement
deux vitesses et deux forces ?

3° Donc, en deux temps, une pression produit ce que deux pressions égales font en un temps. Elle donne 2 vitesses et 2 forces ; car
$2 x \times t = 2 t \times x$.

4° Donc, si de deux corps égaux le premier fait le double d'effet de
l'autre dans un temps égal, c'est qu'il aura double vitesse ; et, s'il fait
le quadruple d'effet avec 2 de vitesse, c'est en deux temps.

5° Donc, si on veut que la force soit le produit du carré de la vitesse par la masse, il faudrait qu'un corps, avec double vitesse, opérât
dans le même temps une action quadruple de celle d'un corps égal qui
n'aurait qu'une vitesse simple.

Il faudrait donc que le ressort A, égal à B, tendu comme 2, pous-
sât une boule à 4 de distance, dans le même temps que le ressort B,
tendu comme 1, ne la pousse qu'à 1 de distance ; mais c'est ce qui ne
peut arriver jamais.

6° Donc tous les cas où cette contradiction d'une vitesse double qui
agit comme 4 paraît se trouver, doivent être décomposés et ramenés à
la simplicité de cette loi inviolable, par laquelle 2 de vitesse ne donne
qu'un effet double de vitesse en temps égal.

7° Or tous ces cas contradictoires, dans lesquels une vitesse double fait un effet quadruple, rentrent dans la loi ordinaire, quand on voit que cet effet quadruple n'arrive qu'en deux temps, en réduisant le mouvement accéléré et retardé en mouvement uniforme.

8° Si cette méthode de réduire le mouvement retardé en uniforme n'était pas juste, cela n'empêcherait pas que les principes ci-dessus ne fussent vrais; ce serait seulement une fausse explication d'un principe incontestable : et, si elle est juste, c'est un nouveau degré de clarté qu'elle donne à ces principes. Voyons donc si elle est juste.

9° Le mobile A (fig. 81), égal à B, reçoit 2 de vitesse; et B, un degré. Ils trouvent, en montant, les impulsions de la pesanteur, ou en marchant sur un plan poli, des obstacles égaux quelconques. A surmonte 4 de ces obstacles égaux, ou de ces impulsions, et arrive en T, où il perd toute sa force; B ne résiste qu'à une de ces impulsions, et ne fait que le quart du chemin de A.

Or il est démontré que A n'arrive qu'en 2 temps en T; et B, en 1 temps en V.

Donc jusque-là cette méthode est d'une justesse parfaite.

10° Maintenant si dans cet espace AT le corps A n'est parvenu à l'espace 3, à la fin du premier temps, que par la même raison que le corps B n'est parvenu qu'au numéro 1, la démonstration devient de plus en plus aisée à saisir.

On démontre facilement en effet que le corps A doit aller à 3; car la pesanteur de la résistance quelconque qui agit également sur les deux mobiles ôte 1 à B, quand elle ôte 1 au mobile A.

Donc le mobile A doit aller à 3, quand le mobile B n'est allé qu'à 1, etc.

Donc le corps A ne fait qu'en 2 temps le quadruple de B; donc l'effet n'est que double, proportionnel en temps égal à la cause qui est double, etc.

11° Si on poursuit cette démonstration, on voit que par un mouvement uniforme B irait de 1 à 2 au second temps; et A, qui a la force double, irait d'un mouvement uniforme de 3 à 5.

Or l'espace de 3 à 4, que le corps A ne parcourt pas dans le premier moment, joint à l'espace de 4 à 5 qu'il ne parcourt pas dans le second moment, représente la force contraire qui lui ôte la sienne; de même l'espace de 1 à 2 que B ne parcourt pas, représente la force contraire qui a éteint la force de B.

Or ces forces contraires sont proportionnelles à celles qu'elles détruisent. L'espace 5,3 est double de l'espace B,1; donc la force détruite dans le corps A n'est que double de celle détruite dans le mobile B; donc la démonstration est en tout d'une entière exactitude.

12° Si l'esprit, convaincu que le mobile A n'a fait qu'en 2 temps l'effet quadruple du mobile B, conserve quelque scrupule sur ce qu'au premier temps le mobile A surmonte trois obstacles, ou remonte à 3, malgré la résistance de la pesanteur, tandis que le mobile B ne surmonte que 1, ou ne s'élève qu'à l'espace 1; si, dis-je, on ne trouve pas dans ce premier temps le rapport de 2 à 1, mais le rapport de 3 à 1, cette difficulté a été levée, comme on va le voir.

13° Les deux temps dans lesquels le mobile A agit, et les espaces qu'il franchit, sont réellement divisés en autant d'instants que l'esprit veut en assigner; ainsi, au lieu de 4 espaces que A doit parcourir en 2 temps, concevons 100 parties d'espace en 10 temps pour A, et 25 parties d'espace en 5 temps pour B. Rangeons cette progression sous deux colonnes.

A 2 vitesses.		B 1 vitesse.	
	espac. parc.		espac. parc.
Premier temps..................19		Premier temps.................9	
Second temps..................17		Second temps..................7	
Troisième temps 17		....	
.			
.			
.			
Dixième........................1		Cinquième temps...............1	
En 10 temps, 100 d'espace.		En 5 temps, 25 d'espace.	

Les obstacles agissent en la même raison que la gravité.

17...............20...............3			7.............10.............3		
Troisième temps.					
15...............20...............5			3.............10.............5		

Il est aisé de voir, en poursuivant cette progression, que les espaces parcourus sont d'abord doubles l'un de l'autre moins l'espace non parcouru qui est 1, indiqué pour l'un et pour l'autre mobile; en sorte que plus on suppose ces instants petits, tout le reste étant le même, plus le rapport des espaces parcourus dans un premier instant approche de celui de 2 à 1, c'est-à-dire de celui des vitesses initiales. Le rapport serait à cet instant de 20 à 10, c'est-à-dire de 2 à 1. En suivant toujours cette progression, on voit que le mobile A aura parcouru en 5 temps 75 d'espace, et que B en aura parcouru 25, ce qui devient en 5 temps le même rapport qu'on trouvait au premier instant de 3 à 4 quand on ne compte que 2 instants.

Ainsi, dans la moitié du temps total, A parcourra 3; et B, 1 seulement; mais uniquement parce que les pertes de vitesse sont égales en temps égaux pour les 2 corps, quelles que soient leurs vitesses initiales.

Je suppose qu'il restât encore quelque doute sur les vérités précédentes, l'expérience ne décide-t-elle pas sans retour la question? Et l'ancienne manière de calculer n'est-elle pas seule recevable, si par elle on rend une raison pleine de tous les cas auxquels la force semble être le produit du carré de la vitesse par la masse? tandis que la nouvelle manière ne peut, en aucun sens, rendre raison des effets proportionnels à la simple vitesse.

14° Or il est constant qu'en distinguant les temps, on ne trouve jamais qu'une force proportionnelle à la vitesse en temps égaux, quoique en des temps inégaux l'effet soit comme le carré de la vitesse; mais lorsqu'une simple vitesse fait effet comme 1, et que deux vitesses dans le même temps agissent précisément comme 2, il n'y a plus alors de carré qui puisse expliquer cet effet simple; il ne reste donc qu'à voir des exemples.

15° S'il y a un cas où la force paraisse être comme le carré de la vitesse, c'est dans le choc des fluides, qui agissent en effet en raison doublée de leur vitesse; mais, s'il est démontré que les fluides n'agissent ainsi que parce qu'en un temps donné chaque particule n'agit qu'avec sa masse multipliée par sa simple vitesse, restera-t-il quelque doute sur l'évaluation des forces motrices?

La somme totale des impressions d'un corps quelconque est égale à l'impression de chaque partie, répétée autant de fois qu'il y a de parties dans ce corps.

Soit conçu un fluide qui choque un plan uni, avec une vitesse 10, et un fluide semblable choquant un plan semblable avec une vitesse 1; dans l'instant 1, 10 parties du premier fluide choqueront le plan avec la vitesse 10. La force exercée par le fluide pendant ce temps sera donc 10×10; mais dans le même temps une seule particule du second fluide choquera le plan avec la vitesse 1; la force exercée par le fluide ne sera donc que 1×1.

Les forces sont donc comme les carrés des vitesses, quoique celle de chaque particule ne soit que comme la vitesse; et si on disait que chaque partie agit comme le carré de sa vitesse, chacune de ses parties agirait alors comme 100, et le fluide aurait une action totale comme 1000; ce qui ne serait plus alors le carré de la vitesse, mais le cube : donc on ne trouve ici, comme partout ailleurs, que le produit de la vitesse par la masse.

16° Est-il permis de redire encore ce qui a été dit, que les corps qui se choquent en raison réciproque des vitesses et des masses agissent toujours en cette proportion, et non en celle du carré; et le corps 1, choquant avec 10 de vitesse le corps 10, qui n'a que la vitesse 1, la pression est égale de part et d'autre, et qu'ainsi les forces sont évidemment égales?

17° L'expérience proposée par M. Jurin n'est-elle pas une preuve sans réplique que 2 vitesses en un temps ne donnent que 2 forces? On sait que c'est un plan mobile à qui on donne la vitesse 1, sur lequel on fait rouler, selon la même direction, une boule avec la même vitesse. Ces 2 vitesses en un même temps ne feront jamais d'effet que comme 2 et non comme 4.

18° Les défenseurs des forces vives ont-ils bien réfuté cette expérience, en disant que le ressort qui donne la vitesse 1 à la boule, étant appuyé lui-même sur ce plan mobile, fait reculer ce plan et dérange l'expérience? N'est-il pas aisé de remédier à ce petit déchet de mouvement que le plan mobile doit éprouver? On n'a qu'à fixer le ressort à un appui inébranlable, et jeter avec ce ressort la boule sur le plan mobile. L'expérience peut se faire; l'effet ne peut s'en contester; la question n'est-elle pas décidée de fait? (Voy. fig. 79.)

19° N'est-il pas encore évident que ces cas, tels que M. Herman les rapporte, et tous les cas possibles où un mobile semble communiquer plus de force qu'il n'en a, sont tous soumis à la distinction du temps et à l'examen des forces du ressort? Par exemple on dit qu'une boule sous-double, ayant la vitesse deux, communique en un temps une force comme quatre aux deux boules doubles, qu'elle frappe à la fois sous un angle de 60 degrés, puisque chacune des boules doubles recevra un de vitesse; mais il faut observer que dans ce cas les boules B et E n'auront parcouru que la moitié du rayon dans le sens de AB, tandis que le corps A, allant de A en D, aura parcouru le double de ce rayon; et quant à la vitesse latérale qu'elles acquièrent, elle est produite également dans le cas du choc des corps durs, où tout le monde convient de mesurer la force par le produit de la masse par la vitesse.

20° Ne paraît-il pas encore que, dans le choc des corps à ressort, ce serait se faire illusion de croire que la force motrice soit le produit du carré de la vitesse, sur ce que les carrés de cette vitesse, multipliés par les masses, sont toujours, après le choc, égaux à la masse du corps choquant, multipliée par le carré de sa vitesse? Cette augmentation de force qu'on trouve après le choc ne vient-elle pas évidemment de la propriété des corps à ressort? Et n'est-ce pas cette propriété qui fait qu'une boule choquée par le moyen de 20 boules intermédiaires, toutes en raison sous-double, peut acquérir $\frac{2^{20}(1+2^{20})}{3^{21}}$ fois plus de force que si elle était choquée par la première boule seulement? Or il est démontré que dans ce cas ce n'est pas cette première boule qui possédait ce grand excédant de forces; n'est-il donc pas de la dernière évidence que c'est au ressort qu'il faut attribuer cette prodigieuse augmentation?

Donc, de quelque côté qu'on se tourne, soit que l'on consulte l'expérience, soit qu'on calcule, on trouve toujours que la valeur des forces motrices est la masse multipliée par la vitesse.

SECONDE PARTIE.
De la nature de la force.

1° Maintenant, s'il est bien prouvé que ce qu'on appelle force motrice est le produit de la simple vitesse par la masse, sera-t-il moins aisé de parvenir à connaître ce que c'est que cette force?

2° D'abord, si elle est la même dans un corps qui n'est pas en mouvement, comme dans le bras d'une balance en repos, et dans un corps qui est en mouvement, n'est-il pas clair qu'elle est toujours de même nature, et qu'il n'y a point deux espèces de force, l'une morte et l'autre vive, dont l'une diffère infiniment de l'autre? à moins qu'on ne dise aussi qu'un liquide est infiniment plus liquide quand il coule que quand il ne coule pas.

3° Si la force n'est autre chose que le produit d'une masse par sa vitesse, ce n'est donc précisément que le corps lui-même, agissant ou prêt à agir avec cette vitesse. La force n'est donc pas un être à part, un principe interne, une substance qui anime les corps, et distinguée des corps, comme quelques philosophes l'ont prétendu.

4° Cette force qui n'est rien, sinon l'action des corps en mouvement, n'est donc pas primitivement dans des êtres simples qu'on nomme monades, lesquelles ces philosophes disent être sans étendue, et constituer cependant la matière étendue ; et, quand même ces êtres existeraient, il ne paraît pas plus qu'ils puissent avoir une force motrice, qu'il ne semble que des zéros puissent former un nombre.

5° Si cette force n'est qu'une propriété, elle est sujette à variations, comme tous les modes de la matière ; et si elle est en même raison que la quantité du mouvement, n'est-il pas clair que sa quantité s'altère si le mouvement augmente ou diminue ?

6° Or il est de fait que la quantité de mouvement augmente toutes les fois qu'un petit corps à ressort en choque un plus grand en repos. Par exemple, le mobile élastique A, qui a 20 de masse et 11 de vitesse, choque B en repos, dont la masse est 200 ; A rejaillit avec une quantité de mouvement de 180, et B marche avec 400.

Ainsi A, qui n'avait que 20 de masse et 11 de vitesse, ou 220 de force, a produit 580. D'un autre côté, il se perd, comme on en convient, beaucoup de mouvement dans le choc des corps inélastiques ; donc la force augmente et diminue.

7° Les philosophes qui ont dit que la permanence de la quantité des forces est une beauté nécessaire dans la nature, ont-ils plus de raison que s'ils disaient que la même quantité d'espèces, d'individus, de figures, etc., est une beauté nécessaire ?

8° S'il est incontestable que le choc d'un petit corps contre un plus grand produise une force beaucoup plus grande que celle que ce petit corps possédait, ne suit-il pas évidemment que les corps ne communiquent point de force proprement dite ? car dans l'exemple ci-dessus, où 20 de masse avec 11 de vitesse ont produit 580 de force, le corps B, qui a 200 de masse, acquiert une force de 400, qui n'est que le résultat de la masse 200 par la vitesse 2. Or certainement il n'a pas reçu de lui sa masse, il n'a reçu que sa vitesse, laquelle n'est qu'un des composants, un des instruments de la force ; donc les corps ne communiquent point la force.

9° Mais la masse et le mouvement suffisent-ils pour opérer cette force ? ne faut-il pas évidemment l'inertie, sans laquelle la matière ne résisterait pas, et sans laquelle il n'y aurait nulle action ? L'inertie, le mouvement, et la masse, suffisent-ils ? ne faut-il pas un principe qui tienne tous les corps de la nature en mouvement, et leur communique ainsi incessamment une force agissante ou prête d'agir ? et ce principe n'est-il pas la gravitation, soit que la gravitation ait elle-même une cause physique, soit qu'elle n'en ait point ?

10° La gravitation, qui imprime le mouvement à tous les corps vers un centre, n'est-elle pas encore très-loin de suffire pour rendre raison de la force active des corps organisés ? et ne leur faut-il pas un principe interne de mouvement, tel que celui de ressort ?

11° La force active causée par ce ressort, agissant suivant ces mêmes lois, et opérant les mêmes effets que toute force quelconque, ne doit-on pas en conclure que la nature, qui va souvent à différents buts par la même voie, va aussi au même but par différents chemins, et qu'ainsi la véritable physique consiste à tenir registre des opérations de la nature, avant de vouloir tout asservir à une loi générale?

Bruxelles, ce 27 mars 1741.

VOLTAIRE

CONSEILS A M. RACINE,
SUR SON POËME DE LA RELIGION,
PAR UN AMATEUR DES BELLES-LETTRES.

(1742

En lisant le poëme de *la Religion* du fils de notre illustre Racine, j'ai remarqué des beautés; mais j'ai senti un défaut qui règne dans tout l'ouvrage : c'est la monotonie. On peut remédier aisément, dans une seconde édition, à toutes les autres fautes; on rectifie une idée fausse, on embellit des vers négligés, on éclaircit une phrase obscure, on ajoute des beautés; mais il sera un peu plus difficile de changer l'uniformité répandue sur tout l'ouvrage en cette variété piquante qui seule peut donner du plaisir. Je me souviens d'un vers charmant de feu M. de La Motte :

L'ennui naquit un jour de l'uniformité.

Cependant j'ose exhorter l'estimable auteur de ce poëme à faire les plus grands efforts pour atteindre à cette beauté absolument nécessaire. J'ai ouï dire à M. Silhouette que *la Boucle de cheveux* de M. Pope n'eut d'abord qu'un médiocre succès, parce qu'il n'y avait point d'invention; mais qu'elle réussit, lorsque l'auteur eut embelli ce badinage en y introduisant des génies, des sylphes et des ondins. Ce n'est pas de pareilles fictions, sans doute, que je demande à M. Racine; mais plus de chaleur, plus de figures, et des tableaux plus frappants.

Tantôt je voudrais qu'il interrogeât la Sagesse éternelle, qui lui répondrait du haut des cieux; tantôt que le Verbe lui-même, descendu sur la terre, vînt y confondre Mahomet, Confucius, Zoroastre, appelés un moment du sein des ténèbres pour l'entendre : ici je voudrais que l'abîme s'entr'ouvrît; j'aimerais à y descendre en idée pour interroger les sages de l'antiquité, et pour arracher d'eux l'aveu qu'ils n'ont point connu la sagesse.

Là, je ferais l'histoire d'un prince qui, dans les grandeurs, dans les victoires, et dans les plaisirs, cherchât inutilement le bonheur, qui le trouvât ensuite dans la solitude. Plus loin, je peindrais un homme que l'enivrement du monde rendrait dur et malheureux, devenu ensuite compatissant, indulgent, bienfaisant, et par conséquent heureux Cent images dans ce goût réveilleraient l'esprit du lecteur que l'historique assoupit, et que le dogmatique endort.

J'exhorte encore l'auteur à penser de lui-même; il en est capable. Il ne faut pas toujours mettre en vers Pascal, saint Augustin, Arnauld. Cet asservissement de l'esprit le gêne trop dans sa marche. Trop d'imitation éteint le génie. S'il veut commencer par donner l'essor à son âme, alors il sera temps de le prier de corriger les négligences de style. Alors je prendrai la liberté de lui faire remarquer que le premier chant commence un peu languissamment; non qu'il faille des vers trop forts dans un début, mais il ne faut pas ramper.

L'idée d'un *appui véritable* que la raison *rend aimable* [1] n'est pas, à beaucoup près, assez grande. Il s'agit du bonheur de tous les hommes et d'un bonheur éternel; les paroles doivent peindre. D'ailleurs est-ce une grande merveille que notre *appui véritable* nous devienne *aimable?* La difficulté, la beauté consiste à rendre aimable un joug, une servitude qui nous gêne, et non un appui qui nous rassure.

Je lui dirai encore que dès la première page on ne doit pas se négliger au point de dire, *les droits, la gloire t'est chère.* Ces fautes de grammaire sont trop remarquables, et révoltent trop les oreilles les moins délicates.

Mais ce n'est qu'après avoir refondu l'ouvrage avec génie, qu'il faudra revoir les détails avec scrupule. Je me flatte d'autant plus qu'il l'embellira, que je vois des choses dans le second chant qui me paraissent devoir lui servir de modèle pour tout le reste.

Qu'il ne dise point, comme dans le quatrième chant, qu'il ne veut pas imiter Sannazar. Ce poëte italien défigura son ouvrage, médiocre d'ailleurs, par des fictions indécentes et puériles; et je propose à M. Racine de se rendre très-supérieur à Sannazar, en embellissant son poëme par des images nobles et intéressantes.

« Non satis est pulchra esse poemata; dulcia sunto. »

Moins les raisonneurs sont convaincants, plus on a besoin de séduire par les grâces du discours; par exemple, voici, page 130, un argument proposé en vers didactiques :

Quand votre Dieu pour vous n'aurait qu'indifférence,
Pourrait-il, oubliant sa gloire qu'on offense,
Permettre à cette erreur, qu'il semble autoriser,
D'abuser de son nom pour nous tyranniser?

On sent combien cet argument est faux; car Dieu permet que les hommes soient trompés par le mahométisme, dont les préceptes sont extrêmement sévères, puisqu'ils ordonnent la prière cinq fois par jour,

---

1. Voici les quatre premiers vers du poëme de *la Religion* :

La Raison dans mes vers conduit l'homme à la foi;
C'est elle qui, portant son flambeau devant moi,
M'encourage à chercher mon *appui véritable*,
M'apprend à le connaître, et me le rend aimable. (ÉD.)

la plus rigoureuse abstinence, l'aumône du dixième de son bien, sous peine de damnation. Jésus-Christ permet encore que les hommes soient trompés dans la plus belle partie de la terre, depuis près de trois mille ans, par l'admirable et austère morale de Confucius. Ainsi un argument si faux, présenté si sèchement, est capable de faire un grand tort au fond de l'ouvrage.

Il y en a malheureusement quelques-uns de ce genre; je conseillerais donc, encore une fois, à l'estimable auteur d'argumenter moins et d'embellir davantage. Pourquoi dire qu'il y a plus de chrétiens que de musulmans sur la terre? On sait que le fait est au moins très-douteux. Que prouverait-il quand il serait vrai? Nulle erreur, nulle mauvaise preuve ne doit entrer dans un ouvrage consacré à la divine vérité. Je ne veux point blâmer le projet de mettre en vers les *Pensées de Pascal;* mais en rimant ces Pensées, il faut et les ennoblir, et être exact, et en inventer de nouvelles.

> Je demande où l'on va, d'où l'on vient, qui nous sommes;
> Et je les vois courir, peu touchés de nos maux,
> A des amusements qu'ils nomment leurs travaux
> On détruit, on élève, on s'intrigue, on projette.

Le lecteur s'attend alors à une description de ces travaux, de ces destructions, de ces intrigues, et de ce torrent du monde qui entraîne tous les hommes loin d'eux-mêmes; mais au lieu de cette idée grande et nécessaire, voici ce qu'on trouve :

> Sans cesse l'on écrit, et sans cesse on répète.
> L'un, jaloux de ses vers, vains fruits d'un doux repos
> Croit que Dieu ne l'a fait que pour ranger des mots;
> L'autre, assis pour entendre et juger nos querelles,
> Dicte un amas d'arrêts qui les rend éternelles.

S'arrêter à ces petites images, non-seulement c'est tomber, mais c'est s'écarter de son chemin en tombant : il peint deux occupations sédentaires, au lieu de faire passer sous mes yeux le rapide spectacle de la roue de la fortune qui emporte le genre humain; il confond un amusement avec l'occupation la plus digne des hommes, qui est celle de rendre la justice; de plus, il est faux qu'un arrêt du parlement, en jugeant un procès, l'éternise.

> Cent fois j'ai souhaité (j'en fais l'aveu honteux)
> Pouvoir de mes malheurs me distraire comme eux,
> Et, risquant sans remords mon âme infortunée,
> Attendre du hasard ma triste destinée.

Premièrement, comment a-t-il souhaité pouvoir se distraire comme ceux qui font des vers, dans le temps même qu'il fait des vers? Secondement, quelle alternative ou de faire des vers, ou de juger des procès? Troisièmement, tous les juges risquent-ils, sans remords, leur âme infortunée? Quatrièmement, qui est-ce qui attend sa triste destinée du hasard, tandis que les écoliers de seconde savent aujourd'hui que le hasard n'est qu'un nom? C'est donc à tort que dès le commencement de son poëme, à la page 6, il dit :

O toi qui vainement fais ton Dieu du hasard !

Car, encore une fois, il n'y a aucun livre écrit depuis cent ans où l'on attribue quelque chose au hasard. Le grand système des matérialistes est la nécessité.

J'apporte à M. Racine ce petit exemple entre plusieurs autres, ne doutant pas qu'un esprit comme le sien ne sente de quel prix est la justesse, et ne remédie à ces légers défauts partout où il les trouvera dans son livre.

Il néglige, dans son poëme sur notre religion, le grand fondement de cette religion même, qui est la nécessité d'un rédempteur; et, au lieu de parler de cette nécessité, il apporte en preuve de la mission de Jésus-Christ je ne sais quel bruit, qui ne courut que du temps de Vespasien, que l'empire romain serait à un homme qui viendrait de Judée : c'est exposer notre sainte religion au mépris des déistes dont la terre est couverte. Ils dédaignent nos bonnes raisons quand on leur en rapporte de si mauvaises; la cause de notre Sauveur Jésus-Christ s'affaiblit par l'inattention du poëte.

C'est ainsi que nous avons vu depuis quelque temps *le Mercure galant* rempli d'étranges dissertations sur Jésus-Christ et les prophètes, par des hommes un peu incompétents, qui voulaient expliquer des prophéties que Grotius, Huet, Calmet, Hardouin, n'ont pu entendre. On a vu, avec une extrême douleur, les choses sacrées ainsi profanées et livrées à l'injuste dérision des esprits forts. Je conjure donc instamment M. Racine d'employer de meilleures preuves avec l'éloquence dont il est capable. Je ne veux que la perfection de l'ouvrage, la gloire de l'auteur, le bien des lettres et du public.

Je prends la liberté de l'engager à faire encore de nouveaux efforts quand il lutte contre les anciens et les modernes dans ses descriptions. Par exemple, M. de Voltaire, dans un de ses discours en vers, s'est ainsi expliqué :

Le sage Dufaï, parmi ces plants divers,
Végétaux rassemblés des bouts de l'univers,
Me dira-t-il pourquoi la tendre sensitive
Se flétrit sous nos mains, honteuse et fugitive...;
Pourquoi ce ver changeant se bâtit un tombeau,
S'enterre, et ressuscite avec un corps nouveau,
Et, le front couronné, tout brillant d'étincelles,
S'élance dans les airs en déployant ses ailes?

Ce même ver, dit M. Racine,

Chez ses frères rampants, qu'il méprise aujourd'hui,
Sur la terre autrefois traînant sa vie obscure,
Semblait vouloir cacher sa honteuse figure :
Mais les temps sont changés; sa mort fut un **sommeil;**

On le vit plein de gloire à son brillant réveil,
Laissant dans le tombeau sa dépouille grossière,
Par un sublime essor voler vers la lumière.

M. Racine a l'esprit trop juste pour ne pas convenir, sans peine, que ces vers ont encore besoin d'être un peu retouchés. Il ne dit pas précisément ce qu'il doit dire. Il dit : *Sa mort fut un sommeil*, et il n'a pas parlé auparavant de cette prétendue mort. *Les temps sont changés*, est une expression qui convient aux événements de la fortune, et non pas à un effet physique. On ne doit pas dire d'une mouche qu'elle est *pleine de gloire*, ni que *son essor est sublime*. C'est dire mal que de dire trop ; c'est énerver que d'exagérer. Choisissons quelques autres endroits où il se rencontre avec le même auteur.

M. DE VOLTAIRE.

Demandez à Sylva par quel secret mystère
Ce pain, cet aliment dans mon corps digéré,
Se transforme en un lait doucement préparé ;
Comment, toujours filtré dans ses routes certaines,
En longs ruisseaux de pourpre il court enfler mes veines.

M. RACINE.

Mais qui donne à mon sang cette ardeur salutaire ?
Sans mon ordre il nourrit ma chaleur nécessaire ;
D'un mouvement égal il agite mon cœur ;
Dans ce centre fécond il forme sa liqueur,
Il vient me réchauffer par sa rapide course.

M. DE VOLTAIRE.

Rome enfin se découvre à ses regards cruels ;
Rome, jadis son temple et l'effroi des mortels ;
Rome dont le destin, dans la paix, dans la guerre,
Est d'être en tous les temps maîtresse de la terre.
Par le droit des combats on la vit autrefois
Sur leurs trônes sanglants enchaîner tous les rois ;
L'univers fléchissait sous son aigle terrible :
Elle exerce en nos jours un pouvoir plus paisible ;
On la voit sous son joug asservir ses vainqueurs,
Gouverner les esprits, et commander aux cœurs ;
Ses avis sont ses lois, ses décrets sont ses armes, etc.

M. RACINE.

Cette ville autrefois maîtresse de la terre,
Rome qui, par le fer et le droit de la guerre
Commandait autrefois à toute nation,
Rome commande encor par la religion.
Avec plus de douceur, et non moins d'étendue
Son empire établi frappe d'abord ma vue.

Des peuples, de son sein par l'orage écartés,
Contre son Dieu du moins ne sont pas révoltés;
Tout le Nord est chrétien, tout l'Orient encore, etc.

Ch. III, 1-9

M. DE VOLTAIRE.

Tu n'as pas oublié ces sacrés homicides
Qu'à tes indignes dieux présentaient tes druides.

Henriade, ch. V, 97-98.

M. RACINE.

Les Gaulois détestant les honneurs homicides
Qu'offre à leurs dieux cruels le fer de leurs druides.

Ch. IV, 251-52.

M. DE VOLTAIRE.

Le crime a ses héros, l'erreur a ses martyrs, etc.

Henriade, ch. V, 100.

M. RACINE.

L'erreur a ses martyrs; le bonze follement, etc.

Ch. IV, 314.

M. DE VOLTAIRE.

Sur les pompeux débris de Bellone et de Mars,
Un pontife est assis au trône des Césars.
Des prêtres fortunés foulent d'un pied tranquille
Le tombeau des Catons, et la cendre d'Émile.
Le trône est sur l'autel, et l'absolu pouvoir
Met dans les mêmes mains le sceptre et l'encensoir.

Henriade, ch. IV, 181-186

M. RACINE.

Terrible par ses clefs et son glaive invisible,
Tranquillement assis dans un palais paisible,
Par l'anneau du pêcheur autorisant ses lois,
Au rang de ses enfants un prêtre met nos rois.

Ch. IV, 431-34.

M. DE VOLTAIRE.

Vous dont la main savante et l'exacte mesure
De la terre étonnée ont fixé la figure,
Dévoilez les ressorts qui font la pesanteur;
Vous connaissez les lois qu'établit son auteur;
Parlez, enseignez-moi comment ses mains fécondes
Font tourner tant de cieux, graviter tant de mondes....
Vous ne le savez point, etc.

IV° DISCOURS, 51-57.

M. RACINE.

Vous que de l'univers l'architecte suprême
Eût pu charger du soin de l'éclairer lui-même,
Des travaux qu'avec vous je ne puis partager,
Si j'ose vous distraire et vous interroger,
Dites-moi quel attrait à la terre rappelle
Ce corps que dans les airs il lance si loin d'elle....
La pesanteur.... déjà ce mot vous trouble tous.

Ch. V, 253-59

M. DE VOLTAIRE.

Vers un centre commun tout gravite à la fois.

Épître à madame du Châtelet, 32.

M. RACINE.

Vers un centre commun tous pèsent à la fois.

Ch. V, 248.

M. DE VOLTAIRE.

Et périsse à jamais l'affreuse politique
Qui prétend sur les cœurs un pouvoir despotique;
Qui veut le fer en main convertir les mortels;
Qui du sang hérétique arrose les autels,
Et, suivant un faux zèle ou l'intérêt pour guides,
Ne sert un Dieu de paix que par des homicides!

Henriade, ch. II, 17-22.

M. RACINE.

Quel dieu contraire au nôtre aurait pu nous apprendre
Qu'en soutenant un dogme il faut, pour le défendre,
Armés de fer, saisis d'un long emportement,
Dans un cœur obstiné plonger son argument?

Ch. VI, 315-18.

M. DE VOLTAIRE.

Déjà de la carrière
L'auguste vérité vient m'ouvrir la barrière;
Déjà ces tourbillons l'un par l'autre pressés,
Se mouvant sans espace, et sans règle entassés,
Ces fantômes savants à mes yeux disparaissent.
Un jour plus pur me luit : les mouvements renaissent;
L'espace qui de Dieu contient l'immensité
Voit rouler dans son sein l'univers limité;
Cet univers si vaste à notre faible vue,
Et qui n'est qu'un atome, un point dans l'étendue.

Épître à madame du Châtelet, 21-30.

M. RACINE.

Là, d'un cubique amas, berceau de la nature,
Sortent trois éléments de diverse figure.
Là ces angles qu'entre eux brise leur frottement,
Quand Dieu qui dans le plein met tout en mouvement
Pour la première fois fit tourner la matière.
. . . .
Newton ne la voit pas; mais il voit ou croit voir
Dans un vide étendu tous les corps se mouvoir.

Ch. V, 237-43.

M. DE VOLTAIRE.

Adoucit-il les traits de sa main vengeresse[1]?
Punira-t-il, hélas! des moments de faiblesse.
Des plaisirs passagers, pleins de trouble et d'ennui,
Par des tourments affreux, éternels comme lui?

M. RACINE.

Mais, pour quelque douceur rapidement goûtée,
Qui console en sa soif une âme tourmentée,
Croirons-nous qu'en effet il s'irrite si fort,
Et pour un peu de miel condamne-t-il à mort?

Ch. VI, 23-26.

J'omets quelques autres exemples, et je ne veux point entrer dans le détail des vers qu'il faut absolument que l'auteur corrige, parce que je l'estime assez pour croire qu'il les sentira lui-même, ou qu'il consultera quelqu'un de nos académiciens qui ont le plus de goût. Ce n'est pas toujours les poëtes qu'il faut consulter en poésie. M. Patru était le conseil de M. Despréaux. Il paraît que M. Racine ne devait pas s'adresser à Rousseau sur un tel ouvrage. Le peu de nos vers alexandrins que Rousseau a faits prouvent qu'il n'avait pas le goût de ce genre de versification; et ses épîtres font voir que le raisonnement n'était pas tout à fait de son ressort. En effet, dans ses meilleures épîtres, comme dans celle à Marot, il y a trop de paralogismes; et celle qu'on vient d'imprimer à la suite du poëme de *la Religion* n'est pas assurément ce qu'il a fait de mieux en fait de raison et de poésie.

Rousseau dans cette épître, attaque toujours la secte ancienne qui attribuait tout au hasard. Encore une fois, il ne faut pas se battre contre ces fantômes; il faut attaquer dans leur fort, mais avec une extrême charité, ces incrédules, lesquels admettent un Dieu tout-puissant et tout bon, qui n'a rien fait que de bien, et qui nous donne la mesure de connaissances et de félicités proportionnée à notre nature; qui ne peut jamais changer; qui imprime dans tous les cœurs la loi naturelle; qui est et qui a toujours été le père de tous les hommes; n'ayant point

---

1. M. de Voltaire me permettra d'adoucir ainsi ces vers, dont le sens me paraît trop dur quand il est positif. (Cette note est de Voltaire lui-même.)

de prédilection pour un peuple; ne regardant point les autres créatures dans sa fureur; ne nous ayant point donné la raison pour exiger que l'on croie ce que cette raison réprouve; ne nous éclairant point pour nous aveugler, etc.

Voilà les dogmes monstrueux, voilà les subtilités si évidemment criminelles qu'il fallait détruire; mais en vérité Rousseau en était-il capable? en était-il digne? et le ton d'autorité, le langage des Bourda-loue et des Massillon convenait-il à une bouche souillée de ce que amais la sodomie et la bestialité ont fourni de plus horrible à la licence? *Quare enarras justitias meas*[1]? Rousseau ne devrait employer le reste de sa vie qu'à demander humblement pardon à Dieu et aux hommes, et non à parler en docteur de ce qui lui était si étranger. Qu'eût-on dit de La Fontaine s'il eût pris le ton sévère pour prêcher la pudeur? *Castigas turpia, turpis.* Aussi cette épître de Rousseau est une des plus faibles déclamations, en style marotique, qu'il ait faites depuis son exil de France.

Ce que M. Racine veut faire approuver de cette épître sert même à la faire condamner. Est-il possible qu'on puisse y goûter «des bruyantes armées d'esprits subtils, qui, pygmées ingénieux, se haussent burles-quement contre le ciel sur des montagnes d'arguments entassés[2]?» N'est-ce pas là réunir à la fois le guindé du P. Lemoine et le bas co-mique? n'est-ce pas un double monstre? Certes, vouloir accréditer ce style, pire mille fois que le style précieux qu'on a tant condamné, ce serait ruiner entièrement le peu de bon goût qui reste en France!

M. Racine a fait imprimer aussi sa réponse en vers à Rousseau; il est à souhaiter que M. Racine travaille cette épître aussi bien que son poëme; qu'il la varie davantage; qu'il lui ôte ce ton déclamateur, qui est l'opposé de ce genre d'écrire; qu'il y sème plus de ces vers aisés qu'on retient par cœur, et qui deviennent proverbes. Je lui demande encore un peu plus de politesse. On peut, on doit réfuter Bayle, et je souhaite que ceux qui s'en mêlent soient assez dialecticiens pour l'en-treprendre; mais, s'il faut combattre ses erreurs, il ne faut pas l'appe-ler *cœur cruel, homme affreux*[3]. Les injures atroces n'ont jamais fait de tort qu'à ceux qui les ont dites. Qui se met ainsi en colère a trop l'air de n'avoir pas raison. «Tu prends ton tonnerre, au lieu de répon-dre, dit Ménippe à Jupiter; tu as donc tort.» Mais, si Jupiter a tort, combien sommes-nous condamnables, lorsque nous insultons ainsi à la mémoire d'un philosophe qui, après tout, a rendu tant de services à la littérature, et dont les ouvrages sont le fondement des bibliothèques chez toutes les nations de l'Europe!

Je finirai par prier M. Racine, pour l'intérêt de sa gloire, de ne point tant invectiver contre les auteurs ses confrères: cette indécence n'est plus d'usage; les honnêtes gens la réprouvent. Il faut imiter la plupart des physiciens de toutes les académies, qui rapportent tou-jours avec éloge les opinions de ceux même qu'ils combattent. Si Des-

---

1. Psaume XLIX, v. 16. (ÉD.) — 2. Rousseau, *Epître à L. Racine*, 85-87. (ÉD.)
3. Racine, *Epître à Rousseau*, vers 153. (ÉD.)

préaux revenait au monde, il condamnerait lui-même ses premières satires.

Je me flatte que M. Racine recevra avec charité ce que la charité m'a inspiré, et qu'il sentira qu'on ne prend la liberté de donner des conseils qu'à ceux qu'on estime.

CE QU'ON NE FAIT PAS, ET CE QU'ON POURRAIT FAIRE.
(1742.)

Laisser aller le monde comme il va, faire son devoir tellement quellement, et dire toujours du bien de M. le prieur, est une ancienne maxime de moine; mais elle peut laisser le couvent dans la médiocrité, dans le relâchement et dans le mépris. Quand l'émulation n'excite point les hommes, ce sont des ânes qui vont leur chemin lentement, qui s'arrêtent au premier obstacle, et qui mangent tranquillement leurs chardons à la vue des difficultés dont ils se rebutent; mais, au cri d'une voix qui les encourage, aux piqûres d'un aiguillon qui les réveille, ce sont des coursiers qui volent et qui sautent au delà de la barrière. Sans les avertissements de l'abbé de Saint-Pierre, les barbaries de la taille arbitraire ne seraient peut-être jamais abolies en France. Sans les avis de Locke, le désordre public dans les monnaies n'eût point été réparé à Londres. Il y a souvent des hommes qui, sans avoir acheté le droit de juger leurs semblables, aiment le bien public autant qu'il est négligé quelquefois par ceux qui acquièrent comme une métairie le pouvoir de faire du bien et du mal.

Un jour, à Rome, dans les premiers temps de la république, un citoyen, dont la passion dominante était le désir de rendre son pays florissant, demanda à parler au premier consul; on lui dit que le magistrat était à table avec le préteur, l'édile, quelques sénateurs, leurs maîtresses et leurs bouffons; il laissa, entre les mains d'un des esclaves insolents qui servaient à table, un mémoire dont voici à peu près la teneur : « Puisque les tyrans ont fait par toute la terre le mal qu'ils ont pu, ô vous qui vous piquez d'être bons, pourquoi ne faites-vous pas tout le bien que vous pouvez faire? d'où vient que les pauvres assiégent vos temples et vos carrefours, et qu'ils étalent une misère inutile à l'État et honteuse pour vous, dans le temps que leurs mains pourraient être employées aux travaux publics? Que font, pendant la paix, ces légions oisives, qui peuvent réparer les grands chemins et les citadelles? Ces marais, si on les desséchait, n'infecteraient plus une province, et deviendraient des terres fertiles; ces carrefours irréguliers, et dignes d'une ville de barbares, peuvent se changer en places magnifiques; ces marbres, entassés sur le rivage du Tibre, peuvent être taillés en statues, et devenir la récompense des grands hommes et la leçon de la vertu; vos marchés publics devraient être à la fois commodes et magnifiques, ils ne sont que malpropres et dégoûtants; vos maisons man-

quent d'eau, et vos fontaines publiques n'ont ni goût ni propreté; votre
principal temple est d'une architecture barbare; l'entrée de vos spectacles ressemble à celle d'un lieu infâme; les salles où le peuple se rassemble, pour entendre ce que l'univers doit admirer, n'ont ni proportion, ni grandeur, ni magnificence, ni commodité; le palais de votre
capitale menace ruine[1], la façade en est cachée par des masures, et
Moletus y a sa maison au milieu de la cour[2]. En vain votre paresse me
répondra qu'il faudrait trop d'argent pour remédier à tant d'abus. De
grâce, donnerez-vous cet argent aux Massagètes et aux Cimbres? ne
sera-t-il pas gagné par des Romains, par vos architectes, par vos sculpteurs, par vos peintres, par tous vos artistes? Ces artistes, récompensés, rendront cet argent à l'État par les nouvelles dépenses qu'ils seront en état de faire. Les beaux-arts seront en honneur, ils feront à la
fois votre gloire et votre richesse; car le peuple le plus riche est toujours celui qui travaille le plus. Écoutez donc une noble émulation, et
que les Grecs, qui commencent à estimer votre valeur et votre conduite. ne vous reprochent plus votre grossièreté. »

On lut à table le mémoire du citoyen. Le consul ne dit mot et demanda à boire; l'édile dit qu'il y avait du bon dans cet écrit, et on
n'en parla plus. La conversation roula sur la séve du vin de Falerne,
sur le montant du vin de Cécube; on fit l'éloge d'un fameux cuisinier,
on approfondit l'invention d'une nouvelle sauce pour l'esturgeon, on
porta des santés, on fit deux ou trois contes insipides, et on s'endormit. Cependant le sénateur Appius, qui avait été touché en secret de
la lecture du mémoire, construisit, quelque temps après, la voie Ap-
pienne; Flaminius fit la voie Flaminienne; un autre embellit le Capitole, un autre bâtit un amphithéâtre, un autre des marchés publics.
L'écrit du citoyen obscur fut une semence qui germa peu à peu dans
la tête des grands hommes.

RELATION

TOUCHANT UN MAURE BLANC AMENÉ D'AFRIQUE A PARIS
EN 1744.

J'ai vu, il n'y a pas longtemps, à Paris, un petit animal blanc comme
du lait, avec un mufle taillé comme celui des Lapons; ayant, comme
les nègres, de la laine frisée sur la tête, mais une laine beaucoup plus
fine, et qui est de la blancheur la plus éclatante; ses cils et ses sourcils
sont de cette même laine, mais non frisée; ses paupières, d'une longueur qui ne leur permet pas, en s'élevant, de découvrir toute l'orbite
de l'œil, lequel est un rond parfait : les yeux de cet animal sont ce

---

1. Le Louvre. (*Ed. de Kehl.*)
2. Lorsque M. de Voltaire revint à Paris, en 1778, il trouva les masures dé-
truites, et la maison de Moletus démolie. (*Id.*)

qu'il a de plus singulier ; l'iris est d'un rouge tirant sur la couleur de ose ; la prunelle, qui est noire chez nous et chez tout le reste du monde, est chez eux d'une couleur aurore très-brillante : ainsi, au lieu d'avoir un trou percé dans l'iris, à la façon des blancs et des nègres, ils ont une membrane jaune transparente, à travers laquelle ils reçoivent la lumière. Il suit de là, évidemment, qu'ils voient tous les objets tout autrement colorés que nous ne les voyons ; et, s'il y a parmi eux quelque Newton, il établira des principes d'optique, différents des nôtres : ils regardent, ainsi que marchent les crabes, toujours de côté, et sont tous louches de naissance ; par là ils ont l'avantage de voir à la fois à droite et à gauche, et ont deux axes de vision, tandis que les plus beaux yeux de ce pays-ci n'en ont qu'un. Mais ils ne peuvent soutenir la lumière du soleil ; ils ne voient bien que dans le crépuscule. La nature les destinait probablement à habiter les cavernes : ils ont d'ailleurs les oreilles plus longues et plus étroites que nous. Cet animal s'appelle un *homme*, parce qu'il a le don de la parole, de la mémoire, un peu de ce qu'on appelle *raison*, et une espèce de visage.

La race de ces hommes habite au milieu de l'Afrique ; les Espagnols les appellent *Albinos* ; leur principale habitation est près du royaume de Loango. Je ne sais pourquoi Vossius prétend que ce sont des lépreux : celui que j'ai vu à l'hôtel de Bretagne avait une peau très-unie, très-belle, sans boutons, sans taches. Cette espèce est méprisée des nègres plus que les nègres ne le sont de nous : on ne leur pardonne pas, dans ce pays, d'avoir des yeux rouges et une peau qui n'est point huileuse, dont la membrane graisseuse n'est point noire. Ils paraissent aux nègres une espèce inférieure faite pour les servir. Quand il arrive à un nègre d'avilir la dignité de sa nature jusqu'à faire l'amour à une personne de cette espèce blafarde, il est tourné en ridicule par tous les nègres ; une négresse, convaincue de cette mésalliance, est l'opprobre de la cour et de la ville. J'ai appris, depuis, des voyageurs les plus dignes de foi, et qui ont été chargés, dans les Grandes-Indes, des plus importants emplois, qu'on a transporté de ces animaux à Madagascar, à l'île de Bourbon, à Pondichéri ; il n'y a point d'exemple, m'ont-ils dit, qu'aucun d'eux ait vécu plus de vingt-cinq ans. Je ne sais s'il faut les en féliciter ou les en plaindre [1].

Il y a quelques années que nous avons connu l'existence de cette espèce : on avait transporté en Amérique un de ces petits maures blancs. On trouve, dans les *Mémoires de l'Académie des sciences*, qu'on en avait donné avis à M. Helvétius ; mais personne ne voulait le croire : car, si on donne une créance aveugle à tout ce qui est absurde, on se défie toujours, en récompense, de tout ce qui est naturel. La première fois qu'on dit aux Européens qu'il y avait une espèce d'hommes noirs

1. On a prétendu depuis que ces êtres ne sont point une espèce distincte, qu'ils sont la production d'un père et d'une mère nègres ; que c'est une variété de couleur, ou une espèce d'étiolement comme celui qu'on observe dans les plantes : mais cette question restera indécise tant qu'on n'aura pour la décider que des relations de voyageurs, des témoignages de colons, ou des attestations en forme juridique. (*Ed. de Kehl.*)

comme des taupes, il y a grande apparence qu'on se mit à rire autant qu'on se moqua, depuis, de ceux qui imaginèrent les antipodes. « Comment se peut-il faire, disait-on, qu'il y ait des femmes qui n'aient pas la peau blanche ? » On s'est familiarisé, depuis, avec la variété de la nature ; on a su qu'il a plu à la Providence de faire des hommes à membrane noire et des têtes à laine dans des climats tempérés, d'en mettre de blancs sous la ligne, de bronzer les hommes aux Grandes-Indes et au Brésil, de donner aux Chinois d'autres figures qu'à nous, de mettre des corps de Lapons tout auprès des Suédois.

Voici enfin une nouvelle richesse de la nature, une espèce qui ne ressemble pas tant à la nôtre que les barbets aux lévriers. Il y a encore probablement quelque autre espèce vers les terres australes. Voilà le genre humain plus favorisé qu'on n'a cru d'abord : il eût été bien triste qu'il y eût tant d'espèces de singes et une seule d'hommes ! C'est seulement grand dommage qu'un animal aussi parfait soit si peu diversifié, et que nous ne comptions encore que cinq ou six espèces absolument différentes, tandis qu'il y a parmi les chiens une diversité si belle ! Il est très-vraisemblable qu'il s'est détruit quelques-unes de ces espèces d'animaux à deux pieds sans plumes, comme il s'est perdu évidemment beaucoup d'autres espèces d'animaux. Celle-ci, que nous appelons *maures blancs*, est très-peu nombreuse, il ne faudrait presque rien pour l'anéantir, et, pour peu que nous continuions, en Europe, à peupler les couvents et à dépeupler la terre pour savoir qui la gouvernera, je ne donne pas encore beaucoup de siècles à notre pauvre espèce.

On m'assure que la race de ces petits maures blancs est fort fière, qu'elle se croit privilégiée du ciel, qu'elle a une sainte horreur pour les hommes qui sont assez malheureux pour avoir des cheveux ou de la laine noire, pour ne point loucher, pour avoir les oreilles courtes. Ils disent que tout l'univers a été créé pour les maures blancs ; que, depuis, il leur est arrivé quelques petits malheurs, mais que tout doit être réparé, et qu'ils seront les maîtres des nègres et des autres blancs, gens réprouvés du ciel à jamais. Peut-être qu'ils se trompent ; mais, si nous pensons valoir beaucoup mieux qu'eux, nous nous trompons assez lourdement.

COURTE RÉPONSE

AUX LONGS DISCOURS D'UN DOCTEUR ALLEMAND

(1744.)

Je m'étais donné à la philosophie, croyant y trouver le repos que Newton appelle *rem prorsus substantialem*; mais je vis que la racine carrée du cube des révolutions des planètes, et les carrés de leurs dis-

_____
1. Kahle, professeur à Gottingue. (Éd.)

tances, faisaient encore des ennemis. Je m'aperçois que j'ai encouru l'indignation de quelques docteurs allemands. J'ai osé mesurer toujours la force des corps en mouvement par $m + v$. J'ai eu l'insolence de douter des monades, de l'harmonie préétablie, et même du grand principe des indiscernables. Malgré le respect sincère que j'ai pour le beau génie de Leibnitz, pouvais-je espérer du repos, après avoir voulu ébranler ces fondements de la nature? On a employé, pour me convaincre, de longs sophismes et de grosses injures, selon la respectable coutume introduite depuis longtemps dans cette science qu'on appelle *philosophie*, c'est-à-dire, *amour de la sagesse*.

Il est vrai qu'une personne infiniment respectable à tous égards, et qui a beaucoup de sortes d'esprit, a daigné en employer une à éclaircir et à orner le système de Leibnitz; elle s'est amusée à décorer d'un beau portique ce bâtiment vaste et confus. J'ai été étonné de ne pouvoir la croire en l'admirant; mais j'en ai vu enfin la raison : c'est qu'elle-même n'y croyait guère, et c'est ce qui arrive souvent entre ceux qui s'imaginent vouloir persuader, et ceux qui s'efforcent de se laisser persuader.

Plus je vais en avant, et plus je suis confirmé dans l'idée que les systèmes de métaphysique sont pour les philosophes ce que les romans sont pour les femmes. Ils ont tous la vogue les uns après les autres, et finissent tous par être oubliés. Une vérité mathématique reste pour l'éternité, et les fantômes métaphysiques passent comme des rêves de malades.

Lorsque j'étais en Angleterre, je ne pus avoir la consolation de voir le grand Newton, qui touchait à sa fin. Le fameux curé de Saint-James, Samuel Clarke, l'ami, le disciple, et le commentateur de Newton, daigna me donner quelques instructions sur cette partie de la philosophie qui veut s'élever au-dessus du calcul et des sens. Je ne trouvai pas, à la vérité, cette anatomie circonspecte de l'entendement humain, ce bâton d'aveugle avec lequel marchait le modeste Locke, cherchant son chemin et le trouvant; enfin cette timidité savante qui arrêtait Locke sur le bord des abîmes. Clarke sautait dans l'abîme, et j'osai l'y suivre. Un jour, plein de ces grandes recherches qui charment l'esprit par leur immensité, je dis à un membre très-éclairé de la société : « M. Clarke est un bien plus grand métaphysicien que Newton. — Cela peut être, me répondit-il froidement; c'est comme si vous disiez qu l'un joue mieux au ballon que l'autre. » Cette réponse me fit rentrer en moi-même. J'ai depuis osé percer quelques-uns de ces ballons de l métaphysique, et j'ai vu qu'il n'en est sorti que du vent. Aussi, quand je dis à M. de s'Gravesande : *Vanitas vanitatum, et metaphysica vanitas*, il me répondit : « Je suis bien fâché que vous ayez raison ».

Le P. Malebranche, dans sa *Recherche de la vérité*, ne concevant rien de beau, rien d'utile, que son système, s'exprime ainsi : « Les hommes ne sont pas faits pour considérer des moucherons; et on n'approuve pas la peine que quelques personnes se sont donnée de nous apprendre comment sont faits certains insectes, la transformation des vers, etc. Il est permis de s'amuser à cela quand on n'a rien à faire, et pour se divertir. » Cependant *cet amusement à cela pour se divertir* nous a fait connaître les ressources inépuisables de la nature, qui rendent à des animaux les membres qu'ils ont perdus, qui reproduisent des têtes après qu'on les a coupées, qui donnent à tel insecte le pouvoir de s'accoupler l'instant d'après que sa tête est séparée de son corps, qui permettent à d'autres de multiplier leur espèce sans le secours des deux sexes. Cet *amusement à cela* a développé un nouvel univers en petit, et des variétés infinies de sagesse et de puissance, tandis qu'en quarante ans d'étude le P. Malebranche a trouvé « que la lumière est une vibration de pression sur de petits tourbillons mous, et que nous voyons tout en Dieu. »

J'ai dit que Newton savait douter; et là-dessus on s'écrie : « Oh! nous autres, nous ne doutons pas. Nous savons, de science certaine, que l'âme est je ne sais quoi, destinée nécessairement à recevoir je ne sais quelles idées, dans le temps que le corps fait nécessairement certains mouvements, sans que l'un ait la moindre influence sur l'autre; comme lorsqu'un homme prêche, et que l'autre fait des gestes; et cela s'appelle l'*harmonie préétablie*. Nous savons que la matière est composée d'êtres qui ne sont pas matière, et que dans la patte d'un ciron il y a une infinité de substances sans étendue, dont chacune a des idées confuses qui composent un miroir concentré de tout l'univers; et cela s'appelle le *système des monades*. Nous concevons aussi parfaitement l'accord de la liberté et de la nécessité; nous entendons très-bien *comment, tout étant plein, tout a pu se mouvoir.* « Heureux ceux qui peuvent comprendre des choses si peu compréhensibles, et qui voient un autre univers que celui où nous vivons !

J'aime à voir un docteur qui vous dit d'un ton magistral et ironique : « Vous errez, vous ne savez pas qu'on a découvert, depuis peu, que *ce qui est est possible, et que tout ce qui est possible n'est pas actuel; et que tout ce qui est actuel est possible; et que les essences des choses ne changent pas.* » Ah! plût à Dieu que l'essence des docteurs changeât ! Eh bien! vous nous apprenez donc qu'il y a des essences, et moi je vous apprends que ni vous ni moi n'avons l'honneur de les connaître : je vous apprends que jamais homme sur la terre n'a su et ne saura ce que c'est que la matière, ce que c'est que le principe de la vie et du sentiment, ce que c'est que l'âme humaine; s'il y a des âmes dont la nature soit seulement de sentir sans raisonner, ou de raisonner en ne sentant point, ou de ne faire ni l'un ni l'autre; si ce qu'on appelle *matière* a des sensations comme elle a la gravitation; si, etc.

Quant à la dispute sur la mesure de la force des corps en mouvement, il me paraît que ce n'est qu'une dispute de mots; et je suis fâché qu'il y en ait de telles en mathématiques. Que l'on exprime comme l'on voudra la force, par mv, ou par mv^2, rien ne changera dans la mécanique; il faudra toujours la même quantité de chevaux pour tirer les fardeaux, la même charge de poudre pour les canons; et cette querelle est le scandale de la géométrie.

Plût au ciel encore qu'il n'y eût point d'autre querelle entre les hommes! nous serions des anges sur la terre. Mais ne ressemble-t-on pas quelquefois à ces diables que Milton nous représente dévorés d'ennui, de rage, d'inquiétude, de douleur, et raisonnant encore sur la métaphysique au milieu de leurs tourments?

Tels, dans l'amas brillant des rêves de Milton,
On voit les habitants du brûlant Phlégéton,
Entourés de torrents, de bitume et de flamme,
Raisonner sur l'essence, argumenter sur l'âme,
Sonder les profondeurs de la fatalité,
Et de la prévoyance, et de la liberté.
Ils creusent vainement dans cet abîme immense.

. . . . « And reason'd high
Of providence, foreknowledge, will, and fate,
Fix'd fate, free will, foreknowledge absolute,
And found no end, etc. »

Parad. lost, II.

LETTRE DU ROI A LA CZARINE,
POUR LE PROJET DE PAIX.
(MINUTÉE DE LA MAIN DE VOLTAIRE.)
(1745.)

Le dessein magnanime que Votre Majesté a conçu d'être la médiatrice des puissances qui sont en guerre est digne de votre grand cœur, et touche sensiblement le mien. C'est un nouveau sujet de vous admirer; tous les princes vous en doivent des remercîments, et j'en dois d'autant plus à Votre Majesté, que je vois mes désirs les plus chers secondés par les vôtres.

Je peux vous jurer, Madame, que je n'ai jamais eu les armes à la main que dans des vues de paix, et mes succès n'ont servi qu'à fortifier ces sentiments que les revers seuls auraient pu rendre moins vifs peut-être.

Je vois avec joie que la souveraine à qui je devais le plus d'estime veut être la bienfaitrice des nations. Les rois ne peuvent aspirer chez eux qu'à la gloire de faire la félicité de leurs sujets; vous ferez celle des rois et de leurs peuples. Les vôtres, Madame, en voyant que vous travaillez au bonheur des autres, sentiront augmenter, s'il se peut, leur vénération pour leur souveraine; et votre règne en sera plus heureux, quand les acclamations de l'Europe redoubleront les bénédictions qu'on vous donne dans vos États.

Non-seulement, Madame, j'accepte avec une vive reconnaissance cette médiation glorieuse; mais plus la guerre est heureuse pour moi, plus je vous conjure d'employer tous vos bons offices pour la terminer.

Mes peuples, que j'aime, et dont je me flatte d'être aimé, vous devront la conservation du sang qu'ils sont toujours prêts à répandre pour ma cause.

Commencez et achevez ce grand ouvrage, qui vous couvrira d'une gloire immortelle. Ne vous bornez point, Madame, aux simples propositions dictées par votre âme généreuse; aplanissez tous les obstacles, et soyez sûre de n'en trouver aucun dans moi.

Tous les autres princes doivent concourir, sans doute, à ce noble projet. L'humanité, les malheurs de tant de provinces, le respect qu'ils ont pour vos vertus, les engagera à vous déférer avec empressement ce titre de médiatrice de l'Europe, le plus beau qu'une tête couronnée puisse obtenir, et le seul qui pouvait manquer à votre gloire.

Mais aucun d'eux ne sentira mieux que moi le prix que votre personne y ajoute, ni quel est le bonheur de vous devoir ce que tous les souverains doivent désirer le plus.

LETTRE CRITIQUE

D'UNE BELLE DAME A UN BEAU MONSIEUR DE PARIS,

SUR LE POÈME DE LA BATAILLE DE FONTENOI.

(1745.)

Je ne sais pas, Monsieur, pourquoi j'ai pu lire jusqu'au bout ce poëme de la bataille de Fontenoi. C'est un ouvrage qui roule tout entier sur des faits vrais et récents : y a-t-il rien de plus insipide pour des esprits comme les nôtres, si solidement nourris de la lecture du *Prince Titi* et de *Zerbinette?*

Vous vous souvenez que nous étions à l'Opéra le jour qu'on donna cette vilaine bataille, et que nous fîmes un souper délicieux qui dura quatre heures, après quoi nous gagnâmes cent louis au cavagnole, en nous plaignant *furieusement* et *infiniment* de la misère du temps.

L'auteur du poëme prétend que nous avons beaucoup d'obligation au roi de gagner des batailles en personne, et de prendre des villes, afin que nous jouissions tranquillement à Paris du fruit de ses travaux, et des dangers où il s'expose. Quelle sottise! Je voudrais bien savoir si les dames de Londres se réjouissent moins parce que le duc de Cumberland a été bien battu. Je ne sais qui a fait cette rapsodie, mais il connaît bien mal le monde.

Que m'importe, à moi, que quatre ou cinq officiers de l'état-major aient été blessés? J'ai bien affaire qu'on me les nomme! Ils ont versé, dit-on, leur sang pour nous sous les yeux de leur roi, et les louanges qu'on leur donne sont une juste récompense et un aiguillon de la gloire. Mais, si cela était, il aurait dû nous donner une liste des morts et des blessés. J'ai un parent, lieutenant de milice, qui a reçu un coup de fusil dans la manche : pourquoi parle-t-il plutôt des autres que de mon parent? J'aurais été fort aise de trouver là son nom; mais toutes les choses qui ne m'intéressent pas personnellement, ou qui ne sont pas des romans nouveaux, m'ennuient *épouvantablement*, *horriblement*.

On dit que M. le maréchal de Saxe est fort content de l'endroit qui le regarde; je le trouve bien indulgent :

> Maurice, qui, touchant à l'infernale rive,
> Rappelle pour son roi son âme fugitive,
> Et qui demande à Mars, dont il a la valeur,
> De vivre encore un jour, et de mourir vainqueur.
>
> (Vers 25-28.

M. l'abbé de *** nous a fait remarquer judicieusement le ridicule de nommer un homme par son nom de baptême, et de le faire ensuite prier le dieu Mars. J'ai bien senti l'impertinence de dire qu'un maréchal de France est prêt à *descendre sur l'infernale rive*, quand il est dangereusement malade. Je trouve fort mauvais, moi, lorsque j'ai la migraine après avoir joué toute la nuit, qu'on vienne me dire que j'ai mauvais visage. On prétend qu'en effet M. le maréchal de Saxe, après la victoire, dit au roi qu'il n'avait demandé au ciel que ce jour de vie pour voir triompher Sa Majesté : permis à lui de penser de cette façon; mais, en vérité, cela est bien déplacé dans un poëme, qui ne doit donner que des idées douces et riantes.

Pourquoi dit-il que le duc de Grammont

> . . . . . . Dans l'Élysée emporte la douleur
> D'ignorer en mourant si son maître est vainqueur?
>
> (Vers 107-108.)

Voilà un sentiment que je n'ai vu dans aucun des petits romans que je lis. Je voudrais bien savoir si on a de ces idées-là, quand on a la cuisse emportée d'un boulet de canon. On me répond à cela que le duc de Grammont aimait véritablement le roi, et qu'il pouvait très-bien avoir eu de pareils sentiments à sa mort : faible réponse, misérable évasion, dont vous sentez la petitesse.

Je me soucie fort peu qu'il me nomme tous les lieutenants généraux qui étaient chacun à leur poste. Ne voilà-t-il pas une chose bien extraordinaire d'être à son poste! Un franc pédant, qui est tout plein de son Homère, nous a voulu persuader que c'est ainsi que ce vieux Grec s'y prenait dans son roman de l'*Iliade*, et que Virgile l'avait imité : vous savez comme nous l'avons reçu, avec son Homère et son Virgile! Je ne crois pas qu'on s'avise de les citer, dorénavant, devant vous ni devant moi. J'entends dire à de fort habiles gens que ces rêveurs-là sont tout à fait passés de mode, et qu'un homme qui écrirait dans leur goût ne serait pas toléré aujourd'hui. On dit qu'ils poussaient le ridicule jusqu'à faire une description détaillée des blessures d'anciens héros imaginaires : si cela est, il est bien clair que rien n'est plus impertinent que de parler des blessures que nos officiers ont reçues réellement depuis peu, puisque Virgile ne parlait que de gens qui avaient été blessés deux mille ans auparavant.

On m'a assuré qu'Homère employait un livre tout entier à faire l'énumération de toutes les troupes de la Grèce : pourquoi donc ne peindre qu'en peu de vers les grenadiers, les carabiniers, la maison du roi, les dragons? S'il y avait eu davantage de ces peintures, il est vrai que je n'aurais jamais lu cet ouvrage; et c'est précisément ce que je voulais; car, en vérité, je l'ai lu malgré moi, et je ne sais pas pourquoi quelques personnes, à l'article de M. du Brocard, de M. de Craon et du duc de Grammont, ont versé des larmes. On ne peut s'attendrir ainsi que par esprit de cabale : mais je vous réponds que nous en ferons une bien violente contre l'auteur et ses adhérents.

Premièrement, nous dirons qu'il est Anglais, et on le voit assez par l'épithète de brave qu'il donne au duc de Cumberland, qui est venu attaquer Sa Majesté. Nous déchaînerons contre lui tout Paris, qu'il a si indignement attaqué par ces détestables vers :

> Ils tombent, ces héros ; ils tombent, ces vengeurs;
> Ils meurent, et nos jours sont heureux et tranquilles :
> La molle volupté, le luxe de nos villes
> Filent ces jours sereins, ces jours que nous devons
> Au sang de nos guerriers, aux périls des Bourbons.

(Vers 140, etc.)

C'est moi, sans doute, et toute ma société, qu'il a eue en vue ; mais nous le perdrons à la cour de Hanovre. Nous ferons voir à toute la terre que son ouvrage est plein de mensonges.

Il y a un jeune officier dont il dit, dans ses notes (note 30), que le cheval a été tué sous lui, et nous savons de science certaine, par le gazetier de Cologne, que ce cheval n'a eu que trois balles dans le corps, et qu'un maréchal a promis, foi d'homme d'honneur, de le guérir. Il y a bien d'autres impostures pareilles, qu'on relèvera, aussi bien que l'insolence de faire cinq ou six éditions de cette pièce ridicule pour faire plaisir à son libraire. Encore je lui pardonnerais s'il avait dit quelque petit mot de moi, et s'il avait parlé de ma beauté à propos de la bataille de Fontenoi. Il pouvait très-bien dire qu'un de ces jeunes officiers, dont il vante les grâces, a été amoureux deux jours d'une de mes cousines, et qu'il voulut même lui faire une infidélité pour moi le premier jour; et, assurément, on peut dire que ma cousine ne me valait pas : elle a trois ans et demi de plus que moi, et elle est tout engoncée. C'est de quoi je veux vous entretenir ce soir à fond; car, en vérité, je suis très-fâchée contre ma cousine.

Adieu, Monsieur; le cavagnole m'attend.

REPRÉSENTATIONS

AUX ÉTATS-GÉNÉRAUX DE HOLLANDE [1].

(SEPTEMBRE 1745.)

Hauts et puissants seigneurs, je suis chargé expressément, de la part du roi mon maître, de vous faire ces nouvelles représentations, que je soumets encore, s'il en est temps, à votre sagesse et à votre équité.

J'oserai d'abord vous faire souvenir d'une ancienne république puissante et généreuse, ainsi que la vôtre, à laquelle quelques-uns de ses citoyens présentèrent un projet qui pouvait être utile. La nation demanda si le projet était juste ; on lui avoua qu'il n'était qu'avantageux, et le peuple répondit d'une commune voix qu'il ne voulait pas même le connaître.

On est en droit d'attendre de votre assemblée une telle réponse. La proposition d'éluder la capitulation de Tournai est précisément dans ce cas ; à cela près que cette infraction ne serait point utile pour vous, et serait dangereuse pour tout le monde.

Que pourriez-vous gagner en effet en violant des droits sacrés, qui seuls mettent un frein aux sévérités de la guerre ? Vous ôteriez aux victorieux l'heureuse liberté de renvoyer désormais des vaincus sur leur parole. Qui voudra jamais laisser sortir une garnison sous le serment de ne point porter les armes, si ces serments peuvent être violés sous le moindre prétexte ?

Considérez, hauts et puissants seigneurs, quels tristes effets une telle conduite pourrait entraîner. Une république aussi sage et aussi humaine les préviendra sans doute, et ne brisera point ces liens qui laissent encore aux hommes quelque ombre des douceurs de la paix, au milieu même de la guerre.

Vous n'avez envisagé, dans l'article de la capitulation de Tournai, que ces mots qui expriment la promesse *de ne pas servir, même dans les places les plus reculées*. Ces termes seuls, et dégagés de ce qui les précède, pourraient en effet laisser peut-être à la garnison de Tournai la liberté de servir d'autres puissances, si on voulait oublier l'esprit du traité pour le violer, en s'en tenant en quelque sorte à la lettre.

Mais vous vous souvenez des expressions claires qui précèdent. Vous savez qu'il est dit que la garnison *doit être dix-huit mois sans porter les armes, sans passer à aucun service étranger, sans faire, durant ce temps, aucun service militaire, de quelque nature qu'il puisse être.*

Vous sentez que nulle interprétation ne peut altérer un sens si précis, et vous sentez encore mieux que des conditions si manifestes sont en effet l'expression de la volonté déterminée du roi mon maître, à laquelle la garnison de Tournai s'est soumise sans aucune restriction. Il a bien voulu, à ce prix seul, la laisser sortir avec honneur, pour vous

1. Composées sur la demande du marquis d'Argenson, ministre des affaires étrangères. (ÉD.)

donner une marque de sa bienveillance et de son estime. Il se flatte en-core que vous n'altérerez point de tels sentiments en détruisant, par une interprétation forcée, les effets de sa générosité.

Il n'est permis à la garnison de Tournai de servir de dix-huit mois, en aucun lieu de la terre, à compter depuis sa capitulation.

Le roi mon maître atteste toutes les nations désintéressées; et s'il y en a une seule qui puisse admettre le moindre subterfuge à ces mots, *aucun service militaire, de quelque nature qu'il puisse être*, il est prêt à oublier tous ses droits.

Mais une nation aussi éclairée et aussi équitable n'a besoin de con-sulter qu'elle-même. Vous manqueriez sans doute au droit des gens et au roi mon maître ; et il espère encore que les séductions de ses enne-mis ne vous détermineront point à violer, en leur faveur, des lois qu'il est de l'intérêt de toutes les nations de respecter.

Vous ne souffrirez pas que ceux qui sont jaloux de votre heureuse situation vous entraînent dans une guerre contraire à la sagesse de votre gouvernement, en exigeant de vous une démarche plus contraire encore à votre équité.

Ils voudraient rendre irréconciliables ceux qu'on a si longtemps re-gardés comme capables de concilier l'Europe. Ils ne se bornent pas à exiger de vous un secours dont ils n'ont pas en effet besoin, et que les lois sacrées de la guerre défendent de leur donner, ils veulent (vous le savez trop bien) vous faire lever l'étendard contre un roi victorieux, dont les ménagements pour vous ont excité leur envie.

Ils veulent fermer tous les chemins à la paix que tant de nations dé-sirent, et qu'elles ont attendue de votre prudence.

Mais le roi mon maître, qui, dans tous les temps, vous a témoigné une estime et une affection si constantes, ne peut croire encore que vos hautes puissances, si renommées pour leur justice, immolent la justice même, pour retarder la tranquillité publique, l'objet de vos vœux et des siens.

MANIFESTE DU ROI DE FRANCE

EN FAVEUR DU PRINCE CHARLES ÉDOUARD.

(1745.)

Le sérénissime prince Charles Édouard ayant débarqué dans la Grande-Bretagne sans autre secours que son courage, et toutes ses ac-tions lui ayant acquis l'admiration de l'Europe et les cœurs de tous les véritables Anglais, le roi de France a pensé comme eux. Il a cru de son devoir de secourir à la fois un prince digne du trône de ses ancêtres, et une nation généreuse dont la plus saine partie rappelle enfin le prince Charles Stuart dans sa patrie. Il n'envoie le duc de Richelieu à la tête de ses troupes que parce que les Anglais les mieux intentionnés ont demandé cet appui ; et il ne donne précisément que le nombre des troupes qu'on lui demande, prêt à les retirer dès que la nation exigera leur éloignement. Sa Majesté, en donnant un secours si juste à son parent, au fils de tant de rois, à un prince si digne de régner, ne fait cette démarche auprès de la nation anglaise que dans le dessein et dans l'assurance de pacifier par là l'Angleterre et l'Europe, pleinement convaincu que le sérénissime prince Édouard met sa confiance dans leur bonne volonté ; qu'il regarde leur liberté, le maintien de leurs lois, et leur bonheur, comme le but de toutes ses entreprises, et qu'enfin les plus grands rois d'Angleterre sont ceux qui, élevés comme lui dans l'adversité, ont mérité l'amour de la nation.

C'est dans ces sentiments que le roi secourt leur prince, qui est venu se jeter entre leurs bras ; le fils de celui qui naquit l'héritier légitime de trois royaumes ; le guerrier qui, malgré sa valeur, n'attend que d'eux et de leurs lois la confirmation de ses droits les plus sacrés ; qui ne peut jamais avoir d'intérêts que les leurs, et dont les vertus enfin ont attendri les âmes les plus prévenues contre sa cause.

Il espère qu'une telle occasion réunira deux nations qui doivent réciproquement s'estimer, qui sont liées naturellement par les besoins mutuels de leur commerce, et qui doivent l'être ici par les intérêts d'un prince qui mérite les vœux de toutes les nations.

Le duc de Richelieu, commandant les troupes de Sa Majesté le roi de France, adresse cette déclaration à tous les fidèles citoyens des trois royaumes de la Grande-Bretagne, et les assure de la protection constante du roi son maître. Il vient se joindre à l'héritier de leurs anciens rois, et répandre comme lui son sang pour leur service.

DISCOURS DE M. DE VOLTAIRE,

A SA RÉCEPTION A L'ACADÉMIE FRANÇAISE.

PRONONCÉ LE LUNDI 9 MAI 1746.

MESSIEURS,

Votre fondateur mit dans votre établissement toute la noblesse et la grandeur de son âme ; il voulut que vous fussiez toujours libres et égaux. En effet, il dut élever au-dessus de la dépendance des hommes qui étaient au-dessus de l'intérêt, et qui, aussi généreux que lui, faisaient aux lettres l'honneur qu'elles méritent, de les cultiver pour elles-mêmes[1]. Il était peut-être à craindre qu'un jour des travaux

---

1. L'Académie française est la plus ancienne de France ; elle fut d'abord composée de quelques gens de lettres, qui s'assemblaient pour conférer ensemble. Elle n'est point partagée en honoraires et pensionnaires ; elle n'a que des droits honorifiques, comme celui des commensaux de la maison du roi, de ne point plaider hors de Paris ; celui de haranguer le roi en corps avec les cours supérieures, et de ne rendre compte directement qu'au roi.

si honorables ne se ralentissent. Ce fut pour les conserver dans leur vigueur que vous fîtes une règle de n'admettre aucun académicien qui ne résidât dans Paris. Vous vous êtes écartés sagement de cette loi, quand vous avez reçu de ces génies rares que leurs dignités appelaient ailleurs, mais que leurs ouvrages touchants ou sublimes rendaient toujours présents parmi vous ; car ce serait violer l'esprit d'une loi, que de n'en pas transgresser la lettre en faveur des grands hommes. Si feu M. le président Bouhier, après s'être flatté de vous consacrer ses jours, fut obligé de les passer loin de vous, l'Académie et lui se consolèrent, parce qu'il n'en cultivait pas moins vos sciences dans la ville de Dijon, qui a produit tant d'hommes de lettres[1], et où le mérite de l'esprit semble être un des caractères des citoyens.

Il faisait ressouvenir la France de ces temps où les plus austères magistrats, consommés comme lui dans l'étude des lois, se délassaient des fatigues de leur état dans les travaux de la littérature. Que ceux qu. méprisent ces travaux aimables, que ceux qui mettent je ne sais quelle misérable grandeur à se renfermer dans le cercle étroit de leurs emplois, sont à plaindre! Ignorent-ils que Cicéron, après avoir rempli la première place du monde, plaidait encore les causes des citoyens, écrivait sur la nature des dieux, conférait avec des philosophes; qu'il allait au théâtre, qu'il daignait cultiver l'amitié d'Ésopus et de Roscius, et laissait aux petits esprits leur constante gravité, qui n'est que le masque de la médiocrité?

Mais le président Bouhier était très-savant; mais il ne ressemblait pas à ces savants insociables et inutiles, qui négligent l'étude de leur propre langue pour savoir imparfaitement des langues anciennes; qui se croient en droit de mépriser leur siècle, parce qu'ils se flattent d'avoir quelque connaissance des siècles passés; qui se récrient sur un passage d'Eschyle, et n'ont jamais eu le plaisir de verser des larmes à nos spectacles. Il traduisit le poème de Pétrone sur la guerre civile; non qu'il pensât que cette déclamation, pleine de pensées fausses, approchât de la sage et élégante noblesse de Virgile : il savait que la satire de Pétrone[2], quoique semée de traits charmants, n'est que le caprice d'un jeune homme obscur qui n'eut de frein ni dans ses mœurs ni dans son style. Des hommes qui se sont donnés pour des maîtres de goût et de volupté estiment tout dans Pétrone; et M. Bouhier, plus éclairé, n'estime pas même tout ce qu'il a traduit : c'est un des progrès de la raison humaine dans ce siècle, qu'un traducteur ne soit plus idolâtre

1 MM. de Lamonnoie, Bouhier, Lantin, et surtout l'éloquent Bossuet, évêque de Meaux, regardé comme le dernier Père de l'Église.

2. Saint-Évremond admire Pétrone, parce qu'il le prend pour un grand homme de cour, et que Saint-Évremond croyait en être un; c'était la manie du temps. Saint-Évremond et beaucoup d'autres décident que Néron est peint sous le nom de Trimalcion; mais en vérité, quel rapport d'un vieux financier grossier et ridicule, et de sa vieille femme, qui n'est qu'une bourgeoise impertinente, qui fait mal au cœur, avec un jeune empereur et son épouse, la jeune Octavie ou la jeune Poppée? Quel rapport des débauches et des larcins de quelques écoliers fripons avec les plaisirs du maître du monde? Le Pétrone, auteur de la satire, est visiblement un jeune homme d'esprit élevé parmi des débauchés obscurs, et n'est pas le consul Pétrone.

de son auteur, et qu'il sache lui rendre justice comme à un contemporain. Il exerça ses talents sur ce poëme, sur l'hymne à Vénus, sur Anacréon, pour montrer que les poëtes doivent être traduits en vers; c'était une opinion qu'il défendait avec chaleur, et on ne sera pas étonné que je me range à son sentiment.

Qu'il me soit permis, messieurs, d'entrer ici avec vous dans ces discussions littéraires; mes doutes me vaudront de vous des décisions. C'est ainsi que je pourrai contribuer au progrès des arts; et j'aimerais mieux prononcer devant vous un discours utile qu'un discours éloquent.

Pourquoi Homère, Théocrite, Lucrèce, Virgile, Horace, sont-ils heureusement traduits chez les Italiens et chez les Anglais[1]? Pourquoi ces nations n'ont-elles aucun grand poëte de l'antiquité en prose, et pourquoi n'en avons-nous encore eu aucun en vers? Je vais tâcher d'en démêler la raison.

La difficulté surmontée, dans quelque genre que ce puisse être, fait une grande partie du mérite. Point de grandes choses sans de grandes peines : et il n'y a point de nation au monde chez laquelle il soit plus difficile que chez la nôtre de rendre une véritable vie à la poésie ancienne. Les premiers poëtes formèrent le génie de leur langue; les Grecs et les Latins employèrent d'abord la poésie à peindre les objets sensibles de toute la nature. Homère exprime tout ce qui frappe les yeux : les Français, qui n'ont guère commencé à perfectionner la grande poésie qu'au théâtre, n'ont pu et n'ont dû exprimer alors que ce qui peut toucher l'âme. Nous nous sommes interdit nous-mêmes insensiblement presque tous les objets que d'autres nations ont osé peindre. Il n'est rien que le Dante n'exprimât, à l'exemple des anciens; il accoutuma les Italiens à tout dire : mais nous, comment pourrions-nous aujourd'hui imiter l'auteur des *Géorgiques*, qui nomme sans détour tous les instruments de l'agriculture? A peine les connaissons-nous, et notre mollesse orgueilleuse, dans le sein du repos et du luxe de nos villes, attache malheureusement une idée basse à ces travaux champêtres, et au détail de ces arts utiles, que les maîtres et les législateurs de la terre cultivaient de leurs mains victorieuses. Si nos bons poëtes avaient su exprimer heureusement les petites choses, notre langue ajouterait aujourd'hui ce mérite, qui est très-grand, à l'avantage d'être devenue la première langue du monde pour les charmes de la conversation, et pour l'expression du sentiment. Le langage du cœur et le style du théâtre ont entièrement prévalu : ils ont embelli la langue française : mais ils en ont resserré les agréments dans des bornes un peu trop étroites.

Et quand je dis ici, messieurs, que ce sont les grands poëtes qui ont déterminé le génie des langues[2], je n'avance rien qui ne soit connu

---

1. Horace est traduit en vers italiens par (Stefano) Pallavicini ; Virgile, par Annibal Caro; Ovide, par Anguillara; Théocrite, par Ricolotti. Les Italiens ont cinq bonnes traductions d'Anacréon. A l'égard des Anglais, Dryden a traduit Virgile et Juvénal ; Pope, Homère; Creech, Lucrèce, etc.

2. On n'a pu, dans un discours d'appareil, entrer dans les raisons de cette difficulté attachée à notre poésie, elle vient du génie de la langue ; car quoique

de vous. Les Grecs n'écrivirent l'histoire que quatre cents ans après
Homère. La langue grecque reçut de ce grand peintre de la nature la
supériorité qu'elle prit chez tous les peuples de l'Asie et de l'Europe :
c'est Térence qui, chez les Romains, parla le premier avec une pureté
toujours élégante ; c'est Pétrarque qui, après le Dante, donna à la
langue italienne cette aménité et cette grâce qu'elle a toujours conservées ; c'est à Lope de Véga que l'espagnol doit sa noblesse et sa
pompe ; c'est Shakspeare qui, tout barbare qu'il était, mit dans l'anglais cette force et cette énergie qu'on n'a jamais pu augmenter depuis
sans l'outrer, et par conséquent sans l'affaiblir. D'où vient ce grand
effet de la poésie, de former et fixer enfin le génie des peuples et de
leurs langues ? La cause en est bien sensible : les premiers bons vers,
ceux même qui n'en ont que l'apparence, s'impriment dans la mémoire
à l'aide de l'harmonie. Leurs tours naturels et hardis deviennent
familiers ; les hommes, qui sont tous nés imitateurs, prennent insensiblement la manière de s'exprimer, et même de penser, des
premiers dont l'imagination a subjugué celle des autres. Me désa-
vouerez-vous donc, messieurs, quand je dirai que le vrai mérite et
la réputation de notre langue ont commencé à l'auteur du *Cid* et de
Cinna ?

Montaigne, avant lui, était le seul livre qui attirât l'attention du
petit nombre d'étrangers qui pouvaient savoir le français ; mais le style

---

M. de La Motte, et beaucoup d'autres après lui, aient dit en pleine Académie
que les langues n'ont point de génie, il paraît démontré que chacune a le sien
bien marqué.

Ce génie est l'aptitude à rendre heureusement certaines idées, et l'impossibilité d'en exprimer d'autres avec succès. Ces secours et ces obstacles naissent :
1° de la désinence des termes ; 2° des verbes auxiliaires et des participes ; 3° du
nombre plus ou moins grand des rimes ; 4° de la longueur et de la brièveté
des mots ; 5° des cas plus ou moins variés ; 6° des articles et pronoms ; 7° des
élisions ; 8° de l'inversion ; 9° de la quantité dans les syllabes ; et enfin d'une
infinité de finesses qui ne sont senties que par ceux qui ont fait une étude approfondie d'une langue.

1° *La désinence des mots*, comme *perdre*, *vaincre*, *un coin*, *sucre*, *reste*,
crotte, *perdu*, *sourdre*, *fief*, *coffre* : ces syllabes dures révoltent l'oreille, et c'est
le partage de toutes les langues du Nord.

2° *Les verbes auxiliaires et les participes. Victis hostibus*, les ennemis ayant
été vaincus. Voilà quatre mots pour deux. *Læso et invicto militi* ; c'est l'inscription des Invalides de Berlin : si on va traduire, *pour les soldats qui ont
été blessés, et qui n'ont pas été vaincus*, quelle langueur ! Voilà pourquoi la
langue latine est plus propre aux inscriptions que la française.

3° *Le nombre des rimes*. Ouvrez un dictionnaire de rimes italiennes et un
de rimes françaises, vous trouverez toujours une fois plus de termes dans l'italien ; et vous remarquerez encore que dans le français il y a toujours vingt
rimes burlesques et basses pour deux qui peuvent entrer dans le style noble.

4° *La longueur et la brièveté des mots*. C'est ce qui rend une langue plus ou
moins propre à l'expression de certaines maximes, et à la mesure de certains
vers.

On n'a jamais pu rendre en français dans un beau vers :

« Quanto si mostra men, tanto è più bella. »

On n'a jamais pu traduire en beaux vers italiens :

Tel brille au second rang qui s'éclipse au premier.

Henr., I, 31.

de Montaigne n'est ni pur, ni correct, ni précis, ni noble. Il est énergique et familier; il exprime naïvement de grandes choses. C'est cette naïveté qui plaît; on aime le caractère de l'auteur; on se plaît à se retrouver dans ce qu'il dit de lui-même, à converser, à changer de discours et d'opinion avec lui. J'entends souvent regretter le langage de Montaigne; c'est son imagination qu'il faut regretter : elle était forte et hardie; mais sa langue était bien loin de l'être.

Marot, qui avait forgé le langage de Montaigne, n'a presque jamais été connu hors de sa patrie : il a été goûté parmi nous pour quelques contes naïfs, pour quelques épigrammes licencieuses, dont le succès est presque toujours dans le sujet; mais c'est par ce petit mérite même que la langue fut longtemps avilie : on écrivit dans ce style les tragédies, les poëmes, l'histoire, les livres de morale. Le judicieux Despréaux a dit : « Imitez de Marot l'élégant badinage. » J'ose croire qu'il aurait dit le *naïf* badinage, si ce mot plus vrai n'eût rendu son vers moins coulant. Il n'y a de véritablement bons ouvrages que ceux qui passent chez les nations étrangères, qu'on y apprend, qu'on y traduit : et chez quel peuple a-t-on jamais traduit Marot?

Notre langue ne fut longtemps après lui qu'un jargon familier, dans lequel on réussissait quelquefois à faire d'heureuses plaisanteries;

C'est un poids bien pesant qu'un nom trop tôt fameux.
Henr., III, 41.

5° *Les cas plus ou moins variés.* Mon père, de mon père, à mon père, *meus pater, mei patris, meo patri;* cela est sensible.

6° *Les articles et pronoms. De ipsius negotio ei loquebatur.* Con ello parlava dell' affare di lui; *il lui parlait de son affaire.* Point d'amphibologie dans le latin. Elle est presque inévitable dans le français. On ne sait si *son* affaire est celle de l'homme qui parle, ou de celui auquel on parle; le pronom *il* se retranche en latin, et fait languir l'italien et le français.

7° *Les élisions.*

« Canto l'arme pietose, e il capitano. »

Nous ne pouvons dire :

Chantons la piété et la vertu heureuse.

8° *Les inversions. Cesar cultiva tous les arts utiles;* on ne peut tourner cette phrase que de cette seule façon. On peut dire en latin de cent vingt façons différentes :

« Cæsar omnes utiles artes coluit. »

Quelle incroyable différence!

9° *La quantité dans les syllabes.* C'est de là que naît l'harmonie. Les brèves et les longues des Latins forment une vraie musique. Plus une langue approche de ce mérite, plus elle est harmonieuse. Voyez les vers italiens, la pénultième est toujours longue :

« Capitâno, mâno, séno, christo, acquisto. »

Chaque langue a donc son génie, que des hommes supérieurs sentent les premiers, et font sentir aux autres. Ils font éclore ce génie caché de la langue. (Éd.)

mais quand on n'est que plaisant, on n'est point admiré des autres nations.

> Enfin Malherbe vint, et le premier en France
> Fit sentir dans les vers une juste cadence,
> D'un mot mis en sa place enseigna le pouvoir.

Si Malherbe montra le premier ce que peut le grand art des expressions placées, il est donc le premier qui fut *élégant* : mais quelques stances harmonieuses suffisaient-elles pour engager les étrangers à cultiver notre langage ? Ils lisaient le poëme admirable de la *Jérusalem*, l'*Orlando*, le *Pastor Fido*, les beaux morceaux de Pétrarque. Pouvait-on associer à ces chefs-d'œuvre un très-petit nombre de vers français, bien écrits à la vérité, mais faibles et presque sans imagination ?

La langue française restait donc à jamais dans la médiocrité, sans un de ces génies faits pour changer et pour élever l'esprit de toute une nation : c'est le plus grand de vos premiers académiciens, c'est Corneille seul qui commença à faire respecter notre langue des étrangers, précisément dans le temps que le cardinal de Richelieu commençait à faire respecter la couronne. L'un et l'autre portèrent notre gloire dans l'Europe. Après Corneille sont venus, je ne dis pas de plus grands génies, mais de meilleurs écrivains. Un homme s'éleva, qui fut à la fois plus passionné et plus correct, moins varié, mais moins inégal, aussi sublime quelquefois, et toujours noble sans enflure ; jamais déclamateur, parlant au cœur avec plus de vérité et plus de charmes.

Un de leurs contemporains, incapable peut-être du sublime qui élève l'âme et du sentiment qui l'attendrit, mais fait pour éclairer ceux à qui la nature accorda l'un et l'autre, laborieux, sévère, précis, pur, harmonieux, qui devint enfin le poëte de la raison, commença malheureusement par écrire des satires ; mais bientôt après il égala et surpassa peut-être Horace dans la morale et dans l'art poétique : il donna les préceptes et les exemples ; il vit qu'à la longue l'art d'instruire, quand il est parfait, réussit mieux que l'art de médire, parce que la satire meurt avec ceux qui en sont les victimes, et que la raison et la vertu sont éternelles. Vous eûtes en tous les genres cette foule de grands hommes que la nature fit naître comme dans le siècle de Léon X et d'Auguste. C'est alors que les autres peuples ont cherché avidement dans vos auteurs de quoi s'instruire : et grâces en partie aux soins du cardinal de Richelieu, ils ont adopté votre langue, comme ils se sont empressés de se parer des travaux de nos ingénieux artistes, grâces aux soins du grand Colbert.

Un monarque illustre[1] chez tous les hommes par cinq victoires, et plus encore chez les sages par ses vastes connaissances, fait de notre langue la sienne propre, celle de sa cour et de ses États ; il la parle avec cette force et cette finesse que la seule étude ne donne jamais, et qui est le caractère du génie : non-seulement il la cultive, mais il l'embellit quelquefois, parce que les âmes supérieures saisissent toujours

---

1. Frédéric II, roi de Prusse. (ÉD.)

ces tours et ces expressions dignes d'elles, qui ne se présentent point aux âmes faibles.

Il est dans Stockholm une nouvelle Christine[1], égale à la première en esprit, supérieure dans le reste; elle fait le même honneur à notre langue. Le français est cultivé dans Rome, où il était dédaigné autrefois; il est aussi familier au souverain pontife, que les langues savantes dans lesquelles il écrivit quand il instruisit le monde chrétien qu'il gouverne : plus d'un cardinal italien écrit en français dans le Vatican, comme s'il était né à Versailles. Vos ouvrages, messieurs, ont pénétré jusqu'à cette capitale de l'empire le plus reculé de l'Europe et de l'Asie, et le plus vaste de l'univers; dans cette ville qui n'était, il y a quarante ans, qu'un désert[2] habité par des bêtes sauvages; on y représente vos pièces dramatiques; et le même goût naturel qui fait recevoir, dans la ville de Pierre le Grand et de sa digne fille, la musique des Italiens, y fait aimer votre éloquence.

Cet honneur qu'ont fait tant de peuples à nos excellents écrivains est un avertissement que l'Europe nous donne de ne pas dégénérer. Je ne dirai pas que tout se précipite vers une honteuse décadence, comme le crient si souvent des satiriques qui prétendent en secret justifier leur propre faiblesse par celle qu'ils imputent en public à leur siècle. J'avoue que la gloire de nos armes se soutient mieux que celle de nos lettres; mais le feu qui nous éclairait n'est pas encore éteint. Ces dernières années n'ont-elles pas produit le seul livre de chronologie dans lequel on ait jamais peint les mœurs des hommes, le caractère des cœurs et des siècles? ouvrage qui, s'il était sèchement instructif comme tant d'autres, serait le meilleur de tous, et dans lequel l'auteur[3] a trouvé encore le secret de plaire; partage réservé au très-petit nombre d'hommes qui sont supérieurs à leurs ouvrages.

On a montré la cause du progrès et de la chute de l'empire romain, dans un livre encore plus court, écrit par un génie mâle et rapide[4], qui approfondit tout, en paraissant tout effleurer. Jamais nous n'avons eu de traducteurs plus élégants et plus fidèles. De vrais philosophes ont enfin écrit l'histoire. Un homme éloquent et profond[5] s'est formé dans le tumulte des armes. Il est plus d'un de ces esprits aimables, que Tibulle et Ovide eussent regardés comme leurs disciples, et dont ils eussent voulu être les amis. Le théâtre, je l'avoue, est menacé d'une chute prochaine; mais au moins je vois ici ce génie véritablement tragique[6] qui m'a servi de maître quand j'ai fait quelques pas dans la même

1. La princesse Ulrique de Prusse, reine de Suède, à qui Voltaire avait adressé un madrigal. (ÉD.)

2. L'endroit où est Pétersbourg n'était qu'un désert marécageux et inhabité.

3. C'est le président Hénault. Dans quelques traductions de ce discours, on a mis en note l'abbé Lenglet, au lieu de M. Hénault; c'est une étrange méprise. (ÉD.)

4. Le président de Montesquieu.

5. Le marquis de Vauvenargues, jeune homme de la plus grande espérance, mort à vingt-sept ans.

6. M. Crébillon, auteur d'*Electre* et de *Rhadamiste*. Ces pièces, remplies de traits vraiment tragiques, sont souvent jouées. (ÉD.)

carrière; je le regarde avec une satisfaction mêlée de douleur, comme on voit sur les débris de sa patrie un héros qui l'a défendue. Je compte parmi vous ceux qui ont, après le grand Molière, achevé de rendre la comédie une école de mœurs et de bienséance; école qui méritait chez les Français la considération qu'un théâtre moins épuré eut dans Athènes. Si l'homme célèbre, qui le premier orna la philosophie des grâces de l'imagination, appartient à un temps plus reculé, il est encore l'honneur et la consolation du vôtre [1].

Les grands talents sont toujours nécessairement rares, surtout quand le goût et l'esprit d'une nation sont formés. Il en est alors des esprits cultivés comme de ces forêts où les arbres pressés et élevés ne souffrent pas qu'aucun porte sa tête trop au-dessus des autres. Quand le commerce est en peu de mains, on voit quelques fortunes prodigieuses, et beaucoup de misère; lorsque enfin il est plus étendu, l'opulence est générale, les grandes fortunes rares. C'est précisément, messieurs, parce qu'il y a beaucoup d'esprit en France, qu'on y trouvera dorénavant moins de génies supérieurs.

Mais enfin, malgré cette culture universelle de la nation, je ne nierai pas que cette langue, devenue si belle, et qui doit être fixée par tant de bons ouvrages, peut se corrompre aisément. On doit avertir les étrangers qu'elle perd déjà beaucoup de sa pureté dans presque tous les livres composés dans cette célèbre république, si longtemps notre alliée, où le français est la langue dominante, au milieu des factions contraires à la France. Mais si elle s'altère dans ces pays par le mélange des idiomes, elle est prête à se gâter parmi nous par le mélange des styles. Ce qui déprave le goût déprave enfin le langage. Souvent on affecte d'égayer des ouvrages sérieux et instructifs par les expressions familières de la conversation. Souvent on introduit le style marotique dans les sujets les plus nobles; c'est revêtir un prince des habits d'un farceur. On se sert de termes nouveaux, qui sont inutiles, et qu'on ne doit hasarder que quand ils sont nécessaires. Il est d'autres défauts dont je suis encore plus frappé, parce que j'y suis tombé plus d'une fois. Je trouverai parmi vous, messieurs, pour m'en garantir, les secours que l'homme éclairé à qui je succède s'était donnés par ses études. Plein de la lecture de Cicéron, il en avait tiré ce fruit de s'étudier à parler sa langue, comme ce consul parlait la sienne. Mais c'est surtout à celui [2] qui a fait son étude particulière des ouvrages de ce grand orateur, et qui était l'ami de M. le président Bouhier, à faire revivre ici l'éloquence de l'un, et à vous parler du mérite de l'autre. Il a aujourd'hui à la fois un ami à regretter et à célébrer, un ami à recevoir et à encourager. Il peut vous dire avec plus d'éloquence, mais non avec plus de sensibilité que moi, quel charme l'amitié répand sur les travaux des hommes consacrés aux lettres; combien elle sert à les conduire, à les corriger, à les exciter, à les consoler; combien elle ins-

---

1. Fontenelle. (ÉD.)

2. L'abbé d'Olivet, directeur de l'Académie lors de la réception de Voltaire et qui, en cette qualité, répondit à son discours. (ÉD.)

pire à l'âme cette joie douce et recueillie, sans laquelle on n'est jamais le maître de ses idées.

C'est ainsi que cette académie fut d'abord formée. Elle a une origine encore plus noble que celle qu'elle reçut du cardinal de Richelieu même; c'est dans le sein de l'amitié qu'elle prit naissance. Des hommes unis entre eux par ce lien respectable et par le goût des beaux-arts, s'assemblaient sans se montrer à la renommée; ils furent moins brillants que leurs successeurs, et non moins heureux. La bienséance, l'union, la candeur, la saine critique si opposée à la satire, formèrent leurs assemblées. Elles animeront toujours les vôtres, elles seront l'éternel exemple des gens de lettres, et serviront peut-être à corriger ceux qui se rendent indignes de ce nom. Les vrais amateurs des arts sont amis. Qui est plus que moi en droit de le dire? J'oserais m'étendre, messieurs, sur les bontés dont la plupart d'entre vous m'honorent, si je ne devais m'oublier pour ne vous parler que du grand objet de vos travaux, des intérêts devant qui tous les autres s'évanouissent, de la gloire de la nation.

Je sais combien l'esprit se dégoûte aisément des éloges; je sais que le public, toujours avide de nouveautés, pense que tout est épuisé sur votre fondateur et sur vos protecteurs : mais pourrai-je refuser le tribut que je dois, parce que ceux qui l'ont payé avant moi ne m'ont laissé rien de nouveau à vous dire? Il en est de ces éloges qu'on répète, comme de ces solennités qui sont toujours les mêmes, et qui réveillent la mémoire des événements chers à un peuple entier; elles sont nécessaires. Célébrer des hommes tels que le cardinal de Richelieu, Louis XIV, un Séguier, un Colbert, un Turenne, un Condé, c'est dire à haute voix : « Rois, ministres, généraux à venir, imitez ces grands hommes. » Ignore-t-on que le panégyrique de Trajan anima Antonin à la vertu? et Marc-Aurèle, le premier des empereurs et des hommes, n'avoue-t-il pas dans ses écrits l'émulation que lui inspirèrent les vertus d'Antonin? Lorsque Henri IV entendit dans le parlement nommer Louis XII *le père du peuple*, il se sentit pénétré du désir de l'imiter, et il le surpassa.

Pensez-vous, messieurs, que les honneurs rendus par tant de bouches à la mémoire de Louis XIV ne se soient pas fait entendre au cœur de son successeur, dès sa première enfance? On dira un jour que tous deux ont été à l'immortalité, tantôt par les mêmes chemins, tantôt par des routes différentes. L'un et l'autre seront semblables, en ce qu'ils n'ont différé à se charger du poids des affaires que par reconnaissance; et peut-être c'est en cela qu'ils ont été le plus grands. La postérité dira que tous deux ont aimé la justice, et ont commandé leurs armées. L'un recherchait avec éclat la gloire qu'il méritait; il l'appelait à lui du haut de son trône; il en était suivi dans ses conquêtes, dans ses entreprises; il en remplissait le monde : il déployait une âme sublime dans le bonheur, et dans l'adversité, dans ses camps, dans ses palais, dans les cours de l'Europe et de l'Asie : les terres et les mers rendaient témoignage à sa magnificence; et les plus petits objets, sitôt qu'ils avaient à lui quelque rapport, prenaient un nouveau caractère, et recevaient l'empreinte de sa grandeur. L'autre protége des empereurs et des rois, subjugue des provinces, interrompt le cours de ses conquêtes pour aller secourir ses sujets, et y vole du sein de la mort dont il est à peine échappé. Il remporte des victoires; il fait les plus grandes choses avec une simplicité qui ferait penser que ce qui étonne le reste des hommes est pour lui dans l'ordre le plus commun et le plus ordinaire. Il cache la hauteur de son âme, sans s'étudier même à la cacher; et il ne peut en affaiblir les rayons qui, en perçant malgré lui le voile de sa modestie, y prennent un éclat plus durable.

Louis XIV se signala par des monuments admirables, par l'amour de tous les arts, par les encouragements qu'il leur prodiguait. O vous, son auguste successeur, vous l'avez déjà imité, et vous n'attendez que cette paix que vous cherchez par des victoires, pour remplir tous vos projets bienfaisants qui demandent des jours tranquilles.

Vous avez commencé vos triomphes dans la même province où commencèrent ceux de votre bisaïeul, et vous les avez étendus plus loin. Il regretta de n'avoir pu, dans le cours de ses glorieuses campagnes, forcer un ennemi digne de lui à mesurer ses armes avec les siennes, en bataille rangée. Cette gloire qu'il désira, vous en avez joui. Plus heureux que le grand Henri, qui ne remporta presque de victoires que sur sa propre nation, vous avez vaincu les éternels et intrépides ennemis de la vôtre. Votre fils, après vous, l'objet de nos vœux et de notre crainte, apprit à vos côtés à voir le danger et le malheur même sans être troublé, et le plus beau triomphe sans être ébloui. Lorsque nous tremblions pour vous dans Paris, vous étiez au milieu d'un champ de carnage, tranquille dans les moments d'horreur et de confusion, tranquille dans la joie tumultueuse de vos soldats victorieux: vous embrassiez ce général[1] qui n'avait souhaité de vivre que pour vous voir triompher; cet homme que vos vertus et les siennes ont fait votre sujet, que la France comptera toujours parmi ses enfants les plus chers et les plus illustres. Vous récompensiez déjà par votre témoignage et par vos éloges tous ceux qui avaient contribué à la victoire; et cette récompense est la plus belle pour des Français.

Mais ce qui sera conservé à jamais dans les fastes de l'Académie, ce qui est précieux à chacun de vous, messieurs, ce fut l'un de vos confrères qui servit le plus votre protecteur et la France dans cette journée; ce fut lui qui, après avoir volé de brigade en brigade, après avoir combattu en tant d'endroits différents, courut donner et exécuter ce conseil si prompt, si salutaire, si avidement reçu par le roi, dont la vue discernait tout dans des moments où elle peut s'égarer si aisément. Jouissez, messieurs, du plaisir d'entendre dans cette assemblée ces propres paroles, que votre protecteur dit au neveu[2] de votre fondateur, sur le champ de bataille : « Je n'oublierai jamais le service important que vous m'avez rendu. » Mais si cette gloire particulière vous est chère, combien sont chères à toute la France, combien le seront un

1. Le maréchal de Saxe. (ÉD.)
2. M. le maréchal duc de Richelieu. (ÉD.)

jour à l'Europe, ces démarches pacifiques que fit Louis XV après ses victoires! Il les fait encore, il ne court à ses ennemis que pour les désarmer, il ne veut les vaincre que pour les fléchir. S'ils pouvaient connaître le fond de son cœur, ils le feraient leur arbitre au lieu de le combattre, et ce serait peut-être le seul moyen d'obtenir sur lui des avantages[1]. Les vertus qui le font craindre leur ont été connues dès qu'il a commandé; celles qui doivent ramener leur confiance, qui doivent être le lien des nations, demandent plus de temps pour être approfondies par des ennemis.

Nous, plus heureux, nous avons connu son âme dès qu'il a régné. Nous avons pensé comme penseront tous les peuples et tous les siècles. jamais amour ne fut ni plus vrai ni mieux exprimé; tous nos cœurs le sentent, et vos bouches éloquentes en sont les interprètes. Les médailles dignes des plus beaux temps de la Grèce[2] éternisent ses triomphes et notre bonheur. Puisse-je voir dans nos places publiques ce monarque humain, sculpté des mains de nos Praxitèles, environné de tous les symboles de la félicité publique! Puisse-je lire au pied de sa statue ces mots qui sont dans nos cœurs : *Au père de la patrie!*

DISSERTATION

ENVOYÉE PAR L'AUTEUR, EN ITALIEN, A L'ACADÉMIE DE BOLOGNE, ET TRADUITE PAR LUI-MÊME EN FRANÇAIS[1], SUR LES CHANGEMENTS ARRIVÉS DANS NOTRE GLOBE, ET SUR LES PÉTRIFICATIONS QU'ON PRÉTEND EN ÊTRE ENCORE LES TÉMOIGNAGES[3].

(1746.)

Il y a des erreurs qui ne sont que pour le peuple; il y en a qui ne sont que pour les philosophes. Peut-être en est-ce une de ce genre que l'idée où sont tant de physiciens qu'on voit par toute la terre des té-

1. L'événement a justifié, en 1748, ce que disait M. de Voltaire en 1746.
2. Les médailles frappées au Louvre sont au-dessus des plus belles de l'antiquité, non pas pour les légendes, mais pour le dessin et la beauté des coins. (ÉD.)
3. Cette *Dissertation* parut en 1749. L'histoire naturelle avait fait en France peu de progrès; l'existence des coquilles fossiles était cependant connue depuis très-longtemps : mais il faut avouer : 1° que l'on rangeait alors au nombre des productions de la mer trouvées dans l'intérieur des terres un grand nombre de substances dont les analogues vivants sont inconnus; 2° que l'on avait décidé un peu légèrement que les fossiles d'un pays étaient les dépouilles d'animaux placés aujourd'hui dans les mers d'une portion du globe très-éloignée; 3° que l'on mettait au nombre des coquilles fossiles plusieurs corps dont l'origine est encore absolument incertaine; 3° qu'on regardait comme l'ouvrage de la mer les dépôts et les vallées, qui sont évidemment celui des fleuves. Depuis ce temps, des observations plus suivies ont appris que l'on doit regarder les substances calcaires répandues sur le globe, à quelque profondeur ou à quelque élévation qu'elles se trouvent, comme formées par le débris d'animaux engloutis dans les eaux; que les empreintes, les noyaux de ces coquilles, se retrouvent dans les craies et dans les silex; qu'un très-grand nombre de silex doit même sa forme à un corps marin détruit, et dont la substance du silex a rempli la place. Les eaux ont donc couvert successivement ou à la fois tous les ter-

moignages d'un bouleversement général. On a trouvé dans les montagnes de la Hesse une pierre qui paraissait porter l'empreinte d'un turbot, et sur les Alpes un brochet pétrifié : on en conclut que la mer et les rivières ont coulé tour à tour sur les montagnes. Il était plus naturel de soupçonner que ces poissons, apportés par un voyageur, s'étant gâtés, furent jétés, et se pétrifièrent dans la suite des temps; mais cette idée était trop simple et trop peu systématique. On dit qu'on a découvert une ancre de vaisseau sur une montagne de la Suisse : on ne fait pas réflexion qu'on y a souvent transporté à bras de grands fardeaux, et surtout du canon; qu'on s'est pu servir d'une ancre pour arrêter les fardeaux à quelque fente de rocher; qu'il est très-vraisemblable qu'on aura pris cette ancre dans les petits ports du lac de Genève; que peut-être enfin l'histoire de l'ancre est fabuleuse; et on aime mieux affirmer que c'est l'ancre d'un vaisseau qui fut amarré en Suisse avant le déluge.

La langue d'un chien marin a quelque rapport avec une pierre qu'on nomme *glossopètre ;* c'en est assez pour que les physiciens aient assuré que ces pierres sont autant de langues que les chiens marins laissèrent dans les Appennins du temps de Noé : que n'ont-ils dit aussi que les coquilles que l'on appelle *conques de Vénus* sont en effet la chose même dont elles portent le nom?

Les reptiles forment presque toujours une spirale, lorsqu'ils ne sont pas en mouvement; et il n'est pas surprenant que, quand ils se pétrifient, la pierre prenne la figure informe d'une volute. Il est encore

rains où se trouvent ces substances; mais ces terrains ne forment point tout le globe.

Une seule mer en a-t-elle couvert à la fois presque toute la surface, et la quantité d'eau du globe est-elle diminuée par l'évaporation, par la combinaison de l'eau avec d'autres substances? Mais, en ce cas, pourquoi une si grande partie de la surface de la terre ne porte-t-elle aucune empreinte de ce séjour des eaux, quoique inférieure à des parties où cette empreinte est marquée?

La mer couvre-t-elle successivement toutes les parties du globe? Cela est moins probable encore : quelque changement qu'on suppose dans l'axe de la terre, on ne trouvera aucune hypothèse qui explique comment la mer a pu se trouver sur les montagnes du Pérou, où cependant l'on a trouvé des coquilles.

Supposera-t-on que la terre a été couverte de grands lacs séparés, dont la réunion successive a formé l'Océan? Cette hypothèse n'est du moins que précaire, et M. de Voltaire paraît ici lui donner la préférence.

Il a eu tort sans doute de s'obstiner à nier l'existence des coquilles fossiles, ou plutôt de croire qu'elles étaient en trop petit nombre dans les pays très-éloignés de la mer, ou très-élevés, pour qu'on fût obligé de recourir à d'autres explications qu'à des causes purement accidentelles; mais il a eu raison de reléguer dans la classe des romans tous les systèmes inventés pour expliquer l'origine de ces coquilles.

Il faut observer enfin que les glossopètres ne sont pas des langues pétrifiées et qu'on ne sait pas encore bien précisément ce que peuvent être ni les cornes d'Ammon, ni les pierres lenticulaires que l'on a retrouvées en France; que les fougères dont on voit les empreintes dans les ardoisières du Lyonnais, fougères qu'on a cru longtemps ne se trouver qu'en Amérique, ont été observées en France, et qu'il faudrait connaître un peu plus les pays d'où viennent les fleuves de la mer du Nord, pour deviner d'où viennent les os d'éléphants qu'on trouve sur leurs bords. (*Ed. de Kehl.*)

plus naturel qu'il y ait des pierres formées d'elles-mêmes en spirales; les Alpes, les Vosges, en sont pleines. Il a plu aux naturalistes d'appeler ces pierres des *cornes d'Ammon*. On veut y reconnaître le poisson qu'on nomme *nautilus*, qu'on n'a jamais vu, et qui était produit, dit-on, dans les mers des Indes. Sans trop examiner si ce poisson pétrifié est un *nautilus* ou une anguille, on conclut que la mer des Indes a inondé longtemps les montagnes de l'Europe.

On a vu aussi dans des provinces d'Italie, de France, etc., de petits coquillages qu'on assure être originaires de la mer de Syrie. Je ne veux pas contester leur origine; mais ne pourrait-on pas se souvenir que cette foule innombrable de pèlerins et de croisés, qui porta son argent dans la terre sainte, en rapporta des coquilles? Et aimera-t-on mieux croire que la mer de Joppé et de Sidon est venue couvrir la Bourgogne et le Milanais?

On pourrait encore se dispenser de croire l'une et l'autre de ces hypothèses, et penser, avec beaucoup de physiciens, que ces coquilles, qu'on croit venues de si loin, sont des fossiles que produit notre terre. On pourrait encore, avec bien plus de vraisemblance, conjecturer qu'il y a eu autrefois des lacs dans les endroits où l'on voit aujourd'hui des coquilles; mais quelque opinion ou quelque erreur qu'on embrasse, ces coquilles prouvent-elles que tout l'univers a été bouleversé de fond en comble?

Les montagnes vers Calais et vers Douvres sont des rochers de craie; donc autrefois ces montagnes n'étaient point séparées par les eaux. Cela peut être, mais cela n'est pas prouvé. Le terrain vers Gibraltar et vers Tanger est à peu près de la même nature : donc l'Afrique et l'Europe se touchaient, et il n'y avait point de mer Méditerranée. Les Pyrénées, les Alpes, l'Apennin, ont paru à plusieurs philosophes des débris d'un monde qui a changé plusieurs fois de forme; cette opinion a été longtemps soutenue par toute l'école de Pythagore, et par plusieurs autres; elles affirmaient que toute la terre habitable avait été mer autrefois, et que la mer avait longtemps été terre.

On sait qu'Ovide ne fait que rapporter le sentiment des physiciens de l'Orient, quand il met dans la bouche de Pythagore ces vers latins, dont voici le sens :

> Le Temps, qui donne à tout le mouvement et l'être,
> Produit, accroît, détruit, fait mourir, fait renaître,
> Change tout dans les cieux, sur la terre, et dans l'air :
> L'âge d'or à son tour suivra l'âge de fer.
> Flore embellit des champs l'aridité sauvage.
> La mer change son lit, son flux, et son rivage.
> Le limon qui nous porte est né du sein des eaux.
> Le Caucase est semé du débris des vaisseaux.
> La main lente du Temps aplanit les montagnes;
> Il creuse les vallons, il étend les campagnes,
> Tandis que l'Éternel, le souverain des temps,
> Est seul inébranlable en ces grands changements.

Voilà quelle était l'opinion des Indiens et de Pythagore, et ce n'est pas lui faire tort de la rapporter en vers. Cette opinion a été plus que jamais accréditée par l'inspection de ces lits de coquillages qu'on trouve amoncelés par couches dans la Calabre, en Touraine, et ailleurs, dans des terrains placés à une assez grande distance de la mer. Il y a en effet très-grande apparence qu'ils y ont été déposés dans une longue suite de siècles.

La mer, qui s'est retirée à quelques lieues de ses anciens rivages, a regagné peu à peu sur quelques autres terrains. De cette perte presque insensible, on s'est cru en droit de conclure qu'elle a longtemps couvert le reste du globe. Fréjus, Narbonne, Ferrare, etc., ne sont plus des ports de mer; la moitié du petit pays de l'Ost-Frise a été submergée par l'Océan : donc autrefois les baleines ont nagé pendant des siècles sur le mont Taurus et sur les Alpes, et le fond de la mer a été peuplé d'hommes.

Ce système des révolutions physiques de ce monde a été fortifié dans l'esprit de quelques philosophes par la découverte du chevalier de Louville. On sait que cet astronome, en 1714, alla exprès à Marseille pour observer si l'obliquité de l'écliptique était encore telle qu'elle y avait été fixée par Pythéas, environ 2000 ans auparavant; il la trouva moindre de vingt minutes, c'est-à-dire qu'en 2000 ans l'écliptique, selon lui, s'était approchée de l'équateur d'un tiers de degré; ce qui prouve qu'en six mille ans elle s'approcherait d'un degré entier.

Cela supposé, il est évident que la terre, outre les mouvements qu'on lui connaît, en aurait encore un qui la ferait tourner sur elle-même d'un pôle à l'autre. Il se trouverait que dans vingt-trois mille ans le soleil serait pour la terre très-longtemps dans l'équateur, et que dans une période d'environ deux millions d'années tous les climats du monde auraient été tour à tour sous la zone toride et sous la zone glaciale. Pourquoi, disait-on, s'effrayer d'une période de deux millions d'années? Il y en a probablement de plus longues entre les positions réciproques des astres. Nous connaissons déjà un mouvement à la terre, lequel s'accomplit en plus de vingt-cinq mille ans; c'est la précession des équinoxes. Des révolutions de mille millions d'années sont infiniment moindres aux yeux de l'Architecte éternel de l'univers que n'est pour nous celle d'une roue qui achève son tour en un clin d'œil. Cette nouvelle période, imaginée par le chevalier de Louville, soutenue et corrigée par plusieurs astronomes, fit rechercher les anciennes observations de Babylone, transmises aux Grecs par Alexandre, et conservées à la postérité par Ptolémée dans son *Almageste* [1].

Les Babyloniens prétendaient, au temps d'Alexandre, avoir des ob-

1. Il est prouvé que l'obliquité de l'écliptique n'est point constante, et qu'elle éprouve une variation sensible dans l'espace d'un siècle ; mais doit-on supposer que l'écliptique ait une révolution comme celle de la précession des équinoxes, ou un simple balancement ; ou bien qu'outre ce balancement elle ait une tendance à se rapprocher du plan de Jupiter ou de Saturne? Toutes ces combinaisons sont possibles, et ni les observations ni le calcul ne peuvent nous apprendre encore laquelle mérite la préférence. Il n'en faut pas être surpris : nous n'avons d'observations exactes que depuis un siècle environ, et il n'y

servations astronomiques de quatre cent mille trois cents années. On tâcha de concilier ces calculs des Babyloniens avec l'hypothèse de la révolution de deux millions d'années. Enfin quelques philosophes conclurent que chaque climat ayant été à son tour tantôt pôle, tantôt ligne équinoxiale, toutes les mers avaient changé de place.

L'extraordinaire, le vaste, les grandes mutations, sont des objets qui plaisent quelquefois à l'imagination des plus sages. Les philosophes veulent de grands changements dans la scène du monde, comme le peuple en veut aux spectacles. Du point de notre existence et de notre durée notre imagination s'élance dans des milliers de siècles, pour voir avec plaisir le Canada sous l'équateur, et la mer de la Nouvelle-Zemble sur le mont Atlas.

Un auteur qui s'est rendu plus célèbre qu'utile par sa théorie de la terre[2] a prétendu que le déluge bouleversa tout notre globe, forma des débris du monde les rochers et les montagnes, et mit tout dans une confusion irréparable; il ne voit dans l'univers que des ruines. L'auteur d'une autre théorie[3], non moins célèbre, n'y voit que de l'arrangement, et il assure que sans le déluge cette harmonie ne subsisterait pas : tous deux n'admettent les montagnes que comme une suite de l'inondation universelle.

Burnet, en son cinquième chapitre, assure que la terre avant le déluge était unie, régulière, uniforme, sans montagnes, sans vallées, et sans mers; le déluge fit tout cela, selon lui : et voilà pourquoi on trouve des cornes d'Ammon dans l'Apennin.

Woodward veut bien avouer qu'il y avait des montagnes; mais il est persuadé que le déluge vint à bout de les dissoudre avec tous les métaux, qu'il s'en forma d'autres, et que c'est dans cette nouvelle terre qu'on trouve ces cailloux autrefois amollis par les eaux, et remplis aujourd'hui d'animaux pétrifiés. Woodward aurait pu à la vérité s'apercevoir que le marbre, le caillou, etc., ne se dissolvent point dans l'eau, et que les écueils de la mer sont encore fort durs. N'importe; il fallait pour son système que l'eau eût dissous, en cent cinquante jours, toutes les pierres et tous les minéraux de l'univers, pour y loger des huîtres et des pétoncles.

Il faudrait plus de temps que le déluge n'a duré pour lire tous les auteurs qui en ont fait de beaux systèmes; chacun d'eux détruit et renouvelle la terre à sa mode, ainsi que Descartes l'a formée; car la plupart des philosophes se sont mis sans façon à la place de Dieu; ils pensent créer un univers avec la parole.

Mon dessein n'est pas de les imiter, et je n'ai point du tout l'espérance de découvrir les moyens dont Dieu s'est servi pour former le

a qu'un peu plus de trente ans que nous savons appliquer le calcul à ces grandes questions,
Au reste, le changement qui résulterait de cette révolution de l'écliptique affecterait surtout la température des différentes parties du globe, la durée de leurs jours, les mouvements apparents des corps célestes, etc., mais influerait très-peu sur l'équilibre des fluides placés à la surface. (*Éd. de Kehl.*)
2. Buffon. (*Éd. de Kehl.*)
3. Demaillet. (*Éd. de Kehl.*)

monde, pour le noyer, pour le conserver; je m'en tiens à la parole de l'Écriture, sans prétendre l'expliquer, et sans oser admettre ce qu'elle ne dit point : qu'il me soit permis d'examiner seulement, selon les règles de la probabilité, si ce globe a été et doit être un jour si absolument différent de ce qu'il est; il ne s'agit ici que d'avoir des yeux.

J'examine d'abord ces montagnes que le docteur Burnet et tant d'autres regardent comme les ruines d'un ancien monde dispersé çà et là, sans ordre, sans dessein, semblable aux débris d'une ville que le canon a foudroyée; je les vois au contraire arrangées avec un ordre infini d'un bout de l'univers à l'autre. C'est en effet une chaîne de hauts aqueducs continuels, qui, en s'ouvrant en plusieurs endroits, laissent aux fleuves et aux bras de mers l'espace dont ils ont besoin pour humecter la terre.

Du cap de Bonne-Espérance naît une suite de rochers qui s'abaissent pour laisser passer le Niger et le Zaïr, et qui se relèvent ensuite sous le nom du mont Atlas, tandis que le Nil coule d'une autre branche de ces montagnes. Un bras de mer étroit sépare l'Atlas du promontoire de Gibraltar, qui se rejoint à la Sierra-Morena; celle-ci touche aux Pyrénées; les Pyrénées, aux Cévennes; les Cévennes, aux Alpes; les Alpes, à l'Apennin, qui ne finit qu'au bout du royaume de Naples; vis-à-vis sont les montagnes d'Épire et de la Thessalie. A peine avez-vous passé le détroit de Gallipoli que vous trouvez le mont Taurus, dont les branches, sous le nom de Caucase, de l'Immaüs, etc., s'étendent aux extrémités du globe : c'est ainsi que la terre est couronnée en tout sens de ces réservoirs d'eau, d'où partent sans exception toutes les rivières qui l'arrosent et qui la fécondent; et il n'y a aucun rivage à qui la mer fournisse un seul ruisseau de son eau salée.

Burnet fit graver une carte de la terre divisée en montagnes au lieu de provinces : il s'efforce, par cette représentation et par ses paroles, de mettre sous les yeux l'image du plus horrible désordre; mais de ses propres paroles, comme de sa carte, on ne peut conclure qu'harmonie et utilité. « Les Andes, dit-il, dans l'Amérique, ont mille lieues de long; le Taurus divise l'Asie en deux parties, etc. Un homme qui pourrait embrasser tout cela d'un coup d'œil verrait que le globe de la terre est plus informe encore qu'on ne l'imagine. » Il paraît tout au contraire qu'un homme raisonnable qui verrait d'un coup d'œil l'un et l'autre hémisphère traversés par une suite de montagnes qui servent de réservoirs aux pluies et de sources aux fleuves, ne pourrait s'empêcher de reconnaître dans cette prétendue confusion toute la sagesse et la bienfaisance de Dieu même.

Il n'y a pas un seul climat sur la terre sans montagnes et sans rivière qui en sorte. Cette chaîne de rochers est une pièce essentielle à la machine du monde. Sans elle, les animaux terrestres ne pourraient vivre; car point de vie sans eau : l'eau est élevée des mers et purifiée par l'évaporation continuelle; les vents la portent sur les sommets des rochers, d'où elle se précipite en rivières; et il est prouvé que cette évaporation est assez grande pour qu'elle suffise à former les fleuves et à répandre les pluies.

L'autre opinion, qui prétend que dans la période de deux millions d'années l'axe de la terre se relevant continuellement et tournant sur lui-même a forcé l'Océan de changer son lit; cette opinion, dis-je, n'est pas moins contraire à la physique. Un mouvement qui relève l'axe de la terre de dix minutes en mille ans ne paraît pas assez violent pour fracasser le globe; ce mouvement, s'il existait, laisserait assurément les montagnes à leurs places; et franchement il n'y a pas d'apparence que les Alpes et le Caucase aient été portées où elles sont ni petit à petit, ni tout à coup des côtes de la Cafrerie.

L'inspection seule de l'Océan sert, autant que celle des montagnes, détruire ce système. Le lit de l'Océan est creusé; plus ce vaste bassin 'éloigne des côtes, plus il est profond. Il n'y a pas un rocher en pleine mer, si vous en exceptez quelques îles. Or, s'il avait été un temps où l'Océan eût été sur nos montagnes; si les hommes et les animaux eussent alors vécu dans ce fond qui sert de base à la mer, eussent-ils pu subsister? De quelles montagnes alors auraient-ils reçu des rivières? Il eût fallu un globe d'une nature toute différente. Et comment ce globe eût-il tourné alors sur lui-même, ayant une moitié creuse et une autre moitié élevée, surchargée encore de tout l'Océan? Comment cet Océan se fût-il tenu sur les montagnes sans couler dans ce lit immense que la nature lui a creusé? Les philosophes, qui font un monde, ne font guère qu'un monde ridicule.

Je suppose un moment, avec ceux qui admettent la période de deux millions d'années, que nous sommes parvenus au point où l'écliptique coïncidera avec l'équateur; le climat de l'Italie, de la France, et de l'Allemagne, sera changé; mais il ne faut pas s'imaginer qu'alors, ni dans aucun temps, l'Océan pût changer de place; ce mouvement de la terre ne peut s'opposer aux lois de la pesanteur; en quelque sens que notre globe soit tourné, tout pressera également le centre. La mécanique universelle est toujours la même.

Il n'y a donc aucun système qui puisse donner la moindre vraisemblance à cette idée si généralement répandue que notre globe a changé de face, que l'Océan a été très-longtemps sur la terre habitée, et que les hommes ont vécu autrefois où sont aujourd'hui les marsouins et les baleines. Rien de ce qui végète et de ce qui est animé n'a changé; toutes les espèces sont demeurées invariablement les mêmes; il serait bien étrange que la graine de millet conservât éternellement sa nature, et que le globe entier variât la sienne.

Ce qu'on dit de l'Océan, il faut le dire de la Méditerranée, et du grand lac qu'on appelle *mer Caspienne*. Si ces lacs n'ont pas toujours été où ils sont, il faut absolument que la nature de ce globe ait été tout autre qu'elle n'est aujourd'hui.

Une foule d'auteurs a écrit qu'un tremblement de terre ayant englouti un jour les montagnes qui joignaient l'Afrique et l'Europe, l'Océan se fit un passage entre Calpé et Abyla, et alla former la Méditerranée, qui finit à cinq cents lieues de là, aux Palus-Méotides; c'est-à-dire que cinq cents lieues de pays se creusèrent tout d'un coup pour recevoir l'Océan. On remarque encore que la mer n'a point de fond vis-à-vis

Gibraltar, et qu'ainsi l'aventure de la montagne est encore plus merveilleuse.

Si on voulait bien seulement faire attention à tous les fleuves de l'Europe et de l'Asie qui tombent dans la Méditerranée, on verrait qu'il faut nécessairement qu'ils y forment un grand lac. Le Tanaïs, le Borysthène, le Danube, le Pô, le Rhône, etc., ne pouvaient avoir d'embouchure dans l'Océan, à moins qu'on ne se donnât encore le plaisir d'imaginer un temps où le Tanaïs et le Borysthène venaient par les Pyrénées se rendre en Biscaye.

Les philosophes disaient qu'il fallait bien cependant que la Méditerranée eût été produite par quelque accident. On demandait encore ce que devenaient les eaux de tant de fleuves reçus continuellement dans son sein; que faire des eaux de la mer Caspienne? On imaginait un vaste souterrain formé dans le bouleversement qui donna naissance à ces mers; on disait que ces mers communiquaient entre elles et avec l'Océan par ce gouffre supposé; on assurait même que les poissons qu'on avait jetés dans la mer Caspienne, avec un anneau au museau, avaient été repêchés dans la Méditerranée. C'est ainsi qu'on a traité longtemps l'histoire et la philosophie; mais depuis qu'on a substitué la véritable histoire à la fable, et la véritable physique aux systèmes, on ne doit plus croire de pareils contes. Il est assez prouvé que l'évaporation seule suffit à expliquer comment ces mers ne se débordent pas : elles n'ont pas besoin de donner leurs eaux à l'Océan : et il est bien vraisemblable que la mer Méditerranée a été toujours à sa place, et que la constitution fondamentale de cet univers n'a point changé.

Je sais bien qu'il se trouvera toujours des gens sur l'esprit desquels un brochet pétrifié sur le Mont-Cenis, et un turbot trouvé dans le pays de Hesse, auront plus de pouvoir que tous les raisonnements de la saine physique; ils se plairont toujours à imaginer que la cime des montagnes a été autrefois le lit d'une rivière ou de l'Océan, quoique la chose paraisse incompatible; et d'autres penseront, en voyant de prétendues coquilles de Syrie en Allemagne, que la mer de Syrie est venue à Francfort. Le goût du merveilleux enfante les systèmes; mais la nature paraît se plaire dans l'uniformité et dans la constance autant que notre imagination aime les grands changements; et, comme dit le grand Newton, *Natura est sibi consona*. L'Écriture nous dit qu'il y a eu un déluge, mais il n'en est resté (ce semble) d'autre monument sur la terre que la mémoire d'un prodige terrible qui nous avertit en vain d'être justes.

Digression sur la manière dont notre globe a pu être inondé.

Quand je dis que le déluge universel, qui éleva les eaux quinze coudées au-dessus des plus hautes montagnes, est un miracle inexécutable par les lois de la nature que nous connaissons, je ne dis rien que de très-véritable. Ceux qui ont voulu trouver des raisons physiques de ce prodige singulier n'ont pas été plus heureux que ceux qui voudraient expliquer par les lois de la mécanique comment quatre mille personnes furent nourries avec cinq pains et trois poissons. La physique n'a rien de commun avec les miracles; la religion ordonne de les croire, et la raison défend de les expliquer.

Quelques-uns ont imaginé que les nuages seuls peuvent suffire à inonder la terre ; mais ces nuages ne sont que les eaux de la mer même élevées continuellement de sa surface, et atténuées et purifiées. Plus l'air en est chargé, plus les eaux de notre globe en ont perdu. Ainsi la même quantité d'eau subsiste toujours. Si les nuages se fondent également sur tout le globe, il n'y a pas un pouce de terre inondé ; s'ils sont amoncelés par le vent dans un climat, et qu'ils retombent sur une lieue carrée de terrain aux dépens des autres terres qui restent sans pluie, il n'y a que cette lieue carrée de submergée.

D'autres ont fait sortir tout l'Océan de son lit, et l'ont envoyé couvrir toute la terre. On compte aujourd'hui que la mer, en prenant ensemble les fonds qu'on a sondés et ceux qui sont inaccessibles à la sonde, peut avoir environ mille pieds de profondeur. Elle n'a que cinquante pieds en beaucoup d'endroits, et sur les côtes bien moins. En supposant partout sa profondeur de mille pieds, on ne s'éloigne pas beaucoup de la vérité.

Or les montagnes vers Quito s'élèvent au-dessus du niveau de la mer de plus de dix mille pieds. Il aurait donc fallu dix océans l'un sur l'autre élevés sur la moitié aqueuse du globe, et dix autres océans sur l'autre moitié ; et, comme la sphère aurait alors plus de circonférence, il faudrait encore quatre océans pour en couvrir la surface agrandie : ainsi il faudrait nécessairement vingt-quatre océans au moins pour inonder le sommet des montagnes de Quito ; et quand il n'en faudrait que quatre, comme le prétend le docteur Brunet, un physicien serait encore bien embarrassé avec ces quatre océans. Qui croirait que Brunet imagine de les faire bouillir pour en augmenter le volume ? Mais l'eau en bouillant ne se gonfle jamais un quart seulement au delà de son volume ordinaire. A quoi est-on réduit, quand on veut approfondir ce qu'il ne faut que respecter ?

ANECDOTES SUR LOUIS XIV[1].

Louis XIV était, comme on sait, le plus bel homme et le mieux fait de son royaume. C'était lui que Racine désignait dans *Bérénice* par ces vers :

> Qu'en quelque obscurité que le sort l'eût fait naître,
> Le monde, en le voyant, eût reconnu son maître.

Le roi sentit bien que cette tragédie, et surtout ces deux vers, étaient

1. Je suis obligé de renouveler mes justes plaintes au sujet de toutes les éditions qu'on a faites jusqu'à présent de mes ouvrages dans les pays étrangers. Ce serait, à la vérité, un honneur pour la littérature de notre patrie que ces fréquentes éditions qu'on fait ailleurs des livres français, si elles étaient faites avec fidélité et avec soin. Mais elles sont d'ordinaire si défigurées, on y mêle si souvent ce qui n'est pas de nous et ce qui nous appartient, on altère si barbarement le sens et le style, que cet honneur devient en quelque manière honteux et ridicule ; je ne suis pas assurément le seul qui s'en soit plaint, et qui ait prémuni le public contre ce brigandage ; mais je suis peut-être celui qui ai le plus de raison de me plaindre. L'édition des Ledet d'Amsterdam, et celles d'Arkstée et Merkus, sont surtout pleines, à chaque page, de fautes et d'infidélités si grossières, qu'elles doivent révolter tout lecteur ; on a même poussé

faits pour lui. Rien n'embellit d'ailleurs comme une couronne. Le son de sa voix était noble et touchant. Tous les hommes l'admiraient, et toutes les femmes soupiraient pour lui. Il avait une démarche qui ne pouvait convenir qu'à lui seul, et qui eût été ridicule en tout autre. Il se complaisait à en imposer par son air. L'embarras de ceux qui lui parlaient était un hommage qui flattait sa supériorité. Ce vieil officier qui, en lui demandant une grâce, balbutiait, recommençait son discours, et qui enfin lui dit : « Sire, au moins je ne tremble pas ainsi devant vos ennemis, » n'eut pas de peine à obtenir ce qu'il demandait.

La nature lui avait donné un tempérament robuste. Il fit parfaitement tous ses exercices, jouait très-bien à tous les jeux qui demandent de l'adresse et de l'action ; il dansait les danses graves avec beaucoup de grâce. Sa constitution était si bonne qu'il fit toujours deux grands repas par jour sans altérer sa santé ; ce fut la bonté de son tempérament qui fit l'égalité de son humeur. Louis XIII, infirme, était chagrin, faible, et difficile. Louis XIV parlait peu, mais toujours bien. Il n'était pas savant ; mais il avait le goût juste. Il entendait un peu l'italien et l'espagnol, et ne put jamais apprendre le latin, que l'on montre toujours assez mal dans une éducation particulière, et qui est de toutes les sciences la moins utile à un roi. On a imprimé sous son nom une traduction des *Commentaires de César*. Ce sont ses thèmes ; mais on les faisait avec lui ; il y avait peu de part ; et on lui disait qu'il les avait faits. J'ai ouï dire au cardinal de Fleury que Louis XIV lui avait un jour demandé ce que c'était que le prince *quemadmodum*, mot sur lequel un musicien, dans un motet, avait prodigué, selon leur coutume, beaucoup de travail ; le roi lui avoua, à cette occasion, qu'il n'avait presque jamais rien su de cette langue. On eût mieux fait de lui enseigner l'histoire, la géographie, et surtout la vraie philosophie, que les princes connaissent si rarement. Son bon sens et son goût naturel suppléèrent à tout. En fait des beaux-arts, il n'aimait que l'excellent. Rien ne le prouve mieux que l'usage qu'il fit de Racine, de Boileau, de Molière, de Bossuet, de Fénelon, de Lebrun, de Girardon, de Le Nôtre, etc. Il donna même quelquefois à Quinault des sujets d'opéra, et ce fut lui qui choisit *Armide*. M. Colbert ne protégea tous les arts, et ne les fit fleurir que pour se conformer au goût de son maître ; car M. Colbert, étant sans lettres, élevé dans le négoce, et chargé par le cardinal Mazarin de détails d'affaires, ne pouvait avoir pour les beaux-arts ce goût que donne naturellement une cour galante, à laquelle il faut des plaisirs au-dessus du vulgaire. M. Colbert était un peu sec et sombre ; ses grandes vues pour la finance et pour le com-

l'abus de la presse jusqu'à insérer dans ces éditions des pièces scandaleuses, dignes de la plus vile canaille. Je me flatte que le public aura pour elles le même mépris que moi ; on sait assez à quel excès punissable plusieurs libraires de Hollande ont poussé leur licence. Ces livres aussi odieux que mal faits, qu'ils débitent et qu'ils regardent uniquement comme un objet de commerce, ne font tort à personne, si ce n'est aux lecteurs crédules qui achètent imprudemment ces malheureuses éditions sur leurs titres. J'ai cru qu'il était de mon devoir de renouveler cet avertissement. Ce 20 janvier 1748.   (*Avis de l'auteur.*)

merce, où le roi était et devait être moins intelligent que lui, ne s'étendirent pas d'abord jusqu'aux arts aimables; il se forma le goût par l'envie de plaire à son maître, et par l'émulation que lui donnait la gloire acquise par M. Fouquet dans la protection des lettres, gloire qu'il conserva dans sa disgrâce. Il ne fit d'abord que de mauvais choix; et, lorsque Louis XIV, en 1662, voulut favoriser les lettres, en donnant des pensions aux hommes de génie, et même aux savants, Colbert ne s'en rapporta qu'à ce Chapelain dont le nom est devenu depuis si ridicule, grâce à ses ouvrages et à Boileau; mais il avait alors une grande réputation qu'il s'était faite par un peu d'érudition, assez de critique et beaucoup d'adresse : c'est ce choix qui indigna Boileau, jeune encore, et qui lui inspira tant de traits satiriques. M. Colbert se corrigea depuis, et favorisa ceux qui avaient des talents véritables, et qui plaisaient au maître.

Ce fut Louis XIV qui, de son propre mouvement, donna des pensions à Boileau, à Racine, à Pellisson, à beaucoup d'autres; il s'entretenait quelquefois avec eux; et même lorsque Boileau se fut retiré à Auteuil, étant affaibli par l'âge, et qu'il vint faire sa cour au roi pour la dernière fois, le roi lui dit : « Si votre santé vous permet de venir encore quelquefois à Versailles, j'aurai toujours une demi-heure à vous donner. » Au mois de septembre 1690, il nomma Racine du voyage de Marly; et il se faisait lire par lui les meilleurs ouvrages du temps.

L'année d'auparavant il avait gratifié Racine et Boileau, chacun de mille pistoles, qui font vingt mille livres d'aujourd'hui, pour écrire son histoire, et il avait ajouté à ce présent quatre mille livres de pension.

On voit évidemment par toutes ces libéralités répandues de son propre mouvement, et surtout par sa faveur accordée à Pellisson, persécuté par Colbert, que ses ministres ne dirigeaient point son goût. Il se porta de lui-même à donner des pensions à plusieurs savants étrangers; et M. Colbert consulta M. Perrault sur le choix de ceux qui reçurent cette gratification si honorable pour eux et pour le souverain. Un de ses talents était de tenir une cour; il rendit la sienne la plus magnifique et la plus galante de l'Europe. Je ne sais pas comment on peut lire encore des descriptions de fêtes dans des romans, après avoir lu celles que donna Louis XIV. Les fêtes de Saint-Germain, de Versailles, ses carrousels, sont au-dessus de ce que l'imagination la plus romanesque a inventé. Il dansait d'ordinaire à ces fêtes avec les plus belles personnes de la cour; il semblait que la nature eût fait des efforts pour seconder le goût de Louis XIV. Sa cour était remplie des hommes les mieux faits de l'Europe, et il y avait à la fois plus de trente femmes d'une beauté accomplie. On avait soin de composer des danses figurées, convenables à leurs caractères et à leurs galanteries. Souvent même les pièces qu'on représentait étaient remplies d'allusions fines, qui avaient rapport aux intérêts secrets de leurs cœurs. Non-seulement il y eut de ces fêtes publiques dont Molière et Lulli firent les principaux ornements, mais il y en eut de particulières, tantôt pour Madame, belle-sœur du roi, tantôt pour Mme de La Vallière : il n'y avait que peu de courtisans qui y fussent admis; c'était souvent Benserade qui en faisait les vers, quelquefois un nommé Bellot, valet de chambre du roi. J'ai vu des canevas de ce dernier, corrigés de la main de Louis XIV. On connaît ces vers galants que faisait Benserade pour ces ballets figurés, où le roi dansait avec sa cour; il y confondait presque toujours, par une allusion délicate, la personne et le rôle Par exemple, lorsque le roi, dans un de ces ballets, représentait Apollon, voici ce que fit pour lui Benserade :

> Je doute qu'on le prenne avec vous sur le ton
> De Daphné, ni de Phaéton,
> Lui trop ambitieux, elle trop inhumaine.
> Il n'est point là de piége où vous puissiez donner;
> Le moyen de s'imaginer
> Qu'une femme vous fuie, ou qu'un homme vous mène!

Lorsqu'il eut marié son petit-fils le duc de Bourgogne à la princesse Adélaïde de Savoie, il fit jouer des comédies pour elle dans un des appartements de Versailles. Duché, l'un de ses domestiques, auteur du bel opéra d'*Iphigénie*, composa la tragédie d'*Absalon* pour ces fêtes secrètes; Madame la duchesse de Bourgogne représentait la fille d'Absalon; le duc d'Orléans, le duc de La Vallière, y jouaient; le fameux acteur Baron dirigeait la troupe, et y jouait aussi.

Il y avait alors appartement trois fois la semaine à Versailles; la galerie et toutes les pièces étaient remplies; on jouait dans un salon; dans l'autre il y avait musique; dans un troisième, une collation. Le roi animait tous ces plaisirs par sa présence. Quelquefois il faisait dresser dans la galerie des boutiques garnies de bijoux les plus précieux; il en faisait des loteries, ou bien on les jouait à la rafle, et Madame la duchesse de Bourgogne distribuait souvent les lots gagnés.

C'était au milieu de tous ces amusements magnifiques, et des plaisirs les plus délicats, qu'il forma ces vastes projets qui firent trembler l'Europe; il mena la reine et toutes les dames de sa cour sur la frontière. A la guerre de 1667, il distribua pour plus de cent mille écus de présents, soit aux seigneurs flamands qui venaient lui rendre leurs respects, soit aux députés des villes, soit aux envoyés des princes qui venaient le complimenter; et il suivait en cela son goût pour la magnificence, autant que la politique. C'est sur quoi on ne peut assez s'étonner qu'on l'ait osé accuser d'avarice dans presque toutes les pitoyables histoires qu'on a compilées de son règne : jamais prince n'a plus donné, plus à propos, et de meilleure grâce.

Les plaisirs nobles dont il occupa sans cesse la plus brillante cour du monde ne l'empêchèrent point d'assister régulièrement à tous ses conseils; il les tenait même pendant qu'il était malade, et il ne s'en dispensa qu'une fois pour aller à la chasse : il y avait peu d'affaires ce jour-là; il entra pour dire qu'il n'y aurait point de conseil, et le dit en parodiant ainsi sur-le-champ un air d'un opéra de Quinault et de Lulli:

> Le conseil à ses yeux a beau se présenter,
> Sitôt qu'il voit sa chienne, il quitte tout pour elle;
> Rien ne peut l'arrêter
> Quand la chasse l'appelle.

Il avait fait quelques petites chansons dans ce goût aisé et naturel ; et dans les voyages en Franche-Comté, il faisait f ire des impromptus à ses courtisans, surtout à Pellisson, et au marquis de Dangeau. Il ne jouait pas mal de la guitare, qui était alors à la mode, et se connaissait très bien en musique comme en peinture. Dans ce dernier art, il n aimai que les sujets nobles. Les Teniers et les autres petits peintres flamands ne trouvai nt point grâce devant ses yeux : « Otez-moi ces magots-là, » dit-il un jour qu'on avait mis un Teniers dans un de ses appartements.

Malgré son goût pour la grande et noble architecture, il laissa subsister l'ancien corps du château de Versailles, avec les sept croisées de face, et sa petite cour de marbre du côté de Paris. Il n'avait d'abord destiné ce château qu'à un rendez-vous de chasse, tel qu'il avait été du temps de Louis XIII, qui l'avait acheté du secrétai e d'État Loménie. Petit à petit il en fit ce palais immense dont la façade du côté des jardins est ce qu'il y a de plus beau dans le monde, et dont l'autre façade est dans le plus peti et le plus mauvais goût ; il dépensa à ce palais et aux jardins plus de cinq cents millions, qui en font plus de neuf cents de notre espèce actuelle. M. le duc de Créqui lui di ait : « Sire, vous avez beau faire, vous n'en ferez jamais qu'un favori sans mérite. »

Les chefs-d'œuvre de sculpture furent prodigués dans ses jardins. Il en jouissait, et les allait voir souvent. J'ai ouï dire à feu M. le duc d'Antin que, lorsqu'il fut surintendant des bâtiments, il faisait quelquefois mettre ce qu'on appelle des cales entre les statues et les socles, afin que quand le roi viendrait se promener, il s'aperçût que les statues n'étaient pas droites, et qu'il eût le mérite du coup d'œil. En effet, le roi ne manquait pas de trouver le défaut. M. d'Antin contestait un peu, et ensuite se rendait, et faisait redresser la statue, en avouant avec une surprise affectée combien le roi se connaissait à tout. Qu'on juge par cela seul combien un roi doit aisément s'en faire accroire.

On sait le trait de courtisan que fit ce même duc d'Antin, lorsque le roi vint coucher à Petitbourg, et qu'ayant trouvé qu'une grande allée de vieux arbres faisait un mauvais effet, M. d'Antin la fit abattre et enlever la même nuit ; et le roi, à son réveil, n'ayant plus trouvé son allée, il lui dit : « Sire, comment vouliez-vous qu'elle osât paraître encore devant vous ? elle vous avait déplu. »

Ce fut le même duc d'Antin qui, à Fontainebleau, donna au roi et à Madame la duchesse de Bourgogne un spectacle plus singulier, et un exemple plus frappant du raffinement de la flatterie la plus délicate. Louis XIV avait témoigné qu'il souhaiterait qu'on abattît quelque jour un bois entier qui lui ôtait un peu de vue. M. d'Antin fit scier tous les arbres du bois près de la racine, de façon qu'ils ne tenaient presque plus ; des cordes étaient attachées à chaque corps d'arbre, et plus de douze cents hommes étaient dans ce bois prêts au moindre signal. M. d'Antin savait le jour que le roi devait se promener de ce côté avec toute sa cour. Sa Majesté ne manqua pas de dire combien ce morceau de forêt lui déplaisait. « Sire, lui répondit-il, ce bois sera abattu dès que Votre Majesté l'aura ordonné. — Vraiment, dit le roi, s'il ne tient qu'à cela, je l'ordonne, et je voudrais déjà en être défait. — Hé bien,

sire, vous allez l'être. » Il donna un coup de sifflet, et on vit tomber
la forêt. « Ah ! mesdames, s'écria Madame la duchesse de Bourgogne, si
le roi avait demandé nos têtes, M. d'Antin les ferait tomber de même. »
Bon mot un peu vif, mais qui ne tirait point à conséquence.

C'est ainsi que tous les courtisans cherchaient à lui plaire, chacun
selon son pouvoir et son esprit. Il le méritait bien, car il était occupé
lui-même de se rendre agréable à tout ce qui l'entourait; c'était un
commerce continuel de tout ce que la majesté peut avoir de grâces
sans jamais se dégrader, et de tout ce que l'empressement de servir et
de plaire peut avoir de finesse sans l'air de la bassesse. Il était surtout
avec les femmes d'une attention et d'une politesse qui augmentait encore celle des courtisans, et il ne perdit jamais l'occasion de dire aux
hommes de ces choses qui flattent l'amour-propre en excitant l'émulation, et qui laissent un long souvenir.

Un jour, Madame la dauphine, voyant à son souper un officier qui était
très-laid, plaisanta beaucoup et très-haut sur sa laideur : « Je le trouve,
madame, dit le roi encore plus haut, un des plus beaux hommes de
mon royaume, car c'est un des plus braves. »

Le comte de Marivault, lieutenant général, homme un peu brutal,
et qui n'avait pas adouci son caractère dans la cour même de Louis XIV,
avait perdu un bras dans une action, et se plaignait un jour au roi,
qui l'avait pourtant récompensé autant qu'on peut le faire pour un
bras cassé : « Je voudrais avoir perdu aussi l'autre, et ne plus servir
Votre Majesté. — J'en serais bien fâché pour vous et pour moi, » lui
répondit Louis XIV; et ce discours fut suivi d'une grâce qu'il lui accorda. Il était si éloigné de dire des choses désagréables, qui sont des
traits mortels dans la bouche d'un prince, qu'il ne se permettait pas
même les plus innocentes et les plus douces railleries, tandis que les
particuliers en font tous les jours de si cruelles et de si funestes.

Il faisait un jour un conte à quelques-uns de ses courtisans, et même
il avait promis que le conte serait plaisant; cependant il le fut si peu
que l'on ne rit point, quoique le conte fût du roi. M. le prince d'Armagnac, qu'on appelait M. Le Grand, sortit alors de la chambre, et le
roi dit à ceux qui restaient : « Messieurs, vous avez trouvé mon conte
fort insipide, et vous avez eu raison : mais je me suis aperçu qu'il y
avait un trait qui regarde de loin M. Le Grand, et qui aurait pu l'embarrasser; j'ai mieux aimé le supprimer que de hasarder de lui déplaire : mais à présent qu'il est sorti, voici mon conte; » il l'acheva,
et on rit. On voit par ces petits traits combien il est faux qu'il ait jamais laissé échapper ce discours dur et révoltant dont on l'accuse :
Qu'importe lequel de mes valets me serve? c'était, dit-on, pour mortifier M. de La Rochefoucauld. Louis XIV était incapable d'une telle indécence. Je m'en suis informé à tous ceux qui approchaient de sa personne; ils m'ont tous dit que c'était un conte impertinent; cependant
il est répété et cru d'un bout de la France à l'autre. Les petites calomnies font fortune comme les grandes. Comment des paroles si odieuses
pourraient-elles se concilier avec ce qu'il dit au même duc de La Rochefoucauld, qui était embarrassé de dettes : *Que ne parlez-vous à vos*

amis? mot qui lui-même valait beaucoup, et qui fut accompagné d'un don de cinquante mille écus. Quand il reçut un légat qui vint lui faire des excuses au nom du pape, et un doge de Gênes qui vint lui demander pardon, il ne songea qu'à leur plaire. Ses ministres agissaient un peu plus durement. Aussi le doge Lescaro, qui était un homme d'esprit, disait : « Le roi nous ôte la liberté en captivant nos cœurs, mais ses ministres nous la rendent. »

Lorsqu'en 1686 il donna à son fils le grand dauphin le commandement de son armée, il lui dit ces propres mots : « En vous envoyant commander mon armée, je vous donne les occasions de faire connaîtr votre mérite : c'est ainsi qu'on apprend à régner : il ne faut pas, quand je viendrai à mourir, qu'on s'aperçoive que le roi est mort. » Il s'exprimait presque toujours avec cette noblesse. Rien ne fait plus d'impression sur les hommes, et on ne doit pas s'étonner que ceux qui l'approchaient eussent pour lui une espèce d'idolâtrie.

Il est certain qu'il était passionné pour la gloire, et même encore plus que pour la réalité de ses conquêtes. Dans l'acquisition de l'Alsace et de la moitié de la Flandre, de toute la Franche-Comté, ce qu'il aimait le mieux était le nom qu'il se faisait.

En effet, pendant plus de cinquante ans, il n'y eut en Europe aucune tête couronnée que ses ennemis mêmes osassent seulement mettre avec lui en comparaison. L'empereur Léopold, qu'il secourut quelquefois et humilia toujours, n'était pas un prince qui pût disputer rien au roi de France. Il n'y eut de son temps aucun empereur turc qui ne fût un homme médiocre et cruel. Philippe IV et Charles II étaient aussi faibles que la monarchie espagnole l'était devenue Charles II d'Angleterre ne songea à imiter Louis XIV que dans ses plaisirs. Jacques II ne l'imita que dans sa dévotion, et il profita mal des efforts que fit pour lui son protecteur. Guillaume III souleva l'Europe contre Louis XIV; mais il ne put l'égaler ni en grandeur d'âme, ni en magnificence, ni en monuments, ni en rien de ce qui a illustré ce beau règne. Christine, en Suède, ne fut fameuse que par son abdication et son esprit. Les rois de Suède ses successeurs, jusqu'à Charles XII, ne firent presque rien de digne du grand Gustave; et Charles XII, qui fut un héros, n'eut pas la prudence qui en eût fait un grand homme. Jean Sobieski en Pologne eut la réputation d'un brave général, mais ne put acquéri celle d'un grand roi. Enfin Louis XIV, jusqu'à la bataille d'Hochstedt, fut le seul puissant, le seul magnifique, le seul grand presque en tout genre. L'hôtel de ville de Paris lui décerna ce nom de *Grand* en 1680, et l'Europe, quoique jalouse, le confirma.

On l'a accusé d'un faste et d'un orgueil insupportables, parce que ses statues, à la place Vendôme et à celle des Victoires, ont des bases ornées d'esclaves enchaînés. On ne veut pas voir que celle du grand, du clément, de l'adorable Henri IV sur le Pont-Neuf, est aussi accompagnée de quatre esclaves; que celle de Louis XIII, faite anciennement pour Henri II, en a autant, et que celle même du grand-duc Ferdinand de Médicis à Livourne a les mêmes attributs. C'est un usage des sculpteurs plutôt qu'un monument de vanité. On érige ces monuments pour les rois, comme on les habille, sans qu'ils y prennent garde.

Il était si peu amoureux de cette fausse gloire qu'on lui reproche, qu'il fit ôter de la galerie de Versailles les inscriptions pleines d'enflure et de faste que Charpentier de l'Académie française avait mises à tous les cartouches : *L'incroyable passage du Rhin*, *La sage conduite du Roi*, *La merveilleuse entreprise de Valenciennes*, etc.

Louis XIV supprima toutes les épithètes, et ne laissa que les faits. L'inscription qui est à Paris à la porte Saint-Denis, et qu'on lui a reprochée, est à la vérité insultante pour les Hollandais; mais elle ne contient pour Louis XIV aucune louange révoltante. Il n'entendait point le latin, comme on l'a dit; il n'alla presque jamais à Paris, et peut-être n'a-t-il pas plus entendu parler de cette inscription que de celles de Santeuil, qui sont aux fontaines de la ville. Il serait à souhaiter, après tout, que nous ne laissassions subsister aucun monument humiliant pour nos voisins, et que nous imitassions en cela les Grecs, qui, après la guerre du Péloponèse, détruisirent tout ce qui pouvait réveiller l'animosité et la haine. Les misérables histoires de Louis XIV disent presque toutes que l'empereur Léopold fit élever une pyramide dans le champ de bataille d'Hochstedt : cette pyramide n'a existé que dans des gazettes; et je me souviens que M. le maréchal de Villars me dit qu'après la prise de Fribourg, il envoya cinquante maîtres sur le champ où s'était donnée cette funeste bataille, avec ordre de détruire la pyramide en cas qu'elle existât, et qu'on n'en trouva pas le moindre vestige. Il faut mettre ce conte de la pyramide avec celui de la médaille du STA SOL, *arrête-toi*, *soleil*, qu'on prétend que les états généraux avaient fait frapper après la paix d'Aix-la-Chapelle : sottise à laquelle ils ne pensèrent jamais.

Les choses principales dont Louis XIV tirait sa gloire étaient d'avoir, au commencement de son règne, forcé la branche d'Autriche espagnole, qui disputait depuis cent ans la préséance à nos rois, à la céder pour jamais en 1661; d'avoir entrepris, dès 1664, la jonction des deux mers; d'avoir réformé les lois en 1667; d'avoir conquis la même année la Flandre française en six semaines; d'avoir pris l'année suivante la Franche-Comté en moins d'un mois au cœur de l'hiver; d'avoir su ajouter à la France Dunkerque et Strasbourg. Que l'on ajoute à ces objets, qui devaient le flatter, une marine de près de deux cents vaisseaux, en comptant les allèges; soixante mille matelots enclassés en 1681, outre ceux qu'il avait déjà formés; le port de Toulon, celui de Brest et de Rochefort bâtis; cent cinquante citadelles construites; l'établissement des Invalides, de Saint-Cyr, l'ordre de Saint-Louis, l'Observatoire, l'Académie des sciences, l'abolition du duel, l'établissement de la police, la réforme des lois, on verra que sa gloire était fondée. Il ne fit pas tout ce qu'il pouvait faire, mais il fit beaucoup plus qu'un autre. Quand je dirai que tous les grands monuments n'ont rien coûté à l'État qu'ils ont embelli, je ne dirai rien que de très-vrai. Le peuple croit qu'un prince qui dépense beaucoup en bâtiments et en établissements ruine son royaume; mais en effet il l'enrichit; il répand de l'argent parmi une infinité d'artistes; toutes les professions y gagnent; l'industrie et la circulation augmentent : le roi qui fait le plus travailler ses sujets est celui qui rend son royaume plus florissant. Il aimait les louanges, sans doute, mais il ne les aimait pas grossières; et les caractères qui sont insensibles aux justes louanges n'en méritent d'ordinaire aucune. S'il permit les prologues d'opéra dans lesquels Quinault le célébrait, ces éloges plaisaient à la nation, et redoublaient la vénération qu'elle avait pour lui. Les éloges que Virgile, Horace, et Ovide même, prodiguèrent à Auguste, étaient beaucoup plus forts; et, si on songe aux proscriptions, ils étaient assurément bien moins mérités.

Louis XIV n'adoptait pas toujours les louanges dont on l'accablait. L'Académie française lui rendait régulièrement compte des sujets qu'elle proposait pour le prix. Il y eut une année où elle avait donné pour sujet du prix, *Laquelle de toutes les vertus du roi méritait la préférence* : il ne voulut pas recevoir ce coup d'encensoir assommant, et défendit que ce sujet fût traité.

Il résulte de tout ce qu'on vient de rapporter que jamais homme n'ambitionna plus la vraie gloire. La modestie véritable est, je l'avoue, au-dessus d'un amour-propre si noble. S'il arrivait qu'un prince, ayant fait d'aussi grandes choses que Louis XIV, fût encore modeste, ce prince serait le premier homme de la terre, et Louis XIV le second [1].

---

1 L'édition de 1748 contient de plus ici les huit alinéas suivants, dont le premier seul a été reproduit dans le *Mercure*, en 1750.

« Une preuve incontestable de son excellent caractère, c'est la longue lettre qu'il écrivit à M. Le Tellier, archevêque de Reims, que j'ai eu le bonheur de voir en original. Il était très-mécontent de M. de Barbezieux, neveu de ce prélat, auquel il avait donné la place de secrétaire d'État du célèbre Louvois, son père. Il ne voulait pas dire des choses dures à M. de Barbezieux; il écrit à son oncle pour le prier de lui parler et de le corriger : *Je sais ce que je dois*, dit-il, *à la mémoire de M. de Louvois ; mais si votre neveu ne change de conduite, je serai forcé avec douleur à prendre un parti.* Ensuite il entre dans un long détail de toutes les fautes qu'il reproche à son ministre, comme un père de famille tendre et instruit de ce qui se passe dans sa maison. Il se plaint que M. de Barbezieux ne fait pas un assez bon usage de ses grands talents; qu'il néglige quelquefois les affaires pour les plaisirs; qu'il fait attendre trop longtemps les officiers dans son antichambre; qu'il parle avec trop de hauteur et de dureté. La lettre est assurément d'un roi et d'un père.

« Dans mille libelles qu'on a écrits contre lui, on lui a reproché ses amours avec la plus grande amertume ; mais quel est celui de tous ceux qui l'accusent qui n'ait eu la même passion? Il est plaisant qu'on ne veuille pas donner à un roi une liberté que les moindres de ses sujets prennent si hautement.

« Ceux qui n'ont jamais connu cette passion sont d'ordinaire des caractères durs et impitoyables. Une femme digne d'être aimée adoucit les mœurs; elle est la seule qui puisse dire à un prince des vérités utiles, qu'il n'entendrait peut-être pas sans honte et sans dépit de la bouche d'un homme, et qu'un homme même n'oserait pas dire. Louis XIV fut heureux dans tous ses choix, et il le fut encore dans ses enfants naturels; il en eut dix légitimés, et deux qui ne le furent pas. Des dix légitimés, deux moururent dans leur enfance ; les huit qui vécurent eurent tous du mérite. Les princesses furent aimables, le duc du Maine et le comte de Toulouse furent des princes très-sages. Le comte de Vermandois, qui mourut jeune, et qui était amiral avant le comte de Toulouse, promettait beaucoup.

« Dans les dernières histoires de Louis XIV, on prétend que ce fut Mme de Montespan qui produisit elle-même Mme de Maintenon à la cour; on se trompe. Ce fut le duc de Richelieu, père du premier gentilhomme de la chambre,

Toutes les histoires imprimées en Hollande reprochent à Louis XIV la révocation de l'édit de Nantes. Je le crois bien ; tous ces livres sont écrits par des protestants. Ils furent des ennemis d'autant plus implacables de ce monarque, qu'avant d'avoir quitté le royaume, ils étaient des sujets fidèles. Louis XIV ne les chassa pas comme Philippe III avait chassé les Maures d'Espagne, ce qui avait fait à la monarchie espagnole une plaie inguérissable. Il voulait retenir les huguenots, et les convertir. J'ai demandé à M. le cardinal de Fleury ce qui avait principalement engagé le roi à ce coup d'autorité. Il me répondit que tout venait de M. de Baville, intendant de Languedoc, qui s'était flatté d'avoir aboli le calvinisme dans cette province, où cependant il restait plus de quatre-vingt mille huguenots. Louis XIV crut aisément que, puisque un intendant avait détruit la secte dans son département, il l'anéantirait dans son royaume. M de Louvois consulta sur cette grande affaire M. de Gourville, que le roi Charles II d'Angleterre appelait le plus sage des Français. L'avis de M. de Gourville fut d'enlever à la fois tous les ministres des Églises protestantes. « Au bout de six mois, dit-il, la moitié de ces ministres abjurera, et on les lâchera dans le troupeau ; l'autre moitié sera opiniâtre, et restera enfermée sans pouvoir nuire ; il arrivera qu'en peu d'années les huguenots, n'ayant plus que des ministres convertis, et engagés à soutenir leur changement, se réuniront tous à la religion romaine. » D'autres étaient d'avis qu'au lieu d'exposer l'État à perdre un grand nombre de citoyens

qui a été si connu en Europe par les agréments de sa figure et de son esprit, et par le service qu'il a rendu dans la bataille de Fontenoi. L'hôtel de Richelieu était le rendez-vous de la meilleure compagnie de Paris, et soutenait la réputation du Marais, qui était alors le beau quartier. Mme de Maintenon, qu'on appelait Mme Scarron, veuve du fils d'un conseiller de grand'chambre, d'une très-bonne famille de robe, et petite-fille du fameux d'Aubigné, si connu sous Henri le Grand, allait fort souvent à l'hôtel de Richelieu, dont elle faisait les délices. Mme de Montespan voulant envoyer aux eaux de Baréges son fils le duc du Maine, encore enfant, qui était né avec une difformité dans un pied, cherchait une personne intelligente et secrète qui se chargeât de la conduite. La naissance du duc du Maine était encore un mystère. M. le duc de Richelieu proposa ce voyage à Mme Scarron, qui n'était pas riche ; et M. de Louvois, qui était dans la confidence, la fit partir pour les eaux secrètement avec le jeune duc du Maine. Il faut avouer qu'il y eut dans la fortune de cette dame une destinée bien étrange. Elle était née à Niort, dans la prison où son père était renfermé après s'être sauvé du château Trompette avec la fille du sous-gouverneur, nommé de Cardillac, qu'il avait épousée ; ainsi elle était très-bonne demoiselle par son père et par sa mère, mais sans aucun bien. Son père avait dissipé le peu de fortune qu'il avait eu, et en chercha une en Amérique. Il y mena sa fille, âgée de trois ans ; elle fut sur le point, en abordant sur le rivage, d'y être dévorée par un serpent.

« De retour en France, à l'âge de douze ans, elle logea chez la duchesse de Navailles, sa parente, qui ne lui donna que de l'éducation. Elle y changea de religion ; car elle était née calviniste. Ce fut une fortune pour elle d'épouser Scarron, qui ne vivait presque que de pensions et de ses ouvrages, qu'il appelait sa terre de *Quinet*, parce que Quinet était son libraire.

« Après la mort de son mari elle fit demander au roi par tous ses amis une partie de la pension dont Scarron jouissait, et le roi la fit attendre deux ans.

« Enfin, il lui en donna une de deux mille livres avant qu'elle menât M. le duc du Maine aux eaux ; il lui dit : *Madame, je vous ai bien fait attendre, mais j'ai été jaloux de vos amis, et j'ai voulu que vous n'eussiez obligation* qui avaient en main les manufactures et le commerce, on fît venir au contraire des familles luthériennes, comme il y en a dans l'Alsace. L'autorité royale était affermie sur des fondements inébranlables, et toutes les sectes du monde n'auraient pas fait dans une ville une sédition de quinze jours. M. Colbert s'opposa toujours à un coup d'éclat contre les huguenots; il ménageait des sujets utiles. Les manufactures de Vanrobais et de beaucoup d'autres qu'il avait établies n'étaient maintenues que par des gens de cette secte.

Après sa mort, arrivée en 1683, M. Le Tellier et M. de Louvois poussèrent les calvinistes : ils s'ameutèrent, on révoqua l'édit de Nantes; on abattit leurs temples; mais on fit la grande faute de bannir les ministres. Quand les bergers marchent, les troupeaux suivent. Il sortit du royaume, malgré toutes les précautions qu'on prit, plus de huit cent mille hommes, qui portèrent avec eux dans les pays étrangers environ un milliard d'argent, tous les arts, et leur haine contre leur patrie. La Hollande, l'Angleterre, l'Allemagne, furent peuplées de ces fugitifs. Guillaume III eut des régiments entiers de protestants français à son service. Il y a dix mille réfugiés français à Berlin qui ont fait de cet endroit sauvage une ville opulente et superbe. Ils ont fondé une ville jusqu'au fond du cap de Bonne-Espérance[1].

Louis XIV fut très-malheureux depuis 1704 jusqu'en 1712; il soutint ses disgrâces comme un homme qui n'aurait jamais connu de prospérité. Il perdit son fils unique en 1711; et il vit périr en 1712, dans l'espace d'un mois, le duc de Bourgogne son petit-fils, la duchesse de

qu'à moi. M. le cardinal de Fleury, de la bouche de qui je tiens ce fait, m'a dit que le roi lui tint le même discours quand il lui donna l'évêché de Fréjus. Elle avait environ cinquante ans quand Louis XIV s'attacha à elle. Il faut convenir qu'à cet âge on ne subjugue pas le cœur d'un roi, et surtout d'un roi devenu difficile, sans avoir un très-grand mérite. Il faut de la complaisance sans empressement, de l'esprit sans envie d'en montrer, une flexibilité naturelle, une conversation solide et agréable, l'art de réveiller sans cesse l'âme d'un homme accoutumé à tout et dégoûté de tout, assez de force pour donner de bons conseils, et assez de retenue pour ne les donner qu'à propos; il faut enfin ce charme inexprimable qui enchaîne un esprit, et qui ranime les langueurs de l'habitude. Mme de Maintenon avait toutes ces qualités. Elle fit les douceurs de la vie de Louis XIV depuis 1684 jusqu'à la mort de ce monarque. L'*Histoire* de Reboulet dit qu'il l'épousa en présence de Bontemps et de Forbin; mais ce fut M. de Montchevreuil, et non M. de Forbin, qui assista comme témoin.

« La première femme du roi d'Angleterre Jacques II était fille du chancelier Hyde. Il s'en fallait beaucoup qu'elle fût d'aussi bonne maison que Mme de Maintenon, et elle n'avait pas son mérite. Nous avons vu Pierre le Grand épouser une personne bien inférieure à ces deux dames; et cette épouse de Pierre le Grand devenir impératrice, et mériter de l'être. Le mérite fait disparaître bien des disproportions, et rapproche bien des intervalles. Une des choses qui prouva combien Mme de Maintenon était digne de sa fortune, c'est que jamais elle n'en abusa. Elle n'eut jamais la vanité de vouloir paraître ce qu'elle était; sa modestie ne se démentit point; personne à la cour n'eut à se plaindre d'elle. Elle se retira à Saint-Cyr après la mort de Louis XIV, et y vécut d'une pension de quatre-vingt mille livres; c'était la seule fortune qu'elle se réserva. »

1. Dans l'édition de 1748 on trouve cette phrase, qui avait été supprimée dans le *Mercure* de 1750, lorsque ce journal reproduisit les *Anecdotes sur Louis XIV* :

« Quand l'État fut délivré de leur secte, et privé de leur secours, les jansénistes voulurent prendre leur place et faire un parti considérable; il le fut quelque temps; Louis XIV en fut importuné les dernières années de sa vie; mais l'autorité les a écrasés, et les convulsions les ont rendus ridicules. »

Bourgogne, et l'aîné de ses arrière-petits-fils. Le roi son successeur, qu'on appelait alors le duc d'Anjou, fut aussi à l'extrémité. Leur maladie était une rougeole maligne, dont furent attaqués en même temps M. de Seignelai, Mlle d'Armagnac, M. de Listenai, Mme de Gondrin, qui a été depuis comtesse de Toulouse, Mme de La Vrillière, M. le duc de La Trimouille, et beaucoup d'autres personnes à Versailles. M. le marquis de Gondrin en mourut en deux jours. Plus de trois cents personnes en périrent à Paris. La maladie s'étendit dans presque toute la France. Elle enleva en Lorraine deux enfants du duc. Si on avait voulu seulement ouvrir les yeux et faire la moindre réflexion, on ne se serait pas abandonné aux calomnies abominables qui furent si aveuglément répandues; elles furent la suite du discours imprudent d'un médecin nommé Boudin, homme de plaisir, hardi, et ignorant, qui dit que la maladie dont ces princes étaient morts n'était pas naturelle. C'est une chose qui m'étonne toujours que les Français, qui sont aujourd'hui si peu capables de commettre de grands crimes, soient si prompts à les croire. Le fameux chimiste Homberg, vertueux philosophe, et d'une simplicité extrême, fut tout étonné d'entendre dire qu'on le soupçonnait; il courut vite à la Bastille s'y constituer prisonnier : on se moqua de lui, et on n'eut garde de le recevoir; mais le public, toujours téméraire, fut longtemps imbu de ces bruits horribles, dont la fausseté reconnue devrait apprendre aux hommes à juger moins légèrement, si quelque chose peut corriger les hommes.

Un des malheurs de la fin du règne de Louis XIV fut le dérangement des finances; il commença dès l'an 1689. On fit porter tous les meubles d'argent orfévris à la Monnaie, en dépouillant sa galerie et son grand appartement de tous ces meubles admirables d'argent massif, sculptés par Ballin, sur les dessins du fameux Lebrun; et de tout cela on ne retira que trois millions de profit. On établit la capitation en 1695 : on fit des tontines. M. de Pontchartrin, en 1696, vendit des lettres de noblesse à qui en voulait pour deux mille écus, et ensuite on taxa à vingt francs la permission d'avoir un cachet.

Dans la guerre de 1701 l'épuisement parut extrême. M. Desmarets fut un jour réduit à prendre cent mille francs qui étaient en dépôt chez les chartreux, et à mettre à la place des billets de monnaie, dans un besoin pressant de l'État. Si on avait commencé par établir l'impôt du dixième, impôt égal pour tout le monde par sa proportion (ce qu'on ne fit qu'en 1710), le roi eût eu plus de ressources; mais, au lieu de prendre cette voie, on ne se servit que de traitants qui s'enrichirent en ruinant le peuple. L'État ne manquait point d'argent, mais le discrédit le tenait caché. Il a bien paru en dernier lieu, dans la guerre de 1741, combien la France a de ressources. Non-seulement il n'y a pas eu un moment de discrédit, mais on ne l'a jamais craint. Rien ne prouve mieux que la France, bien administrée, est le plus puissant empire de l'Europe.

ÉLOGE FUNÈBRE

DES OFFICIERS QUI SONT MORTS DANS LA GUERRE DE 1741.

(1748.)

Un peuple qui fut l'exemple des nations, qui leur enseigna tous les arts, et même celui de la guerre, le maître des Romains, qui ont été nos maîtres, la Grèce enfin, parmi ses institutions qu'on admire encore, avait établi l'usage de consacrer, par des éloges funèbres, la mémoire des citoyens qui avaient répandu leur sang pour la patrie. Coutume digne d'Athènes, digne d'une nation valeureuse et humaine, digne de nous! pourquoi ne la suivrions-nous pas, nous longtemps les heureux rivaux en tant de genres de cette nation respectable? Pourquoi nous renfermer dans l'usage de ne célébrer après leur mort que ceux qui, ayant été donnés en spectacle au monde par leur élévation, ont été fatigués d'encens pendant leur vie?

Il est juste sans doute, il importe au genre humain de louer les Titus, les Trajan, les Louis XII, les Henri IV, et ceux qui leur ressemblent. Mais ne rendra-t-on jamais qu'à la dignité ces devoirs si intéressants et si chers quand ils sont rendus à la personne; si vains quand ils ne sont qu'une partie nécessaire d'une pompe funèbre, quand le cœur n'est point touché, quand la vanité seule de l'orateur parle à la vanité des hommes, et que dans un discours composé, et dans une division forcée, on s'épuise en éloges vagues, qui passent avec la fumée des flambeaux funéraires? Du moins, s'il faut célébrer toujours ceux qui ont été grands, réveillons quelquefois la cendre de ceux qui ont été utiles. Heureux sans doute (si la voix des vivants peut percer la nuit des tombeaux), heureux le magistrat immortalisé par le même organe qui avait fait verser tant de pleurs sur la mort de Marie d'Angleterre, et qui fut digne de célébrer le grand Condé! Mais si la cendre de Michel Le Tellier reçut tant d'honneurs, est-il un bon citoyen qui ne demande aujourd'hui : « Les a-t-on rendus au grand Colbert, à cet homme qui fit naître tant d'abondance en ranimant tant d'industrie, qui porta ses vues supérieures jusqu'aux extrémités de la terre, qui rendit la France la dominatrice des mers, et à qui nous devons une grandeur et une félicité longtemps inconnue? »

O mémoire, ô noms du petit nombre d'hommes qui ont bien servi l'État! vivez éternellement; mais surtout ne périssez pas tout entiers, vous, guerriers, qui êtes morts pour nous défendre. C'est votre sang qui nous a valu des victoires; c'est sur vos corps déchirés et palpitants que vos compagnons ont marché à l'ennemi, et qu'ils ont monté à tant de remparts; c'est à vous que nous devons une paix glorieuse achetée par votre perte. Plus la guerre est un fléau épouvantable, rassemblant sous lui toutes les calamités et tous les crimes, plus grande doit être notre reconnaissance envers ces braves compatriotes, qui ont péri pour nous donner cette paix heureuse, qui doit être l'unique but de la guerre, et le seul objet de l'ambition d'un vrai monarque.

Faibles et insensés mortels que nous sommes, qui raisonnons tant sur nos devoirs, qui avons tant approfondi notre nature, nos malheurs, et nos faiblesses, nous faisons sans cesse retentir nos temples de reproches et de condamnations; nous anathématisons les plus légères irrégularités de la conduite, les plus secrètes complaisances des cœurs; nous tonnons contre des vices, contre des défauts, condamnables, il est vrai, mais qui troublent à peine la société. Cependant quelle voix chargée d'annoncer la vertu s'est jamais élevée contre ce crime si grand et si universel; contre cette rage destructive qui change en bêtes féroces des hommes nés pour vivre en frères; contre ces déprédations atroces, contre ces cruautés qui font de la terre un séjour de brigandage, un horrible et vaste tombeau?

Des bords du Pô jusqu'à ceux du Danube, on bénit de tous côtés, au nom du même Dieu, ces drapeaux sous lesquels marchent des milliers de meurtriers mercenaires, à qui l'esprit de débauche, de libertinage et de rapine, a fait quitter leurs campagnes; ils vont, et ils changent de maîtres; ils s'exposent à un supplice infâme pour un léger intérêt; le jour du combat vient, et souvent le soldat qui s'était rangé naguère sous les enseignes de sa patrie, répand sans remords le sang de ses propres concitoyens; il attend avec avidité le moment où il pourra, dans le champ du carnage, arracher aux mourants quelques malheureuses dépouilles qui lui sont enlevées par d'autres mains. Tel est trop souvent le soldat: telle est cette multitude aveugle et féroce dont on se sert pour changer la destinée des empires, et pour élever les monuments de la gloire. Considérés tous ensemble, marchant avec ordre sous un grand capitaine, ils forment le spectacle le plus fier et le plus imposant qui soit dans l'univers: pris chacun à part, dans l'enivrement de leurs frénésies brutales (si on en excepte un petit nombre), c'est la lie des nations.

Tel n'est point l'officier, idolâtre de son honneur et de celui de son souverain, bravant de sang-froid la mort avec toutes les raisons d'aimer la vie, quittant gaîement les délices de la société pour des fatigues qui font frémir la nature; humain, généreux, compatissant, tandis que la barbarie étincelle de rage partout autour de lui; né pour les douceurs de la société, comme pour les dangers de la guerre; aussi poli que fier, orné souvent par la culture des lettres, et plus encore par les grâces de l'esprit. A ce portrait, les nations étrangères reconnaissent nos officiers; elles avouent surtout que, lorsque le premier feu trop ardent de leur jeunesse est tempéré par un peu d'expérience, ils se font aimer même de leurs ennemis. Mais si leurs grâces et leur franchise ont adouci quelquefois les esprits les plus barbares, que n'a point fait leur valeur?

Ce sont eux qui ont défendu pendant tant de mois cette capitale de la Bohême[1], conquise par leurs mains en si peu de moments; eux qui

1. Prague. (ÉD.)

attaquaient, qui assiégeaient leurs assiégeants; eux qui donnaient de longues batailles dans des tranchées; eux qui bravèrent la faim, les ennemis, la mort, la rigueur inouïe des saisons dans cette marche mémorable, moins longue que celle des Grecs de Xénophon, mais non moins pénible et non moins hasardeuse. On les a vus, sous un prince aussi vigilant qu'intrépide [1], précipiter leurs ennemis du haut des Alpes, victorieux à la fois de tous les obstacles que la nature, l'art et la valeur, opposaient à leur courage opiniâtre. Champs de Fontenoi, rivages de l'Escaut et de la Meuse, teints de leur sang, c'est dans vos campagnes que leurs efforts ont ramené la victoire aux pieds de ce roi que les nations conjurées contre lui auraient dû choisir pour leur arbitre. Que n'ont-ils point exécuté, ces héros dont la foule est connue à peine?

Qu'avaient donc au-dessus d'eux ces centurions et ces tribuns des légions romaines? en quoi les passaient-ils, si ce n'est peut-être dans l'amour invariable de la discipline militaire? Les anciens Romains éclipsèrent, il est vrai, toutes les autres nations de l'Europe, quand la Grèce fut amollie et désunie, et quand les autres peuples étaient encore des barbares destitués de bonnes lois, sachant combattre, et ne sachant pas faire la guerre, incapables de se réunir à propos contre l'ennemi commun, privés du commerce, privés de tous les arts et de toutes les ressources. Aucun peuple n'égale encore les anciens Romains. Mais l'Europe entière vaut aujourd'hui beaucoup mieux que ce peuple vainqueur et législateur; soit que l'on considère tant de connaissances perfectionnées, tant de nouvelles inventions; ce commerce immense et habile qui embrasse les deux mondes; tant de villes opulentes élevées dans des lieux qui n'étaient que des déserts sous les consuls et sous les Césars; soit qu'on jette les yeux sur ces armées nombreuses et disciplinées qui défendent vingt royaumes policés; soit qu'on perce cette politique toujours profonde, toujours agissante, qui tient la balance entre tant de nations. Enfin la jalousie même qui règne entre les peuples modernes, qui excite leur génie, et qui anime leurs travaux, sert encore à élever l'Europe au-dessus de ce qu'elle admirait stérilement dans l'ancienne Rome, sans avoir ni la force ni même le désir de l'imiter. Mais, de tant de nations, en est-il une qui puisse se vanter de renfermer dans son sein un certain nombre d'officiers tels que les nôtres? Quelquefois, ailleurs, on sert pour faire sa fortune, et parmi nous on prodigue la sienne pour servir; ailleurs on trafique de son sang avec des maîtres étrangers, ici on brûle de donner sa vie pour son pays; là on marche parce qu'on est payé; ici on vole à la mort pour être regardé de son souverain; et l'honneur a toujours fait de plus grandes choses que l'intérêt.

Souvent, en parlant de tant de travaux et de tant de belles actions, nous nous dispensons de la reconnaissance en disant que l'ambition a tout fait. C'est la logique des ingrats. Qui nous sert veut s'élever, je l'avoue : oui, on est excité en tout genre par cette noble ambition,

1. Le prince de Conti. (Éd.)

sans laquelle il ne serait point de grands hommes. Si on n'avait pas devant les yeux des objets qui redoublent l'amour du devoir, serait-on bien récompensé par ce public si ardent quelquefois, et si précipité dans ses éloges, mais toujours plus prompt dans ses censures, passant de l'enthousiasme à la tiédeur, et de la tiédeur à l'oubli ?

Sybarites tranquilles dans le sein de nos cités florissantes, occupés des raffinements de la mollesse, devenus insensibles à tout, et au plaisir même, pour avoir tout épuisé; fatigués de ces spectacles journaliers dont le moindre eût été une fête pour nos pères, et de ces repas continuels, plus délicats que les festins des rois: au milieu de tant de voluptés si accumulées et si peu senties, de tant d'arts, de tant de chefs-d'œuvre si perfectionnés et si peu considérés, enivrés et assoupis dans la sécurité et dans le dédain, nous apprenons la nouvelle d'une bataille: on se réveille de sa douce léthargie, pour demander avec empressement des détails dont on parle au hasard, pour censurer le général, pour diminuer la perte des ennemis, pour enfler la nôtre. Cependant cinq ou six cents familles du royaume sont, ou dans les larmes, ou dans la crainte : elles gémissent, retirées dans l'intérieur de leurs maisons, et redemandent au ciel des frères, des époux, des enfants. Les paisibles habitants de Paris se rendent le soir aux spectacles, où l'habitude les entraîne plus que le goût : et si, dans les repas qui succèdent aux spectacles, on parle un moment des morts qu'on a connus, c'est quelquefois avec indifférence, ou en rappelant leurs défauts, quand on ne devrait se souvenir que de leur perte; ou même en exerçant contre eux ce facile et malheureux talent d'une raillerie maligne, comme s'ils vivaient encore.

Mais quand nous apprenons que, dans le cours de nos succès, un revers, tel qu'en ont éprouvé dans tous les temps les plus grands capitaines, a suspendu le progrès de nos armes, alors tout est désespéré; alors on affecte de craindre, quoiqu'on ne craigne rien en effet. Nos reproches amers persécutent jusque dans le tombeau le général dont les jours ont été tranchés dans une action malheureuse [1]. Et savons-nous quels étaient ses desseins, ses ressources? et pouvons-nous, de nos lambris dorés, dont nous ne sommes presque jamais sortis, voir d'un coup d'œil juste le terrain sur lequel on a combattu? Celui que vous accusez a pu se tromper; mais il est mort en combattant pour vous! Quoi! nos livres, nos écoles, nos déclamations historiques, répéteront sans cesse le nom d'un Cynégire, qui, ayant perdu les bras en saisissant une barque persane, l'arrêtait encore vainement avec les dents; et nous nous bornerions à blâmer notre compatriote, qui est mort en arrachant ainsi les palissades des retranchements ennemis, au combat d'Exiles, quand il ne pouvait plus les saisir de ses mains blessées [2]?

Remplissons-nous l'esprit, à la bonne heure, de ces exemples de l'antiquité, souvent très-peu prouvés, et beaucoup exagérés; mais qu'il reste au moins place dans nos esprits pour ces exemples de vertu,

1. Le chevalier de Belle-Isle. — 2. Le maréchal de Noailles. (ÉD.)

heureux ou malheureux, que nous ont donnés nos concitoyens. Le jeune Brienne qui, ayant le bras fracassé à ce combat d'Exiles, monte encore à l'escalade en disant : « Il m'en reste un autre pour mon roi et pour ma patrie, » ne vaut-il pas bien un habitant de l'Attique et du Latium? et tous ceux qui comme lui s'avançaient à la mort, ne pouvant la donner aux ennemis, ne doivent-ils pas nous être plus cher que les anciens guerriers d'une terre étrangère? n'ont-ils pas même mérité cent fois plus de gloire en mourant sous des boulevards inaccessibles, que n'en ont acquis leurs ennemis qui, en se défendant contre eux avec sûreté, les immolaient sans danger et sans peine?

Que dirai-je de ceux qui sont morts à la journée de Dettingen, journée si bien préparée, et si mal conduite, et dans laquelle il ne manqua au général que d'être obéi pour mettre fin à la guerre? Parmi ceux dont l'histoire célébrera la valeur inutile et la mort malheureuse, oubliera-t-on un jeune Boufflers [1], un enfant de dix ans, qui, dans cette bataille, a une jambe cassée, qui la fait couper sans se plaindre, et qui meurt de même? exemple d'une fermeté rare parmi les guerriers, et unique à cet âge !

Si nous tournons les yeux sur des actions, non pas plus hardies, mais plus fortunées, que de héros dont les exploits et les noms doivent être sans cesse dans notre bouche! que de terrains arrosés du plus beau sang, et célèbres par des triomphes! Là s'élevaient contre nous cent boulevards qui ne sont plus. Que sont devenus ces ouvrages de Fribourg, baignés de sang, écroulés sous leurs défenseurs, entourés des cadavres des assiégeants? On voit encore les remparts de Namur, et ces châteaux qui font dire au voyageur étonné : « Comment a-t-on réduit cette forteresse qui touche aux nues? » On voit Ostende, qui jadis soutenait des sièges de trois années, et qui s'est rendue en cinq jours à nos armes victorieuses. Chaque plaine, chaque ville de ces contrées est un monument de notre gloire : mais que cette gloire a coûté !

O peuples heureux, donnez au moins à des compatriotes qui ont expiré victimes de cette gloire, ou qui survivent encore à une partie d'eux-mêmes, les récompenses que leurs cendres ou leurs blessure vous demandent! Si vous les refusiez, les arbres, les campagnes de la Flandre prendraient la parole pour vous dire : « C'est ici que ce modeste et intrépide Lutteaux [2], chargé d'années et de services, déjà blessé de deux coups, affaibli et perdant son sang, s'écria : « Il ne s'agit pas de conserver sa vie, il faut en rendre les restes utiles! » et ramenant au combat des troupes dispersées, reçut le coup mortel qui le mit enfin au tombeau. C'est là que le colonel des gardes françaises [3], en allant le premier reconnaître les ennemis, fut frappé le premier dans cette journée meurtrière, et périt en faisant des souhaits pour le monarque et pour l'État. Plus loin est mort le neveu de ce célèbre archevêque de

1. Boufflers de Remiancourt, neveu du duc de Boufflers.
2. Lieutenant-colonel des gardes, et lieutenant général.
3. Le duc de Gramont. (ED.)

Cambrai, l'héritier des vertus de cet homme unique qui rendit la vertu si aimable[1].

O qu'alors les places des pères deviennent à bon droit l'héritage des enfants! Qui peut sentir la moindre atteinte de l'envie, quand, sur les remparts de Tournai, un de ces tonnerres souterrains qui trompent la valeur et la prudence, ayant emporté les membres sanglants et dispersés du colonel de Normandie[2], ce régiment est donné le même jour à son jeune fils[3]? et ce corps invincible ne crut point avoir changé de conducteur. Ainsi cette troupe étrangère devenue si nationale, qui porte le nom de Dillon[4], a vu les enfants et les frères succéder rapidement à leurs pères et à leurs frères tués dans les batailles: ainsi le brave d'Aubeterre, le seul colonel tué au siége de Bruxelles, fut remplacé par son valeureux frère. Pourquoi faut-il que la mort nous l'enlève encore?

Le gouvernement de la Flandre, de ce théâtre éternel de combats, est devenu le juste partage du guerrier qui. à peine au sortir de l'enfance, avait tant de fois en un jour exposé sa vie à la bataille de Raucoux[5]. Son père marcha à côté de lui à la tête de son régiment, et lui apprit à commander et à vaincre; la mort qui respecta ce père généreux et tendre dans cette bataille, où elle fut à tout moment autour d'eux, l'attendait dans Gênes sous une forme différente; c'est là qu'il a péri avec la douleur de ne pas verser son sang sur les bastions de la ville assiégée, mais avec la consolation de laisser Gênes libre, et emportant dans la tombe le nom de son libérateur.

De quelque côté que nous tournions nos regards, soit sur cette ville délivrée, soit sur le Pô et sur le Tésin, sur la cime des Alpes, sur les bords de l'Escaut, de la Meuse et du Danube, nous ne verrons que des actions dignes de l'immortalité, ou des morts qui demandent nos éternels regrets.

Il faudrait être stupide pour ne pas admirer, et barbare pour n'être pas attendri. Mettons-nous un moment à la place d'une épouse craintive, qui embrasse dens ses enfants l'image du jeune époux qu'elle aime[6], tandis que ce guerrier, qui avait cherché le péril en tant d'occasions, et qui avait été blessé tant de fois, marche aux ennemis dans les environs de Gênes, à la tête de sa brave troupe; cet homme qui, à l'exemple de sa famille, cultivait les lettres et les armes, et dont l'esprit égalait la valeur, reçoit le coup funeste qu'il avait tant cherché; il meurt: à cette nouvelle la triste moitié de lui-même s'évanouit au milieu de ses enfants, qui ne sentent pas encore leur malheur. Ici une mère et une épouse veulent partir pour aller secourir en Flandre un jeune héros dont la sagesse et la vaillance prématurée lui méritaient la

---

1. Le marquis de Fénelon, lieutenant général, ambassadeur en Hollande.
2. Le marquis de Talleyrand. (ED.) — 3. Le comte de Périgord. (ED.)
4. La brigade irlandaise. (ED.)
5. Le duc de Boufflers, lieutenant général, s'était mis avec son fils, âgé de quinze ans, à la tête du régiment de ce jeune homme; il avait reçu dix coups de feu dans ses habits; il est mort à Gênes, et son fils a eu son gouvernement de Flandre.
6. Le marquis de La Faye, tué à Gênes.

tendresse du Dauphin, et semblaient lui promettre une vie glorieuse; elles se flattent que leurs soins le rendront à la vie, et on leur dit : « Il est mort [1]. » Quel moment, quel coup funeste pour la fille d'un empereur infortuné, idolâtre de son époux, son unique consolation, son seul espoir dans une terre étrangère, quand on lui dit : « Vous ne reverrez jamais l'époux pour qui seul vous aimiez la vie [2]! »

Une mère vole, sans s'arrêter, en Flandre, dans les transes cruelles où la jette la blessure de son jeune fils [3]. Déjà, dans la bataille d Raucoux, elle avait vu son corps percé et déchiré d'un de ces coups affreux qui ne laissent plus qu'une vie languissante : cette fois elle est encore trop heureuse : elle rend grâce au ciel de voir ce fils privé d'un bras, lorsqu'elle tremblait de le trouver au tombeau.

Ne suivons ici ni l'ordre des temps ni celui de nos exploits et de nos pertes. Le sentiment n'a point de règles. Je me transporte à ces campagnes voisines d'Augsbourg, où le père de ce jeune guerrier dont je parle sauvait les restes de notre armée, et les dérobait à la poursuite d'un ennemi que le nombre et la trahison rendaient si supérieur. Mais dans cette manœuvre habile nous perdons ce dernier rejeton de la maison de Rupelmonde, cet officier si instruit et si aimable, qui avait fait l'étude la plus approfondie de la guerre, et qui réunissait l'intrépidité de l'âme, la solidité et les grâces de l'esprit, à la douceur et à la facilité du commerce; il laisse dans les larmes une épouse et une mère digne d'un tel fils [4]; il ne leur reste plus de consolation sur la terre.

Maintenant, esprits dédaigneux et frivoles, qui prodiguez une plaisanterie si insultante et si déplacée sur tout ce qui attendrit les âmes nobles et sensibles; vous qui, dans les événements frappants dont dépend la destinée des royaumes, ne cherchez à vous signaler que par ces traits que vous appelez *bons mots*, et qui par là prétendez une espèce de supériorité dans le monde, osez ici exercer ce misérable talent d'une imagination faible et barbare; ou plutôt, s'il vous reste quelque humanité, mêlez vos sentiments à tant de regrets et quelques pleurs à tant de larmes : mais êtes-vous dignes de pleurer?

Que surtout ceux qui ont été les compagnons de tant de dangers, et les témoins de tant de pertes, ne prennent pas dans l'oisiveté voluptueuse de nos villes, dans la légèreté du commerce, cette habitude, trop commune à notre nation, de répandre un air de frivolité et de dérision sur ce qu'il y a de plus glorieux dans la vie, et de plus affreux dans la mort : voudraient-ils s'avilir ainsi eux-mêmes, et flétrir ce qu'ils ont tant d'intérêt d'honorer?

Que ceux qui ne s'occupent que de nos froids et ridicules romans; que ceux qui ont le malheur de ne se plaire qu'à ces puériles pensées plus fausses que délicates dont nous sommes tant rebattus, dédaignent ce tribut simple de regrets qui partent du cœur; qu'ils se lassent de ces peintures vraies de nos grandeurs et de nos pertes, de ces éloges

---

1. Le comte de Froulai. — 2. Le comte de Bavière.
3. Le marquis de Ségur, depuis ministre de la guerre.
4. Yves-Marie de Recourt, comte de Rupelmonde, tué le 15 avril 1745, à Pfaffenhofen. (ED.)

sincères donnés à des noms, à des vertus qu'ils ignorent; je ne me lasserai point de jeter des fleurs sur les tombeaux de nos défenseurs; j'élèverai encore ma faible voix; je dirai : « Ici a été tranchée dans sa fleur la vie de ce jeune guerrier[1] dont les frères combattent sous nos étendards, dont le père a protégé les arts à Florence sous une domination étrangère. Là fut percé d'un coup mortel le marquis de Beauvau son cousin, quand le digne petit-fils du grand Condé forçait la ville d'Ypres à se rendre[2]. » Accablé de douleurs incroyables, entouré de nos soldats, qui se disputaient l'honneur de le porter, il leur disait d'une voix expirante : « Mes amis, allez où vous êtes nécessaires, allez combattre; et laissez-moi mourir. » Qui pourra célébrer dignement sa noble franchise, ses vertus civiles, ses connaissances, son amour des lettres, le goût éclairé des monuments antiques enseveli avec lui? Ainsi périssent d'une mort violente, à la fleur de leur âge, tant d'hommes dont la patrie attendait son avantage et sa gloire; tandis que d'inutiles fardeaux de la terre amusent dans nos jardins leur vieillesse oisive du plaisir de raconter les premiers ces nouvelles désastreuses.

O destin! ô fatalité! nos jours sont comptés; le moment, éternellement déterminé arrive, qui anéantit tous les projets et toutes les espérances. Le comte de Bissi, prêt à jouir de ces honneurs tant désirés par ceux mêmes sur qui les honneurs sont accumulés, accourt de Gênes devant Mastricht, et le dernier coup tiré des remparts lui ôte la vie; il est la dernière victime immolée, au moment même que le ciel avait prescrit pour la cessation de tant de meurtres. Guerre qui as rempli la France de gloire et de deuil, tu ne frappes pas seulement par des traits rapides qui portent en un moment la destruction! que de citoyens, que de parents et d'amis, nous ont été ravis par une mort lente, que les fatigues des marches, l'intempérie des saisons, traînent après elles!

Tu n'es plus, ô douce espérance du reste de mes jours! ô ami tendre, élevé dans cet invincible régiment du roi, toujours conduit par des héros, qui s'est tant signalé dans les tranchées de Prague, dans la bataille de Fontenoi, dans celle de Laufelt où il a décidé la victoire! La retraite de Prague pendant trente lieues de glaces jeta dans ton sein les semences de la mort, que mes tristes yeux ont vues depuis se développer : familiarisé avec le trépas, tu le sentis approcher avec cette indifférence que les philosophes s'efforçaient jadis ou d'acquérir ou de montrer : accablé de souffrances au dedans et au dehors, privé de la vue, perdant chaque jour une partie de toi-même, ce n'était que par un excès de vertu que tu n'étais point malheureux, et cette vertu ne te coûtait point d'effort. Je t'ai vu toujours le plus infortuné des hommes, et le plus tranquille. On ignorerait ce qu'on a perdu en toi, si le cœur d'un homme éloquent n'avait fait l'éloge du tien dans un ouvrage consacré à l'amitié, et embelli par les charmes de la plus touchante

1. Le marquis de Beauvau, fils du prince de Craon. — Il fut tué le 23 juin 1744. (ÉD.)
2. Ypres capitula le 2. juin. (ÉD.)

poésie. Je n'étais point surpris que dans le tumulte des armes tu culti-
vasses les lettres et la sagesse : ces exemples ne sont pas rares parmi
nous. Si ceux qui n'ont que de l'ostentation ne t'imposèrent jamais, si
ceux qui dans l'amitié même ne sont conduits que par la vanité révoltèrent ton cœur, il y a des âmes nobles et simples qui te ressemblent.
Si la hauteur de tes pensées ne pouvait s'abaisser à la lecture de ces
ouvrages licencieux, délices passagers d'une jeunesse égarée à qui le
sujet plaît plus que l'ouvrage; si tu méprisais cette foule d'écrits que
le mauvais goût enfante; si ceux qui ne veulent avoir que de l'esprit
te paraissaient si peu de chose, ce goût solide t'était commun avec
ceux qui soutiennent toujours la raison contre l'inondation de ce faux
goût qui semble nous entraîner à la décadence. Mais par quel prodige
avais-tu, à l'âge de vingt-cinq ans, la vraie philosophie et la vraie éloquence, sans autre étude que le secours de quelques bons livres? Comment avais-tu pris un essor si haut dans le siècle des petitesses? et
comment la simplicité d'un enfant timide couvrait-elle cette profondeur et cette force de génie? Je sentirai longtemps avec amertume le
prix de ton amitié; à peine en ai-je goûté les charmes; non pas de
cette amitié vaine qui naît dans les vains plaisirs, qui s'envole avec
eux, et dont on a toujours à se plaindre; mais de cette amitié solide et
courageuse, la plus rare des vertus. C'est ta perte qui mit dans mon
cœur ce dessein de rendre quelque honneur aux cendres de tant de
défenseurs de l'État, pour élever aussi un monument à la tienne. Mon
cœur rempli de toi a cherché cette consolation, sans prévoir à quel
usage ce discours sera destiné, ni comment il sera reçu de la malignité humaine, qui, à la vérité, épargne d'ordinaire les morts, mais
qui quelquefois aussi insulte à leurs cendres, quand c'est un prétexte
de plus de déchirer les vivants [1].

1er juin 1748.

1. *N.B.* Le jeune homme qu'on regrette ici avec tant de raison est M. de Vauvenargues, longtemps capitaine au régiment du roi. Je ne sais si je me trompe,
mais je crois qu'on trouvera dans la seconde édition de son livre plus de cent
pensées qui caractérisent la plus belle âme, la plus profondément philosophe,
la plus dégagée de tout esprit de parti.

Que ceux qui pensent méditent les maximes suivantes :

« La raison nous trompe plus souvent que la nature. »

« Si les passions font plus de fautes que le jugement, c'est par la même raison
que ceux qui gouvernent font plus de fautes que les hommes privés. »

« Les grandes pensées viennent du cœur. »

(C'est ainsi que, sans le savoir, il se peignait lui-même.)

« La conscience des mourants calomnie leur vie. »

« La fermeté ou la faiblesse à la mort dépend de la dernière maladie. »

(J'oserais conseiller qu'on lût les maximes qui suivent celles-ci, et qui les
expliquent.)

« La pensée de la mort nous trompe, car elle nous fait oublier de vivre. »

« La plus fausse de toutes les philosophies est celle qui, sous prétexte d'af-
franchir les hommes des embarras des passions, leur conseille l'oisiveté. »

« Nous devons peut-être aux passions les plus grands avantages de l'esprit. »

« Ce qui n'offense pas la société n'est pas du ressort de la justice. »

« Quiconque est plus sévère que les lois est un tyran. »

On voit, ce me semble, par ce peu de pensées que je rapporte, qu'on ne peut

PANÉGYRIQUE DE LOUIS XV,

FONDÉ

SUR LES FAITS ET LES ÉVÉNEMENTS LES PLUS INTÉRESSANTS, JUSQU'EN 1749.

LUDOVICO DECIMO QUINTO, DE HUMANO GENERE BENE MERITO.

·(1748.)

EXTRAIT D'UNE LETTRE

DE M. LE PRÉSIDENT HÉNAULT.

« Ce panégyrique, d'autant plus éloquent qu'il paraît ne pas prétendre à l'éloquence, étant fondé uniquement sur les faits, est également glorieux pour le roi et pour la nation. Je ne crois pas qu'on puisse lui comparer celui que Pellisson composa pour Louis XIV; ce n'était qu'un discours vague, et celui-ci est appuyé sur les événements les plus grands, sur les anecdotes les plus intéressantes. C'est un tableau de l'Europe, c'est un précis de la guerre, c'est un ouvrage qui annonce à chaque page un bon citoyen, c'est un éloge où il n'y a pas un mot qui sente la flatterie; il devrait avoir été prononcé dans l'Académie avec la plus grande solennité, et la capitale doit l'envier aux provinces où il a été imprimé. »

PRÉFACE DE L'AUTEUR.

L'auteur de ce panégyrique se cacha longtemps avec autant de soin qu'en prennent ceux qui ont fait des satires. Il est toujours à craindre que le panégyrique d'un monarque ne passe pour une flatterie intéressée. L'effet ordinaire de ces éloges est de faire rougir ceux à qui on les

pas dire de lui ce qu'un des plus aimables esprits de nos jours a dit de ces philosophes de parti, de ces nouveaux stoïciens qui en ont imposé aux faibles :

Ils ont eu l'art de bien connaître
L'homme qu'ils ont imaginé ;
Mais ils n'ont jamais deviné
Ce qu'il est ni ce qu'il doit être.

J'ignore si jamais aucun de ceux qui se sont mêlés d'instruire les hommes, a rien écrit de plus sage que son chapitre sur le bien et sur le mal moral. Je ne dis pas que tout soit égal dans le livre : mais si l'amitié ne me fait pas illusion, je n'en connais guère qui soit plus capable de former une âme bien née et digne d'être instruite. Ce qui me persuade encore qu'il y a des choses excellentes dans cet ouvrage que M. de Vauvenargues nous a laissé, c'est que je l'ai vu méprisé par ceux qui n'aiment que les jolies phrases et le faux bel esprit.

donne, d'attirer peu l'attention de la multitude, et de soulever la critique. On ne conçoit pas comment Trajan put avoir ou assez de patience ou assez d'amour-propre pour entendre prononcer le long panégyrique de Pline : il semble qu'il n'ait manqué à Trajan, pour mériter tant d'éloges, que de ne les avoir pas écoutés.

Le panégyrique de Louis XIV fut prononcé par M. Pellisson, et celui de Louis XV devrait l'être sans doute à l'Académie par une bouche aussi éloquente. Il s'en faut beaucoup que l'auteur de cet essai adopte l'avis de M. le président Hénault, qui préfère le panégyrique de Louis XV à celui de Louis XIV. L'auteur ne préfère que le sujet. Il avoue que Louis XV a sur Louis XIV l'avantage d'avoir gagné deux batailles rangées. Il croit que le système des finances ayant été perfectionné par le temps, l'État a souffert incomparablement moins dans la guerre de 1741 que dans celle de 1688, et surtout dans celle de 1701. Il pense enfin que la paix d'Aix-la-Chapelle [1] peut avoir un grand avantage sur celle de Nimègue [2]. Ces deux paix, à jamais célèbres, ont été faites dans les mêmes circonstances, c'est-à-dire après des victoires : mais le vainqueur fit encore craindre sa puissance par le traité même de Nimègue, et Louis XV fait aimer sa modération. Le premier traité pouvait encore aigrir des nations, et le second les réconcilie. C'est cette paix heureuse que l'auteur a principalement en vue. Il regarde celui qui l'a donnée comme le bienfaiteur du genre humain. Il a fait un panégyrique très-court, mais très-vrai dans tous ses points; et il l'a écrit d'un style très-simple, parce qu'il n'avait rien à orner. Il a laissé à chaque citoyen le soin d'étendre toutes les idées dont il ne donne ici que le germe. Il y a peu de lecteurs qui, en voyant cet ouvrage, ne puissent beaucoup l'augmenter par leurs réflexions; et le meilleur effet d'un livre est de faire penser les hommes. On a nourri ce discours de faits inconnus auparavant au public, et qui servent de preuves. Ce sont là les véritables éloges, et qui sont bien au-dessus d'une déclaration pompeuse et vaine. La lettre qu'on rapporte, écrite d'un prince au roi, est de monseigneur le prince de Conti, du 20 juillet 1744 : celle du roi est du 19 mai 1745 : en un mot, on peut regarder cet ouvrage intitulé *panégyrique* comme le précis le plus fidèle de tout ce qui est à la gloire de la France et de son roi; et on défie la critique d'y trouver rien d'altéré ni d'exagéré.

A l'égard des censures qu'un journaliste [3] a faites, non du fond de l'ouvrage, mais de la forme, on commence par le remercier d'une réflexion très-juste sur ce qu'on avait dit que le roi de Sardaigne choisissait bien ses ministres et ses généraux, et était lui-même un grand général et un grand ministre. Il paraît en effet que le terme de ministre ne convient pas à un souverain.

A l'égard de toutes les autres critiques, elles ont paru injustes et inconsidérées; dans une, on reproche à l'auteur d'avoir écrit un panégyrique dans le style de Pline plutôt que dans celui de Cicéron et dans

1. 18 octobre 1748. (Éd.) — 2. 10 août 1678. (Éd.)
3. Le P. Berthier, dans les *Mémoires de Trévoux*. (Éd.)

celui de Bossuet et de Bourdaloue. Il dit que tout est orné d'antithèses, *de termes qui se querellent, et de pensées qui semblent se repousser.*

On n'examine pas ici s'il faut suivre dans un panégyrique Pline qui en a fait un, ou Cicéron qui n'en a point fait; s'il faut imiter la pompe et la déclamation d'une oraison funèbre dans le récit des choses récentes, qui sont si délicates à traiter; si les sermons de Bourdaloue doivent être le modèle d'un homme qui parle de la guerre et de la paix, de la politique et des finances. Mais on est bien surpris que le critique lise que tout est antithèses dans un écrit où il y en a si peu. A l'égard *les termes qui se querellent, et des pensées qui se repoussent,* on ne sait pas ce que cela signifie.

Le journaliste dit que le contraste des quatre rois François Ier, Henri IV, Louis XIII, Louis XIV, et du monarque régnant, n'est pas assez sensible. Il n'y a là aucun contraste; des mérites différents ne sont point des choses opposées : on n'a voulu faire ni de contrastes ni d'antithèses, et il n'y en a pas la moindre apparence.

Il reprend ces mots au sujet de nos alarmes sur la maladie du roi : « Après un triomphe si rare, il ne fallait pas une vertu commune. » On ne triomphe, dit-il, que de ses ennemis : peut-il ignorer que ce terme *triomphe* est toujours noblement employé pour tous les grands succès, en quelque genre que ce puisse être ?

Il prétend que ce triomphe n'est pas rare. En France, dit-il, rien de plus naturel, rien de plus général que l'amour des peuples pour leur souverain. Il n'a pas senti que cette critique, très-déplacée, tend à diminuer le prix de l'amour extrême qui éclata dans cette occasion par des témoignages si singuliers. Oui, sans doute, ce triomphe était rare, et il n'y en a aucun exemple sur la terre; c'est ce que toute la nation dépose contre cette accusation du censeur.

A quoi pense-t-il quand il dit que rien n'est plus naturel, plus général, qu'une telle tendresse? où a-t-il trouvé qu'en France on ait marqué un tel amour pour ses rois, avant que Louis XIV et Louis XV aient gouverné par eux-mêmes? Est-ce dans le temps de la Fronde? est-ce sous Louis XIII, quand la cour était déchirée par des factions, et l'État par des guerres civiles? quand le sang ruisselait sur les échafauds? Est-ce lorsque le couteau de Ravaillac, instrument du fanatisme de tout un parti, acheva le parricide que Jean Châtel avait commencé, et que Pierre Barrière et tant d'autres avaient médité? est-ce quand le moine Jacques Clément, animé de l'esprit de la ligue, assassina Henri III? est-ce après ou avant le massacre de la Saint-Barthélemy? est-ce quand les Guises régnaient sous le nom de François II? Est-il possible qu'on ose dire que les Français pensent aujourd'hui comme ils pensaient dans ces temps abominables?

« Après un triomphe si rare il ne fallait pas une vertu commune. » Le censeur condamne ce passage comme s'il supposait une vertu commune auparavant.

Premièrement on lui dira qu'il serait d'un lâche flatteur et d'un menteur ridicule de prétendre que le prince, l'objet de ce panégyrique, avait fait alors d'aussi grandes choses qu'il en a fait depuis. Ce sont deux victoires, c'est la paix donnée à l'Europe, qui ont rempli ce que sa première et glorieuse campagne avait fait espérer. En second lieu, quand l'auteur dit dans la même période que la crainte de perdre un bon roi imposait à ce grand prince la nécessité d'être le meilleur des rois, non-seulement il ne suppose pas là une vertu commune; mais, s'exprimant en véritable citoyen, il fait sentir que l'amour de tout un peuple encourage les souverains à faire de grandes choses, les affermit encore dans la vertu, les excite encore à faire le bonheur d'une nation qui le mérite. Penser et parler autrement serait d'un misérable esclave, et les louanges des esclaves ne sont d'aucun prix, non plus que leurs services.

Le censeur dit que les Anglais ont été les dominateurs des mers *de fait et non pas de droit.* Il s'agit bien ici de droit; il s'agit de la vérité, et de montrer que les Français peuvent être aussi redoutables sur mer qu'ils l'ont été sur terre.

Il avance que *le goût de dissertation s'empare quelquefois de l'auteur.* Il y a dans tout l'ouvrage quatre lignes où l'on trouve une réflexion politique très-importante, une maxime très-vraie; c'est que les hommes réussissent toujours dans ce qui leur est absolument nécessaire, et on en pourrait donner cent exemples. L'auteur en rapporte trois en deux lignes, et voilà ce que le censeur appelle dissertation. On trouvera, dit-il, quelque chose de décousu dans le style. Ce mot trivial *décousu* signifie un discours sans liaison, sans transition; et c'est peut-être le discours où il y en a davantage. *Ce décousu,* dit-il, *est l'effet des antithèses,* et il n'y a pas deux antithèses dans tout l'ouvrage.

Il y a d'autres injustices auxquelles on ne répond point; ceux qui ont été fâchés qu'on ait célébré dans cet ouvrage les citoyens qui ont bien servi l'État, chacun dans son genre, méritent moins d'être réfutés que d'être abandonnés à leur basse envie, qui ajoute encore à l'éloge qu'ils condamnent.

———

Une voix faible et inconnue s'élève, mais elle sera l'interprète de tous les cœurs. Si elle ne l'est pas, elle est téméraire : si elle flatte, elle est coupable; car c'est outrager le trône et la patrie que de louer son prince des vertus qu'il n'a pas.

On sait assez que ceux qui sont à la tête des peuples sont jugés par le public avec autant de sévérité qu'ils sont loués en face avec bassesse; que tout prince a pour juges les cœurs de ses sujets; qu'il ne tient qu'à lui de savoir son arrêt, et de se connaître ainsi lui-même. Il n'a qu'à consulter la voix publique, et surtout celle du petit nombre de juges, qui en tout genre entraîne à la longue l'opinion du grand nombre, et qui seule se fait entendre à la postérité.

La réputation est la récompense des rois; la fortune leur a donné tout le reste : mais cette réputation est différente comme leurs caractères; plus éclatante chez les uns, plus solide chez les autres; souvent accompagnée d'une admiration mêlée de crainte, quelquefois appuyée sur l'amour; ici plus prompte, ailleurs plus tardive; rarement pure et universelle.

Louis XII, malheureux dans la guerre et dans la politique, vit les cœurs de son peuple se tourner vers lui, et fut consolé.

François Ier, par sa valeur, par sa magnificence, et par la protection des arts qui l'immortalisent, ressaisit la gloire qu'un rival trop puissant lui avait enlevée.

Henri IV, ce brave guerrier, ce bon prince, ce grand homme si au-dessus de son siècle, ne fut connu de tout le monde qu'après sa mort; et c'est ce que lui-même avait prédit.

Louis XIV frappa tous les yeux, pendant quarante ans, de l'éclat de sa prospérité, de sa grandeur, et de sa gloire, et fit parler en sa faveur toutes les bouches de la renommée.

Nos acclamations ont donné à Louis XV un titre qui doit rassembler en lui bien d'autres titres, car il n'en est pas d'un souverain comme d'un particulier : on peut aimer un citoyen médiocre; une nation n'aimera pas longtemps un prince qui ne sera pas grand prince.

Ce temps sera toujours présent à la mémoire, où il commença à gouverner et à combattre; ce temps où les fatigues réunies du cabinet et de la guerre le mirent au bord du tombeau. On se souvient de ces cris de douleur et de tendresse, de cette désolation, de ces larmes de toute la France, de cette foule consternée, qui, se précipitant dans les temples, interrompait par ses sanglots les prières publiques, tandis que le prêtre pleurait en les prononçant, et pouvait les achever à peine.

Au bruit de sa convalescence, avec quel transport nous passâmes de l'excès du désespoir à l'ivresse de la joie! Jamais les courriers qui ont apporté les nouvelles des plus grandes victoires ont-ils été reçus comme celui qui vint nous dire : *Il est hors de danger!* Les témoignages de cet amour venaient de tous côtés au monarque : ceux qui l'entouraient lui en parlaient avec des larmes de joie; il se souleva soudain par un effort dans ce lit de douleur où il languissait encore. « Qu'ai-je donc fait, s'écria-t-il, pour être ainsi aimé? » Ce fut l'expression naïve de ce caractère simple qui, n'ayant de faste ni dans la vertu, ni dans la gloire, savait à peine que sa grande âme fût connue.

Puisqu'il était ainsi aimé, il méritait de l'être. On peut se tromper dans l'admiration, on peut trop se hâter d'élever des monuments de gloire, on peut prendre de la fortune pour du mérite; mais quand un peuple entier aime éperdument, peut-il errer? Le cœur du prince sentit ce que voulait dire ce cri de la nation : la crainte universelle de perdre un bon roi lui imposait la nécessité d'être le meilleur des rois. Après un triomphe si rare, il ne fallait pas une vertu commune.

C'est à la nation à dire s'il a été fidèle à cet engagement que son cœur prenait avec les nôtres; c'est à elle de se rendre compte de sa félicité.

Il se trouvait engagé dans une guerre malheureuse que son conseil avait entreprise pour soutenir un allié[1] qui depuis s'est détaché de nous. Il avait à combattre une reine intrépide[2], qu'aucun péril n'avait ébranlée, et qui soulevait les nations en faveur de sa cause. Elle avait

1. L'électeur de Bavière. (ÉD.) — 2. Marie-Thérèse. (ÉD.)

porté son fils dans ses bras à un peuple toujours révolté contre ses pères, et en avait fait un peuple fidèle, qu'elle remplissait de l'esprit de sa vengeance. Elle réunissait dans elle les qualités des empereurs ses aïeux, et brûlait de cette émulation fatale qui anima deux cents ans sa maison impériale contre la maison la plus ancienne et la plus auguste du monde.

A cette fille des Césars s'unissait un roi d'Angleterre [1] qui savait gouverner un peuple qui ne sait point servir. Il menait ce peuple valeureux comme un cavalier habile pousse à toute bride un coursier fougueux dont il ne pourrait retenir l'impétuosité. Cette nation, la dominatrice de l'Océan, voulait tenir à main armée la balance sur la terre, afin qu'il n'y eût plus jamais d'équilibre sur les mers. Fière de l'avantage de pouvoir pénétrer vers nos frontières par les terres de nos voisins, tandis que nous pouvions entrer à peine dans son île; fière de ses victoires passées, de ses richesses présentes, elle achetait contre nous des ennemis d'un bout de l'Europe à l'autre; elle paraissait inépuisable dans ses ressources, et irréconciliable dans sa haine.

Un monarque [2] qui veille à la garde des barrières que la nature éleva entre la France et l'Italie, et qui semble du haut des Alpes pouvoir déterminer la fortune, se déclarait contre nous après avoir autrefois vaincu avec nous. On avait à redouter en lui un politique et un guerrier; un prince qui savait bien choisir ses ministres et ses généraux, et qui pouvait se passer d'eux, grand général lui-même et grand ministre. L'Autriche se dépouillait de ses terres en sa faveur, l'Angleterre lui prodiguait ses trésors : tout concourait à le mettre en état de nous nuire.

A tant d'ennemis se joignait cette république [3] fondée sur le commerce, sur le travail, et sur les armes; cet État qui, toujours prêt d'être submergé par la mer, subsiste en dépit d'elle, et la fait servir à sa grandeur; république supérieure à celle de Carthage, parce qu'avec cent fois moins de territoire, elle a eu les mêmes richesses. Ce peuple haïssait ses anciens protecteurs, et servait la maison de ses anciens oppresseurs; ce peuple, autrefois le rival et le vainqueur de l'Angleterre sur les mers, se jetait dans les bras de ceux mêmes qui ont affaibli son commerce, et refusait l'alliance et la protection de ceux par qui son commerce florissait. Rien ne l'engageait dans la querelle : il pouvait même jouir de la gloire d'être médiateur entre les maisons de France et d'Autriche, entre l'Espagne et l'Angleterre; mais la défiance l'aveugla, et ses propres erreurs l'ont perdu.

Ce peuple ne pouvait croire qu'un roi de France ne fût pas ambitieux. Le voilà donc qui rompt la neutralité qu'il a promise; le voilà qui, dans la crainte d'être opprimé un jour, ose attaquer un roi puissant qui lui tendait les bras. En vain Louis XV leur répète à tous : « Je ne veux rien pour moi; je ne demande que la justice pour mes alliés : je veux que le commerce des nations et le vôtre soit libre; que la fille de Charles VI jouisse de l'héritage immense de ses pères; mais

---

1. Georges II. (ÉD.) — 2. Le roi de Sardaigne. (ÉD.) — 3. La Hollande. (ÉD.)

aussi qu'elle n'envie point la province de Parme à l'héritier légitime; que Gênes ne soit point opprimée; qu'on ne lui ravisse pas un bien qui lui appartient, et dont elle ne peut jamais abuser. » Ces propositions étaient si modérées, si équitables, si désintéressées, si pures, qu'on ne put le croire. Cette vertu est trop rare chez les hommes; et quand elle se montre, on la prend d'abord pour de la fausseté, ou pour de la faiblesse.

Il fallut donc combattre, sans que tant de nations liguées sussent en effet pourquoi l'on combattait. La cendre du dernier des empereurs autrichiens [1] était arrosée du sang des nations; et lorsque l'Allemagne elle-même était devenue tranquille, lorsque la cause de tant de divisions ne subsistait plus, les cruels effets en duraient encore. En vain le roi voulait la paix, il ne pouvait l'obtenir que par des victoires.

Déjà les villes qu'il avait assiégées s'étaient rendues à ses armes : il vole sous les remparts de Tournai avec son fils, son unique espérance et la nôtre. Il faut combattre contre une armée supérieure, dont les Anglais faisaient la principale force. C'est la bataille la plus heureuse et la plus grande par ses suites qu'on ait donnée depuis Philippe Auguste; c'est la première, depuis saint Louis, qu'un roi de France ait gagnée en personne contre cette nation belliqueuse et respectable, qui a toujours été l'ennemie de notre patrie, après en avoir été chassée. Mais cette victoire si heureuse, à quoi tenait-elle? C'est ce que lui dit ce grand général [2] à qui la France a des obligations éternelles. En effet, l'histoire déposera que, sans la présence du roi, la bataille de Fontenoy était perdue. On ramenait de tous côtés les canons; tous les corps avaient été repoussés les uns après les autres, le poste important d'Anthoin avait commencé d'être évacué; la colonne anglaise s'avançait à pas lents, toujours ferme, toujours inébranlable, coupant en deux notre armée, faisant de tous côtés un feu continu, qu'on ne pouvait ni ralentir ni soutenir. Si le roi eût cédé aux prières de tant de serviteurs qui ne craignaient que pour ses jours, s'il n'eût demeuré sur le champ de bataille, s'il n'eût fait revenir ses canons dispersés, qu'on retrouva avec tant de peine, aurait-on fait les efforts réunis qui décidèrent du sort de cette journée? Qui ne sait à quel excès la présence du souverain enflamme notre nation, et avec quelle ardeur on se dispute l'honneur de mourir ou de vaincre à ses yeux? Ce moment en fut un grand exemple. On proposait la retraite, le roi regardait ses guerriers, et ils vainquirent.

On ne sait que trop quelles funestes horreurs suivent les batailles, combien de blessés restent confondus parmi les morts, combien de soldats, élevant une voix expirante pour demander du secours, reçoivent le dernier coup de la main de leurs propres compagnons, qui leur arrachent de misérables dépouilles couvertes de sang et de fange; ceux mêmes qui sont secourus, le sont souvent d'une manière si précipitée, si inattentive, si dure, que le secours même est funeste; ils perdent la vie dans de nouveaux tourments, en accusant la mort de n'avoir pas

1. Charles VI. (ÉD.) — 2. Le maréchal de Saxe. (ÉD.)

été assez prompte : mais après la bataille de Fontenoy, on vit un père qui avait soin de la vie de ses enfants, et tous les blessés furent secourus comme s'ils l'avaient été par leurs frères. L'ordre, la prévoyance, l'attention, la propreté, l'abondance de ces maisons que la charité élève avec tant de frais, et qu'elle entretient dans le sein de nos villes tranquilles et opulentes, n'étaient pas au-dessus de ce qu'on vit dans des établissements préparés à la hâte pour ce jour de sang. Les ennemis prisonniers et blessés devenaient nos compatriotes, nos frères. Jamais tant d'humanité ne succéda si promptement à tant de valeur.

Les Anglais surtout en furent touchés; et cette nation, la rivale de notre vertu guerrière, l'est devenue de notre magnanimité. Ainsi un prince, un seul homme peut, par son exemple, rendre meilleurs ses sujets et ses ennemis mêmes : ainsi les barbaries de la guerre ont été adoucies dans l'Europe, autant que le peut permettre la méchanceté humaine; et si vous en exceptez ces brigands étrangers, à qui l'espoir seul du pillage met les armes à la main, on a vu, depuis le jour de Fontenoy, les nations armées disputer de générosité.

Il est pardonnable à un vainqueur de vouloir tirer avantage de sa victoire, d'attendre au moins que le vaincu demande la paix, et de la lui faire acheter chèrement; c'est la maxime de la politique ordinaire : quel parti prendra le vainqueur de Fontenoy ? Dès le jour même de la bataille, il ordonne à son secrétaire d'État d'écrire en Hollande qu'il ne demande que la pacification de l'Europe : il propose un congrès; il proteste qu'il ne veut pas rendre sa condition meilleure; il suffit que celle des peuples le soit par lui. Le croira-t-on dans la postérité ? c'est le vainqueur qui demande la paix, et c'est le vaincu qui la refuse. Louis XV ne se rebute pas; il faut au moins feindre de l'écouter. On envoie quelques plénipotentiaires, mais ce n'est que par une formalité vaine; on se défie de ses offres : les ennemis lui supposent de vastes projets, parce qu'ils osaient en avoir encore. Toutes les villes cependant tombent devant lui, devant les princes de son sang, devant tous les généraux qui les assiégent. Des places qui avaient autrefois résisté trois années ne tiennent que peu de jours. On triomphe à Mesle, à Raucoux, à Laufelt; on trouve partout les Anglais qui se dévouent pour leurs alliés avec plus de courage que de politique, et partout la valeur française l'emporte; ce n'est qu'un enchaînement de victoires. Nous avons vu un temps où ces feux, ces illuminations, ces monuments passagers de la gloire, devenus un spectacle commun, n'attiraient plus l'empressement de la multitude rassasiée de succès.

Quelle est la situation enfin où nous étions au commencement de cette dernière campagne, après une guerre si longue, et qui avait été deux ans si malheureuse ?

Ce général étranger[1], naturalisé par tant de victoires, aussi habile que Turenne, et encore plus heureux, avait fait de la Flandre entière une de nos provinces.

Du côté de l'Italie, où les obstacles sont beaucoup plus grands, où

1. Le maréchal de Saxe. (ÉD.)

la nature oppose tant de barrières, où les batailles sont si rarement décisives, et cependant les ressources si difficiles. on se soutenait du moins après une vicissitude continuelle de succès et de pertes. On était encore animé par la gloire de la journée des barricades, par l'escalade de ces rochers qui touchent aux nues, par ces fameux passages du Pô.

Un chef actif et prévoyant [1], qui conçoit les plus grands projets, et qui discute les plus petits détails; ce général qui, après avoir sauvé l'armée de Prague par une retraite digne de Xénophon, venait de délivrer la Provence, disputait alors les Alpes aux ennemis, les tenait en alarmes, les avait chassés de Nice, mettait en sûreté nos frontières. Un génie brillant, audacieux [2], dans qui tout respire la grandeur, la hauteur, et les grâces; cet homme qui serait encore distingué dans l'Europe, quand même il n'aurait aucune occasion de se signaler, soutenait la liberté de Gênes contre les Autrichiens, les Piémontais, et les Anglais. Le roi d'Espagne, inébranlable dans son alliance, joignait à nos troupes ses troupes audacieuses et fidèles, dont la valeur ne s'est jamais démentie. Le royaume de Naples était en sûreté. Louis XV veillait à la fois sur tous ses alliés, et contenait ou accablait tous ses ennemis.

Enfin, par suite de l'administration secrète qui donne la vie à ce grand corps politique de la France, l'État n'était épuisé ni par les trésors engloutis dans la Bohême et dans la Bavière, ni par les libéralités prodiguées à un empereur que le roi avait protégé, ni par ces dépenses immenses qu'exigeaient nos nombreuses armées. L'Autriche et la Savoie, au contraire, ne se soutenaient que par les subsides de l'Angleterre; et l'Angleterre commençait à succomber sous le fardeau; son sang et ses trésors se perdaient pour des intérêts qui n'étaient pas les siens; la Hollande se ruinait et s'enchaînait par opiniâtreté; des craintes imaginaires lui faisaient éprouver des malheurs réels : et nous, victorieux et tranquilles, nous regardions de loin, dans le sein de l'abondance, tous les fléaux de la guerre portés loin de nos provinces.

Nous avons payé avec zèle tous les impôts, quelque grands qu'ils fussent, parce que nous avons senti qu'ils étaient nécessaires, et établis avec une sage proportion. Aussi (ce qui peut-être n'était jamais arrivé depuis plusieurs siècles) aucun ministre des finances n'a excité le moindre murmure, aucun financier n'a été odieux; et quand, sur quelques difficultés, le parlement a fait des remontrances à son maître, on a cru voir un père de famille qui consulte sur les intérêts de ses enfants les interprètes des lois.

Il s'est trouvé un homme qui a soutenu le crédit de la nation par le sien : crédit fondé à la fois sur l'industrie et sur la probité, qui se perd si aisément, et qui ne se rétablit plus quand il est détruit. C'était un des prodiges de notre siècle; et ce prodige ne nous frappait pas peut-être assez : nous y étions accoutumés, comme aux vertus de notre monarque. Nos camps devant tant de places assiégées ont été sembla-

---

1. Le maréchal de Belle-Isle. (ÉD.) — 2. Le duc de Richelieu. (ÉD.)

bles à des villes policées où règnent l'ordre, l'affluence et la richesse. Ceux qui ont ainsi fait subsister nos armées étaient des hommes dignes de seconder ceux qui nous ont fait vaincre [1].

Vous pardonnez, héros équitable, héros modeste, vous pardonnez sans doute, si on ose mêler l'éloge de vos sujets à celui du père de la patrie ! Vous les avez choisis. Quand tous les ressorts d'un État se déploient d'un concert unanime, la main qui les dirige est celle d'un grand homme : peut-être cesserait-il de l'être, s'il voyait d'un œil chagrin et jaloux la justice qui leur est rendue.

Grâce à cette administration unique, le roi n'a jamais éprouvé cette douleur si cruelle pour un bon prince, de ne pouvoir récompenser ceux qui ont prodigué leur sang pour l'État.

Jamais, dans le cours de cette longue guerre, le ministre n'a ignoré ni laissé ignorer au prince aucune belle action du moindre officier; et toutes nombreuses, toutes communes qu'elles sont devenues, jamais la récompense ne s'est fait attendre. Mais quel pouvoir chez les hommes est assez grand pour mettre un prix à la vie? il n'en est point; et si le cœur du maître n'est pas sensible, on n'est mort que pour un ingrat.

Citoyens heureux de la capitale, plusieurs d'entre vous verront, dans leurs voyages, ces terrains que Louis XV a rendus si célèbres, ces plaines sanglantes que vous ne connaissez encore que par les réjouissances paisibles qui ont célébré des victoires si chèrement achetées; quand vous aurez reconnu la place où tant de héros sont morts pour vous, versez des larmes sur leurs tombeaux; imitez votre roi, qui les regrette.

Un de nos princes [2] écrivait au roi, de la cime des Alpes, qui étaient ses champs de victoire : « Le colonel de mon régiment a été tué; vous connaissez trop, sire, tout le prix de l'amitié, pour n'être pas touché de ma douleur. » Qu'une telle lettre est honorable, et pour qui l'écrit, et pour qui la reçoit ! O hommes! apprenez d'un prince et d'un roi ce que vaut le sang des hommes, apprenez à aimer.

Quel préjugé s'est répandu sur la terre, que cette amitié, cette précieuse consolation de la vie, est exilée dans les cabanes, qu'elle se plaît chez les malheureux ! O erreur ! l'amitié est également inconnue, et chez les infortunés occupés uniquement de leurs maux, et chez les heureux souvent endurcis, et dans le travail des campagnes, et dans les occupations des villes, et dans les intrigues des cours. Partout elle est étrangère : elle est, comme la vertu, le partage de quelques âmes privilégiées; et lorsqu'une de ces belles âmes se trouve sur le trône, ô Providence, qu'il faut vous bénir! Puissent ceux qui croient que dans les cours l'intrigue ou le hasard distribue toujours les récompenses, lire quelques-unes de ces lettres que le monarque écrivait après ses victoires! « J'ai perdu, dit-il dans un de ces billets où le cœur parle et où le héros se peint, j'ai perdu un honnête homme et un brave offi-

_____

1. Les deux frères Paris Montmartel et Paris Duverney. (Éd.
2. Le prince de Conti. (Éd.)

cier, que j'estimais et que j'aimais. Je sais qu'il a un frère dans l'état ecclésiastique; donnez-lui le premier bénéfice, s'il en est digne, comme je le crois. »

Peuples, c'est ainsi que vous êtes gouvernés. Songez quelle est votre gloire au dehors, et votre tranquillité au dedans; voyez les arts protégés au milieu de la guerre; comparez tous les temps; comptez-les depuis Charlemagne : quel siècle trouverez-vous comparable à notre âge? Celui du règne trop court de l'immortel Henri IV, depuis la paix de Vervins; et encore quel affreux levain restait des discordes de quatre règnes! Les belles et triomphantes armées de Louis XIV; mais quels malheurs les ont suivies! et puisse notre bonheur être plus durable! Enfin, vous trouverez soixante ans peut-être de grandeur et de félicité répandues dans plus de neuf siècles; tant le bonheur public est rare! tant le chemin est lent, qui mène en tout genre à la perfection! tant il est difficile de gouverner les hommes et de les satisfaire!

On s'est plaint (car la vérité ne dissimule rien, et nous sommes assez grands pour avouer ce qui nous manque), on s'est plaint qu'un seul ressort se soit rencontré faible dans cette vaste et puissante machine si habilement conduite. Louis XV, en prenant à la fois le timon de l'État et l'épée, ne trouva point, dans ses ports, de ces flottes nombreuses, de ces grands établissements de marine qui sont l'ouvrage du temps. Un effort précipité ne peut en ce genre suppléer à ce qui demande tant de prévoyance et une si longue application. Il n'en est pas de nos forces maritimes comme de ces trirèmes que les Romains apprirent si rapidement à construire et à gouverner. Un seul vaisseau de guerre est un objet plus grand que les flottes qui décidèrent auprès d'Actium de l'empire du monde. Tout ce qu'on a pu faire, on l'a fait; nous avons même armé plus de vaisseaux que n'en avait la Hollande, qu'on appelle encore *puissance maritime:* mais il n'était pas possible d'égaler en peu d'années l'Angleterre, qui, étant si peu de chose par elle-même sans l'empire de la mer, regarde depuis si longtemps cet empire comme le seul fondement de sa puissance, et comme l'essence de son gouvernement. Les hommes réussissent toujours dans ce qui leur est absolument nécessaire; ce qui est nécessaire à un État est toujours ce qui en fait la force. Ainsi la Hollande a ses navires marchands; la Grande-Bretagne, ses armées navales; la France, ses armées de terre.

Le ministre qui prêtait la main aux rênes du gouvernement, dans le commencement de la guerre [1], était dans cette extrême vieillesse où il ne reste plus que deux objets, le moment qui fuit, et l'éternité. Il avait su longtemps retenir comme enchaînées ces flottes de nos voisins, toujours prêtes à couvrir les mers et à s'élancer contre nous. Ses négociations lui avaient acquis le droit d'espérer que ses yeux, prêts à se fermer, ne verraient plus la guerre; mais Dieu, qui prolonge et retranche à son gré nos années, frappa Charles VI avant lui; et cette mort imprévue, comme le sont presque tous les événements, fut le signal de plus de trois cent mille morts. Enfin, la sagesse de ce vieillard

---

1. Le cardinal de Fleury. (ÉD.)

respectable, ses services, sa douceur, son égalité, son désintéressement personnel, méritaient nos éloges, et son âge nos excuses. S'il avait pu lire dans l'avenir, il aurait ajouté à la puissance de l'État ce rempart de vaisseaux, cette force qui peut se porter à la fois dans les deux hémisphères : et que n'aurait-on pas exécuté! Le héros aussi admirable qu'infortuné qui aborda seul dans son ancienne patrie [1], qui seul y a formé une armée, qui a gagné tant de combats, qui ne s'est affaibli qu'à force de vaincre, aurait recueilli le fruit de son audace plus qu'humaine; et ce prince supérieur à Gustave-Vasa, ayant commencé comme lui, aurait fini de même.

Mais enfin, quoique ces grandes ressources nous manquassent, notre gloire s'est conservée sur les mers. Tous nos officiers de marine, combattant avec des forces inférieures, ont fait voir qu'ils eussent vaincu s'ils en avaient eu d'égales. Notre commerce a souffert, et n'a jamais été interrompu; nos grands établissements ont subsisté : nous avons renversé ceux de nos ennemis aux extrémités de l'Orient. Nous étions partout à craindre, et tout tombait devant nous en Flandre.

Dans ces circonstances heureuses, on vole de la victoire de Laufelt aux bastions de Berg-op-Zoom. On savait que les Requesens, les Parme, les Spinola, ces héros de leur siècle, en avaient tour à tour levé le siége. Louis XIV lui-même, dont l'armée victorieuse se répandit comme un torrent dans quatre provinces de la Hollande, ne voulut pas se commettre à l'assiéger. Cohorn, le Vauban hollandais, en avait fait depuis la place de l'Europe la plus forte. La mer et une armée entière la défendaient : Louis XV en ordonne le siége, et nous la prenons d'assaut. Le guerrier [2] qui avait forcé Oczakow dans la Tartarie, déploie ainsi sur cette frontière de la Hollande de nouveaux secrets de l'art de la guerre; secrets au-dessus des règles de l'art. A cette nouvelle conquête, qui répandit tant de consternation chez les ennemis, et qui étonna tant les vainqueurs, l'Europe pense que Louis XV cessera d'être si facile; qu'il fera éclater enfin cette ambition cachée qu'on redoute, et qu'on justifie en la supposant toujours. Il le faut avouer, les ennemis ont fait ce qu'ils ont pu pour la lui inspirer. Ils sont heureux, ils n'ont pas réussi. Il arbore le même olivier sur ces murs écrasés et fumants de sang : il ne propose rien de plus que ce qu'il offrait dans ses premières prospérités.

Cet excès de vertu ne persuade pas encore; il était trop peu vraisemblable : on ne veut point recevoir la loi de celui qui peut l'imposer; on tremble, et on s'aigrit : le vaincu est aussi obstiné dans sa haine que le vainqueur est constant dans sa clémence. Qui aurait jamais cru que cette opiniâtreté eût pu se porter jusqu'à chercher des troupes auxiliaires dans ces climats glacés, qui naguère n'étaient connus que de nom? Qui eût pensé que les habitants des bords du Volga et de la mer Caspienne dussent être appelés aux bords de la Meuse? Ils viennent cependant, et cent mille hommes qui couvrent Mastricht les attendent pour renouveler toutes les horreurs de la guerre. Mais, tandis

1. Le prince Charles-Édouard. (ÉD.) — 2. Lowendhal. (ÉD.)

que les soldats hyperboréens font cette marche si longue et si pénible,
le général[1] chargé du destin de la France confond en une seule marche tant de projets. Par quel art a-t-il pu faire passer son armée à travers l'armée ennemie? comment Mastricht est-il tout d'un coup assiégé
en leur présence? par quelle intelligence sublime les a-t-il dispersés?
Mastricht est aux abois; on tremble dans Nimègue; les généraux enne
mis se reprochent les uns aux autres ce coup fatal, qu'aucun d'eux n'a
prévu; toutes les ressources leur manquent à la fois; il ne leur reste
plus qu'à demander cette même paix qu'ils ont tant rejetée. « Quelles
conditions nous imposerez-vous? disent-ils. — Les mêmes, répond le roi
victorieux, que je vous ai présentées depuis quatre années, et que vous
auriez acceptées si vous m'aviez connu. » Il en signe les préliminaires :
le voile qui couvrait tous les yeux tombe alors, et les plus sages de
nos ennemis s'écrient : « Le père de la France est donc le père de l'Europe ! »

Les Anglais surtout, chez qui la raison a toujours quelque chose de
supérieur, quand elle est tranquille, rendent comme nous justice à la
vertu : eux qui s'irritèrent si longtemps contre la gloire de Louis XIV,
chérissent celle de Louis XV.

Dans tout ce qu'on vient de dire, a-t-on avancé un seul fait que la
malignité puisse seulement couvrir du moindre doute? On s'était proposé un panégyrique, on n'a fait qu'un récit simple. O force de la vérité! les éloges ne peuvent venir que de vous. Et qu'importe encore des
éloges? nous devons des actions de grâces. Quel est le citoyen qui, en
voyant cet homme si grand et si simple, ne doive s'écrier du fond de
son cœur : « Si la frontière de ma province est en sûreté, si la ville où
je suis né est tranquille, si ma famille jouit en paix de son patrimoine,
si le commerce et tous les arts viennent en foule rendre mes jours plus
heureux, c'est à vous, c'est à vos travaux, c'est à votre grand cœur
que je le dois! »

Il y a toujours des hommes qui contredisent la voix publique. Des
politiques ont demandé pourquoi ce vainqueur se contente de la justice
qu'il fait rendre à ses alliés, pourquoi il s'en tient à faire le bonheur
des hommes : il pouvait d'un mot gagner plusieurs villes. Oui, il le
pouvait sans doute; mais lequel vaut le mieux pour un roi de France,
et pour nous, de retenir quelques faibles conquêtes inutiles à sa grandeur, en laissant dans le cœur de ses ennemis des semences éternelles
de discorde et de haine, ou bien de se contenter du plus beau royaume
de l'Europe, en conquérant des cœurs qui semblaient pour jamais alié-
nés, en fermant ces anciennes plaies que la jalousie faisait saigner, en
devenant l'arbitre des nations si longtemps conjurées contre nous?
Quel roi a fait jamais une paix plus utile? Il faut enfin rendre gloire à
la vérité. Louis XV apprend aux hommes que la plus grande politique
est d'être vertueux. Que nous reste-t-il à souhaiter désormais, sinon
qu'il se ressemble toujours à lui-même, et que les rois à venir lui ressemblent?

---

1. Le maréchal de Saxe. (Ep.)

ANECDOTES

SUR LE CZAR PIERRE LE GRAND.

(1748.)

Pierre Ier a été surnommé le Grand parce qu'il a entrepris et fait de très-grandes choses, dont nulle ne s'était présentée à l'esprit de ses prédécesseurs. Son peuple, avant lui, se bornait à ces premiers arts enseignés par la nécessité. L'habitude a tant de pouvoir sur les hommes, ils désirent si peu ce qu'ils ne connaissent pas, le génie se développe si difficilement et s'étouffe si aisément sous les obstacles, qu'il y a grande apparence que toutes les nations sont demeurées grossières pendant des milliers de siècles, jusqu'à ce qu'il soit venu des hommes tels que le czar Pierre, précisément dans le temps qu'il fallait qu'ils vinssent.

Le hasard fit qu'un jeune Génevois nommé Le Fort était à Moscou chez un ambassadeur danois, vers l'an 1695. Le czar Pierre avait alors dix-neuf ans; il vit ce Génevois qui avait appris en peu de temps la langue russe, et qui parlait presque toutes celles de l'Europe. Le Fort plut beaucoup au prince: il entra dans son service, et bientôt après dans sa familiarité. Il lui fit comprendre qu'il y avait une autre manière de vivre et de régner que celle qui était malheureusement établie de tous les temps dans son vaste empire; et sans ce Génevois la Russie serait peut-être encore barbare.

Il fallait être né avec une âme bien grande, pour écouter tout d'un coup un étranger, et pour se dépouiller des préjugés du trône et de la patrie. Le czar sentit qu'il avait à former une nation et un empire; mais il n'avait aucun secours autour de lui. Il conçut dès lors le dessein de sortir de ses États, et d'aller, comme Prométhée, emprunter le feu céleste pour animer ses compatriotes. Ce feu divin, il l'alla chercher chez les Hollandais, qui étaient, il y a trois siècles, aussi dépourvus d'une telle flamme que les Moscovites. Il ne put exécuter son dessein aussitôt qu'il l'aurait voulu. Il fallut soutenir une guerre contre les Turcs, ou plutôt contre les Tartares, en 1696; et ce ne fut qu'après les avoir vaincus qu'il sortit de ses États pour aller s'instruire lui-même de tous les arts qui étaient absolument inconnus en Russie. Le maître de l'empire le plus étendu de la terre alla vivre près de deux ans à Amsterdam, et dans le village de Sardam, sous le nom de Pierre Michaëloff. On l'appelait communément maître Pierre (Peterbas). Il se fit inscrire dans le catalogue des charpentiers de ce fameux village, qui fournit de vaisseaux presque toute l'Europe. Il maniait la hache et le compas, et quand il avait travaillé dans son atelier à la construction des vaisseaux, il étudiait la géographie, la géométrie, et l'histoire. Dans les premiers temps, le peuple s'attroupait autour de lui. Il écartait quelquefois les importuns d'une manière un peu rude, que ce peuple souffrait, lui qui souffre si peu de chose. La première langue qu'il apprit fut le hollandais; il s'adonna depuis à l'allemand, qui lui parut une langue douce, et qu'il voulut qu'on parlât à la cour.

Il apprit aussi un peu d'anglais dans son voyage à Londres, mais il ne sut jamais le français, qui est devenu depuis la langue de Péters-bourg sous l'impératrice Élisabeth, à mesure que ce pays s'est civilisé.

Sa taille était haute, sa physionomie fière et majestueuse, mais dé-figurée quelquefois par des convulsions qui altéraient les traits de son visage. On attribuait ce vice d'organes à l'effet d'un poison qu'on disait que sa sœur Sophie lui avait donné; mais le véritable poison était le vin et l'eau-de-vie, dont il fit souvent des excès, se fiant trop à son tempérament robuste.

Il conversait également avec un artisan et avec un général d'armée. Ce n'était ni comme un barbare qui ne met point de distinction entre les hommes, ni comme un prince populaire qui veut plaire à tout le monde; c'était en homme qu'il voulait s'instruire. Il aimait les femmes autant que le roi de Suède [1], son rival, les craignait; et tout lui était également bon en amour comme à table. Il se piquait de boire beau-coup, plutôt que de goûter des vins délicats.

On dit que les législateurs et les rois ne doivent point se mettre en colère; mais il n'y en eut jamais de plus emporté que Pierre le Grand, ni de plus impitoyable. Ce défaut, dans un roi, n'est pas de ceux qu'on répare en les avouant; mais enfin il en convenait, et il dit même à un magistrat de Hollande, à son second voyage : « J'ai réformé ma na-tion, et je n'ai pu me réformer moi-même. » Il est vrai que les cruau-tés qu'on lui reproche étaient un usage de la cour de Moscou comme de celle de Maroc. Il n'était point extraordinaire de voir un czar ap-pliquer de sa main royale cent coups de nerf de bœuf sur les épaules nues d'un premier officier de la couronne, ou d'une dame du palais, pour avoir manqué à leurs services étant ivres, ou d'essayer son sabre en faisant voler la tête d'un criminel. Pierre avait fait quelques-unes de ces cérémonies de son pays; Le Fort eut assez d'autorité sur lui pour l'arrêter quelquefois sur le point de frapper; mais il n'eut pas toujours Le Fort auprès de lui.

Son voyage en Hollande, et surtout son goût pour les arts, qui se développait, adoucirent un peu ses mœurs; car c'est le privilége de tous les arts de rendre les hommes plus traitables. Il allait souvent chez un géographe, avec lequel il faisait des cartes marines. Il passait des journées entières chez le célèbre Ruysch, qui, le premier, trouva l'art de faire ces belles injections qui ont perfectionné l'anatomie, et qui lui ôtent son dégoût. Ce prince se donnait lui-même, à l'âge de vingt-deux ans, l'éducation qu'un artisan hollandais donnerait à un fils dans lequel il trouverait du génie : cette espèce d'éducation était au-dessus de celle qu'on avait jamais reçue sur le trône de Russie. Dans le même temps, il envoyait de jeunes Moscovites voyager et s'instruire dans tous les pays de l'Europe. Ces premières tentatives ne furent pas heureuses. Ses nouveaux disciples n'imitaient point leur

1. Charles XII. (ÉD.)

maître. Il y en eut même un qui, étant envoyé à Venise, ne sortit jamais de sa chambre, pour n'avoir pas à se reprocher d'avoir vu un autre pays que la Russie. Cette horreur pour les pays étrangers leur était inspirée par des prêtres moscovites, qui prétendaient que c'était un crime horrible à un chrétien de voyager, par la raison que, dans l'Ancien Testament, il avait été défendu aux habitants de la Palestine de prendre les mœurs de leurs voisins plus riches qu'eux et plus adroits.

En 1698, il alla d'Amsterdam en Angleterre, non plus en qualité de charpentier de vaisseau, non pas aussi en celle de souverain, mais sous le nom d'un boïard russe, qui voyageait pour s'instruire. Il vit tout, et même il alla à la comédie anglaise, où il n'entendait rien; mais il y trouva une actrice, nommée Mlle Groft, dont il eut les faveurs, et dont il ne fit pas la fortune.

Le roi Guillaume [1] lui avait fait préparer une maison logeable : c'est beaucoup à Londres; les palais ne sont pas communs dans cette ville immense, où l'on ne voit guère que des maisons basses, sans cour et sans jardin, avec de petites portes telles que celles de nos boutiques. Le czar trouva sa maison encore trop belle; il alla loger dans le quartier des matelots, pour être plus à portée de se perfectionner dans la marine. Il s'habillait même souvent en matelot, et il se servait de ce déguisement pour engager plusieurs gens de mer à son service.

Ce fut à Londres qu'il dessina lui-même le projet de la communication du Volga et du Tanaïs. Il voulait même leur joindre la Duina par un canal, et réunir ainsi l'Océan, la mer Noire, et la mer Caspienne. Des Anglais qu'il emmena avec lui le servirent mal dans ce grand dessein; et les Turcs, qui lui prirent Azof en 1712, s'opposèrent encore plus à cette vaste entreprise.

Il manqua d'argent à Londres; des marchands vinrent lui offrir cent mille écus, pour avoir la permission de porter du tabac en Russie. C'était une grande nouveauté en ce pays, et la religion même y était intéressée. Le patriarche avait excommunié quiconque fumerait du tabac, parce que les Turcs, leurs ennemis, fumaient; et le clergé regardait comme un de ses grands priviléges d'empêcher la nation russe de fumer. Le czar prit les cent mille écus, et se chargea de faire fumer le clergé lui-même. Il lui préparait bien d'autres innovations.

Les rois font des présents à de tels voyageurs; le présent de Guillaume à Pierre fut une galanterie digne de tous deux. Il lui donna un yacht de vingt-cinq pièces de canon, le meilleur voilier de la mer, doré comme un autel de Rome, avec des provisions de toute espèce; et tous les gens de l'équipage voulurent bien se laisser donner aussi. Pierre, sur son yacht, dont il se fit le premier pilote, retourna en Hollande revoir ses charpentiers, et de là il alla à Vienne, vers le milieu de l'an 1698, où il devait rester moins de temps qu'à Londres, parce qu'à la cour du grave Léopold il y avait beaucoup plus de cérémonies à essuyer, et moins de choses à apprendre. Après avoir vu Vienne, il devait aller

1. Guillaume III. (ÉD.)

à Venise, et ensuite à Rome; mais il fut obligé de revenir en hâte à Moscou, sur la nouvelle d'une guerre civile, causée par son absence et par la permission de fumer. Les strélitz, ancienne milice des czars, pareille à celle des janissaires, aussi turbulente, aussi indisciplinée, moins courageuse et non moins barbare, fut excitée à la révolte par quelques abbés et moines, moitié grecs, moitié russes, qui représentèrent combien Dieu était irrité qu'on prît du tabac en Moscovie, et qui mirent l'État en combustion pour cette grande querelle. Pierre, qui avait prévu ce que pourraient des moines et des strélitz, avait pris ses mesures. Il avait une armée disciplinée, composée presque toute d'étrangers bien payés, bien armés, et qui fumaient, sous les ordres du général Gordon, lequel entendait bien la guerre, et qui n'aimait pas les moines. C'était à quoi avait manqué le sultan Osman, qui, voulant comme Pierre réformer ses janissaires, et n'ayant pu leur rien opposer, ne les réforma point, et fut étranglé par eux.

Alors ses armées furent mises sur le pied de celles des princes européens. Il fit bâtir des vaisseaux par ses Anglais et ses Hollandais à Véronise, sur le Tanaïs, à quatre cents lieues de Moscou. Il embellit les villes, pourvut à leur sûreté, fit des grands chemins de cinq cents lieues, établit des manufactures de toute espèce; et ce qui prouve la profonde ignorance où vivaient les Russes, la première manufacture fut d'épingles. On fait actuellement des velours ciselés, des étoffes d'or et d'argent à Moscou : tant est puissante l'influence d'un seul homme, quand il est maître et qu'il sait vouloir.

La guerre qu'il fit à Charles XII pour recouvrer les provinces que les Suédois avaient autrefois conquises sur les Russes, ne l'empêcha pas, toute malheureuse qu'elle fut d'abord, de continuer ses réformes dans l'État et dans l'Église : il déclara, à la fin de 1699, que l'année suivante commencerait au mois de janvier, et non au mois de septembre. Les Russes, qui pensaient que Dieu avait créé le monde en septembre, furent étonnés que leur czar fût assez puissant pour changer ce que Dieu avait fait. Cette réforme commença avec le siècle, en 1700, par un grand jubilé que le czar indiqua lui-même. Il avait supprimé la dignité de patriarche, et il en faisait les fonctions. Il n'est pas vrai qu'il eût, comme on l'a dit, mis son patriarche aux Petites-Maisons de Moscou. Il avait coutume, quand il voulait se réjouir en punissant, de dire à celui qu'il châtiait ainsi : *Je te fais fou;* et celui à qui il donnait ce beau titre était obligé, fût-il le plus grand seigneur du royaume, de porter une marotte, une jaquette et des grelots, et de divertir la cour en qualité de fou de Sa Majesté Czarienne. Il ne donna point cette charge au patriarche; il se contenta de supprimer un emploi dont ceux qui en avaient été revêtus avaient abusé au point qu'ils avaient obligé les czars de marcher devant eux une fois l'an, en tenant la bride du cheval patriarcal[1], cérémonie dont un homme tel que Pierre le Grand s'était d'abord dispensé.

---

1. L'auteur de la nouvelle *Histoire de Russie* prétend que cette cérémonie n'a jamais eu lieu, et que les patriarches se contentaient d'affecter l'égalité avec

Pour avoir plus de sujets, il voulut avoir moins de moines, et ordonna que dorénavant on ne pourrait entrer dans un cloître qu'à cinquante ans; ce qui fit que, dès son temps, son pays fut, de tous ceux qui ont des moines, celui où il y en eut le moins. Mais après lui, cette graine qu'il déracinait a repoussé, par cette faiblesse naturelle qu'ont tous les religieux de vouloir augmenter leur nombre, et par cette autre faiblesse qu'ont les gouvernements de le souffrir.

Il fit d'ailleurs des lois fort sages pour les desservants des églises, et pour la réforme de leurs mœurs, quoique les siennes fussent assez déréglées; sachant très-bien que ce qui est permis à un souverain ne doit pas l'être à un curé. Avant lui, les femmes vivaient toujours séparées des hommes; il était inouï qu'un mari eût jamais vu la fille qu'il épousait. Il ne faisait connaissance avec elle qu'à l'église. Parmi les présents de noces était une grosse poignée de verges que le futur envoyait à la future, pour l'avertir qu'à la première occasion elle devait s'attendre à une petite correction maritale; les maris même pouvaient tuer leurs femmes impunément, et on enterrait vives celles qui usurpaient ce même droit sur leurs maris.

Pierre abolit les poignées de verges, défendit aux maris de tuer leurs femmes; et pour rendre les mariages moins malheureux et mieux assortis, il introduisit l'usage de faire manger les hommes avec elles, et de présenter les prétendants aux filles avant la célébration; en un mot, il établit et fit naître tout dans ses États, jusqu'à la société. On connaît le règlement qu'il fit lui-même pour obliger ses boïards et ses boïardes à tenir des assemblées, où les fautes qu'on commettait contre la civilité russe étaient punies d'un grand verre d'eau-de-vie qu'on faisait boire au délinquant, de façon que toute l'honorable compagnie s'en retournait fort ivre et peu corrigée. Mais c'était beaucoup d'introduire une espèce de société chez un peuple qui n'en connaissait point. On alla même jusqu'à donner quelquefois des spectacles dramatiques. La princesse Natalie, une de ses sœurs, fit des tragédies en langue russe, qui ressemblaient assez aux pièces de Shakspeare, dans lesquelles des tyrans et des arlequins faisaient les premiers rôles. L'orchestre était composé de violons russes qu'on faisait jouer à coups de nerf de bœuf. A présent, on a dans Pétersbourg des comédiens français et des opéras italiens. La magnificence et le goût même ont en tout succédé à la barbarie. Une des plus difficiles entreprises du fondateur fut d'accourcir les robes, et de faire raser les barbes de son peuple. Ce fut là l'objet des plus grands murmures. Comment apprendre à toute une nation à faire des habits à l'allemande, et à manier le rasoir? On en vint à bout en plaçant aux portes des villes des tailleurs et des barbiers; les uns coupaient les robes de ceux qui entraient, les autres les barbes : les obstinés payaient quarante sous de notre monnaie. Bientôt on aima mieux perdre sa barbe que son argent. Les femmes servirent utilement le czar dans cette réforme; elles préféraient

les empereurs : cette farce insolente n'a donc jamais été jouée que dans notre Occident; et ceux qui l'ont jouée ne sont pas encore supprimés! (*Ed. de Kehl.*)

les mentons rasés ; elles lui eurent l'obligation de n'être plus fouettées, de vivre en société avec les hommes, et d'avoir à baiser des visages plus honnêtes.

Au milieu de ces réformes, grandes et petites, qui faisaient les amusements du czar, et de la guerre terrible qui l'occupait contre Charles XII, il jeta les fondements de l'importante ville et du port de Pétersbourg, en 1704, dans un marais où il n'y avait pas une cabane. Pierre travailla de ses mains à la première maison ; rien ne le rebuta : des ouvriers furent forcés de venir sur ce bord de la mer Baltique, des frontières d'Astracan, des bords de la mer Noire et de la mer Caspienne. Il périt plus de cent mille hommes dans les travaux qu'il fallut faire, et dans les fatigues et la disette qu'on essuya ; mais enfin la ville existe. Les ports d'Archangel, d'Astracan, d'Azof, de Véronise, furent construits.

Pour faire tant de grands établissements, pour avoir des flottes dans la mer Baltique, et cent mille hommes de troupes réglées, l'État ne possédait alors qu'environ vingt de nos millions de revenu. J'en ai vu le compte entre les mains d'un homme qui avait été ambassadeur à Pétersbourg. Mais la paye des ouvriers était proportionnée à l'argent du royaume. Il faut se souvenir qu'il n'en coûta que des oignons aux rois d'Égypte pour bâtir les pyramides. Je le répète, on n'a qu'à vouloir ; on ne veut pas assez.

Quand il eut créé sa nation, il crut qu'il lui était bien permis de satisfaire son goût en épousant sa maîtresse, et une maîtresse qui méritait d'être sa femme. Il fit ce mariage publiquement en 1712. Cette célèbre Catherine, orpheline, née dans le village de Ringen en Estonie, nourrie par charité chez un ministre luthérien, nommé Gluck, mariée à un soldat livonien, prise par un parti deux jours après ce mariage, avait passé du service des généraux Bauer et Sheremetof à celui de Menzikoff, garçon pâtissier, qui devint prince et le premier homme de l'empire ; enfin elle fut l'épouse de Pierre le Grand, et ensuite impératrice souveraine après la mort du czar, et digne de l'être. Elle adoucit beaucoup les mœurs de son mari, et sauva beaucoup plus de dos du knout, et beaucoup plus de têtes de la hache, que n'avait fait le général Le Fort. On l'aima, on la révéra. Un baron allemand, un écuyer d'un abbé de Fulde n'eût point épousé Catherine ; mais Pierre le Grand ne pensait pas que le mérite eût, auprès de lui, besoin de trente-deux quartiers. Les souverains pensent volontiers qu'il n'y a d'autre grandeur que celle qu'ils donnent, et que tout est égal devant eux. Il est bien certain que la naissance ne met pas plus de différence entre les hommes qu'entre un ânon dont le père portait du fumier, et un ânon dont le père portait des reliques. L'éducation fait la grande différence, les talents la font prodigieuse, la fortune encore plus. Catherine avait eu une éducation tout aussi bonne, pour le moins, chez son ministre d'Estonie, que toutes les boïardes de Moscou et d'Archangel, et était née avec plus de talents et une âme plus grande ; elle avait réglé la maison du général Bauer, et celle du prince Menzikoff, sans savoir ni lire ni écrire. Quiconque sait très-bien gouverner une grande maison peut gouverner un royaume; cela peut paraître un paradoxe, mais certainement c'est avec le même esprit d'ordre, de sagesse, et de fermeté, qu'on commande à cent personnes et à plusieurs milliers.

Le czarovitz Alexis, fils du czar, qui épousa, dit-on, comme lui, une esclave, et qui, comme lui, quitta secrètement la Russie, n'eut pas un succès pareil dans ses deux entreprises; et il en coûta la vie au fils pour avoir imité mal à propos le père : ce fut un des plus terribles exemples de sévérité que jamais on ait donnés du haut d'un trône; mais ce qui est bien honorable pour la mémoire de l'impératrice Catherine, c'est qu'elle n'eut point de part au malheur de ce prince, né d'un autre lit, et qui n'aimait rien de ce que son père aimait; on n'accusa point Catherine d'avoir agi en marâtre cruelle : le grand crime du malheureux Alexis était d'être trop russe, de désapprouver tout ce que son père faisait de grand et d'immortel pour la gloire de sa nation. Un jour, entendant des Moscovites qui se plaignaient des travaux insupportables qu'il fallait endurer pour bâtir Pétersbourg : « Consolez-vous, dit-il, cette ville ne durera pas longtemps. » Quand il fallait suivre son père dans ces voyages de cinq à six cents lieues que le czar entreprenait souvent, le prince feignait d'être malade; on le purgeait rudement pour la maladie qu'il n'avait pas : tant de médecines, jointes à beaucoup d'eau-de-vie, altérèrent sa santé et son esprit. Il avait eu d'abord de l'inclination pour s'instruire : il savait la géométrie, l'histoire, avait appris l'allemand; mais il n'aimait point la guerre, ne voulait point l'apprendre; et c'est ce que son père lui reprochait le plus. On l'avait marié à la princesse de Volffenbuttel, sœur de l'impératrice, femme de Charles VI, en 1711. Ce mariage fut malheureux. La princesse était souvent abandonnée pour des débauches d'eau-de-vie, et pour Afrosine, fille finlandaise, grande, bien faite, et fort douce. On prétend que la princesse mourut de chagrin, si le chagrin peut donner la mort, et que le czarovitz épousa ensuite secrètement Afrosine en 1713, lorsque l'impératrice Catherine venait de lui donner un frère dont il se serait bien passé.

Les mécontentements entre le père et le fils devinrent de jour en jour plus sérieux, jusque-là que Pierre, dès l'an 1716, menaça le prince de le déshériter; et le prince lui dit qu'il voulait se faire moine.

Le czar, en 1717, renouvela ses voyages par politique et par curiosité; il alla enfin en France. Si son fils avait voulu se révolter, s'il y avait eu en effet un parti formé en sa faveur, c'était là le temps de se déclarer; mais au lieu de rester en Russie et de s'y faire des créatures, il alla voyager de son côté, ayant eu bien de la peine à rassembler quelques milliers de ducats, qu'il avait secrètement empruntés. Il se jeta entre les bras de l'empereur Charles VI, beau-frère de sa défunte femme. On le garda quelque temps très-incognito à Vienne; de là on le fit passer à Naples, où il resta près d'un an, sans que ni le czar, ni personne en Russie, sût le lieu de sa retraite.

Pendant que le fils était ainsi caché, le père était à Paris, où il fut reçu avec les mêmes respects qu'ailleurs, mais avec une galanterie qu'il ne pouvait trouver qu'en France. S'il allait voir une manufacture, et qu'un ouvrage attirât plus ses regards qu'un autre, on lui en faisait présent le lendemain. Il alla dîner à Petitbourg, chez M. le duc d'Antin, et la première chose qu'il vit fut son portrait en grand avec le même habit qu'il portait. Quand il alla voir la Monnaie royale des médailles, on en frappa devant lui de toute espèce, et on les lui présentait : enfin on en frappa une qu'on laissa exprès tomber à ses pieds, et qu'on lui laissa ramasser. Il s'y vit gravé d'une manière parfaite, avec ces mots : *Pierre le Grand*. Le revers était une Renommée, et la légende : *Vires acquirit eundo;* allégorie aussi juste que flatteuse pour un prince qui augmentait en effet son mérite par ses voyages.

En voyant le tombeau du cardinal de Richelieu et la statue de ce ministre, ouvrage digne de celui qu'il représente, le czar laissa paraître un de ces transports, et dit une de ces choses qui ne peuvent partir que de ceux qui sont nés pour être de grands hommes. Il monta sur le tombeau, embrassa la statue : « Grand ministre, dit-il, que n'es-tu né de mon temps! je te donnerais la moitié de mon empire pour m'apprendre à gouverner l'autre. » Un homme qui avait moins d'enthousiasme que le czar, s'étant fait expliquer ces paroles prononcées en langue russe, répondit : « S'il avait donné cette moitié, il n'aurait pas longtemps gardé l'autre. »

Le czar, après avoir ainsi parcouru la France, où tout dispose les mœurs à la douceur et à l'indulgence, retourna dans sa patrie, et y reprit sa sévérité. Il avait enfin engagé son fils à revenir de Naples à Pétersbourg : ce jeune prince fut de là conduit à Moscou devant le czar son père, qui commença par le priver de la succession au trône, et lui fit signer un acte solennel de renonciation à la fin du mois de janvier 1718; et, en considération de cet acte, le père promit à son fils de lui laisser la vie.

Il n'était pas hors de vraisemblance qu'un tel acte serait un jour annulé. Le czar, pour lui donner plus de force, oubliant qu'il était père, et se souvenant seulement qu'il était fondateur d'un empire que son fils pouvait replonger dans la barbarie, fit instruire publiquement le procès de ce prince infortuné, sur quelques réticences qu'on lui reprochait dans l'aveu qu'on avait d'abord exigé de lui.

On assembla des évêques, des abbés, et des professeurs, qui trouvèrent dans l'Ancien Testament, que ceux qui maudissent leur père et leur mère doivent être mis à mort; qu'à la vérité David avait pardonné à son fils Absalon révolté contre lui, mais que Dieu n'avait pas pardonné à Absalon. Tel fut leur avis sans rien conclure; mais c'était en effet signer un arrêt de mort. Alexis n'avait, à la vérité, jamais maudit son père; il ne s'était point révolté comme Absalon; il n'avait point couché publiquement avec les concubines du roi : il avait voyagé sans la permission paternelle, et il avait écrit des lettres à ses amis, par lesquelles il marquait seulement qu'il espérait qu'on se souviendrait un jour de lui en Russie. Cependant de cent vingt-quatre juges séculiers qu'on lui donna, il ne s'en trouva pas un qui ne conclût à la mort; et ceux qui ne savaient pas écrire firent signer les autres pour eux. On a dit dans l'Europe, on a souvent imprimé, que le czar s'était fait traduire d'espagnol en russe le procès criminel de don Carlos, ce prince infortuné que Philippe II son père avait fait mettre dans une prison, où mourut cet héritier d'une grande monarchie; mais jamais il n'y eut de procès fait à don Carlos, et jamais on n'a su la manière, soit violente, soit naturelle, dont ce prince mourut. Pierre, le plus despotique des princes, n'avait pas besoin d'exemples. Ce qui est certain, c'est que son fils mourut dans son lit, le lendemain de l'arrêt, et que le czar avait à Moscou une des plus belles apothicaireries de l'Europe. Cependant il est probable que le prince Alexis, héritier de la plus vaste monarchie du monde, condamné unanimement par les sujets de son père, qui devaient être un jour les siens, put mourir de la révolution que fit dans son corps un arrêt si étrange et si funeste. Le père alla voir son fils expirant, et on dit qu'il versa des larmes.

Infelix! utcunque ferent ea facta minores!

Mais, malgré ses larmes, les roues furent couvertes des membres rompus des amis de son fils. Il fit couper la tête à son propre beau-frère, le comte Lapuchin, frère de sa femme Ottokesa Lapuchin qu'il avait répudiée, et oncle du prince Alexis. Le confesseur du prince eut aussi la tête coupée. Si la Moscovie a été civilisée, il faut avouer que cette politesse lui a coûté cher.

Le reste de la vie du czar ne fut qu'une suite de ses grands desseins, de ses travaux, et de ses exploits, qui semblaient effacer l'excès de ses sévérités, peut-être nécessaires. Il faisait souvent des harangues à sa cour et à son conseil. Dans une de ces harangues, il leur dit qu'il avait sacrifié son fils au salut de ses États.

Après la paix glorieuse qu'il conclut enfin avec la Suède en 1721, par laquelle on lui céda la Livonie, l'Estonie, l'Ingermanie, la moitié de la Carélie et du Vibourg, les États de Russie lui déférèrent le nom de *grand*, de père de la patrie et d'empereur. Ces États étaient représentés par le sénat, qui lui donna solennellement ces titres en présence du comte de Kinski, ministre de l'empereur, de M. de Campredon, envoyé de France, des ambassadeurs de Prusse et de Hollande. Peu à peu les princes de l'Europe se sont accoutumés à donner aux souverains de Russie ce titre d'empereur; mais cette dignité n'empêche pas que les ambassadeurs de France n'aient partout le pas sur ceux de Russie.

Les Russes doivent certainement regarder le czar comme le plus grand des hommes. De la mer Baltique aux frontières de la Chine, c'est un héros; mais doit-il l'être parmi nous? était-il comparable pour la valeur à nos Condé, à nos Villars; et pour les connaissances, pour l'esprit, pour les mœurs, à une foule d'hommes avec qui nous vivons? Non; mais il était roi, et roi mal élevé; et il a fait ce que peut-être mille souverains à sa place n'eussent pas fait. Il a eu cette force dans l'âme qui met un homme au-dessus des préjugés de tout ce qui l'environne et de tout ce qui l'a précédé : c'est un architecte qui a bâti en brique, et qui ailleurs eût bâti en marbre. S'il eût régné en France, il eût pris les arts au point où ils sont pour les élever au comble : on l'admirait d'avoir vingt-cinq grands vaisseaux sur la mer Baltique, il en eût eu deux cents dans nos ports.

A voir ce qu'il a fait de Pétersbourg, qu'on juge ce qu'il eût fait de Paris. Ce qui m'étonne le plus, c'est le peu d'espérance que devait avoir le genre humain, qu'il dût naître à Moscou un homme tel que le czar Pierre. Il y avait à parier un nombre égal à celui de tous les hommes qui ont peuplé de tous les temps la Russie, contre l'unité, que ce génie si contraire au génie de sa nation ne serait donné à aucun Russe; et il y avait encore à parier environ seize millions qui faisaient le nombre des Russes d'alors, contre un, que ce lot de la nature ne tomberait pas au czar. Cependant la chose est arrivée: Il a fallu un nombre prodigieux de combinaisons et de siècles, avant que la nature fît naître celui qui devait inventer la charrue, et celui à qui nous devons l'art de la navette. Aujourd'hui les Russes ne sont plus surpris de leurs progrès; ils se sont, en moins de cinquante ans, familiarisés avec tous les arts. On dirait que ces arts sont anciens chez eux. Il y a encore de vastes climats en Afrique où les hommes ont besoin d'un czar Pierre : il viendra peut-être dans des millions d'années; car tout vient trop tard.

COMPLIMENT

FAIT AU ROI LE 21 FÉVRIER 1749, SUR LA PAIX CONCLUE AVEC LA REINE DE HONGRIE
ET DE BOHÉME, IMPÉRATRICE, ET LE ROI DE LA GRANDE-BRETAGNE;

PAR M. LE MARÉCHAL DUC DE RICHELIEU,

DIRECTEUR DE L'ACADÉMIE FRANÇAISE.

SIRE,

L'Académie, destinée à célébrer la véritable gloire, n'a jamais eu de plus digne objet de ses soins. Faible interprète de ses sentiments, je dois l'honneur qu'elle m'a fait au bonheur dont je jouis d'être plus à portée de connaître cette grande âme, le principe de ce que nous admirons.

Témoin des actions héroïques de Votre Majesté, comme de la simplicité qui les embellit, je vous ai vu, sire, dans les batailles, préparer par des victoires cette paix qu'on s'obstinait à ne pas accepter; cette paix, le fruit de votre modération et de la fidélité à vos promesses; cette paix que l'amour du bien public a dictée, et que la reconnaissance doit bénir à jamais.

C'est à mes confrères, sire, à transmettre à la postérité vos triomphes sur vos ennemis et sur vous-même, l'amour que vous avez pour vos peuples, le bien que vous faites au monde, l'exemple que vous donnez aux rois

Que l'Académie célèbre le grand homme qu'on admire, je ne vois que le maître qui se fait aimer. Le récit des grandes choses exige de l'éloquence : le cœur n'en a pas besoin; il parle avec confiance, et ne craint point de faire rougir celui qui ne craint que les louanges. Les bouches de la renommée diront ce que vous avez fait; la mienne, ce que vous inspirez.

DES

EMBELLISSEMENTS DE PARIS.

(1749.)

Un seul citoyen[1], qui n'était pas fort riche, mais qui avait une grande âme, fit à ses dépens la place des Victoires, et érigea par reconnaissance une statue à son roi. Il fit plus que sept cent mille citoyens n'ont encore fait dans ce siècle. Nous possédons dans Paris de quoi acheter des royaumes; nous voyons tous les jours ce qui manque à notre ville, et nous nous contentons de murmurer. On passe devant le Louvre, et on gémit de voir cette façade, monument de la grandeur de Louis XIV, du zèle de Colbert, et du génie de Perrault, cachée par des bâtiments de Goths et de Vandales. Nous courons aux spectacles, et nous sommes indignés d'y entrer d'une manière si incommode et si dégoûtante, d'y être placés si mal à notre aise, de voir des salles si grossièrement construites, des théâtres si mal entendus, et d'en sortir avec plus d'embarras et de peine qu'on n'y est entré. Nous rougissons, avec raison, de voir les marchés publics établis dans des rues étroites, étaler la malpropreté, répandre l'infection, et causer des désordres continuels. Nous n'avons que deux fontaines[2] dans le grand goût, et il s'en faut bien qu'elles soient avantageusement placées; toutes les autres sont dignes d'un village. Des quartiers immenses demandent des places publiques; et tandis que l'arc de triomphe de la porte Saint-Denis, et la statue équestre de Henri le Grand, ces deux ponts, ces deux quais superbes, ce Louvre, ces Tuileries, ces Champs-Élysées, égalent ou surpassent les beautés de l'ancienne Rome, le centre de la ville, obscur, resserré, hideux, représente le temps de la plus honteuse barbarie. Nous le disons sans cesse; mais jusqu'à quand le dirons-nous sans y remédier ?

A qui appartient-il d'embellir la ville, sinon aux habitants qui jouissent dans son sein de tout ce que l'opulence et les plaisirs peuvent prodiguer aux hommes ? On parle d'une place et d'une statue du roi; mais depuis le temps qu'on en parle, on a bâti une place dans Londres, et on a construit un pont sur la Tamise, au milieu même d'une guerre plus funeste et plus ruineuse pour les Anglais que pour nous. Ne pouvant pas avoir la gloire de donner l'exemple, ayons au moins

---

1. Le maréchal de La Feuillade. (ÉD.)
2. La fontaine des Innocents, et celle de la rue de Grenelle. (ÉD.)

celle d'enchérir sur les exemples qu'on nous donne. Il est temps que ceux qui sont à la tête de la plus opulente capitale de l'Europe, la rendent la plus commode et la plus magnifique. Ne serons-nous pas honteux, à la fin, de nous borner à de petits feux d'artifice vis-à-vis un bâtiment grossier[1], dans une petite place destinée à l'exécution des criminels? Qu'on ose élever son esprit, et on fera ce qu'on voudra. Je ne demande autre chose, sinon qu'on veuille avec fermeté. Il s'agit bien d'une place! Paris serait encore très-incommode et très-irrégulier quand cette place serait faite; il faut des marchés publics, des fontaines qui donnent en effet de l'eau, des carrefours réguliers, des salles de spectacle; il faut élargir les rues étroites et infectes, découvrir les monuments qu'on ne voit point, et en élever qu'on puisse voir.

La bassesse des idées, la crainte encore plus basse d'une dépense nécessaire, viennent combattre ces projets de grandeur que chaque bon citoyen a faits cent fois en lui même. On se décourage quand on songe à ce qu'il en coûtera pour élever ces grands monuments, dont la plupart deviennent chaque jour indispensables, et qu'il faudra bien faire à la fin, quoi qu'il en coûte; mais au fond il est bien certain qu'il n'en coûtera rien à l'État. L'argent employé à ces nobles travaux ne sera certainement pas payé à des étrangers. S'il fallait faire venir le fer d'Allemagne et les pierres d'Angleterre, je vous dirais : « Croupissez dans votre molle nonchalance, jouissez en paix des beautés que vous possédez, et restez privés de celles qui vous manquent. » Mais bien loin que l'État perde à ces travaux, il y gagne; tous les pauvres alors sont utilement employés, la circulation de l'argent en augmente, et le peuple qui travaille le plus est toujours le plus riche. Mais où trouver des fonds? Et où en trouvèrent les premiers rois de Rome, quand, dans les temps de la pauvreté, ils bâtirent ces souterrains qui furent, six cents ans après eux, l'admiration de Rome riche et triomphante? Pensons-nous que nous soyons moins industrieux que ces Égyptiens, dont je ne vanterai pas ici les pyramides, qui ne sont que de grossiers monuments d'ostentation, mais dont je rappellerai tant d'ouvrages nécessaires et admirables? Y a-t-il moins d'argent dans Paris qu'il n'y en avait dans Rome moderne quand elle bâtit Saint-Pierre, qui est le chef-d'œuvre de la magnificence et du goût, et quand elle éleva tant d'autres beaux morceaux d'architecture, où l'utile, le noble, et l'agréable, se trouvent ensemble? Londres n'était pas si riche que Paris, quand ses aldermans firent l'église de Saint-Paul, qui est la seconde de l'Europe, et qui semble nous reprocher notre cathédrale gothique. Où trouver des fonds? En manquons-nous quand il faut dorer tant de cabinets et tant d'équipages, et donner tous les jours des festins qui ruinent la santé et la fortune, et qui engourdissent à la longue toutes les facultés de l'âme? Si nous calculions quelle est la circulation d'argent que le jeu seul opère dans Paris, nous serions effrayés. Je suppose que dans dix mille maisons il y ait au moins mille francs qui cir-

---

1. L'Hôtel de ville. (ÉD.)

culent en perte ou en gain par maison chaque année (la somme peut aller dix fois au delà), cet article seul, tel que je le réduis, monte à dix millions, dont la perte serait insensible.

Il y a aujourd'hui beaucoup plus d'argent monnayé dans le royaume que n'en possédait Louis XIV. Il dépensa 400 millions et davantage à Versailles, à Trianon, à Marly; et ces 400 millions, à 27 à 28 liv. le marc, font aujourd'hui beaucoup plus de 700 millions. Les dépenses de trois bosquets auraient suffi pour les embellissements nécessaires à la capitale. Quand un souverain fait ces dépenses pour lui, il témoigne sa grandeur; quand il les fait pour le public, il témoigne sa magnanimité. Mais dans l'un et l'autre cas, il encourage les arts, il fait circuler l'argent, et rien ne se perd dans ses entreprises, sinon les remises faites dans les pays étrangers, pour acheter chèrement d'anciennes statues mutilées, tandis que nous avons parmi nous des Phidias et des Praxitèles.

Le roi, par sa grandeur d'âme et par son amour pour son peuple, voudrait contribuer à rendre sa capitale digne de lui. Mais, après tout, il n'est pas plus roi des Parisiens que des Lyonnais et des Bordelais; chaque métropole doit se secourir elle-même. Faut-il à un particulier un arrêt du conseil pour ajuster sa maison? Le roi d'ailleurs, après une longue guerre, n'est point en état à présent de dépenser beaucoup pour nos plaisirs; et avant d'abattre les maisons qui nous cachent la façade de Saint-Gervais, il faut payer le sang qui a été répandu pour la patrie. D'ailleurs, s'il y a aujourd'hui plus d'espèces dans le royaume que du temps de Louis XIV, les revenus actuels de la couronne n'approchent pas encore de ce qu'ils étaient en effet sous ce monarque: car dans les soixante et douze années de ce règne, on leva sur la nation 18 milliards numéraires; ce qui fait, année commune, 200 millions 500 mille livres, à 27 à 30 liv. le marc; et cette somme annuelle revient à environ 330 millions d'aujourd'hui; or il s'en faut beaucoup que le roi ait ce revenu. On dit toujours : « Le roi est riche, » dans le même sens qu'on le dirait d'un seigneur ou d'un particulier : mais en ce sens-là, le roi n'est point riche du tout; il n'a presque point de domaine; et j'observerai, en passant, que les temps les plus malheureux de la monarchie ont été ceux où les rois n'avaient que leur domaine pour résister à leurs ennemis, et pour récompenser leurs sujets. Le roi est précisément et à la lettre l'économe de toute la nation; la moitié de l'argent circulant dans le royaume passe par des trésoriers comme par un crible; et tout homme qui demande au roi une pension, une gratification, dit en effet au roi : « Sire, donnez-moi une petite portion de l'argent de mes concitoyens. » Reste à savoir si cet homme a bien mérité de la patrie; il est clair qu'alors la patrie lui doit, et le roi le paye au nom de l'État : mais il est clair encore que le roi n'a pour les dépenses arbitraires que ce qui reste après qu'il a satisfait aux dépenses nécessaires.

Il est encore très-vrai qu'il s'en faut beaucoup qu'il se trouve au pair, c'est-à-dire que toutes les dettes annuelles soient payées au bout de l'année. Je crois qu'il n'y a que deux États en Europe, l'un très-grand et l'autre très-petit, où l'on ait établi cette économie; et nous sommes infiniment plus riches que ces deux États.

Enfin, que le roi doive beaucoup, ou peu, ou rien, il est encore certain qu'il ne thésaurise pas: s'il thésaurisait, il y perdrait lui et l'État. Henri IV, après des temps d'orage qui tenaient à la barbarie, gêné encore de tous côtés, et n'obtenant que des remontrances quand il fallait de l'argent pour reprendre Amiens des mains des ennemis; Henri IV, dis-je, eut raison d'amasser en quelques années, avec ses revenus, un trésor d'environ 40 millions, dont 22 étaient enfermés dans les caves de la Bastille. Ce trésor de 40 millions en valait à peu près 100 d'aujourd'hui; et toutes les denrées (excepté les soldats, que j'ai appelés la plus nécessaire denrée des rois) étant aujourd'hui du double au moins plus chères, il est démontré que le trésor de Henri IV répond à 200 de nos millions en 1749. Cet argent nécessaire, cet argent que ce grand prince n'aurait pu avoir autrement, était perdu quand il était enterré; remis dans le commerce, il aurait valu à l'État 2 millions numéraires de son temps au moins par année. Henri IV y perdit donc; et il n'eût pas enterré son trésor, s'il eût été assuré de le retrouver au besoin dans la bourse de ses sujets. Il en usait, tout roi qu'il était, comme avaient agi les particuliers dans les temps déplorables de la Ligue; ils enfouissaient leur argent: ce qui était malheureusement nécessaire alors serait très-déplacé aujourd'hui. Le roi a pour trésor la manutention, l'usage de l'argent que lui produisent la culture de nos terres, notre commerce, notre industrie; et avec cet argent il supporte des charges immenses; or, de ce produit des terres, du commerce, de l'industrie du royaume, il en reste dans Paris la grande partie; et si le roi, au bout de l'année, redoit encore, c'est-à-dire s'il n'a pu, comme nous l'avons dit, de ce produit annuel payer toutes les charges annuelles de l'État; s'il n'est pas riche en ce sens, la ville de Paris n'en est pas moins opulente. Henri IV avait 40 millions de livres de son temps dans ses coffres; ce n'est pas exagérer que de dire que les citoyens de Paris en possèdent six fois autant, pour le moins, en argent monnayé. Ce n'est donc pas au roi, c'est à nous de contribuer à présent aux embellissements de notre ville: les riches citoyens de Paris peuvent la rendre un prodige de magnificence, en donnant peu de chose de leur superflu. Y a-t-il un homme aisé qui ait le front de dire: « Je ne veux pas qu'il m'en coûte cent francs par an pour l'avantage du public et pour le mien? » S'il y a un homme assez lâche pour le penser, il ne sera pas assez effronté pour le dire. Il ne s'agit donc que de lever les fonds nécessaires; et il y a cent façons entre lesquelles ceux qui sont au fait peuvent aisément choisir.

Que le corps de ville demande seulement la permission de mettre une taxe modérée et proportionnelle sur les habitants, ou sur les maisons, ou sur les denrées; cette taxe presque insensible pour embellir notre ville sera, sans comparaison, moins forte que celle que nous supportions pour voir périr nos compatriotes sur le Danube; que ce même Hôtel de ville emprunte en rentes viagères, en rentes tournantes, quelques millions qui seront un fonds d'amortissement; qu'il fasse une loterie bien combinée; qu'il emploie une somme fixe tous les ans; que le roi daigne ensuite, quand ses affaires le permettront, concourir à ces nobles travaux, en affectant à cette dépense quelques parties des impôts extraordinaires que nous avons payés pendant la guerre, et que tout cet argent soit fidèlement économisé; que les projets soient reçus au concours; que l'exécution soit au rabais : il sera facile de démontrer qu'on peut, en moins de dix ans, faire de Paris la merveille du monde.

Le conte que l'on fait du grand Colbert qui, en peu de mois, mit de l'argent dans les coffres du roi, par les dépenses même d'un carrousel, est une fable; car les fermes n'étaient point régies pour le compte du roi; d'ailleurs, on n'aurait pu s'apercevoir qu'à la longue de ce bénéfice : mais c'est une fable qui a un très-grand sens, et qui montre une vérité palpable.

Il est indubitable que de telles entreprises peupleront Paris de quatre ou cinq mille ouvriers de plus, qu'il en viendra encore des pays étrangers : or la plupart arrivent avec leurs familles; et si ces artistes gagnent 1 500 000 francs, ils en rendent un million à l'État par leurs dépenses, par la consommation des denrées. Le mouvement prodigieux d'argent que ces entreprises opéreraient dans Paris augmenterait encore de beaucoup le produit des fermes générales. Si les citoyens qui ont le bail de ces fermes générales gagnent par cette opération 1 500 000 francs par année, s'ils ne gagnent même qu'un million, que 500 000 francs, seront-ils lésés qu'on leur propose de contribuer de 300 000 livres par an, de 500 000 francs même, à ce grand ouvrage ? Il y en a beaucoup parmi eux qui pensent assez noblement pour le proposer eux-mêmes; et les secours désintéressés qu'ils ont donnés au roi pendant la guerre répondent de ce qu'ils peuvent, et par conséquent de ce qu'ils doivent faire pendant la paix, pour leur patrie : ils ont emprunté pour le roi à 5 pour cent, et n'ont reçu du roi que 5 pour cent; ainsi ils ont prêté sans intérêt. Quand M. Orri, en 1743, pour favoriser le commerce extérieur, supprima les impôts sur les toiles, sur tous les ouvrages de bonneterie et les tapisseries, à la sortie du royaume, à commencer en 1744, les fermiers généraux demandèrent eux-mêmes que l'impôt fût supprimé dès le moment, et ne voulurent point d'indemnité. Un d'eux[1] fournit du blé à une province qui en manquait, sans y faire le moindre profit, et n'accepta qu'une médaille que la province fit frapper en son honneur. Enfin, il n'y a pas longtemps que nous avons vu un homme de finances[2], qui seul avait secouru l'État plus d'une fois, et qui laissa à sa mort 10 millions d'argent prêtés à des particuliers, dont 5 ne portaient aucun intérêt. Il y a donc de très-grandes âmes parmi ceux qu'on soupçonne de n'avoir que des âmes intéressées; et le gouvernement peut exciter l'émulation de ceux qui, s'étant enrichis dans les finances, doivent contribuer à la décoration d'une ville où ils ont fait leur fortune. Encore une fois, il faut

---

1 Bouret, fermier-général. (ED.) — 2. Samuel Bernard. (ED.)

vouloir. Le célèbre curé de Saint-Sulpice [1] voulut, et il bâtit, sans aucun fonds, un vaste édifice. Il nous sera certainement plus aisé de décorer notre ville avec les richesses que nous avons, qu'il ne le fut de bâtir avec rien Saint-Sulpice et Saint-Roch. Le préjugé qui s'effarouche de tout, la contradiction qui combat tout, diront que tant de projets sont trop vastes, d'une exécution trop difficile, trop longue. Ils sont cent fois plus aisés pourtant qu'il ne le fut de faire venir l'Eure et la Seine à Versailles, d'y bâtir l'Orangerie, et d'y faire les bosquets.

Quand Londres fut consumée par les flammes [2], l'Europe disait. « Londres ne sera rebâtie de vingt ans, et encore verra-t-on son désastre dans les réparations de ses ruines. Elle fut rebâtie en deux ans, et le fut avec magnificence. Quoi ! ne sera-ce jamais qu'à la dernière extrémité que nous ferons quelque chose de grand ? Si la moitié de Paris était brûlée, nous la rebâtirions superbe et commode ; et nous ne voulons pas lui donner aujourd'hui, à mille fois moins de frais, les commodités et la magnificence dont elle a besoin. Cependant une pareille entreprise ferait la gloire de la nation, un honneur immortel au corps de ville de Paris, encouragerait tous les arts, attirerait les étrangers des bouts de l'Europe, enrichirait l'État, bien loin de l'appauvrir, accoutumerait au travail mille indigents fainéants qui ne fondent actuellement leur misérable vie que sur le métier infâme et punissable de mendiants, et qui contribuent encore à déshonorer notre ville ; il en résulterait le bien de tout le monde, et plus d'une sorte de bien. Voilà, sans contredit, l'effet de ces travaux qu'on propose, que tous les citoyens souhaitent, et que tous les citoyens négligent. Fasse le ciel qu'il se trouve quelque homme assez zélé pour embrasser de tels projets, d'une âme assez ferme pour les suivre, d'un esprit assez éclairé pour les rédiger, et qu'il soit assez accrédité pour les faire réussir ! Si dans notre ville immense il ne se trouve personne qui s'en charge ; si on se contente d'en parler à table, de faire d'inutiles souhaits, ou peut-être des plaisanteries impertinentes, il faut pleurer sur les ruines de Jérusalem.

LETTRE

A L'OCCASION DE L'IMPÔT DU VINGTIÈME.

Paris, 16 mai 1749.

Monsieur,

Vous vous souvenez de la journée que j'eus l'honneur de passer avec vous lorsqu'on fit la revue des gardes. Parmi les carrosses brillants dont la plaine était couverte, le vôtre fut remarqué ; et parmi les diamants dont les dames étaient parées, ceux de madame votre femme furent vus avec admiration. Au retour nous descendîmes chez vous,

---

1. **Languet de Gergy.** (ÉD.) — 2. En 1666. (ÉD.)

et nous nous trouvâmes au nombre de quatorze ou quinze personnes. On joua quelque temps dans ce magnifique salon que vous avez orné avec tant de goût; il y eut environ trois cents louis de perte, et la gaieté de la compagnie n'en fut point altérée. Les gagnants payèrent les cartes, selon l'usage, vingt fois au-dessus de ce qu'elles coûtent. Nous soupâmes ensuite : vous savez combien la beauté de votre vaisselle frappa tout le monde; vos doubles entrées furent encore plus applaudies. On loua beaucoup votre cuisinier, et on avoua que vous aviez raison de lui donner 1500 francs de gages, ce qui fait 500 francs de plus que ce que vous donnez au précepteur de monsieur votre fils, et près de mille francs au delà des appointements de votre secrétaire. Quelqu'un de nous fit réflexion qu'il y avait dans Paris cinq ou six cents soupers qui ne cédaient guère au vôtre. Cette idée ne vous déplut point : vous n'êtes pas de ceux qui ne voudraient qu'eux d'heureux sur la terre.

Un homme de mauvaise humeur prit ce temps-là, assez mal à propos, pour dire qu'il y avait aussi dans les quatrièmes étages bien des familles qui faisaient mauvaise chère. Nous lui fermâmes la bouche en lui prouvant qu'il faut absolument qu'il y ait des pauvres, et que la magnificence d'une maison comme la vôtre suffisait pour faire vivre dans Paris deux cents ouvriers, au moins, de ce qu'ils gagnaient avec vous.

On remarqua ensuite que ce qui rend Paris la plus florissante ville du monde n'est pas tant ce nombre d'hôtels magnifiques, où l'opulence se déploie avec quelque faste, que ce nombre prodigieux de maisons particulières, où l'on vit avec une aisance inconnue à nos pères, et à laquelle les autres nations ne sont pas encore parvenues. Comparons, en effet, Paris et Londres, qui est sa rivale en étendue de terrain, et qui est assurément bien loin de l'être en splendeur, en goût, en somptuosité, en commodités recherchées, en agréments, en beaux-arts, et surtout dans l'art de la société. Je ne craindrai point de me tromper en assurant qu'il y a cinq cents fois plus d'argenterie chez les bourgeois de Paris que chez les bourgeois de Londres. Votre notaire, votre procureur, votre marchand de drap, sont beaucoup mieux logés, mieux meublés, mieux servis, qu'un magistrat de la première cité d'Angleterre.

Il se mange en un soir, à Paris, plus de volailles et de gibier que dans Londres en une semaine; il s'y brûle peut-être mille fois plus de bougies; car à Londres, si vous exceptez le quartier de la cour, on ne connaît que la chandelle. Je ne parlerai point des autres capitales. Amsterdam, la plus peuplée de toutes après Londres, est le pays de la parcimonie; Vienne et Madrid ne sont que des villes médiocres : Rome n'est guère plus peuplée que Lyon, et je doute fort qu'elle soit aussi riche. En faisant ces réflexions, nous jouissions du plaisir de nous rendre compte de notre félicité; et si Rome a de plus beaux édifices, Londres des flottes plus nombreuses, Amsterdam de plus grands magasins, nous convînmes qu'il n'y a point de ville sur la terre où un aussi grand nombre de citoyens jouisse de tant d'abondance, de tant de commodités, et d'une vie si délicieuse.

L'examen assez long que nous fîmes des richesses de Paris nous conduisit à parler des autres villes du royaume; et ceux des convives qui n'étaient pas sortis de la capitale furent étonnés d'apprendre combien de belles maisons on avait bâties depuis quarante ans dans les principales villes des provinces, et combien d'équipages et de meubles somptueux on y voyait. Un homme de la compagnie assura qu'il n'y a point de petite ville dans laquelle il n'y ait au moins un orfévre, et qu'il y en a plusieurs du dernier ordre qui en ont deux ou trois. C'est sur cela qu'un autre homme très-instruit nous dit qu'il y a en France pour plus de douze cents millions d'argent orfévré. Il paraît qu'il a passé, depuis près de vingt-cinq ans, autant d'espèces à la Monnaie. On sait à quel point la balance du commerce nous a été favorable dans les années de paix, et nous avons certainement plus gagné dans ces années que nous n'avons perdu dans celles de la guerre. A peine cette guerre a-t-elle été terminée que nous avons vu tout d'un coup le change en notre faveur avec toutes les villes de l'Europe; tous les effets commerçables ont augmenté de prix sur la place; l'argent, qui était à six pour cent d'intérêt, est retombé à cinq. Vous savez que le prix des effets publics, de l'argent, et celui du change, sont le pouls du corps politique qui marque évidemment sa santé ou sa maladie. Vous savez avec quelle rapidité prodigieuse le commerce immense de nos villes marchandes a repris vigueur; vous savez qu'actuellement M. de Regio ramène à Cadix les trésors de la Havane, dans lesquels il y a plus de quatre-vingts millions pour notre compte.

Ce sont là des faits qui furent avoués par tout ce qui était chez vous, et qui ne purent être contestés par personne. Le même homme un peu contrariant qui avait déjà parlé des pauvres de Paris, parla alors des pauvres de province. « J'avoue, dit-il, que les villes paraissent assez à leur aise; mais la campagne est entièrement ruinée. » Un bon citoyen, homme de sens, prit la parole, et dit : « Quand vous vivez abondamment dans un château du produit de votre terre, c'est une marque infaillible que cette terre rapporte. Or, certainement les villes ne vivent que de la culture des campagnes voisines; car ce ne sont pas les plaines de Magdebourg qui font subsister Orléans et Dijon; or, si l'on vit dans l'abondance à Orléans et à Dijon, il est démontré que les champs d'alentour ne sont pas en friche. On dit toujours que la campagne est désolée; on ne cessait de s'en plaindre du temps du grand Colbert, et c'est surtout à Paris qu'on le dit. On s'avise à l'entremets, en mangeant des petits pois qui coûtent cent écus le litron, de se donner le plaisir de gémir sur la destinée des paysans; et depuis le temps que l'on étale si gaiement cette pitié, le royaume devrait avoir péri cent fois. Mais je vous demande dans quel temps vous pensez que les habitants de la campagne aient joui d'un sort plus heureux, aient eu plus de facilité dans le débit de leurs denrées, aient été mieux nourris, et mieux vêtus? Serait-ce quand la taille arbitraire était établie dans presque tout le royaume? Serait-ce en 1709, quand le prêt et le pain manquèrent au soldat, quand l'officier était obligé d'escompter à soixante et dix pour cent de perte les billets qu'on lui donnait en payement? Serait-ce dans les années où les ministres de Louis XIV firent des affaires extraordinaires pour plus de deux cents millions, qui reviennent à près de quatre cents millions de notre monnaie courante? Voudriez-vous remonter plus haut, et voir si les provinces, et la capitale, et les campagnes, étaient plus florissantes quand les ennemis vinrent jusqu'à l'Oise, du temps du cardinal de Richelieu? quand ils prirent Amiens sous Henri IV? Remontez encore. Songez aux guerres civiles, aux guerres des Anglais, au temps où les paysans opprimés par les seigneurs des châteaux se soulevèrent contre eux, et assommèrent ceux qui tombèrent dans leurs mains; au temps où les campagnes étaient désertes, où les grands chemins étaient couverts de ronces, où l'on criait dans Paris : *Terrains abandonnés à vendre!* où l'on faisait son testament quand on entreprenait le voyage d'une province à une autre. Comparez ces siècles et le nôtre, si vous l'osez. »

L'homme à contradiction n'eut rien à répliquer, mais, après avoir parlé vaguement, comme font presque tous les critiques : « Convenez pourtant, dit-il, que tout est perdu si, pour acquitter les dettes de l'État, on réduit l'impôt du dixième au vingtième, et si de ce vingtième on fait un fonds d'amortissement pour éteindre les capitaux des autres impôts établis pendant la guerre et pour rembourser les rentes. »

L'homme qui avait déjà battu notre contradicteur tira alors un petit papier de sa poche, et nous demanda à tous si nous savions ce que Louis XIV avait levé sur la nation pendant les soixante et douze années de son règne.

Vous vous souvenez, monsieur, avec quelle sincérité nous répondîmes unanimement que nous n'en savions rien. « Eh bien, moi je le sais, dit-il, par le moyen d'un citoyen très-éclairé et très-sage, qui, après avoir longtemps servi le roi dans ses armées en qualité d'officier, le sert actuellement dans ses finances. Il s'est donné la peine de faire cet immense calcul de toutes les impositions, ventes d'offices et droits de toute espèce, établis dans ce long et glorieux règne. En voici le résultat. Il monte à dix-huit milliards : ce qui compose, année commune, deux cents millions cinq cent mille livres, l'argent étant de vingt-sept à trente francs le marc. Or, ces deux cent millions cinq cent mille livres que Louis XIV retira chaque année, reviennent à trois cent trente millions de notre monnaie.

« Maintenant je demande si Louis XIV, malgré la faute qu'on fit de livrer tout aux traitants, a laissé son royaume moins riche, moins étendu, moins florissant, moins peuplé, moins puissant qu'il ne l'avait reçu de Louis XIII? Les dettes de l'État se trouvèrent, à sa mort, monter à plus de deux milliards. C'est moins que ce que doit aujourd'hui l'Angleterre, qui n'a pas la moitié de l'argent comptant que nous possédons; mais ces deux milliards qui faisaient tant de bruit, à qui les devait-on? une partie de la nation devait cet argent à l'autre. Cette dette énorme donna-t-elle à l'État de plus violentes secousses qu'il n'en reçut du système de Law? bouleversa-t-elle plus de fortunes? et y a-t-il aujourd'hui un homme de bon sens qui ne convienne qu'il eût mieux valu continuer le dixième pour faire un fonds d'amortissement à la manière anglaise, en faisant d'ailleurs de justes réductions, que d'avoir recours aux dangereux et chimériques projets de Law? S'il fallait prendre un système étranger, c'était plutôt celui du ministère de Londres que celui d'un banquier de pharaon, fugitif de Londres. Maintenant, continua le même homme, vous savez, messieurs, ce que paye en temps de paix la Grande-Bretagne pour parvenir à éteindre ses dettes, et pour soutenir son fonds d'amortissement. Elle donne encore, outre les autres impôts, le dixième du revenu de ses terres. Elle vient récemment d'appliquer l'argent de ce fonds à l'acquit des dettes de la marine; elle vient d'en tirer un million de livres sterling pour son roi. Pourquoi donc ne voudriez-vous pas que, pour acquitter nos dettes, nous donnassions la moitié de ce que donne l'Angleterre, nous qui sommes du double plus riches qu'elle? »

Vous demandâtes alors ce que c'était que ces dettes que nous avions contractées pendant la guerre. « C'est, vous dit-on, ce que le roi a emprunté afin de payer le sang qu'on a versé pour lui, afin d'assurer des pensions aux officiers blessés, aux veuves, aux enfants des morts, afin de secourir ses alliés, afin de payer ceux qui ont nourri, habillé, armé le soldat. » Il n'y eut jamais de dettes plus légitimes, et il n'y eut jamais une manière plus sage, plus aisée de les éteindre. Elle ne livre point le peuple en proie à la rapine des partisans: elle porte avec égalité sur toutes les conditions, qui toutes, sans distinction, doivent contribuer au bien commun : et chaque année devient un soulagement par l'extinction d'une dette. Qu'est-ce qu'un impôt justement établi et qui ne gêne point le commerce? c'est une partie de son bien qu'on dépense pour faire valoir l'autre. La nation entière, en se payant un tribut à elle-même, est précisément semblable au cultivateur qui sème pour recueillir. Je possède une terre sur laquelle je paye des droits à l'État; ces droits servent à me faire payer exactement mes rentes, mes pensions, à me faire débiter avantageusement les denrées que ma terre me fournit. Le simple cultivateur est dans le même cas. S'il paye le dixième de sa récolte, il vend sa récolte un dixième plus cher. L'artisan taxé vend son travail à proportion de sa taxe. Un État est aussi bien gouverné que la faiblesse humaine peut le permettre, quand les tributs sont levés avec proportion, quand un ordre de l'État n'est pas favorisé aux dépens d'un autre, quand on contribue aux charges publiques, non selon sa qualité, mais selon son revenu; et c'est ce qu'un tribut tel que le vingtième de tous les biens opère. Si on n'admet pas cet arrangement, il faudra nécessairement un équivalent; car il faut commencer par payer ses dettes.

Ce ne sont point les impôts qui affaiblissent une nation; c'est ou la manière de les percevoir, ou le mauvais usage qu'on en fait. Mais si le roi se sert de cet argent pour acquitter des dettes, pour établir une marine, pour embellir la capitale, pour achever le Louvre, pour perfectionner ces grands chemins qui font l'admiration des étrangers, pour soutenir les manufactures et les beaux-arts, en un mot, pour encourager de tous côtés l'industrie; il faut avouer qu'un tel impôt, qui paraît un mal à quelques-uns, aura produit un très-grand bien à tout le monde. Le peuple le plus heureux est celui qui paye le plus et qui travaille le plus, quand il paye et travaille pour lui-même.

Voilà, monsieur, à peu près ce qui fut dit chez vous. Je soumets ces idées au jugement de tous les bons citoyens.

J'ajouterai qu'on m'a assuré que le roi avait proposé lui-même de diminuer les dépenses de sa propre maison : mais que produirait cet excès de bonté? le retranchement peut-être d'un million par an. L'Angleterre payerait-elle ses dettes en diminuant la liste civile de son roi d'environ cinquante mille guinées?

Il y aurait, j'ose le dire, bien peu de justice et de raison à prétendre que les dettes de la nation pussent être payées autrement que par la nation. Ce que j'ai vu dans les pays étrangers, ce que j'ai examiné depuis 1715, m'a pénétré de cette vérité : je ne prétends, en parlant ainsi, ni déplaire à personne, ni faire ma cour à personne. Je parle en bon citoyen qui aime sa patrie; c'est l'aimer sans doute que de la vouloir florissante; et il me paraît démontré qu'elle ne peut l'être qu'en se secourant elle-même.

PANÉGYRIQUE DE SAINT LOUIS,

ROI DE FRANCE.

PRONONCÉ DANS LA CHAPELLE DU LOUVRE,
EN PRÉSENCE DE MESSIEURS DE L'ACADÉMIE FRANÇAISE, LE 25 AOÛT 1749, PAR M. L'ABBÉ D'ARTY [1].

« Et nunc, reges, intelligite; erudimini, qui judicatis terram. »
Instruisez-vous, ô vous qui gouvernez et qui jugez la terre!
Ps. II, v. 10.

Quel texte pourrais-je choisir parmi tous ceux qui enseignent les devoirs des rois; quel emblème des vertus pacifiques et guerrières; quel symbole de la vraie grandeur emprunterais-je dans les livres saints, pour peindre le héros dont nous célébrons ici la mémoire?

Tous ces traits répandus en foule dans les Écritures lui appartiennent. Toutes les vertus que Dieu avait partagées entre tant de monarques qu'il éprouvait, saint Louis les a possédées. Si je le comparais à David et à Salomon, je trouverais en lui la valeur et la soumission du premier, la sagesse du second; mais il n'a pas connu leurs égarements. Captif enchaîné comme Manassès et Sédécias, il élève à leur exemple, vers son Dieu, des mains chargées de fers, mais des mains qui ont

---

1. L'abbé d'Arty, neveu de Mme Dupin, chargé, en 1749, de prononcer devant l'Académie française le panégyrique de saint Louis. Ce même abbé, espérant en 1752 être chargé d'une oraison funèbre du duc d'Orléans, eut recours cette fois à J. J. Rousseau. L'oraison funèbre, composée par ce grand écrivain, lui fut payée, mais n'a point été prononcée. Elle est dans les Œuvres de J. J. Rousseau. (Ed.)

toujours été pures ; il n'a pas attendu, comme eux, l'adversité pour se
tourner vers le Dieu des miséricordes ; il n'avait pas besoin, comme
eux, d'être infortuné. Ce Dieu, qui, dans l'ancienne loi, voulut apprendre aux hommes comment les rois doivent réparer leurs fautes, a
voulu donner, dans la loi nouvelle, un roi qui n'eût rien à réparer ;
et, ayant montré à la terre des vertus qui tombent et qui se relèvent,
qui se souillent et qui s'épurent, il a mis dans saint Louis la vertu in-
corruptible et inébranlable, afin que tous les exemples fussent proposés
aux hommes.

Si donc ce modèle des rois n'eut aucun modèle parmi les monarques
qui précédèrent le Messie, si toutes les fois que l'Écriture parle des
vertus royales elle parle de lui, ne nous bornons pas à un seul de ces
passages sacrés, regardons-les tous comme les témoignages unanimes
qui caractérisent le saint roi dont vous m'ordonnez aujourd'hui de faire
ici l'éloge.

Il suffirait, messieurs, de raconter l'histoire de saint Louis pour
trouver, dans les traits qui la composent, ce modèle donné de Dieu
au monarque : mais pour mettre dans ce discours quelque ordre qui
soulage ma faiblesse, je peindrai le sage qui a enseigné l'art de gouverner les peuples ; le héros qui les a conduits aux combats ; le saint
qui, ayant toujours Dieu dans son cœur, a rendu chrétien, a rendu
divin tout ce qui dans les autres grands hommes n'est qu'héroïque.

Que l'Esprit saint soutienne seul ma faible voix ; qu'il l'anime, non
pas de cette éloquence mondaine que condamneraient les maîtres de
l'éloquence qui m'écoutent, puisqu'elle serait déplacée ; mais qu'il mette
sur mes lèvres ces paroles que la religion inspire aux âmes qu'elle a pénétrées ! *Ave, Maria.*

PREMIÈRE PARTIE.

Je l'avoue, messieurs, ceux qui veulent parler d'un gouvernement
sage et heureux ont, dans ce siècle, un grand avantage. Mais pense-
t-on à quel point ce grand art de rendre les hommes heureux est difficile ? Comment prendre toujours le meilleur parti, et faire le meilleur
choix ? Comment aller avec intrépidité au bien général au milieu des
murmures des particuliers, à qui ce bien général coûte des sacrifices ?
Est-il si facile de déraciner du milieu des lois ces abus que des hommes
intéressés font passer pour les lois mêmes ? Peut-on faire concourir
sans cesse au bonheur de tout un royaume la cupidité même de chaque citoyen ; soulager toujours le peuple et le forcer au travail ; prévenir, maîtriser les saisons même, en tenant toujours les portes de
l'abondance prêtes à s'ouvrir, quand l'intérêt voudrait les fermer ? Si
ce fardeau est si pesant pour un prince absolu, qui a partout des yeux
qui l'éclairent et des mains qui le secondent, de quel poids était le
gouvernement dans les temps où Dieu donna saint Louis à la terre ?

Les rois alors étaient les chefs de plusieurs vassaux désunis entre
eux, et souvent réunis contre le trône. Leurs usurpations étaient devenues des droits respectables. Le monarque était en effet le roi des
rois, et n'en était que plus faible. La terre était partagée en forteresses

occupées par des seigneurs audacieux, et en cabanes sauvages, où la misère languissait dans la servitude.

Le laboureur ne semait pas pour lui, mais pour un tyran avide qui relevait de quelque autre tyran; ils se faisaient la guerre entre eux, et ils la faisaient au monarque. Le désordre avait même établi des lois par lesquelles tout ordre était renversé. Un vassal perdait sa terre, s'il ne suivait pas son seigneur armé contre le souverain. On était parvenu à faire le code de la guerre civile.

La justice ne décidait ni d'un héritage contesté ni de l'innocence accusée; le glaive était le juge. On combattait en champ clos pour expliquer la volonté d'un testateur, pour connaître les preuves d'un crime. Le malheureux qui succombait perdait sa cause avec la vie; et ce jugement du meurtre était appelé le *jugement de Dieu*. La dissolution dans les mœurs se joignait à la férocité. La superstition et l'impiété répandaient leur souffle impur sur la religion, comme deux vents opposés qui désolent également la campagne. Il n'y avait point de scandale qui ne fût autorisé par quelque loi barbare établie dans les terres de ces petits usurpateurs, qui avaient donné pour loi la bizarrerie de leurs divers caprices. La nuit de l'ignorance couvrait tout de ses ténèbres. Des mains étrangères envahissaient le peu de commerce que pouvait faire, et encore à sa ruine, un peuple sans industrie, abruti dans un stupide esclavage.

C'est dans ces temps sauvages, dans ces siècles d'anarchie, que Dieu tire des trésors de sa providence cette âme de Louis qu'il revêt d'intelligence, de justice, de douceur et de force. Il semble qu'il envoie sur la terre un de ces esprits qui veillent autour de son trône; il semble qu'il lui dise : « Allez porter la lumière dans le séjour de la nuit; allez rendre justes et heureux des peuples qui ignorent la justice et la félicité. »

Ainsi Louis est donné au monde. Une mère digne du trône, au-dessus du siècle où elle est née, cultive ce fruit précieux. L'éducation, cette seconde nature, si nécessaire aux avantages de la première, non-seulement capable de déterminer la manière de penser, mais peut-être encore celle de sentir; l'éducation, dis-je, que Louis reçut de Blanche, devait former un grand prince et un prince vertueux. Instruite elle-même de cette grande vérité, que *la crainte du Seigneur est le commencement de la sagesse*, elle instruisit son fils de la sainteté et de la vérité de la religion. Le cœur du jeune Louis prévenait toutes ses importantes leçons; et l'on peut dire que l'éducation qu'il reçut ne fut qu'un développement continuel du germe de toutes les vertus que Dieu avait mises dans cette âme privilégiée.

Quand Louis prend en main les rênes du gouvernement, il se propose de mettre l'ordre dans toutes les parties dérangées de l'État, et d'en guérir toutes les plaies.

Ce n'était pas assez de commander, il fallait persuader; il fallait des ordonnances si claires et si justes, que des vassaux qui pouvaient s'y opposer s'y soumissent. Il établit les tribunaux supérieurs qui réforment les jugements des premiers juges; il prépara ainsi des ressources à l'innocence opprimée.

Lorsqu'il a rempli les premiers soins qu'il doit aux affaires publiques ; lorsque les travaux pénibles de la royauté ont un intervalle, il emploie ces moments à juger lui-même la cause de la veuve et de l'orphelin. Quelles voix ne l'ont pas célébré de siècle en siècle, assis sur un gazon, sous les chênes de Vincennes, rappelant ces premiers temps du monde, où les patriarches gouvernaient une famille immense, unie, et obéissante !

Ce roi montre de loin, à travers tant de siècles, à l'un de ses plus augustes descendants, comment il faudrait extirper le duel, et exterminer ce monstre que des mains pures ont attaqué les premières. Et remarquons ici, messieurs, que c'est le plus valeureux des hommes, le plus jaloux de l'honneur, qui le premier a flétri cette fureur insensée, où les hommes ont si longtemps attaché l'honneur et le courage.

Cette partie de la justice, ce grand devoir des rois, qui assure aux hommes leurs vies et leurs possessions, porte en elle-même un caractère de grandeur qui élève et qui soutient l'âme qui l'exerce ; mais quelles peines rebutantes dans ces autres détails épineux, dont la discussion est aussi difficile que nécessaire, et dont l'utilité, souvent méconnue, donne rarement la gloire qu'elle mérite !

Les lois du commerce, qui est l'âme d'un État, la proportion des espèces, qui sont les gages du commerce, seront-elles l'objet des recherches du vainqueur des Anglais, du défenseur des croisés, du héros qui passe les mers pour aller combattre dans l'Égypte ? Oui, sans doute, elles le furent : il enseigne à ses peuples qu'ils peuvent eux-mêmes faire avec les étrangers ces échanges utiles, dont le secret était alors dans cette nation partout proscrite et partout répandue, qui, sans cultiver la terre, en dévorait la substance ; il encourage l'industrie de son peuple ; il le délivre des secours funestes dont il était accablé par ce peuple errant, qui n'a d'industrie que l'usure.

Le droit de fabriquer en son nom les gages des échanges de la foi publique, et d'en fixer le titre et le poids, était un de ces droits que la vanité et l'intérêt de mille seigneurs réclamaient, et dont ils abusaient tous. Ils recherchaient l'honneur de voir leurs noms sur ces monuments d'argent et d'or ; et ces monuments étaient ceux de l'infidélité. Leur prérogative était devenue le droit de tromper les peuples. Que de soins, que d'insinuations, que d'art il fallut pour obliger les uns à être justes, et les autres à vendre au souverain ce droit si dangereux !

Voilà ce qui fut le plus difficile ; car il ne lui coûtait pas de juger contre lui-même, quand il fallait décider entre les droits du domaine royal et les héritages d'un citoyen. Si la cause entre la vigne de Naboth et celle du prince était douteuse, c'était le champ de Naboth qui s'accroissait du champ de l'oint du Seigneur.

Du même fonds de justice dont il transigeait avec les particuliers, il négociait avec les princes. Ne pensons pas qu'en effet il y ait une morale pour les citoyens, et une autre pour les souverains, et que le prétexte du bien de l'État justifie l'ambition du monarque.

La sagesse des hommes, si souvent inique, et si souvent trompée dans ses iniquités, semble permettre qu'on profite de sa puissance et de la faiblesse d'autrui; qu'on s'agrandisse sur les ruines d'un voisin qui ne peut se défendre; qu'on le force, par des traités, à se dépouiller; et qu'on puisse ainsi devenir usurpateur par des titres qui semblent légitimes. *Où est l'avantage, là est la gloire*, a dit un souverain réputé plus sage selon les hommes que selon Dieu. *Où est la justice, là est l'avantage*, disait saint Louis. Il connaît les devoirs du roi, il connaît ceux du chrétien. Homme ferme, il assure à sa famille la Normandie, le Maine et l'Anjou; homme juste, il laisse la Guienne aux descendants d'Éléonore de Guienne, qui après tout, en étaient les héritiers naturels.

Tels sont les exemples d'équité que saint Louis donne à tous les monarques, et que renouvelle aujourd'hui le plus aimé, le plus modéré de ses descendants, destiné à montrer comme lui à la terre, que la grande politique est d'être vertueux. L'un prévient la guerre en faisant le partage des provinces; l'autre, au milieu des victoires, cède les provinces qu'il a conquises, et qu'il peut conserver. Quand on traite ainsi, on est sûr d'être l'arbitre des couronnes. Aussi l'Europe vit ses peuples et ses rois, les suprêmes pontifes et les empereurs, remettre à saint Louis leurs différends. Cet honneur que l'ancienne Rome s'arrogeait à force d'injustices, à force d'artifices et de victoires, il l'obtint par la vertu.

Tant de sagesse ne peut être destituée de vigueur : le vertueux, quand il est faible, n'est jamais grand. Vous savez, messieurs, avec quelle force il sut contenir dans ses bornes la puissance qu'il respectait le plus. Vous savez comment il sut distinguer deux limites si unies et si différentes. Vous admirez comment le plus religieux des hommes, le plus pénétré d'une piété scrupuleuse, accorde les devoirs du fils aîné de l'Église et du défenseur d'une couronne, qui, pour être la plus fidèle, n'en est pas moins indépendante; applaudi de toutes les nations, révéré dans ses États des ecclésiastiques qu'il réforme, et à Rome, du pontife auquel il résiste.

Quiconque étudie sa vie le voit toujours grand et sage avec ses voisins, ses vassaux, et ses peuples.

Mais quand on parle devant vous, messieurs, on ne doit pas oublier ce que saint Louis fit pour les sciences. Indigné que les musulmans les cultivassent, et qu'elles fussent négligées dans nos climats; qu'on y apprît d'eux l'ordre des saisons; qu'on cherchât chez eux les remèdes du corps, et quelques lumières de l'esprit; il ralluma, du moins pour un temps, ces flambeaux éteints pendant tant de siècles, et il prépara ainsi à ses descendants la gloire de les fixer chez les Français, en les remettant entre vos mains.

Suppléez, messieurs, à tout ce que je n'ai point dit sur le gouvernement de saint Louis : mais faible ministre des autels, destiné à n'annoncer que la paix, pourrai-je parler ici de ses guerres? Oui : elles ont toujours été justes ou saintes. O religion! c'est là ton plus beau triomphe. Celui qui ne craint que Dieu doit être le plus courageux des hommes.

SECONDE PARTIE.

Si saint Louis n'avait montré qu'un courage ordinaire, c'était assez pour sa gloire : il pouvait vaincre, en se contentant d'animer par sa présence des sujets qui cherchent la mort dès qu'elle est honorée des regards du maître. Mais c'est peu de les inspirer ; il combat toujours pour eux comme ils combattent pour lui ; il donne toujours l'exemple ; il fait à leur vue ce qu'à peine le courage le plus ardent, l'émulation la plus animée leur ferait hasarder à la vue de leur souverain.

La journée de Taillebourg est encore récente dans la mémoire des hommes ; cinq cents ans d'intervalle n'en ont pas effacé le souvenir : et comment l'oublierions-nous, lorsque nous voyons aujourd'hui, dans un descendant de saint Louis, le seul roi qui, depuis ce jour mémorable, ait vaincu en personne les mêmes peuples dont triompha son aïeul immortel ?

Votre imagination se peint ici, sans doute, ce pont [1] devenu si célèbre, où Louis presque seul arrête l'effort d'une armée. Nos annales contemporaines et fidèles attestent ce prodige ; et, ce qui est encore plus rare, c'est que ce grand roi, hasardant ainsi une vie si précieuse, pensait n'avoir fait que son devoir. Il lui fut donné de faire avec simplicité les choses les plus grandes. Il remporte deux victoires en deux jours ; mais il ne met sa gloire que dans le bien qui peut en résulter. Les plus grands capitaines n'ont pas toujours profité de leurs victoires : l'histoire ne nous laisse pas douter que saint Louis n'ait profité des siennes, et par la rapidité de ses marches, et par des succès qui valent des batailles, sans en avoir la célébrité, et surtout par la paix, cette paix tant désirée, tant troublée par le genre humain, et qu'il faut acheter par l'effusion de son sang. Louis l'accorda, cette paix, aux ennemis qu'il pouvait accabler, et aux rebelles qu'il pouvait punir ; il savait de quel prix est la clémence ; il savait combien il y a peu de grandeur à se venger ; que tout homme heureux peut faire périr des infortunés ; et que d'accorder la vie n'appartient qu'à Dieu, et aux rois qui sont son image.

Tel on le vit en Europe, tel il fut en Asie ; non pas aussi heureux, mais aussi grand. Il ne m'appartient pas de traiter de téméraires ceux qui, dans ce siècle éclairé, condamnent les entreprises des croisades autrefois consacrées. Je sais qu'un célèbre et savant auteur paraît souhaiter que les croisades n'eussent jamais été entreprises. Sa religion ne lui laisse pas penser que les chrétiens d'Occident dussent regarder Jérusalem comme leur héritage. Jérusalem est la ville sainte, consacrée par les mystères de notre rédemption, par la mort d'un Dieu, digne et saint objet des vœux de tous les chrétiens ; mais c'est le ciel où Dieu réside, qui est le patrimoine des enfants du ciel. La raison semble désapprouver encore que l'Europe se dépeuplât pour ravager inutilement l'Asie ; que des millions d'hommes sans dessein arrêté, sans

---

1. Le pont de Calonne sur l'Escaut. (ÉD.)

connaissances des routes, sans guides, sans provisions assurées, se soient précipités et se soient écoulés comme des torrents dans des contrées que la nature n'avait point faites pour eux. Voilà ce qu'on allègue pour condamner l'entreprise de saint Louis; et on ajoute la raison la plus ordinaire et la plus forte sur l'esprit des hommes, c'est que l'entreprise fut malheureuse.

Mais, messieurs, il n'y a ici aucun de vous qui ne me prévienne, et qui ne se dise à lui-même : « Il n'y a jamais eu d'action infortunée qui n'ait été condamnée; » et plus le siècle est éclairé, plus vous sentez que le succès ne doit pas être la règle du jugement des sages, comme il n'est pas toujours dans les voies de Dieu la récompense de la vertu.

Tout homme est conduit par les idées de son siècle; une croisade était devenue un des devoirs d'un héros. Saint Louis voulait aller réparer les disgrâces des empereurs et des rois chrétiens. Les croisés qui l'avaient précédé avaient fait beaucoup de fautes, et c'est par cette raison-là même qu'il les fallait secourir. Les cris de tant de chrétiens gémissants l'appelaient de l'Orient, la voix du souverain pontife l'excitait de l'Occident; le dirai-je enfin? la voix de Dieu parlait à son cœur. Il avait fait vœu d'aller délivrer ses frères opprimés. Il ne pensait pas que la crainte d'un mauvais succès pût délier ses serments. Il n'avait jamais manqué de parole aux hommes : pouvait-il en manquer à Dieu, pour lequel il allait combattre?

Quand son zèle eut déployé l'étendard du Dieu des armées, sa sagesse oublia-t-elle une seule des précautions humaines qui peuvent préparer la victoire? Les Paul-Émile, les Scipion, les Condé, et les héros de nos jours, ont-ils pris des mesures plus justes?

Ce port d'Aigues-Mortes, devenu aujourd'hui une place inutile, vit partir la flotte la plus nombreuse et la mieux pourvue qui ait jamais vogué sur les mers. Cette flotte est chargée des mêmes héros qui avaient combattu sous lui à Taillebourg, et le même capitaine qui avait vaincu les Anglais pouvait se flatter de vaincre les Sarrasins.

Assez d'autres, sans moi, l'ont peint s'élançant de son vaisseau dans la mer, et victorieux en abordant au rivage. Assez d'autres l'ont représenté affrontant ces traits de flamme, dont le secret, transmis des Grecs aux Sarrasins, était ignoré des chrétiens occidentaux. Il remporte deux victoires; il prend Damiette; il s'avance à la Massoure. Le voilà prêt à subjuguer cette contrée, que son climat, son fleuve, ses anciens rois, ses conquérants, ont rendue si célèbre. Encore une victoire, et le vulgaire l'égale aux plus fameux héros. Mais, messieurs, il n'a pas besoin de cette victoire pour les égaler à vos yeux; vous ne jugez pas les hommes par les événements. Quand saint Louis a eu des guerriers à combattre, il a été vainqueur; il n'est vaincu que par les saisons, par les maladies, par la mort de ses soldats qu'un air étranger dévore, et par sa propre langueur. Il n'est point pris les armes à la main : il ne l'eût pas été, s'il eût pu combattre.

Dois-je, messieurs, me laisser entraîner à l'usage de représenter ceux qui eurent ce grand homme dans leurs fers comme des barbares sans vertu et sans humanité? Ils en avaient, sans doute; ils étaient des ennemis dignes de lui, puisqu'ils respectèrent sa vie qu'ils pouvaient lui ôter; puisque leurs médecins le guérirent dans sa prison du mal contre lequel il n'avait pu trouver de remède dans son camp; puisque enfin, comme cet illustre captif l'atteste lui-même dans sa lettre à la reine sa mère, le sultan lui proposa la paix, dès qu'il l'eut en son pouvoir.

Le soldat est partout inhumain, emporté, barbare. Le saint roi avoue que les siens avaient massacré les musulmans dans la Massoure, sans distinction d'âge ni de sexe. Il n'est pas étonnant que des peuples attaqués dans leurs foyers se soient vengés ; mais en se vengeant et en se défendant, ils montrèrent qu'ils connaissaient le respect dû au malheur et la générosité. Ils firent la garde devant la maison de la reine; le sultan remit au roi la cinquième partie de la rançon qu'il devait payer; action aussi noble que celle du vaincu, qui, s'étant aperçu que les musulmans s'étaient mécomptés à leur désavantage, leur envoya ce qui manquait au prix de sa délivrance.

Plus il y avait de grandeur d'âme parmi ses ennemis, plus s'accroît la gloire de saint Louis : elle fut telle que, parmi les mamelucks, il s'en trouva qui conçurent l'idée d'offrir la couronne d'Égypte à leur captif.

Jamais la vertu ne reçut un plus bel hommage. Ses ennemis voyaient en lui ce que tous les hommes admirent, la valeur dans les combats, la générosité dans les traités, la constance dans l'adversité. Les vertus mondaines sont admirées des hommes mondains; mais pour nous, portons plus haut notre admiration; voyons, non ce qui étonnait l'Afrique mais ce qui doit nous sanctifier. Voyons-y cette piété héroïque, qui me rappelle à toutes les actions saintes de sa vie, à ce grand objet de mon discours, à celui que vos cœurs se proposent.

TROISIÈME PARTIE.

J'ai loué le grand homme qui a gouverné des nations, qui a conduit de nombreuses armées; mais les vertus du roi et du capitaine ne peuvent être d'usage que pour ce petit nombre d'hommes que Dieu met à la tête des peuples. De quoi nous servira, à nous, une admiration stérile? Nous voyons de loin ces grandes vertus; il ne nous est pas donné de les imiter; mais toutes les vertus du chrétien sont à nous. Si le plus grand prince de son siècle a été saint, qui ne peut aspirer à l'être? Roi, il est le modèle des rois: chrétien, il est le modèle de tous les hommes.

Il me semble qu'une voix secrète s'élève en ce moment au fond de nos cœurs. Elle nous dit : « Regardez cet homme qui est né sur le premier trône du monde. Il a été exposé à tous les dangers dont les charmes séduisent les âmes. Les plaisirs se sont présentés en foule à ses sens; les flatteurs lui ont préparé toutes les voies de la séduction : il les a évitées, il les a rejetées. »

Quel exemple pour nous! il est humble dans le sein de la grandeur;

et tous, hommes vulgaires, nous sommes enflés de vanité et d'orgueil! Il est roi, et il est humble! C'est beaucoup pour les moindres particuliers d'être modestes. Mais quelle différence entre la modestie et l'humilité! Que cette modestie est trompeuse! qu'il entre d'amour-propre dans cet art de cacher l'amour-propre; de paraître ignorer son mérite pour le mieux faire remarquer; de dérober sous un voile l'éclat dont on est environné, afin que d'autres mains lèvent ce voile que vous n'oseriez tirer vous-même!

O hommes, enfants de la vanité! votre modestie est orgueil. La plus pure est celle qui est la moins corrompue par la secrète complaisance du cœur: elle est alors tout au plus une bonne qualité; mais l'humilité est la perfection de la vertu.

Saint Louis secourt les pauvres; tous les païens l'ont fait: mais il s'abaisse devant eux; il est le premier des rois qui les ait servis; il les égale à lui; il ne voit en eux que des citoyens de la cité de Dieu comme lui. C'est là ce que toute la morale païenne n'avait pas seulement imaginé. Il était le plus grand des rois, et il ne se croit pas digne de régner. Il veut abdiquer une couronne qu'on eût dû lui offrir, si sa naissance ne la lui avait pas donnée.

Quoi! un roi dans la force de l'âge, un roi l'exemple de la terre, ne se croit pas égal à la place où Dieu l'a mis, pendant que tant d'hommes, médiocres dans leurs talents, et insatiables dans leur cupidité, percent violemment la foule où ils devraient rester, frappent à toutes les portes, font jouer tous les ressorts, bouleversent tout, corrompent tout, pour parvenir à de faibles dignités, à je ne sais quels emplois dont encore ils sont incapables!

La charité n'est pas moins étrangère à l'antiquité profane: elle connaissait la libéralité, la magnanimité; mais ce zèle ardent pour le bonheur des hommes et pour leur bonheur éternel, les anciens en avaient-ils l'idée? Ont-ils approché de cette ardeur avec laquelle le saint roi travaillait à secourir les âmes des faibles, et à soulager tous les infortunés?

Toutes les vertus humaines étaient chez les anciens, je l'avoue; les vertus divines ne sont que chez les chrétiens.

Où est le grand homme de l'antiquité, qui ait cru devoir rendre compte à la justice divine, je ne dis pas de ses crimes, je dis de ses fautes légères, je dis des fautes de ceux qui, chargés de ses ordres, pouvaient ne pas les exécuter avec assez de justice?

Quel bon roi, dans les fausses religions, a vengé tous les jours sur soi-même des erreurs attachées à une administration pénible, et dont les princes ne se croient pas toujours responsables?

Quels climats, quelles terres ont jamais vu des monarques païens, foulant aux pieds et la grandeur qui fait regarder les hommes comme des êtres subalternes, et la délicatesse qui amollit, et le dégoût affreux qu'inspire un cadavre, et l'horreur de la maladie, et celle de la mort, porter de leurs mains royales des hommes obscurs frappés de la contagion, et, l'exhalant encore, leur donner une sépulture que d'autres mains tremblaient de leur donner?

Ainsi la religion produit dans les âmes qu'elle a pénétrées un courage supérieur, et des vertus supérieures aux vertus humaines. Elle a encore sanctifié dans saint Louis tout ce qu'il eut de commun avec les héros et les bons rois.

La fermeté dans le malheur n'est pas une vertu rare. L'âme ramasse alors toutes ses forces ; elle se mesure avec ses destins ; elle se donne en spectacle au monde. Quiconque est regardé des hommes peut souffrir et mourir avec courage. On a vu des rois captifs, attachés au char de leur vainqueur, braver dans l'excès de l'humiliation le spectacle des pompes triomphales. On a vu des vaincus se donner la mort, non pas avec cette rage qu'inspire le désespoir, mais avec le sang-froid d'une fausse philosophie.

O vains fantômes de vertu ! ô aliénation d'esprit ! que vous êtes loin du véritable héroïsme ! Voir d'un même œil la couronne et les fers, la santé et la maladie, la vie et la mort ; faire des choses admirables, et craindre d'être admiré ; n'avoir dans le cœur que Dieu et son devoir ; n'être touché que des maux de ses frères, et regarder les siens comme une épreuve nécessaire à sa sanctification ; être toujours en présence de son Dieu ; n'entreprendre, ne réussir, ne souffrir, ne mourir que pour lui : voilà saint Louis, voilà le héros chrétien, toujours grand et toujours simple, toujours s'oubliant lui-même. Il a régné pour ses peuples ; il a fait tout le bien qu'il pouvait faire, même sans rechercher les bénédictions de ceux qu'il rendait heureux. Il a étendu ses bienfaits dans les siècles à venir, en redoutant la gloire qui devait en être le prix. Il n'a combattu que pour ses sujets et pour son Dieu. Vainqueur, il a pardonné ; vaincu, il a supporté la captivité sans affecter de la braver. Sa vie a coulé tout entière dans l'innocence et dans la pénitence ; il a vécu sous le cilice, il est mort sur la cendre.

Héros et père de la France, modèle des rois et des hommes, tige des Bourbons, veillez sur eux et sur nous ; conservez la gloire et la félicité de ce royaume. C'est vous, sans doute, qui inspirâtes à Charles V votre sagesse, à Louis XIII cet amour de son peuple ; c'est par vous que François Ier fut le père des lettres ; c'est vous qui rendîtes Henri IV à l'Église ; c'est à votre exemple qu'il sut vaincre et pardonner ; vous avez donné votre force et votre munificence à Louis XIV ; vous avez vu votre modération dans les victoires égalée par celui de vos fils qui règne aujourd'hui sur nous. Puisse ce roi, votre digne successeur, régner longtemps sur un peuple dont il fait l'amour, le bonheur et la gloire ; et puissent ses vertus ainsi que les vôtres servir d'exemple aux nations ! Ainsi soit-il.

CONNAISSANCE DES BEAUTÉS

ET DES DÉFAUTS

DE LA POÉSIE ET DE L'ÉLOQUENCE

DANS LA LANGUE FRANÇAISE.

(1749.)

Ayant accompagné en France plusieurs jeunes étrangers, j'ai toujours tâché de leur inspirer le bon goût, qui est si cultivé dans notre nation, et de leur faire lire avec fruit les meilleurs auteurs. C'est dans cet esprit que j'ai fait ce recueil, pour l'utilité de ceux qui veulent connaître les vraies beautés de la langue française, et en bien sentir les charmes.

On ne peut se flatter de connaître une langue qu'à proportion du plaisir qu'on éprouve en lisant; mais cette facilité ne s'acquiert pas tout d'un coup; elle ressemble aux jeux d'adresse, dans lesquels on ne se plaît que lorsqu'on y réussit.

J'ai vu plusieurs étrangers à Paris ne pas distinguer si une tragédie était écrite dans le style des Racine et des Voltaire, ou dans celui des Danchet et des Pellegrin. Je les ai vus acheter les romans nouveaux au lieu de *Zaïde*. Je me suis aperçu que, dans beaucoup de pays étrangers, les personnes les plus instruites n'avaient pas un goût sûr, et qu'elles me citaient souvent avec complaisance les plus mauvais passages des auteurs célèbres, ne pouvant distinguer dans eux les diamants vrais d'avec les faux. J'ai donc cru rendre service à ceux qui voyagent et à ceux qui parlent français dans la plupart des cours de l'Europe, en mettant sous leurs yeux des pièces de comparaison tirées des auteurs les plus approuvés qui ont traité les mêmes sujets : c'est, de toutes les méthodes que j'ai employées auprès des jeunes gens, celle qui m'a toujours le plus réussi; mais ces pièces de comparaison seraient inutiles pour former l'esprit de la jeunesse, si elles n'étaient accompagnées de réflexions, qui aident des yeux peu accoutumés à bien observer ce qu'ils voient.

Je lisais, par exemple, il n'y a pas longtemps, avec un jeune comte de l'empire, qui donne les plus grandes espérances, les traductions que Malherbe et Racan ont faites de cette strophe d'Horace (I, 4, 13-14) :

Pallida mors æquo pulsat pede pauperum tabernas
Regumque turres. O beate Sexti....

Voici la traduction de Racan :

Les lois de la mort sont fatales
Aussi bien aux maisons royales

> Qu'aux taudis couverts de roseaux.
> Tous nos jours sont sujets aux Parques;
> Ceux des bergers et des monarques
> Sont coupés des mêmes ciseaux.

Celle de Malherbe est plus connue.

> Le pauvre en sa cabane, où le chaume le couvre,
> Est sujet à ses lois;
> Et la garde qui veille aux barrières du Louvre
> N'en défend pas nos rois.
>
> (*Stances à Duperrier*, 77-80.)

Je fus obligé de faire voir à ce jeune homme pourquoi les vers de Malherbe l'emportent sur ceux de Racan.

En voici les raisons : 1° Malherbe commence par une image sensible,

> Le pauvre en sa cabane, où le chaume le couvre;

et Racan commence par des mots communs qui ne font point d'image, qui ne peignent rien.

Les lois de la mort sont fatales; nos jours sont sujets aux Parques. Termes vagues, diction impropre, vice de langage; rien n'est plus faible que ces vers.

2° Les expressions de Malherbe embellissent les choses les plus basses. *Cabane* est agréable et du beau style, et *taudis* est une expression du peuple.

3° Les vers de Malherbe sont plus harmonieux; et j'oserais même les préférer à ceux d'Horace, s'il est permis de préférer une copie à un original. Je défendrais en cela mon opinion en faisant remarquer que Malherbe finit sa stance par une image pompeuse, et qu'Horace laisse peut-être tomber la sienne avec *O beate Sexti*. Mais en accordant cette petite supériorité à un vers de Malherbe, j'étais bien éloigné de comparer l'auteur à Horace; je sais trop la distance infinie qui est de l'un à l'autre. Un peintre flamand peut peindre un arbre aussi bien que Raphael. Il ne sera pas pour cela égal à Raphael.

Ayant donc éprouvé que ces petites discussions contribuaient beaucoup à former et à fixer le goût de ceux qui voulaient s'instruire de bonne foi, et se procurer les vrais plaisirs de l'esprit, je vais sur ce plan choisir par ordre alphabétique les morceaux de poésie et de prose qui me paraissent les plus propres à donner de grandes idées et à élever l'âme, à lui inspirer cet attendrissement qui adoucit les mœurs, et qui rend le goût de la vertu et de la vérité plus sensible. Je mêlerai même quelquefois à ces pièces de prose et de poésie de petites digressions sur certains genres de littérature, afin de rendre l'ouvrage d'une utilité plus étendue, et je tirerai la plupart de mes exemples des auteurs que j'appelle classiques; je veux dire des auteurs qu'on peut mettre au rang des anciens qu'on lit dans les classes, et qui servent à former la jeunesse. Je cherche à l'instruire dans la langue vivante autant qu'on l'instruit dans les langues mortes.

AMITIÉ. — Il y a lieu d'être surpris que si peu de poëtes et d'écrivains aient dit en faveur de l'*amitié* des choses qui méritent d'être retenues. Je n'en trouve ni dans Corneille, ni dans Racine, ni dans Boileau, ni dans Molière. La Fontaine est le seul poëte célèbre du siècle passé qui ait parlé de cette consolation de la vie. Il dit à la fin de la fable des *Deux Amis* (liv. VIII, fab. xi, 26) :

> Qu'un ami véritable est une douce chose !
> Il cherche vos besoins au fond de votre cœur;
>   Il vous épargne la pudeur
>   De les lui découvrir vous-même;
>   Un songe, un rien, tout lui fait peur
>   Quand il s'agit de ce qu'il aime.

Le second vers est le meilleur, sans contredit, de ce passage. Le mot de *pudeur* n'est pas propre : il fallait *honte*. On ne peut dire : « J'ai la *pudeur* de parler devant vous, » au lieu de : « J'ai *honte* de parler devant vous; » et on sent d'ailleurs que les derniers vers sont faibles : mais il règne dans ce morceau, quoique défectueux, un sentiment tendre et agréable, un air aisé et familier, propre au style des fables.

Je trouve dans *la Henriade* un trait sur l'amitié beaucoup plus fort (ch. VIII, 317-24) :

> Il l'aimait non en roi, non en maître sévère,
> Qui souffre qu'on aspire à l'honneur de lui plaire,
> Et de qui le cœur dur et l'inflexible orgueil
> Croit le sang d'un sujet trop payé d'un coup d'œil.
> Henri de l'amitié sentit les nobles flammes :
> Amitié, don du ciel, plaisir des grandes âmes;
> Amitié que les rois, ces illustres ingrats,
> Sont assez malheureux pour ne connaître pas !

Cela est dans un goût plus mâle, plus élevé que le passage de La Fontaine. Il est aisé de sentir la différence des deux styles, qui conviennent chacun à leur sujet.

Mais j'avoue que j'ai vu des vers sur l'amitié qui me paraissent infiniment plus agréables. Ils sont tirés d'une épître imprimée dans les Œuvres de M. de Voltaire[1] :

> Pour les cœurs corrompus l'amitié n'est point faite.
> O tranquille amitié ! félicité parfaite,
> Seul mouvement de l'âme où l'excès soit permis,
> Corrige les défauts qu'en moi le ciel a mis;
> Compagne de mes pas dans toutes mes demeures,
> Et dans tous les États, et dans toutes les heures :
> Sans toi, tout homme est seul; il peut par ton appui
> Multiplier son être, et vivre dans autrui.

---

1. Quatrième des *Discours sur l'homme*. (ED.)

> Amitié, don du ciel, et passion du sage,
> Amitié, que ton nom couronne cet ouvrage;
> Qu'il préside à mes vers comme il règne en mon cœur!

Il y a dans ce morceau une douceur bien plus flatteuse que dans l'autre. Le premier semble plutôt la satire de ceux qui n'aiment pas, et le second est le véritable· éloge de l'amitié. Il échauffe le cœur. On en aime mieux son ami quand on a lu ce passage.

Que j'aime ce vers!

> Multiplier son être, et vivre dans autrui.

Qu'il me paraît nouveau de dire que l'amitié doit être la seule passion du sage! En effet, si l'amitié ne tient pas de la passion, elle est froide et languissante : ce n'est plus qu'un commerce de bienséance

Il sera utile de comparer tous ces morceaux avec ce que dit sur l'amitié Mme la marquise de Lambert, dame très-respectable par son esprit et par sa conduite, et qui mettait l'amitié au rang des premiers devoirs.

« La parfaite amitié nous met dans la nécessité d'être vertueux. Comme elle ne se peut conserver qu'entre personnes estimables, elle vous force à leur ressembler. Vous trouvez dans l'amitié la sûreté du bon conseil, l'émulation du bon exemple, le partage dans vos douleurs, le secours dans vos besoins. »

Il est vrai que ce morceau de prose ne peut faire le même plaisir ni à l'oreille, ni à l'âme, que les vers que j'ai cités. « La sentence, dit Montaigne, pressée aux pieds nombreux de la poésie, élance mon âme d'une plus vive secousse. » J'ajouterai encore que les beaux vers, en français, sont presque toujours plus corrects que la prose. La raison en est que la difficulté des vers produit une grande attention dans l'esprit d'un bon poëte, et de cette attention continue se forme la pureté du langage; au lieu que, dans la prose, la facilité entraîne l'écrivain et fait commettre des fautes.

Il y a, par exemple, une faute de logique dans cette phrase :

« Comme l'amitié ne peut se conserver qu'entre personnes estimables, elle vous force à leur ressembler. »

Si vous êtes déjà ami, vous êtes donc une de ces personnes estimables. *A leur ressembler* n'est donc pas juste. Je crois qu'il fallait dire :

« L'amitié ne se pouvant conserver qu'entre des cœurs estimables, elle vous force à l'être toujours. »

Le partage dans vos douleurs est encore une faute contre la langue; il fallait dire : « On *partage vos douleurs*, on *prévient vos besoins*. » Ces observations, qu'on doit faire sur tout ce qu'on lit, servent à étendre l'esprit d'un jeune homme et à le rendre juste; car le seul moyen de s'accoutumer à bien juger dans les grandes choses, est de ne se permettre aucun faux jugement dans les petites.

Je ne puis m'empêcher de rapporter encore un passage sur l'amitié, que je trouve plus tendre encore que ceux que j'ai cités. Il est à la fin d'une de ces épîtres [1] familières en vers, pour lesquelles M. de Voltaire me paraît avoir un génie particulier.

> Loin de nous à jamais ces mortels endurcis,
> Indignes du beau nom, du nom sacré d'amis,
> Ou toujours remplis d'eux, ou toujours hors d'eux-même,
> Au monde, à l'inconstance, ardents à se livrer,
> Malheureux, dont le cœur ne sait pas comme on aime,
> Et qui n'ont point connu la douceur de pleurer!

AMBITION. — J'aurais dû, en suivant l'ordre alphabétique, traiter l'ambition avant l'amitié; mais j'ai mieux aimé commencer par une vertu que par un vice. J'ai préféré le sentiment à l'ordre. Je ne sais pourquoi l'ambition est le sujet de beaucoup plus de pièces de poésie et d'éloquence que l'amitié : n'est-ce point qu'on réussit mieux à caractériser les passions funestes que les doux penchants du cœur? Il entre toujours de la satire dans ce qu'on dit de l'ambition. Quoi qu'il en soit, j'aime à voir dans *la Henriade* (VII, 153) :

> L'Ambition sanglante, inquiète, égarée,
> De trônes, de tombeaux, d'esclaves entourée.

Mais que La Fontaine a de charmes dans un des prologues de ses fables!

> Deux démons à leur gré partagent notre vie,
> Et de son patrimoine ont chassé la raison;
> Je ne vois point de cœur qui ne leur sacrifie.
> Si vous me demandez leur état et leur nom,
> J'appelle l'un Amour, et l'autre Ambition.
> Cette dernière étend le plus loin son empire,
> Car même elle entre dans l'amour.
> *(Le Berger et le Roi*, liv. X, fab. 10.)

Voilà des vers parfaits dans leur genre. Heureux les esprits capables d'être touchés comme il faut de pareilles beautés, qui réunissent la simplicité à l'extrême éloquence!

Qu'on lise encore dans *Athalie* ce que Mathan dit de son ambition (acte III, sc. III) :

> J'approchai par degrés de l'oreille des rois;
> Et bientôt en oracle on érigea ma voix.
> J'étudiai leur cœur, je flattai leurs caprices,
> Je leur semai de fleurs le bord des précipices;
> Près de leurs passions rien ne me fut sacré;
> De mesure et de poids je changeais à leur gré, etc.

Je trouve l'ambition caractérisée plus en grand et peinte dans son plus haut degré dans la tragédie de *Mahomet*. C'est Mahomet qui parle (acte II, sc. v) :

> Je suis ambitieux : tout homme l'est, sans doute.

---

1. *Épître aux mânes de Genonville.* (ÉD.)

Mais jamais roi, pontife, ou chef, ou citoyen,
Ne conçut un projet aussi grand que le mien.
Chaque peuple à son tour a brillé sur la terre
Par les lois, par les arts, et surtout par la guerre;
Le temps de l'Arabie est à la fin venu.
Ce peuple généreux, trop longtemps inconnu,
Laissait dans ses déserts ensevelir sa gloire;
Voici les jours nouveaux marqués pour la victoire.
Vois du nord au midi l'univers désolé,
La Perse encor sanglante, et son trône ébranlé;
L'Inde esclave et timide, et l'Égypte abaissée;
Des murs de Constantin la splendeur éclipsée;
Vois l'empire romain tombant de toutes parts,
Ce grand corps déchiré, dont les membres épars
Languissent dispersés sans honneur et sans vie :
Sur ces débris du monde élevons l'Arabie.
Il faut un nouveau culte, il faut de nouveaux fers;
Il faut un nouveau dieu pour l'aveugle univers.
En Égypte Osiris, Zoroastre en Asie,
Chez les Crétois Minos, Numa dans l'Italie,
A des peuples sans mœurs, et sans culte, et sans rois,
Donnèrent aisément d'insuffisantes lois.
Je viens après mille ans changer ces lois grossières;
J'apporte un joug plus noble aux nations entières.
J'abolis les faux dieux; et mon culte épuré
De ma grandeur naissante est le premier degré.
Ne me reproche point de tromper ma patrie :
Je détruis sa faiblesse et son idolâtrie;
Sous un roi, sous un dieu, je viens la réunir;
Et, pour la rendre illustre, il la faut asservir.

Voilà bien l'ambition à son comble : celui qui parle ainsi veut être
à la fois conquérant, législateur, roi, pontife, et prophète; et il y par-
vient. Il faut avouer que les autres desseins des plus grands hommes
sont de bien petites vanités auprès de cette ambition. On ne peut la
décrire avec plus de force et de justesse. Mathan me paraît parler en
subalterne, et Mahomet en maître du monde. J'observerai, en passant,
que l'un et l'autre avouent le fond de leur erreur, ce qui n'est guère
naturel : mais ce défaut est bien plus grand dans Mathan que dans
Mahomet. On ne dit point de soi qu'on est scélérat; mais on peut dire
qu'on est ambitieux : la grandeur de l'objet ennoblit jusqu'à la fourberie même aux yeux des hommes.

AMOUR.— Je me garderai bien, en voulant former des jeunes gens,
de citer ici des descriptions de l'amour plus capables de corrompre le
cœur que de perfectionner le goût. Je donnerai deux portraits de l'a-
mour tirés de deux célèbres poëtes, dont l'un, qui est feu Rousseau,
n'a pas toujours parlé avec tant de bienséance; et l'autre, qui est M. de
Voltaire, a, ce me semble, toujours fait aimer la vertu dans ses écrits.

Portrait de l'Amour, tiré de l'ÉPÎTRE SUR L'AMOUR.

A MADAME D'USSÉ. (L. I, ÉP. II.)

Jadis sans *choix*[1], les humains dispersés,
Troupe féroce et nourrie au carnage,
Du seul instinct suivaient la loi sauvage,
Se renfermaient dans les antres cachés.
Et de leurs trous par la faim arrachés[2],
Allaient, errants au gré de la nature,
Avec les ours disputer la pâture.
De ce chaos l'Amour *réparateur*[3]
Fut de leurs lois le premier fondateur.
Il sut fléchir leurs humeurs indociles,
Les réunit dans l'enceinte des villes,
Des premiers arts leur donna les leçons,
Leur enseigna l'*usage*[4] des moissons;
Chez eux logea l'Amitié secourable,
Avec la Paix, sa sœur inséparable;
Et, devant tout, dans les terrestres lieux,
Fit respecter l'autorité des dieux.
    Tel fut ici le siècle de *Cybèle.*
Mais à ce *dieu*[5] la terre enfin rebelle
Se rebuta d'une si douce loi,
Et de ses mains voulut se faire un roi.
    Tout aussitôt, évoqué par la Haine,
Sort de ses flancs un monstre à forme humaine,
Reste dernier de ces cruels Typhons,
Jadis formés dans les gouffres profonds.
D'un faible enfant il a le front timide;
Dans ses yeux brille une douceur perfide;
Nouveau Protée, à toute heure, en tous lieux,
Sous un faux masque il abuse nos yeux.
D'abord voilé d'une crainte ingénue,
Humble captif, il rampe, il s'insinue;
Puis tout à coup, impérieux vainqueur,
Porte le trouble et l'effroi dans le cœur.
    Les Trahisons, la noire Tyrannie,
Le Désespoir, la Peur, l'Ignominie,
Et le Tumulte, au regard effaré,
Suivent son char de Soupçons entouré.
Ce fut sur lui que la terre *ennemie*
De sa révolte *appuya l'infamie*[6];
Bientôt séduits par ses trompeurs appas,
Des *flots* d'humains *marchèrent*[7] sur ses pas.

1. Terme oiseux. — 2. Vers dur. — 3. Impropre. — 4. Impropre.
5. Dieu est trop près de Cybèle. — 6. Mots impropres.
7. Les flots ne marchent pas.

L'Amour, par lui dépouillé de puissance,
Remonte au ciel, séjour de sa naissance.

Temple de l'Amour, tiré de LA HENRIADE (chant IX, 1-55).

Sur les bords fortunés de l'antique Idalie,
Lieux où finit l'Europe et commence l'Asie,
S'élève un vieux palais respecté par les temps :
La nature en posa les premiers fondements;
Et l'art, ornant depuis sa simple architecture,
Par ses travaux hardis surpassa la nature.
Là, tous les champs voisins, peuplés de myrtes verts,
N'ont jamais ressenti l'outrage des hivers.
Partout on voit mûrir, partout on voit éclore
Et les fruits de Pomone et les présents de Flore;
Et la terre n'attend, pour donner ses moissons,
Ni les vœux des humains, ni l'ordre des saisons.
L'homme y semble goûter dans une paix profonde
Tout ce que la nature, aux premiers jours du monde,
De sa main bienfaisante accordait aux humains :
Un éternel repos, des jours purs et sereins,
Les douceurs, les plaisirs que promet l'abondance,
Les biens du premier âge, hors la seule innocence.
On entend pour tout bruit des concerts enchanteurs;
Dont la molle harmonie inspire les langueurs;
Les voix de mille amants, les chants de leurs maitresses,
Qui célèbrent leur honte et vantent leurs faiblesses.
Chaque jour on les voit, le front paré de fleurs,
De leur aimable maître implorer les faveurs;
Et dans l'art dangereux de plaire et de séduire,
Dans son temple à l'envi s'empresser de s'instruire.
La flatteuse Espérance, au front toujours serein,
A l'autel de l'Amour les conduit par la main.
Près du temple sacré, les Grâces demi-nues
Accordent à leurs voix leurs danses ingénues.
La molle Volupté, sur un lit de gazons,
Satisfaite et tranquille, écoute leurs chansons.
On voit à ses côtés le Mystère en silence,
Le Sourire enchanteur, les Soins, la Complaisance,
Les Plaisirs amoureux, et les tendres Désirs,
Plus doux, plus séduisants encor que les Plaisirs.
De ce temple fameux telle est l'aimable entrée;
Mais lorsqu'en avançant sous la voûte sacrée
On porte au sanctuaire un pas audacieux,
Quel spectacle funeste épouvante les yeux!
Ce n'est plus des Plaisirs la troupe aimable et tendre;
Leurs concerts amoureux ne s'y font plus entendre :
Les Plaintes, les Dégoûts, l'Imprudence, la Peur,

Font de ce beau séjour un séjour plein d'horreur.
La sombre Jalousie, au teint pâle et livide,
Suit d'un pied chancelant le Soupçon qui la guide :
La Haine et le Courroux, répandant leur venin,
Marchent devant ses pas un poignard à la main.
La Malice les voit, et d'un souris perfide
Applaudit, en passant, à leur troupe homicide.
Le Repentir les suit, détestant leurs fureurs,
Et baisse, en soupirant, ses yeux mouillés de pleurs.
C'est là, c'est au milieu de cette cour affreuse,
Des plaisirs des humains compagne malheureuse,
Que l'Amour a choisi son séjour éternel, etc.

Ces deux descriptions morales de l'Amour n'en sont pas moins intéressantes pour cela. Celle qui est tirée de *la Henriade* est plus pitto-
resque que l'autre, et d'un style plus coulant et plus correct; mais elle
ne me paraît pas écrite avec plus d'énergie. Il y a seulement je ne
sais quoi de plus doux et de plus intéressant.

Non satis est pulchra esse poemata, dulcia sunto.
(Hor., *de Arte poët.*, 99.)

Il faut voir à présent comment l'archevêque de Cambrai, l'illustre
Fénelon, auteur du *Télémaque*, a traité le même sujet. Il a aussi parlé
de l'Amour et de son temple (liv. IV) :

« On me conduisit au temple de la déesse : elle en a plusieurs dans
cette île; car elle est particulièrement adorée à Cythère, à Idalie, et
à Paphos. C'est à Cythère que je fus conduit. Le temple est tout de
marbre; c'est un parfait péristyle : les colonnes sont d'une grosseur
et d'une hauteur qui rendent cet édifice très-majestueux; au-dessus de
l'architrave et de la frise sont, à chaque face, de grands frontons où
l'on voit, en bas-reliefs, toutes les plus agréables aventures de la
déesse; à la porte du temple est sans cesse une foule de peuples qui
viennent faire leurs offrandes. On n'égorge jamais dans l'enceinte du
lieu sacré aucune victime. On n'y brûle point, comme ailleurs, la
graisse des génisses et des taureaux; on n'y répand jamais leur sang.
On présente seulement devant l'autel les bêtes qu'on offre, et on n'en
peut offrir aucune qui ne soit jeune, blanche, sans défaut, et sans
tache. On les couvre de bandelettes de pourpre brodées d'or; leurs
cornes sont dorées, et ornées de bouquets des fleurs les plus odorifé-
rantes. Après qu'elles ont été présentées devant l'autel, on les renvoie
dans un lieu écarté, où elles sont égorgées pour les festins des prêtres
de la déesse.

« On offre aussi toutes sortes de liqueurs parfumées, et du vin plus
doux que le nectar. Les prêtres sont revêtus de longues robes blan-
ches, avec des ceintures d'or et des franges de même au bas de leurs
robes. On brûle nuit et jour, sur les autels, les parfums les plus ex-
quis de l'Orient, et ils forment une espèce de nuage qui monte vers le
ciel. Toutes les colonnes du temple sont ornées de festons pendants;

tous les vases qui servent au sacrifice sont d'or ; un bois sacré de myrte environne le bâtiment. Il n'y a que de jeunes garçons et de jeunes filles d'une rare beauté qui puissent présenter les victimes aux prêtres, et qui osent allumer le feu des autels : mais l'impudence et la dissolution déshonorent un temple si magnifique. »

Je ne puis m'empêcher de convenir que cette description est d'une grande froideur en comparaison de la poésie que nous avons vue. Rien ne caractérise ici le temple de l'Amour ; ce n'est qu'une description vague d'un temple en général. Il n'y a rien de moral que la dernière phrase : mais l'*impudence* et la *dissolution* caractérisent la débauche, et non pas l'amour. Tout le mérite de ce morceau me paraît consister dans une prose harmonieuse ; mais elle manque de vie.

Tous ces exemples confirment de plus en plus que les mêmes choses bien dites en vers, ou bien dites en prose, sont aussi différentes qu'un vêtement d'or et de soie l'est d'une robe simple et unie ; mais aussi la médiocre prose est encore plus au-dessus des vers médiocres, que les bons vers ne l'emportent sur la bonne prose.

On m'a demandé souvent s'il y avait quelque bon livre en français, écrit dans la prose poétique du *Télémaque*. Je n'en connais point, et je ne crois pas que ce style pût être bien reçu une seconde fois. C'est, comme on l'a dit, une espèce bâtarde qui n'est ni poésie ni prose, et qui, étant sans contrainte, est aussi sans grande beauté ; car la difficulté vaincue ajoute un charme nouveau à tous les agréments de l'art. Le *Télémaque* est écrit dans le goût d'une traduction en prose d'Homère, et avec plus de grâce que la prose de Mme Dacier ; mais enfin c'est de la prose, qui n'est qu'une lumière très-faible devant les éclairs de la poésie, et qui atteste seulement l'impuissance de rendre les poëtes de l'antiquité en vers français.

ARMÉE. — Je ne vois guère de description d'armée qui mérite notre attention dans les poëtes tragiques que celle qu'on lit dans *le Cid* (acte IV, sc. III) :

> Cette obscure clarté qui tombe des étoiles,
> Enfin, avec le flux nous fait voir trente voiles ;
> L'onde s'enfle *dessous*[1], et d'un commun effort
> Les Maures et la mer *montent jusques*[2] au port.
> On les laisse passer ; tout leur paraît tranquille ;
> Point de soldats au port, point aux murs de la ville ;
> Notre profond silence abusant leurs esprits,
> Ils n'osent plus douter de nous avoir surpris.
> Ils abordent sans peur, ils ancrent, ils descendent,
> Et courent se livrer aux mains qui les attendent.
> Nous nous levons alors, et tous en même temps
> Poussons jusques au ciel mille cris éclatants.
> Les nôtres au signal de nos vaisseaux répondent,
> Ils paraissent armés : les Maures se confondent ;

1. Prosaïque. — 2. Dur.

L'épouvante les prend; à demi descendus,
Avant que de combattre ils s'estiment perdus.
Ils couraient au pillage, et rencontrent la guerre;
Nous les pressons sur l'eau, nous les pressons sur terre,
Et nous faisons courir des ruisseaux de leur sang;
Avant qu'aucun résiste ou reprenne son rang.
Mais bientôt, malgré nous, leurs princes les rallient;
Leur courage renaît, et leurs terreurs s'oublient.
La honte de mourir sans avoir combattu
Arrête leur désordre, et leur rend leur vertu.
Contre nous de pied ferme ils tirent leurs alfanges,
De notre sang au leur font *d'horribles mélanges* ;
Et la terre et le fleuve, et leur flotte et le port,
Sont des champs de carnage où triomphe la mort.

Je crois que tout le monde tombera d'accord qu'il y a plus d'âme et de pathétique dans la description d'une armée prête à attaquer que fait l'illustre Fénelon au dixième livre des *Aventures de Télémaque*. Ce n'est point une description circonstanciée; elle est vague; elle ne spécifie rien; elle tient plus de la déclamation que de cet air de vérité qui a un si grand mérite : mais il a l'art de parler au cœur jusque dans l'appareil de la guerre.

« Pendant qu'ils raisonnaient ainsi, on entendit tout à coup un bruit confus de chariots, de chevaux hennissants, d'hommes qui poussaient des hurlements épouvantables, et de trompettes qui remplissaient l'air d'un son belliqueux. On s'écrie : « Voilà les ennemis « qui ont fait un grand détour pour éviter les passages gardés; les « voilà qui viennent assiéger Salente. » Les vieillards et les femmes paraissaient consternés. « Hélas ! disaient-ils, fallait-il quitter notre « chère patrie, la fertile Crète, et suivre un roi malheureux au tra- « vers de tant de mers, pour fonder une ville qui sera mise en cen- « dres comme Troie ! » On voyait de dessus les murailles nouvelle- ment bâties, dans la vaste campagne, briller au soleil les casques, les cuirasses, et les boucliers des ennemis. Les yeux en étaient éblouis. On voyait aussi les piques hérissées qui couvraient la terre, comme elle est couverte par une abondante moisson que Cérès prépare dans les campagnes d'Enna en Sicile, pendant les chaleurs de l'été, pour récompenser le laboureur de toutes ses peines. Déjà on remarquait les chariots armés de faux tranchantes; on distinguait facilement chaque peuple venu à cette guerre. » (Liv. X.)

Je suis bien plus ému ici par Fénelon que par Corneille. Ce n'est pas que les vers ne soient, à mérite égal, incomparablement au-dessus de la prose; mais ici la description a un fond plus touchant que celle de Corneille; et il faut bien considérer qu'un acteur, dans une pièce de théâtre, ne doit presque jamais s'exprimer comme un auteur qui parle à l'imagination du lecteur. Il faut sentir combien Corneille et Fénelon avaient chacun un but différent.

1. Prosaïque. — 2. Ce pluriel est vicieux.

Pour prouver incontestablement la supériorité de la poésie sur la prose dans le même genre de beautés, considérons ce même objet d'une armée en bataille dans le huitième chant de *la Henriade* (65-176) :

Près des bords de l'Iton et des rives de l'Eure
Est un champ fortuné, l'amour de la nature :
La guerre avait longtemps respecté les trésors
Dont Flore et les Zéphyrs embellissaient ces bords.
Au milieu des horreurs des discordes civiles
Les bergers de ces lieux coulaient des jours tranquilles :
Protégés par le ciel et par leur pauvreté,
Ils semblaient des soldats braver l'avidité,
Et sous leurs toits de chaume, à l'abri des alarmes,
N'entendaient point le bruit des tambours et des armes.
Les deux camps ennemis arrivent en ces lieux :
La désolation partout marche avant eux.
De l'Eure et de l'Iton les ondes s'alarmèrent;
Les bergers, pleins d'effroi, dans les bois se cachèrent;
Et leurs tristes moitiés, compagnes de leurs pas,
Emportent leurs enfants gémissants dans leurs bras.
Habitants malheureux de ces bords pleins de charmes,
Du moins à votre roi n'imputez point vos larmes;
S'il cherche les combats, c'est pour donner la paix :
Peuples, sa main sur vous répandra ses bienfaits.
Il veut finir vos maux, il vous plaint, il vous aime,
Et dans ce jour affreux il combat pour vous-même.
Les moments lui sont chers; il court dans tous les rangs
Sur un coursier fougueux plus léger que les vents,
Qui, fier de son fardeau, du pied frappant la terre,
Appelle les dangers, et respire la guerre.
On voyait près de lui briller tous ces guerriers,
Compagnons de sa gloire et ceints de ses lauriers :
D'Aumont, qui sous cinq rois avait porté les armes;
Biron, dont le seul nom répandait les alarmes;
Et son fils, jeune encore, ardent, impétueux,
Qui, depuis.... mais alors il était vertueux;
Sully, Nangis, Crillon, ces ennemis du crime,
Que la ligue déteste, et que la ligue estime;
Turenne, qui depuis de la jeune Bouillon
Mérita dans Sedan la puissance et le nom;
Puissance malheureuse et trop mal conservée,
Et par Armand détruite aussitôt qu'élevée.
Essex avec éclat paraît au milieu d'eux,
Tel que dans nos jardins un palmier sourcilleux,
A nos ormes touffus mêlant sa tête altière,
Paraît s'enorgueillir de sa tige étrangère.
. . . .

Plus loin sont La Trimouille, et Clermont, et Feuquières,

Le malheureux de Nesle, et l'heureux Lesdiguières;
D'Ailly, pour qui ce jour fut un jour trop fatal.
Tous ces héros en foule attendaient le signal,
Et, rangés près du roi, lisaient sur son visage
D'un triomphe certain l'espoir et le présage.
　Mayenne, en ce moment, inquiet, abattu,
Dans son cœur étonné cherche en vain sa vertu :
Soit que, de son parti connaissant l'injustice,
Il ne crût point le ciel à ses armes propice;
Soit que l'âme en effet ait des pressentiments,
Avant-coureurs certains des grands événements.
Ce héros cependant, maître de sa faiblesse,
Déguisait ses chagrins sous sa fausse allégresse;
Il s'excite, il s'empresse, il inspire aux soldats
Cet espoir généreux que lui-même il n'a pas.
　D'Egmont auprès de lui, plein de la confiance
Que dans un jeune cœur fait naître l'imprudence,
Impatient déjà d'exercer sa valeur,
De l'incertain Mayenne accusait la lenteur.
Tel qu'échappé du sein d'un riant pâturage,
Au bruit de la trompette animant son courage,
Dans les champs de la Thrace un coursier orgueilleux,
Indocile, inquiet, plein d'un feu belliqueux,
Levant les crins mouvants de sa tête superbe,
Impatient du frein, vole et bondit sur l'herbe :
Tel paraissait Egmont; une noble fureur
Éclate dans ses yeux, et brûle dans son cœur;
Il s'entretient déjà de sa prochaine gloire,
Il croit que son destin commande à la victoire :
Hélas! il ne sait point que son fatal orgueil
Dans les plaines d'Ivry lui prépare un cercueil.
　Vers les ligueurs enfin le grand Henri s'avance,
Et s'adressant aux siens qu'enflammait sa présence
　Vous êtes nés Français, et je suis votre roi;
Voilà nos ennemis, marchez, et suivez-moi :
Ne perdez point de vue, au fort de la tempête,
Ce panache éclatant qui flotte sur ma tête;
Vous le verrez toujours au chemin de l'honneur. »
A ces mots, que ce roi prononçait en vainqueur,
Il voit d'un feu nouveau ses troupes enflammées,
Et marche en invoquant le grand dieu des armées.
　Sur les pas des deux chefs alors, en même temps,
On voit des deux partis voler les combattants.
Ainsi, lorsque des monts séparés par Alcide
Les Aquilons fougueux fondent d'un vol rapide,
Soudain les flots émus de deux profondes mers
D'un choc impétueux s'élancent dans les airs;
La terre au loin gémit, le jour fuit, le ciel gronde,

Et l'Africain tremblant craint la chute du monde.
　　Au mousquet réuni le sanglant coutelas
Déjà de tous côtés porte un double trépas.
Cette arme que jadis, pour dépeupler la terre,
Dans Baïonne inventa le démon de la guerre,
Rassemble en même temps, digne fruit de l'enfer,
Ce qu'ont de plus terrible et la flamme et le fer.
　　On se mêle, on combat; l'adresse, le courage,
Le tumulte, les cris, la peur, l'aveugle rage,
La honte de céder, l'ardente soif du sang,
Le désespoir, la mort, passent de rang en rang.
L'un poursuit un parent dans le parti contraire;
Là le frère en fuyant meurt de la main d'un frère :
La nature en frémit, et ce rivage affreux
S'abreuvait à regret de leur sang malheureux.

Il y a dans cette description plus de pathétique encore et plus de portraits touchants que dans le *Télémaque*. Ce morceau,

Habitants malheureux de ces bords pleins de charmes,

forme un mélange délicieux de tendresse et d'horreur. Le poëte met ici son art à rendre la guerre odieuse, dans le temps même qu'il sonne la charge, et qu'il inspire l'ardeur du combat dans l'âme du lecteur. La comparaison *des deux mers qui se choquent* étonne l'imagination. La peinture *de la baïonnette au bout du fusil* est d'un goût nouveau, vrai et noble; c'est un des plus grands mérites de la poésie de peindre les détails.

　　　　　Verbis ea vincere magnum
Quam sit, et angustis hunc addere rebus honorem.
　　　　　　　　　　　Virg., *Georg.*, III, 280.

ASSAUT. — Cet art de peindre les détails, et de décrire des choses que la poésie française évite communément, se trouve d'une manière bien sensible dans le récit d'un assaut donné aux faubourgs de Paris[1] :

Du côté du levant bientôt Bourbon s'avance.
Le voilà qui s'approche, et la mort le devance.
Le fer avec le feu vole de toutes parts
Des mains des assiégeants et du haut des remparts.
Ces remparts menaçants, leurs tours et leurs ouvrages,
S'écroulent sous les traits de ces brûlants orages :
On voit les bataillons rompus et renversés,
Et loin d'eux dans les champs leurs membres dispersés.
Ce que le fer atteint tombe réduit en poudre;
Et chacun des partis combat avec la foudre.
　　Jadis avec moins d'art, au milieu des combats,
Les malheureux mortels avançaient leur trépas

1. *Henriade* chant VI, 185-260. (ÉD.)

Avec moins d'appareil ils volaient au carnage,
Et le fer dans leurs mains suffisait à leur rage.
De leurs cruels enfants l'effort industrieux
A dérobé le feu qui brûle dans les cieux.
On entendait gronder ces bombes effroyables,
Des troubles de la Flandre enfants abominables,
Dans ces globes d'airain le salpêtre enflammé
Vole avec la prison qui le tient renfermé :
Il la brise, et la mort en sort avec furie.
  Avec plus d'art encore et plus de barbarie,
Dans des antres profonds on a su renfermer
Des foudres souterrains tout prêts à s'allumer.
Sous un chemin trompeur, où, volant au carnage,
Le soldat valeureux se fie à son courage,
On voit en un instant des abîmes ouverts,
De noirs torrents de soufre épandus dans les airs,
Des bataillons entiers, par ce nouveau tonnerre,
Emportés, déchirés, engloutis sous la terre.
Ce sont là les dangers où Bourbon va s'offrir;
C'est par là qu'à son trône il brûle de courir.
Ses guerriers avec lui dédaignent ces tempêtes :
L'enfer est sous leurs pas, la foudre est sur leurs têtes;
Mais la Gloire à leurs yeux vole à côté du roi;
Ils ne regardent qu'elle, et marchent sans effroi.
  Mornai, parmi les flots de ce torrent rapide,
S'avance d'un pas grave et non moins intrépide,
Incapable à la fois de crainte et de fureur,
Sourd au bruit des canons, calme au sein de l'horreur
D'un œil ferme et stoïque il regarde la guerre
Comme un fléau du ciel, affreux, mais nécessaire;
Il marche en philosophe où l'honneur le conduit,
Condamne les combats, plaint son maître, et le suit.
  Ils descendent enfin dans ce chemin terrible,
Qu'un glacis teint de sang rendait inaccessible.
C'est là que le danger ranime leurs efforts :
Ils comblent les fossés de fascines, de morts;
Sur ces morts entassés ils marchent, ils s'avancent;
D'un cours précipité sur la brèche ils s'élancent.
  Armé d'un fer sanglant, couvert d'un bouclier,
Henri vole à leur tête, et monte le premier.
Il monte; il a déjà de ses mains triomphantes
Arboré de ses lis les enseignes flottantes.
Les ligueurs devant lui demeurent pleins d'effroi;
Ils semblaient respecter leur vainqueur et leur roi
Ils cédaient; mais Mayenne à l'instant les ranime;
Il leur montre l'exemple, il les rappelle au crime;
Leurs bataillons serrés pressent de toutes parts
Ce roi dont ils n'osaient soutenir les regards.

Sur le mur avec eux la Discorde cruelle
Se baigne dans le sang que l'on verse pour elle.
Le soldat à son gré sur ce funeste mur,
Combattant de plus près, porte un trépas plus sûr.
   Alors on n'entend plus ces foudres de la guerre
Dont les bouches de bronze épouvantaient la terre :
Un farouche silence, enfant de la fureur,
A ces bruyants éclats succède avec horreur.
D'un bras déterminé, d'un œil brûlant de rage,
Parmi ses ennemis chacun s'ouvre un passage.
On saisit, on reprend, par un contraire effort,
Ce rempart teint de sang, théâtre de la mort;
Dans ses fatales mains la victoire incertaine
Tient encor près des lis l'étendard de Lorraine.
Les assiégeants surpris sont partout renversés,
Cent fois victorieux, et cent fois terrassés :
Pareils à l'Océan poussé par les orages,
Qui couvre à chaque instant et qui fuit ses rivages.

1. est visible que l'auteur a jouté contre le grand peintre Homère dans cette description; car, comme Homère s'attache à animer tout, et à peindre toutes les choses qui étaient en usage de son temps, le poëte français entre dans le détail de toutes les machines dont nous nous servons : chemin couvert attaqué, fascines portées, mines, bombes, tout est exprimé.

Mettons en parallèle ce morceau épique avec la traduction d'une description à peu près semblable dans l'Iliade, et voyons comment La Motte a rendu le poëte grec.

Sous des chefs différents il range cinq cohortes,
Dont l'égale valeur assiége autant de portes.
Sur les nouveaux remparts, l'Argien, plus vaillant,
De tout côté s'oppose aux coups de l'assaillant.
Hector veut le premier forcer avec Énée
La porte qu'occupaient Ulysse, Idoménée,
Digne de Jupiter, qui lui donna le jour;
Sarpédon cherche Ajax jusqu'au haut d'une tour.
C'est en vain que des murs tombe une horrible grêle;
C'est en vain que la pierre avec les traits se mêle :
Rien ne peut réussir à les décourager;
La gloire à leurs regards efface le danger.
Appuyés l'un de l'autre, ils montent aux murailles :
Les fossés sont bientôt comblés de funérailles.
Plusieurs tombent mourants, qui s'estiment heureux
D'aider leurs compagnons à s'élever sur eux.
   « Courage, mes amis, criait le roi de Pyle,
Courage, défendez notre dernier asile;
Soutenez bien l'honneur de vos premiers exploits;
Vos femmes, vos enfants, vous pressent par ma voix.

Jupiter d'Ilion nous promit la ruine :
Ne faites point mentir la promesse divine. »
   Le bruit ne laissait pas distinguer ses discours,
Mais le son de sa voix les animait toujours.
   Des Troyens cependant l'opiniâtre audace
Rend effort pour effort, menace pour menace ;
Et, sous leurs boucliers tout hérissés de dards,
Ils atteignaient déjà le sommet des remparts.

Malgré la sécheresse de ces vers, on voit aisément la richesse du fond du sujet ; mais le pinceau de M. de La Motte n'est point moelleux et n'a nulle force. Il règne dans tout ce qu'il fait un ton froid, didactique, qui devient insupportable à la longue. Au lieu d'imiter les belles peintures d'Homère et l'harmonie de ses vers, il s'amuse à considérer que Nestor, dans la chaleur du combat, pourrait n'être pas entendu ; et il croit avoir de l'esprit en disant :

Le bruit ne laissait pas distinguer ses discours.

Le pis de tout cela est qu'il n'y a pas un mot dans Homère, ni de Nestor haranguant, ni de plusieurs qui tombent mourants, et qui s'estiment heureux de servir d'échelle à leurs compagnons, ni d'effort pour effort et de menace pour menace : tout cela est de M. de La Motte.

Ses vers sont bas et prosaïques ; ils jettent même un ridicule sur l'action. Car c'est un portrait comique que celui d'un homme qui parle et qu'on n'entend point. Il faut avouer que La Motte a gâté tous les tableaux d'Homère. Il avait beaucoup d'esprit ; mais il s'était corrompu le goût par une très-mauvaise philosophie qui lui persuadait que l'harmonie, la peinture, et le choix des mots, étaient inutiles à la poésie ; que pourvu que l'on cousît ensemble quelques traits communs de morale, on était au-dessus des plus grands poëtes. La véritable philosophie aurait dû lui apprendre, au contraire, que chaque art a sa nature propre, et qu'il ne fallait point traduire Homère avec sécheresse, comme il serait permis de traduire Épictète.

La Motte avait donné d'abord de très-grandes espérances par les premières odes qu'il composa ; mais bientôt après il tomba dans le mauvais goût, et il devint un des plus mauvais auteurs. Il crut avoir corrigé Homère. Cet excès d'orgueil lui ayant mal réussi, il écrivit contre la poésie. Il fut sur le point de corrompre le goût de son siècle ; car il avait eu l'adresse de se faire un parti considérable, et de se faire louer dans tous les journaux ; mais sa cabale est tombée avec lui. Le temps fait justice, et met toutes les choses à leur place.

BATAILLE. — Les batailles ont tant de rapports avec ce que je viens de mettre sous les yeux, que je ne m'étendrai pas sur cet article. Je remarquerai seulement que l'on a toujours donné la préférence à Homère sur Virgile pour cette grande partie du poëme épique.

Je ne sais si le Tasse n'est pas encore supérieur à Homère dans la description des batailles. Quelles peintures vives et pénétrantes dans celle qui se donne au vingtième chant, et avec quelle force ce grand homme se soutient au bout de sa carrière !

> Giace il cavallo al suo signore appresso,
> Giace il compagno appo il compagno estinto,
> Giace il nemico appo il nemico, e spesso
> Sul morto il vivo, il vincitor sul vinto :
> Non v'è silenzio, e non v'è grido espresso,
> Ma odi un non so che roco e indistinto,
> Fremiti di furor, mormori d'ira,
> Gemiti di chi langue, e di chi spira.
>
> Ott. LI.

Que tout cela est vrai, terrible, passionné ! Pour moi, j'avoue que les descriptions d'Homère ne me semblent pas renfermer tant de beautés. Ce que j'aime dans la bataille d'Ivri, c'est la foule des comparaisons et des métaphores rapides, les aventures touchantes jointes à l'horreur de l'action, la vertu stoïque de Mornai opposée à la rage des combattants; l'éloge même de l'amitié au milieu du carnage, la clémence après la victoire : cela fait un tout que je ne rencontre point ailleurs. Je remarque, entre autres choses qui m'ont frappé, cette fin de la bataille (ch. VIII, 388-402) :

> L'étonnement, l'esprit de trouble et de terreur,
> S'empare en ce moment de leur troupe alarmée;
> Il passe en tous les rangs, et s'étend sur l'armée;
> Les chefs sont effrayés, les soldats éperdus;
> L'un ne peut commander, l'autre n'obéit plus.
> Ils jettent leurs drapeaux, ils courent, se renversent,
> Poussent des cris affreux, se heurtent, se dispersent;
> Les uns, sans résistance à leur vainqueur offerts,
> Fléchissent les genoux et demandent des fers;
> D'autres, d'un pas rapide évitant sa poursuite,
> Jusqu'aux rives de l'Eure emportés dans leur fuite,
> Dans les profondes eaux vont se précipiter,
> Et courent au trépas qu'ils veulent éviter.
> Les flots couverts de morts interrompent leur course,
> Et le fleuve sanglant remonte vers sa source.

Je me suis toujours demandé pourquoi ces descriptions en vers me faisaient tant de plaisir, pendant que les récits des batailles me causaient tant de langueur dans les historiens. La véritable raison, à mon sens, c'est que les historiens ne peignent point comme les poëtes. Je vois dans Mézerai et dans Daniel des régiments qui avancent et des corps de réserve qui attendent, des postes pris, un ravin passé, et tout cela presque toujours embrouillé. Mais de la vivacité, de la chaleur, de l'horreur, de l'intérêt, c'est ce qui se trouve dans l'histoire encore moins que l'exactitude.

CARACTÈRES ET PORTRAITS. — Le plus beau caractère que j'aie jamais lu est malheureusement tiré d'un roman, et même d'un roman qui, en voulant imiter le *Télémaque*, est demeuré fort au-dessous de son modèle. Mais il n'y a rien dans *Télémaque* qui puisse, à mon gré, approcher du portrait de la reine d'Égypte, qu'on trouve dans le premier volume de *Séthos*.

« Elle ne s'est point laissée aller, comme bien des rois, aux injustices, dans l'espoir de les racheter par ses offrandes; et sa magnificence à l'égard des dieux a été le fruit de sa piété, et non le tribut de ses remords. Au lieu d'autoriser l'animosité, la vexation, la persécution, par les conseils d'une piété mal entendue, elle n'a voulu tirer de la religion que des maximes de douceur, et elle n'a fait usage de la sévérité que suivant l'ordre de la justice générale, et par rapport au bien de l'État. Elle a pratiqué toutes les vertus des bons rois avec une défiance modeste, qui la laissait à peine jouir du bonheur qu'elle procurait à ses peuples. La défense glorieuse des frontières, la paix affermie au dehors et au dedans du royaume, les embellissements et les établissements de différentes espèces, ne sont ordinairement, de la part des autres princes, que des effets d'une sage politique, que les dieux juges du fond des cœurs ne récompensent pas toujours; mais de la part de notre reine toutes ces choses ont été des actions de vertu, parce qu'elles n'ont eu pour principe que l'amour de ses devoirs, et la vue du bonheur public. Bien loin de regarder la souveraine puissance comme un moyen de satisfaire ses passions, elle a conçu que la tranquillité du gouvernement dépendait de la tranquillité de son âme, et qu'il n'y a que les esprits doux et patients qui sachent se rendre véritablement maîtres des hommes. Elle a éloigné de sa pensée toute vengeance; et, laissant à des hommes privés la honte d'exercer leur haine dès qu'ils le peuvent, elle a pardonné, comme les dieux, avec un plein pouvoir de punir. Elle a réprimé les esprits rebelles, moins parce qu'ils résistaient à ses volontés que parce qu'ils faisaient obstacle au bien qu'elle voulait faire; elle a soumis ses pensées aux conseils des sages, et tous les ordres du royaume à l'équité de ses lois; elle a désarmé les ennemis étrangers par son courage et par la fidélité à sa parole, et elle a surmonté les ennemis domestiques par sa fermeté et par l'heureux accomplissement de ses projets. Il n'est jamais sorti de sa bouche ni un secret ni un mensonge, et elle a cru que la dissimulation nécessaire pour régner ne devait s'étendre que jusqu'au silence. Elle n'a point cédé aux importunités des ambitieux, et les assiduités des flatteurs n'ont point enlevé les récompenses dues à ceux qui servaient leur patrie loin de sa cour. La faveur n'a point été en usage sous son règne; l'amitié même, qu'elle a connue et cultivée, ne l'a point emporté auprès d'elle sur le mérite, souvent moins affectueux et moins prévenant. Elle a fait des grâces à ses amis, et elle a donné des postes importants aux hommes capables. Elle a répandu des honneurs sur les grands, sans les dispenser de l'obéissance, et elle a soulagé le peuple sans lui ôter la nécessité du travail. Elle n'a point donné lieu à des hommes nouveaux de partager avec le prince, et inégalement pour lui, les revenus de son État; et les derniers du peuple ont satisfait sans regret aux contributions proportionnées qu'on exigeait d'eux, parce qu'elles n'ont point servi à rendre leurs semblables plus riches, plus orgueilleux, et plus méchants. Persuadée que la providence des dieux n'exclut point la vigilance des hommes, qui est un de ses présents, elle a prévenu les misères publiques par des provisions régulières; et, rendant ainsi toutes les années égales, sa sagesse a maîtrisé en quelque sorte les saisons et les éléments. Elle a facilité les négociations, entretenu la paix, et porté le royaume au plus haut point de la richesse et de la gloire par l'accueil qu'elle a fait à tous ceux que la sagesse de son gouvernement attirait des pays les plus éloignés; et elle a inspiré à ses peuples l'hospitalité, qui n'était point encore assez établie chez les Égyptiens.

« Quand il s'est agi de mettre en œuvre les grandes maximes du gouvernement et d'aller au bien général, malgré les inconvénients particuliers, elle a subi avec une généreuse indifférence les murmures d'une populace aveugle, souvent animée par les calomnies secrètes de gens plus éclairés qui ne trouvent pas leur avantage dans le bonheur public. Hasardant quelquefois sa propre gloire pour l'intérêt d'un peuple méconnaissant, elle a attendu sa justification du temps; et, quoique enlevée au commencement de sa course, la pureté de ses intentions, la justesse de ses vues, et la diligence de l'exécution, lui ont procuré l'avantage de laisser une mémoire glorieuse et un regret universel. Pour être plus en état de veiller sur le total du royaume, elle a confié les premiers détails à des ministres sûrs, obligés de choisir des subalternes qui en choisiraient encore d'autres dont elle ne pouvait plus répondre elle-même, soit par l'éloignement, soit par le nombre. Ainsi, j'oserai le dire devant nos juges et devant ses sujets qui m'entendent, si, dans un peuple innombrable tel que l'on connaît celui de Memphis et des cinq mille villes de la dynastie, il s'est trouvé, contre son intention, quelqu'un d'opprimé, non-seulement la reine est excusable par l'impossibilité de pourvoir à tout, mais elle est digne de louange en ce que, connaissant les bornes de l'esprit humain, elle ne s'est point écartée du centre des affaires publiques, et qu'elle a réservé toute son attention pour les premières causes et pour les premiers mouvements. Malheur aux princes dont quelques particuliers se louent quand le bien public a lieu de se plaindre! mais les particuliers mêmes qui souffrent n'ont pas droit de condamner le prince quand le corps de l'État est sain, et que les principes du gouvernement sont salutaires. Cependant, quelque irréprochable que la reine nous ait paru à l'égard des hommes, elle n'attend, par rapport à vous, ô justes dieux! son repos et son bonheur que de votre clémence. »

Comparez ce morceau au portrait que fait Bossuet de Marie-Thérèse, reine de France, vous serez étonné de voir combien le grand maître d'éloquence est alors au-dessous de l'abbé Terrasson, qui ne passera pourtant jamais pour un auteur classique.

Portrait de Marie-Thérèse. — « Dieu l'a élevée au faîte des grandeurs humaines, afin de rendre la pureté et la perpétuelle régularité de sa vie plus éclatantes et plus exemplaires; ainsi sa vie et sa mort.

également pleines de sainteté et de grâce, deviennent l'instruction du genre humain. Notre siècle n'en pouvait recevoir de plus parfaite, parce qu'il ne voyait nulle part dans une si haute élévation une pareille pureté. C'est ce rare et merveilleux assemblage que nous aurons à considérer dans les deux parties de ce discours. Voici, en peu de mots, ce que j'ai à dire de la plus pieuse des reines; et tel est le digne abrégé de son éloge. Il n'y a rien que d'auguste dans sa personne; il n'y a rien que de pur dans sa vie. Accourez, peuples; venez contempler dans la première place du monde la rare et majestueuse beauté d'une vertu toujours constante. Dans une vie si égale, il n'importe pas à cette princesse où la mort la frappe; on n'y voit point d'endroit faible par où elle pût craindre d'être surprise : toujours vigilante, toujours attentive à Dieu et à son salut, sa mort, si précipitée et si effroyable pour nous, n'avait rien de dangereux pour elle. Ainsi son élévation ne servira qu'à faire voir à tout l'univers, comme du lieu le plus éminent qu'on découvre dans son enceinte, cette importante vérité, qu'il n'y a rien de solide ni de vraiment grand parmi les hommes que d'éviter le péché; et que la seule précaution contre les attaques de la mort, c'est l'innocence de la vie. C'est, messieurs, l'instruction que nous donne dans ce tombeau, ou plutôt du plus haut des cieux, très-haute, très-excellente, très-puissante et très-chrétienne princesse, Marie-Thérèse d'Autriche, infante d'Espagne, reine de France et de Navarre. »

Il y a peu de choses plus faibles que cet éloge, si ce n'est les oraisons funèbres qu'on a faites depuis les Bossuet et les Fléchier. Il ne s'est guère trouvé après ces grands hommes que de vains déclamateurs qui manquaient de force et de grâce dans l'esprit et dans le style.

Les caractères sont d'une difficulté et d'un mérite tout autre dans l'histoire que dans les romans et dans les oraisons funèbres. On sent aisément qu'ils doivent être aussi bien écrits, et avoir de plus le mérite de la vraisemblance. Rien n'est si fade que les portraits que fait Maimbourg de ses héros. Il leur donne à tous de grands yeux bleus à fleur de tête, des nez aquilins, une bouche admirablement conformée, un génie perçant, un courage ardent et infatigable, une patience inépuisable, une constance inébranlable.

Quelle différence, bon Dieu! entre tous ces fades portraits et celui que fait de Cromwell, en deux mots, l'éloquent et intéressant historien de l'*Essai du siècle de Louis XIV*!

« Les autres nations, dit-il, crurent l'Angleterre ensevelie sous ses ruines, jusqu'au temps où elle devint tout à coup plus formidable que jamais, sous la domination de Cromwell, qui l'assujettit en portant l'Évangile dans une main, l'épée dans l'autre, le masque de la religion sur le visage, et qui dans son gouvernement couvrit des qualités d'un grand roi tous les crimes d'un usurpateur. »

Voilà, dans peu de lignes, toute la vie de Cromwell. L'auteur en eût dit trop s'il eût dit davantage, dans une description de l'Europe où il passe en revue toutes les nations.

Le caractère de Charles XII m'a frappé dans un goût absolument différent; c'est à la fin de l'histoire de ce monarque. Le vrai se fait sentir dans cette peinture. On sent que ce n'est pas là un portrait fait à plaisir comme celui de Valstein, qu'on a fait valoir dans Sarasin, mais qui n'est peut-être en effet qu'un amas d'oppositions et d'antithèses, et qu'une imitation ampoulée de Salluste.

Caractère de Charles XII. — « Ainsi périt, à l'âge de trente-six ans et demi, Charles XII, roi de Suède, après avoir éprouvé ce que la prospérité a de plus grand, et ce que l'adversité a de plus cruel, sans avoir été amolli par l'une ni ébranlé un moment par l'autre. Presque toutes ses actions, jusqu'à celles de sa vie privée et unie, ont été bien loin au delà du vraisemblable. C'est peut-être le seul de tous les hommes, et jusqu'ici le seul de tous les rois, qui ait vécu sans faiblesse. Il a porté toutes les vertus des héros à un excès où elles sont aussi dangereuses que les vices opposés. Sa fermeté, devenue opiniâtreté, fit ses malheurs dans l'Ukraine, et le retint cinq ans en Turquie. Sa libéralité, dégénérant en profusion, a ruiné la Suède. Son courage, poussé jusqu'à la témérité, a causé sa mort. Sa justice a été quelquefois jusqu'à la cruauté; et, dans les dernières années, le maintien de son autorité approchait de la tyrannie. Ses grandes qualités, dont une seule eût pu immortaliser un autre prince, ont fait le malheur de son pays. Il n'attaqua jamais personne; mais il ne fut pas aussi prudent qu'implacable dans ses vengeances. Il a été le premier qui ait eu l'ambition d'être conquérant sans avoir l'envie d'agrandir ses États. Il voulait gagner des empires pour les donner. Sa passion pour la gloire, pour la guerre, et pour la vengeance, l'empêcha d'être bon politique, qualité sans laquelle on n'a jamais vu de conquérant. Avant la bataille et après la victoire, il n'avait que de la modestie; après la défaite, que de la fermeté; dur pour les autres comme pour lui-même; comptant pour rien la peine et la vie de ses sujets aussi bien que la sienne; homme unique plutôt que grand homme; admirable plutôt qu'à imiter. Sa vie doit apprendre aux rois combien un gouvernement pacifique et heureux est au-dessus de tant de gloire. »

Je vois dans ces traits un résumé de toute l'histoire de ce monarque. L'auteur ne peint, pour ainsi dire, que par les faits. Il n'a point envie de briller. Ce n'est point lui qui paraît, c'est son héros; et, quoique sans envie de briller, il répand pourtant sur cette image une élégance de diction, et un sentiment de vertu et de philosophie qui charme l'âme.

Je trouve tout le contraire dans le portrait de Valstein fait par Sarasin. « Il était, dit-il, envieux de la gloire d'autrui, jaloux de la sienne, implacable dans la haine, cruel dans la vengeance, prompt à la colère, ami de la magnificence, de l'ostentation, et de la nouveauté. »

Il semble que l'auteur, en s'exprimant ainsi, soit plus rempli de Salluste que de son héros. Je vois des traits, mais qui peuvent s'appliquer à mille généraux d'armée : « envieux de la gloire d'autrui, jaloux de la sienne; » ce ne sont là que des antithèses. Il est si vrai qu'on est jaloux de sa propre gloire, quand on envie celle d'autrui, que ce n'est pas assurément la peine de le dire. Ce n'est pas là représenter le caractère propre et particulier d'un personnage illustre; c'est vouloir briller par un entassement de lieux communs qui appartiennent à cent généraux d'armée aussi bien qu'à Valstein.

CHANSONS. — Nous avons en France une foule de chansons préférables à toutes celles d'Anacréon, sans qu'elles aient jamais fait la réputation d'un auteur. Toutes ces aimables bagatelles ont été faites plutôt pour le plaisir que pour la gloire. Je ne parle pas ici de ces vaudevilles satiriques qui déshonorent plus l'esprit qu'ils ne manifestent de talent : je parle de ces chansons délicates et faciles qu'on retient sans rougir, et qui sont des modèles de goût. Telle est celle-ci; c'est une femme qui parle :

> Si j'avais la vivacité
>   Qui fait briller Coulanges,
> Si je possédais la beauté
>   Qui fait régner Fontanges;
> Ou si j'étais comme Conti
>   Des grâces le modèle;
> Tout cela serait pour Créqui,
>   Dût-il m'être infidèle.

Que de personnes louées sans fadeur dans cette chanson, et que toutes ces louanges servent à relever le mérite de celui à qui elle est adressée! mais surtout que de sentiment dans ce dernier vers :

> Dût-il m'être infidèle!

Qui pourrait n'être pas encore agréablement touché de ce couplet vif et galant :

> En vain je bois pour calmer mes alarmes
> Et pour chasser l'amour qui m'a surpris;
>   Ce sont des armes
>   Pour mon Iris.
> Le vin me fait oublier ses mépris,
> Et m'entretient seulement de ses charmes.

Qui croirait qu'on eût pu faire à la louange de l'herbe qu'on appelle fougère une chanson aussi agréable que celle-ci :

> Vous n'avez point, verte fougère,
> L'éclat des fleurs qui parent le printemps;
> Mais leur beauté ne dure guère,
> Vous êtes aimable en tout temps.
> Vous prêtez des secours charmants
> Aux plaisirs les plus doux qu'on goûte sur la terre :
> Vous servez de lit aux amants,
> Aux buveurs vous servez de verre.

Je suis toujours étonné de cette variété prodigieuse avec laquelle les sujets galants ont été maniés par notre nation. On dirait qu'ils sont épuisés, et cependant on voit encore des tours nouveaux; quelquefois même il y a de la nouveauté jusque dans le fond des choses, comme dans cette chanson peu connue, mais qui me paraît fort digne de l'être par les lecteurs qui sont sensibles à la délicatesse :

> Oiseaux, si tous les ans vous changez de climats
> Dès que le triste hiver dépouille nos bocages,
> Ce n'est pas seulement pour changer de feuillages,
> Ni pour éviter nos frimas;
> Mais votre destinée
> Ne vous permet d'aimer qu'à la saison des fleurs;
> Et quand elle a passé, vous la cherchez ailleurs,
> Afin d'aimer toute l'année.

Pour bien réussir à ces petits ouvrages, il faut dans l'esprit de la finesse et du sentiment, avoir de l'harmonie dans la tête, ne point trop s'élever, ne point trop s'abaisser, et savoir n'être point trop long.

> *In tenui labor.*
> *Georg.*, IV, 6.

COMPARAISONS. — Les comparaisons ne paraissent à leur place que dans le poëme épique et dans l'ode. C'est là qu'un grand poëte peut déployer toutes les richesses de l'imagination, et donner aux objets qu'il peint un nouveau prix par la ressemblance d'autres objets. C'est multiplier aux yeux des lecteurs les images qu'on leur présente. Mais il ne faut pas que ces figures soient trop prodiguées. C'est alors une intempérance vicieuse, qui marque trop d'envie de paraître, et qui dégoûte et lasse le lecteur. On aime à s'arrêter dans une promenade pour cueillir des fleurs; mais on ne veut pas se baisser à tout moment pour en ramasser.

Les comparaisons sont fréquentes dans Homère. Elles sont pour la plupart fort simples, et ne sont relevées que par la richesse de la diction. L'auteur de *Télémaque*, venu dans un temps plus raffiné, et écrivant pour des esprits plus exercés, devait, à ce que je crois, chercher à embellir son ouvrage par des comparaisons moins communes. On ne voit chez lui que des princes comparés à des bergers, à des taureaux, à des lions, à des loups avides de carnage. En un mot, ses comparaisons sont triviales; et, comme elles ne sont pas ornées par le charme de la poésie, elles dégénèrent en langueur.

Les comparaisons dans le Tasse sont bien plus ingénieuses. Telle est, par exemple, celle d'Armide [1], qui se prépare à parler à son amant, et qui étudie son discours pour le toucher, avec un musicien qui prélude avant de chanter un air attendrissant. Cette comparaison, qui ne serait pas placée en peignant une autre qu'une magicienne artificieuse, est là tout à fait juste. Il y a dans le Tasse peu de ces com-

---

1. *Jérusalem délivrée*, chant XVI, octave 48. (ÉD.)

paraisons nouvelles. De tous les poëmes épiques, *la Henriade* est celui où j'en ai vu davantage :

> Il élève sa voix; on murmure, on s'empresse;
> On l'entoure, on l'écoute, et le tumulte cesse :
> Ainsi dans un vaisseau qu'ont agité les flots,
> Quand les vents apaisés ne troublent plus les eaux,
> On n'entend que le bruit de la proue écumante,
> Qui fend d'un cours heureux la vague obéissante.
> Tel paraissait Pothier, dictant ses justes lois,
> Et la confusion se taisait à sa voix.
>
> Ch. VI, 75-82.

Rien encore de plus neuf que cette comparaison d'un combat de l'Aumale et de Turenne :

> On se plaît à les voir s'observer et se craindre,
> S'avancer, s'arrêter, se mesurer, s'atteindre
> Le fer étincelant, avec art détourné,
> Par de feints mouvements trompe l'œil étonné.
> Telle on voit du soleil la lumière éclatante,
> Brisant ses traits de feu dans l'onde transparente,
> Et se rompant encor par des chemins divers,
> De ce cristal mouvant repasser dans les airs.
>
> Ch. X, 129-136.

Voilà comme un véritable poëte fait servir toute la nature à embellir son ouvrage, et comme la science la plus épineuse devient entre ses mains un ornement; mais j'avoue que je suis plus transporté encore de ces comparaisons moins recherchées et plus frappantes, prises des plus grands objets de la nature, lesquels pourtant n'avaient pas encore été mis en œuvre.

> Sur les pas des deux chefs alors, en même temps,
> On voit des deux partis voler les combattants :
> Ainsi, lorsque des monts séparés par Alcide,
> Les aquilons fougueux fondent d'un vol rapide,
> Soudain les flots émus de deux profondes mers
> D'un choc impétueux s'élancent dans les airs;
> La terre au loin gémit, le jour fuit, le ciel gronde,
> Et l'Africain tremblant craint la chute du monde.
>
> Ch. VIII, 155-162.

La Henriade est encore le seul poëme où j'aie remarqué des comparaisons tirées de l'histoire et de la Bible; mais c'est une hardiesse que je ne voudrais pas qu'on imitât souvent; et il n'y a que très-peu de points d'histoire, très-connus et très-familiers, qu'on puisse employer avec succès. J'aime mieux les objets tirés de la nature. Que je vois avec plaisir Mornai vertueux à la cour comparé à la fontaine Aréthuse!

> Belle Aréthuse, ainsi ton onde fortunée

Roule au sein furieux d'Amphitrite étonnée
Un cristal toujours pur et des flots toujours clairs
Que jamais ne corrompt l'amertume des mers.

> Ch. IX, 269-72.

Voici une comparaison qui me plaît encore davantage, parce qu'elle renferme à la fois deux objets comparés à deux autres objets. C'est dans une épître sur l'Envie[1]. Il s'agit de gens de lettres qui se déchirent mutuellement par des satires, et de ceux qui, plus dignes de ce nom, ne sont occupés que du progrès de l'art, qui aiment jusqu'à leurs rivaux, et qui les encouragent :

C'est ainsi que la terre avec plaisir rassemble
Ces chênes, ces sapins, qui s'élèvent ensemble.
Un suc toujours égal est préparé pour eux;
Leur pied touche aux enfers, leur cime est dans les cieux;
Leur tronc inébranlable, et leur pompeuse tête,
Résiste en se touchant aux coups de la tempête.
Ils vivent l'un par l'autre, ils triomphent du temps,
Tandis que sous leur ombre on voit de vils serpents
Se livrer en sifflant des guerres intestines,
Et de leur sang impur arroser leurs racines.

Il y a très-peu de comparaisons dans ce goût. Il n'est rien de plus rare que de rencontrer dans la nature un assemblage de phénomènes qui ressemblent à d'autres, et qui produisent en même temps de belles images : de telles beautés sont fort au-dessus de la poésie ordinaire, et transportent un homme de goût.

J'ai été étonné de trouver si peu de comparaisons dans les odes de Rousseau; voici presque les seules :

Ainsi que le cours des années
Se forme des jours et des nuits,
Le cercle de nos destinées
Est marqué de joie et d'ennuis.

> Liv. II, od. IV.

Outre que cette idée est fort commune, *le cercle marqué de joie* me paraît une expression vicieuse; et la *joie*, au singulier, opposée aux *ennuis*, au pluriel, me paraît un grand défaut.

Il y a dans la même ode une espèce de comparaison plus ingénieuse qui roule sur le même sujet :

Jupiter fit l'homme semblable
A ces deux jumeaux que la Fable
Plaça jadis au rang des dieux;
Couple de déités bizarre,
Tantôt habitant du Ténare,
Et tantôt citoyen des cieux.

> *Ibid.*

---

1. Troisième des *Discours sur l'homme*. (Éd.)

Il y a de l'esprit dans cette idée; mais je ne sais si les chagrins et les plaisirs de cette vie nous mettent en effet dans le ciel et dans l'enfer. Cette expression semblerait plus convenable dans la bouche d'un homme passionné, qui exagérerait ses tourments et ses satisfactions. Dieu n'a point fait l'homme dans cette vie pour être tantôt dans la béatitude céleste, et tantôt dans les peines infernales; et de plus, Castor et Pollux, en jouissant de l'immortalité, six mois chez Jupiter, et six mois chez Pluton, ne passaient pas de la joie à la douleur, mais seulement d'un hémisphère à l'autre. Il est essentiel qu'une comparaison soit juste : toutefois, malgré ce défaut, cette idée a quelque chose de vif, de neuf et de brillant, qui fait plaisir au lecteur.

Voici la seule comparaison que je trouve après celles-ci dans les odes de Rousseau. C'est dans l'ode qu'il fit après une maladie. Il compare son corps à un arbre renversé par terre :

> Tel qu'un arbre stable et ferme,
> Quand l'hiver par sa rigueur
> De la séve qu'il renferme
> A refroidi la vigueur,
> S'il perd l'utile assistance
> Des appuis dont la constance
> Soutient ses bras relâchés,
> Sa tête altière et hautaine
> Cachera bientôt l'arène
> Sous ses rameaux desséchés.
>
> Liv. IV, od. IX.

Je souhaiterais dans ces vers plus d'harmonie et des expressions plus justes. « La constance des appuis qui soutient les bras relâchés, » est une expression barbare. Le plus grand défaut de cette comparaison est de n'être pas fondée. Il n'arrive jamais qu'on étaye un arbre que l'hiver a gelé. Tant de fautes dans un poëte de réputation doivent rendre les écrivains extrêmement circonspects, et leur faire voir combien l'art d'écrire en vers est difficile.

Il y a de très-belles comparaisons dans Milton; mais leur principal mérite vient de la nécessité où il est de comparer les objets étonnants et gigantesques qu'il représente, aux objets plus naturels et plus petits qui nous sont familiers. Par exemple, en faisant marcher Satan, qui est d'une taille énorme, il le fait appuyer sur une lance, et il compare cette lance au mât d'un grand navire; au lieu que nous comparons le canon à la foudre, il compare le tonnerre à notre artillerie. Ainsi toutes les fois qu'il parle du ciel et de l'enfer, il prend ses similitudes sur la terre. Son sujet l'entraînait naturellement à des comparaisons qui sont toutes d'une espèce opposée à l'espèce ordinaire : car nous tâchons, autant qu'il est en nous, de comparer les choses à des objets plus relevés qu'elles; et il est, comme j'ai dit, forcé à une manière contraire.

Un vice impardonnable dans les comparaisons, et toutefois trop ordinaire, est le manque de justesse. Il n'y a pas longtemps que j'entendis à un opéra nouveau un morceau qui me parut surprenant :

> Comme un zéphyr qui caresse
> Une fleur sans s'arrêter,
> Une volage maîtresse
> S'empresse de nous quitter.

Assurément des caresses constantes, et sans s'arrêter, faites à la même fleur, sont le symbole de la fidélité, et ne ressemblent en rien à une maîtresse volage. L'auteur a été emporté par l'idée du zéphyr, qui d'ordinaire sert de comparaison aux inconstances; mais il le peint ici, sans y penser, comme le modèle des sentiments les plus fidèles; et, à la honte du siècle, ces absurdités passent à la faveur de la musique. Concluons que toute comparaison doit être juste, agréable, et ajouter à son objet, en le rendant plus sensible.

DIALOGUES EN VERS. — L'art du dialogue consiste à faire dire à ceux qu'on fait parler ce qu'ils doivent dire en effet. N'est-ce que cela? me répondra-t-on. Non, il n'y a pas d'autre secret; mais ce secret est le plus difficile de tous. Il suppose un homme qui a assez d'imagination pour se transformer en ceux qu'il fait parler, assez de jugement pour ne mettre dans leur bouche que ce qui convient, et assez d'art pour intéresser.

Le premier genre du dialogue, sans contredit, est celui de la tragédie : car non-seulement il y a une extrême difficulté à faire parler des princes convenablement; mais la poésie noble et naturelle, qui doit animer ce dialogue, est encore la chose du monde la plus rare.

Le dialogue est plus aisé en comédie; et cela est si vrai, que presque tous les auteurs comiques dialoguent assez bien. Il n'en est pas ainsi dans la haute poésie. Corneille lui-même ne dialogue point comme il faut dans huit ou neuf pièces. Ce sont de longs raisonnements embarrassés. Vous n'y retrouvez point ce dialogue vif et touchant du *Cid* (acte III, scène IV) :

LE CID.
Ton malheureux amant aura bien moins de peine
A mourir par ta main qu'à vivre avec ta haine
CHIMÈNE.
Va, je ne te hais point.
LE CID.
Tu le dois.
CHIMÈNE.
                  Je ne puis
LE CID.
Crains-tu si peu le blâme, et si peu les faux bruits?

Le chef-d'œuvre du dialogue est encore une scène dans *les Horaces* (acte II, scène III) :

HORACE.
Albe vous a nommé, je ne vous connais plus.

CURIACE.

Je vous connais encor; et c'est ce qui me tue, etc.

Peu d'auteurs ont su imiter les éclairs vifs de ce dialogue pressant et entrecoupé. La tendre mollesse et l'élégance abondante de Racine n'ont guère de ces traits de repartie et de réplique en deux ou trois mots, qu' ressemblent à des coups d'escrime, poussés et parés presque en même temps.

Je n'en trouve guère d'exemples que dans l'*OEdipe* nouveau [1] :

ŒDIPE.

J'ai tué votre époux.

JOCASTE.

Mais vous êtes le mien.

ŒDIPE.

Je le suis par le crime.

JOCASTE.

Il est involontaire.

ŒDIPE.

N'importe, il est commis.

JOCASTE.

O comble de misère !

ŒDIPE.

O trop funeste hymen ! ô feux jadis si doux !

JOCASTE.

Ils ne sont point éteints; vous êtes mon époux.

ŒDIPE.

Non, je ne le suis plus, etc.

Il y a cent autres beautés de dialogue dans le peu de bonnes pièces qu'a données Corneille; et toutes celles de Racine, depuis *Andromaque*, en sont des exemples continuels.

Les autres auteurs n'ont point ainsi l'art de faire parler leurs acteurs. Ils ne s'entendent point, ils ne se répondent point pour la plupart. Ils manquent de cette logique secrète qui doit être l'âme de tous les entretiens, et même des plus passionnés.

Nous avons deux tragédies qui sont plus remplies de terreur, et qui, par des situations intéressantes, touchent le spectateur autant que celles de Corneille, de Racine, et de Voltaire; c'est *Électre* et *Rhadamiste* : mais ces pièces étant mal dialoguées et mal écrites, à quelques beaux endroits près, ne seront jamais mises au rang des ouvrages classiques qui doivent former le goût de la jeunesse; c'est pourquoi on ne les cite jamais quand on cite les écrivains purs et châtiés.

Le lecteur est au supplice lorsque, dès les premières scènes, il voit, dans *Électre*, Arcas qui dit à cette princesse :

Loin de faire éclater le trouble de votre âme,
Flattez plutôt d'Itys l'audacieuse flamme;

1. C'est l'*OEdipe* de Voltaire. (ÉD.)

> Faites que votre hymen se diffère d'un jour :
> Peut-être verrons-nous Oreste de retour.

Outre que ces vers sont durs et sans liaison, quels sens présentent-ils? Ne pourrait-on pas flatter la passion d'Itys en montrant du trouble? Ce n'est même que par son trouble qu'une fille peut flatter la passion de son amant. Il fallait dire : *Loin de faire voir vos terreurs, flattez Itys* : mais quelle liaison y a-t-il entre flatter la flamme d'Itys, et faire que son hymen avec Itys se diffère? Il n'y a là ni raisonnement ni diction, et rien n'est plus mauvais.

Ensuite Électre dit à Itys :

> Dans l'état où je suis, toujours triste, quels charmes
> Peuvent avoir des yeux presque éteints dans les larmes?
> Fils du tyran cruel qui fait tous mes malheurs,
> Porte ailleurs ton amour, et respecte mes pleurs.
>
> ITYS.
> Ah! ne m'enviez pas cet amour, inhumaine!
> Ma tendresse ne sert que trop bien votre haine.

Ce n'est pas là répondre. Que veut dire *ne m'enviez pas mon amour?* En quoi Électre peut-elle envier cet amour? Cela est inintelligible et barbare.

Clytemnestre vient ensuite qui demande au jeune Itys si sa fille Électre se rend enfin à la passion de ce jeune homme; et elle menace Électre, en cas de résistance. Itys dit alors à Clytemnestre :

> Je ne puis la contraindre, et mon esprit confus....

Clytemnestre répond .

> Par ce raisonnement je connais vos refus.

Mais Itys n'a fait là aucun raisonnement. Il dit, en un vers seulement, *qu'il ne peut contraindre Électre.*

Il fallait faire raisonner Itys pour lui reprocher ce raisonnement. Enfin quand le tyran arrive, il demande encore à Clytemnestre si Électre consent au mariage.

Électre répond :

> Pour cet heureux hymen ma main est toute prête;
> Je n'en veux disposer qu'en faveur de ton sang,
> Et je la garde à qui te percera le flanc.

Quelle froide et impertinente pointe! *Je n'en veux disposer qu'en faveur de ton sang.* Cela s'entendrait naturellement, *en faveur de ton fils*; et ici cela veut dire : *en faveur de ton sang que je veux faire couler.* Y a-t-il rien de plus pitoyable que cette équivoque?

Égisthe répond à cette pointe détestable :

> Cruelle! si mon fils n'arrêtait ma vengeance,
> J'éprouverais bientôt jusqu'où va ta constance.

Mais il n'a pas été ici question de *constance*. Il veut dire apparemment : *Je me vengerais de toi, en éprouvant ta constance dans les supplices* : mais *je me vengerais* suffit ; et *jusqu'où va ta constance*, n'est que pour la rime.

Après cela Égisthe quitte Clytemnestre en lui disant :

> Mais ma fille paraît. Madame, je vous laisse,
> Et je vais travailler au repos de la Grèce.

Quand on dit, *quelqu'un paraît, je vous laisse*, cela fait entendre que ce quelqu'un est notre ennemi, ou qu'on a des raisons pour ne pas paraître devant lui ; mais point du tout, c'est ici de sa propre fille dont il parle. Quelle raison a-t-il donc pour s'en aller ? *Il va travailler*, dit-il, *au repos de la Grèce* ; mais on n'a pas dit encore un seul mot du repos ou du trouble de la Grèce. Enfin cette fille qui vient là, aussi mal à propos que son père est sorti, termine l'acte en racontant à sa confidente qu'elle est amoureuse. Elle le dit en vers inintelligibles, et finit par dire :

> Allons trouver le roi ;
> Faisons tout pour l'amour, s'il ne fait rien pour moi.

Quelle raison, je vous prie, de *faire tout pour l'amour, si l'amour ne fait rien pour elle ?* Quel jeu de mots, indigne d'une soubrette de comédie ! Si je voulais examiner ici toute la pièce, on ne verrait pas une page qui ne fût pleine de pareils défauts. Ce n'est point ainsi que dialogue Sophocle ; et il n'a point surtout défiguré ce sujet tragique par des amours postiches, par une Iphianasse et un Itys, personnages ridicules. Il faut que le sujet soit bien beau pour avoir réussi au théâtre, malgré tous les défauts de l'auteur ; mais aussi il faut convenir qu'il a su très-bien conserver cette sombre horreur qui doit régner dans la pièce d'*Électre*, et qu'il y a des situations touchantes, des reconnaissances qui attendrissent plus que les plus belles scènes de Racine, lesquelles sont souvent un peu froides, malgré leur élégance.

M. de Voltaire dialogue infiniment mieux que M. de Crébillon, de l'aveu de tout le monde ; et son style est si supérieur, que dans quelques-unes de ses pièces, comme dans *Brutus* et dans *Jules César*, je ne crains point de le mettre à côté du grand Corneille, et je n'avance rien là que je ne prouve. Voyons les mêmes sujets traités par eux. Je ne parle pas d'*OEdipe*, car il est sans difficulté que l'*OEdipe* de Corneille n'approche pas de l'autre. Mais choisissons dans *Cinna* et dans *Brutus* des morceaux qui aient le même fond de pensées.

Cinna parlant à Auguste (acte II, scène 1) :

> J'ose dire, seigneur, que par tous les climats
> Ne sont pas bien reçus toutes sortes d'États ;
> Chaque peuple a le sien conforme à sa nature,
> Qu'on ne saurait changer sans lui faire une injure.
> Telle est la loi du ciel, dont la sage équité
> Sème dans l'univers cette diversité.
> Les Macédoniens aiment le monarchique ;

> Et le reste des Grecs la liberté publique.
> Les Parthes, les Persans, veulent des souverains;
> Et le seul consulat est bon pour les Romains.

1° « Toutes sortes d'États reçus par tous les climats, » n'est pas une bonne expression, attendu qu'un État est toujours État, quelque forme de gouvernement qu'il ait. De plus, on n'est point reçu par un climat.

2° Ce n'est point une injure qu'on fait à un peuple en changeant ses lois. On peut lui faire tort, on peut le troubler ; mais *injure* n'est pas le terme convenable et propre.

3° « Les Macédoniens aiment le monarchique. » Il sous-entend l'État monarchique ; mais ce mot *État* se trouvant trop éloigné, le *monarchique* est là un terme vicieux, un adjectif sans substantif.

> Surtout qu'en vos écrits la langue révérée,
> Dans vos plus grands excès vous soit toujours sacrée.

Tout ce morceau, d'ailleurs, est très-prosaïque.

Il est très-utile d'éplucher ainsi les fautes de style et de langage où tombent les meilleurs auteurs, afin de ne point prendre leurs manquements pour des règles, ce qui n'arrive que trop souvent aux jeunes gens et aux étrangers.

Brutus le consul, dans la tragédie de ce nom, s'exprime ainsi dans un cas fort approchant (acte I, scène II) :

> Arons, il n'est plus temps : chaque État a ses lois,
> Qu'il tient de sa nature, ou qu'il change à son choix.
> Esclaves de leurs rois, et même de leurs prêtres,
> Les Toscans semblent nés pour servir sous des maîtres,
> Et, de leur chaîne antique adorateurs heureux,
> Voudraient que l'univers fût esclave comme eux.
> La Grèce entière est libre, et la molle Ionie
> Sous un joug odieux languit assujettie.
> Rome eut ses souverains, mais jamais absolus.
> Son premier citoyen fut le grand Romulus.
> Nous partagions le poids de sa grandeur suprême ·
> Numa, qui fit nos lois, y fut soumis lui-même.
> Rome enfin, je l'avoue, a fait un mauvais choix, etc.

J'avoue hardiment que je donne ici la préférence au style de Brutus.

Après ces quatre tragiques, je n'en connais point qui méritent la peine d'être lus; d'ailleurs il faut se borner dans les lectures. Il n'y a dans Corneille que cinq ou six pièces qu'on doive ou plutôt qu'on puisse lire; il n'y a que l'*Électre* et le *Rhadamiste* chez M. de Crébillon dont un homme qui a un peu d'oreille puisse soutenir la lecture : mais pour les pièces de Racine, je conseille qu'on les lise toutes très-souvent, hors *les Frères ennemis*.

DIALOGUES EN PROSE. — Les premiers dialogues supportables qu'on ait écrits en prose dans notre langue sont ceux de La Mothe-Le-Vayer; mais ils ne peuvent, en aucune manière, être comparés à ceux de

M. de Fontenelle. J'avouerai aussi que ceux de M. de Fontenelle ne peuvent être comparés à ceux de Cicéron, ni à ceux de Galilée, pour le fond et la solidité.

Il semble que cet ouvrage ne soit fait uniquement que pour montrer de l'esprit. Tout le monde veut en avoir, et on croit en faire provision quand on lit ces dialogues. Ils sont écrits avec de la légèreté et de l'art; mais il me semble qu'il faut les lire avec beaucoup de précaution, et qu'ils sont remplis de pensées fausses.

Un esprit juste et sage ne peut souffrir que la courtisane Phryné se compare à Alexandre, et qu'elle lui dise « que s'il est un aimable conquérant, elle est une aimable conquérante; que les belles sont de tous pays, et que les rois n'en sont pas, etc. »

Rien n'est plus faux que de dire que « les hommes se défendraient trop bien, si les femmes les attaquaient. » Toute cette métaphysique d'amour ne vaut rien, parce qu'elle est frivole et qu'elle n'est pas vraie.

Rien n'est beau que le vrai : le vrai seul est aimable.

Il est encore très-faux qu'il n'y ait pas de siècles plus méchants les uns que les autres. Le x⁰ siècle, à Rome, était certainement beaucoup plus pervers que le xviii⁰. Il y a cent exemples pareils.

Il n'est pas plus vrai « qu'avoir de l'esprit soit uniquement un hasard : » car c'est principalement la culture qui forme l'esprit; et si cela n'était pas ainsi, un paysan en aurait autant que l'homme du monde le plus cultivé.

Rien n'est encore plus faux que ce qu'on met dans la bouche d'Élisabeth d'Angleterre, parlant au duc d'Alençon. Elle veut lui persuader qu'il a été heureux, parce qu'il a manqué quatre fois la royauté. « Et voilà ce bonheur dont vous ne vous êtes pas aperçu. Toujours des imaginations, des espérances, et jamais de réalité. Vous n'avez fait que vous préparer à la royauté pendant toute votre vie, comme je n'ai fait pendant toute la mienne que me préparer au mariage. »

Quelle pitié de comparer la fureur de régner du duc d'Alençon, et les malheurs horribles qu'elle lui causa, avec les petits artifices de la reine Élisabeth pour ne se point marier! Quelle fausseté de prétendre que le bonheur consiste dans des espérances si cruellement confondues! Enfin, est-il rien de plus faux que ces paroles : *Voilà ce bonheur dont vous ne vous êtes point aperçu?* Un bonheur qu'on ne sent point peut-il être un bonheur?

Il est honteux pour la nation que ce livre frivole, rempli d'un faux continuel, ait séduit si longtemps.

Voici encore une pensée aussi fausse que recherchée : « Mais songez que l'honneur gâte tout cet amour, dès qu'il y entre. D'abord, c'est l'honneur des femmes qui est contraire aux intérêts des amants; et puis, du débris de cet honneur-là, les amants s'en composent un autre, qui est fort contraire aux intérêts des femmes. Voilà ce que c'est que d'avoir mis l'honneur d'une partie dont il ne devait point être. »

Quel style! un *honneur qui est de la partie!* Mais rien ne paraît encore plus faux et plus mal placé que Faustine, qui se compare à Marcus Brutus, et prétend avoir eu autant de courage en faisant des infidélités à Marc-Aurèle son mari, que Brutus en eut en tuant l'usurpateur de Rome. « Je voulais, dit-elle, effrayer tellement tous les maris, que personne n'osât songer à l'être après l'exemple de Marc-Aurèle, dont la bonté avait été si mal payée. » Y a-t-il rien de plus éloigné de la raison qu'une telle pensée?

Y a-t-il rien de plus mauvais goût et de plus indécent que de mettre en parallèle le *Virgile travesti* de Scarron avec l'*Énéide*, et de dire que « le magnifique et le ridicule sont si voisins qu'ils se touchent? » On reconnaît trop à ce trait le méprisable dessein d'avilir tous les génies de l'antiquité, et de faire valoir je ne sais quel style compassé et bourgeois, aux dépens du noble et du sublime.

Pourquoi dire : « Si par malheur la vérité se montrait telle qu'elle est, tout serait perdu? » Le contraire n'est-il pas d'une vérité reconnue?

Cette pensée-ci n'est-elle pas aussi fausse que les autres? « Il y aurait eu trop d'injustice à souffrir qu'un siècle pût avoir plus de plaisir qu'un autre. » N'est-il pas évident que le siècle de Louis XIV, dans lequel on a perfectionné tous les arts aimables et toutes les commodités de la vie, a fourni plus de plaisirs que le siècle de Charles IX et de Henri III? Est-il bien raisonnable de faire dire par Julie de Gonzague à Soliman, qui fait le sophiste avec elle : « A un certain point, c'est vice (la vanité); un peu en deçà, c'est vertu? » Voilà la première fois qu'on a donné ce nom à la vanité, et les raisonnements entortillés de ce dialogue ne prouveront jamais cette nouvelle morale.

Autre fausseté : « Qui veut peindre pour l'immortalité, doit peindre des sots. » Les grands poëtes et les grands historiens n'ont point peint de sots. Molière même, que l'on fait parler ici, n'aurait point peint pour la postérité, s'il n'avait mis que la sottise sur le théâtre.

Mais ce que je trouve de plus faux que tout cela, c'est la duchesse de Valentinois se comparant à César, parce qu'elle a été aimée étant vieille.

Des pensées si puériles et si propres à révolter tous les esprits sensés n'ont pu cependant empêcher le succès du livre, parce que les pensées fines et vraies y sont en grand nombre; et quoiqu'elles se trouvent, pour la plupart, dans Montaigne et dans beaucoup d'autres auteurs, elles ont le mérite de la nouveauté dans les dialogues de Fontenelle, par la manière dont il les enchâsse dans des traits d'histoire intéressants et agréables. Si ce livre doit être lu avec précaution, comme je l'ai dit, il peut être lu aussi avec plaisir, et même avec fruit, par tous ceux qui aimeront la délicatesse de l'esprit, et qui sauront discerner l'agréable d'avec le forcé, le vrai d'avec le faux, le solide d'avec le puéril, mêlés à chaque page dans ce livre ingénieux.

Le malheur de ce livre et de ceux qui lui ressemblent est d'être écrit uniquement pour faire voir qu'on a de l'esprit. Le célèbre professeur Rollin avait grande raison de comparer les ouvrages utiles aux arbres que la nature produit avec peine, et les ouvrages de pur esprit aux fleurs des champs, qui croissent et qui meurent si vite. La perfection consiste, comme dit Horace, à joindre les fleurs aux fruits :

Omne tulit punctum qui miscuit utile dulci.

ENFER (DESCRIPTION DE L'). — On voit dans tous les poëtes épiques des descriptions de l'enfer. Il y en a une aussi dans *la Henriade* au septième chant; mais, comme elle est fort longue et entremêlée de beaucoup d'autres idées, j'aime mieux y renvoyer le lecteur. J'en comparerai seulement quelques endroits avec ce que dit le *Télémaque* sur le même sujet (liv. XVIII) :

« Dans cette peine, il entreprit de descendre aux enfers par un lieu célèbre qui n'était pas éloigné du camp; on l'appelait Acherontia, à cause qu'il y avait en ce lieu une caverne affreuse, *de laquelle* on descendait sur les rives de l'Achéron, *par lequel* les dieux mêmes craignent de jurer. La ville était sur un rocher, posée comme un nid sur le haut d'un arbre. Au pied de ce rocher on trouvait la caverne, *de laquelle* les timides mortels n'osaient approcher. Les bergers avaient soin d'en détourner leurs troupeaux. La vapeur soufrée du marais Stygien, qui s'exhalait sans cesse par cette ouverture, empestait l'air. *Tout autour* il ne croissait ni herbes ni fleurs. On n'y sentait jamais les doux zéphyrs, ni les grâces naissantes du printemps, ni les riches dons de l'automne. La terre, aride, y languissait; on y voyait seulement quelques arbustes dépouillés et quelques cyprès funestes. Au loin même, *tout à l'entour*, Cérès refusait aux laboureurs ses moissons dorées. Bacchus semblait en vain y promettre ses doux fruits : les grappes de raisin se desséchaient au lieu de mûrir. Les Naïades, tristes, ne faisaient point couler une onde pure; leurs *flots* étaient toujours *amers* et troublés. Les oiseaux ne chantaient jamais dans cette terre hérissée de ronces et d'épines, et n'y trouvaient aucun bocage pour se retirer : ils allaient chanter leurs amours sous un ciel plus doux. Là on n'entendait que le croassement des corbeaux et la voix lugubre des hiboux. L'herbe même y était *amère*, et les troupeaux qui la paissaient ne sentaient point la douce joie qui les fait bondir. Le taureau fuyait la génisse; et le berger, tout abattu, oubliait sa musette et sa flûte.

« De cette caverne sortait de temps en temps une fumée noire et épaisse qui faisait une espèce de nuit au milieu du jour. Les peuples voisins redoublaient alors leurs sacrifices pour apaiser les divinités infernales. Mais souvent les hommes à la fleur de leur âge, et dès leur plus tendre jeunesse, étaient les seules victimes que ces divinités cruelles prenaient plaisir à *immoler* par une funeste *contagion*.

« C'est là que Télémaque résolut de chercher le chemin de la sombre demeure de Pluton. Minerve, qui veillait sans cesse sur lui, et qui le couvrait de son égide, lui avait rendu Pluton favorable. Jupiter même, à la prière de Minerve, avait ordonné à Mercure, qui descend chaque jour aux enfers pour livrer à Caron un certain nombre de morts, de dire au roi des ombres qu'il laissât entrer le fils d'Ulysse dans son empire.

« Télémaque se dérobe du camp pendant la nuit. Il marche à la clarté de la lune, et il invoque cette puissante divinité, qui, étant dans le ciel le brillant astre de la nuit, et sur la terre la chaste Diane, est aux enfers la redoutable Hécate. Cette divinité écouta favorablement ses vœux, parce que son cœur était pur, et qu'il était conduit par l'amour pieux qu'un fils doit à son père. A peine fut-il auprès de l'entrée de la caverne, qu'il entendit l'empire souterrain mugir. La terre tremblait sous ses pas. Le ciel s'arma d'éclairs et de feux qui semblaient tomber sur la terre. Le jeune fils d'Ulysse sentit son cœur ému, et tout son corps était couvert d'une sueur glacée; mais son courage se soutint. Il leva les yeux et les mains au ciel. « Grands « dieux ! s'écria-t-il, j'accepte ces présages que je crois heureux; ache- « vez votre ouvrage. » Il dit, et redoublant ses pas, il se présente hardiment. Aussitôt la fumée épaisse qui rendait l'entrée de la caverne funeste à tous les animaux, dès qu'ils en approchaient, se dissipa : l'*odeur empoisonnée* cessa pour un peu de temps. Télémaque entre seul, car quel autre mortel eût osé le suivre ? Deux Crétois qui l'avaient accompagné jusqu'à une certaine distance de la caverne, et auxquels il avait confié son dessein, demeurèrent tremblants et à demi morts assez loin de là dans un temple, faisant des vœux, et n'espérant plus de revoir Télémaque.

« Cependant le fils d'Ulysse, l'épée à la main, s'enfonce dans ces ténèbres horribles; bientôt il aperçoit une faible et sombre lueur, telle qu'on la voit pendant la nuit sur la terre. Il remarque les ombres légères qui voltigent autour de lui; il les écarte avec son épée; ensuite il voit les tristes bords du fleuve marécageux, dont les eaux bourbeuses et dormantes ne font que tournoyer. Il découvre sur ce rivage une foule innombrable de morts privés de la sépulture, qui se présentent en vain à l'impitoyable Caron. Ce dieu, dont la vieillesse éternelle est toujours triste et chagrine, mais pleine de vigueur, les menace, les repousse, et admet d'abord dans la barque le jeune Grec. »

On ne saurait approuver que ce Télémaque descende aux enfers de son plein gré, comme on fait un voyage ordinaire. Il me semble que c'est là une grande faute. En effet, cette description a l'air d'un récit de voyageur plutôt que de la peinture terrible qu'on devait attendre. Rien n'est si petit que de mettre à l'entrée de l'enfer des grappes de raisin qui se dessèchent. Toute cette description est dans un genre trop médiocre, et il y règne une abondance de choses petites, comme dans la plupart des lieux communs dont le *Télémaque* est plein.

Je ne sais s'il est permis dans un poëme chrétien de faire aller les saints aux enfers; mais il est beaucoup mieux d'y faire transporter Henri IV en songe par saint Louis, que si ce héros y allait en effet, sans y être entraîné par une puissance supérieure (ch. VII, 127-158):

> Henri dans ce moment, d'un vol précipité,
> Est par un tourbillon dans l'espace emporté
> Vers un séjour informe, aride, affreux, sauvage,
> De l'antique chaos abominable image,
> Impénétrable aux traits de ces soleils brillants,

hefs-d'œuvre du Très-Haut, comme lui bienfaisants.
Sur cette terre horrible, et des anges haïe,
Dieu n'a point répandu le germe de la vie
La Mort, l'affreuse Mort, et la Confusion,
Y semblent établir leur domination...
Là gît la sombre Envie, à l'œil timide et louche,
Versant sur des lauriers les poisons de sa bouche ·
Le jour blesse ses yeux dans l'ombre étincelants :
Triste amante des morts, elle hait les vivants.
Elle aperçoit Henri, se détourne, et soupire.
Auprès d'elle est l'Orgueil, qui se plaît et s'admire;
La Faiblesse au teint pâle, aux regards abattus,
Tyran qui cède au crime et détruit les vertus;
L'Ambition sanglante, inquiète, égarée,
De trônes, de tombeaux, d'esclaves entourée;
La tendre Hypocrisie, aux yeux pleins de douceur
(Le ciel est dans ses yeux, l'enfer est dans son cœur);
Le Faux Zèle, étalant ses barbares maximes;
Et l'Intérêt enfin, père de tous les crimes.

Je dirai hardiment que j'aime mieux cette peinture des vices, qui de tout temps ont ouvert aux misérables mortels l'entrée de cette horrible demeure, que la description de Virgile dans laquelle il met les Remords vengeurs avec la Crainte, la Faim, et la Pauvreté (*Æn.*, l. VI, 274-75) :

Luctus et ultrices posuere cubilia Curæ...
Et Metus, et malesuada Fames, et turpis Egestas.

La pauvreté mène moins aux enfers que la richesse; mais je ne peux supporter la description bizarre et bigarrée que fait Rousseau [1]

L'ordre donné, la séance réglée,
Et des démons la troupe rassemblée,
Furent assis les sombres députés,
Selon leur ordre, emplois, et dignités.
Au premier rang, le ministre Asmodée,
Et Belzébuth à la face échaudée,
Et Bélial, puis les diables mineurs,
Juges, préfets, intendants, gouverneurs
Représentant le tiers-état du gouffre.
Alors, assis sur un trône de soufre,
Lucifer *tousse*, et faisant un signal,
Tint ce discours au sénat infernal...
. . . .
« Quels noirs complots, quels ressorts inconnus,
Font aujourd'hui tarir mes revenus?
Depuis un mois assemblant mes ministres

1. Allégorie première : *Torticolis.* (ÉD.)

> J'ai feuilleté mes journaux, mes registres;
> De jour en jour l'enfer perd de ses droits;
> Le diable oisif y souffle dans ses doigts. »

Il règne dans cette peinture un mélange de terrible et de ridicule, et même de plusieurs styles, lequel n'est point convenable au sujet. La chute de l'homme, que l'auteur traite sérieusement, ne peut admettre le bas comique. Il fallait imiter plutôt l'énergie outrée de Milton et la beauté du Tasse. « Une face échaudée, des diables mineurs, Lucifer qui tousse, les démons soufflant dans leurs doigts, » ne sont pas un début décent pour arriver à l'amour de Dieu, qui est traité dans cette pièce. C'est une grimace; c'est le sac de Scapin dans le *Misanthrope*. Chaque chose doit être traitée dans le style qui lui est propre; et il y a de la dépravation de goût à mêler ainsi les styles. Cette remarque est très-importante pour les étrangers et pour les jeunes gens, qui ne peuvent d'abord discerner s'il y a des termes bas dans un sujet noble, et voir que le sujet est par là défiguré.

ÉPIGRAMME. — L'épigramme ne doit pas être placée dans un plus haut rang que la chanson.

> L'épigramme plus libre, en son tour plus borné,
> N'est souvent qu'un bon mot de deux rimes orné.

Mais je ne conseillerais à personne de s'adonner à un genre qui peut apporter beaucoup de chagrin avec peu de gloire. Ce fut par là malheureusement qu'un célèbre poète de nos jours commença à se distinguer. Il n'avait réussi ni à l'Opéra ni au Théâtre-Comique. Il se dédommagea d'abord par l'épigramme; et ce fut la source de toutes ses fautes et de tous ses malheurs. La plupart des sujets de ses petits ouvrages sont même si licencieux, et représentent un débordement de mœurs si horribles, qu'on ne peut trop s'élever contre des choses si détestables; et je n'en parle ici que pour détourner de ce malheureux genre les jeunes gens qui se sentent du talent. La débauche et la facilité qu'on trouve à rimer des contes libertins n'entraînent que trop la jeunesse; mais on en rougit dans un âge plus avancé. Il faut tâcher de se conduire à vingt ans comme on souhaiterait de s'être conduit quand on en aura quarante. L'obscénité n'est jamais du goût des honnêtes gens. Je prendrai dans Rousseau le modèle du genre qui doit plaire à tous les bons esprits, même aux plus rigides; c'est la paraphrase de *Totus mundus fabula est*.

> Ce monde-ci n'est qu'une œuvre comique
> Où chacun fait ses rôles différents.
> Là, sur la scène, en habit dramatique,
> Brillent prélats, ministres, conquérants.
> Pour nous, vil peuple, assis aux derniers rangs,
> Troupe futile, et des grands rebutée,
> Par nous d'en bas la pièce est écoutée;
> Mais nous payons, utiles spectateurs;

> Et quand la farce est mal représentée,
> Pour notre argent nous sifflons les acteurs.
>
> Liv. I, épig. XIV.

Il n'y a rien à reprendre dans cette jolie épigramme que peut-être ce vers :

> Troupe futile, et des grands rebutée.

Il paraît de trop ; il gâte la comparaison des spectateurs et des comédiens : car les comédiens sont fort éloignés de mépriser le parterre.

Mais on voit par ce petit morceau, d'ailleurs achevé, combien l'auteur était condamnable de donner dans des infamies dont aucune n'est si bien écrite que cette épigramme aussi délicate que décente.

Il faut prendre garde qu'il y a quelques épigrammes héroïques ; mais elles sont en très-petit nombre dans notre langue. J'appelle *épigrammes héroïques* celles qui présentent à la fin une pensée ou une image forte et sublime, en conservant pourtant dans les vers la naïveté convenable à ce genre. En voici une dans Marot. Elle est peut-être la seule qui caractérise bien ce que je dis.

> Lorsque Maillart, juge d'enfer, menoit
> A Monfaulcon Samblançay l'âme rendre,
> A vostre advis lequel des deux tenoit
> Meilleur maintien ? Pour le vous faire entendre,
> Maillart sembloit homme qui mort va prendre,
> Et Samblançay fut si ferme vieillart,
> Que l'on cuydoit pour vray qu'il menast pendre
> A Monfaulcon le lieutenant Maillart.

Voilà de toutes les épigrammes, dans le goût noble, celle à qui je donnerais la préférence. On a distingué les madrigaux des épigrammes : les premiers consistent dans l'expression délicate d'un sentiment ; les secondes, dans une plaisanterie. Par exemple, on appelle madrigal ces vers charmants de M. Ferrand :

> Être l'Amour quelquefois je désire,
> Non pour régner sur la terre et les cieux ;
> Car je ne veux régner que sur Thémire ;
> Seule elle vaut les mortels et les dieux :
> Non pour avoir le bandeau sur les yeux,
> Car de tout point Thémire m'est fidèle :
> Non pour jouir d'une gloire immortelle,
> Car à ses jours survivre je ne veux :
> Mais seulement pour épuiser sur elle
> Du dieu d'amour et les traits et les feux.

Les épigrammes qui n'ont que le mérite d'offenser n'en ont aucun ; et comme d'ordinaire c'est la passion seule qui les fait, elles sont grossières. Qui peut souffrir dans Malherbe :

> Cocu de long et de travers,
> Sot au delà de toutes bornes ;

> Comment te plains-tu de mes vers,
> Toi qui souffres si bien les cornes?

Peut-être cette détestable épigramme réussit-elle de son temps, car le temps était fort grossier; témoin les satires de Régnier, qui n'avaient aucune finesse, et qui cependant furent goûtées.

Je ne sais si cette épigramme-ci de Rousseau n'est pas aussi condamnable :

> L'usure et la poésie
> Ont fait jusques aujourd'hui,
> Du fesse-matthieu de Brie
> Les délices et l'ennui.
> Ce rimailleur à la glace
> N'a fait qu'un pas de ballet,
> Du Châtelet au Parnasse,
> Du Parnasse au Châtelet.

Où est la plaisanterie, où est le sel, où est la finesse de dire crûment qu'un homme est un usurier? Comment est-ce qu'on *fait un pas de ballet du Châtelet au Parnasse?* De plus, dans une épigramme, il faut rimer richement : c'est un des mérites de ce petit poëme. La rime de *poésie* avec de *Brie* est mauvaise; mais, ce qu'il y a de plus mauvais dans cette épigramme, c'est la grossièreté de l'injure.

Cette grossièreté condamnable est un vice qui se rencontre trop souvent dans les pièces satiriques, dans les épîtres et allégories de cet auteur. Les termes de faquin, bélître, maroufle, et autres semblables, qui ne doivent jamais sortir de la bouche d'un honnête homme, doivent encore moins être soufferts dans un auteur qui parle au public.

FABLE. — Au lieu de commencer ici par des morceaux détachés qui peuvent servir d'exemples, je commencerai par observer que les Français sont le seul peuple moderne chez lequel on écrit élégamment des fables.

Il ne faut pas croire que toutes celles de La Fontaine soient égales. Les personnes de bon goût ne confondront point la fable des deux Pigeons, *Deux pigeons s'aimaient d'amour tendre,* avec celle qui est si connue, *La cigale ayant chanté tout l'été;* ou avec celle qui commence ainsi : *Maître corbeau sur un arbre perché.* Ce qu'on fait apprendre par cœur aux enfants est ce qu'il y a de plus simple et non pas de meilleur; les vers même qui ont le plus passé en proverbe ne sont pas toujours les plus dignes d'être retenus. Il y a incomparablement plus de personnes dans l'Europe qui savent par cœur *J'appelle un chat un chat, et Rolet un fripon,* et beaucoup de pareils vers, qu'il n'y en a qui aient retenu ceux-ci :

> Pour paraître honnête homme, en un mot, il faut l'être [1].
> Il n'est point ici-bas de moisson sans culture [2].

---

1. Boileau, satire XI. (ÉD.)
2. Voltaire, quatrième *Discours sur l'homme.* (ÉD.)

Celui-là fait le crime à qui le crime sert.
Tout empire est tombé, tout peuple eut ses tyrans.
Tel brille au second rang qui s'éclipse au premier [1].
C'est un poids bien pesant qu'un nom trop tôt fameux.
Nous ne vivons jamais, nous attendons la vie.
Le crime a ses héros, l'erreur a ses martyrs.
La douleur est un siècle, et la mort un moment [2].

Tous ces vers sont d'un genre très-supérieur à *J'appelle un chat un chat*; mais un proverbe bas est retenu par le commun des hommes plus aisément qu'une maxime noble; c'est pourquoi il faut bien prendre garde qu'il y a des choses qui sont dans la bouche de tout le monde sans avoir aucun mérite; comme ces chansons triviales qu'on chante sans les estimer, et ces vers naïfs et ridicules de comédie qu'on cite sans les approuver :

Entendez-vous, bailli, ce sublime langage?
Si vous ne m'entendez, je vous aime autant sourd [3]

Et cent autres de cette espèce.

C'est particulièrement dans les fables de La Fontaine qu'il faut discerner soigneusement ces vers naïfs, qui approchent du bas, d'avec les naïvetés élégantes dont cet aimable auteur est rempli :

La fourmi n'est pas prêteuse.
Ils sont trop verts, dit-il, et bons pour des goujats.

Cela est passé en proverbe. Combien cependant ces proverbes sont-ils au-dessous de ces maximes d'un sens profond qu'on trouve en foule dans le même auteur !

Des enfants de Japet toujours une moitié
Fournira des armes à l'autre.
Plutôt souffrir que mourir,
C'est la devise des hommes.
Il n'est pour voir que l'œil du maître.
Quant à moi j'y mettrais encor l'œil de l'amant.
Lynx envers nos pareils, et taupes envers nous.

Je ne connais guère de livre plus rempli de ces traits qui sont faits pour le peuple, et de ceux qui conviennent aux esprits les plus délicats; aussi je crois que de tous les auteurs La Fontaine est celui dont la lecture est d'un usage plus universel. Il n'y a que les gens un peu au fait de l'histoire, et dont l'esprit est très-formé, qui lisent avec fruit nos grands tragiques, ou la *Henriade*. Il faut avoir déjà une teinture de belles-lettres pour se plaire à l'*Art poétique*; mais La Fontaine est pour tous les esprits et pour tous les âges.

Il est le premier, en France, qui ait mis les fables d'Ésope en vers. J'ignore si Ésope eut la gloire de l'invention; mais La Fontaine a cer-

1. *Henriade*. (ÉD.) — 2. Gresset, *Épître à ma sœur*. (ÉD.)
3. Scarron, *Don Japhet d'Arménie*. (ÉD.)

tainement celle de l'art de conter. C'est la seconde; et ceux qui l'ont suivi n'en ont pas acquis une troisième; car non-seulement la plupart des fables de La Motte-Houdart sont prises, ou de Pilpay, ou du Dictionnaire d'Herbelot, ou de quelques voyageurs, ou d'autres livres, mais encore toutes sont écrites en général d'un style un peu forcé. Il avait beaucoup d'esprit; mais ce n'est pas assez pour réussir dans un art : aussi tous ses ouvrages en tous les genres ne s'élèvent guère, communément, au-dessus du médiocre. Il y a dans la foule quelques beautés et des traits fort ingénieux; mais presque jamais on n'y remarque cette chaleur et cette éloquence qui caractérisent l'homme d'un vrai génie; encore moins ce beau naturel qui plaît tant dans La Fontaine. Je sais que tous les journaux, tous les Mercures, les feuilles hebdomadaires qu'on faisait alors, ont retenti de ses louanges; mais il y a longtemps qu'on doit se défier de tous ces éloges. On sait assez tous les petits artifices des hommes pour acquérir un peu de gloire. On se fait un parti; on loue afin d'être loué: on engage dans ses intérêts les auteurs des journaux; mais bientôt il se forme par la voix du public un arrêt souverain, qui n'est dicté que par le plus ou le moins de plaisir qu'on a en lisant, et cet arrêt est irrévocable.

Il ne faut pas croire que le public ait eu un caprice injuste, quand il a réprouvé dans les fables de M. de La Motte des naïvetés qu'il paraît avoir adoptées dans La Fontaine. Ces naïvetés ne sont point les mêmes. Celles de La Fontaine lui échappent, et sont dictées par la nature même. On sent que cet auteur écrivait dans son propre caractère, et que celui qui l'imite en cherchait un. Que La Fontaine appelle *un chat*, qui est pris pour juge, *Sa Majesté fourrée;* on voit bien que cette expression est venue se présenter sans effort à son auteur; elle fait une image simple, naturelle et plaisante; mais que La Motte appelle un cadran un *greffier solaire*, vous sentez là une grande contrainte avec peu de justesse. Le cadran serait plutôt le greffe que le greffier. Et combien d'ailleurs cette idée de *greffier* est-elle peu agréable! La Fontaine fait dire élégamment au corbeau par le renard :

Vous êtes le phénix des hôtes de ces bois.

La Motte appelle une rave, un *phénomène potager*. Il est bien plus naturel de nommer *phénix* un corbeau qu'on veut flatter que d'appeler une rave un *phénomène*. La Motte appelle cette rave un *colosse*. Que ces mots de *colosse* et de *phénomène* sont mal appliqués à une rave, et que tout cela est bas et froid!

Je sais bien qu'il est nécessaire d'avoir une connaissance un peu fine de notre langue pour bien distinguer ces nuances; mais j'ai vu beaucoup d'étrangers qui ne s'y méprenaient pas : tant le naturel a de beauté, tant il se fait sentir! Je me souviens qu'un jour, étant à une représentation de la tragédie d'*Inès* avec le jeune comte de Sinzendorf, il fut révolté à ce vers :

Vous me devez, seigneur, l'estime et la tendresse.

Il me demanda si on disait, *j'ai pour vous l'estime*, et s'il ne fallait pas absolument dire *j'ai pour vous de l'estime.* Je fus surpris de cette remarque, qui était très-juste. Cela me fit lire depuis *Inès* avec beaucoup d'attention, et j'y trouvai plus de deux cents fautes contre la langue; mais ce n'est pas ici le lieu d'en parler.

GRANDEUR DE DIEU (DE LA). — Ce sera dans les vers que je cher-cherai les belles images de la grandeur de Dieu. Je n'ai rien trouvé dans la prose qui m'ait élevé l'âme en parlant de ce sublime sujet; et j'avoue que je ne suis point surpris qu'on ait autrefois appelé la poésie le langage des dieux. Il y a en effet dans les beaux vers un enthou-siasme qui paraît au-dessus des forces humaines. Nul auteur en prose n'a parlé de Dieu comme Racine dans *Esther* (acte III, sc. IV) :

> L'Éternel est son nom, le monde est son ouvrage;
> Il entend les soupirs de l'humble qu'on outrage,
> Juge tous les mortels avec d'égales lois,
> Et du haut de son trône interroge les rois.

Ces quatre vers sont sublimes. Ils sont, je crois, infiniment plus par-faits en leur genre que ce commencement de la première ode sacrée de Rousseau, qui pourtant est fort belle :

> Les cieux instruisent la terre
> A révérer leur auteur :
> Tout ce que leur globe enserre
> Célèbre un dieu créateur.
> Quel plus sublime cantique
> Que ce concert magnifique
> De tous les célestes corps !
> Quelle grandeur infinie !
> Quelle divine harmonie
> Résulte de leurs accords !

Le mot *enserre* n'est ni noble ni agréable; et *quel cantique que ce concert ! quelle grandeur ! quelle harmonie !* voilà bien des *quels !* Ces trois choses d'ailleurs, *cantique, concert, harmonie,* se ressemblent trop. *Résulte* est un mot trop prosaïque. Enfin, il y a trop d'épithètes, et vous n'en trouvez pas une dans ces quatre vers d'*Esther*.

Voici un morceau de *la Henriade* qui me paraît un pendant pour les vers de Racine.

C'est après une description philosophique des cieux qui n'est que de mon sujet (ch. VII, 61-65) :

> Au delà de leur cours, et loin dans cet espace,
> Où la matière nage, et que Dieu seul embrasse,
> Sont des soleils sans nombre et des mondes sans fin.
> Dans cet abîme immense il leur ouvre un chemin.
> Par delà tous ces cieux le dieu des cieux réside.

Cette description étonne plus l'imagination et parle moins au cœur.

J'en trouve encore une dans le dixième chant de *la Henriade.* (421-36) :

> Au milieu des clartés d'un feu pur et durable
> Dieu mit, avant les temps, son trône inébranlable.
> Le ciel est sous ses pieds : de mille astres divers
> Le cours toujours réglé l'annonce à l'univers,
> La puissance, l'amour, avec l'intelligence,
> Unis et divisés, composent son essence.
> Ses saints, dans les douceurs d'une éternelle paix,
> D'un torrent de plaisirs enivrés à jamais,
> Pénétrés de sa gloire, et remplis de lui-même,
> Adorent à l'envi sa majesté suprême.
> Devant lui sont ces dieux, ces brûlants séraphins,
> A qui de l'univers il commet les destins.
> Il parle, et de la terre ils vont changer la face;
> Des puissances du siècle ils retranchent la race;
> Tandis que les humains, vils jouets de l'erreur,
> Des conseils éternels accusent la hauteur.

Je n'aime pas cet hémistiche, *de mille astres divers.* Ce mot de *mille* est un terme oiseux, aussi bien que celui de *divers*, qui n'est guère à la fin du vers que pour rimer; mais les deux vers de la Trinité sont une chose admirable et unique.

Un fils du grand Racine, qui a hérité d'une partie des talents de son père, a donné encore dans son poëme sur *la Grâce* une très-belle idée de la grandeur de Dieu (ch. IV, 75-91) :

> Ce dieu d'un seul regard confond toute grandeur.
> Des astres devant lui s'éclipse la splendeur,
> Prosterné près du trône où sa gloire étincelle,
> Le chérubin tremblant se couvre de son aile.
> Rentrez dans le néant, mortels audacieux.
> Il vole sur les vents, il s'assied sur les cieux.
> Il a dit à la mer : « Brise-toi sur ta rive; »
> Et dans son lit étroit la mer reste captive.
> Les foudres vont porter ses ordres confiés,
> Et les nuages sont la poudre de ses pieds.
> C'est ce dieu qui d'un mot éleva nos montagnes,
> Suspendit le soleil, étendit nos campagnes;
> Qui pèse l'univers dans le creux de sa main.
> Notre globe à ses yeux est semblable à ce grain
> Dont le poids fait à peine incliner la balance.
> Il souffle, et de la mer tarit le gouffre immense.
> Nos vœux et nos encens sont dus à son pouvoir.

Il faut avouer que les plus beaux vers de ce passage sont ceux où M. Racine a suivi son génie, et les plus mauvais sont ceux qu'il a voulu copier de l'hébreu : tant le tour et l'esprit des deux langues est différent. *Peser l'univers dans le creux de sa main,* ne paraît en français qu'une image gigantesque et peu noble, parce qu'elle présente à l'esprit l'effort qu'on fait pour soutenir quelque chose, en formant un creux dans sa main. Quand quelque chose nous choque dans une phrase, il faut en chercher la source, et on la trouve sûrement; car *je ne sais quoi* n'est jamais une raison. Il n'est pas permis à un homme de lettres de dire que cela ne plaît pas, à moins que la raison n'en soit palpable, qu'elle n'ait pas besoin d'être indiquée. Par exemple, ce n'est pas la peine de disserter pour faire voir que ce vers est très-mauvais :

> Et les nuages sont la poudre de ses pieds.

Car, outre que l'image est très-dégoûtante, elle est très-fausse. On sait assez aujourd'hui que l'eau n'est point de la poudre. Mais le reste du morceau est beau. Il ne faudrait pas, à la vérité, trop répéter ces idées, elles deviennent alors des lieux communs. Le premier qui les emploie avec succès est un maître, et un grand maître; mais quand elles sont usées, celui qui les emploie encore court risque de passer pour un écolier déclamateur.

LANGAGE. — Le moyen le plus sûr et presque le seul d'acquérir une connaissance parfaite des finesses de notre langue, et surtout de ces exceptions qui paraissent si contraires aux règles, c'est de converser souvent avec un homme instruit. Vous apprendrez plus dans quelques entretiens avec lui, que dans une lecture qui laisse presque toujours des doutes. Nous avons beau lire aujourd'hui les auteurs latins, l'étude la plus assidue ne nous apprendra jamais quelles fautes les copistes ont glissées dans les manuscrits, quels mots impropres Salluste, Tite Live, ont employés. Nous ne pouvons presque jamais discerner ce qui est hardiesse heureuse d'avec ce qui est licence condamnable.

Les étrangers sont, à l'égard de nos auteurs, ce que nous sommes tous à l'égard des anciens. La meilleure méthode est d'examiner scrupuleusement les excellents ouvrages. C'est ainsi qu'en a usé M. de Voltaire dans son *Temple du Goût*. Je veux entrer ici dans un examen plus approfondi de la pureté de la langue, et j'ai choisi exprès la belle comédie du *Misanthrope*, de même que M. l'abbé d'Olivet a recherché les fautes contre la langue, échappées au grand Racine. Un homme qui saura remarquer du premier coup d'œil les petits défauts de langage dans une pièce telle que le *Misanthrope* pourra être sûr d'avoir une connaissance parfaite de la langue. Rien n'est plus propre à guider un étranger; et un tel travail ne sera pas inutile à nos compatriotes.

> Et la plus glorieuse a des régals peu chers.   (I, 1.)

Une estime glorieuse est chère; mais elle n'a point des régals chers. Il fallait dire, *des plaisirs peu chers*; ou plutôt tourner autrement la phrase. On dit dans le style bas, cela *est un régal pour moi*; mais non pas, *il a des régals pour moi*.

Et quand on a quelqu'un qu'on hait ou qui déplaît.   (I, I.)

J'ai quelqu'un que je hais. L'expression est vicieuse. On dit, *j'ai une chose à faire;* non pas, *j'ai une chose que je fais.*

Que, pour avoir vos biens, on dresse un artifice.   (I, I.)

On use d'artifice, on ne le dresse pas; on dresse, on tend un piége avec artifice; on emploie un artifice; on fait jouer des ressorts avec artifice.

Ne ferme point mes yeux aux défauts qu'on lui treuve.

Il faut remarquer que du temps de Molière on disait encore *treuve.* La Fontaine a dit, *Dans les citrouilles je la treuve;* mais l'usage a aboli ce terme.

Mais si son amitié pour vous se fait paraître.   (I, I.)

Une amitié paraît, et ne se fait point paraître. On fait paraître ses sentiments, et les sentiments se font connaître.

Non, ce n'est pas, madame, un bâton qu'il faut prendre,
Mais un cœur à leurs vœux moins facile et moins tendre.
(Acte II, sc. I.)

On ne peut pas dire prendre un cœur facile, au lieu d'un bâton; cela est évident. *Facile à leurs vœux,* est bon; mais *tendre à leurs vœux,* n'est pas français, parce qu'on est tendre pour un amant, non pas tendre à un amant.

. . . . Et ses soins tendent tout
Pour accrocher quelqu'un.

Les soins peuvent tendre à quelque chose, mais non *pour* quelque chose. Mes vœux tendent à Paris, mais non pour Paris.

Et son jaloux dépit qu'avec peine elle cache,
En tous endroits sous main contre moi se détache.
(*Ibid.*)

Le *dépit* peut se déchaîner contre quelqu'un, s'attacher à le décrier, éclater, etc. On détache un ennemi, un parti; on se détache de quelqu'un.

On vous voit en tous lieux vous déchaîner sur moi.
(Sc. v.)

On s'emporte, on se *déchaîne,* on s'irrite, on crie, on cabale contre une personne, et non *sur* elle; on se jette, on tire sur elle, on épuise la satire sur elle.

Et monsieur, qu'à propos le hasard fait venir,
Remplira mieux ma place à vous entretenir.
(*Ibid.*)

On ne peut dire, *je remplis la place à travailler;* il faut dire, en *travaillant*. Je remplis la place par mon travail. Je remplis la place de monsieur, en m'entretenant avec vous.

> Pour peu que d'y songer vous nous fassiez les mines.
> (Sc. VII.)

Faire mine de quelque chose, est une bonne expression dans le style familier. Je fais mine de l'aimer. Je fais mine de l'applaudir. *Faire la mine* signifie faire la grimace; et on ne doit pas dire, je fais la mine d'aimer, la mine de haïr; parce que faire la mine est une expression absolue, comme faire le plaisant, le dévot, le connaisseur.

> Oui, toute mon amie elle est, et je la nomme
> Indigne d'asservir....   (Sc. VII.)

Il faut dire, toute mon amie qu'elle est, et non pas *toute mon amie elle est*; et je la nomme, cet *et* est de trop; *je la nomme* est vicieux; le terme propre est, *je la déclare*. On ne peut nommer qu'un nom. Je le nomme grand, vertueux, barbare. Je le déclare indigne de mon amitié.

> Renverse le bon droit, et tourne la justice.
> (Acte V, sc. I.)

L'expression, *tourne la justice*, n'est pas juste. On tourne la roue de la fortune; on tourne une chose, un esprit même, à un certain sens; mais tourner la justice ne peut signifier séduire, corrompre la justice.

> Au bruit que contre vous sa malice a tourné.
> (Sc. I.)

Tourner un bruit ne peut pas plus se dire, que tourner la justice. On peut tourner des traits contre quelqu'un; mais un bruit ne peut être une chose qui se tourne.

On peut aisément remarquer que l'exposition de ces fautes n'est pas d'un critique malin qui cherche vainement à rabaisser Molière, mais d'un esprit équitable, qui veut combattre l'abus qu'on fait quelquefois des écrits de ce grand homme, en citant, pour des autorités consacrées, des fautes de langue. C'est dans cette vue innocente et utile que je veux examiner la tragédie de *Pompée* de Pierre Corneille.

Examen des fautes de langage dans la tragédie de POMPÉE.

> Sont les titres affreux dont le droit de l'épée,
> Justifiant César, a condamné Pompée.

On ne peut pas dire *le titre dont on condamne*, mais le titre sur lequel, par lequel, ou le titre qui condamne.

> Et qui veut être juste en de telles saisons
> Balance le pouvoir, et non pas les raisons.

En de telles saisons, est une expression lâche et vicieuse. *Balance le pouvoir* n'est pas le mot propre; il voulait dire, *consulte son pouvoir*.

Cet hémistiche, *et non pas les raisons*, dit tout le contraire de ce qu'il doit dire. Ce sont précisément les raisons, c'est-à-dire la raison d'État qu'on examine et qu'on pèse.

> Soûtiendrez-vous un faix sous qui Rome succombe,
> Sous qui tout l'univers se trouve foudroyé ?

Le mot *foudroyé* est très-impropre; un fardeau ne foudroie pas, il accable.

> Mais quoique vos encens le traitent d'immortel.

Le mot d'*encens* ne peut admettre de pluriel. Il fallait absolument *votre encens*.

> Et cesse de devoir, quand la dette est d'un rang
> A ne point l'acquitter qu'aux dépens de leur sang.

On ne dit point *le rang d'une dette*, mais la nature d'une dette; et il fallait dire, à ne s'en acquitter qu'aux dépens de leur sang. La négative *point* ne se met jamais avec *ne*, quand elle est suivie d'un *que*. Je ne corrigerai ce vers *que* quand on m'en aura montré le défaut. Je n'irai à Paris *que* quand je serai libre; je n'écrirai *que* quand j'aurai du loisir, etc.

> Assurer sa puissance et sauver son estime.

Sauver n'a là aucun sens. Il ne veut pas dire conserver sa réputation, il ne signifie pas conserver son estime; il est un barbarisme inintelligible.

> Trop au-dessous de lui pour y prêter l'esprit.

Prêter l'esprit n'est pas français; mais c'est une licence qu'on devrait peut-être accorder à la poésie.

> Et son dernier soupir est un soupir illustre.

Soupir illustre est bon, à la vérité, en grammaire; mais en poésie il tient un peu du phébus.

> Ce prince d'un sénat maître de l'univers....
> Sitôt que d'un malheur sa fortune est suivie,
> Les monstres de l'Égypte ordonnent de sa vie !

La construction est vicieuse : elle serait pardonnable à une grande passion; mais ici c'est Cléopâtre qui parle de sang-froid.

> Il en coûte la vie et la tête à Pompée !

On sent combien *la tête* est de trop.

> Je connais ma portée, et ne prends point le change.
> . . . .
> Vous montrez cependant un peu bien du mépris.

Ces deux vers, et surtout le dernier, sont des expressions basses et populaires, et *un peu bien du* est barbare.

> Et plus dans l'insolence elle s'est emportée.

On s'emporte à des excès d'insolence; on s'emporte avec insolence, à trop d'insolence, et non pas *dans l'insolence*.

> De s'en plaindre à Pompée auparavant qu'à lui.

Il fallait *avant qu'à lui*. L'adverbe *auparavant* ne sert jamais de conjonction. On ne dit point : Je passerai par Strasbourg auparavant d'aller à Paris; mais avant d'aller à Paris, ou avant que d'aller à Paris.

> De relever du coup dont ils sont étourdis

Il fallait *de se relever; étourdis* est trop bas.

> Quoi qu'il en fasse, enfin.

Il faut *quoi qu'il fasse*, surtout dans le style noble.

> Il venait à plein voile.

On dit *pleines voiles*. Ce mot *voile* est féminin.

> Voilà ce qu'attendoit,
> Ce qu'au juste Osiris la reine demandoit.

Le régime de ces deux verbes est mal placé; c'est une faute, mais légère.

> Tout beau, que votre haine en son sang assouvie....
> Et pour en bien parler, nous vous devons le tout.

Tout beau, nous vous devons le tout, sont des termes bas et comiques; mais ce ne sont pas des fautes grammaticales.

> Il nous falloit, pour vous, craindre votre clémence,
> Et que le sentiment d'un cœur trop généreux,
> Usant mal de vos droits, vous rendît malheureux.

Toute cette phrase est mal construite. Voici le sens : Votre clémence était dangereuse pour vous; et nous avons craint que, par un sentiment trop généreux, vous ne vous rendissiez malheureux en usant mal de vos droits.

> Je m'apaiserois Rome avec votre supplice.

On ne peut point dire *s'apaiser quelqu'un*, comme on dit s'immoler, se concilier, s'aliéner quelqu'un.

> Comme a-t-elle reçu les offres de ma flamme?

Comme, au lieu de *comment*, était déjà une faute du temps de Corneille.

> Elle craint, toutefois,
> L'ordinaire mépris que Rome fait des rois.

On traite avec mépris; on a du mépris; on ne fait point de mépris.

D'un astre envenimé l'invincible poison.

L'invincible poison d'un astre est une pensée fausse, mal exprimée, quoique la grammaire soit ici observée.

Qu'il eût voulu souffrir qu'un bonheur de mes armes.

Il fallait *que le bonheur de mes armes.*

Quoi! de la même main et de la même épée,
Dans un tel désespoir à vos yeux a passé.

Comment peut-on passer d'une main et d'une épée dans un désespoir ?

Quelques soins qu'ait César.

On prend des soins, on a soin de quelque chose, on agit avec soin mais on ne peut dire en général, avoir des soins.

Pour de ce grand dessein assurer le succès.

Cette inversion n'est pas permise. On en sent la raison. Elle vient de la dureté de ces deux monosyllabes *pour de.*

Ainsi que la naissance ils ont les esprits bas.

Il fallait, ils ont l'esprit bas, surtout *naissance* étant au singulier.

De quoi peut satisfaire un cœur si généreux,
Le sang abject et vil de ces deux malheureux.

De quoi peut satisfaire n'est pas français; il fallait, *comment* ou *en quoi.*

J'en ai déjà parlé; mais il a su gauchir.

Gauchir est un terme trop peu noble.

C'est ce glorieux titre à présent effectif.

Effectif est un terme de barreau.

A mes vœux innocents sont autant d'ennemis.

Il fallait *de mes vœux;* on n'est pas ennemi *à,* on est ennemi *de.*

Permettez cependant qu'à ces douces amorces
Je prenne un nouveau cœur et de nouvelles forces.

Ces deux vers sont un galimatias, pour le sens et pour l'expression. *Des amorces* ne donnent pas des forces, et on ne se sent pas *un cœur nouveau à une amorce.*

Mes yeux, puis-je vous croire, et n'est-ce point un songe
Qui sur mes tristes vœux a formé ce mensonge?

Un *songe* qui forme un *mensonge sur des vœux,* forme une phrase trop entortillée et trop peu exacte. C'est du galimatias.

Qu'avec chaleur, Philippe, on court à le venger,

On court venger, saisir, prendre, combattre. On ne court point *à* combattre, *à* prendre, *à* saisir, *à* venger.

Pour grand qu'en soit son prix, son péril en rabat.

Pour grand que n'était plus en usage dès le temps de Corneille. On ne trouve pas de ces expressions surannées dans les *Lettres provinciales* qui sont de même date. Il *en rabat* est un terme de tout temps ignoble.

Je n'aimais mieux juger sa vertu par la nôtre.

Il faut *juger de sa vertu par la mienne*. Il n'est pas permis de joindre, en cette occasion, le pluriel au singulier. Phèdre, dans Racine, au lieu de dire,

J'excitai mon courage à le persécuter,
(Acte I, sc. III.)

ne dit point, *j'excitai notre courage à le persécuter*.

Parce qu'au point qu'il est, j'en voudrois faire autant.

Parce que fait toujours, en vers, un très-mauvais effet; *au point qu'il est* est actuellement suranné et familier.

Je ne viens pas ici pour troubler une plainte
Trop juste à la douleur dont vous êtes atteinte.

Il fallait dire *permise à la douleur*, et non pas *trop juste*. Une plainte n'est pas juste à la douleur comme un habit est juste au corps.

Vous êtes satisfaite, et je ne la suis pas.

Il faut *je ne le suis pas*, parce que ce *le* est neutre et indéclinable. Si on demandait à des dames, êtes-vous satisfaites? elles répondraient, *nous le sommes*, et non pas nous *les* sommes. Ainsi, une femme doit dire je *le* suis, et non je *la* suis.

Aucuns ordres ni soins n'ont pu le secourir.

Il fallait, *aucun ordre, aucun soin n'a pu le secourir*.

Leur roi n'a pu jouir de ton cœur adouci;
Et Pompée est vengé ce qu'il peut l'être ici.

De ton cœur adouci, ne peut se mettre au lieu de *ta clémence*. *Ce qu'il peut l'être*, ne peut être reçu pour signifier *autant qu'il peut l'être*; et c'est une grande faute de langage dans un auteur moderne d'avoir mis

Je vous aime tout ce qu'on peut aimer.

Ta nouvelle victoire, et le bruit éclatant
Qu'aux changements de roi pousse un peuple inconstant.

Un peuple qui pousse un bruit aux changements de roi, est un galimatias insupportable.

Et parmi ces objets ce qui le plus m'afflige.

Il n'est pas permis, dans le style noble, de placer ainsi l'adverbe au-devant du verbe. On ne peut pas dire en vers héroïques *ce qui davantage me plaît, ce que patiemment je supporte, ce qu'à contre-cœur je fais, ce que prudemment je diffère.*

....J'ajoute une requête.

Ce terme du barreau n'est point admis dans la poésie noble.

Faites un peu de force à votre impatience.

Calmez, modérez votre impatience; mettez un frein à votre impatience, voilà le mot propre. *Faire force* est barbare.

> .... Non pas, César, non pas à Rome encor :
> Il faut que ta défaite et que tes funérailles
> A cette cendre aimée en ouvrent les murailles;
> Et, quoiqu'elle la tienne aussi chère que moi....

Cette *elle* tombe sur Rome, et semble tomber sur la cendre de Pompée par la construction de la phrase. *Aussi chère que moi;* on ne sait si c'est Cornélie qui est aussi chère, ou si c'est à elle que cette cendre est aussi chère. Ces amphibologies jettent une obscurité désagréable dans le style. Je n'ai relevé que celle-ci pour n'être pas trop long; mais la tragédie que j'examine est pleine de ces obscurités. C'est un défaut qu'il faut éviter avec soin.

Et quand tout mon effort se trouvera rompu.

On rompt un projet, une ligue, des liens, une assemblée; on arrête un effort, on s'y oppose, on le surmonte, on le rend inutile, etc.

J'ai vu le désespoir qu'il a voulu choisir.

On entre dans le désespoir, on s'abandonne, on se livre au désespoir; on ne le *choisit* pas.

> Il est de la fatalité
> Que l'aigreur soit mêlée à la félicité.

On dit bien *notre destin, la fatalité ordonne*, etc.; mais on ne dit pas *il est de la fatalité*, comme on dit *il est d'usage; l'aigreur* est un terme très-impropre; et l'amertume s'oppose à la douceur, et non à la *félicité.*

Je me suis arrêté, dans cet examen, uniquement aux fautes de langage, et je n'ai pas parlé des vices du style, dont le nombre est prodigieux. Cette discussion n'était pas de mon sujet, non plus que les beautés de détail dont cette tragédie vicieuse et irrégulière est remplie.

La lecture assidue de bons auteurs vous sera encore plus nécessaire, pour vous former un style pur et correct, que l'étude de la plupart de nos grammaires. Ce qu'on apprend sans peine et par le secours du plaisir se fixe bien plus fortement dans la mémoire que ce qu'on étudie avec des dégoûts dans des préceptes secs, souvent très-mal digérés, et dans lesquels on ne trouve que trop de contradictions. Je recommande surtout aux jeunes gens de ne point lire la nouvelle grammaire de l'abbé Girard; elle ne ferait qu'embarrasser l'esprit par les nouveautés difficiles dont elle est remplie; et surtout elle servirait à corrompre le style. Jamais auteur n'a écrit d'une manière moins convenable à son sujet. Il affecte ridiculement d'employer des tours et des phrases qu'on proscrirait dans ces romans bourgeois et familiers dont nous sommes rassasiés. Qui croirait qu'un auteur qui veut instruire la jeunesse se serve des expressions suivantes dans une grammaire raisonnée?

« On aura beau fulminer contre mes termes, un discours est une pièce émaillée de différentes phrases.

« Les mots doivent, dans le discours, répondre par le rang et l'habillement à leurs fonctions. Les mots au pluriel ont la physionomie décidée.

« Le district du pronom, la portion dont il est doté; les déclinaisons sont battues et terrassées. »

Non-seulement tout ce livre est écrit dans ce misérable style, mais il y a beaucoup de fautes contre la langue. Par exemple, *habillement de la nuit*, pour, habillement de nuit; *quoi faire*, pour, que faire; *c'est soi qui fait*, au lieu de dire, on fait soi-même.

Enfin il y a des termes obscènes, malgré le grand précepte de Quintilien, qui ordonne d'en éviter jusqu'aux moindres apparences.

Les grammaires de l'abbé Régnier-Desmarets et de Restaut sont bien plus sages et plus instructives.

LETTRES FAMILIÈRES. — Les lettres familières écrites avec négligence, et d'un style approchant de la conversation, vous pourront donner l'usage de cette manière libre et dégagée dont on converse et dont on écrit à ses amis; mais ce n'est pas dans la lecture de tant de recueils de lettres imprimées qu'il faut chercher la véritable éloquence. On ne les lit d'ordinaire qu'à cause des petites anecdotes qu'elles renferment; et si on retranchait des lettres de Mme de Sévigné ce grand nombre de petits faits qui les soutiennent, et qui sont racontés avec tant de vivacité et de naturel, je doute qu'on en pût soutenir la lecture. Les lettres de Balzac et de Voiture eurent en leur temps beaucoup de réputation; mais on voit bien qu'elles avaient été écrites pour être publiques; et cela seul, en les privant nécessairement du naturel qu'elles devaient avoir, devait à la longue les décréditer. Il faut lire ce qu'on en dit dans le *Temple du Goût*. Les jugements qu'on y trouvera ont paru sévères; mais ils me semblent très-justes, et rien n'est plus propre à conduire l'esprit d'un jeune homme.

J'oserais même encore aller plus loin que l'auteur du *Temple du Goût*, dans l'idée que je me suis formée des lettres de Voiture. J'en ai trouvé plusieurs dans lesquelles cette petite et méprisable envie d'avoir de l'esprit lui fait dire des choses dont la décence et l'honnêteté même peuvent être alarmées. Il veut consoler le maréchal de Grammont sur la mort de son père; il lui dit :

« *Est-il vrai* qu'en un siècle où les exemples de bon naturel sont si rares, vous soyez affligé d'une perte qui vous rend un des plus riches hommes de France? Cela, sans mentir, est admirable et au-dessus de tous vos exploits; mais, comme il peut y avoir de l'excès dans les meilleures choses, votre douleur, qui a été juste jusqu'à cette heure, ne le serait plus si elle durait davantage..... Votre réputation augmente tous les jours, et votre bien ne diminue pas; car on dit qu'en argent et poulaille vous aurez dorénavant quelque chose d'assez considérable. » Lettre 158.)

Est-ce ainsi qu'on écrit à un homme sur la mort d'un père? assurément *non erat his locus*. Jamais badinage ne fut plus déplacé; et jamais badinage ne fut plus froid, plus bas et plus indécent.

Il fallait que l'esprit de plaisanterie, qui est par lui-même un très-mince mérite, tînt lieu alors d'un grand talent, puisqu'il donna tant de réputation à Voiture. Tout homme de bon sens, et formé sur les bons modèles de l'antiquité, trouverait la plupart de ces plaisanteries forcées et insipides.

Il compare Mlle de Rambouillet à la mer, et il dit :

« Il me semble que vous vous ressemblez comme deux gouttes d'eau, la mer et vous. Il y a cette différence que, toute vaste et grande qu'elle est, elle a ses bornes, et vous n'en avez point; et tous ceux qui connaissent votre esprit avouent qu'il n'y a en vous ni fond ni rive; et, je vous supplie, de quel abîme avez-vous tiré ce déluge de lettres que vous avez envoyées ici? » (Lettre 160.)

Est-il bien plaisant de dire dans un autre endroit que le mot de cordonniers vient de ce qu'ils donnent des cors? (Lettre 125.)

La fameuse lettre de *la Carpe au Brochet* était-elle digne, en bonne foi, de l'admiration qu'on lui a prodiguée? On sait que Voiture s'étant trouvé dans une société où était le grand Condé, on y avait joué à des petits jeux, dans l'un desquels ce prince était appelé le *brochet*, et Voiture la *carpe*; la carpe dit donc au brochet :

« Les baleines de la mer Atlantique suent à grosses gouttes et sont toutes en eau quand elles vous entendent nommer. Des harengs frais qui viennent de Norvége nous assurent que la mer s'est glacée cette année plus tôt que de coutume, par la peur que l'on y eut sur les nouvelles que quelques macreuses y avaient apportées que vous dirigiez vos pas vers le Nord..... Certaines anguilles de mer crient déjà comme si vous les écorchiez. Les loups marins ne sont que de pauvres cancres auprès de vous; et si vous continuez, vous avalerez la mer et les poissons. » (Lettre 144.)

Tout ce qu'on peut dire, ce me semble, d'une telle lettre, c'est que ces jeux sont pardonnables quand on ne les donne pas pour de bonnes choses, mais qu'ils sont d'un très-bas prix quand on les veut trop estimer.

Il y a dans Voiture d'autres lettres d'un caractère plus délicat et d'un goût plus fin; telle est, par exemple, la lettre au président de Maisons, au sujet d'une affaire qu'il lui recommande. Elle n'a pas le mérite de celle qu'Horace écrit à Tibère Néron dans un cas à peu près semblable, mais elle a ses grâces et son mérite :

« Mme de Marsilly, monsieur, s'est imaginé que j'avais quelque crédit auprès de vous; et moi, qui suis vain, je ne lui ai pas voulu dire le contraire. C'est une personne qui est aimée et estimée de toute la cour et qui dispose de tout le parlement. Si elle a bon succès d'une affaire dont elle vous a choisi pour juge, et qu'elle croie que j'y aie contribué en quelque chose, vous ne sauriez croire l'honneur que cela me fera dans le monde, et combien j'en serai plus agréable à tous les honnêtes gens. Je ne vous propose que mes intérêts pour vous gagner ; car je sais bien, monsieur, que vous ne pouvez être touché des vôtres ; sans cela je vous promettrais son amitié. C'est un bien par lequel les plus sévères juges se pourraient laisser corrompre, et dont un aussi honnête homme que vous doit être tenté. Vous le pouvez acquérir justement ; car elle ne demande de vous que la justice. Vous m'en ferez une que vous me devez, si vous me faites l'honneur de m'aimer toujours autant que vous avez fait autrefois, et si vous croyez que je suis votre, etc. » (Lettre 140.)

Mais il faut avouer, avec l'auteur du *Temple du Goût*, que l'on trouve dans Voiture bien peu de lettres de ce prix, et que tout ce qui est marqué à un si bon coin pourrait, comme il le dit, se réduire à un très-petit nombre de feuillets. A l'égard de Balzac, personne ne le lit aujourd'hui. Ses lettres ne serviraient qu'à former un pédant. On y trouve, à la vérité, du nombre et de l'harmonie prosaïque ; mais c'est précisément cela qu'on ne devrait pas trouver dans ses lettres. C'est le mérite propre des harangues, des oraisons funèbres, de l'histoire, de tout ce qui demande une éloquence d'appareil et un style soutenu.

Qui peut tolérer que Balzac écrive à un cardinal, « qu'il a le sceptre des rois et la livrée des roses, et qu'à Rome on se sauve à la nage au milieu des eaux de senteur ? »

Qui peut ne pas mépriser ces pitoyables hyperboles ? Si les déclamations froides et forcées ont tant servi à décréditer le style de Balzac ; si la contrainte, l'affectation, les jeux de mots, les plaisanteries recherchées, ont fait tant de tort à Voiture, que doit-on penser de ces lettres imaginaires, qui sont sans objet, et qui n'ont jamais été écrites que pour être imprimées ? C'est une entreprise fort ridicule que de faire des lettres comme on fait un roman, de se donner pour un colonel, de parler de son régiment, et de faire des récits d'aventures qu'on n'a jamais eues. Les *Lettres du chevalier d'Her*[1]... n'ont pas seulement ce défaut, mais elles ont encore celui d'être écrites d'un style forcé et tout à fait impertinent. On y obtient des lettres d'état pour sa maîtresse ; on la fait peindre en Iroquoise, mangeant une demi-douzaine de cœurs. Enfin on n'a jamais rien écrit de plus mauvais goût ; et cependant ce style a eu des imitateurs.

Il y a des lettres d'une autre espèce, comme celles de l'*Espion turc*, de Mme Dunoyer ; les *Lettres juives, chinoises, cabalistiques*. On ne se méprend pas à leur titre. On voit bien que ce ne sont pas de véritables lettres, mais un petit artifice usité, soit pour débiter des choses hardies, soit pour écrire des nouvelles vraies ou fausses. Tous ces ouvrages, qui amusent quelque temps la jeunesse crédule et oisive, sont fort méprisés des honnêtes gens. Il en faut excepter les *Lettres per-*

---

1. Par Fontenelle. (ED.)

sanes : elles sont à la vérité une imitation de l'*Espion turc*, mais leur style les distingue fort de leur original. Il est nerveux, hardi, singulier, sentencieux ; et il ne manque à cet ouvrage qu'un sujet plus solide.

On a beaucoup réussi en France dans un autre genre de lettres, moitié vers et moitié prose. Ce sont de véritables lettres écrites en effet à des amis, mais écrites avec délicatesse et avec soin. Telle est la lettre dans laquelle Bachaumont et Chapelle rendent compte de leur voyage ; telles sont quelques-unes du comte Antoine Hamilton, de M. Pavillon.

En voici une écrite par l'auteur de *la Henriade* à un grand roi :

« Les vers que Votre Majesté a faits dans Neiss ressemblent à ceux que Salomon faisait dans sa gloire, quand il disait, après avoir tâté de tout : « Tout n'est que vanité. » Il est vrai que le bonhomme parlait ainsi au milieu de sept cents femmes et de trois cents concubines, le tout sans avoir donné de bataille ni fait de siége. Mais n'en déplaise, sire, à Salomon et à vous, ou bien à vous et à Salomon, il ne laisse pas d'y avoir quelque réalité dans ce monde :

> Conquérir cette Silésie ;
> Revenir couvert de lauriers
> Dans les bras de la poésie ;
> Donner aux belles, aux guerriers,
> Opéra, bal, et comédie ;
> Se voir craint, chéri, respecté,
> Et connaître, au sein de la gloire,
> L'esprit de la société,
> Bonheur si rarement goûté
> Des favoris de la victoire ;
> Savourer avec volupté,
> Dans des moments libres d'affaire,
> Les bons vers de l'antiquité,
> Et quelquefois en daigner faire
> Dignes de la postérité :
> Semblable vie a de quoi plaire ;
> Elle a de la réalité,
> Et le plaisir n'est point chimère.

« Votre Majesté a fait bien des choses en peu de temps. Je suis persuadé qu'il n'y a personne sur la terre plus occupé qu'elle, et plus entraîné dans la variété des affaires de toute espèce. Mais, avec ce génie dévorant qui met tant de choses dans sa sphère d'activité, vous conservez toujours cette supériorité de raison qui vous élève au-dessus de ce que vous êtes et de ce que vous faites.

« Tout ce que je crains, c'est que vous ne veniez à trop mépriser les hommes. Des millions d'animaux sans plumes, à deux pieds, qui peuplent la terre, sont à une distance immense de votre personne par leur âme comme par leur état. Il y a un beau vers de Milton :

> *Amongst unequals no society.*

« Il y a encore un autre malheur ; c'est que Votre Majesté peint si bien les nobles friponneries des politiques, les soins intéressés des courtisans, etc., qu'elle finira par se défier de l'affection des hommes de toute espèce, et qu'elle croira qu'il est démontré en morale qu'on n'aime point un roi pour lui-même. Sire, que je prenne la liberté de faire aussi ma démonstration. N'est-il pas vrai qu'on ne peut pas s'empêcher d'aimer pour lui-même un homme d'un esprit supérieur, qui a bien des talents, et qui joint à tous ces talents-là celui de plaire? Or, s'il arrive que, par malheur, ce génie supérieur soit roi, son État en doit-il empirer, et l'aimera-t-on moins, parce qu'il porte une couronne? Pour moi, je sens que la couronne ne me refroidit point du tout. Je suis, etc. »

Voici une lettre écrite à feu M. le maréchal de Berwick, qui me paraît fort au-dessus de toutes celles de Voiture. J'en ignore l'auteur; mais je peux assurer que j'ai vu à Paris un très-grand nombre d'épîtres dans ce goût : c'est proprement le goût de la nation.

« Vous venez de gagner une bataille [1] complète et glorieuse dans toutes ses circonstances. Vous avez rendu quelques services, par cette victoire, à la couronne d'Espagne. Vous n'avez pas mal fait votre cour au roi votre maître à Versailles; et le roi votre souverain en paraît presque aussi content ici, que si vous l'aviez gagnée aux portes de Londres pour son rétablissement. Je ne sais comment vous vous trouvez de tout cela; mais pour moi, je vous en fais de bon cœur mon compliment. Il est vrai que vous vous portez bien, et que dans une mêlée où vous avez eu le plaisir de vous fourrer bien avant, vous n'avez pu vous faire donner quelque balafre au milieu du visage, ou parvenir à quelque incision cruciale au haut de la tête, et ce n'est pas contentement pour un homme avide de gloire. Je vous conseille pourtant de ne vous en point chagriner, et de prendre le tout en patience.

« J'avais cru, lorsque vous vous fîtes naturaliser en France, que c'était pour mettre à couvert vos biens immenses, en cas d'accident; mais je vois bien que ce n'était que pour pouvoir exterminer sans scrupule tout autant d'Anglais de la princesse Anne qui se trouveraient en votre chemin, et c'est fort bien fait à vous. Cependant, si je n'avais peur de vous mortifier, je vous dirais que, quoiqu'on parle beaucoup de vous ici, on ne laisse pas de parler diversement de votre conduite. Les uns disent que vous êtes trop insolent et que vous faites trop l'entendu à l'égard des ennemis; et les autres assurent que vous ne vous faites pas assez valoir auprès de ceux qui vous veulent du bien et qui vous en peuvent faire. Quoiqu'il n'y ait pas grand mal à tout cela, examinons un peu vos actions depuis que vous êtes dans le service, pour voir si on vous accuse avec raison :

> Lorsqu'à Nervinde on combattit,
> Et que l'Angleterre alarmée
> Eut appris par la renommée
> La disgrâce qu'elle y souffrit,
> Tout son parlement en pâlit;

1. La bataille d'Almanza, 25 avril 1707. (Ed.)

Mais Votre Excellence, animée
Par les dangers et par le bruit,
Par les canons et leur fumée;
Mais plus que tout cela charmée
De voir leur Orange interdit,
Se mit en tête, à ce qu'on dit,
De prendre toute son armée;
Mais ce fut elle qui vous prit, etc. »

LIBERTÉ. — La liberté de l'homme est un problème sur lequel de grands poëtes se sont exercés aussi bien que les théologiens. Qui croirait qu'on trouve dans Pierre Corneille une dissertation assez étendue sur cette matière épineuse? C'est dans sa tragédie d'*OEdipe*.

Il est vrai que le sujet comporte une telle digression; mais il faut avouer aussi que ces morceaux sont presque toujours froidement reçus au théâtre, qui exige une chaleur d'action et de passion presque continuelle. La controverse ne réussit pas beaucoup dans la tragédie; et ce que Corneille fait dire à son OEdipe trouvera peut-être ici mieux sa place, aux yeux d'un lecteur de sang-froid, qu'il ne la trouve au théâtre, où le spectateur veut être ému. Quoi qu'il en soit, voici ce morceau, qui est plein de très-grandes beautés (acte III, sc. v) :

Quoi ! la nécessité des vertus et des vices
D'un astre impérieux doit suivre les caprices;
Et l'homme sur soi-même a si peu de crédit,
Qu'il devient scélérat quand Delphes l'a prédit!
L'âme est donc tout esclave! une loi souveraine
Vers le bien ou le mal incessamment l'entraîne;
Et nous ne recevons ni crainte ni désir
De cette liberté qui n'a rien à choisir !
Attachés sans relâche à cet ordre sublime,
Vertueux sans mérite, et vicieux sans crime,
Qu'on massacre les rois, qu'on brise les autels,
C'est la faute des dieux, et non pas des mortels.
De toute la vertu sur la terre épandue,
Tout le prix à ces dieux, toute la gloire est due.
Ils agissent en nous, quand nous pensons agir.
Alors qu'on délibère on ne fait qu'obéir;
Et notre volonté n'aime, hait, cherche, évite,
Que suivant que d'en haut leur bras la précipite.

Cette tirade a des traits vigoureux et hardis qui s'impriment aisément dans la mémoire, parce qu'il n'y a presque point d'épithètes oiseuses; mais, comme je l'ai déjà dit, de telles beautés sont plus propres à la controverse qu'à la tragédie. Il est bon surtout d'observer que plus ce morceau est raisonné, plus il faudrait qu'il fût exact. OEdipe est un très-mauvais philosophe quand il dit :

Et nous ne recevons ni crainte ni désir
De cette liberté, etc.

Le libre arbitre n'a assurément rien de commun avec le désir et la
crainte. Personne n'a jamais dit que la liberté fût le principe de nos
désirs. Il faut aussi remarquer qu'il n'est pas dans la pureté de style
de dire, l'homme a peu de crédit sur soi. On a du pouvoir sur soi; on
a du crédit auprès de quelqu'un. *Ordre sublime* ne vaut rien. Sublime
veut dire élévation, et ne signifie pas souverain. Un bras qui précipite
une volonté est absolument barbare, et *que suivant que d'en haut* est
d'une dureté et d'une cacophonie insupportable.

Les mêmes idées, à peu près, sur la liberté, se trouvent dans une
épître insérée parmi les Œuvres de M. de Voltaire[1].

> Ah! sans la liberté. . . . .
> D'un artisan suprême impuissantes machines,
> Automates pensants, mus par des mains divines,
> Nous serions à jamais, de mensonge occupés,
> Vils instruments d'un dieu qui nous aurait trompés!
> Comment sans liberté serions-nous ses images?
> Que lui reviendrait-il de ses brutes ouvrages?
> On ne peut donc lui plaire, on ne peut l'offenser;
> Il n'a rien à punir, rien à récompenser.
> Dans les cieux, sur la terre, il n'est plus de justice :
> Caton fut sans vertu, Catilina sans vice.
> Le destin nous entraîne à nos affreux penchants,
> Et ce chaos du monde est fait pour les méchants, etc.

Ce morceau est plus à sa place, et paraît écrit avec plus de soin;
mais il n'est pas plus fort et plus nerveux.

> D'un artisan suprême impuissantes machines,
> Automates pensants, mus par des mains divines.

Ces deux vers-là sont d'un poëte; mais celui-ci est d'un homme plus
pénétré :

> Qu'il devient scélérat quand Delphes l'a prédit.

Il suffisait de quatre vers de cette force dans la bouche d'Œdipe; le
reste ressent trop la déclamation, ce qui était en effet le grand défaut de
Corneille. Ce qu'on a jamais écrit de plus grand et de plus sublime
sur la liberté se trouve au septième chant de *la Henriade* (285-96) :

> Sur un autel de fer, un livre inexplicable
> Contient de l'avenir l'histoire irrévocable.
> La main de l'Éternel y marqua nos désirs,
> Et nos chagrins cruels, et nos faibles plaisirs.
> On voit la liberté, cette esclave si fière,
> Par d'invincibles nœuds en ces lieux prisonnière :
> Sous un joug inconnu, que rien ne peut briser,
> Dieu sait l'assujettir sans la tyranniser;

1. Second des *Discours sur l'homme*. (Éd.)

> A ses suprêmes lois d'autant mieux attachée,
> Que sa chaîne à ses yeux pour jamais est cachée ;
> Qu'en obéissant même, elle agit par son choix,
> Et souvent aux destins pense donner des lois.

Il me semble qu'on ne peut présenter sous une image plus parfaite cet accord inexplicable de la liberté de l'homme et de la prescience de Dieu, et qu'un tel morceau vaut mieux que vingt volumes de controverse sur ces matières inintelligibles.

Un fils de l'illustre Racine a fait un poëme sur *la Grâce*, dans lequel il était bien naturel qu'il parlât de la liberté. Cependant il n'y a aucun trait frappant qui caractérise cet attribut de la nature humaine, que tant de philosophes lui contestent.

Voici le morceau de ce poëme où l'auteur traite de la liberté d'une manière plus particulière :

> Si l'on en croit pourtant un système flatteur,
> Pour le bien et le mal l'homme également libre,
> Conserve, quoi qu'il fasse, un constant équilibre.
> Lorsque, pour l'écarter des lois de son devoir,
> Les passions sur lui redoublent leur pouvoir,
> Aussitôt, balançant le poids de la nature,
> La grâce de ses dons redouble la mesure.
>
> (Ch. III, 194-199.)

Ces vers sont dans le ton didactique de l'ouvrage ; mais ils sont un peu lâches, comme presque tous ceux de cet auteur, qui d'ailleurs est assez pur et correct. C'est dans les ouvrages didactiques qu'il faut peut-être le plus d'imagination, pour nourrir la sécheresse du fond, et pour en varier l'uniformité.

MÉTAPHORE. — La métaphore est la marque d'un génie qui se représente vivement les objets. C'est une comparaison vive et subite qu'il fait des choses qui le touchent, avec les images sensibles que présente la nature. C'est l'effet d'une imagination animée et heureuse. Mais cette figure doit être employée avec ménagement. Cicéron dit : *Verecunda debet esse translatio* (De Oratore, III).

Cette métaphore qu'on trouve, par exemple, dans la tragédie d'*Héraclius*, est trop forte et trop gigantesque (acte I, sc. III) :

> La vapeur de mon sang ira grossir la foudre
> Que Dieu tient déjà prête à le réduire en poudre.

Il n'est pas non plus naturel à Chimène de dire, après la mort de son père (acte IV, sc. II) :

> J'irai, sous mes cyprès, accabler ses lauriers.

Ce n'est pas ainsi que s'exprime la douleur véritable. On a repris aussi, dans la tragédie de *Brutus*, ces vers :

> Sa victoire affaiblit vos remparts désolés ;
> Du sang qui les inonde ils semblent ébranlés.
>
> (Acte I, sc. II.)

C'est une hyperbole; et je crois que l'hyperbole est une figure défectueuse par elle-même, puisque par sa nature elle va toujours au delà du vrai.

Pourquoi approuve-t-on ces vers-ci de *la Mort de César* (acte III, sc. IV) :

> Rome, qui détruit tout, semble enfin se détruire.
> Ce colosse effrayant dont le monde est foulé,
> En pressant l'univers est lui-même ébranlé.
> Il penche vers sa chute, et contre la tempête
> Il demande mon bras pour affermir sa tête.

C'est que la métaphore porte un caractère sensible de vérité, et est parfaitement soutenue. On aime encore celle-ci dans *Zaïre*, parce qu'elle a les mêmes conditions, et qu'elle est touchante :

> Ce bras, qui rend la force aux plus faibles courages,
> Soutiendra ce roseau plié par les orages.
>   (Acte III, sc. IV.)

Il y a une métaphore bien frappante dans *Alzire*, lorsque Alvarès dit à Gusman (acte I, sc. I) :

> Votre hymen est le nœud qui joindra les deux mondes.

C'est un magnifique spectacle à l'esprit qu'une telle idée; et il est très-rare que l'exacte vérité se trouve jointe à tant de grandeur. Cette métaphore est encore belle et bien amenée (*Alzire*, acte I, sc. I) :

> L'Américain farouche est un monstre sauvage
> Qui mord, en frémissant, le frein de l'esclavage.

Les conditions essentielles à la métaphore sont qu'elle soit juste, et qu'elle ne soit pas mêlée avec une autre image qui lui soit étrangère. Rousseau a dit, dans une de ses satires, en parlant d'un homme qu'il veut noircir et rendre ridicule, sous le nom de Midas (*Allég.* ▼) :

> En maçonnant les remparts de son âme,
> *Songea bien* plus au fourreau qu'à la lame.

Outre la bassesse de ces idées, on y découvre aisément le peu de justesse et de rapport qu'elles ont entre elles; car si cette âme a des remparts de maçonnerie, elle ne peut pas être en même temps une épée dans un fourreau. J'avoue que ces disparates révoltent un bon esprit autant que le fiel amer de la satire cause d'indignation. Voici, dans ce même auteur, un exemple d'une faute pareille (*Ép. au comte du Luc*) :

> Vous êtes-vous, seigneur, imaginé,
> Le cœur humain de près examiné,
> En y portant le compas et l'équerre,
> Que l'amitié par l'estime s'acquière?

On sonde les replis du cœur humain, mais on ne le mesure point avec un compas; l'équerre surtout, qui est un instrument de maçon.

est là bien peu convenable. Je ne connais guère d'auteur dont les idées soient moins justes et moins vraies que celles de Rousseau. Il a excellé quelquefois dans le choix des paroles : c'est beaucoup; car c'est une très-grande difficulté vaincue : mais quand ce mérite est sujet à des inégalités, quand il n'est pas soutenu par du sentiment, par des idées toujours exactes, le mérite des mots ne suffit pas, de nos jours, pour constituer un grand écrivain : cela était bon du temps de Malherbe.

On peut quelquefois entasser des métaphores les unes sur les autres; mais alors il faut qu'elles soient bien distinguées, et que l'on voie toujours votre objet représenté sous des images différentes. C'est ainsi que le célèbre Massillon, évêque de Clermont, dit, dans son sermon *du petit nombre des élus :*

« Vous auriez vu dans Isaïe les élus aussi rares que ces grappes de raisin qu'on trouve encore après la vendange, et qui ont échappé à la diligence du vendangeur; aussi rares que ces épis qui restent par hasard après la moisson, et que la faux du moissonneur a épargnés.... Je vous aurais parlé de deux voies, dont l'une est étroite, rude, et la voie d'un très-petit nombre; l'autre, large, spacieuse, semée de fleurs, et qui est comme la voie publique de tous les hommes. »

Aucune de ces images ne nuit à l'autre; au contraire elles se fortifient toutes. Mais cet amas de métaphores doit être employé rarement, et seulement dans les occasions où l'on a besoin de faire sentir des choses importantes. On reconnaît un grand écrivain non-seulement aux figures qu'il met en usage, mais à la sobriété avec laquelle il les emploie.

Les Orientaux ont toujours prodigué la métaphore sans mesure et sans art. On ne voit dans leurs écrits que des collines qui sautent, des fleuves qui sèchent de crainte, des étoiles qui tressaillent de joie. Leur imagination trop vive ne leur a jamais permis d'écrire avec méthode et sagesse; de là vient qu'ils n'ont rien approfondi, et qu'il n'y a pas en Orient un seul bon livre d'histoire et de science. Il semble que dans ces pays on n'ait presque jamais parlé que pour ne pas être entendu. Il n'y a que leurs fables qui aient réussi chez les autres nations. Mais quand on n'excelle que dans des fables, c'est une preuve qu'on n'a que de l'imagination.

OPÉRA. — Comme vous avez le dessein de fréquenter nos spectacles dans votre séjour à Paris, je vous entretiendrai de l'opéra, quoique je ne traite pas expressément, dans cet ouvrage, de la tragédie et de la comédie : ma raison est que l'on a écrit d'excellents traités sur le théâtre tragique et comique, surtout dans les préfaces de nos meilleures pièces; mais on n'a presque rien dit sur l'opéra.

Saint-Évremond s'est épuisé en froides railleries sur ce genre de spectacle. Il veut trouver du ridicule à mettre en chant des passions et des dialogues. Il ne savait pas que les tragédies grecques et romaines étaient chantées; que les scènes avaient une mélodie semblable à notre récitatif, laquelle était composée par un musicien, et que les chœurs étaient exécutés comme les nôtres. Qui ne sait que la musique exprime les passions ? Saint-Évremond, en louant *Sophonisbe* et en blâmant l'opéra, a prouvé qu'il avait peu de goût et l'oreille dure.

Le grand vice de notre opéra, c'est qu'une tragédie ne peut être partout passionnée, qu'il y faut du raisonnement, du détail, des événements préparés ; et que la musique ne peut rendre heureusement ce qui n'est pas animé et ce qui ne va pas au cœur. Ce serait un étrange récitatif que celui qui exprimerait, par exemple, ces vers de la tragédie de *Rodogune* (acte I, sc. 1) :

> Pour le mieux admirer, trouvez bon, je vous prie,
> Que j'apprenne de vous les troubles de Syrie.
> J'en ai vu les premiers, et me souviens encor
> Des malheureux succès du grand roi Nicanor,
> Quand, des Parthes vaincus pressant l'adroite fuite,
> Il tomba dans leurs fers au bout de sa poursuite.
> Je n'ai pas oublié que cet événement
> Du perfide Tryphon fut le soulèvement, etc.

On est donc réduit parmi nous à supprimer, à l'opéra, tous ces détails qui ne sont pas intéressants par eux-mêmes, mais qui contribuent à rendre une pièce intéressante : on n'y parle que d'amour ; et encore cette passion n'a-t-elle jamais, dans ces sortes d'ouvrages, la juste étendue qu'il faut pour toucher et pour faire tout son effet. La déclaration de Phèdre et celle d'Orosmane ne pourraient pas être souffertes sur le théâtre de l'Opéra. Notre récitatif exige une brièveté et une mollesse qui amènent presque nécessairement de la médiocrité. Il n'y a guère qu'*Atys* et *Armide* qui se soient élevés au-dessus de ce genre médiocre. Les scènes entre Oreste et Iphigénie sont très-belles, mais cette supériorité même de ces scènes fait languir le reste de l'opéra.

Souffrirait-on que dans nos spectacles réguliers un amant vînt dire comme dans l'opéra d'*Issé* [1] :

> Que vois-je ? c'est Issé qui repose en ces lieux :
> J'y venais pour plaindre ma peine ;
> Mais mes cris troubleraient son repos précieux.

On voit que l'auteur, pour éviter les détails, rend compte en un vers de la raison qui l'amène sur le théâtre :

> J'y venais pour plaindre ma peine.

Mais cet artifice trop grossier, que les anciens emploient toujours dans leurs tragédies et dans leurs comédies, n'est pas supportable parmi nous.

Thésée, dans l'opéra de ce nom [2], dit à sa maîtresse sans autre préparation : *Je suis fils du roi*. Elle lui répond : *Vous, seigneur ?* Le secret de sa naissance n'est pas autrement expliqué. C'est un défaut essentiel. Et si cette reconnaissance avait été bien préparée et bien

---

1. Par La Motte. (Éd.) — 2. Par Quinault. (Éd.)

ménagée; si tous les détails qui doivent la rendre à la fois vraisemblable et surprenante avaient été employés, le défaut eût été bien plus grand, parce que la musique eût rendu tous ces détails ennuyeux.

Voilà donc un poëme nécessairement défectueux par sa nature. Ajoutez à toutes ces imperfections celle d'être asservi à la stérilité des musiciens, qui ne peuvent exprimer toutes les paroles de notre langue, ainsi que les musiciens d'Italie rendent toutes les paroles italiennes; il faut qu'ils composent de petits airs, sur lesquels le poëte est obligé d'ajouter un certain nombre de paroles oiseuses et plates, qui souvent n'ont aucun rapport direct à la pièce.

> Que nos prairies[1]
> Seront fleuries!
> Les cœurs glacés
> Pour jamais en sont chassés.
> Qu'amour a de charmes!
> Rendons-lui les armes;
> Les plaisirs charmants
> Sont pour les amants.

On ne voit, comme le dit très-bien la jolie comédie du *Double Veuvage*[2], que *de nouvelles ardeurs* et des *ardeurs nouvelles*.

Cette contrainte puérile est encore augmentée par le peu de termes convenables aux musiciens que fournit notre langue. Demandez à un compositeur de mettre en chant : « Que vouliez-vous qu'il fît contre trois? — Qu'il mourût; » ou bien ces vers :

> Si j'avais mis la vie à cet indigne prix,
> Parle, aurais-tu quitté les dieux de ton pays[3]?

Le musicien demandera, au lieu de ces beaux vers, des fleurettes, des amourettes, des ruisseaux, des oiseaux, des charmes, et des alarmes.

Voilà pourquoi, depuis Quinault, il n'y a presque pas eu de tragédie supportable en musique. Les auteurs ont senti l'extrême difficulté de mêler à un sujet grand et pathétique des fêtes galantes, incorporées à l'action, d'éviter les détails nécessaires, et d'être intéressants. Ils se sont presque tous jetés dans un genre encore plus médiocre, qui est celui des ballets.

Ces sortes d'ouvrages n'ont aucune liaison. Chaque acte est composé de peu de scènes; toute action y est comme étranglée : mais la variété du spectacle, et les petites chansonnettes que le musicien fait réussir, et que le parterre répète, amusent le public, qui court à ces représentations sans en faire grand cas. Le premier ballet dans ce goût, qui a servi de modèle aux autres, est celui de *l'Europe galante* d'Houdart de La Motte : car ceux de Quinault étaient encore plus médiocres; son

---

1. *Thésée*. (ÉD.) — 2. Comédie de Du Fresny. (ÉD.) — 3. *Alzire*. (ÉD.)

Temple de la paix, par exemple, n'est qu'un assemblage de chansons, sans aucune action.

Le plus grand mal de ces spectacles, c'est qu'il n'y est presque pas permis d'y rendre la vertu respectable, et d'y mettre de la noblesse; ils sont consacrés aux misérables redites de maximes voluptueuses, que l'on n'oserait débiter ailleurs : la clémence d'Auguste envers Cinna, la magnanimité de Cornélie, ne pourraient y trouver place. Par quel honteux usage faut-il que la musique, qui peut élever l'âme aux grands sentiments, et qui n'était destinée, chez les Grecs et chez les Romains, qu'à célébrer la vertu, ne soit employée parmi nous qu'à chanter des vaudevilles d'amour ! Il est à souhaiter qu'il s'élève quelque génie assez fort pour corriger la nation de cet abus, et pour donner à un spectacle devenu nécessaire la dignité et les mœurs qui lui manquent.

Une seule scène d'amour, heureusement mise en musique et chantée par un acteur applaudi, attire tout Paris, et rend les beautés vraies insipides. Les personnes de la cour ne peuvent plus supporter *Polyeucte*, quand elles sortent d'un ballet où elles ont entendu quelques couplets aisés à retenir. Par là le mauvais goût se fortifie, et on oublie insensiblement ce qui a fait la gloire de la nation. Je le répète encore, il faut que l'opéra soit sur un autre pied, pour ne plus mériter le mépris qu'ont pour lui toutes les nations de l'Europe.

Je crois avoir trouvé ce que je cherchais depuis longtemps dans le cinquième acte de l'opéra de *Samson*[1]. Qu'on examine avec attention les morceaux que j'en vais rapporter :

SAMSON *enchaîné*, GARDES.

Profonds abîmes de la terre,
Enfer, ouvre-toi !
Frappez, tonnerre,
Écrasez-moi !
Mon bras a refusé de servir mon courage ;
Je suis vaincu, je suis dans l'esclavage.
Je ne te verrai plus, flambeau sacré des cieux !
Lumière, tu fuis de mes yeux !
Lumière, brillante image
D'un dieu ton auteur,
Premier ouvrage
Du Créateur ;
Douce lumière !
Nature entière !
Des voiles de la nuit l'impénétrable horreur
Te cache à ma triste paupière.
Profonds abîmes, etc.

UNE PRÊTRESSE DES PHILISTINS.
Tous nos dieux étonnés et cachés dans les cieux,

1. Opéra de Voltaire. (ÉD.)

Ne pouvaient sauver notre empire :
Vénus, avec un sourire,
Nous a rendus victorieux;
Mars a volé, guidé par elle,
Sur son char tout sanglant;
La victoire immortelle
Tirait son glaive étincelant
Contre tout un peuple infidèle;
Et la nuit éternelle
Va dévorer leur chef interdit et tremblant.

UNE AUTRE.

C'est Vénus qui défend aux tempêtes
De gronder sur nos têtes.
Notre ennemi cruel
Entend encor nos fêtes,
Tremble de nos conquêtes
Et tombe à son autel.

LE ROI.

Eh bien! qu'est devenu ce dieu si redoutable
Qui par tes mains devait nous foudroyer?
Une femme a vaincu ce fantôme effroyable,
Et son bras languissant ne peut se déployer.
Il t'abandonne, il cède à ma puissance;
Et tandis qu'en ces lieux j'enchaîne les destins,
Son tonnerre, étouffé dans ses débiles mains,
Se repose dans le silence.

SAMSON.

Grand Dieu! j'ai soutenu cet horrible langage,
Quand il n'offensait qu'un mortel;
On insulte ton nom, ton culte, ton autel,
Lève-toi, venge ton outrage.

CHŒUR DES PHILISTINS.

Tes cris, tes cris, ne sont point entendus,
Malheureux, ton dieu n'est plus.

SAMSON.

Tu peux encore armer cette main malheureuse;
Accorde-moi du moins une mort glorieuse.

LE ROI.

Non, tu dois sentir à longs traits
L'amertume de ton supplice.
Qu'avec toi ton dieu périsse,
Et qu'il soit, comme toi, méprisé pour jamais!

SAMSON.

Tu m'inspires enfin; c'est sur toi que je fonde
Mes superbes desseins;
Tu m'inspires; ton bras seconde
Mes languissantes mains.

LE ROI.

Vil esclave, qu'oses-tu dire?
Prêt à mourir dans les tourments,
Peux-tu bien menacer ce formidable empire
A tes derniers moments?
Qu'on l'immole; il est temps.
Frappez; il faut qu'il expire.

SAMSON.

Arrêtez; je dois vous instruire
Des secrets de mon peuple et du dieu que je sers;
Ce moment doit servir d'exemple à l'univers.

LE ROI.

Parle, apprends-nous tous les crimes,
Livre-nous toutes nos victimes.

SAMSON.

Roi, commande que les Hébreux
Sortent de ta présence et de ce temple affreux.

LE ROI.

Tu seras satisfait.

SAMSON.

La cour qui t'environne,
Tes prêtres, tes guerriers, sont-ils autour de toi?

LE ROI.

Ils y sont tous; explique-toi.

SAMSON.

Suis-je auprès de cette colonne
Qui soutient ce séjour si cher aux Philistins?

LE ROI.

Oui, tu la touches de tes mains.

SAMSON, *ébranlant les colonnes.*

Temple odieux, que tes murs se renversent;
Que tes débris se dispersent
Sur moi, sur ce peuple en fureur!

CHŒUR.

Tout tombe! tout périt! ô ciel! ô dieu vengeur!

SAMSON.

J'ai réparé ma honte, et j'expire en vainqueur.

Que l'on compare à présent la force et l'harmonie d'une telle poésie, avec les vers dont sont remplis les opéras qui ont parmi nous du succès à la faveur de la musique; on y verra :

Zirphé, qui vous voit vous adore.
Quoi! j'aime autant qu'on peut aimer,
Et je n'ai point vu ce que j'aime.

Une sylphide peut aimer;
Mais une mortelle est charmante.

Vous paraissiez charmant; vous traversiez les airs.

Il faudrait rougir pour la nation, si des platitudes si fades ne faisaient mal au cœur à tous les connaisseurs. Qui croirait que dans un opéra de Paris, des plus suivis, on chante :

> Tous les cœurs sont matelots;
> Voguons dessus les flots !

On s'imagine être revenu au temps de Henri II et de Charles IX, quand on entend des puérilités si gothiques. L'excuse de cette misèr est, dit-on, dans la stérilité des musiciens; mais cette excuse est bien malheureuse.

SATIRE (DE LA). Si je suivais mon goût, je ne parlerais de la satire que pour en inspirer quelque horreur, et pour armer la vertu contre ce genre dangereux d'écrire. La satire est presque toujours injuste, et c'est là son moindre défaut. Son principal mérite, qui amorce le lecteur, est la hardiesse qu'elle prend de nommer les personnes qu'elle tourne en ridicule. Bien moins retenue que la comédie, elle n'en a pas les difficultés et les agréments. Otez les noms de Cotin, de Chapelain, de Quinault, et un petit nombre de vers heureux, que restera-t-il aux *Satires* de Boileau? Mais *le Misanthrope*, *le Tartufe*, qui sont des satires encore plus fortes, se soutiennent sans ce triste avantage d'immoler des particuliers à la risée publique. Quand je dis que la satire est injuste, je n'en veux pour preuve que les ouvrages de Boileau. Il veut, dans une de ses premières satires, élever la tragédie d'*Alexandre* de Racine aux dépens de l'*Astrate* de Quinault; deux pièces assez médiocres qui ne sont pas sans quelques beautés. Il dit (sat. III, 185-88) :

> Je ne sais pas pourquoi l'on vante l'Alexandre;
> Ce n'est qu'un glorieux qui ne dit rien de tendre.
> Les héros, chez Quinault, parlent bien autrement,
> Et, jusqu'à : Je vous hais, tout s'y dit tendrement.

Il n'y a rien de plus contraire à la vérité que ce jugement de Boileau. L'*Alexandre* de Racine est très-loin d'être si glorieux. C'est, au contraire, un doucereux qui prétend n'avoir porté la guerre aux Indes que pour y adorer Cléophile; et si on peut appliquer à quelque pièce de théâtre ce vers : *Et jusqu'à : Je vous hais, tout s'y dit tendrement*, c'est assurément à l'*Andromaque* de Racine, dans laquelle Pyrrhus idolâtre Andromaque en lui disant des choses très-dures : mais loin que ce soit un défaut, dans la peinture d'une passion, de dire tendrement *Je vous hais*, c'est au contraire une très-grande beauté. Rien ne caractérise si bien l'amour que les mouvements violents d'un cœur qui croit être parvenu à concevoir de la haine pour un objet qu'il aime avec fureur; et c'est en quoi Quinault a souvent réussi; comme quand il fait dire à Armide (acte I, sc. I) : « Que je le hais, que son mépris m'outrage ! » Ce tour même est si naturel, qu'il est devenu très-commun.

Boileau n'est guère moins condamnable dans la licence qu'il prenait de nommer un citoyen, auquel il en substituait souvent un autre dans une nouvelle édition.

Par exemple, le sieur Brossette nous apprend que Boileau avait parlé ainsi d'un nommé Pelletier (sat. I, 77-78) :

Tandis que Pelletier, crotté jusqu'à l'échine,
S'en va chercher son pain de cuisine en cuisine.

On lui dit que ce Pelletier n'était rien moins qu'un parasite, que c'était un honnête homme très-retiré, qui n'allait jamais manger chez personne. Boileau le raya de la satire ; mais au lieu d'ôter ces vers qui sont du style le plus bas, il les laissa, et mit Colletet à la place de Pelletier, et par là outragea deux hommes au lieu d'un. Il paraît que très-souvent il plaçait ainsi les noms au hasard ; cela seul devrait ôter tout crédit à ses satires.

Il tombait si naturellement dans ce cruel défaut, qu'il avait placé son propre frère Gilles Boileau dans ses satires, d'une manière ignominieuse (sat. IX, 69) :

Vous pourrez voir un temps vos écrits estimés
Courir de main en main par la ville semés,
Puis suivre avec Boileau, ce rebut de notre âge,
Et la Lettre à Costar, et l'Avis à Ménage.

Cette Lettre et cet Avis étaient deux ouvrages de son frère. Il mit à la place :

Puis de là, tout poudreux, ignorés sur la terre,
Suivre, chez l'épicier, Neufgermain et La Serre.

Cette démangeaison de médire ainsi au hasard, et d'attaquer tout indifféremment, devait seule ôter tout crédit à ses *Satires*.

Il a beau s'en excuser ; s'il n'avait pas fait ses belles *Épîtres*, et surtout son *Art poétique*, il aurait une très-mince réputation, et ne serait pas fort au-dessus de Regnier, qui est un homme très-médiocre. Tout le monde sait que l'acharnement contre Quinault est insupportable, et que Despréaux eut en cela d'autant plus de tort, que, quand il voulut faire un prologue d'opéra, pour montrer à Quinault comme il fallait s'y prendre, il fit un ouvrage très-mauvais, et qui n'approchait pas des moindres prologues de ce même Quinault qu'il affectait tant de rabaisser.

La satire ne paraît jamais dans un jour plus odieux que quand elle est lancée contre des personnes qu'on a louées auparavant : cette rétractation n'est une flétrissure humiliante que pour l'auteur. C'est ce qui est arrivé à Rousseau, dans une pièce intitulée *la Palinodie*, qui commence ainsi :

A vous, héros honteux de mes premiers écrits.

Ce vers amphibologique laisse douter si ce n'est pas le héros qui est *honteux* d'avoir été le sujet de ses premiers écrits ; mais le plus grand défaut vient du vice du cœur de l'auteur. S'il n'est pas content des procédés de celui dont il a fait l'éloge, il faut se taire; mais il ne faut pas chanter *la palinodie* et se condamner soi-même. Rien n'est plus avilissant; c'est déceler sa passion, et une passion déshonorante. Il est heureux que cette pièce de Rousseau soit une de ses plus mauvaises.

Les satires en prose étant mille fois plus aisées à faire que celles qui sont rimées, elles ont inondé la république des lettres. Elles ont passé jusque dans la plupart des journaux. Les auteurs, prostituant leur plume vénale à l'avarice de leurs libraires, ont rempli d'invectives et de mensonges presque tous les ouvrages périodiques qui s'impriment en Hollande; et il ne faut lire ces recueils qu'avec une extrême défiance. L'art de l'imprimerie deviendra bientôt un métier infâme et funeste, si on ne met pas ordre à la licence brutale avec laquelle quelques libraires de Hollande impriment les satires les plus scandaleuses, tantôt contre les têtes couronnées, tantôt contre les hommes les plus respectables de l'Europe. J'ai vu quelquefois, dans le pays du Nord, porter des jugements très-désavantageux sur des hommes du premier mérite, qui étaient indignement attaqués dans ces misérables brochures : ni les auteurs, ni les libraires, ne connaissent les gens qu'ils déchirent. C'est un métier, comme de vendre du vin frelaté. Il faut avouer qu'il n'y a guère de métier plus indigne, plus lâche, et plus punissable.

TRADUCTIONS. — La plupart des traducteurs gâtent leur original, ou par une fausse ambition de le surpasser, qui les rend infidèles, ou par une plate exactitude, qui les rend plus infidèles encore.

On dit que Mme de Sévigné les comparait à des domestiques qui vont faire un message de la part de leur maître, et qui disent souvent le contraire de ce qu'on leur a ordonné. Ils ont encore un autre défaut des domestiques; c'est de se croire aussi grands seigneurs que leur maître, surtout quand ce maître est fort ancien; et c'est un plaisir de voir à quel point un traducteur d'une pièce de Sophocle, qu'on ne pourrait pas jouer sur notre théâtre, méprise *Cinna* et *Polyeucte*.

Mais, pour en revenir aux infidélités des traducteurs, j'examinerai le *Virgile* que l'abbé Desfontaines nous a donné en prose. Il était plus obligé qu'un autre de donner une bonne traduction, après la manière insultante et grossière dont il parle de tous ceux qui l'ont précédé. Ouvrons le livre, et voyons s'il fait excuser au moins cette rusticité pédantesque avec laquelle il les traite, et s'il s'acquitte mieux qu'eux de son devoir.

Au premier livre (17-26), Virgile, dans la description de la tempête, s'exprime ainsi :

> *Laxis laterum compagibus omnes*
> *Accipiunt inimicum imbrem, rimisque fatiscunt.*

L'abbé Desfontaines traduit : « Tous les vaisseaux fracassés ... entr'ouverts font eau de toutes parts, et sont près d'être engloutis. »

Virgile n'a pas eu certainement l'inattention de dire qu'un vaisseau fracassé était entr'ouvert. S'il est fracassé, c'est bien pis que de s'entr'ouvrir. Le moins ne se souffre pas après le plus. *Font eau de toutes parts.* Quelle plate expression! rend-elle l'idée de Virgile? *L'onde ennemie est reçue dans les flancs entr'ouverts.* Que ne traduisait-il mot à mot; il eût au moins donné une idée faible, mais vraie de Virgile :

> *Tantane vos generis tenuit fiducia vestri?* (v. 136.)

Quelle confiance audacieuse votre naissance vous inspire?
L'abbé Desfontaines dit : *Race téméraire, qui vous inspire tant d'audace?*
Ce n'est pas là le sens de son auteur.

> *Hic fessas non vincula naves*
> *Ulla tenent, unco non alligat anchora morsu.* (172-73.)

« Dans cette rade, les vaisseaux n'ont besoin ni d'ancres ni de câbles. »

Premièrement, il n'est point ici question d'une rade; il s'agit d'un très-beau port que Virgile peint admirablement; et c'est même, comme on sait, le port de Naples, qu'il se plut à décrire sous le nom du port de Carthage.

Secondement, quelle platitude! *n'ont besoin ni d'ancres ni de câbles.* Virgile dit dans son style, toujours figuré, animé, et métaphorique :

Les vaisseaux fatigués n'y sont retenus ni par des liens, ni par l'ancre recourbée qui mord l'arène.

> *Optata potiuntur Troes arena.* (176.)

Les Troyens jouissent enfin du rivage.
Desfontaines dit : « Les Troyens descendirent avec empressement. »

> *Suscepitque ignem foliis, atque arida circum*
> *Nutrimenta dedit, rapuitque in fomite flammam.* (179-80.)

Cela veut dire : Il reçoit le feu, il lui donne des aliments arides qu'il enflamme.

Voilà des images nobles d'une chose ordinaire. Desfontaines dit : « Par le moyen de quelques feuilles sèches et d'autres matières combustibles, il alluma promptement du feu. » Est-ce là traduire? n'est-ce pas avilir et défigurer son original?

Le moment d'après, il fait dire à Énée : « Vous avez échappé à mille dangers.... c'est en triomphant de mille obstacles, qu'il faut que nous abordions en Italie. »

Ces lâches et fastidieuses expressions, surtout de près, après *mille dangers, mille obstacles,* ne se rencontrent pas certainement dans le texte d'un auteur tel que Virgile.

Illi se prædæ accingunt. Desfontaines dit : « Ils apprêtent le gibier. » Virgile s'est-il servi d'un mot aussi peu poétique dans sa langue, que le terme *gibier* l'est dans la nôtre?

Et jam finis erat, quum Jupiter, etc. « Jupiter, dit-il, pendant ce temps-là, etc. » Virgile a-t-il rien mis qui réponde à cette plate façon de parler, *pendant ce temps-là* ?

Cette belle expression de *populum late regem*, que Virgile donne aux Romains, peuple-roi, est-ce la rendre que de traduire, *Peuple triomphant* ? Que de fautes, que de faiblesse dans les deux premières pages ! Qui voudrait examiner ainsi la traduction entière trouverait que nous n'avons pas même une froide copie de Virgile.

On en peut dire presque autant de la traduction que Dacier a faite des Odes d'Horace; elle est plus fidèle, à la vérité, dans le texte, plus savante et plus instructive dans les notes; mais elle manque de grâce. Elle n'a nulle imagination dans l'expression, et on y cherche en vain ce nombre et cette harmonie que la prose comporte, et qui est au moins une faible image de celle qui a tant de charmes dans la poésie.

Je lisais un jour avec un homme de lettres, d'un goût très-fin et d'un esprit supérieur, cette ode d'Horace, où sont ces beaux vers que tout homme de lettres sait par cœur : *Auream quisquis mediocritatem*. Il fut indigné, comme moi, de la manière dont Dacier traduit cet endroit charmant.

« Ceux qui aiment la liberté plus précieuse que l'or, ils n'ont garde de se loger dans une méchante petite maison, ni aussi dans un palais qui excite l'envie. » Voici à peu près, me dit l'homme que je cite, comme j'aurais voulu traduire ces vers :

> Heureuse médiocrité,
> Préside à mes désirs, préside à ma fortune;
> Écarte loin de moi l'affreuse pauvreté,
> Et d'un sort trop brillant la splendeur importune.

Il est certain qu'on ne devrait traduire les poëtes qu'en vers. Le contraire n'a été soutenu que par ceux qui, n'ayant pas ce talent, tâchaient de le décrier; vain et malheureux artifice d'un orgueil impuissant. J'avoue qu'il n'y a qu'un grand poëte qui soit capable d'un tel travail; et voilà ce que nous n'avons pas encore trouvé. Nous n'avons que quelques petits morceaux, épars çà et là dans des recueils; mais ces essais nous font voir au moins qu'avec du temps, de la peine, et du génie, on peut, parmi nous, traduire heureusement les poëtes en vers. Il faudrait avoir continuellement présente à l'esprit cette belle traduction que Boileau a faite d'un endroit d'Homère :

> L'enfer s'émeut au bruit de Neptune en furie.
> Pluton sort de son trône; il pâlit, il s'écrie;
> Il a peur que ce dieu, dans cet affreux séjour,
> D'un coup de son trident ne fasse entrer le jour, etc.

Mais qu'il serait difficile de traduire ainsi tout Homère ! J'ai vu des traductions de quelques passages du poëme bizarre du *Paradis perdu*, de Milton. M. de Voltaire et M. de Racine le fils ont tous deux mis en vers une apostrophe de Satan au soleil. Je n'examine pas ici l'extraordinaire et le sauvage du fond; je m'en tiens uniquement aux beautés qu'une traduction en vers exige.

M. Racine s'exprime ainsi :

> Toi, dont le front brillant fait pâlir les étoiles,
> Toi qui contrains la nuit à retirer ses voiles,
> Triste image, à mes yeux, de celui qui t'a fait,
> Que ta clarté m'afflige, et que mon cœur te hait!
> Ta splendeur, ô soleil! rappelle à ma mémoire
> Quel éclat fut le mien dans le temps de ma gloire;
> Élevé dans le ciel, près de mon souverain,
> Je m'y voyais comblé des bienfaits que sa main,
> Sans jamais se lasser, versait en abondance.

Voici les vers de M. de Voltaire :

> Toi, sur qui mon tyran prodigue ses bienfaits,
> Soleil, astre de feu, jour heureux que je hais,
> Jour qui fait mon supplice et dont mes yeux s'étonnent,
> Toi qui sembles le dieu des cieux qui t'environnent,
> Devant qui tout éclat disparaît et s'enfuit,
> Qui fais pâlir le front des astres de la nuit;
> Image du Très-Haut, qui régla ta carrière,
> Hélas! j'eusse autrefois éclipsé ta lumière.
> Sur la voûte des cieux élevé plus que toi,
> Le trône où tu t'assieds s'abaissait devant moi.
> Je suis tombé, l'orgueil m'a plongé dans l'abîme.

Il est aisé de voir pourquoi les vers cités les derniers sont au-dessus des autres : c'est qu'ils sont plus remplis d'enthousiasme, de chaleur, et de vie; qu'ils ont plus de nombre et de force; qu'en un mot, ils sont d'un poëte; et ils ont surtout le mérite d'être une traduction plus fidèle.

DU VRAI DANS LES OUVRAGES. — Boileau a dit, après les anciens (ép. IX, 43-44) :

> Le vrai seul est aimable;
> Il doit régner partout, et même dans la fable.

Il a été le premier à observer cette loi qu'il a donnée. Presque tous ses ouvrages respirent ce vrai; c'est-à-dire qu'ils sont une copie fidèle de la nature. Ce vrai doit se trouver dans l'historique, dans le moral, dans la fiction, dans les sentences, dans les descriptions, dans l'allégorie.

Mais Boileau s'est bien écarté de cette règle dans sa satire de l'Équivoque. Comment un homme d'un aussi grand sens que lui s'est-il avisé de faire de l'équivoque la cause de tous les maux de ce monde? N'est-il pas pitoyable de dire qu'Adam désobéit à Dieu par une équivoque? Voici le passage (sat. XII, 56-60) :

> N'est-ce pas toi, voyant le monde à peine éclos,
> Qui, par l'éclat trompeur d'une funeste pomme,
> Et tes mots ambigus, fis croire au premier homme

> Qu'il allait, en goûtant de ce morceau fatal,
> Comblé de tout savoir, à Dieu se rendre égal ?

Voilà de bien mauvais vers ; mais le faux qui y domine les rend plus mauvais encore.

> Tu fus, comme serpent, dans l'arche conservée. (V. 78.)

Cela est encore pis ; l'équivoque avec les animaux, dans l'arche renfermée, comme serpent! Quelle expression, et quelle idée!

> On ne reconnut plus qu'usurpateurs iniques. (V. 121.)

C'est avoir une terrible envie de rendre l'équivoque responsable de tout, que de dire qu'elle a fait les premiers tyrans. En un mot, rien n'est vrai dans cette satire. Aussi c'est sa plus mauvaise, de l'aveu des connaisseurs.

Racine est un homme admirable pour le vrai qui règne dans ses ouvrages. Il n'y a pas, je crois, d'exemple chez lui d'un personnage qui ait un sentiment faux, qui s'exprime d'une manière opposée à sa situation, si vous en exceptez Théramène, gouverneur d'Hippolyte, qui l'encourage ridiculement dans ses froides amours pour Aricie (acte I, sc. I) :

> Vous-même, où seriez-vous, vous qui la combattez,
> Si toujours Antiope, à ses lois opposée,
> D'une pudique ardeur n'eût brûlé pour Thésée?

Il est vrai physiquement qu'Hippolyte ne serait pas au monde sans sa mère : mais il n'est pas dans le vrai des mœurs, dans le caractère d'un gouverneur sage, d'inspirer à son pupille de faire l'amour contre la défense de son père.

Les autres héros qu'il fait parler ne disent pas toujours des choses fortes et sublimes ; mais ils en disent toujours de vraies ; au contraire de Corneille, qui s'égare trop souvent dans un pompeux et vain étalage de déclamations ampoulées et frivoles. Il est si condamnable sur cet article que, si la plupart de ses pièces étaient nouvelles, je ne crois pas que les beautés en rachetassent les défauts, quelque grandes qu'elles puissent être.

C'est pécher contre le vrai, que de peindre Cinna comme un conjuré incertain, entraîné malgré lui dans la conspiration contre Auguste, et de faire ensuite conseiller à Auguste, par ce même Cinna, de garder l'empire pour avoir un prétexte de l'assassiner. Ce trait n'est pas conforme à son caractère. Il n'y a là rien de vrai. Corneille pèche contre cette loi dans des détails innombrables.

Molière est vrai dans tout ce qu'il dit. Tous les sentiments de *la Henriade*, de *Zaïre*, d'*Alzire*, de *Brutus*, portent un caractère de vérité sensible.

Il y a aussi une autre espèce de vrai qu'on recherche dans les ouvrages ; c'est la conformité de ce que dit un auteur, avec son âge, son caractère, son état. Le public n'a jamais bien accueilli des vers tendres, *pour une Iris en l'air*, ni des ouvrages de morale faits par des gens purement beaux esprits, auxquels il est égal de travailler sur des sujets de dévotion et de galanterie. Ces ouvrages sont presque toujours insipides, parce qu'ils ne sont point partis du cœur d'un homme péné- tré. Ce vrai manque trop souvent aux ouvrages de Rousseau.

> Et cherchez bien de Paris jusqu'à Rome,
> Onc ne verrez sot qui soit honnête homme.

Cela n'est pas dans le vrai. Il y a des esprits extrêmement bornés qui ont beaucoup de vertu; et on ne pourra pas dire que Sylla, Ma- rius, tous les chefs des guerres civiles, les Borgia, les Cromwell, et tant d'autres, fussent des imbéciles, des sots.

> Nul n'est, en tout, si bien traité qu'un sot.

Il n'y a rien de si faux que cette maxime. Un sot est peu fêté; et les gens d'esprit, d'un bon caractère, sont l'âme de la société.

> Vous êtes-vous, seigneur, imaginé,
> Le cœur humain de près examiné,
> En y portant le compas et l'équerre,
> Que l'amitié par l'estime s'acquière?

Oui, sans doute; elle commence par l'estime; et c'est se moquer du monde, que de prétendre qu'un homme qui a des talents estima- bles n'ait pas une grande avance pour se faire des amis. Il faut que son caractère les mérite; mais l'estime prépare cette amitié. Il y a même quelque chose de révoltant à supposer que plus on est estima- ble, et moins on sera en état d'avoir l'amitié des honnêtes gens. Ce sentiment absurde est pernicieux; et, en général, il faut remarquer que tout ce qui n'est que paradoxe déplaît aux esprits bien faits.

> Morosophie inventa l'art d'écrire......
> Mille autres arts encor plus détestables
> Furent le fruit de ses soins redoutables.

C'est outrager la vérité et le bon sens, que de venir nous dire que Morosophie, c'est-à-dire, en bon français, la Folie, a inventé un des arts les plus utiles aux hommes; et, quand on songe que c'est un écri- vain qui dit cela, on ne peut s'empêcher de lever les épaules. Il y a cent exemples frappants de ces paradoxes faux et insoutenables dans Rousseau, qu'il faut lire avec une précaution extrême. En un mot, la principale règle pour lire les auteurs avec fruit, c'est d'examiner si ce qu'ils disent est vrai en général; s'il est vrai dans les occasions où ils le disent; s'il est vrai dans la bouche des personnages qu'on fait par- ler; car enfin la vérité est toujours la première beauté, et les autres doivent lui servir d'ornement. C'est la pierre de touche dans toutes les langues et dans tous les genres d'écrire.

LETTRE

DE L'AUTEUR DE LA BROCHURE INTITULÉE : CONNAISSANCE DES BEAUTÉS ET DES DÉFAUTS DE LA POÉSIE ET DE L'ÉLOQUENCE, ETC., A M. RÉMOND DE SAINTE-ALBINE [1].

(1749.)

Monsieur, la délicatesse de votre goût se fait remarquer dans la critique judicieuse que vous faites de la plupart des ouvrages que vous annoncez dans votre livre périodique ; et vous avez acquis, même chez une nation qui ne prodigue pas ses éloges, une réputation à laquelle peu de gens peuvent se flatter de parvenir. J'ai partagé avec tous mes compatriotes, amateurs des belles-lettres, le plaisir qu'ils prennent à lire le *Mercure de France*, depuis que vous présidez à la composition de ce recueil.

Mais je ne puis me refuser de me plaindre de vous à vous-même, de l'idée que vous donnez au public, dans votre volume de ce mois, d'un livre dont malheureusement je suis l'auteur, et qui porte le titre : *Connaissance des beautés et des défauts de la poésie et de l'éloquence dans la langue française*. Je sais que non-seulement la critique doit être libre, mais encore qu'elle est utile dans la république des lettres ; et le fanatisme poétique, dont vous m'accusez, ne m'aveugle pas assez pour me laisser ignorer qu'elle est la mère de l'émulation, et que nous sommes redevables à ses censures des efforts de ces grands et sublimes génies que nous admirons, et que l'on admirera toujours.

Vous pouvez donc, sans m'offenser, blâmer mon raisonnement, ainsi que l'arrangement des matières traitées dans mon livre, et le peu de justesse de mes applications. Cette critique n'attaque point l'auteur, mais seulement l'ouvrage, et vous usez du droit de tous ceux entre les mains desquels il tombera. Mais l'auteur et l'ouvrage ont des intérêts totalement séparés. Le prince des poëtes comiques de votre nation a fait sentir cette distinction, lorsqu'il a fait dire à son *Misanthrope :*

> On peut être honnête homme et faire mal des vers.

Je consens volontiers que vous me refusiez même le sens commun, soit en vers, soit en prose ; mais du moins ne donnez point d'atteinte à ma probité. Ma brochure peut être ridicule, je le veux ; mais ce dont vous m'accusez est un crime dont tout homme d'honneur rougirait ; et si j'ai eu des raisons pour ne pas découvrir mon nom, ce n'était point du tout dans le dessein de faire jouer le rôle d'un fat qui se loue, à

---

1. Rédacteur du *Mercure*. (ÉD.)

un homme digne d'admiration, et aux talents duquel on rend hommage dans tous les endroits du monde où les lettres sont connues.

Je vous crois trop honnête homme, monsieur, pour ne me pas faire la grâce d'insérer ma lettre dans le volume du mois prochain, afin de réparer le tort que vous m'avez pu faire dans l'esprit de tous les honnêtes gens ; et je me flatte qu'elle chassera du vôtre les idées peu avantageuses que des conjectures un peu trop légères y ont fait naître.

Je suis, etc.

D***.

A Londres, ce 15 octobre 1749.

DES MENSONGES IMPRIMÉS,

ET

DU TESTAMENT POLITIQUE

DU CARDINAL DE RICHELIEU.

(1749-1750 [1].)

On peut aujourd'hui diviser les habitants de l'Europe en lecteurs et en auteurs, comme ils ont été divisés pendant sept ou huit siècles en petits tyrans barbares qui portaient un oiseau sur le poing, et en esclaves qui manquaient de tout.

I. Il y a environ deux cent cinquante ans que les hommes se sont ressouvenus petit à petit qu'ils avaient une âme ; chacun veut lire, ou pour fortifier cette âme, ou pour l'orner, ou pour se vanter d'avoir lu. Lorsque les Hollandais s'aperçurent de ce nouveau besoin de l'espèce humaine, ils devinrent les facteurs de nos pensées, comme ils l'étaient de nos vins et de nos sels ; et tel libraire d'Amsterdam, qui ne savait pas lire, gagna un million, parce qu'il y avait quelques Français qui se mêlaient d'écrire. Ces marchands s'informaient, par leurs correspondants, des denrées qui avaient le plus de cours ; et, selon le besoin, ils commandaient à leurs ouvriers des histoires ou des romans, mais principalement des histoires : parce que après tout on ne laisse pas de croire qu'il y a toujours un peu plus de vérité dans ce qu'on appelle *Histoire nouvelle*, *Mémoires historiques*, *Anecdotes*, que dans ce qui est intitulé *Roman*. C'est ainsi que, sur des ordres de marchands de papier et d'encre, leurs metteurs en œuvre composèrent les *Mémoires d'Artagnan*, de *Pontis*, de *Vordac*, de *Rochefort* [2], et tant

1. Malgré la critique de Voltaire, l'authenticité du testament de Richelieu est aujourd'hui avérée. (ED.)

2. Les *Mémoires de M. d'Artagnan*, trois volumes in-12, et les *Mémoires de M. L. C. D. R.* (le comte de Rochefort), 1687, in-12, ont pour auteur Sandras

d'autrés dans lesquels on trouve au long tout ce qu'ont pensé les rois
ou les ministres quand ils étaient seuls, et cent mille actions publiques
dont on n'avait jamais entendu parler. Les jeunes barons allemands,
les palatins polonais, les dames de Stockholm et de Copenhague, lisent
ces livres, et croient y apprendre ce qui s'est passé de plus complet à
la cour de France.

II. Varillas était fort au-dessus des nobles auteurs dont je parle;
mais il se donnait d'assez grandes libertés. Il dit un jour à un homme
qui le voyait embarrassé : « J'ai trois rois à faire parler ensemble; ils
ne se sont jamais vus, et je ne sais comment m'y prendre. — Quoi
donc, dit l'autre, est-ce que vous faites une tragédie? »

III. Tout le monde n'a pas le don de l'invention. On fait imprimer,
in-12, les fables de *l'Histoire ancienne*, qui étaient ci-devant in-folio.
Je crois que l'on peut retrouver dans plus de deux cents auteurs les
mêmes prodiges et les mêmes prédictions faites du temps que l'astrologie était une science. On nous redira peut-être encore que deux juifs,
qui sans doute ne savaient que vendre des vieux habits et rogner de
vieilles espèces, promirent l'empire à Léon l'Isaurien, et exigèrent de
lui qu'il abattît les images des chrétiens quand il serait sur le trône;
comme si un juif se souciait beaucoup que nous eussions ou non des
images.

IV. Je ne désespère pas qu'on ne réimprime que Mahomet II, surnommé *le Grand*, le prince le plus éclairé de son temps, et le rému-
nérateur le plus magnifique des arts, mit tout à feu et à sang dans
Constantinople (qu'il préserva pourtant du pillage), abattit toutes les
églises (dont en effet il conserva la moitié), fit empaler le patriarche,
lui qui rendit à ce même patriarche plus d'honneurs qu'il n'en avait
reçu des empereurs grecs; qu'il fit éventrer quatorze pages, pour savoir qui d'eux avait mangé un melon, et qu'il coupa la tête à sa maîtresse pour réjouir ses janissaires. Ces histoires, dignes de *Robert le
Diable* et de *Barbe-Bleue*, sont vendues tous les jours avec approbation et privilége.

V. Des esprits plus profonds ont imaginé une manière de mentir. Ils
se sont établis héritiers de tous les grands ministres, et se sont empa-
rés de tous les *testaments*. Nous avons vu les *Testaments* des *Colbert*
et des *Louvois*[1], donnés comme des pièces authentiques par des politiques raffinés qui n'étaient jamais entrés seulement dans l'antichambre d'un bureau de la guerre ni des finances. Le *Testament du cardinal de Richelieu*, fait par une main un peu moins inhabile, a eu plus
de fortune, et l'imposture a duré très-longtemps. C'est un plaisir surtout de voir dans les recueils de harangues quels éloges on a prodigués
à l'*admirable* testament de cet *incomparable* cardinal : on y trouvait

de Courtilz : ce ne sont que des romans. Les *Mémoires du sieur de Pontis*,
1678, deux volumes in-12, ont été rédigés par P. Thomas Dufossé. Quant aux
Mémoires du comte de Vordac, 1730, deux volumes in-12, on sait que le premier
volume est de l'abbé Cavard, ex-jésuite; et le second, de l'abbé Olivier, ex-
cordelier, auteur de *Roselli*, ou *l'Infortuné Napolitain*. (*Note de M. Beuchot*.)
1. Par Sandras de Courtilz. (ÉD.)

toute la profondeur de son génie; et un imbécile qui l'avait bien lu, et qui en avait même fait quelques extraits, se croyait capable de gouverner le monde. On n'a pas été moins trompé au *Testament de Charles V*, duc de Lorraine : on a cru y reconnaître l'esprit de ce prince; mais ceux qui étaient au fait y reconnurent l'esprit de M. de Chévremont, qui le composa [1].

VI. Après ces faiseurs de *Testaments* viennent les auteurs d'*Anecdotes*. Nous avons une petite histoire imprimée en 1700, de la façon d'une demoiselle Durand, personne fort instruite, qui porte pour titre : *Histoire des Amours de Grégoire VII, du cardinal de Richelieu, de la princesse de Condé, et de la marquise d'Urfé*. J'ai lu, il y a quelques années, les *Amours du R. P. La Chaise*, confesseur de Louis XIV.

VII. Une très-honorable dame [2], réfugiée à la Haye, composa, au commencement de ce siècle, six gros volumes de lettres d'une dame de qualité de province, et d'une dame de qualité de Paris, qui se mandaient familièrement les nouvelles du temps. Or, dans ces nouvelles du temps, je puis assurer qu'il n'y en a pas une de véritable. Toutes les prétendues aventures du chevalier de Bouillon, connu depuis sous le nom de *prince d'Auvergne*, y sont rapportées avec toutes leurs circonstances. J'eus la curiosité de demander un jour à M. le chevalier de Bouillon s'il y avait quelque fondement dans ce que Mme Dunoyer avait écrit sur son compte. Il me jura que tout était un tissu de faussetés. Cette dame avait ramassé les sottises du peuple, et dans les pays étrangers elles passaient pour l'histoire de la cour.

VIII. Quelquefois les auteurs de pareils ouvrages font plus de mal qu'ils ne pensent. Il y a quelques années qu'un homme de ma connaissance, ne sachant que faire, imprima un petit livre, dans lequel il disait qu'une personne célèbre avait péri par le plus horrible des assassinats; j'avais été témoin du contraire. Je représentai à l'auteur combien les lois divines et humaines l'obligeaient à se rétracter; il me le promit : mais l'effet de son livre dure encore, et j'ai vu cette calomnie répétée dans de prétendues histoires du siècle.

IX. Il vient de paraître un ouvrage politique à Londres, la ville de l'univers où l'on débite les plus mauvaises nouvelles, et les plus mauvais raisonnements sur les nouvelles les plus fausses. « Tout le monde sait, dit l'auteur, page 17, que l'empereur Charles VI est mort empoisonné dans de l'*aqua toffana*; on sait que c'est un Espagnol qui était son page favori, et auquel il a fait un legs par son testament, qui lui donna le poison. Les magistrats de Milan qui ont reçu les dépositions de ce page quelque temps avant sa mort, et qui les ont envoyées à Vienne, peuvent nous apprendre quels ont été ses instigateurs et ses complices, et je souhaite que la cour de Vienne nous instruise bientôt des circonstances de cet horrible crime. » Je crois que la cour de Vienne fera attendre longtemps les instructions qu'on lui demande sur

1. Le *Testament politique de Charles V*, 1696, est de Henri de Straatman L'abbé de Chévremont n'en fut que l'éditeur. (*Note de M. Beuchot.*)
2. La Dunoyer.

cette chimère. Ces calomnies toujours renouvelées me font ressouvenir de ces vers[1] :

> Vos oisifs courtisans, que les chagrins dévorent,
> S'efforcent d'obscurcir les astres qu'ils adorent.
> Là, si vous en croyez leur coup d'œil pénétrant,
> Tout ministre est un traître, et tout prince un tyran;
> L'hymen n'est entouré que de feux adultères;
> Le frère à ses rivaux est vendu par ses frères;
> Et sitôt qu'un grand roi penche sur son déclin,
> Ou son fils ou sa femme ont hâté son destin...
> Qui croit toujours le crime en paraît trop capable.

Voilà comment sont écrites les histoires prétendues du siècle.

X. La guerre de 1702 et celle de 1741 ont produit autant de mensonges dans les livres qu'elles ont fait périr de soldats dans les campagnes; on a redit cent fois, et on redit encore, que le ministère de Versailles avait fabriqué le testament de Charles II, roi d'Espagne.

XI. Des anecdoctes nous apprennent que le dernier maréchal de La Feuillade manqua exprès Turin, et perdit sa réputation, sa fortune et son armée, par un grand trait de courtisan; d'autres nous certifient qu'un ministre fit perdre une bataille par politique.

XII. On vient de réimprimer dans les *Transactions de l'Europe* qu'à la bataille de Fontenoi nous chargions nos canons avec de gros morceaux de verre et de métaux venimeux; que le général Campbell ayant été tué d'une de ces volées empoisonnées, le duc de Cumberland envoya au roi de France, dans un coffre, le verre et les métaux qu'on avait trouvés dans sa plaie; qu'il mit dans ce coffre une lettre, dans laquelle il disait au roi *que les nations les plus barbares ne s'étaient jamais servies de pareilles armes*, et que le roi frémit à la lecture de cette lettre. Il n'y a nulle ombre de vérité ni de vraisemblance à tout cela. On ajoute à ces absurdes mensonges que nous avons massacré de sang-froid les Anglais blessés qui restèrent sur le champ de bataille, tandis qu'il est prouvé, par les registres de nos hôpitaux, que nous eûmes soin d'eux comme de nos propres soldats. Ces indignes impostures prennent crédit dans plusieurs provinces de l'Europe, et servent d'aliment à la haine des nations.

XIII. Combien de mémoires secrets, d'histoires de campagnes, de journaux de toutes les façons, dont les préfaces annoncent l'impartialité la plus équitable et les connaissances les plus parfaites! On dirait que ces ouvrages sont faits par des plénipotentiaires à qui les ministres de tous les États et les généraux de toutes les armées ont remis leurs mémoires. Entrez chez un de ces plénipotentiaires, vous trouverez un pauvre scribe en robe de chambre et en bonnet de nuit, sans meubles et sans feu, qui compile et qui altère des gazettes. Quelquefois ces messieurs prennent une puissance sous leur protection; on sait le conte

---

1. Vers d'*Ériphyle*, tragédie de l'auteur, qui ne fut imprimée qu'après sa mort. (ÉD.)

qu'on a fait d'un de ces écrivains, qui, à la fin d'une guerre, demanda une récompense à l'empereur Léopold pour lui avoir entretenu, sur le Rhin, une armée complète de cinquante mille hommes pendant cinq ans. Ils déclarent aussi la guerre, et font des actes d'hostilité; mais ils risquent d'être traités en ennemis. Un d'eux, nommé Dubourg, qui tenait son bureau dans Francfort, y fut malheureusement arrêté par un officier de notre armée, en 1748, et conduit au Mont-Saint-Michel dans une cage. Mais cet exemple n'a pas refroidi le magnanime courage de ses confrères.

XIV. Une des plus nobles supercheries et des plus ordinaires, est celle des écrivains qui se transforment en ministres d'État et en seigneurs de la cour du pays dont ils parlent. On nous a donné une grande histoire de Louis XIV, écrite sur les mémoires d'un ministre d'État. Ce ministre était un jésuite chassé de son ordre, qui s'était réfugié en Hollande, sous le nom de La Hode, qui s'est fait ensuite secrétaire d'État de France en Hollande pour avoir du pain.

XV. Comme il faut toujours imiter les bons modèles, et que le chancelier Clarendon et le cardinal de Retz ont fait des portraits des principaux personnages avec lesquels ils avaient traité, on ne doit pas s'étonner que les écrivains d'aujourd'hui, quand ils se mettent aux gages d'un libraire, commencent par donner tout au long des portraits fidèles des princes de l'Europe, des ministres, et des généraux, dont ils n'ont jamais vu passer la livrée. Un auteur anglais, dans les *Annales de l'Europe*, imprimées et réimprimées, nous assure que Louis XV *n'a pas cet air de grandeur qui annonce un roi.* Cet homme assurément est difficile en physionomie; mais en récompense il dit que le cardinal de Fleury avait l'air d'une noble confiance.

XVI. Il est aussi exact sur les caractères et sur les faits que sur les figures; il instruit l'Europe que le cardinal de Fleury donna son titre de premier ministre (qu'il n'a jamais eu) à M. le comte de Toulouse. Il nous apprend que l'on n'envoya l'armée du maréchal de Maillebois en Bohême que parce qu'une demoiselle de la cour avait laissé une lettre sur sa table, et que cette lettre fit connaître la situation des affaires; il dit que le comte d'Argenson succéda dans le ministère de la guerre à M. Amelot. Je crois que, si on voulait rassembler tous les livres écrits dans ce goût, pour se mettre un peu au fait des anecdotes de l'Europe, on ferait une bibliothèque immense dans laquelle il n'y aurait pas dix pages de vérité.

XVII. Une autre partie considérable du commerce du papier imprimé est celle des livres qu'on a appelés *Polémiques* par excellence, c'est-à-dire de ceux dans lesquels on dit des injures à son prochain pour gagner de l'argent. Je ne parle pas des factums des avocats, qui ont le noble droit de décrier tant qu'ils peuvent la partie adverse, et de diffamer loyalement des familles; je parle de ceux qui, en Angleterre, par exemple, excités par un amour ardent de la patrie, écrivent contre le ministère des philippiques de Démosthène dans leurs greniers. Ces pièces se vendent deux sous la feuille; on en tire quelquefois quatre mille exemplaires, et cela fait toujours vivre un citoyen éloquent un mois ou deux. J'ai ouï conter à M. le chevalier Walpole, qu'un jour un de ces Démosthènes à deux sous par feuille, n'ayant point encore pris de parti dans les différends du parlement, vint lui offrir sa plume pour écraser tous ses ennemis; le ministre le remercia poliment de son zèle, et n'accepta point ses services. « Vous trouverez donc bon, lui dit l'écrivain, que j'aille offrir mon secours à votre antagoniste M. Pulteney. » Il y alla aussitôt, et fut éconduit de même. Alors il se déclara contre l'un et l'autre; il écrivait le lundi contre M. Walpole, et le mercredi contre M. Pulteney. Mais, après avoir subsisté honorablement les premières semaines, il finit par demander l'aumône à leurs portes.

XVIII. Le célèbre Pope fut traité de son temps comme un ministre; sa réputation fit juger à beaucoup de gens de lettres qu'il y aurait quelque chose à gagner avec lui. On imprima à son sujet, pour l'honneur de la littérature, et pour avancer les progrès de l'esprit humain, plus de cent libelles, dans lesquels on lui prouvait qu'il était athée, et (ce qui est plus fort en Angleterre) on lui reprocha d'être catholique. On assura, quand il donna sa traduction d'Homère, qu'il n'entendait point le grec, parce qu'il était puant et bossu. Il est vrai qu'il était bossu; mais cela n'empêchait pas qu'il ne sût très-bien le grec, et que sa traduction d'Homère ne fût fort bonne. On calomnia ses mœurs, son éducation, sa naissance; on s'attaqua à son père et à sa mère. Ces libelles n'avaient point de fin. Pope eut quelquefois la faiblesse de répondre; cela grossit la nuée des libelles. Enfin il prit le parti de faire imprimer lui-même un petit abrégé de toutes ces belles pièces. Ce fut un coup mortel pour les écrivains, qui jusque-là avaient vécu assez honnêtement des injures qu'ils lui disaient; on cessa de les lire, et on s'en tint à l'abrégé; ils ne s'en relevèrent pas.

XIX. J'ai été tenté d'avoir beaucoup de vanité, quand j'ai vu que nos grands écrivains en usaient avec moi comme on en avait agi avec Pope. Je puis dire que j'ai valu des honoraires assez passables à plus d'un auteur. J'avais, je ne sais comment, rendu à l'illustre abbé Desfontaines un léger service; mais, comme ce service ne lui donnait pas de quoi vivre, il se mit d'abord un peu à son aise au sortir de la maison dont je l'avais tiré, par une douzaine de libelles contre moi, qu'il ne fit, à la vérité, que pour l'honneur des lettres et par un excès de zèle pour le bon goût. Il fit imprimer *la Henriade*, dans laquelle il inséra des vers de sa façon; et ensuite il critiqua ces mêmes vers qu'il avait faits. J'ai soigneusement conservé une lettre que m'écrivit un jour un auteur [1] de cette trempe: « Monsieur, j'ai fait imprimer un libelle contre vous; il y en a quatre cents exemplaires; si vous voulez m'envoyer quatre cents livres, je vous remettrai tous les exemplaires fidèlement. » Je lui mandai que je me donnerais bien de garde d'abuser de sa bonté; que ce serait un marché trop désavantageux pour lui, et que le débit de son livre lui vaudrait beaucoup davantage. Je n'eus pas lieu de me repentir de ma générosité.

XX. Il est bon d'encourager les gens de lettres inconnus qui ne sa-

_____
1. La Jonchère. (ÉD.)

vent où donner de la tête. Une des plus charitables actions qu'on puisse faire en leur faveur est de donner une tragédie au public. Tout aussitôt vous voyez éclore des *Lettres à des dames de qualité; Critique impartiale de la pièce nouvelle; Lettre d'un ami à un ami; Examen réfléchi; Examen par scènes;* et tout cela ne laisse pas de se vendre.

XXI. Mais le plus sûr secret pour un honnête libraire, c'est d'avoir soin de mettre à la fin des ouvrages qu'il imprime toutes les horreurs et toutes les bêtises qu'on a imprimées contre l'auteur. Rien n'est plus propre à piquer la curiosité du lecteur et à favoriser le débit. Je me souviens que parmi les détestables éditions qu'on a faites, en Hollande, de mes prétendus ouvrages, un éditeur habile d'Amsterdam, voulant faire tomber une édition de la Haye, s'avisa d'ajouter à la sienne un recueil de tout ce qu'il avait pu ramasser contre moi. Les premiers mots de ce recueil disaient *que j'étais un chien rogneux.* Je trouvai ce livre à Magdebourg entre les mains du maître de la poste, qui ne cessait de me dire combien il trouvait ce petit morceau éloquent. En dernier lieu, deux libraires d'Amsterdam, pleins de probité, après avoir défiguré tant qu'ils avaient pu *la Henriade* et mes autres pièces, me firent l'honneur de m'écrire que, si je permettais qu'on fît à Dresde une meilleure édition de mes ouvrages, qu'on avait entreprise alors, ils seraient obligés en conscience d'imprimer contre moi un volume d'injures atroces, avec le plus beau papier, la plus grande marge, et le meilleur caractère qu'ils pourraient. Ils m'ont tenu fidèlement parole. C'est bien dommage que de si beaux recueils soient anéantis dans l'oubli : autrefois, quand il y avait huit ou neuf cent mille volumes de moins dans l'Europe, des injures portaient coup. On lisait avidement dans Scaliger : « Le cardinal Bellarmin est athée, le R. P. Clavius est un ivrogne, le R. P. Coton s'est donné au diable. » Les savants illustres se traitaient réciproquement de *chien,* de *veau,* de *menteur* et de *sodomite.* Tout cela s'imprimait avec la permission des supérieurs. C'était le bon temps. Mais tout dégénère.

XXII. On n'a dit que peu de choses sur les mensonges imprimés dont la terre est inondée : il serait facile de faire sur ce sujet un gros volume; mais on sait qu'il ne faut pas faire tout ce qui est facile. On donnera ici seulement quelques règles générales, pour précautionner les hommes contre cette multitude de livres qui ont transmis les erreurs de siècle en siècle.

On s'effraye à la vue d'une bibliothèque nombreuse; on se dit : « Il est triste d'être condamné à ignorer presque tout ce qu'elle contient. » Consolez-vous, il y a peu à regretter. Voyez ces quatre ou cinq mille volumes de la physique ancienne : tout en est faux jusqu'au temps de Galilée; voyez les histoires de tant de peuples : leurs premiers siècles sont des fables absurdes. Après les temps fabuleux viennent ce qu'on appelle *les temps héroïques :* les premiers ressemblent aux *Mille et une Nuits,* où rien n'est vrai; les seconds, aux romans de chevalerie, où il n'y a de vrai que quelques noms et quelques époques.

XXIII. Voilà déjà bien des milliers d'années et de livres à ignorer, et de quoi mettre l'esprit à l'aise. Viennent enfin les temps historiques

où le fond des choses est vrai, et où la plupart des circonstances **sont**
des mensonges. Mais parmi ces mensonges n'y a-t-il pas quelques vérités? Oui, mais comme il se trouve un peu de poudre d'or dans les
sables que les fleuves roulent. On demandera ici le moyen de recueillir
cet or ; le voici : Tout ce qui n'est conforme ni à la physique, ni à la
raison, ni à la trempe du cœur humain, n'est que du sable; le reste,
qui sera attesté par des contemporains sages, c'est la poudre d'or, que
vous cherchez.

XXIV. Hérodote raconte à la Grèce assemblée l'histoire des peuples
voisins : les gens sensés rient quand il parle des prédictions d'Apollon
et des fables de l'Égypte et de l'Assyrie; il ne les croyait pas lui-même :
tout ce qu'il tient des prêtres de l'Égypte est faux; tout ce qu'il a vu a
été confirmé. Il faut sans doute s'en rapporter à lui quand il dit aux
Grecs qui l'écoutent : « Il y a dans les trésors des Corinthiens un lion
d'or, du poids de trois cent soixante livres, qui est un présent de Crésus : on voit encore la cuve d'or et celle d'argent qu'il donna au temple
de Delphes; celle d'or pèse environ cinq cents livres; celle d'argent
contient environ deux mille quatre cents pintes. » Quelle que soit une
telle magnificence, quelque supérieure qu'elle soit à celle que nous
connaissons, on ne peut la révoquer en doute. Hérodote parlait d'un
fait dont il y avait plus de cent mille témoins : ce fait d'ailleurs est
très-important, parce qu'il prouve que, dans l'Asie Mineure, du temps
de Crésus, il y avait plus de magnificence qu'on n'en voit aujourd'hui ;
et cette magnificence, qui ne peut être que le fruit d'un grand nombre
de siècles, prouve une haute antiquité dont il ne reste nulle connaissance. Les prodigieux monuments qu'Hérodote avait vus en Égypte et
à Babylone sont encore des choses incontestables.

XXV. Il n'en est pas ainsi des solennités établies pour célébrer un
événement : la plupart des mauvais raisonneurs disent : « Voilà une cérémonie qui est observée de temps immémorial, donc l'aventure qu'elle
célèbre est vraie; » mais les philosophes disent souvent : *Donc l'aventure
est fausse.*

XXVI. Les Grecs célébraient les jeux pythiens, en mémoire du serpent Python, que jamais Apollon n'avait tué; les Egyptiens célébraient
l'admission d'Hercule au rang des douze grands dieux; mais il n'y a
guère d'apparence que cet Hercule d'Égypte ait existé dix-sept mille
ans avant le règne d'Amasis, ainsi qu'il était dit dans les hymnes qu'on
lui chantait. La Grèce assigna neuf étoiles dans le ciel au marsouin
qui porta Arion sur son dos : les Romains célébraient, en février, cette
belle aventure. Les prêtres Saliens portaient en cérémonie, le 1er de
mars, les boucliers sacrés qui étaient tombés du ciel, quand Numa,
ayant enchaîné Faunus et Picus, eut appris d'eux le secret de détourner la foudre. En un mot, il n'y a jamais eu de peuple qui n'ait solen-
nisé, par des cérémonies, les plus absurdes imaginations.

XXVII. Quant aux mœurs des peuples barbares, tout ce qu'un témoin
oculaire et sage me rapportera de plus bizarre, de plus infâme, de plus
superstitieux, de plus abominable, je serai très-porté à le croire de la
nature humaine. Hérodote affirme devant toute la Grèce que, dans ces

pays immenses qui sont au delà du Danube, les hommes faisaient consister leur gloire à boire dans des crânes humains le sang de leurs ennemis, et à se vêtir de leur peau. Les Grecs, qui trafiquaient avec ces barbares, auraient démenti Hérodote s'il avait exagéré. Il est constant que plus des trois quarts des habitants de la terre ont vécu très-longtemps comme des bêtes féroces : ils sont nés tels. Ce sont des singes que l'éducation fait danser, et des ours qu'elle enchaîne. Ce que le czar Pierre le Grand a trouvé encore à faire de nos jours dans une partie de ses États est une preuve de ce que j'avance, et rend croyable ce qu'Hérodote a rapporté.

XXVIII. Après Hérodote, le fond des histoires est beaucoup plus vrai; les faits sont plus détaillés; mais autant de détails, souvent autant de mensonges. Ajouterai-je foi à l'historien Josèphe, quand il me dit que le moindre bourg de la Galilée renfermait quinze mille habitants? Non, je dirai qu'il a exagéré; il a cru faire honneur à sa patrie, il l'a avilie. Quelle honte pour ce nombre prodigieux de Juifs, d'avoir été si aisément subjugués par une petite armée romaine!

XXIX. La plupart des historiens sont comme Homère : ils chantent des combats; mais dans ce nombre horrible de batailles, il n'y a guère que la retraite des dix mille de Xénophon, la bataille de Scipion contre Annibal, à Zama, décrite par Polybe, celle de Pharsale racontée par le vainqueur, où le lecteur puisse s'éclairer et s'instruire : partout ailleurs je vois que des hommes se sont mutuellement égorgés, et rien de plus.

XXX. On peut croire toutes les horreurs où l'ambition a porté les princes, et toutes les sottises où la superstition a plongé les peuples : mais comment les historiens ont-ils été assez peuple pour admettre comme des prodiges surnaturels les fourberies que des conquérants ont imaginées, et que les nations ont adoptées?

Les Algériens croient fermement qu'Alger fut sauvée par un miracle, lorsque Charles-Quint vint l'assiéger. Ils disent qu'un de leurs saints frappa la mer, et excita la tempête qui fit périr la moitié de la flotte de l'empereur.

XXXI. Que d'historiens parmi nous ont écrit en Algériens! Que de miracles ils ont prodigués et contre les Turcs et contre les hérétiques! Ils ont souvent traité l'histoire comme Homère traite le siége de Troie. Il intéresse toutes les puissances du ciel à la conservation ou à la perte d'une ville. Mais des hommes qui font profession de dire la vérité peuvent-ils imaginer que Dieu prenne parti pour un petit peuple qui combat contre un autre petit peuple dans un coin de notre hémisphère?

XXXII. Personne ne respecte plus que moi saint François-Xavier : c'était un Espagnol animé d'un zèle intrépide; c'était le Fernand Cortès de la religion; mais on aurait dû peut-être ne pas assurer dans l'histoire de sa vie que ce grand homme existait à la fois en deux endroits différents.

Si quelqu'un peut prétendre au don de faire des miracles, ce sont ceux qui vont au bout du monde porter leur charité et leur doctrine; mais je voudrais que leurs miracles fussent un peu moins fréquents;

qu'ils eussent ressuscité moins de morts; qu'ils eussent moins souvent
converti et baptisé des milliers d'Orientaux en un jour. Il est beau de
prêcher la vérité dans un pays étranger, dès qu'on y est arrivé; il est
beau de parler avec éloquence, et de toucher le cœur dans une langue
qu'on ne peut apprendre qu'en beaucoup d'années, et qu'on ne peut
jamais prononcer que d'une manière ridicule : mais ces prodiges doivent être ménagés; et le merveilleux, quand il est prodigué, trouve
trop d'incrédules.

XXXIII. C'est surtout dans les voyageurs qu'on trouve le plus de
mensonges imprimés. Je ne parle pas de Paul Lucas, qui a vu le démon Asmodée dans la Haute-Égypte; je ne parle que de ceux qui nous
trompent en disant vrai, qui ont vu une chose extraordinaire dans une
nation, et qui la prennent pour une coutume; qui ont vu un abus, et
qui le donnent pour une loi. Ils ressemblent à cet Allemand qui ayant
eu une petite difficulté à Blois avec son hôtesse, laquelle avait les
cheveux un peu trop blonds, mit sur son album : « *Nota bene*, toutes
les dames de Blois sont rousses et acariâtres. »

XXXIV. Ce qu'il y a de pis, c'est que la plupart de ceux qui écrivent
sur le gouvernement tirent souvent de ces voyageurs trompés des
exemples pour tromper encore les hommes. L'empereur turc se sera
emparé des trésors de quelques bachas nés esclaves dans son sérail, et il aura fait à la famille du mort la part qu'il aura voulu : donc
la loi de Turquie porte que le Grand-Turc hérite des biens de tous ses
sujets : il est monarque; donc il est despotique dans le sens le plus
horrible et le plus humiliant pour l'humanité. Ce gouvernement turc,
dans lequel il n'est pas permis à l'empereur de s'éloigner longtemps
de la capitale, de changer les lois, de toucher à la monnaie, etc.,
sera représenté comme un établissement dans lequel le chef de l'État
peut du matin au soir tuer et voler loyalement tout ce qu'il veut. *L'Alcoran* dit qu'il est permis d'épouser quatre femmes à la fois; donc tous
les merciers et tous les drapiers de Constantinople ont chacun quatre
femmes, comme s'il était si aisé de les avoir et de les garder. Quelques
personages considérables ont des sérails; de là on conclut que tous les
musulmans sont autant de Sardanapales : c'est ainsi qu'on juge de tout.
Un Turc qui aurait passé dans une certaine capitale, et qui aurait vu
un *auto-da-fé*, ne laisserait pas de se tromper s'il disait : « Il y a un
pays policé où l'on brûle quelquefois en cérémonie une vingtaine
d'hommes, de femmes, et de petits garçons, pour le divertissement
de Leurs gracieuses Majestés. » La plupart des relations sont faites dans
ce goût-là; c'est bien pis quand elles sont pleines de prodiges : il faut
être en garde contre les livres, plus que les juges ne le sont contre les
avocats.

XXXV. Il y a encore une grande source d'erreurs publiques parmi
nous, et qui est particulière à notre nation : c'est le goût des vaudevilles; on en fait sur les hommes les plus respectables; et on entend
tous les jours calomnier les vivants et les morts sur ces beaux fondements : « Ce fait, dit-on, est vrai, c'est une chanson qui l'atteste. »

XXXVI. N'oublions pas au nombre des mensonges la fureur des allégories. Quand on eut trouvé[1] les fragments de Pétrone, auxquels Nodot a depuis[2] joint hardiment les siens, tous les savants prirent le consul Pétrone pour l'auteur de ce livre. Ils voient clairement Néron et toute sa cour dans une troupe de jeunes écoliers fripons qui sont les héros de cet ouvrage. On fut trompé, et on l'est encore par le nom. Il faut absolument que le débauché obscur et bas qui écrivit cette satire, plus infâme qu'ingénieuse, ait été le consul Titus Pétronius; il faut que Trimalcion, ce vieillard absurde, ce financier au-dessous de Turcaret, soit le jeune empereur Néron; il faut que sa dégoûtante et méprisable épouse soit la belle Acté; que le pédant, le grossier Agamemnon, soit le philosophe Sénèque : c'est chercher à trouver toute la cour de Louis XIV dans Gusman d'Alfarache, ou dans Gil Blas. Mais, me dira-t-on, que gagnerez-vous à détromper les hommes sur ces bagatelles? Je ne gagnerai rien, sans doute; mais il faut s'accoutumer à chercher le vrai dans les plus petites choses; sans cela, on est bien trompé dans les grandes.

RAISONS

DE CROIRE QUE LE LIVRE INTITULÉ :

TESTAMENT POLITIQUE DU CARDINAL DE RICHELIEU

EST UN OUVRAGE SUPPOSÉ.

Mon zèle pour la vérité, mon emploi d'historiographe de France, qui m'oblige à des recherches historiques; mes sentiments de citoyen; mon respect pour la mémoire du fondateur d'un corps dont je suis membre; mon attachement aux héritiers de son nom et de son mérite : voilà mes motifs pour chercher à détromper ceux qui attribuent au cardinal de Richelieu un livre qui m'a paru n'être ni pouvoir être de ce ministre.

I. Le titre même est très-suspect; un homme qui parle à son maître n'intitule guère ses conseils respectueux du nom fastueux de *Testament politique*. A peine le cardinal de Richelieu fut-il mort qu'il courut cent manuscrits pour et contre sa mémoire : j'en ai deux sous le titre de *Testamentum christianum*, et deux sous celui de *Testamentum politicum :* voilà probablement l'origine de tous les testaments politiques qu'on a fabriqués depuis.

II. Si un ouvrage dans lequel un des plus grands hommes d'État qu'ait jamais eus l'Europe est supposé rendre compte de son administration à son maître, et lui donner des conseils pour le présent et pour l'avenir, eût été en effet composé par ce ministre, il eût pris probablement toutes les mesures possibles pour qu'un tel monument ne

1. En 1688. (ÉD.) — 2. En 1694. (ÉD.)

fût pas négligé; il l'eût revêtu de la forme la plus authentique; il
en eût parlé dans son vrai testament, qui contient ses dernières volontés; il l'eût légué au roi, comme un présent beaucoup plus précieux que le Palais-Cardinal; il eût chargé l'exécuteur de son testament de remettre à Louis XIII cet ouvrage important; le roi en eût
parlé; tous les mémoires de ce temps-là auraient fait mention d'une
anecdote si intéressante : rien de tout cela n'est arrivé. Le silence universel dans une affaire aussi grave doit donner à tout homme de bon
sens les plus violents soupçons. Pourquoi ni le manuscrit original, ni
aucune autre copie, n'auraient-ils jamais paru pendant un si grand
nombre d'années? On savait à la mort de César qu'il avait fait des
Commentaires; on savait que Cicéron avait écrit sur l'éloquence; un
manuscrit de Raphaël sur la peinture n'eût pas été ignoré.

III. Cet ouvrage n'est point un projet informe, il est entièrement
terminé; la conclusion finit par une péroraison pleine de morale : « Je
supplie Votre Majesté de penser dès à cette heure ce que Philippe II
ne pensa peut-être qu'à l'heure de sa mort; et, pour l'y convier par
exemple autant que par raison, je lui promets qu'il ne sera jour de
ma vie que je ne tâche de me mettre en l'esprit ce que j'y devrais
avoir à l'heure de ma mort sur le sujet des affaires publiques. » Rien
ne manque à l'ouvrage pour le rendre complet; on y trouve jusqu'à
l'épître dédicatoire, qu'on a eu l'impudence de signer en Hollande
Armand Du Plessis, quoique le cardinal n'ait jamais signé ainsi; on y
trouve jusqu'à la table des matières, que l'éditeur ose encore dire rédi-
gée par le cardinal même; et dans cette épître dédicatoire on le fait
parler ainsi au roi : « Cette pièce verra le jour sous le titre de mon
Testament politique, parce qu'elle est faite pour servir après ma
mort, etc. » Donc en effet cette pièce devait voir le jour après la mort
du cardinal; donc elle devait être présentée au roi d'une manière so-
lennelle; donc l'original eût dû être signé, être connu; donc le jour
où la famille eût présenté au roi ce legs si important eût été un jour
mémorable.

IV. Si après la mort de Louis XIII ce manuscrit eût passé entre les
mains de quelque ministre, et de là dans celles qui l'ont rendu public,
on en aurait dû savoir quelques circonstances; l'éditeur aurait dit par
quelle voie il aurait été mis en possession de ce manuscrit; il l'aurait
dit d'autant plus hardiment qu'il imprimait le livre dans un pays libre, environ quarante ans après la mort du cardinal, et lorsque le souvenir des inimitiés entre ce ministre et plusieurs grandes maisons était
éteint. L'éditeur, comme je l'ai déjà remarqué ailleurs, était tenu
surtout de constater l'authenticité de ce manuscrit, sans quoi il se déclarait indigne de toute croyance. Aucune de ces conditions, absolument nécessaires à l'authenticité d'un tel livre, n'a été remplie; et
même pendant vingt-quatre années entières, depuis la prétendue date
du manuscrit, ni la cour, ni la ville, ni aucun livre, ni aucun journal, ne fit la moindre mention que le cardinal eût laissé au roi un
testament politique.

V. Comment en effet le cardinal de Richelieu, qui, comme on sait,

avait pas de peine à gouverner le roi son maître qu'à tenir le timon
de la France, aurait-il eu le dessein et le loisir de faire un tel ouvrage
pour l'usage de Louis XIII ? L'auteur du nouvel *Abrégé chronologique
de l'Histoire de France* qui peint si bien les siècles et les hommes,
avoue dans ce livre si utile que le cardinal de Richelieu avait « autant
à craindre du roi, pour qui il risquait tout, que du ressentiment de
ceux qu'il forçait d'obéir : » les aigreurs, les défiances, les mécontentements réciproques, allaient tous les jours si loin entre le roi et le
ministre, que le grand écuyer Cinq-Mars proposa au roi d'assassiner le
cardinal de Richelieu comme le maréchal d'Ancre, et s'offrit pour
l'exécution; c'est ce que Louis XIII dit lui-même dans une lettre au
chancelier Séguier, après la conspiration de Cinq-Mars. Le roi avait
donc mis son favori à portée de lui faire cette proposition étrange.
Est-ce dans une telle situation qu'on se donne la peine de faire pour
un roi d'un âge mûr qu'on redoute, et dont on est redouté, un recueil
de préceptes qu'un père oisif pourrait tout au plus laisser à son fils
encore dans l'enfance ? Il me semble que le cœur humain n'est point
fait ainsi. Cette raison ne sera pas d'un grand poids auprès d'un savant; mais elle fait impression sur ceux qui connaissent les hommes.

VI. Supposons pourtant qu'un homme tel que le cardinal de Richelieu eût voulu donner en effet au roi son maître des conseils pour gouverner après sa mort, comme il lui en avait donné pendant sa vie :
quel est l'homme qui en ouvrant ce livre ne s'attendra pas à voir tous
les secrets du cardinal de Richelieu développés, et la grandeur et la
hardiesse de son génie respirant dans son testament? Qui ne se flattera pas de lire des conseils fins et hardis, convenables à l'état présent
de l'Europe, à celui de la France, de la cour, et surtout du monarque? Par le premier chapitre, il est évident que l'auteur feint d'écrire
en 1640; car il fait dire au cardinal de Richelieu dans un jargon barbare, parlant de la guerre avec l'Espagne : « Ce n'est pas que dans
cette guerre, qui a duré cinq ans, il ne vous est arrivé aucun mauvais
accident, etc. » Or cette guerre avait commencé en 1635, et le dauphin était né en 1638. Comment dans un écrit politique, qui entre dans
les détails des cas privilégiés, des appels comme d'abus, du droit d'indult, et des vents qui règnent sur la Méditerranée, oublie-t-on l'éducation de l'héritier de la monarchie? Certes le faussaire est bien maladroit. La véritable cause de cette faute d'omission, c'est que dans
plusieurs autres endroits du livre, l'auteur, oubliant qu'il a feint d'écrire en 1639 et en 1640, s'avise ensuite d'écrire en 1635. Il donne à
Louis XIII vingt-cinq ans de règne, au lieu de lui en donner trente,
contradiction palpable, et démonstration évidente d'une supposition
que rien ne peut pallier.

VII. Quoi! Louis XIII est engagé dans une guerre ruineuse contre la
maison d'Autriche; les ennemis sont aux frontières de la Champagne
et de la Picardie; et son premier ministre, qui lui a promis des conseils, ne lui dit rien, ni de la manière dont il faut soutenir cette
guerre dangereuse, ni de celle dont on peut faire la paix, ni des généraux, ni des négociateurs qu'on peut employer? Quoi! pas un mot de

la conduite qu'on doit tenir avec le chancelier Oxenstiern, avec l'armée du duc de Veimar, avec la Savoie, avec le Portugal et la Catalogne? On ne trouve rien sur les révolutions que le cardinal lui-même fomentait en Angleterre; rien sur le parti huguenot qui respirait encore la faction et la vengeance. Il me semble voir un médecin qui vient pour prescrire un régime à son malade, et qui lui parle de toute autre chose que de santé.

VIII. Celui qui a débité ses idées sous le nom du cardinal de Richelieu commence par se servir des succès mêmes que ce grand homme avait eus dans son ministère, pour lui faire avancer qu'il avait promis ces succès au roi son maître. Le cardinal avait abaissé les grands du royaume, qui étaient dangereux; les huguenots, qui l'étaient davantage; et la maison d'Autriche, qui avait été encore plus à craindre : de là il infère que le cardinal avait promis ces révolutions au roi, dès qu'il était entré dans le conseil. Voici les paroles qu'il prête au cardinal : « Lorsque Votre Majesté se résolut de me donner en même temps et l'entrée de ses conseils, et grande part en sa confiance...... je lui promis d'employer toute l'autorité qu'il lui plaisait me donner pour ruiner le parti huguenot, rabaisser l'orgueil des grands, réduire tous ses sujets dans leur devoir, et relever son nom dans les nations étrangères au point où il devait être, etc. » (Pages 6 et 9.) Or, il est de notoriété publique que quand Louis XIII consentit à mettre le cardinal de Richelieu dans le conseil, il était bien éloigné de connaître le bien qu'il procurait à la France et à lui-même. Il est public que le roi, qui alors avait de l'éloignement pour ce grand homme, ne fit que céder aux instances de la reine sa mère, qui triompha enfin de la répugnance de son fils, après s'être donné les plus grands mouvements pour introduire dans le conseil celui qu'elle avait fait cardinal, qu'elle regardait comme sa créature, et par qui elle espérait gouverner. On eut même besoin de gagner le marquis de La Vieuville, surintendant des finances, qui consentit avec beaucoup de peine à voir entrer le cardinal au conseil en 1624. Il n'y eut ni la première place ni le premier crédit. Toute cette année se passa en jalousies, en cabales, en factions secrètes; le cardinal ne prit que peu à peu l'ascendant.

Quelques lecteurs apprendront peut-être ici avec plaisir que le cardinal de Richelieu n'eut les provisions de premier ministre qu'en 1629, le 11 novembre; Louis XIII les signa seul de sa main. Ces lettres patentes sont adressées par le roi au cardinal même; et ce qu'il y a de très-remarquable, c'est que les appointements attachés à cette nouvelle dignité y sont en blanc, le roi laissant à la magnificence et à la discrétion de son ministre le soin de prendre au trésor public de quoi soutenir la grandeur de cette place.

Je reviens, et je dis qu'il n'est pas vraisemblable que le cardinal ait tenu en 1624 les discours qu'on lui prête. Il est beau de faire tant de grandes choses, mais il est téméraire de les promettre; et c'eût été la comble du ridicule et de l'indécence de dire au roi son maître en entrant dans ses conseils : « Je relèverai votre nom. » On lui fait raconter sans bienséance et avec infidélité ce qu'il a fait : il ne dit rien du tout de ce qu'il faut dire. Pourquoi ? c'est que l'un était fort aisé, et l'autre très-difficile.

IX. Par le peu qu'on vient de dire, il paraît déjà que l'ouvrage prétendu ne peut convenir ni au caractère du ministre à qui on le donne, ni au roi auquel on l'adresse, ni au temps où on le suppose écrit; j'ajouterai encore, ni au style du cardinal. Il n'y a qu'à voir cinq ou six de ses lettres, pour juger que ce n'est point du tout la même main; et cette preuve suffirait pour quiconque a le moindre goût et le moindre discernement. D'ailleurs le cardinal de Richelieu, obligé de faire quelquefois des actions violentes, ne laissait point échapper dans ses écrits de paroles dures et indécentes. S'il agissait avec hardiesse, il écrivait de la manière la plus circonspecte. Il n'eût certainement pas appelé, dans un ouvrage politique, la marquise du Fargis, dame d'atour de la reine régnante, *la Fargis* (p. 49). C'est manquer aux premières lois du respect et de la bienséance, en parlant au roi et à la postérité. Cette indigne expression est tirée d'un mauvais livre imprimé en 1649, intitulé : *Histoire du ministère du cardinal de Richelieu*. L'auteur du testament a copié cet ouvrage de ténèbres, plus flétri sans doute par le mépris public que par l'arrêt qui le condamne.

Qui pourra se persuader qu'un premier ministre, qui suppose la paix faite avec l'Espagne, parle des Espagnols en ces termes : « Cette nation avide et insatiable, ennemie du repos de la chrétienté? » C'est ainsi qu'on aurait pu parler de Mahomet II. Serait-il possible qu'un prêtre, un cardinal, un premier ministre, un homme sage, écrivant à un roi sage, et écrivant un testament qui devait être exempt de passion, se fût emporté (dans le temps de cette paix supposée) à des expressions qu'il n'avait pas employées dans la déclaration de la guerre ?

X. Est-il vraisemblable qu'un homme d'État qui se propose un ouvrage aussi solide dise « que le roi d'Espagne, en secourant les huguenots, avait rendu les Indes tributaires de l'enfer; que les gens de palais mesurent la couronne du roi par sa forme, qui, étant ronde, n'a point de fin; que les éléments n'ont de pesanteur que lorsqu'ils sont en leur lieu; que le feu, l'air, ni l'eau, ne peuvent soutenir un corps terrestre, parce qu'il est pesant hors de son lieu; » et cent autres absurdités pareilles, dignes d'un professeur de rhétorique de province dans le xvie siècle, ou d'un répétiteur irlandais qui dispute sur les bancs ?

XI. Y a-t-il encore une grande vraisemblance que le cardinal de Richelieu, si connu par ses galanteries, et même par la témérité de ses désirs, ait recommandé la chasteté à Louis XIII, prince chaste par tempérament, par scrupule, et par ses maladies ?

XII. Après de si fortes présomptions, quel homme de bon sens peut résister à cette preuve évidente de faux qui se trouve dans le premier chapitre, je veux dire à cette supposition que la paix est faite? « Vous êtes parvenu, dit-on, à la conclusion de la paix.... Votre Majesté n'est entrée dans la guerre...., etc., et n'en est sortie.... etc. » Un imposteur, dans la chaleur de la composition, oubliant le temps dont il parle, peut tomber dans cette absurdité énorme; mais un premier ministre.

quand il fait la guerre, ne peut pas assurément dire que la paix est conclue. Jamais la guerre ne fut plus vive contre la maison d'Autriche, quoique toutes les puissances négociassent, ou plutôt parce qu'elles négociaient. Il est vrai qu'en 1641 on jeta quelques fondements des traités de Munster, qui ne furent consommés qu'en 1648; et l'auteur du testament fait parler le cardinal de Richelieu tantôt en 1640, tantôt en 1635. Le cardinal ne pouvait ni supposer la paix faite au milieu de la guerre, ni dire des injures atroces aux Espagnols avec lesquels il voulait traiter.

XIII. Faudra-t-il à cette preuve palpable de l'imposture ajouter une bévue moins forte à la vérité, mais qui ne décèle pas moins un menteur ignorant? Il fait dire à un premier ministre tel que le cardinal, dans ce même premier chapitre, que « le roi a refusé le secours des armes ottomanes contre la maison d'Autriche. » S'il s'agit d'un secours que le Turc voulait envoyer aux armées françaises, le fait est faux, et l'idée en est ridicule : s'il s'agit d'une diversion des Turcs en Hongrie ou ailleurs, quiconque connaît le monde, quiconque a la moindre idée du cardinal de Richelieu, sait assez que de telles offres ne se refusent pas.

XIV. Comme il paraît par le premier chapitre que l'imposteur écrivait après la paix des Pyrénées, dont il avait l'imagination remplie, il paraît par le second qu'il écrivait après la réforme que fit Louis XIV dans toutes les parties de l'administration. « Je me souviens que j'ai vu dans ma jeunesse, dit-il, les gentilshommes et autres personnes laïques posséder par confidence non-seulement la plus grande partie des prieurés et abbayes, mais aussi des cures et évêchés. Maintenant les confidences.... sont plus rares que les légitimes possessions l'étaient en ce temps-là. » Or il est certain que, dans les derniers temps de l'administration du cardinal, rien n'était plus commun que de voir des laïques posséder des bénéfices. Lui-même avait fait donner cinq abbayes au comte de Soissons, qui fut tué à la Marfée; M. de Guise en possédait onze; le duc de Verneuil avait l'évêché de Metz; le prince de Conti eut l'abbaye de Saint-Denis en 1641; le duc de Nemours eut l'abbaye de Saint-Remi de Reims; le marquis de Tréville, celle de Moutier-Ender, sous le nom de son fils; enfin le garde des sceaux Châteauneuf conserva plusieurs abbayes jusqu'à sa mort, arrivée en 1643; et on peut juger si cet exemple était suivi. Le nombre des laïques qui jouissaient de ces revenus de l'État est innombrable. Il n'y a qu'à voir les mémoires du comte de Grammont, pour se faire une idée de la manière dont on obtenait alors des bénéfices. Je n'examine pas si c'était un mal ou un bien de donner les revenus de l'Église à des séculiers; mais je dis qu'un imposteur habile n'eût jamais fait parler le cardinal de Richelieu d'une réforme qui n'existait pas.

XV. Dans ce même second chapitre, le faiseur de projets, qui est indubitablement un homme d'Église, trop prévenu en faveur des prétentions du clergé, et trop peu jaloux des droits de la couronne, déclame contre le droit de régale. Il oubliait qu'en 1637 et en 1638 le cardinal de Richelieu avait fait rendre des arrêts du conseil, par lesquels tout évêque qui se croirait exempt de ce droit était tenu d'envoyer au greffe les titres de sa prétention. Cet écrivain ne savait pas qu'un évêque ministre d'État s'intéresse plus aux droits du trône qu'aux prétentions ecclésiastiques. Il fallait connaître le caractère d'un premier ministre pour le faire parler. C'est l'âne qui se couvre de la peau du lion, et qu'on reconnaît bientôt à ses oreilles.

XVI. Le faussaire ignorant, dans ce même chapitre second, où il entretient le roi des universités et des colléges, au lieu de lui parler de ses vrais intérêts, dit dans son style grossier (chap. II, sect. x) « L'histoire de Benoît XI, contre lequel les cordeliers piqués, sur le sujet de la perfection de la pauvreté, savoir, du revenu de saint François, s'animèrent jusqu'à tel point, que non-seulement ils lui firent ouvertement la guerre par leurs livres, mais de plus par les armes de l'empereur, à l'ombre desquelles un antipape s'éleva, au grand préjudice de l'Église, est un exemple trop puissant pour qu'il soit besoin d'en dire davantage. » Certainement le cardinal de Richelieu, qui était très-savant, n'ignorait pas que cette aventure dont parle le faussaire était arrivée au pape Jean XXII, et non pas au pape Benoît XI. Il n'y a guère de fait dans l'*Histoire ecclésiastique* plus connu que celui-là; son ridicule l'a rendu célèbre; il n'était pas possible que le cardinal s'y fût mépris. D'ailleurs, pour apprendre à un roi combien les querelles de religion sont dangereuses, on avait à citer cent exemples plus frappants.

XVII. Dans cette même section x du chapitre II, où il est question des jésuites : « Cette compagnie, dit-il, qui est soumise par un vœu d'obéissance aveugle à un chef perpétuel, ne peut, suivant les lois d'une bonne politique, être beaucoup autorisée dans un État auquel une communauté puissante doit être redoutable. » Je sais bien que ce trait est adouci quelques lignes après; mais, de bonne foi, le cardinal de Richelieu pouvait-il croire les jésuites redoutables, lui qui savait ne les rendre qu'utiles, et les punir souvent? lui qui ne craignait ni la reine, ni les princes, ni la maison d'Autriche, aurait-il craint quelques religieux? Il avait exilé plusieurs jésuites, aussi bien que quelques pères de l'Oratoire, et d'autres religieux qui étaient entrés dans des cabales; mais ni lui ni l'État n'avaient rien à craindre de ces compagnies. Il serait assurément bien étrange que le vainqueur de la Rochelle se fût plus défié, dans son *Testament politique*, des jésuites que des huguenots. Cette réflexion n'est pas une preuve convaincante mais, jointe aux autres, elle sert à faire voir que l'auteur, en prenant le nom d'un premier ministre, n'en a pu prendre l'esprit.

XVIII. S'il fallait relever tous les mécomptes dont cet ouvrage fourmille, je ferais un livre aussi gros que le *Testament politique*, que la fourberie a composé, que l'ignorance, la prévention, le respect d'un grand nom, ont fait admirer, que la patience du lecteur peut à peine achever de lire, et qui serait ignoré s'il avait paru sous le vrai nom de l'auteur. J'ai déjà, dans un petit ouvrage qui ne comportait pas d'étendue[1], indiqué quelques-unes de ces preuves qui décèlent l'im-

1. *Conseils à un journaliste.* (ÉD.)

posture aux yeux de quiconque a du jugement et du goût. En voici une qui est sans réplique. L'auteur, qui étale, et encore mal à propos, une vaine et fausse érudition sur l'histoire de l'Église, sur le commerce, sur la marine, s'avise, au chapitre IX, section VI, de dire, à propos d'établissements dans les Indes : « Quant à l'Occident, il y a peu de commerce à faire; Drake, Thomas Cavendish, Herberg, L'Hermite, Lemaire, et feu M. le comte Maurice, qui envoya douze navires à dessein d'y faire commerce, ou d'amitié ou de force, n'ayant pu trouver lieu d'y faire aucun établissement. » Remarquez dans quel temps l'imposteur fait parler le cardinal de Richelieu : c'est en 1640; c'est dans le temps même que le feu comte Maurice, qui était plein de vie, gouvernait le Brésil au nom des Provinces-Unies; c'est après que la compagnie hollandaise des Indes occidentales avait fait des progrès considérables depuis 1622 sans interruption. Remarquez encore qu'au commencement de cette même section VI, l'auteur avoue que « les Hollandais ne donnent pas peu d'affaires aux Espagnols dans les Indes occidentales, où ils occupent la plus grande partie du Brésil. » En vérité, peut-on mettre sur le compte d'un homme d'État un tel fatras d'erreurs et de contradictions? L'Angleterre, dont il parle, avait déjà des pays immenses dans l'Amérique. Quant à Drake et à Thomas Cavendish, leurs exemples sont cités très-mal à propos : ils ne furent pas envoyés pour faire des établissements, mais pour ruiner ceux des Espagnols, pour troubler leur commerce, pour faire des prises; et c'est à quoi ils réussirent.

XIX. Si on voulait se donner la peine de lire le *Testament politique* avec attention, on serait bien surpris de voir qu'en effet ce livre est plutôt une critique de l'administration du cardinal qu'une exposition de sa conduite, et une suite de ses principes : tout y roule sur deux points, dont le premier est indigne de lui, et dont le second est un outrage à sa mémoire.

Le premier objet est un lieu commun, puéril, vague, un catéchisme pour un prince de dix ans, et bien étrangement déplacé à l'égard d'un roi âgé de quarante années; tels sont ces chapitres : « Que le fondement du bonheur d'un État est le règne de Dieu; que la raison doit être la règle de la conduite; que les intérêts publics doivent être préférés aux particuliers; que la prévoyance est nécessaire; qu'il faut destiner un chacun à l'emploi qui lui est propre; qu'il est important d'éloigner les flatteurs, médisants, faiseurs d'intrigues; » et vingt autres découvertes de cette finesse et de cette profondeur, accompagnées d'avis qui auraient été une insulte à Louis XIII, prince éclairé, et qui eût été en droit de répondre à son ministre, à son serviteur : « Parlez ainsi à mon fils, et respectez plus votre maître. »

Le second point, qui est surtout renfermé dans le neuvième chapitre, roule sur les projets d'administration imaginés par l'auteur; et de tous ces projets il n'y en a pas un seul qui ne soit précisément le contre-pied de l'administration du cardinal. L'auteur se met en tête d'abolir les comptants, ou de les réduire par grâce à un million d'or. Les comptants sont des ordonnances secrètes, pour des affaires secrètes, dont on ne rend point compte. C'est le privilége le plus cher de la place d'un premier ministre. Son ennemi seul en pourrait demander l'abolition.

XX. Ce chapitre neuvième du *Testament politique* porte à chaque page les preuves les plus évidentes de la supposition la plus maladroite : c'est là que tout est faux, réflexions, faits et calculs ; c'est là que l'auteur avance que quand on établit un impôt, on est obligé de donner une plus grande solde au soldat ; ce qui n'est pourtant arrivé ni sous Louis XIII ni sous Louis XIV ; c'est là qu'en soulageant le peuple de dix-sept millions de taille, il porte tout d'un coup à cinquante-sept millions les revenus du roi, qu'il suppose n'aller d'ordinaire qu'à trente-cinq, et il le suppose encore avec ignorance ; car les tailles allaient seules d'ordinaire à trente-cinq millions ; les fermes, à onze, etc. C'est là qu'il se propose de rembourser les rentes établies par le cardinal, dont plusieurs étaient au denier vingt, qu'il appelle *le denier cinq* ; d'ôter aux trésoriers de France les deux tiers de leurs gages ; de faire payer la taille aux parlements, aux chambres des comptes, au grand conseil, à toutes les cours qu'il appelle *souveraines*, dans le temps même qu'il les met au rang des paysans. N'était-il pas bien séant au cardinal de Richelieu de proposer cette extravagance pour avilir un corps dont il avait l'honneur d'être membre par sa qualité de pair de France ; dignité dont il faisait autant de cas que de celle de cardinal ?

XXI. A l'égard de la guerre, on a déjà remarqué qu'il ne parle point de celle dans laquelle on était engagé. Mais dans ses réflexions vagues, générales et chimériques, il recommande de taxer tous les fiefs des gentilshommes, pour enrôler et soudoyer la noblesse : il veut que tout gentilhomme soit forcé de servir à l'âge de vingt ans ; qu'on ne prenne les roturiers, dans la cavalerie, qu'à l'âge de vingt-cinq ; que les vivres ne soient confiés qu'à gens de qualité ; qu'on lève cent hommes quand on veut en avoir cinquante, et cela apparemment pour qu'il en coûte le double en engagements et en habits. Quel projet pour un ministre ! En vérité l'idée d'enrôler la noblesse de France, et de faire payer la taille au parlement, peut-elle partir d'une autre tête que de celle d'un de ces faiseurs de projets qui dans leur oisiveté se mettent à gouverner l'Europe ? Dans le même chapitre neuvième, il traite de la marine ; il parle doctement des grands périls de la navigation d'Espagne en Italie, et d'Italie en Espagne, lesquels n'existent pas plus que ceux de Charybde et de Scylla : il prétend que « la seule Provence a beaucoup plus de ports grands et assurés que l'Espagne et l'Italie tout ensemble ; » hyperbole qui ferait soupçonner que le livre serait d'un Provençal qui ne connaîtrait que Toulon et Marseille, plutôt que d'un homme d'État qui connaissait l'Europe.

Voilà une partie des chimères qu'un politique clandestin a mises sous le nom d'un grand ministre, avec cent fois moins de discrétion que l'abbé de Saint-Pierre n'en a montré, quand il a voulu attribuer une partie de ses *idées politiques* au duc de Bourgogne.

La projet de finances, qui remplit presque tout le dernier chapitre, est tiré d'un manuscrit qui existe encore : je l'ai vu ; il est de 1640. Il porte les revenus du roi jusqu'à cent cinquante-neuf millions de ce temps-là, par l'arrangement qu'il propose. L'auteur du testament en retranche deux; tout le reste est conforme. Rien n'est si commun que des projets de cette espèce; les ministres en reçoivent, et les lisent rarement. Le faussaire, en copiant ces idées, fait bien voir qu'il ne s'était pas donné la peine de connaître par lui-même les finances de Louis XIII. Il avance hardiment que chacune des cinq années de la guerre n'avait coûté que soixante millions; cela n'est pas vrai; j'ai en main l'état de l'année 1639 : il se monte à soixante-dix-huit millions neuf cent mille livres. Il est encore faux qu'on ait payé ces charges sans moyens extraordinaires; il y eut beaucoup de taxations, beaucoup d'augmentations de gages, dont la finance fut fournie; on augmenta les droits dans les provinces; on mit une taxe d'un écu sur chaque tonneau de vin; on porta la taille de trente-six millions deux cent mille livres jusqu'à trente-huit millions neuf cent mille livres. En un mot, la plupart des choses rapportées dans ce livre sont aussi altérées que les propositions qu'on y fait sont étranges.

XXII. On demandera sans doute comment on a pu faire à la mémoire du cardinal de Richelieu l'affront d'imaginer qu'un tel livre était digne de lui? Je répondrai que les hommes réfléchissent peu, qu'ils lisent avec négligence, qu'ils jugent avec précipitation, et qu'ils reçoivent les opinions comme on reçoit la monnaie, parce qu'elle est courante.

XXIII. Si on m'objecte que le P. Lelong et d'autres ont cru le livre en effet l'ouvrage du cardinal, j'avouerai que le P. Lelong a très-bien compilé environ trente mille titres de livres, et j'ajouterai que par cette raison-là même il n'a pas eu le temps de les examiner; mais surtout je répondrai que, quand on aurait autant d'autorités que le P. Lelong a copié de titres, elles ne pourraient balancer une raison convaincante. Si pourtant la faiblesse des hommes a besoin d'autorités, j'opposerai au P. Lelong et aux autres, Auberi, qui a écrit la vie du cardinal Mazarin; Ancillon, Richard, l'écrivain qui a pris le nom de Vigneul de Marville[1], et enfin Lamonnoie, l'un des critiques les plus éclairés du dernier siècle; tous ont cru le *Testament politique* supposé.

XXIV. Mais, dit-on, en 1664, l'abbé Desroches, ancien domestique du cardinal de Richelieu, donna sa bibliothèque à la Sorbonne, à l'exemple de son maître; et dans cette bibliothèque on trouve un manuscrit du testament conforme à l'imprimé, avec la même épître dédicatoire, et la même table des matières. C'est ce manuscrit même, remis à la Sorbonne, qui achève de prouver l'imposture. Il est remis vingt-deux ans après la mort du cardinal, sans aucun enseignement, sans la moindre indication de la part de l'abbé Desroches. Ce domestique du cardinal et la Sorbonne elle-même négligèrent cet ouvrage, et ce n'est que depuis deux ans qu'on lui a donné place sur des tablettes. Si le manuscrit avait été copié sur l'original, on l'aurait plus respecté; on trouverait quelques marques de son authenticité; on verrait à la fin de

1. Argonne. (ÉD.)

la lettre au roi la souscription du cardinal de Richelieu. Elle n'y est point. On n'a pas osé pousser l'effronterie jusqu'à signer ce nom. Pour peu que le cardinal eût laissé seulement quelques mémoires qui eussent eu quelque rapport (même éloigné) avec le testament, on les eût rapportés; on eût donné quelque crédit à la hardiesse de celui qui imputait tout l'ouvrage à ce ministre. Mais non : il n'y a pas un mot à la fin ni à la tête du manuscrit dont on puisse tirer la plus légère induction. Donc l'abbé Desroches regardait lui-même ce manuscrit avec la même indifférence qu'on l'a regardé très-longtemps dans la Sorbonne.

Imaginons un moment que le testament soit l'ouvrage du cardinal; ce seul mot *Testament* impose un devoir indispensable à son domestique de légaliser la copie, de la déclarer juridiquement collationnée avec l'original. S'il manque à ce devoir, il est coupable; il donne à tout le monde le droit de s'inscrire en faux contre lui : mais l'abbé Desroches possédait ce manuscrit au même titre que d'autres curieux. Il fallait bien que cet ouvrage fût écrit à la main avant d'être imprimé; il fallait même, pour le dessein de l'imposteur, qu'il en courût plusieurs copies manuscrites, et qu'on se les prêtât avec mystère, comme un monument singulier. Le silence du domestique, encore une fois, prouve que le maître n'est point l'auteur du testament; et toutes les autres raisons prouvent qu'il n'a pu l'être.

XXV. Mais on dit qu'on disait, il y a soixante et dix ans, que Mme la duchesse d'Aiguillon avait dit, il y a quatre-vingts ans, qu'elle avait eu une copie manuscrite de cet ouvrage. On a trouvé une note marginale de M. Huet; et cette note dit qu'on avait vu le manuscrit chez Mme d'Aiguillon, nièce du cardinal. Ne voilà-t-il pas de belles preuves! Oui, je crois sans peine que tous ceux qui s'intéressaient à la mémoire du cardinal voulaient avoir un manuscrit qui portait son nom, et que l'auteur voulait accréditer par ce nom même; et de là je conclus que ce manuscrit était manifestement supposé, puisque de tous les parents, de tous les domestiques, de tous les amis de ce ministre, aucun n'a jamais pris la moindre précaution pour établir l'authenticité du livre.

XXVI. Que la curiosité humaine se fatigue maintenant à chercher le nom du faussaire, je ne perdrai pas mon temps dans ce travail. Qu'importe le nom du fourbe, pourvu que la fourberie soit découverte? qu'importe que Courtilz ou un autre ait forgé le testament de Mazarin, de Colbert et de Louvois? qu'importe que Statman ou Chévremont ait pris insolemment le nom de Charles V, duc de Lorraine? Mérite-t-on d'être connu pour avoir fait un mauvais livre? Que gagnerait-on à connaître les auteurs de toutes les plates calomnies, de toutes les critiques impertinentes dont le public est inondé? Il faut laisser dans l'oubli les auteurs qui se cachent sous un grand nom, comme ceux qui attaquent tous les jours ce que nous avons de meilleur, qui louent ce que nous avons de plus mauvais, et qui font de la noble profession des lettres un métier aussi lâche et aussi méprisable qu'eux-mêmes.

REMERCIEMENT SINCÈRE

A UN HOMME CHARITABLE.

A Marseille, le 10 mai 1750.

Vous avez rendu service au genre humain en vous déchaînant sage-ment contre des ouvrages faits pour le pervertir. Vous ne cessez d'é-crire contre l'*Esprit des Lois*, et même il paraît à votre style que vous êtes l'ennemi de toute sorte d'esprit. Vous avertissez que vous avez préservé le monde du venin répandu dans l'*Essai sur l'Homme* de Pope, livre que je ne cesse de relire pour me convaincre de plus en plus de la force de vos raisons et de l'importance de vos services. Vous ne vous amusez pas, monsieur, à examiner le fond de l'ouvrage sur les lois, à vérifier les citations, à discuter s'il y a de la justesse, de la profon-deur, de la clarté, de la sagesse; si les chapitres naissent les uns des autres, s'ils forment un tout ensemble; si enfin ce livre, qui devrait être utile, ne serait pas par malheur un livre agréable.

Vous allez d'abord au fait; et regardant M. de Montesquieu comme le disciple de Pope, vous les regardez tous deux comme les disciples de Spinosa. Vous leur reprochez, avec un zèle merveilleux, d'être athées, parce que vous découvrez, dites-vous, dans toute leur philo-sophie les principes de la religion naturelle. Rien n'est assurément, monsieur, ni plus charitable, ni plus judicieux, que de conclure qu'un philosophe ne connaît point de Dieu, de cela même qu'il pose pour principe que Dieu parle au cœur de tous les hommes.

« Un honnête homme est le plus noble ouvrage de Dieu, » dit le cé-lèbre poëte philosophe; vous vous élevez au-dessus de l'honnête homme. Vous confondez ces maximes funestes, que la Divinité est l'au-teur et le lien de tous les êtres, que tous les hommes sont frères, que Dieu est leur père commun, qu'il faut ne rien innover dans la religion, ne point troubler la paix établie par un monarque sage; qu'on doit to-lérer les sentiments des hommes, ainsi que leurs défauts. Continuez, monsieur, écrasez cet affreux libertinage, qui est au fond la ruine de la société. C'est beaucoup que par vos gazettes ecclésiastiques vous ayez saintement essayé de tourner en ridicule toutes les puissances; et quoique la grâce d'être plaisant vous ait manqué, *volenti et conanti*, cependant vous avez le mérite d'avoir fait tous vos efforts pour écrire agréablement des invectives. Vous avez voulu quelquefois réjouir les saints; mais vous avez souvent essayé d'armer chrétiennement les fidèles les uns contre les autres. Vous prêchez le schisme pour la plus grande gloire de Dieu. Tout cela est très-édifiant; mais ce n'est point encore assez.

Votre zèle n'a rien fait qu'à demi si vous ne parvenez pas à faire brûler les livres de Pope, de Locke et de Bayle, l'*Esprit des Lois*, etc., dans un bûcher auquel on mettra le feu avec un paquet de *Nouvelles ecclésiastiques*.

En effet, monsieur, quels maux épouvantables n'ont pas fait dans le monde une douzaine de vers répandus dans l'*Essai sur l'Homme* de ce scélérat de Pope, cinq ou six articles du *Dictionnaire* de cet abominable Bayle, une ou deux pages de ce coquin de Locke, et d'autres incendiaires de cette espèce! Il est vrai que ces hommes ont mené une vie pure et innocente, que tous les honnêtes gens les chérissaient et les consultaient; mais c'est par là qu'ils sont dangereux. Vous voyez leurs sectateurs, les armes à la main, troubler les royaumes, porter partout le flambeau des guerres civiles. Montaigne, Charron, le président de Thou, Descartes, Gassendi, Rohault, Le Vayer, ces hommes affreux qui étaient dans les mêmes principes, bouleversèrent tout en France. C'est leur philosophie qui fit donner tant de batailles, et qui causa la Saint-Barthélemy. C'est leur esprit de tolérantisme qui est la ruine du monde; et c'est votre saint zèle qui répand partout la douceur de la concorde.

Vous nous apprenez que tous les partisans de la religion naturelle sont les ennemis de la religion chrétienne. Vraiment, monsieur, vous avez fait là une belle découverte! Ainsi, dès que je verrai un homme sage qui dans sa philosophie reconnaîtra partout l'Être suprême, qui admirera la Providence dans l'infiniment grand et dans l'infiniment petit, dans la production des mondes et dans celle des insectes, je conclurai de là qu'il est impossible que cet homme soit chrétien. Vous nous avertissez qu'il faut penser ainsi aujourd'hui de tous les philosophes. On ne pouvait certainement rien dire de plus sensé et de plus utile au christianisme, que d'assurer que notre religion est bafouée dans toute l'Europe par tous ceux dont la profession est de chercher la vérité. Vous pouvez vous vanter d'avoir fait là une réflexion dont les conséquences seront bien avantageuses au public.

Que j'aime encore votre colère contre l'auteur de l'*Esprit des Lois*, quand vous lui reprochez d'avoir loué les Solon, les Platon, les Socrate, les Aristide, les Cicéron, les Caton, les Épictète, les Antonin et les Trajan! On croirait, à votre dévote fureur contre ces gens-là, qu'ils ont tous signé le Formulaire. Quels monstres, monsieur, que tous ces grands hommes de l'antiquité! Brûlons tout ce qui nous reste de leurs écrits, avec ceux de Pope et de Locke et de M. de Montesquieu. En effet, tous ces anciens sages sont vos ennemis; ils ont tous été éclairés par la religion naturelle. Et la vôtre, monsieur, je dis la vôtre en particulier, paraît si fort contre la nature, que je ne m'étonne pas que vous détestiez sincèrement tous ces illustres réprouvés qui ont fait, je ne sais comment, tant de bien à la terre. Remerciez bien Dieu de n'avoir rien de commun, ni avec leur conduite, ni avec leurs écrits.

Vos saintes idées sur le gouvernement politique sont une suite de votre sagesse. On voit que vous connaissez les royaumes de la terre tout comme le royaume des cieux. Vous condamnez, de votre autorité privée, les gains que l'on fait dans les risques maritimes. Vous ne savez pas probablement ce que c'est que l'argent à la grosse; mais vous appelez ce commerce *usure*. C'est une nouvelle obligation que le roi vous aura d'empêcher ses sujets de commercer à Cadix. Il faut laisser cette œuvre de Satan aux Anglais et aux Hollandais, qui sont déjà damnés sans ressource. Je voudrais, monsieur, que vous nous dissiez combien vous rapporte le commerce sacré de vos *Nouvelles ecclésiastiques*. Je crois que la bénédiction répandue sur ce chef-d'œuvre peut bien faire monter le profit à trois cents pour cent. Il n'y a point de commerce profane qui ait jamais si bien rendu.

Le commerce maritime que vous condamnez pourrait être excusé, peut-être, en faveur de l'utilité publique, de la hardiesse d'envoyer son bien dans un autre hémisphère, et du risque des naufrages. Votre petit négoce a une utilité plus sensible; il demande plus de courage et expose à de plus grands risques.

Quoi de plus utile en effet que d'instruire l'univers, quatre fois par mois[1], des aventures de quelques clercs tonsurés? quoi de plus courageux que d'outrager votre roi et votre archevêque? et quel risque, monsieur, que ces petites humiliations que vous pourriez essuyer en place publique? Mais je me trompe; il y a des charmes à souffrir pour la bonne cause. Il vaut mieux obéir à Dieu qu'aux hommes, et vous me paraissez tout fait pour le martyre, que je vous souhaite cordialement, étant votre très-humble et très-obéissant serviteur.

A propos, monsieur, mes compliments à M. Pluche, qui continue si intrépidement à copier des livres pour étaler le *Spectacle de la Nature*, et qui s'est fait le *charlatan des ignorants*.

On ne peut être plus content que je le suis de voir une *préparation* et même une *démonstration évangélique* à côté de la manière d'élever des vers à soie.

Il est toujours fort beau à lui de faire de Moïse un excellent physicien, de soutenir hardiment, malgré toutes les académies, que la lumière ne vient point du soleil et des autres corps lumineux, et d'avancer que les nègres sont devenus noirs petit à petit, en qualité de descendants de Chus. Ce Pluche n'a jamais vu apparemment de nègre disséqué. J'apprends aussi qu'il a trouvé la place du paradis terrestre où l'on conserve la côte d'Adam et la peau du serpent qui parla à sa femme. J'ai ouï dire que l'âne de Balaam est encore vivant, et qu'il broute dans ces quartiers-là. Je ne doute pas que Pluche n'ait bientôt quelque conversation avec lui, et qu'il n'en rende compte à M. le prieur et à M. le chevalier.

J'ai encore un petit mot à vous dire. J'ai lu, dans le huitième tome de ce Pluche, que Mahomet avait voyagé dans les sept planètes en une nuit. Il cite ce voyage comme s'il était dans l'*Alcoran*, et que ce fût un point de foi chez les Turcs. Il prend de là occasion d'appeler Mahomet fat.

Si jamais Pluche va à Constantinople, je lui conseille d'être plus poli. Je rencontrai hier un Turc sur le port de Marseille, à qui je demandai si le voyage prétendu des sept planètes est en effet dans l'*Al-*

---

1. Les *Nouvelles ecclésiastiques* paraissaient une fois par semaine. (Éd.)

coran ; il me répondit que non. Je lui appris que le sieur Pluche traitait son prophète de *fat*, avec assez de légèreté. Mon Turc, qui est un homme très-sage, me dit que quand on a une maison de verre, il ne faut pas jeter des pierres dans celle de son voisin.

EXTRAIT

DU DÉCRET DE LA SACRÉE CONGRÉGATION DE L'INQUISITION DE ROME, A L'ENCONTRE D'UN LIBELLE INTITULÉ :

LETTRES SUR LE VINGTIÈME.

Comme il est clair que le monde va finir, et que l'Antechrist est déjà venu, ledit Antechrist ayant envoyé déjà plusieurs lettres circulaires à des évêques de France, dans lesquelles il a eu l'audace de les traiter de Français et de sujets du roi, Satan s'est joint à l'homme d'iniquité pour achever de placer l'abomination de la désolation dans le lieu saint ; lequel Satan a pour cet effet composé et débité un livre digne de lui, livre hérétique, sentant l'hérésie, téméraire et malsonnant. I. s'efforce d'y prouver que les ecclésiastiques font partie du corps de l'État, au lieu d'avouer qu'ils en sont essentiellement les maîtres, ainsi qu'ils l'avaient précédemment enseigné : il avance que ceux qui ont le tiers du revenu de l'État doivent au moins le tiers en contribution ; ne se souvenant plus que nos frères sont faits pour avoir tout, et ne rien donner. Le susdit livre en outre est notoirement rempli de maximes impies tirées du droit naturel, du droit des gens, des lois fondamentales du royaume, et autres préjugés pernicieux tendant méchamment à affermir l'autorité royale, à faire circuler plus d'espèces dans le royaume de France, à soulager les pauvres ecclésiastiques jusqu'à présent saintement opprimés par les riches.

A ces causes, il a semblé bon au Saint-Esprit et à nous de faire brûler ledit livre, en attendant que nous puissions en faire autant de l'éditeur, qui a été en cette partie le secrétaire de Satan : déclarons au surplus, et mandons qu'on ait un soin particulier de nous payer nos annates : condamnons Satan à boire de l'eau bénite à souper tous les vendredis ; et lui enjoignons d'entrer dans le corps de tous ceux qui auront lu son livre. Fait à Rome, dans Sainte-Marie sans Minerve, à vingt-cinq heures du jour, le 20 mai 1750.

Signé, COGLIONE-COGLIONACCIO, *cardinal-président*. Et plus bas, CAZZO-CULO, *secrétaire du saint-office*.

LA VOIX DU SAGE ET DU PEUPLE

(1750.)

La bonté d'un gouvernement consiste à protéger et à contenir également toutes les professions d'un État.

Le gouvernement ne peut être bon s'il n'y a une puisssance unique.

Dans les États les plus mixtes, la puissance résulte du consentement de plusieurs ordres, et alors elle acquiert son unité, sans laquelle tout est confusion.

Dans un État quelconque, le plus grand malheur est que l'autorité législative soit combattue. Les années heureuses de la monarchie ont été les dernières de Henri IV, celles de Louis XIV et de Louis XV, quand ces rois ont gouverné par eux-mêmes.

Il ne doit pas y avoir deux puissances dans un État.

On abuse de la distinction entre puissance spirituelle et puissance temporelle : dans ma maison reconnaît-on deux maîtres, moi, qui suis le père de famille, et le précepteur de mes enfants, à qui je donne des gages ?

Je veux qu'on ait de très-grands égards pour le précepteur de mes enfants; mais je ne veux point du tout qu'il ait la moindre autorité dans ma maison.

Il y a en Europe quatre grands États, sans compter l'Italie, qui sont de la communion romaine : la France, les Espagnes, la moitié de l'Allemagne, la Pologne. Dans les Espagnes, le gouvernement s'accommode avec le pape pour imposer des taxes sur le clergé. L'impératrice-reine de Hongrie en use de même : elle a obtenu, dans la dernière guerre, la permission de prendre l'argenterie des églises. En Pologne, l'armée de la couronne vit quelquefois à discrétion sur les terres du clergé, parce que le clergé paye trop peu à la république.

En France, où la raison se perfectionne tous les jours, cette raison nous apprend que l'Église doit contribuer aux charges de l'État, à proportion de ses revenus, et que le corps destiné particulièrement à enseigner la justice doit commencer par en donner l'exemple.

Ce gouvernement serait digne des Hottentots, dans lequel il serait permis à un certain nombre d'hommes de dire: « C'est à ceux qui travaillent à payer; nous ne devons rien payer, parce que nous sommes oisifs. »

Ce gouvernement outragerait Dieu et les hommes, dans lequel les citoyens pourraient dire : « L'État nous a tout donné, et nous ne lui devons que des prières. »

La raison, en se perfectionnant, détruit le germe des guerres de religion. C'est l'esprit philosophique qui a banni cette peste du monde.

Si Luther et Calvin revenaient au monde, ils ne feraient pas plus de bruit que les scotistes et les thomistes. Pourquoi? parce qu'ils viendraient dans un temps où les hommes commencent à être éclairés.

Ce n'est que dans des temps de barbarie qu'on voit des sorciers, des possédés, des rois excommuniés, des sujets déliés de leur serment de fidélité par des docteurs.

La raison nous apprend que le prince peut laisser subsister quelques anciens abus, comme de laisser décider en cour de Rome certaines affaires qu'on pourrait très-bien décider dans son conseil.

Elle nous montre que quand le prince voudra abroger ces coutumes, elles tomberont comme un bâtiment gothique qu'on détruit pour le rebâtir à la moderne.

Elle nous montre que quand le prince voudra extirper un abus préjudiciable, les peuples doivent y concourir et y concourront, l'abus eût-il quatre mille ans d'ancienneté.

Cette raison nous enseigne que le prince doit être maître absolu de toute police ecclésiastique, sans aucune restriction, puisque cette police ecclésiastique est une partie du gouvernement; et de même que le père de famille prescrit au précepteur de ses enfants les heures du travail, le genre des études, etc., de même le prince peut prescrire à tous ecclésiastiques, sans exception, tout ce qui a le moindre rapport à l'ordre public.

Cette raison nous dit à tous que quand le prince voudra donner à ceux qui ont versé leur sang pour l'État des pensions sur des bénéfices, lesquels bénéfices sont une partie du patrimoine de l'État, non-seulement tous les officiers de guerre, mais tous les magistrats, tous les cultivateurs, tous les citoyens béniront le prince, et quiconque s'opposerait à une institution si salutaire serait regardé comme un ennemi de la patrie [1].

De même, quand le prince, qui est le pasteur de son peuple, voudra augmenter son troupeau, comme il le doit; quand il voudra rendre aux lois de la nature les imprudents et les imprudentes qui se sont voués à l'extinction de l'espèce, et qui ont fait un vœu fatal à la société, dans un âge où il n'est pas permis de disposer de son bien, la société bénira ce prince dans la suite des siècles.

Il y a tel couvent inutile au monde à tous égards qui jouit de deux cent mille livres de rente. La raison démontre que, si l'on donnait ces deux cent mille livres à cent officiers qu'on marierait, il y aurait cent bons citoyens récompensés, cent filles pourvues, quatre cents personnes au moins de plus dans l'État, au bout de dix ans, au lieu de cinquante fainéants; elle démontre encore que ces cinquante fainéants rendus à la patrie cultiveraient la terre, la peupleraient, et qu'il y aurait plus de laboureurs et de soldats. Voilà ce que tout le monde

---

1. Les rois de France ont été dans l'usage de récompenser avec les biens des ecclésiastiques les services rendus à l'État, depuis Charles-Martel jusqu'à Louis XIV; on lui dit que c'était un abus, et il le crut. On est plus éclairé aujourd'hui; on sait que les biens ecclésiastiques sont la partie du revenu de l'État employée par le gouvernement à défrayer les dépenses de la religion, et qu'il est le maître de supprimer cette dépense, s'il la juge inutile, en laissant à chacun le soin de payer les prêtres dont il croit avoir besoin. Cependant l'usage établi par le P. La Chaise subsiste encore. (Éd. de Kehl.)

désire, depuis le prince du sang jusqu'au vigneron. La superstition seule s'y opposait autrefois; mais la raison soumise à la foi écrase la superstition.

Le prince peut, d'un seul mot, empêcher au moins qu'on ne fasse des vœux avant l'âge de vingt-cinq ans; et si quelqu'un dit au souverain : « Que deviendront les filles de condition, que nous sacrifions d'ordinaire aux aînés de nos familles? » Le prince répondra : « Elles deviendront ce qu'elles deviennent en Suède, en Danemark, en Prusse, en Angleterre, en Hollande : elles feront des citoyens; elles sont nées pour la propagation, et non pour réciter du latin qu'elles n'entendent point. » Une femme qui nourrit deux enfants, et qui file, rend plus de service à la patrie que tous les couvents n'en peuvent jamais rendre.

C'est un très-grand bonheur pour le prince et pour l'État qu'il y ait beaucoup de philosophes qui impriment ces maximes dans la tête des hommes.

Les philosophes, n'ayant aucun intérêt particulier, ne peuvent parler qu'en faveur de la raison et de l'intérêt public.

Les philosophes rendent service au prince en détruisant la superstition, qui est toujours l'ennemie des princes.

C'est la superstition qui a fait assassiner Henri III, Henri IV, Guillaume, prince d'Orange, et tant d'autres; c'est elle qui a fait couler des rivières de sang depuis Constantin.

La superstition est le plus horrible ennemi du genre humain; quand elle domine le prince, elle l'empêche de faire le bien de son peuple; quand elle domine le peuple, elle le soulève contre son prince.

Il n'y a pas sur la terre un seul exemple de philosophes qui se soient opposés aux lois du prince : il n'y a pas un seul siècle où la superstition et l'enthousiasme n'aient causé des troubles qui font horreur.

Il n'y a pas un seul exemple de trouble et de dissension quand le prince a été le maître absolu de la police ecclésiastique : il n'y a que des exemples de désordres et de calamités quand les ecclésiastiques n'ont pas été entièrement soumis au prince.

Ce qui peut arriver de plus heureux aux hommes, c'est que le prince soit philosophe.

Le prince philosophe sait que plus la raison fera de progrès dans ses États, moins les disputes, les querelles théologiques, l'enthousiasme, la superstition, feront de mal : il encouragera donc les progrès de la raison.

Ces progrès seuls suffiront pour anéantir, par exemple, dans quelques années, toutes les disputes sur la grâce; parce que, le nombre des hommes raisonnables étant augmenté, le nombre des esprits de travers, qui se nourrissent d'opinions absurdes, diminuera.

Ce qu'on appelle un janséniste est réellement un fou, un mauvais citoyen, et un rebelle. Il est fou, parce qu'il prend pour des vérités démontrées des idées particulières. S'il se servait de sa raison, il verrait que les philosophes n'ont jamais disputé ni pu disputer sur une vérité démontrée; s'il se servait de sa raison, il verrait qu'une secte qui mène à des convulsions est une secte de fous. Il est mauvais citoyen, parce qu'il trouble l'ordre de l'État. Il est rebelle, parce qu'il désobéit.

Les molinistes sont des fous plus doux. Il ne faut être ni à Apollos ni à Céphas, mais à Dieu et au roi. Il est certain que plus il y aura de philosophes, plus les fous seront à portée d'être guéris.

Le prince philosophe encouragera la religion, qui enseigne toujours une morale pure et très-utile aux hommes; il empêchera qu'on ne dispute sur le dogme, parce que ces disputes n'ont jamais produit que du mal.

Il rendra, autant qu'il le pourra, la justice distributive plus uniforme et moins lente, et rougira pour nos ancêtres que ce qui est vrai à Dreux soit faux à Pontoise.

Le prince philosophe sera convaincu que plus un peuple est laborieux, plus il est riche : il aura soin que ses villes soient embellies, parce qu'alors il y aura plus de travaux, et qu'il en résultera l'utile et l'agréable.

On composerait un gros livre de tout le bien qu'on peut faire; mais un prince philosophe n'a pas besoin d'un gros livre.

DES EMBELLISSEMENTS
DE
LA VILLE DE CACHEMIRE.

Les habitants de Cachemire sont doux, légers, occupés de bagatelles, comme d'autres peuples le sont d'affaires sérieuses, et vivent comme des enfants qui ne savent jamais la raison de ce qu'on leur ordonne, qui murmurent de tout, se consolent de tout, se moquent de tout, et oublient tout.

Ils n'avaient naturellement aucun goût pour les arts. Le royaume de Cachemire a subsisté plus de treize cents ans sans avoir eu ni de vrais philosophes, ni de vrais poëtes, ni d'architectes passables, ni de peintres, ni de sculpteurs. Ils manquèrent longtemps de manufactures et de commerce, au point que, pendant plus de mille ans, quand un marquis cachemirien voulait avoir du linge et un beau pourpoint, il était obligé d'avoir recours à un juif ou à un banian. Enfin, vers le commencement du dernier siècle, il s'éleva dans Cachemire quelques hommes qui semblaient n'être pas de la nation, et qui, nourris de la science des Persans et des Indiens, portèrent la raison et le génie aussi loin qu'ils peuvent aller. Il se trouva un sultan[1] qui encouragea ces grands hommes, et qui, à l'aide d'un bon vizir[2], policia, embellit

---

1. Louis XIV. (ÉD.) — 2. Colbert. (ÉD.)

et enrichit le royaume. Les Cachemiriens reçurent tous ses bienfaits en plaisantant, et firent des chansons contre le sultan, contre le ministre, et contre les grands hommes qui les éclairaient.

Les arts languirent depuis à Cachemire. Le feu que des génies inspirés du ciel avaient allumé fut couvert de cendres. La nature parut épuisée. La gloire des arts à Cachemire ne consistait presque plus que dans les pieds et dans les mains. Il y avait des gens fort adroits qui avaient l'art de passer une jambe par-dessus l'autre au son des instruments, avec une grâce merveilleuse; d'autres qui inventaient toutes les semaines une façon admirable d'ajuster un ruban; et enfin d'excellents chimistes qui, avec de l'essence de jambon et autres semblables élixirs, mettaient en peu d'années toute une maison entre les mains des médecins et des créanciers. Les Cachemiriens parvinrent, par ces beaux arts, à l'honneur de fournir de modes, de danseurs, et de cuisiniers, presque toute l'Asie.

On parlait cependant beaucoup de rendre la capitale plus commode, plus propre, plus saine et plus belle qu'elle ne l'était : on en parlait, et on ne faisait rien. Un philosophe de l'Indoustan[1], grand amateur du bien public, et qui disait volontiers et inutilement son avis quand il s'agissait de rendre les hommes plus heureux et de perfectionner les arts, passa par la capitale de Cachemire; il eut avec un des principaux bostangis un long entretien sur la manière de donner à cette ville tout ce qui lui manquait. Le bostangi convenait qu'il était honteux de n'avoir pas un grand et magnifique temple semblable à celui de Pékin ou d'Agra; que c'était une pitié de n'avoir aucun de ces grands bazars, c'est-à-dire de ces marchés et de ces magasins publics entourés de colonnes, et servant à la fois à l'utilité et à l'ornement. Il avouait que les salles destinées aux jeux publics étaient indignes d'une ville de quatrième ordre; qu'on voyait avec indignation de très-vilaines maisons sur de très-beaux ponts, et qu'on désirait en vain des places, des fontaines, des statues, et tous les monuments qui font la gloire d'une nation.

« Permettez-moi, dit le philosophe indien, de vous faire une petite question. Que ne vous donnez-vous tout ce qui vous manque? — Oh! dit le petit bostangi, il n'y a pas moyen; cela coûterait trop cher. — Cela ne coûterait rien du tout, dit le philosophe. — On nous a déjà étalé ce beau paradoxe, reprit le citoyen; mais ce sont des discours de sage, c'est-à-dire des choses admirables dans la théorie et ridicules dans la pratique : nous sommes rebattus de ces belles sentences. — Mais qu'avez-vous répondu, dit le philosophe, à ceux qui vous ont représenté qu'il ne s'agissait que de vouloir pleinement, et qu'il n'en coûterait rien à l'État de Cachemire pour orner votre capitale, pour faire toutes les grandes choses dont elle a besoin? — Nous n'avons rien répondu, dit le bostangi; nous nous sommes mis à rire, selon notre coutume, et nous n'avons rien examiné. — Oh bien! dit le philosophe, rien

1. Voltaire. (Éd.)

moins, examinez davantage, et je vais vous démontrer ce paradoxe qui vous rendrait heureux, et qui vous alarme. » Le Cachemirien, qui était un homme fort poli, se mordit les lèvres de peur d'éclater au nez de l'Indien; et ils eurent ensemble la conversation suivante :

LE PHILOSOPHE. — Qu'appelez-vous être riche?

LE BOSTANGI. — Avoir beaucoup d'argent.

LE PHILOSOPHE. — Vous vous trompez. Les habitants de l'Amérique méridionale possédaient autrefois plus d'argent que vous n'en aurez jamais; mais étant sans industrie, ils n'avaient rien de ce que l'argent peut procurer : ils étaient réellement dans la misère.

LE BOSTANGI. — J'entends; vous faites consister la richesse dans la possession d'un terrain fertile.

LE PHILOSOPHE. — Non : car les Tartares de l'Ukraine habitent un des plus beaux pays de l'univers, et ils manquent de tout. L'opulence d'un État est comme tous les talents qui dépendent de la nature et de l'art. Ainsi la richesse consiste dans le sol et dans le travail. Le peuple le plus riche et le plus heureux est celui qui cultive le plus le meilleur terrain; et le plus beau présent que Dieu ait fait à l'homme est la nécessité de travailler.

LE BOSTANGI. — D'accord; mais pour faire ce qu'on nous demande, il faudrait le travail de dix mille hommes pendant dix années; et où trouver de quoi les payer?

LE PHILOSOPHE. — N'avez-vous pas soudoyé cent mille soldats pendant dix ans de guerre?

LE BOSTANGI. — Il est vrai, et l'État ne paraît pourtant pas appauvri.

LE PHILOSOPHE. — Quoi! vous avez de l'argent pour envoyer tuer cent mille hommes, et vous n'en avez pas pour en faire vivre dix mille?

LE BOSTANGI. — Cela est bien différent : il en coûte beaucoup moins pour envoyer un citoyen à la mort que pour lui faire sculpter du marbre.

LE PHILOSOPHE. — Vous vous trompez encore. Trente mille hommes de cavalerie seulement sont beaucoup plus chers que dix mille artisans; et la vérité est que ni les uns ni les autres ne sont chers quand ils sont employés dans le pays. Que croyez-vous qu'il en ait coûté aux anciens Égyptiens pour bâtir des pyramides, et aux Chinois pour faire leur grande muraille? Des oignons et du riz. Leurs terres ont-elles été épuisées pour avoir nourri des hommes laborieux, au lieu d'avoir engraissé des fainéants?

LE BOSTANGI. — Vous me poussez à bout, et vous ne me persuadez pas. La philosophie raisonne, et la coutume agit.

LE PHILOSOPHE. — Si les hommes avaient toujours suivi cette maxime, ils mangeraient encore du gland, et ne sauraient pas ce que c'est que la pleine lune. Pour exécuter les plus grandes entreprises, il ne faut qu'une tête et des mains, et l'on vient à bout de tout. Vous avez de belles pierres, du fer, du cuivre, de beaux bois de charpente; il ne vous manque donc que la volonté.

LE BOSTANGI. — Nous avons de tout; la nature nous a très-bien traités : mais quelles dépenses énormes pour mettre tant de matériaux ei œuvre!

LE PHILOSOPHE. — Je n'entends rien à ce discours. De quelle dépense parlez-vous donc? Votre terre produit de quoi nourrir et vêtir tous vos habitants; vous avez sous vos pas tous les matériaux : vous avez autour de vous deux cent mille fainéants que vous pouvez employer; il ne reste donc plus qu'à les faire travailler, et à leur donner pour leur salaire de quoi être bien nourris et bien vêtus. Je ne vois pas ce qu'il en coûtera à votre royaume de Cachemire; car assurément vous ne payerez rien aux Persans et aux Chinois pour avoir fait travailler vos citoyens.

LE BOSTANGI. — Ce que vous dites est très-véritable, il ne sortira ni argent ni denrée de l'État.

LE PHILOSOPHE. — Que ne faites-vous donc commencer dès aujourd'hui vos travaux?

LE BOSTANGI. — Il est trop difficile de faire mouvoir une si grande machine.

LE PHILOSOPHE. — Comment avez-vous fait pour soutenir une guerre qui a coûté beaucoup de sang et de trésors?

LE BOSTANGI. — Nous avons fait justement contribuer en proportion de leurs biens les possesseurs des terres et de l'argent.

LE PHILOSOPHE. — Eh bien! si on contribue pour le malheur de l'espèce humaine, ne donnera-t-on rien pour son bonheur et pour sa gloire? Quoi! depuis que vous êtes établis en corps de peuple, vous n'avez pas encore trouvé le secret d'obliger tous les riches à faire travailler tous les pauvres! Vous n'en êtes donc pas encore aux premiers éléments de la police?

LE BOSTANGI. — Quand nous aurions fait en sorte que les possesseurs du riz, du lin et des bestiaux donnassent du pilau et des chemises aux mendiants qu'on emploierait à remuer la terre et à porter des fardeaux, on ne serait guère avancé. Il faudrait faire travailler tous les artistes qui, le long de l'année, sont employés à d'autres travaux.

LE PHILOSOPHE. — J'ai ouï dire que dans l'année vous avez environ six vingts jours pendant lesquels on ne travaille point à Cachemire. Que ne changez-vous la moitié de ces jours oiseux en jours utiles? que n'employez-vous aux édifices publics pendant cent jours les artistes désoccupés? Alors ceux qui ne savent rien, ceux qui n'ont que deux bras, auront bien vite de l'industrie; vous formerez un peuple d'artistes.

LE BOSTANGI. — Ces temps sont destinés au cabaret et à la débauche, et il en revient beaucoup d'argent au trésor public.

LE PHILOSOPHE. — Votre raison est admirable; mais il ne revient d'argent au trésor public que par la circulation. Le travail n'opère-t-il pas plus de circulation que la débauche qui entraîne des maladies? Est-il bien vrai qu'il soit de l'intérêt de l'État que le peuple s'enivre un tiers de l'année?

Cette conversation dura longtemps. Le bostangi avoua enfin que le philosophe avait raison, et il fut le premier bostangi qu'un philosophe eût persuadé. Il promit de faire beaucoup; mais les hommes ne font jamais ni tout ce qu'ils veulent ni tout ce qu'ils peuvent.

Pendant que le raisonneur et le bostangi s'entretenaient ainsi des hautes sciences, il passa une vingtaine de beaux animaux à deux pieds, portant petit manteau par-dessus longue jaquette, capuce pointu sur la tête, ceinture de corde sur les reins. « Voilà de grands garçons bien faits, dit l'Indien; combien en avez-vous dans votre patrie? — A peu près cent mille de différentes espèces, dit le bostangi. — Les braves gens pour travailler à embellir Cachemire! dit le philosophe. Que j'aimerais à les voir la bêche, la truelle, l'équerre à la main! — Et moi aussi, dit le bostangi; mais ce sont de trop grands saints pour travailler. — Que font-ils donc? dit l'Indien. — Ils chantent, ils boivent, ils digèrent, dit le bostangi. — Que cela est utile à un Etat! » dit l'Indien. Cette conversation dura longtemps, et ne produisit pas grand'chose.

DIALOGUE

ENTRE MARC-AURÈLE ET UN RÉCOLLET.

(1751.)

MARC-AURÈLE. — Je crois me reconnaître enfin. Voici certainement le Capitole, et cette basilique est le temple; cet homme que je vois est sans doute prêtre de Jupiter. Ami, un petit mot, je vous prie.

LE RÉCOLLET. — Ami! l'expression est familière. Il faut que vous soyez bien étranger pour aborder ainsi frère Fulgence le récollet, habitant du Capitole, confesseur de la duchesse de Popoli, et qui parle quelquefois au pape comme s'il parlait à un homme.

MARC-AURÈLE. — Frère Fulgence au Capitole! les choses sont un peu changées. Je ne comprends rien à ce que vous dites. Est-ce que ce n'est pas ici le temple de Jupiter?

LE RÉCOLLET. — Allez, bonhomme, vous extravaguez. Qui êtes-vous, s'il vous plaît, avec votre habit à l'antique, et votre petite barbe? d'où venez-vous, et que voulez-vous?

MARC-AURÈLE. — Je porte mon habit ordinaire; je reviens voir Rome: je suis Marc-Aurèle.

LE RÉCOLLET. — Marc-Aurèle? J'ai entendu parler d'un nom à peu près semblable. Il y avait un empereur païen, à ce que je crois, qui se nommait ainsi.

MARC-AURÈLE. — C'est moi-même. J'ai voulu revoir cette Rome qui m'aimait et que j'ai aimée, ce Capitole où j'ai triomphé en dédaignant les triomphes, cette terre que j'ai rendue heureuse : mais je ne reconnais plus Rome. J'ai revu la colonne qu'on m'a érigée, et je n'y ai plus retrouvé la statue du sage Antonin mon père : c'est un autre visage.

LE RÉCOLLET. — Je le crois bien, monsieur le damné Sixte-Quint a relevé votre colonne; mais il y a mis la statue d'un homme[1] qui valait mieux que votre père et vous.

MARC-AURÈLE. — J'ai toujours pensé qu'il était fort aisé de valoir mieux que moi; mais je croyais qu'il était difficile de valoir mieux que mon père. Ma piété a pu m'abuser : tout homme est sujet à l'erreur. Mais pourquoi m'appelez-vous damné?

LE RÉCOLLET. — C'est que vous l'êtes. N'est-ce pas vous (autant qu'il m'en souvient) qui avez tant persécuté des gens à qui vous aviez obligation, et qui vous avaient procuré de la pluie pour battre vos ennemis ?

MARC-AURÈLE. — Hélas! j'étais bien loin de persécuter personne : je rendis grâces au ciel de ce que, par une heureuse conjoncture, il vint à propos un orage dans le temps que mes troupes mouraient de soif; mais je n'ai jamais entendu dire que j'eusse obligation de cet orage aux gens dont vous me parlez, quoiqu'ils fussent de fort bons soldats. Je vous jure que je ne suis point damné. J'ai fait trop de bien aux hommes pour que l'essence divine veuille me faire du mal. Mais dites-moi, je vous prie, où est le palais de l'empereur mon successeur. Est-ce toujours sur le mont Palatin? car en vérité je ne reconnais plus mon pays.

LE RÉCOLLET. — Je le crois bien vraiment; nous avons tout perfectionné. Si vous voulez, je vous mènerai à Monte-Cavallo : vous baiserez les pieds du saint-père, et vous aurez des indulgences, dont vous paraissez avoir grand besoin.

MARC-AURÈLE. — Accordez-moi d'abord la vôtre, et dites-moi franchement, est-ce qu'il n'y aurait plus d'empereur, ni d'empire romain?

LE RÉCOLLET. — Si fait, si fait, il y a un empereur et un empire; mais tout cela est à quatre cents lieues d'ici, dans une petite ville appelée Vienne, sur le Danube. Je vous conseille d'y aller voir vos successeurs; car ici vous risqueriez de voir l'inquisition. Je vous avertis que les révérends pères dominicains n'entendent point raillerie, et qu'ils traiteraient fort mal les Marc-Aurèle, les Antonin, les Trajan, et les Titus, gens qui ne savent pas leur catéchisme.

MARC-AURÈLE. — Un catéchisme! l'inquisition! des dominicains! des récollets! un pape! et l'empire romain dans une petite ville sur le Danube! Je ne m'y attendais pas : je conçois qu'en seize cents ans les choses de ce monde doivent avoir changé de face. Je serais curieux de voir un empereur romain, marcoman, quade, cimbre, ou teuton.

LE RÉCOLLET. — Vous aurez ce plaisir-là quand vous voudrez, et même de plus grands. Vous seriez donc bien étonné si je vous disais que les Scythes ont la moitié de votre empire, et que nous avons l'autre; que c'est un prêtre comme moi qui est le souverain de Rome; que frère Fulgence pourra l'être à son tour; que je donnerai des bénédictions au même endroit où vous traîniez à votre char des rois vaincus; et que votre successeur du Danube n'a pas à lui une ville en

1. Saint Paul. (Éd.)

propre, mais qu'il y a un prêtre qui doit lui prêter la sienne dans l'occasion.

MARC-AURÈLE.—Vous me dites là d'étranges choses. Tous ces grands changements n'ont pu se faire sans de grands malheurs. J'aime toujours le genre humain, et je le plains.

LE RÉCOLLET. — Vous êtes trop bon. Il en a coûté, à la vérité, des torrents de sang, et il y a eu cent provinces ravagées; mais il ne fallait pas moins que cela pour que frère Fulgence dormît au Capitole à son aise.

MARC-AURÈLE. — Rome, cette capitale du monde, est donc bien déchue et bien malheureuse ?

LE RÉCOLLET. — Déchue, si vous voulez; mais malheureuse, non. Au contraire, la paix y règne, les beaux-arts y fleurissent. Les anciens maîtres du monde ne sont plus que des maîtres de musique. Au lieu d'envoyer des colonies en Angleterre, nous y envoyons des châtrés et des violons. Nous n'avons plus de Scipions qui détruisent des Carthages, mais aussi nous n'avons plus de proscriptions : nous avons changé la gloire contre le repos.

MARC-AURÈLE. — J'ai tâché dans ma vie d'être philosophe; je le suis devenu véritablement depuis. Je trouve que le repos vaut bien la gloire; mais par tout ce que vous me dites, je pourrais soupçonner que frère Fulgence n'est pas philosophe.

LE RÉCOLLET.—Comment! je ne suis pas philosophe! je le suis à la fureur; j'ai enseigné la philosophie et, qui plus est, la théologie.

MARC-AURÈLE. — Qu'est-ce que la théologie, s'il vous plaît?

LE RÉCOLLET. — C'est.... c'est ce qui fait que je suis ici, et que les empereurs n'y sont plus : vous paraissez fâché de ma gloire et de la petite révolution qui est arrivée à votre empire.

MARC-AURÈLE.—J'adore les décrets éternels; je sais qu'il ne faut pas murmurer contre la destinée; j'admire la vicissitude des choses humaines : mais puisqu'il faut que tout change, puisque l'empire romain est tombé, les récollets pourront avoir leur tour.

LE RÉCOLLET. — Je vous excommunie, et je vais à matines.

MARC-AURÈLE. — Et moi je vais me rejoindre à l'Être des êtres.

TIMON.

« Dieu merci! j'ai brûlé tous mes livres, me dit hier Timon. — Quoi! tous sans exception? passe encore pour le *Journal de Trévoux*, les romans du temps et les pièces nouvelles; mais que vous ont fait Cicéron et Virgile, Racine, La Fontaine, l'Arioste, Addison et Pope? — J'ai tout brûlé, répliqua-t-il; ce sont des corrupteurs du genre humain. Les maîtres de géométrie et d'arithmétique même sont des monstres. Les sciences sont le plus horrible fléau de la terre. Sans elles nous aurions toujours eu l'âge d'or. Je renonce aux gens de lettres pour jamais, à tous les pays où les arts sont connus. Il est affreux de v..vre dans des villes où l'on porte la mesure du temps en or dans sa poche, où l'on a fait venir de la Chine de petites chenilles pour se couvrir de leur duvet, où l'on entend cent instruments qui s'accordent, qui enchantent les oreilles, et qui bercent l'âme dans un doux repos. Tout cela est horrible, et il est clair qu'il n'y a que les Iroquois qui soient gens de bien; encore faut-il qu'ils soient loin de Québec, où je soupçonne que les damnables sciences de l'Europe se sont introduites. »

Quand Timon eut bien évaporé sa bile, je le priai de me dire sans humeur ce qui lui avait inspiré tant d'aversion pour les belles-lettres. Il m'avoua ingénument que son chagrin était venu originairement d'une espèce de gens qui se font valets de libraires, et qui de ce bel état où les réduit l'impuissance de prendre une profession honnête, insultent tous les mois les hommes les plus estimables de l'Europe, pour gagner leurs gages. « Vous avez raison, lui dis-je; mais voudriez-vous qu'on tuât tous les chevaux d'une ville, parce qu'il y a quelques rosses qui ruent et qui servent mal? »

Je vis que cet homme avait commencé par haïr l'abus des arts, et qu'il était parvenu enfin à haïr les arts mêmes. « Vous conviendrez, me disait-il, que l'industrie donne à l'homme de nouveaux besoins. Ces besoins allument les passions, et les passions font commettre tous les crimes. L'abbé Suger gouvernait fort bien l'État dans les temps d'ignorance; mais le cardinal de Richelieu, qui était théologien et poëte, fit couper plus de têtes qu'il ne fit de mauvaises pièces de théâtre. A peine eut-il établi l'Académie française, que les Cinq-Mars, les de Thou, les Marillac, passèrent par la main du bourreau. Si Henri VIII n'avait pas étudié, il n'aurait pas envoyé deux de ses femmes sur l'échafaud. Charles IX n'ordonna les massacres de la Saint-Barthélemy que parce que son précepteur Amyot lui avait appris à faire des vers; et les catholiques ne massacrèrent en Irlande trois à quatre mille familles de protestants que parce qu'ils avaient appris à fond la *Somme* de saint Thomas.

— Vous pensez donc, lui dis-je, qu'Attila, Genseric, Odoacre, et leurs pareils, avaient étudié longtemps dans les universités? — Je n'en doute nullement, me dit-il, et je suis persuadé qu'ils ont écrit beaucoup en vers et en prose; sans cela, auraient-ils détruit une partie du genre humain? Ils lisaient assidûment les casuistes et la morale relâchée des jésuites, pour calmer les scrupules que la nature sauvage donne toute seule. Ce n'est qu'à force d'esprit et de culture qu'on peut devenir méchant. Vivent les sots pour être honnêtes gens! » Il fortifia cette idée par beaucoup de raisons capables de faire remporter un prix dans une académie. Je le laissai dire. Nous partîmes pour aller souper à la campagne. Il maudissait en chemin la barbarie des arts, et je lisais Horace.

Au coin d'un bois, nous fûmes rencontrés par des voleurs, et dépouillés de tout impitoyablement. Je demandai à ces messieurs dans quelle université ils avaient étudié. Ils m'avouèrent qu'aucun d'eux n'avait jamais appris à lire.

Après avoir été ainsi volés par des ignorants, nous arrivâmes presque nus dans la maison où nous devions souper. Elle appartenait à un des plus savants hommes de l'Europe. Timon, suivant ses principes, devait s'attendre à être égorgé. Cependant il ne le fut point; on nous habilla, on nous prêta de l'argent, on nous fit la plus grande chère; et Timon, au sortir du repas, demanda une plume et de l'encre pour écrire contre ceux qui cultivent leur esprit.

LETTRE

A MM. LES AUTEURS

DES ÉTRENNES DE LA SAINT-JEAN [1],

ET AUTRES BEAUX OUVRAGES.

J'aime votre style, messieurs; il est bien bas, je l'avoue; mais, au moins, il est naturel : vous ne vous piquez jamais d'*apprécier* des sentiments, et d'*assortir* les vertus d'un monarque avec ses intérêts; de *mesurer* une douleur au *poids* d'une infortune; de prendre la nature *sur le fait* [2]; de comparer Phryné, *jolie conquérante*, à Alexandre, *grand conquérant* [3]. On ne voit point vos héros impudents *vis-à-vis* le sénat, et imbéciles *vis-à-vis* le public [4]. Chez vous une femme n'apporte point de la *coquetterie dans son équipage en venant au monde;* chez vous une femme ne *ressemble pas à son visage* [5]. En un mot, j'aime encore mieux, si j'ose le dire, votre popularité, messieurs, que l'impertinent jargon d'aujourd'hui. Moi qui suis fort neuf, comme vous, je vais vous faire part d'une conversation, ou plutôt d'une querelle intéressante entre Mlle de La Motte, de la comédie, Mme Formé, sa rôtisseuse, qui ne manque pas d'esprit, et M. Rigou, avocat de MM. les comédiens, pour leurs affaires contentieuses.

Mme Formé était extrêmement en colère, et voulait être payée de ses fournitures. « Comment voulez-vous que je vous donne de l'argent? dit Mlle de La Motte. Vous savez que c'est moi-même à présent qui paye. Voilà notre maudit auteur de l'*École de la jeunesse* [6] qui nous ruine. Sa détestable pièce est déjà tombée deux fois dans les règles dès la cinquième représentation; et le bourreau veut encore qu'on la joue. Ses comédies seront pour nous le vrai genre larmoyant; elles nous mettent à l'aumône. Sa *Paméla*, que nous eûmes tant de peine à apprendre, et que le public eut si peu à oublier, sa *Paméla*, qui mourut le jour de sa naissance, fut sur le point de nous faire mourir

---

1. Le comte de Maurepas, Montesquieu, le comte de Caylus, La Chaussée, etc. (ED.)
2. Mot de Fontenelle. (ÉD.)
3. Fontenelle, *Dialogue des morts* (Alexandre et Phryné). (ÉD.)
4. Fréron a employé ainsi le mot *vis-à-vis*. (ED.)
5. Phrases de Marivaux. — 6. La Chaussée. (ED.)

de faim tout un hiver. Attendez, ma chère madame Formé, que nous ayons quelques autres mauvaises pièces qui réussissent, si vous voulez que je vous paye vos poulets.

— Je prends bien de la part à votre peine, dit Mme Formé, et je suis tout ébaubie ; car je vous avais fait crédit sur la parole d'un académicien de l'Académie, et d'un des plus illustres piliers du café de Procope. Ces deux illustres sont fort mes amis, ils mangent beaucoup de mes poulardes : non pas que je leur en fournisse, je ne suis pas si sotte ; mais c'est qu'ils dînent fort souvent chez un fermier qui me paye bien, et chez un marquis qui me paye mal. En vérité, ce sont des gens de beaucoup d'esprit. Je n'entends pas un mot de ce qu'ils disent ; mais ils parlent si haut et si longtemps, qu'ils ont toujours raison. Ils me disaient donc, ma chère mademoiselle La Motte, que le temps était passé où on pleurait à la tragédie, et où on riait à la comédie. « Règle « générale, » disaient-ils (car je me souviens bien de cette phrase), « règle générale : pour bien faire des comédies, ne soyez ni gracieux, « ni plaisant ; et, pour bien faire des tragédies, ne remuez jamais le « cœur. Ayez un style fade pour le comique, boursouflé et inintelligible « pour le tragique, et allez votre train. La preuve est au bout, conti- « nuaient-ils ; on riait comme des fous à *Catilina*[1], et deux femmes de « qualité, dont il y en a une du beau monde, disent qu'elles ont pleuré « à *Mélanide*[2]. » Or çà, mademoiselle de La Motte, quand me donnerez-vous de l'argent ?

— Eh ! ne parlons point d'argent, dit alors M. l'avocat ; il n'est jamais question de cela dans l'*ordre*. — Dans quel ordre ? dit Mme Formé. — Dans l'*ordre*, dit M. Rigou. Mais il y a, continua-t-il, une étrange destinée dans ce monde. J'ai résumé toute l'économie de *Paméla* et de l'*École de la jeunesse ;* et j'ai droit de conclure que cela n'est pas plus mauvais que *la Gouvernante*, *Amour pour amour*, *l'École des amis*, et autres ouvrages dudit auteur ; et, puisqu'il faut parler selon la saine raison, je dirai avec confiance que toutes ces pièces si ennuyeuses à la lecture, sont cependant aussi bien, ou, si vous voulez, aussi mal conduites que le *Préjugé à la mode*[3], qui produisit à nos seigneurs une très-grosse recette. Car enfin, mesdames, y a-t-il rien de plus impertinent qu'un homme qui est le maître dans son château, qui n'a pour compagnie que deux misérables petits-maîtres les plus sots de tous les hommes, qui aime éperdument sa femme et n'ose pas lui en dire un mot, de crainte d'être plaisanté par ces deux faquins ? ce fondement seul de la pièce n'est-il pas extravagant ? Je vais le prouver par plusieurs raisons.... — Ah ! monsieur l'avocat, s'écria Mme Formé, prouvez qu'il me faut payer mon rôti. — Eh ! morbleu ! reprit Mlle de La Motte, allez-vous-en, madame.... chez l'auteur ; et qu'il vous paye. — Ah ! juste ciel, dit Mme Formé, quelle proposition ! Jamais auteur a-t-il payé des parties de rôtisseurs ? — Vous vous moquez, insista Mlle de La Motte ; cet auteur-là est très-

---

1. Tragédie de Crébillon. (ÉD.) — 2. Comédie de La Chaussée. (ÉD.)
3. Ces quatre titres indiquent des comédies de La Chaussée. (ÉD.)

modeste et très-poli; il ne serait supérieur qu'à Molière, et vous en serez fort contente. — Et qu'a de commun sa modestie avec de l'argent comptant? dit Mme Formé; quelles raisons sont-ce là? quel persiflage! — Persiflage! dit Mlle de La Motte; voilà un grand mot : en savez-vous la force? » M. l'avocat prononça alors que ce nouveau mot ne donnait pas beaucoup de choses à entendre, mais beaucoup de choses à n'entendre pas. « Il faut consulter sur cela, dit-il, l'auteur de *Catilina*, de *Xerxès*, de *Pyrrhus*[1], et beaucoup d'illustres modernes. — Revenez après Pâques, dit Mlle de La Motte à Mme Formé; nous avons des pièces nouvelles, et vous serez bien payée. — Oh! je vous avertis, répondit Mme Formé, que si vous avez des pièces de cet auteur modeste de l'*École des mères*[2], je vous fais assigner. — Faites, madame Formé. — Je le ferai, » répondit la dame.

Voilà, messieurs, ce dont je fus témoin; et je vous ai tracé ces lignes pour vous prier de me faire le petit plaisir d'insérer cela dans vos œuvres, qui vont à l'immortalité. Je suis avec respect, etc.

IDÉES DE LA MOTHE LE VAYER.

(VERS 1751.)

I. Si les hommes étaient raisonnables, ils auraient une religion capable de faire du bien et incapable de faire du mal.

II. Quelle est la religion dangereuse? N'est-ce pas évidemment celle qui, établissant des dogmes incompréhensibles, donne nécessairement aux hommes l'envie d'expliquer ces dogmes chacun à sa manière, excite nécessairement les disputes, les haines, les guerres civiles?

III. N'est-ce pas celle qui, se disant indépendante des souverains et des magistrats, est nécessairement aux prises avec les magistrats et les souverains?

IV. N'est-ce pas celle qui, se choisissant un chef hors de l'État, est nécessairement dans une guerre publique ou secrète avec l'État?

V. N'est-ce pas celle qui, ayant fait couler le sang humain pendant plusieurs siècles, peut le faire couler encore?

VI. N'est-ce pas celle qui, ayant été enrichie par l'imbécillité des peuples, est nécessairement portée à conserver ses richesses, par la force si elle peut, et par la fraude si la force lui manque?

VII. Quelle est la religion qui peut faire du bien sans pouvoir faire du mal? N'est-ce pas l'adoration de l'Être suprême sans aucun dogme métaphysique? celle qui serait à la portée de tous les hommes; celle qui, dégagée de toute superstition, éloignée de toute imposture, se contenterait de rendre à Dieu des actions de grâces solennelles, sans prétendre entrer dans les secrets de Dieu?

1. Crebillon. (ÉD.) — 2. La Chaussée. (ÉD.)

VIII. Ne serait-ce pas celle qui dirait : « Soyons justes, » sans dire : « Haïssons, poursuivons d'honnêtes gens qui ne croient pas que Dieu est du pain, que Dieu est du vin, que Dieu a deux natures et deux volontés, que Dieu est trois, que ses mystères sont sept, que ses ordres sont dix, qu'il est né d'une femme, que cette femme est pucelle, qu'il est mort, qu'il déteste le genre humain au point de brûler à jamais toutes les générations, excepté les moines et ceux qui croient aux moines ? »

IX. Ne serait-ce pas celle qui dirait : « Dieu étant juste, il récompensera l'homme de bien, et il punira le méchant ; » qui s'en tiendrait à cette croyance raisonnable et utile, et qui ne prêcherait jamais que la morale ?

X. Quand on a le malheur de trouver dans un État une religion qui a toujours combattu contre l'État, en s'incorporant à lui ; qui est fondée sur un amas de superstitions accumulées de siècle en siècle ; qui a pour soldats des fanatiques distingués en plusieurs régiments, noirs, blancs, gris ou minimes, cent fois mieux payés que les soldats qui versent leur sang pour la patrie : quand une telle religion a souvent insulté le trône au nom de Dieu, a dépouillé les citoyens de leurs biens au nom de Dieu, a intimidé les sages et perverti les faibles, que faut-il faire ?

XI. Ne faut-il pas alors en user avec elle comme un médecin habile traite une maladie chronique ? Il ne prétend pas la guérir d'abord ; il risquerait de jeter son malade dans une crise mortelle. Il attaque le mal par degrés ; il diminue les symptômes. Le malade ne retrouve pas une santé parfaite, mais il vit dans un état tolérable à l'aide d'un régime sage. C'est ainsi que la maladie de la superstition est traitée aujourd'hui en Angleterre et dans tout le Nord par de très-grands princes, par leurs ministres, et par les premiers de la nation.

XII. Il serait aussi utile qu'aisé d'abolir toutes les taxes honteuses qu'on paye à l'évêque de Rome sous différents noms, et qui ne sont en effet qu'une simonie déguisée. Ce serait à la fois conserver l'argent qui sort du royaume, briser une chaîne ignominieuse, et affermir l'autorité du gouvernement.

Rien ne serait plus avantageux et plus facile que de diminuer le nombre inutile et dangereux des couvents, et d'appliquer à la récompense des services le revenu de l'oisiveté.

Les confréries, les pénitents blancs ou noirs, les fausses reliques, qui sont innombrables, peuvent être proscrites avec le temps, sans le moindre danger.

A mesure qu'une nation devient plus éclairée, on lui ôte les aliments de son ancienne sottise.

Une ville qui aurait pris les armes autrefois pour les reliques de saint Pancrace rira demain de cet objet de son culte.

On gouverne les hommes par l'opinion régnante, et l'opinion change quand la lumière s'étend.

Plus la police se perfectionne, moins on a besoin de pratiques religieuses.

Plus les superstitions sont méprisées, plus la véritable religion s'établit dans tous les esprits.

Moins on respecte les inventions humaines, et plus Dieu est adoré.

_____

DIALOGUE

ENTRE UN PLAIDEUR ET UN AVOCAT.

(1751.)

LE PLAIDEUR. — Eh bien! monsieur, le procès de ces pauvres orphelins?

L'AVOCAT. — Comment! il n'y a que dix-huit ans que leur bien est aux saisies réelles; on n'a mangé encore en frais de justice que le tiers de leur fortune : et vous vous plaignez!

LE PLAIDEUR. — Je ne me plains point de cette bagatelle. Je connais l'usage; je le respecte : mais pourquoi, depuis trois mois que vous demandez audience, n'avez-vous pu l'obtenir qu'aujourd'hui?

L'AVOCAT. — C'est que vous ne l'avez pas demandée vous-même pour vos pupilles. Il fallait aller plusieurs fois chez votre juge pour le supplier de vous juger.

LE PLAIDEUR. — Son devoir est de rendre justice sans qu'on l'en prie. Il est bien grand de décider des fortunes des hommes sur son tribunal; il est bien petit de vouloir avoir des malheureux dans son antichambre. Je ne vais point à l'audience de mon curé le prier de chanter sa grand'messe; pourquoi faut-il que j'aille supplier mon juge de remplir les fonctions de sa charge? Enfin donc, après tant de délais, nous allons être jugés aujourd'hui?

L'AVOCAT. — Oui; et il y a grande apparence que vous gagnerez un chef de votre procès; car vous avez pour vous un article décisif dans Charondas.

LE PLAIDEUR. — Ce Charondas est apparemment quelque chancelier de nos premiers rois, qui fit une loi en faveur des orphelins?

L'AVOCAT. — Point du tout; c'est un particulier qui a dit son avis dans un gros livre qu'on ne lit point : mais un avocat le cite, les juges le croient, et on gagne sa cause.

LE PLAIDEUR. — Quoi! l'opinion de Charondas tient lieu de loi?

L'AVOCAT. — Ce qu'il y a de triste, c'est que vous avez contre vous Turnet et Brodeau.

LE PLAIDEUR. — Autres législateurs de la même force, sans doute?

L'AVOCAT. — Oui. Le droit romain n'ayant pu être suffisamment expliqué dans le cas dont il s'agit, on se partage en plusieurs opinions différentes.

LE PLAIDEUR. — Que parlez-vous ici du droit romain? est-ce que nous vivons sous Justinien ou sous Théodose?

L'AVOCAT. — Non pas; mais nos ancêtres aimaient beaucoup la chasse et les tournois, ils couraient dans la terre sainte avec leurs maîtresses :

vous voyez bien que de si importantes occupations ne leur laissaient
pas le temps d'établir une jurisprudence universelle.

LE PLAIDEUR. — Ah! j'entends; vous n'avez point de lois, et vous
allez demander à Justinien et à Charondas ce qu'il faut faire, quand il
y a un héritage à partager.

L'AVOCAT. — Vous vous trompez; nous avons plus de lois que toute
l'Europe ensemble; presque chaque ville a la sienne.

LE PLAIDEUR. — Oh! oh! voici bien une autre merveille!

L'AVOCAT. — Ah! si vos pupilles étaient nés à Guignes-la-Putain, au
lieu d'être natifs de Melun près Corbeil!

LE PLAIDEUR. — Eh bien! qu'arriverait-il alors?

L'AVOCAT. — Vous gagneriez votre procès haut la main : car Guignes-
la-Putain se trouve située dans une commune qui vous est tout à fait
favorable; mais à deux lieues de là c'est tout autre chose.

LE PLAIDEUR. — Mais Guignes et Melun ne sont-ils pas en France?
et n'est-ce pas une chose absurde et affreuse que ce qui est vrai dans
un village se trouve faux dans un autre? Par quelle étrange barbarie
se peut-il que des compatriotes ne vivent pas sous la même loi?

L'AVOCAT. — C'est qu'autrefois les habitants de Guignes et ceux de
Melun n'étaient pas compatriotes. Ces deux belles villes faisaient, dans
le bon temps, deux empires séparés; et l'auguste souverain de Guignes,
quoique serviteur du roi de France, donnait des lois à ses sujets; ces
lois dépendaient de la volonté de son maître d'hôtel, qui ne savait pas
lire, et leur tradition respectable s'est transmise aux Guignois de père
en fils : de sorte que, la race des barons de Guignes étant éteinte pour
le malheur du genre humain, la manière de penser de leurs premiers
valets subsiste encore et tient lieu de loi fondamentale. Il en est ainsi
de poste en poste dans le royaume; vous changez de jurisprudence en
changeant de chevaux. Jugez où en est un pauvre avocat quand il doit
plaider, par exemple, pour un Poitevin contre un Auvergnat!

LE PLAIDEUR. — Mais les Poitevins, les Auvergnats, et messieurs de
Guignes, ne s'habillent-ils pas de la même façon? est-il plus difficile
d'avoir les mêmes lois que les mêmes habits? et, puisque les tailleurs et
les cordonniers s'accordent d'un bout du royaume à l'autre, pourquoi
les juges n'en font-ils pas autant?

L'AVOCAT. — Ce que vous demandez est aussi impossible que de n'avoir
qu'un poids et qu'une mesure. Comment voulez-vous que la loi soit
partout la même, quand la pinte ne l'est pas? Pour moi, après avoir
profondément rêvé, j'ai trouvé que, comme la mesure de Paris n'est
point la mesure de Saint-Denis, il faut nécessairement que les têtes
ne soient point faites à Paris comme à Saint-Denis. La nature se varie
à l'infini; et il ne faut pas essayer de rendre uniforme ce qu'elle a
rendu si différent.

LE PLAIDEUR. — Mais il me semble qu'en Angleterre il n'y a qu'une
loi et qu'une mesure.

L'AVOCAT. — Ne voyez-vous pas que les Anglais sont des barbares?
Ils ont la même mesure, mais ils ont en récompense vingt religions
différentes.

LE PLAIDEUR. — Vous me dites là une chose qui m'étonne. Quoi! des peuples qui vivent sous les mêmes lois ne vivent pas sous la même religion?

L'AVOCAT. — Non, et cela seul prouve évidemment qu'ils sont abandonnés à leur sens réprouvé.

LE PLAIDEUR. — Cela ne viendrait-il pas aussi de ce qu'ils ont cru les lois faites pour l'extérieur des hommes, et la religion pour l'intérieur? Peut-être que les Anglais et d'autres peuples ont pensé que l'observation des lois était d'homme à homme, et que la religion était de l'homme à Dieu. Je sens que je n'aurais point à me plaindre d'un anabaptiste qui se ferait baptiser à trente ans; mais je trouverais fort mauvais qu'il ne me payât pas une lettre de change. Ceux qui pèchent uniquement contre Dieu doivent être punis dans l'autre monde; ceux qui pèchent contre les hommes doivent être châtiés dans celui-ci.

L'AVOCAT. — Je n'entends rien à tout cela. Je vais plaider votre cause.

LE PLAIDEUR. — Dieu veuille que vous l'entendiez davantage!

DIALOGUE

ENTRE Mme DE MAINTENON [1] ET Mlle DE LENCLOS.

(1751.)

MADAME DE MAINTENON. — Oui, je vous ai priée de venir me voir en secret. Vous pensez peut-être que c'est pour jouir à vos yeux de ma grandeur? Non, c'est pour trouver en vous des consolations.

MADEMOISELLE DE LENCLOS. — Des consolations, madame! Je vous avoue que, n'ayant point eu de vos nouvelles depuis votre grande fortune, je vous ai crue heureuse.

MADAME DE MAINTENON. — J'ai la réputation de l'être. Il y a des âmes pour qui c'en est assez : la mienne n'est pas de cette trempe : je vous ai toujours regrettée.

MADEMOISELLE DE LENCLOS. — J'entends. Vous sentez dans la grandeur le besoin de l'amitié; et moi, qui vis pour l'amitié, je n'ai jamais eu besoin de la grandeur : mais pourquoi donc m'avez-vous oubliée si longtemps?

MADAME DE MAINTENON. — Vous sentez qu'il a fallu paraître vous oublier. Croyez que, parmi les malheurs attachés à mon élévation, je compte surtout cette contrainte.

---

1. Mme de Maintenon et Mlle de Lenclos avaient longtemps vécu ensemble. Cette fille célèbre, qui est morte à quatre-vingt-huit ans, avait vu l'auteur, et même elle lui fit un legs par son testament. L'auteur a souvent entendu dire à feu l'abbé de Châteauneuf que Mme de Maintenon avait fait ce qu'elle avait pu pour engager Ninon à se faire dévote, et à venir la consoler à Versailles de l'ennui de la grandeur et de la vieillesse.

MADEMOISELLE DE LENCLOS. — Pour moi, je n'ai oublié ni mes premiers plaisirs ni mes anciens amis. Mais si vous êtes malheureuse, comme vous le dites, vous trompez bien toute la terre qui vous envie.

MADAME DE MAINTENON. — Je me suis trompée la première. Si, lorsque nous soupions autrefois ensemble avec Villarceaux et Nantouillet, dans votre petite rue des Tournelles; lorsque la médiocrité de notre fortune était à peine pour nous un sujet de réflexion, quelqu'un m'avait dit : « Vous approcherez un jour du trône; le plus puissant monarque du monde n'aura de confiance qu'en vous; toutes les grâces passeront entre vos mains; vous serez regardée comme une souveraine; » si, dis-je, on m'avait fait de telles prédictions, j'aurais dit : « Leur accomplissement doit faire mourir d'étonnement et de joie. » Tout s'est accompli: j'ai éprouvé de la surprise dans les premiers moments; j'ai espéré la joie, et ne l'ai point trouvée.

MADEMOISELLE DE LENCLOS. — Les philosophes pourront vous croire; mais le public aura bien de la peine à se figurer que vous ne soyez pas contente; et s'il pensait que vous ne l'êtes pas, il vous blâmerait.

MADAME DE MAINTENON. — Il faut bien qu'il se trompe comme moi. Ce monde-ci est un vaste amphithéâtre où chacun est placé au hasard sur son gradin. On croit que la suprême félicité est dans les degrés d'en haut : quelle erreur!

MADEMOISELLE DE LENCLOS. — Je crois que cette erreur est nécessaire aux hommes; ils ne se donneraient pas la peine de s'élever, s'ils ne pensaient que le bonheur est placé fort au-dessus d'eux. Nous connaissons toutes deux des plaisirs moins remplis d'illusions. Mais, de grâce, comment vous y êtes-vous prise pour être si malheureuse sur votre gradin?

MADAME DE MAINTENON. — Ah! ma chère Ninon, depuis le temps que je ne vous ai plus appelée que Mlle de Lenclos, j'ai commencé à n'être plus si heureuse. Il faut que je sois prude; c'est tout vous dire. Mon cœur est vide; mon esprit est contraint : je joue le premier personnage de France; mais ce n'est qu'un personnage. Je ne vis que d'une vie empruntée. Ah! si vous saviez ce que c'est que le fardeau imposé à une âme languissante de ranimer une autre âme, d'amuser un esprit qui n'est plus amusable[1]!

MADEMOISELLE DE LENCLOS. — Je conçois toute la tristesse de votre situation. Je crains de vous insulter en réfléchissant que Ninon est plus heureuse à Paris, dans sa petite maison, avec l'abbé de Châteauneuf et quelques amis, que vous à Versailles auprès de l'homme de l'Europe le plus respectable, qui met toute sa cour à vos pieds. Je crains de vous étaler la supériorité de mon état. Je sais qu'il ne faut pas trop goûter sa félicité en présence des malheureux. Tâchez, madame, de prendre votre grandeur en patience; tâchez d'oublier l'obscurité voluptueuse où nous vivions toutes deux autrefois; comme vous avez été

1. Ce sont les propres paroles de Mme de Maintenon.

forcée d'oublier ici vos anciennes amies. Le seul remède dans votre état douloureux, c'est de ne dire jamais :

> Félicité passée,
> Qui ne peux revenir,
> Tourment de ma pensée,
> Que n'ai-je, en te perdant, perdu le souvenir[1] !

Buvez du fleuve Léthé, consolez-vous surtout en jetant les yeux sur tant de reines qui s'ennuient.

MADAME DE MAINTENON. — Ah! Ninon, peut-on se consoler seule? J'ai une proposition à vous faire; mais je n'ose.

MADEMOISELLE DE LENCLOS. — Madame, franchement, c'est à vous à être timide; mais osez.

MADAME DE MAINTENON. — Ce serait de troquer, du moins en apparence, votre philosophie contre de la pruderie, de vous faire femme respectable. Je vous logerais à Versailles, vous seriez mon amie plus que jamais; vous m'aideriez à supporter mon état.

MADEMOISELLE DE LENCLOS. — Je vous aime toujours, madame; mais je vous avouerai que je m'aime davantage. Il n'y a pas moyen que je me fasse hypocrite et malheureuse, parce que la fortune vous a maltraitée.

MADAME DE MAINTENON. — Ah! cruelle Ninon! vous avez le cœur plus dur qu'on ne l'a même à la cour. Vous m'abandonnez impitoyablement.

MADEMOISELLE DE LENCLOS. — Non, je suis toujours sensible. Vous m'attendrissez; et pour vous prouver que j'ai toujours le même goût pour vous, je vous offre tout ce que je puis : quittez Versailles, venez vivre avec moi dans la rue des Tournelles.

MADAME DE MAINTENON. — Vous me percez le cœur. Je ne puis être heureuse auprès du trône, et je ne pourrais l'être au Marais. Voilà le funeste effet de la cour.

MADEMOISELLE DE LENCLOS. — Je n'ai point de remède pour une maladie incurable. Je consulterai sur votre mal avec les philosophes qui viennent chez moi; mais je ne vous promets pas qu'ils fassent l'impossible.

MADAME DE MAINTENON. — Quoi! se voir au faîte de la grandeur, être adorée, et ne pouvoir être heureuse!

MADEMOISELLE DE LENCLOS. — Écoutez, il y a peut-être ici du malentendu. Vous vous croyez malheureuse uniquement par votre grandeur. Le mal ne viendrait-il pas aussi de ce que vous n'avez plus ni les yeux si beaux, ni l'estomac si bon, ni les désirs si vifs qu'autrefois? Perdre sa jeunesse, sa beauté, ses passions, c'est là le vrai malheur. Voilà pourquoi tant de femmes se font dévotes à cinquante ans, et se sauvent d'un ennui par un autre.

MADAME DE MAINTENON. — Mais vous êtes plus âgée que moi, et vous n'êtes ni malheureuse ni dévote.

---

1. Ces vers sont de J. Bertaut, évêque de Séez. (ÉD.)

MADEMOISELLE DE LENCLOS. — Expliquons-nous. Il ne faut pas à notre âge s'imaginer qu'on puisse jouir d'une félicité complète. Il faut une âme bien vive, et cinq sens bien parfaits, pour goûter cette espèce de bonheur-là. Mais avec des amis, de la liberté et de la philosophie, on est aussi bien que notre âge le comporte. L'âme n'est mal que quand elle est hors de sa sphère. Croyez-moi, venez vivre avec mes philosophes.

MADAME DE MAINTENON. — Voici deux ministres qui viennent. Cela est bien loin des philosophes. Adieu donc, ma chère Ninon.

MADEMOISELLE DE LENCLOS. — Adieu, auguste infortunée.

DIALOGUE

ENTRE UN PHILOSOPHE ET UN CONTROLEUR GÉNÉRAL DES FINANCES.

(1751.)

LE PHILOSOPHE. — Savez-vous qu'un ministre des finances peut faire beaucoup de bien, et par conséquent être un plus grand homme que vingt maréchaux de France?

LE MINISTRE. — Je savais bien qu'un philosophe voudrait adoucir en moi la dureté qu'on reproche à ma place; mais je ne m'attendais pas qu'il voulût me donner de la vanité.

LE PHILOSOPHE. — La vanité n'est pas tant un vice que vous le pensez. Si Louis XIV n'en avait pas eu un peu, son règne n'eût pas été si illustre. Le grand Colbert en avait; ayez celle de le surpasser. Vous êtes né dans un temps plus favorable que le sien. Il faut s'élever avec son siècle.

LE MINISTRE. — Je conviens que ceux qui cultivent une terre fertile ont un grand avantage sur ceux qui l'ont défrichée.

LE PHILOSOPHE. — Croyez qu'il n'y a rien d'utile que vous ne puissiez faire aisément. Colbert trouva d'un côté l'administration des finances dans tout le désordre où les guerres civiles et trente ans de rapines l'avaient plongée. Il trouva de l'autre une nation légère, ignorante, asservie à des préjugés dont la rouille avait treize cents ans d'ancienneté. Il n'y avait pas un homme dans le conseil qui sût ce que c'est que le change; il n'y en avait pas un qui sût ce que c'est que la proportion des espèces, pas un qui eût l'idée du commerce. A présent les lumières se sont communiquées de proche en proche. La populace reste toujours dans la profonde ignorance où la nécessité de gagner sa vie la condamne, et où l'on a cru longtemps que le bien de l'État devait la tenir; mais l'ordre moyen est éclairé. Cet ordre est très considérable; il gouverne les grands qui pensent quelquefois, et les petits qui ne pensent point. Il est arrivé dans la finance, depuis le célèbre Colbert, ce qui est arrivé dans la musique depuis Lulli. A peine Lulli trouva-t-il des hommes qui pussent exécuter ses symphonies, toutes simples qu'elles étaient. Aujourd'hui le nombre des artistes capables d'exécuter la musique la plus savante s'est accru autant que l'art même. Il en est ainsi dans la philosophie et dans l'administration. Colbert a plus fait que le duc de Sulli; il faut faire plus que Colbert. »

A ces mots, le ministre apercevant que le philosophe avait quelques papiers, il voulut les voir; c'était un recueil de quelques idées qui pouvaient fournir beaucoup de réflexions : le ministre prit le papier et lut :

« La richesse d'un Etat consiste dans le nombre de ses habitants et dans leur travail.

« Le commerce ne sert à rendre un Etat plus puissant que ses voisins que parce que dans un certain nombre d'années il a une guerre avec ses voisins, comme dans un certain nombre d'années il y a toujours quelque calamité publique. Alors, dans cette calamité de la guerre, la nation la plus riche l'emporte nécessairement sur les autres, toutes choses d'ailleurs égales, parce qu'elle peut acheter plus d'alliés et plus de troupes étrangères. Sans la calamité de la guerre, l'augmentation de la masse d'or et d'argent serait inutile : car pourvu qu'il y ait assez d'or et d'argent pour la circulation, pourvu que la balance du commerce soit seulement égale, alors il est clair qu'il ne nous manque rien.

« S'il y a deux milliards dans un royaume, toutes les denrées et la main-d'œuvre coûteront le double de ce qu'elles coûteraient s'il n'y avait qu'un milliard. Je suis aussi riche avec cinquante mille livres de rente, quand j'achète la livre de viande quatre sous, qu'avec cent mille, quand je l'achète huit sous, et le reste à proportion. La vraie richesse d'un royaume n'est donc pas dans l'or et l'argent; elle est dans l'abondance de toutes les denrées; elle est dans l'industrie et dans le travail. Il n'y a pas longtemps qu'on a vu sur la rivière de la Plata un régiment espagnol dont tous les officiers avaient des épées d'or; mais ils manquaient de chemises et de pain.

« Je suppose que depuis Hugues Capet la quantité d'argent n'ait point augmenté dans le royaume, mais que l'industrie se soit perfectionnée cent fois davantage dans tous les arts; je dis que nous sommes réellement cent fois plus riches que du temps de Hugues Capet; car être riche, c'est jouir : or je jouis d'une maison plus aérée, mieux bâtie, mieux distribuée que n'était celle de Hugues Capet lui-même; on a mieux cultivé les vignes, et je bois de meilleur vin; on a perfectionné les manufactures, et je suis vêtu d'un plus beau drap; l'art de flatter le goût par des apprêts plus fins me fait faire tous les jours une chère plus délicate que ne l'étaient les festins royaux de Hugues Capet. S'il se faisait transporter, quand il était malade, d'une maison dans une autre, c'était dans une charrette; et moi je me fais porter dans un carrosse commode et agréable, où je reçois le jour sans être incommodé du vent. Il n'a pas fallu plus d'argent dans le royaume pour suspendre sur des cuirs une caisse de bois peinte; il n'a fallu que de l'industrie ainsi du reste. On prenait dans les mêmes carrières les pierres dont on bâtissait la maison de Hugues Capet, et celles dont on bâtit aujourd'hui les maisons de Paris. Il ne faut pas plus d'argent pour construire une vilaine prison que pour faire une maison agréable. Il n'en coûte pas plus pour planter un jardin bien entendu que pour tailler ridiculement des ifs, et en faire des représentations grossières d'animaux. Les chênes pourrissaient autrefois dans les forêts; ils sont façonnés aujourd'hui en parquets. Le sable restait inutile sur la terre; on en fait des glaces.

« Or celui-là est certainement riche qui jouit de tous ces avantages. L'industrie seule les a procurés. Ce n'est donc point l'argent qui enrichit un royaume, c'est l'esprit; j'entends l'esprit qui dirige le travail.

« Le commerce fait le même effet que le travail des mains; il contribue à la douceur de ma vie. Si j'ai besoin d'un ouvrage des Indes, d'une production de la nature qui ne se trouve qu'à Ceylan ou à Ternate, je suis pauvre par ces besoins; je deviens riche quand le commerce les satisfait. Ce n'était pas de l'or et de l'argent qui me manquaient; c'était du café et de la cannelle. Mais ceux qui font six mille lieues, au risque de leur vie, pour que je prenne du café le matin, ne sont que le superflu des hommes laborieux de la nation. La richesse consiste donc dans le grand nombre d'hommes laborieux.

« Le but, le devoir d'un gouvernement sage, est donc évidemment la peuplade et le travail.

« Dans nos climats il naît plus de mâles que de femelles, donc il ne faut pas faire mourir les femelles : or il est clair que c'est les faire mourir pour la société que de les enterrer toutes vives dans des cloîtres, où elles sont perdues pour la race présente, et où elles anéantissent les races futures. L'argent perdu à doter des couvents serait donc très-bien employé à encourager des mariages. Je compare les terres en friche qui sont encore en France aux filles qu'on laisse sécher dans un cloître : il faut cultiver les unes et les autres. Il y a beaucoup de manières d'obliger les cultivateurs à mettre en valeur une terre abandonnée; mais il y a une manière sûre de nuire à l'État : c'est de laisser subsister ces deux abus, d'enterrer les filles, et de laisser les champs couverts de ronces. La stérilité, en tout genre, est, ou un vice de la nature, ou un attentat contre la nature.

« Le roi, qui est l'économe de la nation, donne des pensions à des dames de la cour, et cet argent va aux marchands, aux coiffeuses, et aux brodeuses. Mais pourquoi n'y a-t-il pas des pensions attachées à l'encouragement de l'agriculture? cet argent retournerait de même à l'État, mais avec plus de profit.

« On sait que c'est un vice dans un gouvernement qu'il y ait des mendiants. Il y en a de deux espèces : ceux qui vont en guenilles d'un bout du royaume à l'autre arracher des passants par des cris lamentables de quoi aller au cabaret: et ceux qui, vêtus d'habits uniformes, vont mettre le peuple à contribution au nom de Dieu, et reviennent souper chez eux dans de grandes maisons où ils vivent à leur aise. La première de ces deux espèces est moins pernicieuse que l'autre, parce que, chemin faisant, elle produit des enfants à l'État, et que, si elle fait des voleurs, elle fait aussi des maçons et des soldats : mais toutes deux sont un mal dont tout le monde se plaint, et que personne ne déracine. Il est bien étrange que, dans un royaume qui a des terres incultes et des colonies, on souffre des habitants qui ne peuplent ni ne travaillent. Le meilleur gouvernement est celui où il y a le moins d'hommes inutiles. D'où vient qu'il y a eu des peuples qui, ayant moins d'or et d'argent que nous, ont immortalisé leur mémoire par des travaux que nous n'osons imiter? Il est évident que leur administration valait mieux que la nôtre, puisqu'elle engageait plus d'hommes au travail.

« Les impôts sont nécessaires. La meilleure manière de les lever est celle qui facilite davantage le travail et le commerce. Un impôt arbitraire est vicieux. Il n'y a que l'aumône qui puisse être arbitraire; mais dans un État bien policé il ne doit pas y avoir lieu à l'aumône. Le grand Sha-Abbas, en faisant en Perse tant d'établissements utiles, ne fonda point d'hôpitaux. On lui en demanda la raison. « Je ne veux « pas, dit-il, qu'on ait besoin d'hôpitaux en Perse. »

« Qu'est-ce qu'un impôt? c'est une certaine quantité de blé, de bestiaux, de denrées, que les possesseurs de terres doivent à ceux qui n'en ont point. L'argent n'est que la représentation de ces denrées. L'impôt n'est donc réellement que sur les riches; vous ne pouvez pas demander au pauvre une partie du pain qu'il gagne, et du lait que les mamelles de sa femme donnent à ses enfants. Ce n'est pas sur le pauvre, sur le manœuvre, qu'il faut imposer une taxe; il faut, en le faisant travailler, lui faire espérer d'être un jour assez heureux pour payer des taxes.

« Pendant la guerre, je suppose qu'on paye cinquante millions de plus par an; de ces cinquante millions il en passe vingt dans le pays étranger; trente sont employés à faire massacrer des hommes. Je suppose que, pendant la paix, de ces cinquante millions on en paye vingt-cinq; rien ne passe alors chez l'étranger : on fait travailler pour le bien public autant de citoyens qu'on en égorgeait. On augmente les travaux en tout genre; on cultive les campagnes; on embellit les villes : donc on est réellement riche en payant l'État. Les impôts, pendant la calamité de la guerre, ne doivent pas servir à nous procurer les commodités de la vie; ils doivent servir à la défendre. Le peuple le plus heureux doit être celui qui paye le plus; c'est incontestablement le plus laborieux et le plus riche.

« Le papier public est à l'argent ce que l'argent est aux denrées; une représentation, un gage d'échange. L'argent n'est utile que parce qu'il est plus aisé de payer un mouton avec un louis d'or que de donner pour un mouton quatre paires de bas. Il est de même plus aisé à un receveur de province d'envoyer au trésor royal quatre cent mille francs dans une lettre, que de les faire voiturer à grands frais : donc une banque, un papier de crédit est utile. Un papier de crédit est dans le gouvernement d'un État, dans le commerce et dans la circulation, ce que les cabestans sont dans les carrières. Ils enlèvent des fardeaux

que les hommes n'auraient pas pu remuer à bras. Un Écossais [1],
homme utile et dangereux, établit en France le papier de crédit; c'é-
tait un médecin qui donnait une dose d'émétique trop forte à des malades. Ils en eurent des convulsions; mais, parce qu'on a trop pris
d'un bon remède, doit-on y renoncer à jamais? Il est resté des débris
de son système une compagnie des Indes, qui donne de la jalousie aux
étrangers, et qui peut faire la grandeur de la nation : donc ce système,
contenu dans de justes bornes, aurait fait plus de bien qu'il n'a fait de
mal [2].

« Changer le prix des espèces, c'est faire de la fausse monnaie; répandre dans le public plus de papier de crédit que la masse et la circulation des espèces et des denrées ne le comportent, c'est encore faire
de la fausse monnaie.

« Défendre la sortie des matières d'or et d'argent est un reste de
barbarie et d'indigence; c'est à la fois vouloir ne pas payer ses dettes
et perdre le commerce. C'est en effet ne pas vouloir payer, puisque,
si la nation est débitrice, il faut qu'elle solde son compte avec l'étranger : c'est perdre le commerce, puisque l'or et l'argent sont non-seulement le prix des marchandises, mais sont marchandises eux-mêmes.
L'Espagne a conservé, comme d'autres nations, cette ancienne loi,
qui n'est qu'une ancienne misère. La seule ressource du gouvernement
est qu'on viole toujours cette loi.

« Charger de taxes dans ses propres États les denrées de son pays,
d'une province à une autre : rendre la Champagne ennemie de la Bourgogne, et la Guienne de la Bretagne, c'est encore un abus honteux et
ridicule : c'est comme si je postais quelques-uns de mes domestiques
dans une antichambre, pour arrêter et pour manger une partie de
mon souper lorsqu'on me l'apporte. On a travaillé à corriger cet abus;
et, à la honte de l'esprit humain, on n'a pu y réussir. »

Il y avait bien d'autres idées dans les papiers du philosophe; le
ministre les goûta, il s'en procura une copie; et c'est le premier
portefeuille d'un philosophe qu'on ait vu dans le portefeuille d'un
ministre.

SUR MLLE DE LENCLOS.

A M***.

(1751.)

Je suis bien aise, monsieur, qu'un ministre du saint Évangile
veuille savoir des nouvelles d'une prêtresse de Vénus. Je n'ai pas
l'honneur d'être de votre religion, et je ne suis plus de l'autre; mais

---

1. Law. (ÉD.)
2. Alors la compagnie des Indes subsistait avec éclat, et donnait de grandes
espérances.

j'ai voulu laisser passer le saint temps de Pâques avant de répondre à vos questions, jugeant bien que vous n'auriez pas voulu lire ma lettre pendant la semaine sainte.

Je vous dirai d'abord, en historiographe exact, que le cardinal de Richelieu eut les premières faveurs de Ninon, qui probablement eut les dernières de ce grand ministre. C'est, je crois, la seule fois que cette fille célèbre se donna sans consulter son goût. Elle avait alors seize à dix-sept ans. Son père était un joueur de luth, nommé Lenclos. Son instrument ne lui fit pas une grande fortune, mais sa fille y suppléa par le sien. Le cardinal de Richelieu lui donna deux mille livres de rentes viagères, qui étaient quelque chose dans ce temps là. Elle se livra depuis à une vie un peu libertine, mais ne fut jamais courtisane publique. Jamais l'intérêt ne lui fit faire la moindre démarche. Les plus grands seigneurs du royaume furent amoureux d'elle, mais ils ne furent pas tous heureux, et ce fut toujours son cœur qui la détermina. Il fallait beaucoup d'art, et être fort aimé d'elle, pour lui faire accepter des présents.

Dans le commencement de la régence d'Anne d'Autriche, elle fit un peu trop parler d'elle. On sait l'aventure du *beau billet qu'a La Châtre;* les Laïs et les Thaïs n'ont assurément rien fait ni rien dit de plus plaisant.

Une querelle entre deux de ses amants fut cause qu'on proposa à la reine de la faire mettre dans un couvent. Ninon, à qui on le dit, répondit qu'elle le voulait bien, pourvu que ce fût dans un couvent de cordeliers. On lui dit qu'on pourrait bien la mettre aux filles repenties; elle répondit que cela n'était pas juste, parce qu'elle n'était ni fille ni repentie. Elle avait trop d'amis et était de trop bonne compagnie pour qu'on lui fît cet affront: et enfin la reine, qui était très-indulgente, la laissa vivre à sa fantaisie. Elle donnait souvent chez elle des concerts. On y venait admirer son luth, son clavecin, et sa beauté. Huygens, ce philosophe hollandais qui découvrit en France une lune de Saturne, s'attacha aussi à observer Mlle Ninon de Lenclos. Elle métamorphosa un moment le mathématicien en galant et en poëte. Il fit pour elle ces vers, qui sont un peu géométriques :

> Elle a cinq instruments dont je suis amoureux :
> Les deux premiers, ses mains; les deux autres, ses yeux;
> Pour le plus beau de tous, le cinquième qui reste,
> Il faut être fringant et leste.

Les plus beaux esprits du royaume et la meilleure compagnie se rendaient chez elle. On y soupait; et comme elle n'était pas riche, elle permettait que chacun y portât son plat. Saint-Évremond eut quelque temps ses bonnes grâces. On la quittait rarement, mais elle quittait fort vite, et restait toujours l'amie de ses anciens amants. Elle pensa bientôt en philosophe, et on lui donna le nom de la moderne *Léontium.*

Sa philosophie était véritable, ferme, invariable, au-dessus des pré-

jugés et des vaines recherches. Elle eut, à l'âge de vingt-deux ans,
une maladie qui la mit au bord du tombeau. Ses amis déploraient sa
destinée, qui l'enlevait à la fleur de son âge. « Ah! dit-elle, je ne
laisse au monde que des mourants. » Il me semble que ce mot est bien
philosophique. Elle mérita les quatre vers que Saint-Évremond mit au
bas de son portrait, et qui sont plus connus que tous les autres vers de
cet auteur :

> L'indulgente et sage nature
> A formé l'âme de Ninon
> De la volupté d'Épicure
> Et de la vertu de Caton.

En effet, elle était digne de cet éloge. Elle disait qu'elle n'avait jamais
fait à Dieu qu'une prière : « Mon Dieu, faites de moi un honnête
homme, et n'en faites jamais une honnête femme. »

Les grâces de son esprit et la fermeté de ses sentiments lui firent
une telle réputation, que lorsque la reine Christine vint en France, en
1654, cette princesse lui fit l'honneur de l'aller voir dans une petite
maison de campagne où elle était alors.

Lorsque Mlle d'Aubigné (depuis Mme de Maintenon), qui n'avait
alors aucune fortune, eut cru faire une bonne affaire en épousant Scarron, Ninon devint sa meilleure amie. Elles couchèrent ensemble quelques mois de suite : c'était alors une mode dans l'amitié. Ce qui est
moins à la mode, c'est qu'elles eurent le même amant, et ne se
brouillèrent pas. M. de Villarceau quitta Mme de Maintenon pour Ninon. Elle eut deux enfants de lui. L'aventure de l'aîné est une des plus
funestes qui soit jamais arrivée. Il avait été élevé loin de sa mère, qui
lui avait été toujours inconnue. Il lui fut présenté, à l'âge de dix-neuf
ans, comme un jeune homme qu'on voulait mettre dans le monde.
Malheureusement il en devint éperdument amoureux. Il y avait auprès
de la porte Saint-Antoine un assez joli cabaret où, dans ma jeunesse, les
honnêtes gens allaient encore quelquefois souper. Mlle de Lenclos, car
on ne l'appelait plus alors Ninon, y soupait un jour avec la maréchale
de La Ferté, l'abbé de Châteauneuf, et d'autres personnes. Ce jeune
homme lui fit dans le jardin une déclaration si vive et si pressante,
que Mlle de Lenclos fut obligée de lui avouer qu'elle était sa mère.
Aussitôt ce jeune homme, qui était venu au jardin à cheval, alla prendre un de ses pistolets à l'arçon de la selle, et se tua tout roide. Il
n'était pas si philosophe que sa mère.

Son autre fils, nommé Laboissière, est mort tout doucement de sa
belle mort, en 1732, à la Rochelle, où il était commissaire de marine. La mort tragique de son fils aîné rendit Mlle de Lenclos un
peu plus sérieuse, mais ne l'empêcha pas d'avoir des amants. Elle regardait l'amour comme un plaisir qui n'engageait à aucuns devoirs, et
l'amitié comme une chose sacrée. Elle aima quelques années de très-
bonne foi le marquis de Sévigné, le fils de cette célèbre Mme de
Sévigné dont nous avons des lettres charmantes. Elle le préféra au
maréchal de Choiseul. Ce maréchal lui ayant fait un jour une longue

énumération de toutes ses bonnes qualités, comme si par là on se faisait aimer, elle lui répondit par ce vers de Corneille :

O ciel! que de vertus vous me faites haïr!
Pompée, dernier vers de l'acte III.

Cependant elle était elle-même la personne qui avait le plus de vertu, à prendre ce mot dans le vrai sens; et cette vertu lui mérita le nom de *la belle gardeuse de cassette.*

Lorsque M. de Gourville, qui fut nommé vingt-quatre heures pour succéder à M. Colbert, et que nous avons vu mourir, l'un des hommes de France le plus considéré; lors, dis-je, que ce M. de Gourville, craignant d'être pendu en personnne, comme il le fut en effigie, s'enfuit de France en 1661, il laissa deux cassettes pleines d'argent, l'une à Mlle de Lenclos, l'autre à un dévot. A son retour, il trouva chez Ninon sa cassette en fort bon état; il y avait même plus d'argent qu'il n'en avait laissé, parce que les espèces avaient augmenté depuis ce temps-là. Il prétendit qu'au moins le surplus appartenait de droit à la dépositaire; elle ne lui répondit qu'en le menaçant de faire jeter la cassette par les fenêtres. Le dévot s'y prit d'une autre façon. Il dit qu'il avait employé son dépôt en œuvres pies, et qu'il avait préféré le salut de l'âme de Gourville à un argent qui sûrement l'aurait damné.

Le reste de la vie de Mlle de Lenclos n'a pas de grands événements; quelques amants, beaucoup d'amis, une vie sédentaire, de la lecture, des soupers agréables, voilà tout ce qui compose la fin de son histoire.

Je ne dois pas oublier que Mme de Maintenon, étant devenue toute-puissante, se ressouvint d'elle, et lui fit dire que si elle voulait être dévote, elle aurait soin de sa fortune. Mlle de Lenclos répondit qu'elle n'avait besoin ni de fortune ni de masque. Elle resta chez elle paisible avec ses amis, jouissant de sept à huit mille livres de rente, qui en valent quatorze d'aujourd'hui, et n'aurait pas voulu de la place de Mme de Maintenon, avec la gêne où cette place l'aurait condamnée. Plus heureuse que son ancienne amie, elle ne se plaignit jamais de son état, et Mme de Maintenon se plaignit quelquefois du sien.

Elle ne pouvait pas souffrir les ivrognes, qui étaient encore un peu à la mode de son temps. Chapelle, qui l'était, et qu'elle ne put corriger, fut exclu de sa maison, et devint son ennemi. Il jura que, pendant un mois entier, il ne se coucherait jamais sans être ivre, et sans avoir fait une chanson contre elle. Il tint parole. Voici une de ces chansons dont je me souviens :

Il ne faut pas qu'on s'étonne
Si parfois elle raisonne
De la sublime vertu
Dont Platon fut revêtu;
Car, à bien compter son âge,

> Elle doit avoir.... *vécu*
> Avec ce grand personnage.

Elle répondit à cela qu'elle aurait beaucoup mieux aimé coucher avec Platon qu'avec Chapelle.

Sa maison était sur la fin une espèce de petit hôtel de Rambouillet, où l'on parlait plus naturellement, et où il y avait un peu plus de philosophie que dans l'autre. Les mères envoyaient soigneusement à son école les jeunes gens qui voulaient entrer avec agrément dans le monde. Elle se plaisait à les former. Rémond, que nous avons vu introducteur des ambassadeurs, et qui prétendait être un grand platonicien, se vantait souvent de devoir à Mlle de Lenclos tout le mérite qu'il avait. En effet, il avait un mérite assez singulier. C'est sur lui que Périgni avait fait cette chanson :

> De monsieur Rémond voici le portrait :
> Il a tout à fait l'air d'un hareng sauret.
> Il rime, il cabale,
> Est homme de cour,
> Se croit un Candale[1],
> Se dit un Saucour[2].
> Il passe en science
> Socrate et Platon ;
> Cependant il danse
> Tout comme Balon[3].
> De monsieur Rémond voici le portrait :
> Il a tout à fait l'air d'un hareng sauret.

Quand on dit à Mlle de Lenclos que Rémond se vantait partout d'avoir été formé par elle, elle répondit qu'elle faisait comme Dieu, qui s'était repenti d'avoir fait l'homme.

Je suis hareng sauret comme M. Rémond ; mais, n'ayant pas été formé par Mlle de Lenclos, ce n'est pas elle qui s'est repentie de m'avoir fait.

L'abbé de Châteauneuf me mena chez elle dans ma plus tendre jeunesse. J'étais âgé d'environ treize ans. J'avais fait quelques vers qui ne valaient rien, mais qui paraissaient fort bons pour mon âge. Mlle de Lenclos avait autrefois connu ma mère, qui était fort amie de l'abbé de Châteauneuf. Enfin on trouva plaisant de me mener chez elle. L'abbé était le maître de la maison : c'était lui qui avait fini l'histoire amoureuse de cette personne singulière ; c'était un de ces hommes qui n'ont pas besoin de l'attrait de la jeunesse pour avoir des désirs, et les charmes de la société de Mlle de Lenclos avaient fait sur lui l'effet de la beauté. Elle le fit languir deux ou trois jours ;

---

1. Le duc de Candale, fils du duc d'Épernon, le plus bel homme de son temps.
2. Le marquis de Saucour passait pour l'homme le plus vigoureux, et son nom est passé en proverbe.
3. Fameux danseur de l'Opéra.

et enfin l'abbé lui ayant demandé pourquoi elle lui avait tenu rigueur si longtemps, elle lui répondit qu'elle avait voulu attendre le jour de sa naissance pour ce beau gala; et ce jour-là elle avait juste soixante et dix ans. Elle ne poussa guère plus loin cette plaisanterie, et l'abbé de Châteauneuf resta son ami intime. Pour moi, je lui fus présenté un peu plus tard; elle avait quatre-vingt-cinq ans. Il lui plut de me mettre sur son testament; elle me légua deux mille francs pour acheter des livres. Sa mort suivit de près ma visite et son testament.

L'abbé Testu, qu'on appelait *Testu tais toi* (pour le distinguer d'un autre, devenu un dévot à la mode), homme connu par beaucoup de bouquets à Iris, d'impromptus, de jouissances, et de psaumes paraphrasés, après avoir voulu être longtemps un agréable débauché, eut l'ambition de convertir Mlle de Lenclos à sa mort. « Il croit, dit-elle, que cela lui fera honneur, et que le roi lui donnera une abbaye; mais s'il ne fait fortune que par mon âme, il court risque de mourir sans bénéfice. »

On a peu de lettres d'elle. Il y en a deux ou trois d'imprimées dans le recueil de Saint-Évremond. L'abbé de Châteauneuf en avait beaucoup; mais en mourant il a brûlé tous ses papiers.

Quelqu'un a imprimé [1], il y a deux ans, des Lettres sous le nom de Mlle de Lenclos, à peu près comme dans ce pays-ci on vend du vin d'Orléans pour du Bourgogne. Si elle avait eu le malheur d'écrire ces Lettres, vous ne m'en auriez pas demandé une sur ce qui la regarde.

Au reste, j'apprends que l'on vient d'imprimer deux nouveaux Mémoires [2] sur la vie de cette philosophe. Si cette mode continue, il y aura bientôt autant d'histoires de Ninon que de Louis XIV. Je souhaite que ces Mémoires soient plus instructifs et plus édifiants que ceux que je viens de vous donner.

Dites, avec moi, un petit *De profundis* pour elle. J'ai l'honneur d'être, etc.

ÉLOGE HISTORIQUE

DE

MADAME LA MARQUISE DU CHATELET.

(1752.)

Cette traduction que les plus savants hommes de France devaient faire, et que les autres doivent étudier, une dame l'a entreprise et achevée, à l'étonnement et à la gloire de son pays. Gabrielle-Émilie

---

1. Louis Damours. (ÉD.)
2. *Mémoires sur la vie de Ninon de Lenclos*, par Bret, 1750, in-12; et *Mémoires et Lettres pour servir à l'histoire de la vie de Mlle de Lenclos*, par Douxmenil. (ÉD.)

de Breteuil, épouse du marquis du Châtelet-Laumont, lieutenant général des armées du roi, est l'auteur de cette traduction, devenue nécessaire à tous ceux qui voudront acquérir ces profondes connaissances dont le monde est redevable au grand Newton.

C'eût été beaucoup pour une femme de savoir la géométrie ordinaire, qui n'est pas même une introduction aux vérités sublimes enseignées dans cet ouvrage immortel; on sent assez qu'il fallait que Mme la marquise du Châtelet fût entrée bien avant dans la carrière que Newton avait ouverte, et qu'elle possédât ce que ce grand homme avait enseigné. On a vu deux prodiges : l'un que Newton ait fait cet ouvrage, l'autre qu'une dame l'ait traduit et l'ait éclairci.

Ce n'était pas son coup d'essai; elle avait auparavant donné au public une explication de la philosophie de Leibnitz, sous le titre d'*Institutions de physique adressées à son fils*, auquel elle avait enseigné elle-même la géométrie.

Le discours préliminaire qui est à la tête de ces Institutions, est un chef-d'œuvre de raison et d'éloquence; elle a répandu dans le reste du livre une méthode et une clarté que Leibnitz n'eut jamais, et dont ses idées ont besoin, soit qu'on veuille seulement les entendre, soit qu'on veuille les réfuter.

Après avoir rendu les imaginations de Leibnitz intelligibles, son esprit, qui avait acquis encore de la force et de la maturité par ce travail même, comprit que cette métaphysique si hardie, mais si peu fondée, ne méritait pas ses recherches : son âme était faite pour le sublime, mais pour le vrai. Elle sentit que les monades et l'harmonie préétablie devaient être mises avec les trois éléments de Descartes, et que des systèmes qui n'étaient qu'ingénieux n'étaient pas dignes de l'occuper. Ainsi, après avoir eu le courage d'embellir Leibnitz, elle eut celui de l'abandonner; courage bien rare dans quiconque a embrassé une opinion, mais qui ne coûta guère d'efforts à une âme passionnée pour la vérité.

Défaite de tout esprit de système, elle prit pour sa règle celle de la société royale de Londres, *nullius in verba;* et c'est parce que la bonté de son esprit l'avait rendue ennemie des partis et des systèmes, qu'elle se donna tout entière à Newton. En effet, Newton ne fit jamais de système, ne supposa jamais rien, n'enseigna aucune vérité qui ne fût fondée sur la plus sublime géométrie, ou sur des expériences incontestables. Ses conjectures qu'il a hasardées à la fin de son livre, sous le nom de *Recherches*, ne sont que des doutes; il ne les donne que pour tels, et il serait presque impossible que celui qui n'avait jamais affirmé que des vérités évidentes n'eût pas douté de tout le reste.

Tout ce qui est donné ici pour principe est en effet digne de ce nom; ce sont les premiers ressorts de la nature inconnus avant lui; et il n'est plus permis de prétendre à être physicien sans les connaître.

Il faut donc bien se garder d'envisager ce livre comme un système, c'est-à-dire comme un amas de probabilités qui peuvent servir à expliquer bien ou mal quelques effets de la nature.

S'il y avait encore quelqu'un assez absurde pour soutenir la matière subtile et la matière cannelée; pour dire que la terre est un soleil encroûté, que la lune a été entraînée dans le tourbillon de la terre, que la matière subtile fait la pesanteur; pour soutenir toutes ces autres opinions romanesques substituées à l'ignorance des anciens, on dirait: « Cet homme est cartésien; » s'il croyait aux monades, on dirait: « Il est leibnitzien: » mais on ne dira pas de celui qui sait les Éléments d'Euclide, qu'il est euclidien: ni de celui qui sait d'après Galilée en quelle proportion les corps tombent, qu'il est galiléiste: aussi, en Angleterre, ceux qui ont appris le calcul infinitésimal, qui ont fait les expériences de la lumière, qui ont appris les lois de la gravitation, ne sont point appelés newtoniens; c'est le privilége de l'erreur de donner son nom à une secte. Si Platon avait trouvé des vérités, il n'y aurait point eu de platoniciens, et tous les hommes auraient appris peu à peu ce que Platon aurait enseigné: mais parce que, dans l'ignorance qui couvre la terre, les uns s'attachaient à une erreur, les autres à une autre, on combattait sous différents étendards: il y avait des péripatéticiens, des platoniciens, des épicuriens, des zénonistes, en attendant qu'il y eût des sages.

Si l'on appelle encore en France newtoniens les philosophes qui ont joint leurs connaissances à celles dont Newton a gratifié le genre humain, ce n'est que par un reste d'ignorance et de préjugé. Ceux qui savent peu, et ceux qui savent mal, ce qui compose une multitude prodigieuse, s'imaginèrent que Newton n'avait fait autre chose que combattre Descartes, à peu près comme avait fait Gassendi. Ils entendirent parler de ses découvertes, et ils les prirent pour un système nouveau. C'est ainsi que quand Harvey eut rendu palpable la circulation du sang, on s'éleva en France contre lui: on appela *harvéistes* et *circulateurs* ceux qui osaient embrasser la vérité nouvelle que le public ne prenait que pour une opinion. Il le faut avouer, toutes les découvertes nous sont venues d'ailleurs, et toutes ont été combattues. Il n'y a pas jusqu'aux expériences que Newton avait faites sur la lumière, qui n'aient essuyé parmi nous de violentes contradictions. Il n'est pas surprenant après cela que la gravitation universelle de la matière, ayant été démontrée, ait été aussi combattue.

Les sublimes vérités que nous devons à Newton ne se sont pleinement établies en France qu'après une génération entière de ceux qui avaient vieilli dans les erreurs de Descartes: car toute vérité, comme tout mérite, a les contemporains pour ennemis.

> *Turpe putaverunt* parere minoribus; et quæ
> Imberbes didicere, senes perdenda fateri.
> > Hor., l. II, ep. 1, v. 85-86.

Mme du Châtelet a rendu un double service à la postérité, en traduisant le livre des *Principes*, et en l'enrichissant d'un commentaire. Il est vrai que la langue latine dans laquelle il est écrit est entendue de tous les savants; mais il en coûte toujours quelques fatigues à lire des choses abstraites dans une langue étrangère. D'ailleurs le latin n'a pas de termes pour exprimer les vérités mathématiques et physiques qui manquaient aux anciens.

Il a fallu que les modernes créassent des mots nouveaux pour rendre ces nouvelles idées; c'est un grand inconvénient dans les livres de sciences, et il faut avouer que ce n'est plus guère la peine d'écrire ces livres dans une langue morte, à laquelle il faut toujours ajouter des expressions inconnues à l'antiquité, et qui peuvent causer de l'embarras. Le français, qui est la langue courante de l'Europe, et qui s'est enrichi de toutes ces expressions nouvelles et nécessaires, est beaucoup plus propre que le latin à répandre dans le monde toutes ces connaissances nouvelles.

A l'égard du *Commentaire algébrique*, c'est un ouvrage au-dessus de la traduction. Mme du Châtelet y travailla sur les idées de M. Clairault; elle fit tous les calculs elle-même; et quand elle avait achevé un chapitre, M. Clairault l'examinait et le corrigeait. Ce n'est pas tout; il peut dans un travail si pénible échapper quelque méprise; il est très-aisé de substituer en écrivant un signe à un autre. M. Clairault faisait encore revoir par un tiers les calculs, quand ils étaient mis au net; de sorte qu'il est moralement impossible qu'il se soit glissé dans cet ouvrage une erreur d'inattention : et ce qui le serait du moins autant, c'est qu'un ouvrage où M. Clairault a mis la main ne fût pas excellent en son genre.

Autant qu'on doit s'étonner qu'une femme ait été capable d'une entreprise qui demandait de si grandes lumières et un travail si obstiné, autant doit-on déplorer sa perte prématurée : elle n'avait pas encore entièrement terminé le *Commentaire*, lorsqu'elle prévit que la mort allait l'enlever. Elle était jalouse de sa gloire, et n'avait point cet orgueil de la fausse modestie, qui consiste à paraître mépriser ce qu'on souhaite, et à vouloir paraître supérieur à cette gloire véritable, la seule récompense de ceux qui servent le public, la seule digne des grandes âmes, qu'il est beau de rechercher et qu'on n'affecte de dédaigner que quand on est incapable d'y atteindre.

C'est ce soin qu'elle avait de sa réputation qui la détermina, quelques jours avant sa mort, à déposer à la Bibliothèque du roi son livre tout écrit de sa main.

Elle joignit à ce goût pour la gloire une simplicité qui ne l'accompagne pas toujours, mais qui est souvent le fruit des études sérieuses. Jamais femme ne fut si savante qu'elle, et jamais personne ne mérita moins qu'on dît d'elle : « C'est une femme savante. » Elle ne parlait jamais de science qu'à ceux avec qui elle croyait pouvoir s'instruire, et jamais elle n'en parla pour se faire remarquer. On ne la vit point rassembler de ces cercles où il se fait une guerre d'esprit, où l'on établit une espèce de tribunal, où l'on juge son siècle par lequel en récompense on est jugé très-sévèrement. Elle a vécu longtemps dans des sociétés où l'on ignorait ce qu'elle était, et elle ne prenait pas garde à cette ignorance.

Les dames qui jouaient avec elle chez la reine étaient bien loin de se douter qu'elles fussent à côté du commentateur de Newton : on la

prenait pour une personne ordinaire ; seulement on s'étonnait quelquefois de la rapidité et de la justesse avec laquelle on la voyait faire les
comptes et terminer les différends; dès qu'il y avait quelque combinaison à faire, la philosophe ne pouvait plus se cacher. Je l'ai vue un
jour diviser jusqu'à neuf chiffres par neuf autres chiffres, de tête et
sans aucun secours, en présence d'un géomètre étonné qui ne pouvait
la suivre.

Née avec une éloquence singulière, cette éloquence ne se déployait
que quand elle avait des objets dignes d'elle : ces lettres où il ne s'agit
que de montrer de l'esprit, ces petites finesses, ces tours délicats que
l'on donne à des pensées ordinaires, n'entraient pas dans l'immensité
de ses talents. Le mot propre, la précision, la justesse et la force,
étaient le caractère de son éloquence. Elle eût plutôt écrit comme
Pascal et Nicole que comme Mme de Sévigné : mais cette fermeté
sévère et cette trempe vigoureuse de son esprit ne la rendaient pas
inaccessible aux beautés de sentiment Les charmes de la poésie et de
l'éloquence la pénétraient, et jamais oreille ne fut plus sensible à l'harmonie. Elle savait par cœur les meilleurs vers, et ne pouvait souffrir
les médiocres. C'était un avantage qu'elle eut sur Newton, d'unir à la
profondeur de la philosophie le goût le plus vif et le plus délicat pour
les belles-lettres. On ne peut que plaindre un philosophe réduit à la
sécheresse des vérités, et pour qui les beautés de l'imagination et du
sentiment sont perdues.

Dès sa tendre jeunesse elle avait nourri son esprit de la lecture des
bons auteurs en plus d'une langue. Elle avait commencé une traduction
de l'*Énéide*, dont j'ai vu plusieurs morceaux remplis de l'âme de son
auteur : elle apprit depuis l'italien et l'anglais. Le Tasse et Milton lui
étaient familiers comme Virgile : elle fit moins de progrès dans l'espagnol, parce qu'on lui dit qu'il n'y a guère dans cette langue qu'un
livre célèbre, et que ce livre est frivole.

L'étude de sa langue fut une de ses principales occupations. Il y a
d'elle des remarques manuscrites dans lesquelles on découvre, au milieu de l'incertitude et de la bizarrerie de la grammaire, cet esprit
philosophique qui doit dominer partout, et qui est le fil de tous les
labyrinthes.

Parmi tant de travaux que le savant le plus laborieux eût à peine
entrepris, qui croirait qu'elle trouva du temps non-seulement pour
remplir tous les devoirs de la société, mais pour en rechercher avec
avidité tous les amusements? Elle se livrait au plus grand monde [1]
comme à l'étude. Tout ce qui occupe la société était de son ressort,
hors la médisance. Jamais on ne l'entendit relever un ridicule. Elle
n'avait ni le temps ni la volonté de s'en apercevoir; et quand on lui
disait que quelques personnes ne lui avaient pas rendu justice, elle
répondait qu'elle voulait l'ignorer. On lui montra un jour je ne sais

---

1. Dans *la Bibliothèque impartiale* qui publia cet éloge, une erreur d'impression avait remplacé ces mots : *le plus grand monde*, par ceux-ci : *le plus
grand nombre*. (ED.)

quelle misérable brochure dans laquelle un auteur, qui n'était pas à portée de la connaître, avait osé mal parler d'elle; elle dit que si l'auteur avait perdu son temps à écrire ces inutilités, elle ne voulait pas perdre le sien à les lire : le lendemain, ayant su qu'on avait renfermé l'auteur de ce libelle, elle écrivit en sa faveur sans qu'il l'ait jamais su.

Elle fut regrettée à la cour de France autant qu'on peut l'être dans un pays où les intérêts personnels font si aisément oublier tout le reste. Sa mémoire a été précieuse à tous ceux qui l'ont connue particulièrement, et qui ont été à portée de voir l'étendue de son esprit et la grandeur de son âme.

Il eût été heureux pour ses amis qu'elle n'eût pas entrepris cet ouvrage dont les savants vont jouir : on peut dire d'elle, en déplorant sa destinée : *Periit..... arte sua.*

Elle se crut frappée à mort longtemps avant le coup qui nous l'a enlevée : dès lors elle ne songea plus qu'à employer le peu de temps qu'elle prévoyait lui rester à finir ce qu'elle avait entrepris, et à dérober à la mort ce qu'elle regardait comme la plus belle partie d'elle-même. L'ardeur et l'opiniâtreté du travail, des veilles continuelles dans un temps où le repos l'aurait sauvée, amenèrent enfin cette mort qu'elle avait prévue. Elle sentit sa fin approcher; et, par un mélange singulier de sentiments qui semblaient se combattre, on la vit regretter la vie et regarder la mort avec intrépidité. La douleur d'une séparation éternelle affligeait sensiblement son âme; et la philosophie dont cette âme était remplie lui laissait tout son courage. Un homme qui s'arrache tristement à sa famille désolée, et qui fait tranquillement les préparatifs d'un long voyage, n'est que le faible portrait de sa douleur et de sa fermeté; de sorte que ceux qui furent les témoins de ses derniers moments sentaient doublement sa perte par leur propre affliction et par ses regrets, et admiraient en même temps la force de son esprit, qui mêlait à des regrets si touchants une constance si inébranlable.

Elle est morte au palais de Lunéville, le 10 septembre 1749, à l'âge de quarante-trois ans et demi, et a été inhumée dans la chapelle voisine.

PENSÉES SUR LE GOUVERNEMENT[1].

(1752.)

I. Puffendorf, et ceux qui écrivent comme lui sur les intérêts des princes, font des almanachs défectueux pour l'année courante, et qui ne valent absolument rien pour l'année d'après.

II. Qui eût dit, à la paix de Nimègue, qu'un jour l'Espagne, le

---

1. En 1756 l'auteur retrancha sept articles que voici :
I. — J'ai eu bien raison d'avancer, il y a vingt ans, qu'il faut dire d'un peuple, non pas quelle est la nature de son gouvernement et de ses intérêts, mais ce que sont ses intérêts et son gouvernement en telle année. Machiavel prétendait que la force des rois de France était dans leurs parlements. S'il vivait de nos

Mexique, le Pérou, Naples, Sicile, Parme, appartiendraient à la maison de France?

III. Prévoyait-on, lorsque Charles XII gouvernait despotiquement la Suède, que ses successeurs n'auraient pas plus d'autorité que les rois n'en ont en Pologne[1]?

IV. Les rois de Danemark étaient des doges il y a un siècle; ils sont à présent absolus.

V. Autrefois les Russes se vendaient eux-mêmes comme les nègres : à présent ils s'estiment assez pour ne pas recevoir dans leurs troupes des soldats étrangers, et ils ont pour point d'honneur de ne déserter jamais; mais il faut encore des officiers étrangers, parce que la nation n'a pas acquis autant d'habileté que de courage, et qu'elle ne sait encore qu'obéir.

VI. Les animaux accoutumés au joug s'y présentent eux-mêmes. Je ne sais quel compilateur des *Lettres de la reine Christine* a fait au genre humain l'outrage de justifier le meurtre de Monaldeschi, assassiné à Fontainebleau par l'ordre d'une Suédoise, sous prétexte que cette Suédoise avait été reine. Il n'y avait au monde que les assassins employés par elle qui pussent prétendre qu'il était permis à cette princesse de faire à Fontainebleau ce qui aurait été un crime dans Stockholm.

VII. La liberté consiste à ne dépendre que des lois. Sur ce pied, chaque homme est libre aujourd'hui en Suède, en Angleterre, en Hollande, en Suisse, à Genève, à Hambourg; on l'est même à Venise et à Gênes, quoique ce qui n'est pas du corps des souverains y soit avili. Mais il y a encore des provinces et de vastes royaumes chrétiens où la plus grande partie des hommes est esclave.

VIII. Un temps viendra dans ces pays où quelque prince plus habile que les autres fera comprendre aux cultivateurs des terres, qu'il n'est pas tout à fait à leur avantage qu'un homme qui a un cheval ou plu-

jours, il dirait : « La force des rois de France est dans une armée de deux cent « mille hommes. »

II. « Ceux qui ont écrit, il y a cinquante ans, que la maison de Prusse devait être toujours attachée à celle d'Autriche, seraient aujourd'hui un peu confondus.

III. « Qui eût dit dans le siècle passé que les Russes feraient trembler l'empire ottoman, et qu'ils enverraient une armée de quarante mille hommes contre la France? Ils étaient soumis aux Tartares, il y a trois siècles; et si jamais l'empire de Constantinople tombe, ce sera par leurs mains. Les Russes disciplinés vaincront les janissaires indisciplinables, qui les méprisent.

IV. « Lorsqu'en Russie des czars effrayaient la nature par tant de supplices épouvantables, dont ils étaient autrefois les exécuteurs, prévoyait-on qu'il viendrait une impératrice qui ferait vœu de ne condamner personne à la mort, et qui serait fidèle à ce serment?

X. « Tout ce qu'on a écrit pour et contre (quel est le gouvernement préférable) se réduit à ceci : que dans les États mixtes, la confusion est à craindre; dans les États monarchiques, l'abus du pouvoir.

XXIII. « Le gouvernement républicain subsistera-t-il en Suède? Oui, oui, jusqu'à ce qu'il naisse un Gustave-Adolphe.

XXIV. « La religion luthérienne y subsistera plus longtemps, parce que personne n'a intérêt à la changer. »

1. Ils sont revenus depuis à peu près au même point que les princes de la maison de Vasa. (*Ed. de Kehl.*)

sieurs chevaux, c'est-à-dire un noble, ait le droit de tuer un paysan en mettant dix écus sur sa fosse. Il est vrai que dix écus sont beaucoup pour un homme né dans un certain climat ; mais ils démêleront dans la suite des siècles que c'est fort peu pour un mort. Alors il pourra se faire que les communes aient part au gouvernement, et que l'administration anglaise et suédoise s'établisse dans le voisinage de la Turquie.

IX. Un citoyen d'Amsterdam est un homme ; un citoyen à quelques degrés de longitude par delà est un animal de service.

X. Tous les hommes sont nés égaux ; mais un bourgeois de Maroc ne soupçonne pas que cette vérité existe.

XI. Cette égalité n'est pas l'anéantissement de la subordination : nous sommes tous également hommes, mais non membres égaux de la société. Tous les droits naturels appartiennent également au sultan et au bostangi : l'un et l'autre doivent disposer avec le même pouvoir de leurs personnes, de leurs familles, de leurs biens. Les hommes sont donc égaux dans l'essentiel, quoiqu'ils jouent sur la scène des rôles différents.

XII. On demande toujours quel gouvernement est préférable. Si on fait cette question à un ministre ou à son commis, ils seront sans doute pour le pouvoir absolu : si c'est à un baron, il voudra que le baronnage partage le pouvoir législatif. Les évêques en diront autant ; le citoyen voudra, comme de raison, être consulté, et le cultivateur ne voudra pas être oublié. Le meilleur gouvernement semble être celui où toutes les conditions sont également protégées par les lois.

XIII. Un républicain est toujours plus attaché à sa patrie qu'un sujet à la sienne, par la raison qu'on aime mieux son bien que celui de son maître.

XIV. Qu'est-ce que l'amour de la patrie ? Un composé d'amour-propre et de préjugés, dont le bien de la société fait la plus grande des vertus. Il importe que ce mot vague, *le public*, fasse une impression profonde.

XV. Quand le seigneur d'un château ou l'habitant d'une ville accusent le pouvoir absolu, et plaignent le paysan accablé, ne les croyez pas. On ne plaint guère les maux qu'on ne sent point. Les citoyens, les gentilshommes, haïssent encore très-rarement la personne du souverain, à moins que ce ne soit dans les guerres civiles. Ce qu'on hait, c'est le pouvoir absolu dans la quatrième ou cinquième main ; c'est l'antichambre d'un commis ou d'un secrétaire d'un intendant qui cause les murmures ; c'est parce qu'on a reçu dans un palais la rebuffade d'un valet insolent qu'on gémit sur les campagnes désolées.

XVI. Les Anglais reprochent aux Français de servir leurs maîtres gaiement. Voici ce qu'on a écrit en Angleterre de plus beau sur cette matière :

> A nation here I pity and admire[1],
> Whom noblest sentiments of glory fire ;

---

1. Vers de Middleton. (ÉD.)

Yet taught by custom's force, and bigot fear,
To serve with pride, and boast the yoke they bear:
Whose nobles born to cringe and to command,
In courts a mean, in camps a gen'rous band,
From priests and stock-jobbers content receive
Those laws their dreaded arms to Europe give:
Whose people vain in want, in bondage blest;
Tho' plunder'd, gay; industrious, tho' opprest;
With happy follies rise above their fate;
The jest and envy, of a wiser state.

On pourrait rendre ainsi le sens de ces vers :

Tel est l'esprit français : je l'admire et le plains.
Dans son abaissement quel excès de courage!
La tête sous le joug, les lauriers dans les mains,
Il chérit à la fois la gloire et l'esclavage.
Ses exploits et sa honte ont rempli l'univers :
Vainqueur dans les combats, enchaîné par ses maîtres,
Pillé par des traitants, aveuglé par des prêtres;
Dans la disette il chante : il danse avec ses fers.
Fier dans la servitude, heureux dans sa folie,
De l'Anglais libre et sage il est encor l'envie.

Voici la réponse à toutes ces déclamations dont les poésies anglaises, les brochures et les sermons sont remplis : il est très-naturel d'aimer une maison qui règne depuis près de huit cents années. Plusieurs étrangers et même des Anglais sont venus s'établir en France uniquement pour y vivre heureux.

XVII. Un roi qui n'est point contredit ne peut guère être méchant.

XVIII. Quelques Anglais de province, qui n'ont voyagé qu'à Londres, s'imaginent que le roi de France, quand il est de loisir, envoie chercher un président, et, pour s'amuser, donne son bien à un valet de garde-robe.

XIX. Il n'y a guère de pays au monde où les fortunes des particuliers soient plus assurées qu'en France. Le comte Maurice de Nassau, en partant de la Haye pour aller commander l'infanterie hollandaise, me demanda si on lui confisquerait les rentes qu'il avait sur l'hôtel de ville de Paris. « On vous payera, lui dis-je, précisément le même jour que le comte Maurice de Saxe[1] qui commande l'armée française; » et cela était vrai à la lettre[2].

---

1. Les rentes se payaient suivant l'ordre alphabétique des prénoms ou noms de baptême. (*Note de M. Beuchot*.)

2. Les Anglais instruits avouent que la France est celui des grands États de l'Europe, après l'Angleterre, où les propriétés sont le plus assurées; et c'est par cette raison qu'elle est, après l'Angleterre, le pays le plus florissant. Ils pouvaient ajouter que c'est beaucoup moins à la constitution de l'Angleterre qu'ils doivent l'avantage d'une sûreté plus grande dans les propriétés, qu'à la vigueur avec laquelle les lois y sont exécutées. Si les propriétés sont moins assurées en France, ce n'est point parce que le gouvernement y est absolu; c'est parce qu'il

XX. Louis XI, pendant son règne, fit passer par la main du bourreau environ quatre mille citoyens ; c'est qu'il n'était pas absolu et qu'il voulait l'être. Louis XIV, depuis l'aventure du duc de Lauzun, n'exerça aucune rigueur contre personne de sa cour; c'est qu'il était absolu. Sous Charles II il y eut plus de cinquante têtes considérables coupées à Londres.

XXI. Du temps de Louis XIII. il n'y eut pas une année sans faction. Louis le Juste était cruel. Il avait commencé à seize ans par faire assassiner son premier ministre. Il souffrit que le cardinal de Richelieu, plus cruel que lui, fît couler le sang sur les échafauds.

Le cardinal Mazarin, dans les mêmes circonstances, ne fit périr personne. Étranger qu'il était, il n'eût pu se soutenir par la cruauté. Il était fourbe, et non méchant. Si Richelieu n'eût pas eu de factions à combattre, il eût mis le royaume au plus haut point de splendeur, parce que sa cruauté, qui tenait à la hauteur de son caractère, n'ayant pas de quoi s'exercer, eût laissé agir la noblesse de son génie dans toute son étendue.

XXII. Dans un livre[1] rempli d'idées profondes et de saillies ingénieuses, on a compté le despotisme parmi les formes naturelles de gouvernement. L'auteur, qui est fort bon plaisant, a voulu railler.

Il n'y a point d'État despotique par sa nature. Il n'y a point de pays où une nation ait dit à un homme : « Sire, nous donnons à Votre gracieuse Majesté le pouvoir de prendre nos femmes, nos enfants, nos biens et nos vies, et de nous faire empaler selon votre bon plaisir et votre adorable caprice. »

Le Grand-Seigneur jure sur l'*Alcoran* d'observer les lois. Il ne peut faire mourir personne sans un arrêt du divan et un fetfa du muphti. Il est si peu despotique, qu'il ne peut changer ni le prix des monnaies, ni casser les janissaires. Il est faux qu'il soit le maître du bien de ses sujets. Il donne des terres qu'on appelle des *timariots*, comme on donnait anciennement des fiefs.

XXIII. Le despotisme est l'abus de la royauté, comme l'anarchie est l'abus de la république. Un prince qui, sans forme de justice et sans justice, emprisonne ou fait périr des citoyens, est un voleur de grand chemin qu'on appelle *Votre Majesté*.

XXIV. Un auteur moderne[2] a dit qu'il y a plus de vertu dans les républiques et plus d'honneur dans les monarchies.

L'honneur est le désir d'être honoré; avoir de l'honneur, c'est ne rien faire qui soit indigne des honneurs. On ne dira point qu'un solitaire a de l'honneur. Cela est réservé pour ce degré d'estime que dans la société chacun veut attacher à sa personne. Il est bon de convenir des termes, sans quoi bientôt on ne s'entendra plus.

Or, du temps de la république romaine, ce désir d'être honoré par

n'a pas toujours veillé avec exactitude au maintien des lois, qu'il ne les a pas défendues toujours avec assez de vigueur contre les prétentions ou les entreprises des corps puissants, qu'il ne s'est point assez occupé de perfectionner les lois. (*Éd. de Kehl.*)

1. *L'Esprit des Lois.* (ÉD.) — 2. *Ibid.*

des statues, des couronnes de laurier et des triomphes, rendit les Romains vainqueurs d'une grande partie du monde. L'honneur subsistait d'une cérémonie ou d'une feuille de laurier ou de persil.

Dès qu'il n'y eut plus de république, il n'y eut plus de cette espèce d'honneur.

XXV. Une république n'est point fondée sur la vertu; elle l'est sur l'ambition de chaque citoyen qui contient l'ambition des autres, sur l'orgueil qui réprime l'orgueil, sur le désir de dominer qui ne souffre pas qu'un autre domine. De là se forment des lois qui conservent l'égalité autant qu'il est possible : c'est une société où des convives, d'un appétit égal, mangent à la même table, jusqu'à ce qu'il vienne un homme vorace et vigoureux qui prenne tout pour lui et leur laisse les miettes.

XXVI. Les petites machines ne réussissent point en grand, parce que les frottements les dérangent : il en est de même des États; la Chine ne peut se gouverner comme la république de Lucques.

XXVII. Le calvinisme et le luthéranisme sont en danger dans l'Allemagne : ce pays est plein de grands évêchés, d'abbayes souveraines, de canonicats, tous propres à faire des conversions. Un prince protestant se fait catholique pour être évêque ou roi d'un certain pays, comme une princesse pour se marier.

XXVIII. Si la religion romaine reprend le dessus, ce sera par l'appât des gros bénéfices, et par le moyen des moines. Les moines sont des troupes qui combattent sans cesse; les protestants n'ont point de troupes.

XXIX. On a prétendu[1] que les religions sont faites pour les climats; mais le christianisme a régné longtemps dans l'Asie. Il commença dans la Palestine, et il est venu en Norvége. L'Anglais qui a dit que les religions étaient nées en Asie, et trouvaient leur tombeau en Angleterre, a mieux rencontré.

XXX. Il faut avouer qu'il y a des cérémonies, des mystères qui ne peuvent avoir lieu que dans certains climats. On se baigne dans le Gange aux nouvelles lunes : s'il fallait se baigner en janvier dans la Vistule, cet acte de religion ne serait pas longtemps en vigueur, etc.

XXXI. On a prétendu[2] que la loi de Mahomet qui défend de boire du vin est la loi du climat d'Arabie, parce que le vin y coagulerait le sang, et que l'eau est rafraîchissante. J'aimerais autant qu'on eût fait un onzième commandement en Espagne et en Italie de boire à la lace.

Mahomet ne défendit pas le vin parce que les Arabes aiment l'eau : il est dit dans la *Sonna* qu'il le défendit parce qu'il fut témoin des excès que l'ivrognerie fait commettre.

XXXII. Toutes les lois religieuses ne sont pas une suite de la nature du climat.

Manger debout un agneau cuit avec des laitues, jeter ce qui en reste dans le feu; ne point manger de lièvre, parce qu'il est dit qu'il n'a pas le pied fendu, et qu'il rumine; se mettre du sang d'un animal à l'oreille gauche; toutes ces cérémonies n'ont guère de rapport avec la température d'un pays.

XXXIII. Si Léon X avait donné des indulgences à vendre aux moines augustins, qui étaient en possession du débit de cette marchandise, il n'y aurait point de protestants. Si Anne de Boulen n'avait pas été belle, l'Angleterre serait romaine. A quoi a-t-il tenu que l'Espagne n'ait été tout arienne, et ensuite toute mahométane? A quoi a-t-il tenu que Carthage n'ait détruit Rome?

XXXIV. D'un événement donné déduire tous les événements de l'univers, est un beau problème à résoudre; mais c'est au maître de l'univers qu'il appartient de le faire.

EXTRAIT

DE LA BIBLIOTHÈQUE RAISONNÉE[1].

Les Œuvres de M. de Maupertuis, à Dresde, 1752, in-4° de quatre cent quatre pages; une Épître dédicatoire, et une Préface, qui en font vin t-deux. C'est un recueil de plusieurs dissertations dont quelques-unes avaient déjà été reçues favorablement. La première est un *Essai de Cosmologie*.

Il y a au devant de ce petit Traité de cosmologie un correctif qui a paru nécessaire à l'auteur. Le traité roule principalement sur deux points. Le premier infirme les preuves de l'existence de Dieu les plus naturelles; et dans le second on cherche la preuve de cet Être suprême dans une loi de la réfraction. Il est clair qu'il y a plus de lecteurs capables de sentir cette foule d'arguments, par lesquels la nature démontre son maître à tous les sens, qu'il n'y en a qui puissent le reconnaître dans une formule d'algèbre. C'eût été rendre problématique une vérité si importante et si nécessaire aux hommes que d'ébranler la force des témoignages les plus reçus, et de ne réserver la certitude d'un Être souverain qu'à un problème. L'auteur a donc fait sagement de prévenir les reproches que quelques lecteurs pouvaient lui faire.

Il est difficile d'être de son avis, quand il combat les preuves de l'existence de Dieu, qui ont paru si fortes à Newton et à tant d'autres philosophes. Newton voyait, ainsi que Platon, dans toute la nature un but et des moyens : moyens uniformes dans les êtres de même espèce; moyens variés dans les autres genres; moyens infinis dans l'étendue immense des choses.

On est étonné qu'un philosophe comme l'auteur se serve du terme de *hasard*, que la saine philosophie a proscrit il y a longtemps.

On n'est pas moins surpris qu'il cherche à avilir cette divine industrie, qui préside à la formation des insectes. « Tout cela, dit-il,

---

1. Mois de juillet, août et septembre 1752. (ÉD.)

aboutit à produire un insecte incommode, que le premier oiseau dévore, ou qui tombe dans les filets d'une araignée. » Il n'a pas pensé que ces animaux destinés en partie à la pâture des autres, sont certainement un moyen de conserver l'espèce qui s'en nourrit; un moyen qui prouve un choix, qui par conséquent annonce la puissante intelligence qui a fait ce choix: et ce moyen ne peut être l'effet du hasard, le *hasard* n'étant qu'un mot vide de sens.

L'auteur, après avoir plaint les mouches d'être mangées par les araignées, plaint ensuite les hommes de ce que « les mers couvrent la moitié de la terre, et qu'on y voit des rochers escarpés, etc. » Il aurait dû se souvenir qu'il est démontré que ces mers servent à fournir toute l'eau qui s'en évapore, et qui retombe ensuite sur cette chaîne de rochers, réservoirs perpétuels de toutes les sources de rivières qui arrosent et fertilisent la terre. « Examinez, dit-il ensuite, les mœurs de ceux qui l'habitent; vous trouverez le mensonge, le meurtre, le vol, et partout les vices plus communs que la vertu. »

Cette ancienne objection tant rebattue n'a pas tant de force que plusieurs personnes l'ont cru. Il est très-faux qu'il soit plus commun d'être volé et assassiné que de jouir en liberté de son bien et de sa vie. Parcourez mille villages, vous ne trouverez pas dix meurtres et dix vols dans un siècle. Il ne se commet pas à Londres, à Rome, à Constantinople, à Paris, dix meurtres par an. Il y a des années où il ne s'en commet point du tout. Les guerres sont ce qu'il y a de plus fatal après les grandes pestes; mais sur cent millions d'habitants au moins, dont l'Europe est peuplée, la guerre ne fait pas périr en un siècle, parmi les mâles, la trentième partie des cent millions, qui chaque année se renouvellent. Quand on examine ces lieux communs avec des yeux attentifs, on voit qu'en effet il y a beaucoup plus de bien que de mal sur la terre. On voit évidemment que ces reproches, faits de tout temps à la Providence, ne viennent que du plaisir secret que les hommes ont de se plaindre, et qu'ils sont plus frappés des maux qu'ils éprouvent que des avantages dont ils jouissent. L'histoire, qui est pleine d'événements tragiques, contribue d'ordinaire beaucoup à favoriser l'idée qu'il y a incomparablement plus de mal que de bien; mais on ne fait pas réflexion que l'histoire n'est que le tableau des grands événements, des querelles des rois et des nations. Elle ne tient point compte de l'état ordinaire des hommes. Cet état ordinaire est l'ordre et la sûreté dans la société. Il n'y a point de ville au monde qui n'ait été vingt fois plus longtemps tranquille que troublée de séditions. Il y a plus de cent ans qu'il n'y a eu de sédition à Paris. Depuis Charles-Quint, Rome n'a point souffert. Le vaste empire de la Chine est entièrement paisible depuis plus d'un siècle. L'intérieur de Venise a été mille ans tranquille.

Cette ancienne question épuisée du mal moral et du mal physique ne devrait être traitée qu'en cas qu'on eût des choses nouvelles à dire. Mais remarquons qu'elle n'attaque point l'Intelligence suprême: elle attaque l'idée que nous nous faisons de sa bonté. L'auteur, en examinant succinctement les opinions qui justifient la bonté du Créateur, omet la plus digne observation, et la plus philosophique. La voici : c'est que dans l'ordre et dans la chaîne infinie des êtres créés, il faut qu'il se trouve un être tel que l'homme : or, si dans cette chaîne infinie l'homme doit être tel qu'il est aujourd'hui, quel reproche peut-on faire à la Divinité?

Enfin l'auteur, après avoir trop sommairement jeté des doutes sur les preuves les plus palpables de la Providence, traite la cosmologie plus sommairement encore en un seul chapitre. Il vient ensuite au choc des corps, et à l'action par laquelle la lumière passe d'un milieu dans un autre. Il se sert de la découverte de Newton, qui le premier a vu cette inflexion singulière des rayons[1]. Il n'est pas assurément démontré, et Newton n'a jamais cru que ces rayons s'infléchissent, parce que la nature y emploie la moindre action possible. Le fait tient à une autre cause qui allonge le temps et le chemin de la lumière. Cependant l'auteur prétend qu'on trouve évidemment dans ce phénomène le principe de la moindre action possible; et il prétend que cette moindre action possible est une loi mathématique générale de son invention. C'est sur cette loi générale mathématique qu'il fonde l'existence de Dieu.

Il est difficile de concilier cette prétendue loi avec la profusion qu'on remarque dans toutes les opérations de la nature. Cette loi paraît même directement opposée à l'effet qui arrive dans le chemin, et le temps allongé que prend un rayon de lumière dans la réfraction. Enfin si cette loi a quelque vraisemblance. elle ne serait que l'ancien axiome, que *la nature agit toujours par les voies les plus simples.*

Mais ce qu'il est très-important d'observer, c'est que rien ne serait

---

1. L'auteur de cet *Extrait* ne paraît pas s'être donné la peine d'examiner les matières auxquelles il touche dans l'endroit cité. M. de Maupertuis ne se sert point de la découverte de Newton pour déterminer la loi de la réfraction des rayons de lumière, et dans toute cette matière il n'est pas question de l'inflexion des rayons, qui est tout autre chose. Il aurait donc dû tourner sa critique tout autrement, et dire, par exemple :

« Il se sert de la découverte de Leibnitz, qui, le premier, a appliqué le calcul des plus grandes et des moi dres quantités, et la considération de la cause finale pour déterminer la loi de la réfraction. » (Voyez son mémoire *De unico optïcæ, catoptricæ et dioptricæ principio*, dans les *Actes de Leipzig*, de l'année 1682, page 185.)

On ne peut pas même voir en quoi le calcul de M. de Maupertuis diffère de celui de M. de Leibnitz, tant la conformité est grande. M. de Maupertuis aurait donc mieux fait de convenir franchement des obligations qu'il avait à ce grand homme, que de s'amuser à le réfuter mal à propos, comme il l'a fait dans les *Mémoires de l'académie royale des sciences de l'an* 1744, où il a publié pour la première fois cette *Dissertation sur la loi de la réfraction*, etc. Je dis mal à propos, parce que M. de Maupertuis lui-même paraît avoir reconnu son tort, en ce qu'il a changé ou ôté dans cette nouvelle édition tous les passages qui roulaient sur les prétendues bévues de M. Leibnitz, comme on peut s'en convaincre en comparant ce qui se trouve dans les *Mémoires de* 1744 avec ce qui se trouve, sur la même matière, dans l'ouvrage que nous annonçons. S'il est bon de corriger ses fautes, il vaudrait encore mieux de n'en point commettre. Mais le grand point consiste en ceci. L'auteur prétend tirer de la *moindre action* les lois de la nature; il veut en démontrer l'existence d'un Dieu. Il faudrait donc, non-seulement nous expliquer ce qu'il faut entendre par l'*action*, et nous en donner une certaine estimation mathématique; mais il faudrait encore démontrer plus capable de jeter des doutes sur le dogme si vrai et si nécessaire de l'existence d'un Dieu infiniment sage et infiniment juste, que de réduire toutes les preuves morales et physiques de cette vérité à une formule algébrique. Un théorème géométrique est une vérité nécessaire. Les trois angles d'un triangle sont égaux à deux droits, parce que la chose ne peut être autrement. Or la nécessité des choses est précisément l'opposé d'un Dieu infiniment puissant et infiniment libre. Ce qui est nécessaire exclut un choix. C'est dans ce choix des moyens que le grand géomètre Newton trouvait une des convictions les plus frappantes de l'existence de l'Être créateur et gouverneur. Il serait à souhaiter que l'auteur eût plus corrigé qu'il n'a fait cet *Essai de cosmologie*, trop superficiel d'ailleurs pour instruire, et dans lequel il y a trop de vérités combattues, des assertions hasardées, et pas assez de clarté.

Cet *Essai* est suivi d'un Discours sur les différentes figures des astres, qui avait déjà paru, et dont l'auteur a sagement retranché des propositions trop peu vraisemblables sur l'idée qu'il s'était faite de quelques étoiles qu'il faisait ressembler à des meules de moulin. Ce petit traité, purgé de ces singularités qui l'avaient décrié, est plein de connaissances physiques. On voit que l'auteur est très-instruit. Nous n'entrerons point dans le détail de cet ouvrage, parce que toutes ces choses sont connues, et enseignées dans toutes les académies de l'Europe.

Le *Voyage au cercle polaire* vient après le *Discours sur les astres.* C'est un ouvrage bien fait, curieux, et instructif, dont on a déjà rendu compte plusieurs fois; et nous pouvons avancer que ce voyage est le meilleur traité de ce recueil.

que cette estimation est légitime, qu'elle est conforme aux principes incontestables de la raison. M. de Maupertuis nous dit, dans ce *Mémoire*, que l'action d'un corps en mouvement doit être estimée par l'espace parcouru, et la vitesse avec laquelle cet espace a été parcouru. Mais qui autorise M. de Maupertuis à estimer l'action de la sorte? Le P. Malebranche l'estimait par l'espace tout seul; d'autres pourraient vouloir l'estimer par l'espace et le temps; d'autres encore autrement. Il faut donc que l'estimation, qui doit passer pour vraie, et sur laquelle on veut bâtir les preuves de l'existence d'un Dieu, soit premièrement démontrée des principes de la dynamique reçus de tous les philosophes; sans cela, c'est bâtir en l'air un pompeux édifice que le souffle d'un *negatur assumptum* renverse incontinent. L'estimation de M. de Maupertuis peut être vraie; mais cette vérité n'est assurément pas connue. Les plus grands géomètres en sont surpris; ils n'ont jamais ouï parler de cette estimation de l'action. Il y en a eu dans l'Académie royale des sciences de Paris qui ont demandé à M. de Maupertuis la démonstration de ce paradoxe; mais il n'a jamais pu les satisfaire.

En admettant l'estimation de l'action supposée par M. de Maupertuis, c'est encore une grande question si les lois du mouvement et de l'équilibre sont une suite de son *minimum*, ou de sa moindre quantité possible. *Adhuc sub judice lis est.* Il y a des savants qui le nient. On saura à quoi s'en tenir quand la controverse engagée sur cette matière entre MM. de Maupertuis et Koënig sera finie. Quoi qu'il en puisse être, il est indubitable qu'en tout cas cette loi de l'épargne ne serait qu'un corollaire de cette loi générale, que Dieu et la nature donnent toujours la préférence au meilleur et au plus convenable dans leurs opérations. — (Cette note est dans la *Bibliothèque raisonnée*, et peut-être de son rédacteur. ED.)

Les *Éléments de géographie* sont bien inférieurs à ce voyage. Ils paraissent mal intitulés, *Éléments de géographie;* ce sont des *Éléments de la sphère*. On désirerait qu'ils fussent plus approfondis, et que l'auteur eût plus profité de Keill et de Grégori. Cependant, comme ces *Éléments* ont rapport à la figure de la terre, il y a des chapitres intéressants. On a écrit tant de livres sur ces matières, qu'il est bon d'avertir en général les auteurs, que ce n'est pas assez de dire ce que le public sait déjà, et qu'il n'est utile d'écrire que des choses neuves. Un homme est instruit des principes de la géométrie : mais à quoi bon apprendre au public qu'il en est instruit? Nous ne faisons pas cette réflexion pour l'auteur des *Éléments*, mais en général pour tous ceux qui font imprimer ce qu'on a déjà dans tant de volumes.

La *Lettre sur la Comète* serait peut-être dans ce cas d'inutilité, si ce n'était pas un ouvrage où l'auteur a cherché à répandre des agréments. Ce n'est ni une histoire, ni une explication des comètes. L'auteur se sert, dans ce petit ouvrage, du privilége qu'on a dans ces lettres, de ne dire que ce qu'on veut, et d'effleurer les sujets. Il a cru être en droit d'imiter le style de M. de Fontenelle : « Une comète pourrait nous voler notre lune; les comètes pourraient porter leurs attentats jusqu'au soleil; un tempérament mal à propos robuste, » et d'autres expressions pareilles, sont de ce style familier que le genre épistolaire admet, mais dont on doit se garder dans les lettres qu'on écrit au public.

La *Vénus physique*, qui suit, est plus extraordinaire encore que le système des astres changés en meules de moulin. C'est par l'attraction, selon lui, que l'homme se forme dans le ventre de la mère. Un pied gauche attire un pied droit qui vient se placer au bout de la jambe. L'œil droit attire l'œil qui vient se mettre à gauche. A ces imaginations singulières l'auteur joint des questions qui ne le sont pas moins. Il demande si ce n'est pas un certain instinct, une certaine harmonie préétablie, qui préside à l'union des petites parties du fœtus; si cet instinct n'appartient pas dans le fœtus à un seul atome à l'exclusion de tous les autres.

Cette brochure est d'ailleurs écrite dans un style qui tantôt imite celui de M. de Fontenelle, tantôt celui de l'auteur du *Temple de Gnide*. « J'aimerais mieux, dit-il en parlant des nègres, m'occuper du réveil d'Iris; mille plaisirs précèdent le dernier plaisir. Celle qui l'a charmé s'enflamme du même feu dont il brûle. L'amant heureux parcourt avec rapidité les beautés dont il est ébloui. Il est déjà parvenu à l'endroit le plus délicieux. » Enfin c'est souvent ce qu'a dit Venette dans le *Tableau de l'amour considéré dans l'état du mariage*. Mais ce que personne n'avait jamais imaginé, c'est d'envier en amour le sort des crapauds et des colimaçons. On s'en était tenu jusqu'ici aux moineaux et aux tourterelles. L'auteur a voulu apparemment prévenir par ces images dégoûtantes les effets de ses idées licencieuses.

Il y a une remarque à faire sur ce petit écrit; c'est que l'auteur semble y douter du système qu'il a avancé dans sa cosmologie. « Il ne sait pas, dit-il, lequel fait le plus d'honneur à la nature, d'une économie précise ou d'une profusion superflue. » Peut-être ces systèmes qui se contredisent, ce mélange du style de roman avec la physique, ces peintures plus grossières que volupteuses, feraient peu d'honneur à la philosophie, si tout cela n'était pas regardé avec juste raison comme un délassement d'esprit plutôt que comme des ouvrages sérieux.

L'auteur fait succéder à cette *Vénus* trop peu *physique* et trop indécente, des *Discours académiques*, qui sont des espèces de compliments, lesquels ne sont pas susceptibles d'extraits. Nous dirons seulement qu'on retrouve toujours un esprit philosophique dans ces discours.

Après cela vient une *Relation d'un voyage dans la Laponie*. Il rapporte une inscription indéchiffrable trouvée sur une pierre. Il dit que cette inscription a probablement l'avantage d'être la plus ancienne de l'univers. Nous ne voyons pas sur quel fondement. L'auteur soupçonne que la Laponie a pu être autrefois sous un autre climat, par les grands changements qui ont pu arriver à la terre. Quand cela serait, pourquoi cette inscription serait-elle la plus ancienne de toutes? Il n'y a d'ailleurs dans ce voyage rien qui pique la curiosité.

On lit ensuite une *Lettre sur les Progrès des Sciences*. Le projet est bien louable, les moyens sont un peu difficiles. Il veut qu'on envoie des vaisseaux précisément sous le pôle: le voyage est hasardeux. Il propose qu'on fasse des cavités dans la terre plus profondes que les pyramides ne sont hautes; qu'on établisse une ville où tout le monde parle latin; qu'on tâche de former des espèces nouvelles: il révoque en doute l'existence des jumarts, quoiqu'on ait vu plusieurs de ces animaux. Il voudrait qu'on accouplât des taureaux et des ânesses; mais c'est un âne dont il s'agit, et qui produit le jumart avec la vache, comme il produit le mulet avec la jument.

Après avoir proposé ces expériences sur les corps, il en propose sur les esprits. Il a recours aux songes pour mieux connaître la nature de l'âme, et il pense qu'avec de l'opium on peut parvenir à mieux démêler la manière dont se forment les idées. Ce projet est rare. L'âme ressemblerait-elle à ces poissons qu'on endort pour les prendre? De là il veut qu'on examine les cerveaux des Patagons, qui ont, dit-il, douze pieds de haut. Il nous semble que d'habiles anatomistes-géomètres ont fait voir que des hommes de cette taille ne pourraient exécuter les mouvements de nos corps. Connaître l'âme avec de l'opium, et disséquer des têtes de géants, sont assurément des moyens nouveaux pour l'avancement des sciences. On pourrait mettre ces projets à côté de ceux de M. Caritidès, et ce serait encore à Caritidès qu'on ferait tort.

Ce projet est suivi de *Réflexions philosophiques sur l'origine des langues*. L'auteur aurait dû dire plutôt sur *l'origine des idées*; car il n'est point parlé dans cet écrit de la manière dont les divers temps des verbes, les conjugaisons, les déclinaisons, les substantifs, les adjectifs, qui font le fondement de toutes les langues, se sont établis. L'ouvrage est obscur; et nous n'avons pu découvrir ni l'ordre, ni le but, ni l'utilité de cette dissertation.

L'auteur introduit des signes à la place des mots, et une espèce d'algèbre à la place des phrases. Il suppose, par exemple, qu'un homme qui verrait la mer pour la première fois, exprimerait cette idée par une R, et la vue d'un arbre par un A, et celle d'un cheval par ur. B; et qu'ensuite lorsqu'il se souviendrait d'avoir vu un cheval, un arbre, et la mer, il se servît d'autres signes.

On ne voit pas ce qu'on gagnerait à cette étrange manière de s'exprimer; et il n'est ni dans la nature, ni dans la raison, de changer le signe de la chose qu'on a vue, pour dire qu'on se souvient de l'avoir vue. Ce serait un moyen sûr de n'être entendu de personne, et de ne s'entendre pas soi-même.

On peut dire hardiment que de telles hypothèses sont l'abus de la philosophie. C'est vouloir inutilement embrouiller les idées les plus simples et les plus communes.

Tout le monde sait assez ce que c'est que la mémoire et le ressouvenir. L'auteur les appelle des « perceptions, qui, au lieu de différer par leurs parties, ne diffèrent que par une espèce d'affaiblissement dans le tout. » Quel est l'homme qui reconnaîtrait la mémoire à une définition si bizarre? En vérité il est permis de dire que le précepteur du bourgeois gentilhomme, qui lui enseigne qu'on fait la moue en prononçant un U, dit quelque chose de plus raisonnable et de plus intelligible.

La formation des langues tient sans doute à une logique et a une métaphysique naturelle, dont les premiers principes sont dans tous les hommes. C'est par cette raison qu'ils ont tous distingué les temps, les cas, les choses générales, les particulières, les positives, les abstraites. Si on veut s'instruire sur cette matière, il faut lire ce que Locke en dit dans son *Essai sur l'entendement humain*.

L'auteur de la petite dissertation dont nous rendons compte, sur l'*Origine des langues*, aurait dû s'exprimer dans la sienne avec plus d'exactitude et de clarté. Il se sert toujours du mot de *verdeur* pour exprimer le *vert*, mais la *verdeur* n'est jamais employée en ce sens; de même qu'on ne dit point *rougeur* pour exprimer la couleur *rouge*, ni *grisaille* pour exprimer la couleur *grise*. Il y a plusieurs autres fautes de langage auxquelles nous ne nous arrêtons pas.

Le dernier des ouvrages que contient ce recueil, est un *Essai de Philosophie morale*. Nous craignons qu'il n'y ait encore plus de bizarrerie que de morale et de philosophie.

Il s'agit du bonheur et du malheur. Le sujet est intéressant; mais il cesse de l'être, dès qu'on veut le traiter en lemmes et théorèmes. On courrait risque de faire mauvaise chère, si on recommandait à son cuisinier de faire rôtir une poularde en raison composée des tours de broche et de l'intensité du feu. La géométrie est faite pour mesurer des espaces, et non pour évaluer des sentiments. Il n'en est pas des affections de notre âme comme d'un compte d'arithmétique. L'auteur se trompe bien étrangement quand il dit : « Si la somme des biens et des maux sont égales, on ne peut appeler celui auquel est tombé un tel partage, heureux ni malheureux. Le néant vaut son être. » Cette proposition est vraie en algèbre; et il est certain que le bien d'un homme qui doit autant qu'il a, est égal à zéro; mais il n'en est pas de même d'un homme qui a senti également le plaisir et la peine. Son âme n'en existe pas moins, au lieu que la fortune de l'autre n'existe pas. Ce n'est point à de pareils calculs que le cœur humain est soumis. Ce n'est pas assez de mettre dans la balance des portions égales de plaisirs et de peines (s'il en est); il faut y joindre l'attachement naturel à la vie, et surtout l'espérance. Il faut songer qu'un plaisir présent l'emporte sur toutes les peines passées. Il faut songer que le bonheur et le malheur n'est point une somme de sentiments qu'on a éprouvés, mais le sentiment que l'on éprouve dans le moment présent.

La vraie philosophie consiste à regarder l'homme comme une machine animée, que Dieu conduit à son but par l'attrait du plaisir, et par la crainte de la douleur. C'est être déclamateur, et non philosophe, que de regarder l'homme en général comme plus sujet à la douleur qu'au plaisir. Si on voulait être juste, on conviendrait que les sensations agréables font une partie de notre nature, qu'elles sont attachées à l'usage continuel de nos sens, et que la douleur n'est jamais qu'un accident. Il est vrai que ces accidents sont très-communs, et c'est surtout notre faute. Par exemple, la nature a attaché un plaisir très-réel à prendre la nourriture nécessaire pour le soutien de notre vie; et c'est presque toujours notre faute, quand ce plaisir nous cause des maladies. L'usage de nos yeux est un plaisir continuel : en un mot, toutes les fonctions de nos sens sont autant de bienfaits du Créateur. Il n'entre naturellement aucune sensation de douleur dans l'exercice de nos facultés. Nous sommes donc universellement heureux par notre nature, et uniquement malheureux par accident.

Quelque grands, quelque innombrables que soient ces accidents, la nature leur fournit un contre-poids, qui est l'espérance; voilà pourquoi, sur cent mille personnes, il n'y en a pas deux qui désirent sérieusement sortir de la vie.

Il semble que l'auteur cherche à confondre les idées les plus connues. Il regarde l'ambition comme un plaisir du corps, et dans les plaisirs de l'âme il ne compte pas l'amitié.

Après avoir proposé de se tuer, pour éviter les accidents de cette vie, l'auteur propose aussi le christianisme. Il examine la vérité de la religion chrétienne; mais après avoir prouvé Dieu par l'algèbre, il croit que la religion n'est pas rigoureusement démontrable. Il dit aussi que les dogmes de cette religion ne sont pas impossibles, et il finit par souhaiter le bonheur éternel.

DÉFENSE

DE MILORD BOLINGBROKE,

PAR LE DOCTEUR GOODNATUR'D WELLWISHER,
CHAPÉLAIN DU COMTE DE CHESTERFIELD.

(1752.)

C'est un devoir de défendre la mémoire des morts illustres; on prendra donc ici en main la cause de feu milord Bolingbroke, insulté dans quelques journaux à l'occasion de ses excellentes lettres qu'on a publiées.

Il est dit dans ces journaux que son nom ne doit point avoir d'autorité en matière de religion et de morale. Quant à la morale celui qui a fourni à l'admirable Pope tous les principes de son *Essai sur l'homme* est sans doute le plus grand maître de sagesse et de mœurs qui ait jamais été : quant à la religion, il n'en a parlé qu'en homme consommé dans l'histoire et dans la philosophie. Il a eu la modestie de se renfermer dans la partie historique, soumise à l'examen de tous les savants; et l'on doit croire que si ceux qui ont écrit contre lui avec tant d'amertume avaient bien examiné ce que l'illustre Anglais a dit, ce qu'il pouvait dire, et ce qu'il n'a point dit, ils auraient plus ménagé sa mémoire.

Milord Bolingbroke n'entrait point dans des discussions théologiques à l'égard de Moïse; nous suivrons son exemple ici en prenant sa défense.

Nous nous contenterons de remarquer que la foi est le plus sûr appui des chrétiens, et que c'est par la foi seule que l'on doit croire les histoires rapportées dans le *Pentateuque*. S'il fallait citer ces livres au tribunal seul de la raison, comment pourrait-on jamais terminer les disputes qu'ils ont excitées? La raison n'est-elle pas impuissante à expliquer comment le serpent parlait autrefois; comment il séduisit la mère des hommes: comment l'ânesse de Balaam parlait à son maître, et tant d'autres choses sur lesquelles nos faibles connaissances n'ont aucune prise? La foule prodigieuse de miracles qui se succèdent rapidement les uns aux autres n'épouvante-t-elle pas la raison humaine? Pourra-t-elle comprendre, quand elle sera abandonnée à ses propres lumières, que les prêtres des dieux d'Égypte aient opéré les mêmes prodiges que Moïse envoyé du vrai Dieu; qu'ils aient, par exemple, changé toutes les eaux d'Égypte en sang, après que Moïse eut fait ce changement prodigieux? Et quelle physique, quelle philosophie suffirait à expliquer comment ces prêtres égyptiens purent trouver encore des eaux à métamorphoser en sang, lorsque Moïse avait déjà fait cette métamorphose?

Certes, si nous n'avions pour guide que la lumière faible et tremblanté de l'entendement humain, il y a peu de pages dans le *Penta-teuque* que nous puissions admettre, suivant les règles établies par les hommes pour juger des choses humaines. D'ailleurs tout le monde avoue qu'il est impossible de concilier la chronologie confuse qui règne dans ce livre : tout le monde avoue que la géographie n'y est pas exacte en beaucoup d'endroits : les noms des villes qu'on y trouve, lesquelles ne furent pourtant appelées de ces noms que longtemps après, font encore beaucoup de peine, malgré la torture qu'on s'est donnée pour expliquer des passages si difficiles.

Quand milord Bolingbroke a appliqué les règles de sa critique au livre du *Pentateuque*, il n'a point prétendu ébranler les fondements de la religion ; et c'est dans cette vue qu'il a séparé le dogmatique d'avec l'historique, avec une circonspection qui devrait lui tenir lieu d'un très-grand mérite auprès de ceux qui l'ont voulu décrier. Ce puissant génie a prévenu ses adversaires en séparant la foi de la raison, ce qui est la seule manière de terminer toutes ces disputes. Beaucoup de savants hommes avant lui, et surtout le P. Simon, ont été de son sentiment ; ils ont dit qu'il importait peu que Moïse lui-même eût écrit la *Genèse* et l'*Exode*, ou que des prêtres eussent recueilli, dans des temps postérieurs, les traditions que Moïse avait laissées. Il suffit qu'on croie en ces livres avec une foi humble et soumise, sans qu'on sache précisément quel est l'auteur à qui Dieu seul les a visiblement inspirés pour confondre la raison.

Les adversaires du grand homme dont nous prenons ici la défense disent « qu'il est aussi bien prouvé que Moïse est l'auteur du *Penta-« teuque*, qu'il l'est qu'Homère a fait l'*Iliade*. » Ils permettront qu'on leur réponde que la comparaison n'est pas juste. Homère ne cite dans l'*Iliade* aucun fait qui se soit passé longtemps après lui. Homère ne donne point à des villes, à des provinces, des noms qu'elles n'avaient pas de son temps. Il est donc clair que si on ne s'attachait qu'aux règles de la critique profane, on serait en droit de présumer qu'Homère est l'auteur de l'*Iliade*, et non pas que Moïse est l'auteur du *Pentateuque*. La soumission seule à la religion tranche toutes ces difficultés ; et je ne vois pas pourquoi milord Bolingbroke, soumis à cette religion comme un autre, a été si vivement attaqué.

On affecte de le plaindre de n'avoir point lu Abbadie. A qui fait-on ce reproche ? A un homme qui avait presque tout lu ; à un homme qui le cite [1]. Il méprisait beaucoup Abbadie, j'en conviens ; et j'avouerai qu'Ab-badie n'était pas un génie à mettre en parallèle avec le vicomte de Bo-lingbroke. Il défend quelquefois la vérité avec les armes du mensonge ; il a eu sur la Trinité des sentiments que nous avons jugés erronés, et enfin il est mort en démence à Dublin.

On reproche au lord Bolingbroke de n'avoir point lu le livre de l'abbé Houteville, intitulé : *La vérité de la Religion chrétienne prou-vée par les faits.* Nous avons connu l'abbé Houteville. Il vécut long-temps chez un fermier général qui avait un fort joli sérail ; il fut en-

1. Page 94 du tome Ier de ses *Lettres ;* à Londres, chez Miller.

suite secrétaire de ce fameux cardinal Dubois, qui ne voulut jamais recevoir les sacrements à la mort, et dont la vie a été publique Il dédia son livre au cardinal d'Auvergne, abbé de Cluni, *propter Clunes*. On rit beaucoup à Paris, où j'étais alors (en 1722), et du livre et de la dédicace: et on sait que les objections qui sont dans ce livre, contre la religion chrétienne, étant malheureusement beaucoup plus fortes que les réponses, ont fait une impression funeste, dont nous voyons tous les jours les effets avec douleur.

Milord Bolingbroke avance que depuis longtemps le christianisme tombe en décadence. Ses adversaires ne l'avouent-ils pas aussi? ne s'en plaignent-ils pas tous les jours? Nous prendrons ici la liberté de leur dire, pour le bien de la cause commune, et pour le leur propre, que ce ne sera jamais par des invectives, par des manières de parler méprisantes, jointes à de très-mauvaises raisons, qu'on ramènera l'esprit de ceux qui ont le malheur d'être incrédules. Les injures révoltent tout le monde, et ne persuadent personne. On fait trop légèrement des reproches de débauche et de mauvaise conduite à des philosophes qu'on devrait seulement plaindre de s'être égarés dans leurs opinions.

Par exemple les adversaires de milord Bolingbroke le traitent de débauché, parce qu'il communique à milord Cornsbury ses pensées sur l'histoire.

On ne voit pas quel rapport cette accusation peut avoir avec son livre. Un homme qui du fond d'un sérail écrirait en faveur du concubinage, un usurier qui ferait un livre en faveur de l'usure, un Apicius qui écrirait sur la bonne chère, un tyran ou un rebelle qui écrirait contre les lois; de pareils hommes mériteraient sans doute qu'on accusât leurs mœurs d'avoir dicté leurs écrits. Mais un homme d'État tel que milord Bolingbroke, vivant dans une retraite philosophique, et faisant servir son immense littérature à cultiver l'esprit d'un seigneur digne d'être instruit par lui, ne méritait certainement pas que des hommes qui doivent se piquer de décence imputassent à ses débauches passées des ouvrages qui n'étaient que le fruit d'une raison éclairée par des études profondes.

Dans quel cas est-il permis de reprocher à un homme les désordres de sa vie? C'est dans ce seul cas-ci peut-être, quand ses mœurs démentent ce qu'il enseigne. On aurait pu comparer les sermons d'un fameux prédicateur de notre temps avec les vols qu'il avait faits à milord Galloway [1], et avec ses intrigues galantes. On aurait pu comparer les sermons du célèbre curé des Invalides [2], et de Fantin, curé de Versailles, avec les procès qu'on leur fit pour avoir séduit et volé leurs pénitentes. On aurait pu comparer les mœurs de tant de papes et d'évêques avec la religion qu'ils soutenaient par le fer et par le feu; on aurait pu mettre d'un côté leurs rapines, leurs bâtards, leurs assassinats, et de l'autre leurs bulles et leurs mandements. C'est dans de pareilles

---

1. Milord Galloway, autrefois comte de Ruvigny, était né Français, et devint pair d'Angleterre. (ÉD.)

2. Il s'appelait La Chetardie. (ÉD.)

occasions qu'on est excusable de manquer à la charité, qui nous ordonne de cacher les fautes de nos frères. Mais qui a dit au détracteur
de milord Bolingbroke qu'il aimait le vin et les filles? Et quand il les
aurait aimées, quand il aurait eu autant de concubines que David, que
Salomon, ou le Grand-Turc, en connaîtrait-on davantage le véritable
auteur du *Pentateuque?*

Nous convenons qu'il n'y a que trop de déistes. Nous gémissons de
voir que l'Europe en est remplie. Ils sont dans la magistrature, dans
les armées, dans l'Église, auprès du trône et sur le trône même. La
littérature en est surtout inondée; les académies en sont pleines. Peut-
on dire que ce soit l'esprit de débauche, de licence, d'abandonnement
à leurs passions qui les réunit? Oserons-nous parler d'eux avec un mépris affecté? Si on les méprisait tant, on écrirait contre eux avec
moins de fiel; mais nous craignons beaucoup que ce fiel qui est trop
réel, et ces airs de mépris qui sont si faux, ne fassent un effet tout
contraire à celui qu'un zèle doux et charitable soutenu d'une doctrine
saine et d'une vraie philosophie, pourrait produire.

Pourquoi traiterons-nous plus durement les déistes, qui ne sont
point idolâtres, que les papistes, à qui nous avons tant reproché l'idolâtrie? On sifflerait un jésuite qui dirait aujourd'hui que c'est le libertinage qui fait des protestants. On rirait d'un protestant qui dirait que
c'est la dépravation des mœurs qui fait aller à la messe. De quel droit
pouvons-nous donc dire à des philosophes adorateurs d'un dieu, qui
ne vont ni à la messe ni au prêche, que ce sont des hommes perdus
de vices?

Il arrive quelquefois que l'on ose attaquer avec des invectives indécentes des personnes qui, à la vérité, sont assez malheureuses pour se
tromper, mais dont la vie pourrait servir d'exemple à ceux qui les attaquent. On a vu des journalistes qui ont même porté l'impudence
jusqu'à désigner injurieusement les personnes les plus respectables de
l'Europe et les plus puissantes. Il n'y a pas longtemps que, dans un
papier public, un homme emporté par un zèle indiscret[1] ou par quelque autre motif, fit une étrange sortie sur ceux qui pensent « que de
sages lois, la discipline militaire, un gouvernement équitable, et des
exemples vertueux, peuvent suffire pour gouverner les hommes, en
laissant à Dieu le soin de gouverner les consciences. »

Un très-grand homme[2] était désigné dans cet écrit périodique en
termes bien peu mesurés. Il pouvait se venger comme homme: il pouvait punir comme prince; il répondit en philosophe : « Il faut que ces
misérables soient bien persuadés de nos vertus, et surtout de notre indulgence, puisqu'ils nous outragent sans crainte avec tant de bruta-
lité. »

Une telle réponse doit bien confondre l'auteur, quel qu'il soit, qui,

---

1. Il s'agit de Formey, qui, tome XI de la *Nouvelle Bibliothèque germanique*,
page 78, dans un article sur les *OEuvres de Zimmermann*, avait fait une sortie
indécente contre l'incrédulité et les incrédules. (*Note de M. Beuchot.*)
2. Le roi de Prusse Frédéric le Grand. (ÉD.)

en combattant pour la cause du christianisme, a employé des armes si odieuses. Nous conjurons nos frères de se faire aimer pour faire aimer notre religion.

Que peuvent penser en effet un prince appliqué, un magistrat chargé d'années, un philosophe qui aura passé ses jours dans son cabinet, en un mot tous ceux qui auront eu le malheur d'embrasser le déisme par les illusions d'une sagesse trompeuse, quand ils voient tant d'écrits où on les traite de cerveaux évaporés, de petits-maîtres, de gens à bons mots et à mauvaises mœurs? Prenons garde que le mépris et l'indignation que de pareils écrits leur inspirent ne les affermissent dans leurs sentiments.

Ajoutons un nouveau motif à ces considérations, c'est que cette foule de déistes qui couvre l'Europe est bien plus près de recevoir nos vérités que d'adopter les dogmes de la communion romaine. Ils avouent tous que notre religion est plus sensée que celle des papistes. Ne les éloignons donc pas, nous qui sommes les seuls capables de les ramener; ils adorent un dieu, et nous aussi; ils enseignent la vertu, et nous aussi. Ils veulent qu'on soit soumis aux puissances, qu'on traite tous les hommes comme des frères; nous pensons de même, nous partons des mêmes principes. Agissons donc avec eux comme des parents qui ont entre les mains les titres de la famille, et qui les montrent à ceux qui, descendus de la même origine, savent seulement qu'ils ont le même père, mais qui n'ont point les papiers de la maison.

Un déiste est un homme qui est de la religion d'Adam, de Sem, de Noé. Jusque-là il est d'accord avec nous. Disons-lui : « Vous n'avez qu'un pas à faire de la religion de Noé aux préceptes donnés à Abraham. Après la religion d'Abraham, passez à celle de Moïse, à celle du Messie; et, quand vous aurez vu que la religion du Messie a été corrompue, vous choisirez entre Wiclef, Luther, Jean Hus, Calvin, Mélanchthon, Œcolampade, Zuingle, Storck, Parker, Servet, Socin, Fox, et d'autres réformateurs : ainsi vous aurez un fil qui vous conduira dans ce grand labyrinthe depuis la création de la terre jusqu'à l'année 1752. » S'il nous répond qu'il a lu tous ces grands hommes, et qu'il aime mieux être de la religion de Socrate, de Platon, de Trajan, de Marc-Aurèle, de Cicéron, de Pline, etc., nous le plaindrons, nous prierons Dieu qu'il l'illumine, et nous ne lui dirons point d'injures. Nous n'en disons point aux musulmans, aux disciples de Confucius. Nous n'en disons point aux Juifs mêmes, qui ont fait mourir notre dieu par le dernier supplice; au contraire, nous commerçons avec eux, nous leur accordons les plus grands priviléges. Nous n'avons donc aucune raison pour crier avec tant de fureur contre ceux qui adorent un dieu avec les musulmans, les Chinois, les Juifs, et nous, et qui ne reçoivent pas plus notre théologie que toutes ces nations ne la reçoivent.

Nous concevons bien qu'on ait poussé des cris terribles dans le temps que d'un côté on vendait les indulgences et les bénéfices, et que de l'autre on dépossédait des évêques, et qu'on forçait les portes des cloîtres. Le fiel coulait alors avec le sang; il s'agissait de conserver ou de détruire des usurpations : mais nous ne voyons pas que ni milord Bolingbroke, ni milord Shaftesbury, ni l'illustre Pope, qui a immortalisé les principes de l'un et de l'autre, aient voulu toucher à la pension d'aucun ministre du saint Évangile. Jurieu fit bien ôter une pension à Bayle ; mais jamais l'illustre Bayle ne songea à faire diminuer les appointements de Jurieu. Demeurons donc en repos. Prêchons une morale aussi pure que celle des philosophes, adorateurs d'un dieu, qui, d'accord avec nous dans ce grand principe, enseignent les mêmes vertus que nous, sur lesquelles personne ne dispute ; mais qui n'enseignent pas les mêmes dogmes, sur lesquels on dispute depuis dix-sept cents ans, et sur lesquels on disputera encore.

AVERTISSEMENT

SUR LA

NOUVELLE HISTOIRE DE LOUIS XIV.

L'auteur du *Siècle de Louis XIV* prépare une nouvelle édition de cet ouvrage qui était la suite d'une histoire universelle depuis Charlemagne, de laquelle il a paru quelques fragments dans le *Mercure* et dans d'autres papiers publics. L'objet de ce travail était de joindre aux révolutions des empires celles des mœurs et de l'esprit humain, plutôt que de donner une suite d'époques et de dates sur lesquelles on a assez de secours. Toute la partie qui regarde les arts depuis Charlemagne, et celle de l'histoire publique depuis François Ier, ont été perdues [1]. Si quelqu'un est en possession de ce manuscrit encore imparfait, et qui ne peut guère servir qu'à son auteur, il est prié très-instamment de vouloir bien le lui remettre.

A l'égard du *Siècle de Louis XIV*, l'édition qu'on en a donnée à Berlin n'est qu'un essai qui ne peut être conduit à quelque perfection que par le secours des personnes instruites qui ont la bonté de communiquer leurs lumières à l'auteur. Il a déjà reçu beaucoup de remarques importantes tant de France que des pays étrangers. Le grand nombre de vérités dont cet essai est plein, et l'impartialité assez connue avec laquelle elles sont énoncées, semblent inviter les lecteurs à faire part à l'auteur des connaissances particulières qu'ils peuvent avoir. L'histoire du siècle de Louis XIV doit être en quelque façon l'ouvrage du public.

On sent assez combien pénible et délicate est l'entreprise d'écrire l'histoire de son temps. Celui qui parle d'Alexandre n'a qu'à suivre tranquillement Quinte-Curce ; mais ici il faut s'écarter de presque tous ceux qui ont composé l'histoire de Louis XIV ; aucun d'eux n'a écrit à Paris ; aucun n'a été à portée de consulter les courtisans, les

---

1. Un manuscrit donné par Voltaire à Frédéric avait été pris par les hussards autrichiens en 1745. (ED.)

généraux et les ministres de ce monarque; aucun n'a puisé dans les sources; c'est un avantage que l'auteur de cet essai a eu. Il faut qu'il y joigne celui d'être éclairé sur quelques méprises où il est tombé en suivant des opinions reçues.

Ces secours le mettront à portée de laisser au public un monument devenu nécessaire. Les chapitres qui regardent les arts peuvent aisément recevoir des accroissements On a ajouté à la liste raisonnée des écrivains de ce siècle plus de trente articles. On a fait une liste semblable des maréchaux de France, et le corps de l'ouvrage est réformé et augmenté dans des endroits importants. On y verra les véritables causes de la paix de Riswick, et de la condescendance qu'eut Louis XIV de reconnaître Jacques III, après la mort de Jacques II; le noble regret qu'il témoigna de la mort de Ruyter; enfin un grand nombre de traits qui, en caractérisant les hommes et les temps, sont ce que l'histoire a de plus précieux.

Il est inutile de dire qu'on a rétabli l'orthographe des noms; qu'on a rendu le titre de pensionnaire d'Amsterdam à un homme qu'on avait cru bourgmestre; qu'on spécifie le temps où le parlement complimenta le cardinal Mazarin par députés. Plusieurs petites fautes de cette nature, qui sont proprement la matière d'un *errata*, sont exactement corrigées.

L'auteur de cet essai s'intéresse trop à la littérature pour ne pas saisir cette occasion d'avertir le public que M. le comte Algaroti a fait réimprimer à Berlin ses *Dialoghi sopra la luce, i colori e l'attrazione*. On va donner à Venise une nouvelle édition de cet ouvrage avec un recueil de lettres de la même main. On ne se tromperait pas, si on mettait à la tête de pareils livres :

Omne tulit punctum qui miscuit utile dulci.
(Horace, *Art poét.*, 343.)

AVERTISSEMENT.

(EXTRAIT DU MERCURE, NOVEMBRE 1752.)

On mettra en vente incessamment à Leipzig une nouvelle édition du siècle de Louis XIV, augmentée de près d'un tiers, et qui ne contiendra pourtant que deux volumes portatifs. La première édition de Berlin, incomplète et remplie de fautes, comme le sont presque toutes les premières éditions, a du moins servi à faire parvenir à l'auteur beaucoup de remarques, d'anecdotes et d'instructions très-importantes en tout genre, dont il a fait usage dans la nouvelle édition, qu'il revoit avec soin. Les libraires qui se sont hâtés d'imprimer suivant la première de Berlin, auraient dû au moins le consulter. Il leur aurait fourni volontiers toutes les additions et les changements; et la magnifique édition d'Angleterre ne serait pas, comme elle l'est, une entreprise inutile.

C'est un abus intolérable que des libraires impriment un auteur sans sa permission. Voilà comme on a donné depuis peu une partie d'une histoire universelle du même écrivain, tronquée, défigurée, et remplie de fautes absurdes. C'est avec la même infidélité qu'on s'est empressé d'imprimer la tragédie de *Rome sauvée* ou *Catilina*, que des éditeurs clandestins avaient transcrite à la hâte aux représentations. Ils ont vendu ce manuscrit à un malheureux libraire, et y ont inséré plus de cinquante vers de leur façon, après avoir défiguré le reste de l'ouvrage. Si le libraire avait eu seulement le bon sens d'avertir l'auteur, il lui aurait envoyé la véritable pièce pour l'empêcher de tromper le public : mais presque tous ses ouvrages ont été ainsi traités.

Il tâche au moins de remédier à cet abus par l'édition exacte qu'on fait à Leipzig du *Siècle de Louis XIV*.

Toutes les fautes typographiques y sont corrigées, et les noms propres rétablis. Quelques erreurs dans lesquelles on était tombé y sont réformées. Par exemple, on lit dans quelques éditions contrefaites à la hâte, sur les premiers exemplaires sortis de Berlin, qu'il y a des esclaves à la base de la statue de la place de Vendôme;

Que le président Périgni était sous-précepteur de Louis XIV;

Que le parlement complimenta le cardinal Mazarin en 1653;

Que le marquis de Marivaux se plaignit au roi, et qu'un détachement du régiment de la marine fut battu par les fanatiques des Cévennes.

Il n'y a point d'esclaves au pied de la statue de la place de Vendôme. Ce fut au retour de l'île des Faisans que le parlement députa au cardinal Mazarin. Le président Périgni fut précepteur de *Monseigneur*, fils unique de Louis XIV. Ce ne fut point M. de Marivaux à qui Louis XIV fit la réponse dont il est parlé. Ce n'est point le régiment de la marine, mais des troupes de la marine, c'est-à-dire destinées à servir sur des vaisseaux, qui eurent affaire aux fanatiques.

Ce serait peu de chose que la réformation de ces fautes légères, corrigées même dans un grand nombre des exemplaires de Berlin; mais il importe d'être détrompé des erreurs capitales dont toutes les histoires volumineuses de Louis XIV fourmillent à chaque page : il importe de connaître les véritables motifs de la paix de Riswick, les circonstances glorieuses de celle de Nimègue; les services que le maréchal d'Harcourt rendit en Espagne, et jusqu'à quel point il disposa les esprits; les nouvelles recherches qu'on a faites sur le prisonnier au masque de fer; enfin des pièces originales écrites de la main de Louis XIV, qui servent à faire connaître son caractère et à le rendre bien respectable.

Outre ces particularités intéressantes, les chapitres concernant les arts et les progrès de l'esprit humain, principal objet de cet ouvrage, sont augmentés d'articles également curieux et utiles.

On n'attendra pas longtemps cette édition. Tout ce qu'on peut faire, c'est d'avertir les libraires, qui voudront la contrefaire, de s'y conformer, et de demander à l'auteur ses instructions, en cas que par la suite il ait quelque chose à réformer à cet ouvrage.

HISTOIRE

DU DOCTEUR AKAKIA

ET

DU NATIF DE SAINT-MALO [1].

(1752-1753.)

Le natif de Saint-Malo ayant été attaqué longtemps d'une maladie chronique appelée en grec *philotimie*, et par d'aucuns *philocratie*, elle lui porta si violemment au cerveau, et il eut de tels accès qu'il écrivit contre les médecins et contre les preuves de l'existence de Dieu. Tantôt il s'imaginait qu'il perçait la terre jusqu'au centre, tantôt qu'il bâtissait une ville latine. Quelquefois même il avait des révélations sur la connaissance de l'âme en disséquant des singes. Enfin il en vint au point de se croire une fois plus grand qu'un géant du siècle passé, nommé Leibnitz, quoiqu'il n'eût pas tout à fait cinq pieds de haut. Un de ses anciens camarades, Suisse de nation [2], professeur à la Haye, touché de son triste état, alla le voir pour lui montrer sa juste mesure. Le natif de Saint-Malo, au lieu de reconnaître l'important service du Suisse, le déclara faussaire, et perturbateur de la *Morotimie*.

Le médecin Akakia, voyant que le natif de Saint-Malo était parvenu à son dernier période, composa pour sa guérison le petit remède anodin suivant, qu'il lui fit présenter *secundum artem*, avec toute la discrétion imaginable, pour ne pas effaroucher les humeurs peccantes.

Diatribe du docteur Akakia, médecin du pape. — Rien n'est plus commun aujourd'hui que de jeunes auteurs ignorés, qui mettent sous des noms connus des ouvrages peu dignes de l'être. Il y a des charlatans de toute espèce. En voici un qui a pris le nom d'un président d'une très-illustre académie, pour débiter des drogues assez singulières. Il est démontré que ce n'est pas le respectable président qui est l'auteur des livres qu'on lui attribue; car cet admirable philosophe qui a découvert que la nature agit toujours par les lois les plus simples, e' qui ajoute si sagement qu'elle va toujours à l'épargne, aurait certaine ment épargné au petit nombre de lecteurs capables de le lire, la peine de lire deux fois la même chose dans le livre intitulé ses *OEuvres*, et dans celui qu'on appelle ses *Lettres*. Le tiers au moins de ce volume est copié mot pour mot dans l'autre. Ce grand homme, si éloigné du charlatanisme, n'aurait point donné au public des lettres qui n'ont été

1. Maupertuis, né à Saint-Malo en 1698. (ÉD.)
2. Kœnig (Samuel), né en 1712 à quatre lieues de Francfort. (ÉD.)

écrites à personne, et surtout ne serait point tombé dans certaines petites fautes qui ne sont pardonnables qu'à un jeune homme.

Je crois, autant qu'il est possible, que ce n'est point l'intérêt de ma profession qui me fait parler ici; mais on me pardonnera de trouver un peu fâcheux que cet écrivain traite les médecins comme ses libraires. Il prétend nous faire mourir de faim. Il ne veut pas qu'on paye les médecins, quand malheureusement le malade ne guérit point. « On ne paye point, dit-il [1], un peintre qui a fait un mauvais tableau. » O jeune homme! que vous êtes dur et injuste! Le duc d'Orléans, régent de France, ne paya-t-il pas magnifiquement le barbouillage dont Coypel orna la galerie du Palais-Royal? Un client prive-t-il d'un juste salaire son avocat, parce qu'il a perdu sa cause? Un médecin promet ses soins, et non la guérison. Il fait ses efforts, et on les lui paye. Quoi! seriez-vous jaloux, même des médecins?

Que dirait, je vous prie, un homme qui aurait, par exemple, douze cents ducats de pension pour avoir parlé de mathématique et de métaphysique, pour avoir disséqué deux crapauds, et s'être fait peindre avec un bonnet fourré, si le trésorier venait lui tenir ce langage : « Monsieur, on vous retranche cent ducats pour avoir écrit qu'il y a des astres faits comme des meules de moulin; cent autres ducats pour avoir écrit qu'une comète viendra *voler* notre lune, et porter ses *attentats jusqu'au soleil* même; cent autres ducats pour avoir imaginé que des comètes *toutes d'or et de diamant* tomberont sur la terre : vous êtes taxé à trois cents ducats pour avoir affirmé que les enfants se forment par attraction dans le ventre de la mère [2], que l'œil gauche attire la jambe droite [3], etc.? On ne peut vous retrancher moins de quatre cents ducats, pour avoir imaginé de connaître la nature de l'âme par le moyen de l'opium, et en disséquant des têtes de géants, etc., etc. » Il est clair que le pauvre philosophe perdrait de compte fait toute sa pension. Serait-il bien aise après cela que nous autres médecins, nous nous moquassions de lui, et que nous assurassions que les récompenses ne sont faites que pour ceux qui écrivent des choses utiles, et non pas pour ceux qui ne sont connus dans le monde que par l'envie de se faire connaître?

Ce jeune homme inconsidéré reproche à mes confrères les médecins de n'être pas assez hardis. Il dit que c'est au hasard et aux nations sauvages qu'on doit les seuls spécifiques connus, et que les médecins n'en ont pas trouvé un. Il faut lui apprendre que c'est la seule expérience qui a pu enseigner aux hommes les remèdes que fournissent les plantes. Hippocrate, Boerhaave, Chirac et Senac n'auraient jamais certainement deviné, en voyant l'arbre du quinquina, qu'il doit guérir la fièvre, ni en voyant la rhubarbe, qu'elle doit purger, ni en voyant des pavots, qu'ils doivent assoupir. Ce qu'on appelle *hasard* peut seul conduire à la découverte des propriétés des plantes, et les médecins ne peuvent faire autre chose que de conseiller ces remèdes suivant les

---

1. Page 124. — 2. Dans les *OEuvres* et les *Lettres* de M. de Maupertuis.
3. Voy. la *Vénus physique*.

occasions. Ils en inventent beaucoup avec le secours de la chimie. Ils
ne se vantent pas de guérir toujours; mais ils se vantent de faire tout
ce qu'ils peuvent pour soulager les hommes. Le jeune plaisant qui les
traite si mal a-t-il rendu autant de services au genre humain que celui
qui tira, contre toute apparence, des portes du tombeau le maréchal
de Saxe après la victoire de Fontenoy?

Notre jeune raisonneur prétend qu'il faut que les médecins ne soient
plus qu'empiriques[1], et leur conseille de bannir la théorie. Que diriez-
vous d'un homme qui voudrait qu'on ne se servît plus d'architectes
pour bâtir des maisons, mais seulement de maçons qui tailleraient des
pierres au hasard?

Il donne aussi le sage conseil de négliger l'anatomie[2]. Nous aurons
cette fois-ci les chirurgiens pour nous. Nous sommes seulement étonnés
que l'auteur qui a eu quelques petites obligations aux chirurgiens de
Montpellier, dans des maladies qui demandaient une grande connaissance de l'intérieur de la tête et de quelques autres parties du ressort
de l'anatomie, en ait si peu de reconnaissance.

Le même auteur, peu savant apparemment dans l'histoire, en parlant de rendre les supplices des criminels utiles, et de faire sur leurs
corps des expériences, dit que cette proposition n'a jamais été exécu-
tée[3] : il ignore ce que tout le monde sait, que du temps de Louis XI
on fit pour la première fois en France, sur un homme condamné à
mort, l'épreuve de la taille; que la feue reine d'Angleterre fit essayer
l'inoculation de la petite vérole sur quatre criminels, et qu'il y a d'autres exemples pareils.

Mais si notre auteur est ignorant, on est obligé d'avouer qu'il a en
récompense une imagination singulière. Il veut, en qualité de physicien, que nous nous servions de la force centrifuge pour guérir une
apoplexie[4], et qu'on fasse pirouetter le malade. L'idée, à la vérité,
n'est pas de lui; mais il lui donne un air fort neuf.

Il nous conseille[5] d'enduire un malade de poix résine, ou de percer
sa peau avec des aiguilles. S'il exerce jamais la médecine, et qu'il propose de tels remèdes, il y a grande apparence que ses malades sui-
vront l'avis qu'il leur donne de ne point payer le médecin.

Mais ce qu'il y a d'étrange, c'est que ce cruel ennemi de la Faculté,
qui veut qu'on nous retranche notre salaire si impitoyablement, propose[6], pour nous adoucir, de ruiner les malades. Il ordonne (car il est
despotique) que chaque médecin ne traite qu'une seule infirmité; de
sorte que si un homme a la goutte, la fièvre, le dévoiement, mal aux
yeux, et mal à l'oreille, il lui faudra payer cinq médecins au lieu
d'un; mais peut-être aussi que son intention est que nous n'ayons
chacun que la cinquième partie de la rétribution ordinaire : je reconnais bien là sa malice. Bientôt on conseillera aux dévots d'avoir des
directeurs pour chaque vice, un pour l'ambition sérieuse des petites
choses, un pour la jalousie cachée sous un air dur et impérieux, un

1. Page 119. — 2. Page 120. — 3. Page 198. — 4. Page 206. — 5. Ibid.
6. Page 205.

pour la rage de cabaler beaucoup pour des riens, un pour d'autres misères. Mais ne nous égarons point, et revenons à nos confrères.

Le meilleur médecin, dit-il, *est celui qui raisonne le moins*. Il paraît être en philosophie aussi fidèle à cet axiome que le P. Canaye l'était en théologie : cependant, malgré sa haine contre le raisonnement, on voit qu'il a fait de profondes méditations sur l'art de prolonger la vie. Premièrement, il convient avec tous les gens sensés, et c'est de quoi nous le félicitons, que nos pères vivaient huit à neuf cents ans.

Ensuite, ayant trouvé tout seul, et indépendamment de Leibnitz, que « la maturité n'est point l'âge de la force, l'âge viril, mais que c'est la mort, » il propose de reculer ce point de maturité, « comme on conserve des œufs en les empêchant d'éclore. », C'est un beau secret, et nous lui conseillons de se faire bien assurer l'honneur de cette découverte dans quelque poulailler, ou par sentence criminelle de quelque académie.

On voit, par le compte que nous venons de rendre, que si ces lettres imaginaires étaient d'un président, elles ne pourraient être que d'un président de Bedlam [1], et qu'elles sont incontestablement, comme nous l'avons dit, d'un jeune homme qui s'est voulu parer du nom d'un sage, respecté, comme on sait, dans toute l'Europe, et qui a consenti d'être déclaré *grand homme*. Nous avons vu quelquefois au carnaval, en Italie, Arlequin déguisé en archevêque; mais on démêlait bien vite Arlequin à la manière dont il donnait la bénédiction. Tôt ou tard on est reconnu; cela rappelle une fable de La Fontaine (livre V, fable 21) :

> Un petit bout d'oreille échappé par malheur
> Découvrit la fourbe et l'erreur.

Ici l'on voit des oreilles tout entières.

[2]Tout considéré, nous déférons à la sainte inquisition le livre imputé au président, et nous nous en rapportons aux lumières infaillibles de ce docte tribunal, auquel on sait que les médecins ont tant de foi.

Décret de l'inquisition de Rome. — Nous, P. Pancrace, etc., inquisiteur pour la foi, avons lu la Diatribe de monsignor Akakia, médecin ordinaire du pape, sans savoir ce que veut dire *Diatribe*, et n'y avons rien trouvé de contraire à la foi ni aux décrétales. Il n'en est pas de même des *OEuvres* et *Lettres* du jeune inconnu déguisé sous le nom d'un président.

Nous avons, après avoir invoqué le Saint-Esprit, trouvé dans les œuvres, c'est-à-dire dans l'in-4° de l'inconnu, force propositions téméraires, malsonnantes, hérétiques et sentant l'hérésie. Nous les condamnons collectivement, séparément, et respectivement.

Nous anathématisons spécialement et particulièrement l'*Essai de*

---

1. Les Petites-Maisons à Londres.
2. Cet alinéa ne fut ajouté qu'en 1756. (Éd.)

Cosmologie, où l'inconnu, aveuglé par les principes des enfants de Bélial, et accoutumé à trouver tout mauvais, insinue, contre la parole de l'Écriture [1], que c'est un défaut de providence que les araignées prennent les mouches, et dans laquelle *Cosmologie* l'auteur fait ensuite entendre qu'il n'y a d'autre preuve de l'existence de Dieu, que dans Z égal à BC, divisé par A plus B [2]. Or ces caractères étant tirés du Grimoire, et visiblement diaboliques, nous les déclarons attentatoires à l'autorité du saint-siége.

Et comme, selon l'usage, nous n'entendons pas un mot aux matières qu'on nomme de *physique*, *mathématique*, *dynamique*, *métaphysique*, etc., nous avons enjoint aux révérends professeurs de philosophie du collége de la Sapience d'examiner les *OEuvres* et les *Lettres* du jeune inconnu, et de nous en rendre un compte fidèle. Ainsi Dieu leur soit en aide.

Jugement des professeurs du collége de la Sapience. — 1° Nous déclarons que les lois sur le choc des corps parfaitement durs sont puériles et imaginaires, attendu [3] qu'il n'y a aucun corps connu parfaitement dur, mais bien des esprits durs sur lesquels nous avons en vain tâché d'opérer.

2° L'assertion que « le produit de l'espace par la vitesse est toujours un *minimum* [4] » nous a semblé fausse; car ce produit est quelquefois un *maximum*, comme Leibnitz le pensait, et comme il est prouvé. Il paraît que le jeune auteur n'a pris que la moitié de l'idée de Leibnitz; et en cela nous le justifions de n'avoir eu jamais une idée de Leibnitz tout entière.

3° Nous adhérons en outre à la censure que monsignor Akakia, médecin du pape, et tant d'autres, ont faite des œuvres du jeune pseudonyme, et surtout de la *Vénus physique* [5]. Nous conseillons au jeune auteur, quand il procédera avec sa femme (s'il en a une) à l'œuvre de la génération, de ne plus penser que l'enfant se forme dans l'utérus par le moyen de l'attraction; et nous l'exhortons, s'il commet le péché de la chair, à ne pas envier le sort des colimaçons en amour, ni celui des crapauds, et à imiter moins le style de Fontenelle, quand la maturité de l'âge aura formé le sien.

Nous venons à l'examen des *Lettres*, que nous avons jugées contenir, par un double emploi vicieux, presque tout ce qui est dans les *OEuvres;* et nous l'exhortons à ne plus débiter deux fois la même marchandise sous des noms différens, parce que cela n'est pas d'un honnête négociant comme il devrait l'être.

Examen des Lettres d'un jeune auteur déguisé sous le nom d'un président. — 1° Il faut d'abord que le jeune auteur apprenne que la *prévoyance* [6] n'est point appelée dans l'homme *prévision;* que ce mot *prévision* est uniquement consacré à la connaissance par laquelle Dieu

1. *OEuvres*, p. 9. — 2. Page 45. — 3. Page 44. — 4. Page 4. — 5. Page 248. 6. Page 3, *Lettres* du natif de Saint-Malo.

voit l'avenir. Il est bon qu'il sache la force des termes avant de se mettre à écrire. Il faut qu'il sache que l'âme ne *s'aperçoit* point elle-même : elle voit des objets, et ne se voit point; c'est là sa condition. Le jeune écrivain peut aisément réformer ces petites erreurs.

2° Il est faux que « la mémoire nous fasse plus perdre que gagner [1]. » Le candidat doit apprendre que la *mémoire* est la faculté de retenir des idées, et que sans cette faculté on ne pourrait pas seulement faire un mauvais livre, ni même presque rien connaître, ni se conduire sur rien, qu'on serait absolument imbécile : il faut que ce jeune homme cultive sa mémoire.

3° Nous sommes obligés de déclarer ridicule cette idée [2], que « l'âme est comme un corps qui se remet dans son état après avoir été agité, et qu'ainsi l'âme revient à son état de contentement ou de détresse, qui est son état naturel. » Le candidat s'est mal exprimé. Il voulait dire apparemment que chacun revient à son caractère; qu'un homme, par exemple, après s'être efforcé de faire le philosophe, revient aux petitesses ordinaires, etc. Mais des vérités si triviales ne doivent pas être redites : c'est le défaut de la jeunesse de croire que des choses communes peuvent recevoir un caractère de nouveauté par des expressions obscures.

4° Le candidat se trompe quand il dit que l'étendue n'est qu'une perception [3] de notre âme. S'il fait jamais de bonnes études, il verra que l'étendue n'est pas comme le son et les couleurs qui n'existent que dans nos sensations, comme le sait tout écolier.

5° A l'égard de la nation allemande, qu'il vilipende [4] et qu'il traite d'imbécile en termes équivalents, cela nous paraît ingrat et injuste; ce n'est pas tout de se tromper, il faut être poli : il se peut faire que le candidat ait cru inventer quelque chose après Leibnitz : mais nous dirons à ce jeune homme que ce n'est pas lui qui a inventé la poudre.

6° Nous craignons que l'auteur n'inspire à ses camarades quelques petites tentations de chercher la pierre philosophale [5] : « car, dit-il, sous quelque aspect qu'on la considère, on ne peut en prouver l'impossibilité. » Il est vrai qu'il avoue qu'il y a de la folie à employer son bien à la chercher; mais comme, en parlant de la *somme du bonheur*, il dit qu'on ne peut démontrer la religion chrétienne, et que cependant bien des gens la suivent, il se pourrait, à plus forte raison, que quelques personnes se ruinassent à la recherche du grand œuvre, puisqu'il est possible, selon lui, de le trouver.

7° Nous passons plusieurs choses qui fatigueraient la patience du lecteur et l'intelligence de M. l'inquisiteur; mais nous croyons qu'il sera fort surpris d'apprendre que le jeune étudiant [6] veuille absolument disséquer des cerveaux de géants hauts de douze pieds, et des hommes velus portant queue, pour sonder la nature de l'intelligence humaine; qu'avec de l'opium et des rêves il modifie l'âme; qu'il fasse naître des anguilles *grosses* d'autres anguilles, avec de la farine délayée, et des

---

1. Page 5. — 2. Page 8. — 3. Page 15. — 4. Pages 50 et 52. — 5. Page 85.
6. Pages 232 et 233.

poissons avec des grains de blé[1]. Nous prenons cette occasion de divertir M. l'inquisiteur.

8° Mais M. l'inquisiteur ne rira plus quand il verra que tout le monde peut devenir prophète ; car l'auteur ne trouve pas plus de difficulté à voir l'avenir que le passé. Il avoue[2] que les raisons en faveur de l'astrologie judiciaire sont aussi fortes que les raisons contre elle. Ensuite il assure[3] que les perceptions du passé, du présent et de l'avenir ne diffèrent[4] que par le degré de l'activité de l'âme. Il espère qu'un peu plus de chaleur et d'*exaltation* dans l'imagination pourra servir à montrer l'avenir, comme la mémoire montre le passé.

Nous jugeons unanimement que sa cervelle est fort exaltée, et qu'il va bientôt prophétiser. Nous ne savons pas encore s'il sera des grands ou des petits prophètes ; mais nous craignons fort qu'il ne soit prophète de malheur, puisque dans son traité du *bonheur* même il ne parle que d'affliction : il dit surtout que tous les fous sont malheureux[5]. Nous faisons à tous ceux qui le sont un compliment de condoléance ; mais si son âme exaltée a vu l'avenir, n'y a-t-elle pas vu un peu de ridicule?

9° Il nous paraît avoir quelque envie d'aller aux terres Australes[6], quoique en lisant son livre on soit tenté de croire qu'il en revient ; cependant il semble ignorer qu'on connaît il y a longtemps la terre de Frédéric-Henri, située par delà le quarantième degré de latitude méridionale ; mais nous l'avertissons que si, au lieu d'aller aux terres Australes, il prétend[7] naviguer tout droit directement sous le pôle arctique, personne ne s'embarquera avec lui.

10° Il doit encore être assuré qu'il lui sera difficile de faire, comme il le prétend[8], un trou qui aille jusqu'au centre de la terre (où il veut apparemment se cacher de honte d'avoir avancé de telles choses). Ce trou exigerait qu'on excavât au moins trois ou quatre cents lieues de pays, ce qui pourrait déranger le système de la balance de l'Europe. On ne le suivra pas dans un trou, non plus que sous le pôle. Quant à la ville latine qu'il veut bâtir, nous sommes d'avis qu'on la mette au bord de ce trou.

Pour conclusion, nous prions M. le docteur Akakia de lui prescrire des tisanes rafraîchissantes ; nous l'exhortons à étudier dans quelque université, et à y être modeste.

Si jamais on envoie quelques physiciens vers la Finlande pour vérifier, s'il se peut, par quelques mesures, ce que Newton a découvert par la sublime théorie de la gravitation et des forces centrifuges ; s'il est nommé de ce voyage, qu'il ne cherche point continuellement à s'élever au-dessus de ses compagnons : qu'il ne se fasse point peindre seul aplatissant la terre, ainsi qu'on peint Atlas portant le ciel, comme si l'on avait changé la face de l'univers, pour avoir été se réjouir dans une ville où il y a garnison suédoise ; qu'il ne cite pas à tout propos le cercle polaire.

Si quelque compagnon d'étude vient lui proposer avec amitié un

---

1. Page 143. — 2. Page 147. — 3. Page 151. — 4. Page 154. — 5. Page 9. 6. Page 172. — 7. Page 174. — 8. Page 186.

avis différent du sien; s'il lui fait confidence qu'il s'appuie sur l'autorité de Leibnitz et de plusieurs autres philosophes; s'il lui montre en particulier une lettre de Leibnitz qui contredise formellement notre candidat, que ledit candidat n'aille pas s'imaginer sans réflexion, et crier partout qu'on a forgé une lettre de Leibnitz pour lui ravir la gloire d'être un original.

Qu'il ne prenne pas l'erreur où il est tombé sur un point de dynamique, absolument inutile dans l'usage, pour une découverte admirable.

Si ce camarade, après lui avoir communiqué plusieurs fois son ouvrage, dans lequel il le combat avec la discrétion la plus polie, et avec éloge, l'imprime de son consentement, qu'il se garde bien de vouloir faire passer cet ouvrage de son adversaire pour un crime de lèse-majesté académique.

Si ce camarade lui a avoué plusieurs fois qu'il tient la lettre de Leibnitz, ainsi que plusieurs autres, d'un homme[1] mort il y a quelques années, que le candidat n'en tire pas avantage avec malignité, qu'il ne se serve pas à peu près des mêmes artifices dont quelqu'un[2] s'est servi contre les Mairan, les Cassini et d'autres vrais philosophes; qu'il n'exige jamais, dans une dispute frivole, qu'un mort ressuscite pour rapporter la minute inutile d'une lettre de Leibnitz, et qu'il réserve ce miracle pour le temps où il prophétisera; qu'il ne compromette personne dans une querelle de néant, que la vanité veut rendre importante; et qu'il ne fasse point intervenir les dieux dans la guerre des rats et des grenouilles. Qu'il n'écrive point lettres sur lettres à une grande princesse, pour forcer au silence son adversaire, et pour lui lier les mains, afin de l'assassiner à loisir[3].

Que dans une misérable dispute sur la dynamique il ne fasse point sommer, par un exploit académique, un professeur de comparaître dans un mois; qu'il ne le fasse point condamner par contumace, comme ayant attenté à sa gloire, comme forgeur de lettres et faussaire, surtout quand il est évident que les lettres de Leibnitz sont de Leibnitz, et qu'il est prouvé que les lettres sous le nom d'un président n'ont pas été plus reçues de ses correspondants que lues du public.

Qu'il ne cherche point à interdire à personne la liberté d'une juste défense; qu'il pense qu'un homme qui a tort, et qui veut déshonorer celui qui a raison, se déshonore soi-même.

Qu'il croie que tous les gens de lettres sont égaux, et il gagnera à cette égalité.

Qu'il ne s'avise jamais de demander qu'on n'imprime rien sans son ordre.

Nous finissons par l'exhorter à être docile, à faire des études sérieuses, et non des cabales vaines; car ce qu'un savant gagne en in-

---

1. Henzy, décapité à Berne. (ÉD.)

2. L'homme en question avait fort tourmenté à Paris MM. de Mairan et Cassini.

3. Il écrivit deux lettres à Mme la princesse d'Orange, pour la supplier d'imposer silence à son adversaire M. Kœnig, bibliothécaire de cette princesse, lequel il avait fait condamner comme faussaire.

trigues, il le perd en génie, de même que dans la mécanique ce qu'on gagne en temps on le perd en forces. On n'a vu que trop souvent des jeunes gens qui ont commencé par donner de grandes espérances et de bons ouvrages, finir enfin par n'écrire que des sottises, parce qu'ils ont voulu être des courtisans habiles, au lieu d'être d'habiles écrivains; parce qu'ils ont substitué la vanité à l'étude, et la dissipation qui affaiblit l'esprit au recueillement qui le fortifie; on les a loués, et ils ont cessé d'être louables; on les a récompensés, et ils ont cessé de mériter des récompenses; ils ont voulu paraître, et ils ont cessé d'être : car lorsque, dans un auteur, une *somme* d'erreurs est égale à une *somme* de ridicules, *le néant vaut son existence*[1].

N. B. Ce remède bénin fit un effet contraire à celui que toutes les facultés espéraient, comme il arrive assez souvent. La bile du natif de Saint-Malo en fut exaltée encore plus que son âme; il fit brûler impitoyablement l'ordonnance du médecin, et le mal empira : il persista dans le dessein de faire ses expériences, et tint à cet effet la mémorable séance dont nous allons donner un récit fidèle.

Séance mémorable. — Le premier des calendes d'octobre 1751, s'assemblèrent extraordinairement les sages, sous la direction du très-sage président. Chacun ayant pris place, le président prononça l'éloge d'un membre de la compagnie *mûri*[2] depuis peu, parce qu'on n'avait pas eu la précaution de lui boucher les pores, et de le conserver comme un œuf frais, selon la nouvelle méthode; il prouva que son médecin l'avait tué pour avoir aussi négligé de le traiter suivant les lois de la force centrifuge; et il conclut que le médecin serait réprimandé et point payé. Il finit en glissant, selon sa coutume modeste, quelques mots sur lui-même; ensuite on procéda avec grand appareil à la vérification des expériences par lui proposées à tous les savants de l'Europe étonnée.

[3] En premier lieu, deux médecins produisirent chacun un malade enduit de poix résine, et deux chirurgiens leur percèrent les cuisses et les bras avec de longues aiguilles. Aussitôt les patients, qui à peine pouvaient remuer auparavant, se mirent à courir et à crier de toutes leurs forces; et le secrétaire en chargea ses registres.

[4] L'apothicaire approcha avec un grand pot d'opium, et le plaça sur un volume de la composition du président pour en redoubler la force, et on en fit prendre une dose à un jeune homme vigoureux. Et voici, au grand étonnement de tout le monde, qu'il s'endormit, et dans son sommeil il eut un rêve heureux qui fit peur aux dames accourues à cette solennité; et la nature de l'âme fut parfaitement connue, comme M. le président l'avait très-bien deviné.

Ensuite se présentèrent tous les manœuvres de la ville pour faire vite un trou qui allât jusqu'au centre de la terre, selon les ordres

1. L'auteur en question avait écrit que, supposé qu'un homme ait éprouvé autant de mal que de bien, *le néant vaut son être.*
2. Page 76. Voy. les *Lettres* de M. le président.
3. Page 206. — 4. Page 223.

précis de M. le président [1]. Sa vue portait jusque-là; mais comme l'opération était un peu longue, on la remit à une autre fois, et M. le secrétaire perpétuel donna rendez-vous aux ouvriers avec les maçons de la tour de Babel.

Aussitôt après, le président ordonna qu'on frétât un vaisseau pour disséquer des géants et des hommes velus à longue queue aux terres Australes [2]; il déclara qu'il serait lui-même du voyage, et qu'il irait respirer son air natal; sur quoi toute l'assemblée battit des mains.

On procéda ensuite par son ordre, et selon ses principes, à l'accouplement d'un coq d'Inde et d'une mule dans la cour de l'académie; et tandis que le poëte du corps composait leur épithalame, le président, qui est galant, fit servir aux dames une superbe collation, composée de pâtés d'anguilles [3], toutes les unes dans les autres, et nées subitement par un mélange de farine délayée. Il y avait de grands plats de poissons qui se formaient sur-le-champ de grains de blé germé, à quoi les dames prirent un singulier plaisir. Le président ayant bu un verre de rogomme, démontra à l'assemblée qu'il était aussi aisé à l'âme de voir l'avenir que le passé: et alors il se frotta les lèvres avec sa langue, remua longtemps la tête, exalta son imagination, et prophétisa. On ne donne point ici sa prophétie, qui se trouvera tout entière dans l'almanach de l'académie.

La séance se termina par un discours très-éloquent que prononça le secrétaire perpétuel [4]. « Il n'y a qu'un Érasme [5], lui dit-il, qui dût faire votre éloge. » Ensuite il éleva la monade du président jusqu'aux nues, ou du moins jusqu'aux brouillards. Il le mit hardiment à côté de Cyrano de Bergerac. On lui érigea un trône de vessies, et il partit le lendemain pour la lune, où Astolphe retrouva, dit-on, ce que le président a perdu.

N. B. Le natif de Saint-Malo ne partit point pour la lune, comme il le croyait; il se contenta d'y aboyer. Le bon docteur Akakia, voyant que le mal empirait, imagina, avec quelques-uns de ses confrères, d'adoucir l'âcreté des humeurs, en réconciliant le président avec le docteur helvétien qui lui avait tant déplu en lui montrant sa mesure. Le médecin, croyant que l'antipathie était un mal qu'on pouvait guérir, proposa donc le traité suivant :

Traité de paix conclu entre M. le président et M. le professeur [6], *le* 1er *janvier* 1753. — Toute l'Europe ayant été en alarmes dans la dangereuse querelle sur une formule d'algèbre, etc., les deux parties principalement intéressées dans cette guerre, voulant prévenir une effusion d'encre insupportable à la longue à tous les lecteurs, sont enfin convenues d'une paix philosophique en la manière qui suit :

Le président s'est transporté au lieu de sa présidence, et a dit devant ses pairs :

1° Ayant eu le temps de reconnaître notre méprise, nous prions

1. Page 174. — 2. Page 172. — 3. Pages 143 et 180. — 4. Formey. (ÉD.)
5. Érasme a fait l'*Éloge de la Folie*. (ÉD.)
6. M. Kœnig, professeur à la Haye. (ÉD.)

M. le professeur d'oublier tout le passé. Nous sommes très-fâché d'avoir fait beaucoup de bruit pour peu de chose, et d'avoir déclaré faussaire un grave professeur qui n'a jamais rien supposé que des monades et l'harmonie préétablie.

2° Nous avons signé des lettres patentes, scellées de notre grand sceau, par lesquelles nous rendons à la république des lettres la liberté; et nous déclarons qu'il sera désormais permis d'écrire contre notre sentiment, sans être réputé malhonnête homme.

3° Nous demandons pardon à Dieu d'avoir prétendu qu'il n'y a de preuves de son existence que dans A plus B, divisé par Z, etc. Et si, contre toute apparence, un raisonnement de cette espèce avait séduit quelqu'un de nos lecteurs, nous lui donnons un bon conseil, en l'invitant à s'occuper plus utilement, et à revenir des idées qu'il aurait pu prendre sur cette matière à laquelle nous n'entendons rien. MM. les inquisiteurs, qui ne l'entendent pas plus que nous, voudront bien à cet égard ne pas nous juger à toute rigueur.

4° Nous permettons dorénavant à tous les malades de payer leurs médecins, et aux médecins de traiter de plusieurs maladies; attendu que si un malade attaqué de la colique envoyait chercher le médecin de la pierre, il se pourrait faire que celui-ci taillât son homme, au lieu de lui donner un lavement : ainsi les choses resteront comme elles l'étaient.

5° Nous déclarons que quand nous avons proposé d'établir une ville latine, nous avons prévu, à la vérité, qu'il faudrait que les cuisiniers, les blanchisseuses et les balayeurs des rues sussent préalablement le latin, et qu'il se pourrait faire alors que ces personnes voulussent enseigner la grammaire, au lieu de faire la cuisine et de blanchir les chemises, ce qui pourrait causer quelques cabales dangereuses; mais aussi nous avons considéré que les écoliers et les régents pourraient se passer de chemises comme les anciens Romains, et même de cuisinières; et c'est ce que nous examinerons plus à loisir quand nous aurons appris le latin à fond.

6° Si jamais nous traitons de l'accouplement et du fœtus, nous promettons d'étudier auparavant l'anatomie, de ne plus recommander l'ignorance aux médecins, de ne plus envier le sort des colimaçons, et de ne plus leur dire ces douces paroles : « Innocents colimaçons, recevez et rendez mille fois les coups de ces dards dont la nature vous a armés. Ceux qu'elle a réservés pour nous sont des soins et des regards; » attendu que cette phrase est fort mauvaise, et qu'un soin réservé n'est pas un dard, et que ces expressions ne sont point académiques.

7° Nous ne porterons plus envie aux crapauds, et nous n'en parlerons plus en style de bergerie; vu que Fontenelle, que nous avons cru imiter, n'a point chanté les crapauds dans ses églogues.

8° Nous laissons à Dieu le soin de créer les hommes comme bon lui semble, sans jamais nous en mêler; et chacun sera libre de ne pas croire que dans l'utérus l'orteil droit attire l'orteil gauche, ni que la main se mette au bout du bras par attraction.

9° Si nous allons aux terres Australes, nous promettons à l'académie de lui amener quatre géants hauts de douze pieds, et quatre hommes velus avec de longues queues; nous les ferons disséquer tout vivants, sans prétendre pour cela connaître mieux la nature de l'âme que nous ne la connaissons aujourd'hui; mais il est toujours bon, pour le progrès des sciences, d'avoir de grands hommes à disséquer.

10° Si nous allons tout droit par mer au pôle arctique, nous ne forcerons personne à être du voyage, excepté M. de.... [1], qui nous a déjà suivis dans des pays à lui inconnus.

11° A l'égard du trou que nous voulions percer jusqu'au noyau de la terre, nous nous désistons formellement de cette entreprise; car, quoique la vérité soit au fond d'un puits, ce puits serait trop difficile à faire. Les ouvriers de la tour de Babel sont morts. Aucun souverain ne veut se charger de notre trou, parce que l'ouverture serait un peu trop grande, et qu'il faudrait excaver au moins toute l'Allemagne, ce qui porterait un notable préjudice à la balance de l'Europe. Ainsi, nous laisserons la face du monde telle qu'elle est; nous nous défierons de nous-même toutes les fois que nous voudrons creuser, et nous nous arrêterons constamment à la superficie des choses.

12° Nous reconnaissons qu'il est un peu plus difficile de prédire l'avenir que de savoir lire Tite Live et Thucydide. Nous réglerons notre âme, et nous ne l'exalterons plus; nous avouons que nous n'avons pas encore le don de prophétie, quoique nous y ayons beaucoup de disposition, si la perspicacité peut servir à prédire; et quand nous avons dit que c'est la même chose de savoir l'avenir et le passé, nous avons seulement donné à entendre que nous ne savons ni l'un ni l'autre.

13° Nous trouvons toujours bon qu'on vive huit à neuf cents ans en se bouchant les pores et les conduits de la respiration; mais nous ne ferons cette expérience sur personne, de peur que le patient ne parvienne tout d'un coup à l'âge de la maturité, qui est la mort.

14° Nous nous engageons à ne plus écrire tristement sur le bonheur, laissant d'ailleurs à chacun la liberté que nous avons déjà accordée de se tuer, ou d'être chrétien, etc.

15° Nous ne rabaisserons plus tant les Allemands, et nous avouerons que les Copernic, les Kepler, les Leibnitz, les Wolf, les Haller, les Gotsched, sont quelque chose, et que nous avons étudié sous les Bernouilli, et nous étudierons encore; et qu'enfin M. le professeur Euler, qui a bien voulu nous servir de lieutenant, est un très-grand géomètre qui a soutenu notre principe par des formules auxquelles nous n'avons rien pu comprendre, mais que ceux qui les entendent nous ont assuré être pleines de génie comme tous les autres ouvrages dudit professeur, notre lieutenant.

16° Et, comme nous avons à cœur de faire une paix stable et perpétuelle, nous promettons solennellement de faire notre possible pour ne plus violer, soit dans nos raisonnements, soit dans nos actions,

---

1. Peut-être Mérian, que l'on appelait quelquefois de Mérian. Il fut rapporteur à l'académie de Berlin dans la querelle entre Kœnig et Maupertuis sur un point de mathématiques, *pays à lui inconnus*. (ED.)

les trois grands principes de la philosophie germanique, à savoir les principes de contradiction, de raison suffisante, et de continuité; en conséquence de cet engagement, nous ne nous permettrons plus les contradictions[1] dans nos écrits, et nous tâcherons de mettre de la raison et de la suite dans notre conduite.

17° Pour ce qui est de M. Wolf, notre grand émule, comme ses ouvrages sont volumineux, et que nous ne lisons rien, nous ne saurions prendre la résolution d'en examiner le contenu. pour nous autoriser à pouvoir en décider. Ainsi, nous nous réservons toujours la prérogative que nous croyons due à un président d'académie, de pouvoir statuer librement du mérite des livres de science, sans se donner la peine de les étudier.

18° Néanmoins, pour donner encore en ceci une marque de notre condescendance, nous exhorterons les jeunes gens qui dépendent de nous, à lire les livres de M. Wolf, avant que de les mépriser; et pour leur en donner l'exemple, nous entreprendrons nous-mêmes d'étudier la petite logique de cet Allemand, d'autant qu'au régiment où nous servions en France dans notre jeunesse, nous n'avons point eu d'occasion d'entendre parler de ces choses-là.

19° Enfin, pour donner la plus grande preuve possible du désir sincère que nous avons de rendre le repos à l'Europe littéraire, nous consentons que notre ennemi capital, M. de Voltaire, soit compris dans le présent traité de paix, nonobstant les puissantes raisons que nous aurions pour l'en excepter. Pourvu donc qu'il s'engage de ne plus nous mettre ni dans sa prose ni dans ses vers, nous promettons de ne plus cabaler contre lui; de ne plus nous servir de l'exécuteur de la haute justice pour nous venger de ses plaisanteries; de ne plus le menacer de notre bras plutôt que de notre esprit; de ne plus prétendre qu'il tremble tant qu'il n'aura pas la fièvre, et enfin d'abandonner La Beaumelle à sa justice.

De plus, pour ne laisser aucun sujet de mécontentement à M. Kœnig et à ceux qui se sont rangés de son parti, notre lieutenant général, Léonard Euler[2], déclare par notre bouche ce qui suit:

I. Qu'il confesse ingénument de n'avoir jamais appris la philosophie et qu'il se repent sincèrement de s'être laissé persuader par nous qu'on pouvait la savoir sans l'avoir étudiée. Que désormais il se contentera de la gloire d'être, de tous les mathématiciens de l'Europe, celui qui dans un temps donné peut jeter sur le papier le plus long calcul.

II. Nonobstant cette supériorité dans l'art de computer, ce grand homme promet encore, par notre bouche, d'étudier plus soigneusement qu'il n'a fait par le passé les principes de cet art, et la connexion de ces principes avec les éléments les plus évidents; afin de ne plus

---

1. *Je m'affranchis d'une gêne à laquelle je n'aurais pu me soumettre: je ne suivrai aucun ordre, je parcourrai les sujets comme ils se présenteront à mon esprit je me permettrai peut-être jusques aux contradictions. Lettres de Maupertuis;* page 1.

2. Léonard Euler, né en 1707, mort le 7 septembre 1783, écrivit en faveur de Maupertuis dans la querelle avec Kœnig. *(Note de M. Beuchot.)*

contredire Euclide, comme il reconnaît que malheureusement cela lui est arrivé quelquefois.

III. Que quoiqu'il soit le phénix des algébristes, il rougit et rougira toujours d'avoir révolté le sens commun et les notions les plus vulgaires, en concluant de ses formules qu'*un corps attiré vers un centre par des forces qui accélèrent continuellement son mouvement, s'arrêtera au plus fort de sa volée*[1]; que quelquefois il *retournera immédiatement en arrière, sans aucune cause*; et, ce qui serait encore plus miraculeux que tout cela, que dans un certain cas *ce corps s'évanouira subitement sans qu'on puisse dire ce qu'il est devenu*[2]. Notre lieutenant général est très-fâché d'avoir tiré ces conclusions, dont M. Robins[3] lui a fait connaître le ridicule; et nous-même nous nous repentons de les avoir admirées autrefois, au grand scandale des géomètres.

IV. Qu'afin de radoucir un peu les philosophes allemands, il fera son possible pour ne plus captiver sa raison sous la foi d'une formule erronée. Il demande pardon à genoux à tous les logiciens d'avoir écrit à l'occasion d'un résultat contradictoire de son calcul : *Hoc quidem veritati videtur minus consentaneum. Quidquid vero sit huic calculo potius quam nostro judicio est fidendum*[4]. « Cela ne paraît pas pouvoir être vrai. Mais quoi qu'il en puisse être, il faut plutôt en croire le calcul que notre propre jugement. »

V. Que pour rentrer en grâce auprès des géomètres, il tâchera de mettre à l'avenir un peu d'élégance dans l'analyse qu'il leur offrira; qu'il n'emploiera plus soixante pages de calcul pour arriver à une conclusion qu'on peut établir par un raisonnement de dix lignes; *item*, que toutes les fois qu'il retroussera ses bras pour calculer trois jours et trois nuits de suite, il se donnera la patience de raisonner auparavant un quart d'heure sur le choix des principes qu'il conviendra d'employer. Et s'il trouve, comme on l'en assure, qu'il pourra se passer d'une bonne partie de son calcul, il nous gratifiera de ce qu'il a de trop, et dont il sait bien que nous avons besoin.

VI. Ce grand homme ne veut point que nous dissimulions qu'il est très-affligé d'avoir écrit que, dans le théorème de M. s'Gravesande, la quantité de la force vive différait de la quantité de l'action, et que la vitesse respective n'est point prise pour invariable dans la solution de notre problème : et nous-mêmes enfonçons la tête dans notre *lapmude*[5], honteux d'avoir approuvé de si insignes sottises. Nous demandons pardon au professeur de la Haye d'avoir voulu les soutenir contre ses démonstrations, dont nous avions mal lu et mal rapporté les ter-

---

1. Voy. *Euleri Mechanica*, t. I, p. 268.
2. « Ex quo sequitur postquam corpus in centrum pervenerit nusquam amplius reperiri, sed quasi annihilari. Item.... Corpus statim ac in centrum pervenerit ibi evanescet, neque ultra centrum progredietur neque revertetur. » Voy. p. 276, item, p. 305.
3. *Remarks on M. Euler treatise of motion*, by Benjamin Robins.
4. Voy. *Euleri mechanica*, t. I, p. 208.
5. Ce mot, usité dans le Nord, signifie une robe de peau de renne. Voltaire s'est moqué plusieurs fois de l'accoutrement de Maupertuis, qui, à son retour de Tornéo, s'était fait peindre enveloppé de fourrures dans un traineau. (Ed.)

mes. M. Euler promet de lire une autre fois plus correctement les écrits qu'il voudra réfuter; et nous ne manquerons jamais de mettre nos lunettes pour voir par nous-mêmes comment il aura lu, lorsqu'il sera question de souscrire à ses réfutations.

VII. Quant au jeune auteur des pièces singulières, qui s'est distingué par un zèle tout à fait particulier pour notre cause, quoiqu'il soit entièrement dégoûté des hautes réputations, nous ne pouvons cependant nous empêcher de faire mention de lui dans le présent traité. Nous voulons qu'il jouisse des avantages de cette paix aussi bien que nous; et nous promettons qu'il ne la troublera plus par ses excursions dans la métaphysique. Il n'écrira plus sur le *cogito, ergo sum*. Il ne prendra plus d'opium pour découvrir la nature de l'âme, selon notre méthode : mais il essayera l'usage de l'ellébore, dont la dose sera réglée par M. Lieberkuhn, médecin de notre académie; ce qu'il perdra par là en gloire, lui sera restitué en argent comptant de la caisse de cette académie.

Ce beau et sage discours fini, M. le secrétaire perpétuel lut à haute voix la déclaration de M. le professeur Kœnig, laquelle contenait en substance :

1° Qu'ayant travaillé toute sa vie à soumettre son imagination à l'empire de la raison, il se confessait incapable de concevoir des idées aussi brillantes que l'étaient celles que le génie de M. le président avait enfantées dans ses lettres; qu'il lui cédait la palme, et qu'il se reconnaîtrait toujours son inférieur à cet égard.

2° Mais que pour épargner dorénavant à M. le président des soupçons désagréables, il serait plus circonspect dans ses citations; qu'il n'avancerait aucun fait relatif aux sciences, sans pouvoir le prouver par la signature d'un notaire juré et quatre témoins, gens de bonne vie; que dans les dissertations sur le minimum de l'action, il ne rapporterait plus des fragments de lettres sans en avoir en main les originaux; qu'aussi, pour faciliter le présent accommodement, il passerait à M. le président le principe qu'*un écrit dont on ne peut pas produire l'original est un écrit forgé*, sans le soupçonner pour cela de manquer de foi aux livres de notre sainte religion.

3° Que pour le bien de la paix, et comme un équivalent de l'honneur d'être de l'académie de Berlin (auquel ce professeur s'était vu obligé de renoncer), il accepterait une profession de philosophie dans la ville latine que M. le président voulait fonder, dès qu'il saurait qu'on y aurait commencé à prêcher, à plaider, et à jouer la comédie en latin [1]; et qu'en ce cas, il s'appliquerait de toutes ses forces à parler et à écrire dans le style des *Epistolæ obscurorum virorum* [2], afin d'y établir autant qu'il sera possible une latinité que M. le président puisse entendre.

4° Qu'en attendant, il mettrait une monade ou être simple à côté de

---

1. Voy. *Lettres de Maupertuis*, p. 187.
2. Voy., sur les *Epistolæ*, la seconde des *Lettres à Son Altesse monseigneur le prince de***. (ED.)

chaque géant que M. le président apporterait à l'académie ; qu'on dis-
séquerait les uns et les autres pour voir si c'est dans ceux-ci ou dans
celles-là que l'on peut découvrir le plus facilement la nature de l'âme.

5° Qu'au surplus, il consentait de grand cœur que tout le reste fût
déclaré comme non avenu ; que les combattants des deux partis, sans
exception, avouassent de bonne foi que chacun a été trop loin des
deux côtés, et qu'ils auraient dû commencer par où le public finit,
c'est-à-dire par rire.

— L'académie ayant entendu avec admiration le présent traité, elle
a applaudi à tous ses articles, et en a garanti l'exécution : et afin que
les fruits de cette heureuse réunion se fissent sentir par toute l'Europe,
elle a voulu qu'il fût stipulé que tous les gens de lettres vivraient désormais en frères, à compter du jour où toutes les femmes qui prétendent à la beauté seraient sans jalousie.

Le tout ayant été ratifié convenablement, on devait chanter un *Te
Deum*, mis en musique par un Français, et exécuté par des Italiens ;
et célébrer une grand'messe où un jésuite officierait, ayant un calviniste pour diacre et un janséniste pour sous-diacre ; et la paix eût été
générale dans toute la chrétienté.

— Qui aurait cru qu'un projet de paix si raisonnable n'eût pas été
accepté par M. le président ? Mais sur le point de signer et d'en remplir tous les articles, sa mélancolie et sa philocratie redoublèrent avec
des symptômes violents. Il s'emporta contre son bon médecin Akakia,
qui était alors malade [1] lui-même dans la cité de Leipsick en Germanie, et il lui écrivit une lettre fulminante, par laquelle il le menaçait
de venir le tuer.

Lettre de M. le président à son médecin Akakia. — Je vous déclare
que ma santé est assez bonne pour vous venir trouver partout où vous
serez, pour tirer de vous la vengeance la plus complète. Rendez grâce
au respect et à l'obéissance qui ont jusqu'ici retenu mon bras. Tremblez.
                                        Signé MAUPERTUIS.

Depuis feu M. de Pourceaugnac, qui voulait voir son médecin, l'épée
à la main, il ne s'était jamais trouvé de si méchant malade. Le docteur Akakia, tout épouvanté, eut recours à l'université de Leipsick, et
lui présenta la requête ci-jointe :

« Le docteur Akakia, réfugié dans l'université de Leipsick, où il a
cherché un asile contre les attentats d'un Lapon natif de Saint-Malo,
qui veut absolument le venir assassiner dans les bras de ladite université, supplie instamment messieurs les docteurs et écoliers de s'armer
contre ce barbare de leurs écritoires et canifs. Il s'adresse particulièrement à ses confrères ; il espère qu'ils purgeront ledit sauvage dès qu'il
paraîtra, qu'ils évacueront toutes ses humeurs peccantes, et qu'ils
conserveront, par leur art, ce qui peut rester de raison à ce cruel
Lapon, et de vie à leur confrère le bon Akakia, qui se recommande à

---

1. Voy., dans la *Correspondance*, la lettre de Voltaire à M. Roques, d'avril
1753. (ÉD.)

leurs soins. Il prie messieurs les apothicaires de ne le pas oublier en cette occasion. »

En vertu de cette requête, l'université donna un décret, par lequel le natif de Saint-Malo devait être arrêté aux portes de la ville, lorsqu'il viendrait pour exécuter son dessein parricide contre le bon Akakia, qui lui avait servi de père.

Voici les ordres précis de l'université, tels qu'on les trouvera dans les *Acta eruditorum.*

Extrait du journal de Leipsick, intitulé : DER HOFMEISTER [1]. — Un quidam ayant écrit une lettre à un habitant de Leipsick, par laquelle il menace ledit habitant de l'assassiner, et les assassinats étant visiblement contraires aux priviléges de la Foire, on prie tous et un chacun de donner connaissance dudit quidam, quand il se présentera aux portes de Leipsick. C'est un philosophe qui marche en raison composée de l'air distrait et de l'air précipité, l'œil rond et petit, et la perruque de même, le nez écrasé, la physionomie mauvaise; ayant le visage plein et l'esprit plein de lui-même, portant toujours scalpel en poche pour disséquer les gens de haute taille. Ceux qui en donneront connaissance auront mille ducats de récompense assignés sur les fonds de la ville latine que ledit quidam fait bâtir, ou sur la première comète d'or et de diamant qui doit tomber incessamment sur la terre, selon les prédictions dudit quidam philosophe et assassin.

Cependant le médecin Akakia ne différa pas à faire réponse à son malade, et il tâcha encore de lui remettre l'esprit par cette lettre amiable.

Lettre du docteur Akakia au natif de Saint-Malo. — Monsieur le président, j'ai reçu la lettre dont vous m'honorez. Vous m'apprenez que vous vous portez bien, que vos forces sont entièrement revenues, et vous me menacez de venir m'assassiner si je publie la lettre de La Beaumelle. Quelle ingratitude envers votre pauvre médecin Akakia! Vous ne vous contentez pas d'ordonner qu'on ne paye point son médecin, vous voulez le tuer! Ce procédé n'est ni d'un président d'académie ni d'un bon chrétien, tel que vous êtes. Je vous fais mon compliment sur votre bonne santé; mais je n'ai pas tant de forces que vous. Je suis au lit depuis quinze jours, et je vous prie de différer la petite expérience de physique que vous voulez faire. Vous voulez peut-être me disséquer? mais songez que je ne suis pas un géant des terres Australes, et que mon cerveau est si petit, que la découverte de ses fibres ne vous donnera aucune nouvelle notion de l'âme. De plus, si vous me tuez, ayez la bonté de vous souvenir que M. de La Beaumelle m'a promis de *me poursuivre jusqu'aux enfers;* il ne manquera pas de m'y aller chercher : quoique le trou qu'on doit creuser par votre ordre jusqu'au centre de la terre, et qui doit mener tout droit en enfer, ne soit pas encore commencé, il y a d'autres moyens d'y aller, et il se trou-

1. *Le Gouverneur.* (ÉD.)

vera que je serai malmené dans l'autre monde, comme vous m'avez persécuté dans celui-ci. Voudriez-vous, monsieur, pousser l'animosité si loin ?

Ayez encore la bonté de faire une petite attention : pour peu que vous vouliez exalter votre âme pour voir clairement l'avenir, vous verrez que si vous venez m'assassiner à Leipsick, où vous n'êtes pas plus aimé qu'ailleurs, et où votre lettre est déposée, vous courez quelque risque d'être pendu, ce qui avancerait trop le moment de votre maturité, et serait peu convenable à un président d'académie. Je vous conseille de faire d'abord déclarer la lettre de La Beaumelle forgée et attentatoire à votre gloire, dans une de vos assemblées; après quoi il vous sera plus permis, peut-être, de me tuer comme perturbateur de votre amour-propre.

Au reste, je suis encore bien faible, vous me trouverez au lit, et je ne pourrai que vous jeter à la tête ma seringue et mon pot de chambre; mais dès que j'aurai un peu de force, je ferai charger mes pistolets *cum pulvere pyrio*[1]; et en multipliant la masse par le carré de la vitesse jusqu'à ce que l'action et vous soyez réduits à zéro, je vous mettrai du plomb dans la cervelle; elle paraît en avoir besoin.

Il sera triste pour vous que les Allemands que vous avez tant vilipendés aient inventé la poudre, comme vous devez vous plaindre qu'ils aient inventé l'imprimerie.

Adieu, mon cher président.   AKAKIA.

Post-Scriptum. Comme il y a ici cinquante à soixante personnes qui ont pris la liberté de se moquer prodigieusement de vous, elles demandent quel jour vous prétendez les assassiner.

— On avait espéré que ce dernier cordial pourrait enfin opérer sur l'esprit revêche du natif de Saint-Malo; qu'il se désisterait de ses expériences cruelles; qu'il ne persécuterait plus les Suisses ni les Akakia; qu'il laisserait les Allemands en repos, et qu'il pourrait même un jour, quand il serait parfaitement rétabli, rire des symptômes de sa maladie.

Mais le médecin Akakia, en homme prudent, voulut ménager encore la délicatesse du natif de Saint-Malo; et en s'adressant humblement au secrétaire éternel de l'académie dudit Malouin, il lui écrivit ainsi :

« Monsieur le Secrétaire éternel[2], je vous envoie l'arrêt de mort que le président a prononcé contre moi, avec mon appel au public et les témoignages de protection que m'ont donnés tous les médecins et tous les apothicaires de Leipsick. Vous voyez que M. le président ne se borne pas aux expériences qu'il projette dans les terres Australes, et qu'il veut absolument séparer dans le Nord mon âme d'avec mon corps.

1. *Pulvis pyrius* est la poudre à canon. (ÉD.)
2. Le secrétaire perpétuel de l'Académie de Berlin était Formey; il fut presque *éternel*, car il ne mourut qu'en 1797, à quatre-vingt-six ans. (*Note de M. Beuchot.*)

C'est la première fois qu'un président a voulu tuer un de ses conseillers. Est-ce là « le principe de la moindre action? » Quel terrible homme que ce président! il déclare faussaire à gauche, il assassine à droite, et il prouve Dieu par A plus B, divisé par Z; franchement on n'a rien vu de pareil. J'ai fait, monsieur, une petite réflexion; c'est que, quand le président m'aura tué, disséqué et enterré, il faudra faire mon éloge à l'académie, selon la louable coutume. Si c'est lui qui s'en charge, il ne sera pas peu embarrassé. On sait comme il l'a été avec feu M. le maréchal Schmettau, auquel il avait fait quelque peine pendant sa vie. Si c'est vous, monsieur, qui faites mon oraison funèbre, vous y serez tout aussi empêché qu'un autre. Vous êtes prêtre, et je suis profane; vous êtes calviniste, et je suis papiste; vous êtes auteur, et je le suis aussi; vous vous portez bien, et je suis médecin. Ainsi, monsieur, pour esquiver l'oraison funèbre, et pour mettre tout le monde à son aise, laissez-moi mourir de la main cruelle du président, et rayez-moi du nombre de vos élus. Vous sentez bien d'ailleurs qu'étant condamné à mort par son arrêt, je dois être préalablement dégradé. Retranchez-moi donc, monsieur, de votre liste; mettez-moi avec le faussaire Kœnig, qui a eu le malheur d'avoir raison. J'attendrai patiemment la mort avec ce coupable.

> . . . . *Pariterque jacentes*
> *Ignovere diis.*
>
> (*Phars.*, II, 92-93.)

« Je suis métaphysiquement, monsieur,

« Votre très-humble et très-obéissant serviteur,

« AKAKIA. »

AVIS

A L'AUTEUR DU JOURNAL DE GOTTINGUE.

(1753.)

Quand un journaliste veut rendre compte d'un ouvrage, il doit d'abord en saisir l'esprit. Quand il le critique, il doit avoir raison. Le journaliste de Gottingue a oublié entièrement ces deux devoirs, et il se trompe sans exception sur tout ce qu'il dit.

Il se trompe quand il dit que l'auteur du *Siècle de Louis XIV* devait parler de Tillotson en parlant de Bourdaloue; il ne songe pas qu'il ne s'agit que des écrivains de France.

Il se trompe quand il dit que le baron des Coutures ne méritait pas d'être cité. Sa traduction de Lucrèce est la meilleure qu'on ait en France[1].

---

1. On a eu depuis une traduction en prose par Lagrange, et une traduction en vers par M. de Pongerville. (ED.)

Il se trompe quand il dit que Desmarets n'était qu'un traducteur. L'abbé Régnier-Desmarets a traduit à la vérité Anacréon en vers italiens, avec succès, ce qui est un très-grand mérite : mais il a fait des vers français qu'on sait par cœur, et il était excellent grammairien.

Il se trompe quand il dit que Bernier n'était pas médecin du Grand-Mogol, et qu'il le croit précepteur du fils d'un aga. Un mahométan indien ne donne point pour précepteur à son fils un chrétien de France, qui parle mal indien ; mais on ne demande guère à un médecin de quelle religion il est. Bernier était médecin de l'empereur Sha-Géan [1], comme on peut le voir dès la page 9 de ses voyages, édition d'Amsterdam. Voilà pourtant ce que le journaliste appelle *une faute grossière*.

Il se trompe quand il dit que le *Journal des Savants* de Paris n'est pas le premier qu'on ait fait en Europe.

Il se trompe en opposant les *Transactions philosophiques*. Ces *Transactions* ne sont point un examen des ouvrages nouveaux de tous les auteurs, comme le *Journal des Savants* ; c'est une entreprise toute différente.

Il se trompe quand il croit qu'il y a eu une bonne pharmacopée universelle avant celle de Lémery.

Il se trompe quand il dit que le *Moréri* n'est pas le premier dictionnaire français historique qui concerne les faits : c'est même le premier en toute langue ; ceux des Estienne n'étant qu'une courte nomenclature pour l'intelligence des anciens auteurs.

Il se trompe, et fait pis que se tromper, quand il traite de menteur le P. Daniel, qui ne passe pas pour un historien assez profond et assez hardi, mais qui passe pour un historien très-véridique. Le P. Daniel a erré quelquefois ; mais il n'est pas permis de l'appeler *un menteur*.

Il se trompe quand il croit les *Contes* badins de La Fontaine plus dangereux que la seconde églogue de Virgile, ou que certaines satires d'Horace, ou qu'Ovide, ou que Pétrone. Il n'a pas senti que la gaieté n'est pas ce qui inspire la volupté. La Fontaine est plaisant ; Ovide est voluptueux ; Pétrone est débauché.

Il se trompe quand il reproche à l'auteur du *Siècle de Louis XIV* d'avoir dit qu'il vaut mieux recevoir cent bulles erronées que d'exciter des divisions. Voici le passage du *Siècle* : « Il vaut mieux recevoir cent bulles erronées que de mettre cent villes en cendres. » Quiconque aura une maison dans une de ces cent villes pensera ainsi ; permis à ceux qui n'ont point de maison de brûler celles des autres pour une bulle.

Il se trompe quand il croit que dans le *Siècle* on immole les jansénistes aux jésuites. On n'a certainement point pris de parti entre ces messieurs. On y dit que Quesnel était un opiniâtre, que le jésuite Le Tellier, confesseur de Louis XIV, était un méchant homme. L'auteur du *Siècle* n'est ni janséniste ni moliniste.

Il se trompe quand il dit que les Français firent des campagnes

---

1. Père d'Aureng-Zeb. (ÉD.)

malheureuses en Bohême, lorsque Louis XV fut à la tête de ses armées. Louis XV, depuis la fin de 1743, n'envoya pas en Bohême un seul régiment.

Il se trompe quand il reproche à l'auteur du *Siècle* d'avoir dit que les Allemands ne se mettaient jamais en campagne qu'au mois d'août. Jamais l'auteur du *Siècle* n'a répété cette ancienne sottise.

Il se trompe quand il avance que les papes n'ont jamais rendu Castro et Ronciglione. Ils en sont possesseurs, oui; mais cela prouve-t-il qu'ils ne les aient jamais cédés? Alexandre VII fut forcé de les rendre pour cent mille écus romains, en 1664.

Il se trompe quand il dit que l'*Encyclopédie* n'est pas un ouvrage très-utile, et quand il conclut qu'il ne vaut rien, de ce qu'il a été critiqué et persécuté dans sa naissance par des ennemis intéressés. Il devait conclure tout le contraire.

Il faudrait tâcher de ne pas se tromper sur tous les points quand on critique un ouvrage.

L'auteur du *Siècle de Louis XIV* n'a vu aucune des éditions qui ont été faites en France, en Angleterre, et en Hollande. Il lui est tombé entre les mains une petite feuille volante, dans laquelle on relève plusieurs fautes de l'édition de la Haye, et on en rend l'auteur responsable. Il y a, ce me semble, un peu d'injustice dans ce procédé. Ce n'est pas à lui qu'il faut s'en prendre si on a imprimé *Pigeri* pour *Gigeri*, *Burignac* pour *Daubignac*, et si les éditeurs sont tombés dans d'autres méprises. On ne trouvera pas ces fautes dans l'édition de Genève, corrigée par l'auteur même. Ceux qui se hâtent de faire ces critiques devraient y apporter plus d'équité et plus d'attention. Par exemple, on reproche à l'auteur d'avoir dit que le grand Condé mourut à Chantilly en 1680. Cela n'est pas vrai: l'auteur place cette mort en 1686, non pas à Chantilly, mais à Fontainebleau.

On lui reproche d'avoir mis en 1700 la mort de Jacques II, roi d'Angleterre: cela n'est pas vrai: il dit que c'est en 1701. On lui reproche d'avoir placé la mort de Madame, la première femme du frère de Louis XIV, en 1672. Cela n'est pas vrai: il la place au mois de juin 1670.

On lui reproche d'avoir fait naître Mme Dacier en 1615. Cela n'est pas vrai: il a placé sa naissance en 1651.

Au reste, il est difficile que, dans un catalogue de plus de trois cents artistes, on ne se soit trompé sur quelques noms obscurs, et sur quelques dates. Un *errata* suffit pour ces bagatelles. Il ne faut pas juger d'un grand bâtiment par quelques pavés qu'un maçon subalterne aura mal arrangés dans la cour.

EXAMEN

DU TESTAMENT POLITIQUE

DU CARDINAL ALBÉRONI.

(1753 [1].)

Après tant de testaments cassés par le public, celui du cardinal Albéroni vient de paraître. Je souhaite à l'éditeur qu'en effet le cardinal Albéroni l'ait mis sur son testament. Cet éditeur, ou cet auteur, connaît sans doute assez les hommes, les affaires, et le train du monde, pour ne pas ignorer qu'un bon legs, qui procure une vie heureuse, vaut mieux que toutes les spéculations politiques. Un écrivain fait un beau livre plein de profonds raisonnements sur le commerce ruineux de l'Europe avec les Grandes-Indes : un négociant d'un trait de plume y envoie, sans raisonner, des effets; il s'enrichit, et ne lit point le livre. Il en est de même dans la politique : l'homme d'esprit oisif fait des projets pour changer la face de l'Europe; ceux qui gouvernent suivent leur routine, et ne s'informent pas seulement si on fait des projets.

L'abbé de Bourzeys, dans la crainte de n'être point lu, prit sans façon le nom du cardinal de Richelieu. D'autres ont pris le nom de Mazarin, de Colbert, de Louvois, du duc de Lorraine. Tous ces testaments sont faits dans le goût de celui de Crispin, qui prend la robe de chambre et le nom de Géronte dans le *Légataire universel*. On voit bien que ce n'est pas Géronte qui a fait ce testament-là; on y reconnaît bien vite Crispin.

Ce n'est pas un Crispin à la vérité qui a composé le testament du cardinal Albéroni; c'est un homme passablement instruit : mais il faut qu'il se détrompe de la vanité de faire accroire que ce testament soit effectivement l'ouvrage du cardinal. Il a beau, dans sa préface, vouloir éluder la loi que j'ai fait valoir, que ce seul mot, *Testament d'un ministre*, impose le devoir indispensable de déposer dans des archives publiques l'original de l'ouvrage, ou d'en constater l'authenticité par des voies équivalentes; cette loi ne peut être violée sans que le public soit en droit de crier à la supposition. Il est absolument nécessaire de montrer au public qu'on ne le trompe pas, quand il s'agit d'ouvrages de cette importance. Lorsque je fis imprimer à la Haye l'*Anti-Machiavel*, j'en déposai l'original à l'hôtel de ville, et il y est encore. Aussi l'auteur ne prétend pas que le *Testament du cardinal Albéroni* soit l'ouvrage de ce ministre; il dit seulement que ce sont ses intentions; que c'est un recueil de quelques pensées du cardinal, auxquelles l'éditeur a joint les siennes; et par là c'est un ouvrage qui peut devenir doublement précieux. Qu'on l'appelle *Testament* ou non, il n'importe : les titres des livres sont comme ceux des hommes aux yeux du philosophe : il ne juge de rien par les titres.

Que ce soit le cardinal Albéroni, ou son truchement, qui propose au roi d'Espagne d'encourager l'agriculture, il est clair que c'est un très-bon avis, et qu'il faut le suivre, soit qu'il vienne d'un ministre ou d'un fermier. L'auteur propose de cultiver les terres espagnoles par des nègres. Pourquoi non ? ces terres, qui manquent de laboureurs, accusent encore le malheureux roi qui les priva des mains des Maures, sous lesquelles elles étaient fertiles. Les déserts de la Prusse, cultivés par des étrangers, sont un reproche aux terres de la Castille.

Peu d'hommes connaissent mieux l'Espagne que l'auteur; on croirait presque que c'est le ministre de Philippe V, ou celui qui a été le compagnon de sa retraite et son malheureux ami, si l'on peut être l'ami d'un roi. Il compte toutes les causes de la dépopulation de l'Espagne : mais il me semble qu'il a tort de ne pas mettre parmi ces causes l'expulsion des Juifs et des Maures, et les transplantations en Amérique. L'émigration des protestants est insensible en France. Oui, parce que la France possède environ vingt-deux millions d'habitants industrieux : mais il n'y a guère plus de six millions d'âmes en Espagne, et la fière oisiveté y étouffe l'industrie. Otez beaucoup à celui qui a peu; que lui reste-t-il ? et comment réparer ces pertes dans un pays où les pères transmettent aux enfants la maladie qui attaque le genre humain dans sa source, et où la superstition ensevelit la nature dans les cloîtres? Je me sers ici du mot de *superstition*, que le cardinal emploie : je me ferais un scrupule de changer ses paroles. D'ailleurs l'auteur fait bien voir que l'Espagne est le pays de la grandeur et des abus. Il fait plus ; il montre les ressources. L'ouvrage n'a pas été revu par les inquisiteurs : il y a tel pays qui exige qu'on soit à six cents milles de lui pour lui dire des vérités utiles.

Dans le chapitre VII, on voit une partie de ce plan immense conçu autrefois par le cardinal Albéroni. Cet homme, en 1707, n'avait été connu dans Anet (dont il refusa la cure) que sur le pied d'un *uomo faceto e piacevole*, qui faisait des soupes à l'oignon excellentes. Campistron le protégeait alors; et, en 1718, il allait bouleverser la terre. J'en parlai dans l'*Histoire de Charles XII*. Je lui rendis justice, et il me remercia avec d'autant plus de sensibilité qu'il était alors malheureux. Ce projet, prêt à éclore, était d'armer l'empire ottoman contre l'Autriche, Charles XII et le czar contre l'Angleterre; d'établir le prétendant à Londres par les mains du vainqueur de Narva; d'arracher la régence de la France au duc d'Orléans; de rendre pour jamais l'Italie indépendante de l'Allemagne, après sept cents ans de sujétion, ou d'esclavage, ou de soumission. Suivant ce dessein, un corps italique s'établissait, à l'exemple à peu près du corps germanique. Don Carlos devait posséder Naples et Sicile; son frère don Philippe avait la Toscane. La Lombardie faisait le partage des ducs de Savoie. Mantoue était ajoutée aux États de Venise. Le domaine du duc de Modène s'accroissait de plus de moitié par celui de Parme.

Les vues du commerce le plus étendu venaient à l'appui de ces arrangements ou de ces dérangements politiques. Le coup de fauconneau qui tua Charles XII renversa tout le projet : mais cette machine brisée fut encore assez forte, quelque temps après, pour porter don Carlos sur le trône des Deux-Siciles par de nouveaux efforts.

L'auteur voudrait que le prétendant se fût fait roi en Corse, au lieu de tenter inutilement d'être roi d'Angleterre; ensuite il lui propose la vice-royauté de Majorque : est-ce bien le cardinal Albéroni qui fait ces propositions?

Est-ce bien lui qui s'acharne contre la mémoire du cardinal de Fleury, et qui dit qu'on n'a entendu que les plaintes et les gémissements des peuples pendant son ministère? Si c'est le cardinal Albéroni qui parle ainsi, ou il est bien prévenu, ou il ne connaissait pas la France comme il connaissait l'Espagne. Il s'attache à décrier en tout le cardinal de Fleury. Il l'abaisse au-dessous du médiocre. Mais, quand on voyage de Saint-Dizier à Moyenvic, on dit : « C'est le cardinal de Fleury qui a donné toutes ces terres à la France : qu'aurait fait de mieux alors un grand homme? » Le cardinal Albéroni est devenu un censeur bien impitoyable depuis sa mort : son testament est une satire.

Il blâme le cardinal de Fleury d'avoir voulu la guerre de 1741, et on sait qu'il ne la voulait pas, et qu'il s'y opposa autant qu'il put.

Il blâme l'empereur Charles VI d'avoir fait sa pragmatique sanction. Sa fille ne sera pas de cet avis. Il veut changer la constitution de l'Allemagne : c'est un homme qui a perdu son bien au jeu, et qui, se plaisant encore à regarder jouer, dit tout haut les fautes qu'il croit apercevoir.

Est-ce donc le cardinal Albéroni qui juge ainsi les vivants et les morts? On connaît dans l'Europe un maréchal de France qui s'est fait un nom célèbre par ses grandes vues, par son esprit d'ordre et de détail, par son génie, et par son activité[1]. Le prétendu testateur le traite bien durement. Je ne crois pas qu'il soit permis à l'histoire de parler des vivants . elle doit imiter les jugements de l'Égypte, qui ne décidaient du mérite des citoyens que lorsqu'ils n'étaient plus. Les portraits des hommes publics sont toujours dans un faux jour pendant leur vie. Mais, si quelqu'un voulait répondre aux reproches amers que fait le cardinal Albéroni à cet illustre Français, ne pourrait-il pas lui dire : « Cessez de reprocher à ce maréchal l'épuisement des trésors de la France dans la magnifique ambassade de Francfort, où Charles VII fut élu empereur. Cessez de représenter l'Allemagne en défiance de cette profusion prétendue. L'ambassadeur d'Espagne y faisait une auss grande figure que celui de France. Le duc de Riperda avait paru avec plus d'éclat encore à Vienne ; et jamais on n'a vu les nations prendre l'alarme sur le nombre des domestiques et sur la vaisselle d'un pléni-

1. Le maréchal de Belle-Isle.

potentiaire. Vous étiez malade apparemment quand vous dictâtes cet article de votre testament; et vous donnez en mourant votre malédiction pour bien peu de chose. Votre Éminence était de mauvaise humeur quand elle a dicté l'article par lequel elle réprouve en politique le projet de ce général. Ce n'est pas à elle à juger par l'événement. Des hommes qui auront plus de réputation que vous dans la postérité, parce que avec un génie égal au vôtre ils ont eu plus de bonheur, ont dit que ce plan, qui vous paraît chimérique, était le comble de la vraisemblance. En effet, quel était ce plan? c'était d'unir la France, l'Espagne, la Prusse, la Saxe, la Bavière, pour juger, les armes à la main, le procès de la succession de l'Autriche. Un jeune roi victorieux avait d'un côté cent mille hommes en armes et les mieux disciplinés de l'Europe; la Saxe en avait près de cinquante mille; deux armées françaises, d'environ quarante mille hommes chacune, étaient toutes deux au milieu de l'Allemagne. On était aux portes de Vienne. L'Espagne allait fondre dans l'Italie, et à peine paraissait-il alors qu'il y eût un ennemi à combattre. On avait proposé encore de faire agir d'autres ressorts que l'histoire découvrira un jour. On demande, après cela, si jamais entreprise eut de plus belles apparences? on demande si ce projet n'était pas cent fois plus plausible que les vôtres? On a vu quelquefois de petites armées renverser de grands empires. Ici deux cent cinquante mille hommes attaquent une femme sans défense, et elle se soutient. Avouez-le, monsieur le cardinal, il y a quelque chose là-haut qui confond les desseins des hommes.

« Vous êtes bien mal instruit pour un grand ministre, quand vous dites que ce général que vous condamnez demanda cent mille hommes au cardinal de Fleury. Je peux assurer Votre Éminence qu'il n'en demanda que cinquante mille pour aller à Vienne, et dans cette armée il voulait vingt mille hommes de cavalerie. On ne lui donna que trente-deux mille hommes complets, parmi lesquels il n'y avait que huit mille cavaliers; mais cela composait, avec les troupes des alliés, une force à laquelle il paraissait que rien ne devait résister, puisque ceux qu'on attaquait n'avaient pas encore une armée rassemblée. Je pourrais sur ce point d'histoire apprendre à feu Votre Éminence bien, des choses qu'elle ignore, et qui lui feraient connaître que celui qu'elle feint de mépriser est très-digne de son estime.

« Comme je suis encore en vie, il ne m'est pas permis d'être aussi libre que vous, qui êtes mort, et qui pouvez tout dire impunément; mais je pourrais vous donner au moins des lumières sur le siége de Prague, qui vous feraient changer de pensée. Vous ne pourriez nier que les sorties n'aient été de véritables batailles, et que la retraite n'ait été glorieuse.

« Je ne sais pas ce que le cardinal de Fleury et le général dont vous parlez vous ont fait; mais il me semble, monseigneur, qu'un bon chrétien comme vous, qu'un cardinal devait en mourant se réconcilier avec ses ennemis. Il semble que votre testament ait été fait ab irato: cela seul suffirait pour l'invalider. »

Ce testament sera plus utile aux politiques qu'aux historiens. Le testateur est loin de tomber dans la faute absurde du faussaire qui prit le nom du cardinal de Richelieu. Ce faussaire malhabile, en faisant parler le plus grand ministre de l'Europe dans la crise de la guerre avec l'empereur et le roi d'Espagne, ne dit pas un mot de la manière dont la France devait se conduire avec ses alliés et avec ses ennemis. C'était un étrange contraste de voir le cardinal de Richelieu passer sous silence les négociations, les intérêts de tous les princes, pour parler de l'Université et de la gabelle. C'est ici tout le contraire. L'auteur entre dans les intérêts de tous les potentats; il fait à chacun leur part; il arrange le monde à son gré, et se met à la place de la Providence. Il parle de tout ce qu'on aurait pu faire, de tout ce qui pourrait arriver; c'est le recueil des futurs contingents.

On ne voit dans cet écrit aucune notion simple et commune. Il y est dit que lorsque l'empereur Charles VII était sans États et sans armée, il aurait dû mettre la reine de Hongrie au ban de l'empire. Il paraît cependant que quand on rend un pareil arrêt, il faut avoir cent mille huissiers aguerris pour le signifier.

Au reste, jamais testament ne contint des legs plus considérables. Le cardinal donne et lègue la Bohême à l'électeur de Saxe; le duché de Zell, au duc de Cumberland; le Tyrol et la Carinthie, à l'électeur de Bavière; le Brisgau, avec les villes forestières, au duc des Deux-Ponts; et le duché des Deux-Ponts, à l'électeur palatin. Cela ressemble au testament que Cérisantes le Gascon fit à Naples du temps du duc de Guise. Il légua à ce prince ses pierreries et sa vaisselle d'or, cent mille écus aux jésuites, autant à un hôpital; il fonda un collège et une bibliothèque publique. Il n'avait pas de quoi se faire enterrer.

LE TOMBEAU DE LA SORBONNE[1].

Lorsque la Sorbonne était occupée à censurer des livres de physique, de philosophie et de jurisprudence, et qu'on croyait que ses disparates étaient au comble, un nouvel orage porta son vaisseau sans gouvernail d'un autre côté, et le fit donner dans un écueil qui l'a fracassé sans ressource.

Pour être reçu docteur en la faculté de théologie de Paris, il faut soutenir une thèse pendant dix heures de suite. Un jeune bachelier de beaucoup d'esprit, fort instruit, et qui fait grand usage des bons auteurs, se proposa de soutenir cette thèse à son tour; c'était l'abbé de Prades, homme de condition, neveu de M. de La Valette, maréchal de camp, assez connu par les services qu'il a rendus dans la dernière guerre[2].

1. M. de Voltaire a désavoué constamment le *Tombeau de la Sorbonne*, qu'on lui a constamment attribué. On n'y reconnaît ni sa manière, ni son style: s'il y a eu quelque part, c'est d'avoir corrigé l'ouvrage, et tout au plus d'y avoir ajouté quelques traits. (*Éd. de Kehl.*)
2. La guerre de 1741. (Ed.)

Ce jeune homme, qui n'avait d'autre intention que de percer dans le monde, et de faire son chemin dans l'Église, comme les autres, porta d'abord, selon l'usage, sa thèse manuscrite à examiner au professeur Hock, qui devait être son président; au syndic Dugard, chanoine de Notre-Dame; au chanoine de Saint Benoît, Langlé, grand maître des études, qui l'examinèrent scrupuleusement, l'approuvèrent, la munirent de leur seing, selon les formalités d'usage; après quoi elle fut imprimée, et le candidat en distribua quatre cent cinquante exemplaires aux autres docteurs plusieurs jours avant l'action. Outre les examinateurs, il y a encore des censeurs au nombre de douze; le bachelier leur porta sa thèse imprimée; aucun d'eux n'y trouva le moindre objet de censure; il la soutint enfin, le 18 novembre 1751, avec l'approbation universelle; les censeurs signèrent avec éloge; les docteurs reçurent l'argent que les répondants donnent en pareil cas. M. l'abbé de Prades allait être reçu licencié, et même obtenir le premier lieu, comme celui de toute la licence qui s'était le plus distingué. Il n'avait qu'un seul reproche à se faire, c'était de s'être laissé emporter au zèle aveugle de la Sorbonne contre quelques opinions de MM. de Buffon et de Montesquieu, qu'il qualifia trop durement: il s'exposait par là à déplaire aux plus honnêtes gens du royaume; mais il ne s'attendait pas que la Sorbonne dût le punir d'avoir pris sa défense avec trop de vigueur, ni qu'elle eût jamais l'audace et la bassesse de proscrire une thèse qu'elle avait adoptée avec solennité, dont elle seule devait répondre, et qui était devenue son propre ouvrage, selon ses statuts.

Pour connaître le principe de cette étonnante contrariété, il est nécessaire d'expliquer ce qui se passait alors.

Une société de vrais savants entreprit, il y a quelques années, le *Dictionnaire de l'Encyclopédie*. Tout le public, et en particulier les libraires, étaient imbus de l'idée que cet ouvrage devait faire tomber le *Dictionnaire de Trévoux*, qu'on achetait faute d'autres, quoiqu'on en connût l'insuffisance et les fautes grossières.

Malheureusement ce sont les pères jésuites qui sont en grande partie les auteurs de ce *Dictionnaire de Trévoux*, qui ne laisse pas de leur rapporter quelque émolument: dès qu'ils entendirent parler de l'*Encyclopédie*, ils la décrièrent; mais sitôt qu'ils virent le crédit qu'elle prenait, ils voulurent y travailler; ils se proposèrent pour la théologie et pour la morale; on ne voulut ni d'une théologie ni d'une morale de jésuites. Les libraires sentirent très-bien que cela seul décréditerait leur livre, qui les constitue en des frais immenses. Quel est le libraire qui voudra sacrifier cent mille écus aux jésuites? Ceux-ci, étant éconduits, font jouer tous les ressorts pour supprimer l'*Encyclopédie*, et pour ruiner par là les libraires qui en ont entrepris l'impression. Ils soulevèrent les puissances, en se servant de leur cri de guerre: *A l'impiété!* Ce cri n'aurait fait qu'attirer contre eux celui du public, si on avait eu affaire à des supérieurs instruits; mais on avait affaire à l'ancien évêque de Mirepoix: on est obligé d'avouer ici, avec toute la France, combien il est triste et honteux que cet homme si borné ait succédé aux Fénelon et aux Bossuet. Il a la feuille des bénéfices : c'est un ministre : le clergé de France est à ses ordres; il l'a avili et bouleversé : c'est lui qui est l'auteur de cette entreprise des *billets de confession*, qui a tant fait rire l'Europe; lui seul a empêché le bien que le roi voulait faire au royaume, en rendant l'ordre de Saint-Louis susceptible de bénéfices. Le roi ne pouvait faire un plus grand bien, ni l'évêque de Mirepoix un plus grand mal; il est continuellement entouré de délateurs.

Un prêtre de cette espèce, nommé Millet, connu pour tel dans Paris, homme qui réunit la duplicité et l'infamie de l'espionnage sous les apparences de la douceur et de la dévotion, fut l'organe dont on se servit pour persuader à l'ancien évêque de Mirepoix que l'*Encyclopédie* était un livre contre la religion chrétienne. Le fanatisme fut poussé au point qu'on obtint un arrêt du Conseil pour supprimer l'ouvrage. Enfin, grâce aux soins des plus dignes ministres et des plus éclairés magistrats, la France ne fut point privée de l'ouvrage utile qui lui fait déjà tant d'honneur dans toute l'Europe; il n'en coûta que quelques changements de peu de conséquence. Le livre continue à s'imprimer avec succès, malgré toutes les chicanes qu'on n'a cessé de lui faire. Les jésuites furent confondus, et n'en furent, comme on le croira aisément, que plus implacables. Il s'agissait de leur intérêt, et de ce qu'ils imaginaient être leur gloire, quoiqu'il n'y ait en effet que de la honte à être les auteurs du *Dictionnaire de Trévoux*.

Il faut savoir que, parmi les principaux associés qui travaillaient à l'*Encyclopédie*, il y en a très-peu qui soient théologiens : ils avaient prié l'abbé de Prades de leur fournir quelques articles qui regardent cette étude : il en donna en effet plusieurs, tels que celui de *Certitude*, dans lequel la philosophie la plus sage sert de base à la théologie la plus exacte. Que font alors les jésuites? la thèse de cet abbé tombe entre leurs mains : il est aisé de trouver partout des hérésies; on en trouverait dans l'Oraison dominicale; et si quelqu'un disait aujourd'hui pour la première fois : *Ne nous induisez point en tentation*, il suffirait d'une cabale pour faire condamner au feu cette prière. Les jésuites répandent le bruit, par leurs fidèles émissaires, que la thèse de l'abbé de Prades est impie; que c'est l'ouvrage de tous les auteurs de l'*Encyclopédie;* que c'est un complot pour ruiner la religion chrétienne.

Les pères, exclus de la faculté, y entretiennent toujours des intelligences, comme on fait dans une ville ennemie qu'on veut surprendre : ils s'adressent à un vieux docteur nommé Lerouge, ancien syndic et approbateur de leur *Journal de Trévoux*, et leur créature. Le P. Dupré lui dit : « Il faut dénoncer à la Sorbonne la thèse qu'on y a soutenue. » Lerouge représente au P. Dupré et aux autres quelle honte ce serait pour lui, et quel affront à la Sorbonne, d'accuser d'impiété une thèse devenue celle de tout le corps par ses statuts. Les jésuites insistent; ils tronquent et tordent des propositions; ils donnent par écrit à Lerouge ce qui regarde les guérisons opérées par Jésus-Christ. « Vous voyez, disent-ils, qu'on les compare à celles d'Esculape. — Hélas!

mes pères, répond l'abbé Lerouge, on ne dit là que ce que j'ai dit moi-même dans mon *Traité dogmatique sur les miracles*, et ce qu'a soutenu le docteur dom Lataste, bénédictin, évêque de Bethléem, et cent autres docteurs : ils prétendent que tout ce qui distingue les guérisons opérées par Jésus-Christ, c'est qu'elles ont été prédites; que c'est ce qui discerne seul les opérations de Dieu d'avec celles qu'on impute à d'autres puissances; que toute l'antiquité et la Bible même attestent les miracles des enchanteurs et des démons; qu'on a cru aux miracles d'Esculape, de Vespasien, d'Apollonius de Tyane, ainsi qu'aux oracles. Il n'y a donc point d'autre moyen d'assurer la mission de Jésus-Christ et de distinguer ses miracles que de recourir aux prophéties; c'est la seule manière même dont la Sorbonne et vous avez réfuté les miracles de saint Médard. »

Les jésuites ne se rendirent point à ces arguments *ad hominem*. Le P. Dupré dit à Lerouge : « Vous devez savoir qu'on peut aisément condamner dans un homme ce qu'on a approuvé dans un autre. Ne songeons qu'aux mots, et point aux choses; voilà les mots d'Esculape et de Jésus-Christ. La thèse, dans un autre endroit, fait des difficultés sur la chronologie des Hébreux : vous m'allez encore dire que tous les savants de l'Europe font ces difficultés; il n'importe. Il est dit dans la thèse que la loi de Moïse n'admet que des récompenses et des peines temporelles; on sait que rien n'est plus vrai; mais on peut en inférer que Moïse ne connaissait pas l'immortalité de l'âme. —Mais, mon père, remarquez qu'il dit un peu plus bas, dans sa thèse, que Moïse connaissait l'immortalité de l'âme et même les plus idiots d'entre les Hébreux. —Cela est embarrassant, répondit le P. Dupré; mais ne mettez pas cela dans l'extrait.

« Il est dit surtout, continue le jésuite, que le droit d'inégalité est un droit barbare qui n'est que le droit du plus fort; voilà qui intéresse les puissances séculières : l'abbé de Prades doit être condamné en parlement comme en Sorbonne, et passer sa vie entre quatre murailles. — Ah! c'est trop, mes pères; vous portez trop loin l'emportement et la vengeance. Comment peut-on prendre pour le système de l'auteur ce qu'il ne cite que pour le réfuter? Quoi! vous n'avez pas lu la thèse? ne la lira-t-on pas? Le licencié ne dit-il pas en termes exprès que c'est le système damnable et horrible de Hobbes? ne le réduit-il pas en poudre? — N'importe, encore une fois, dirent les jésuites; personne ne lit une thèse, et tout le monde lira les propositions qui seront condamnées; et on mettra l'abbé de Prades dans un lieu d'où il ne pourra nous répondre. » L'abbé Lerouge frémit d'horreur. Il voulut répliquer, mais on lui ferma la bouche en lui disant : « Monseigneur l'ancien évêque de Mirepoix le veut : obéissez. » Lerouge s'en alla, incertain encore de ce qu'il devait faire; mais en peu de temps les jésuites surent le déterminer.

Cependant les jésuites, dans leur collége, font soutenir une thèse dans laquelle ils traitent l'abbé de Prades, docteur de Sorbonne, d'impie et de perturbateur du repos public. Ils se répandent dans tout Paris, ils minent sous terre, et font une guerre offensive publique.

ment. Ils parviennent enfin à leur grand but, qui est que la Sorbonne se divise. Quelques jansénistes intéressés à soutenir les miracles de M. Pâris, sachant bien que ces miracles n'ont pas été prédits, se joignent aux jésuites mêmes. On parle aux magistrats, aux évêques, à l'archevêque de Paris; et tout cela, parce que le *Dictionnaire de l'Encyclopédie* vaut mieux que le *Dictionnaire de Trévoux*. Le délateur Millet assure l'évêque de Mirepoix que l'abbé de Prades n'est que l'organe des auteurs de ce dictionnaire: c'est ainsi qu'une indigne jalousie d'auteurs détruit sans ressource la fortune d'un homme de qualité, et le couvre de flétrissures. L'évêque de Mirepoix fait dire à la Sorbonne qu'il faut absolument qu'elle condamne la thèse.

Depuis le 2 décembre 1751 jusqu'au 15, on s'assemble en Sorbonne. Les émissaires des jésuites, Lerouge en chancelant encore, Gaillande en homme furieux, demandent vengeance, de quoi? d'une thèse que la Sorbonne doit avouer pour sienne. Ils demandent que ce corps se déshonore à jamais. Il faut que cette Sorbonne déclare qu'elle n'a pas entendu un seul mot de la thèse, laquelle elle a examinée pendant quatre jours, laquelle elle a fait soutenir, laquelle elle a approuvée, et qui est son propre ouvrage; ou qu'elle avoue qu'elle-même en corps a soutenu un système complet contre la religion chrétienne. Il n'y a pas de milieu, c'est dans ce cul-de-sac que la cabale des jésuites et un théatin on poussé la Sorbonne, qui s'en aperçoit bien aujourd'hui, et qui en gémit, mais trop tard.

Un docteur des plus vertueux et des plus éclairés, l'abbé Legros, chanoine de la Sainte-Chapelle, excellent théologien, alla pendant ce temps représenter à l'ancien évêque de Mirepoix l'énormité et le scandale de cette conduite, qu'on allait couvrir la Sorbonne d'un opprobre éternel, qu'on perdait un jeune homme innocent, que sa thèse était très-raisonnable, et qu'il se croyait, lui, obligé, en conscience et en honneur, de prendre le parti de l'abbé de Prades; que c'était en effet secourir la Sorbonne, qui s'allait perdre, en se condamnant elle-même. L'évêque de Mirepoix lui défend d'aller en Sorbonne, et le menace, s'il y va, d'une lettre de cachet. Voilà sur quel ton il parle, et comment il use de son crédit. M. Legros eut pourtant le courage d'aller à ces assemblées tumultueuses; il y parla avec sagesse, et fut secondé d'environ quarante docteurs qui savent le latin, qui avaient lu la thèse, et qui l'approuvèrent toujours. *Voilà la troupe des déistes!* s'écria l'insensé Gaillande. On l'obligea à demander pardon, en pleine assemblée, de ces paroles, qui auraient dû le faire exclure. Mais on avait eu soin de faire venir plus de cent moines qui n'avaient jamais lu la thèse, et qui opinaient contre elle de toutes leurs forces.

Pendant ces rumeurs, l'abbé de Prades demandait d'être admis et et entendu. Cinquante docteurs furent d'avis de l'entendre en ses défenses, attendu que cela est de droit commun; mais la foule des moines envoyés par l'évêque de Mirepoix et par les jésuites fit passer l'avis contraire, ce qui n'est pas sans exemple. Il court alors chez l'évêque de Mirepoix: il lui offre de se rétracter s'il s'est servi d'expressions qui puissent souffrir un sens odieux. C'est assurément la démarche de l'innocence. L'évêque de Mirepoix lui promet sa grâce, en cas qu'il dise que ce sont les auteurs de l'*Encyclopédie* qui ont fait sa thèse

L'abbé de Prades répondit à l'évêque de Mirepoix : « Comment voulez-vous que je me rende coupable d'une imposture si lâche? Il y huit ans que j'étudie la théologie. Ma thèse, vous le savez, n'est que le précis d'un ouvrage que j'ai fait en faveur de la religion chrétienne : les auteurs de l'*Encyclopédie* ne savent point la théologie : ils n'ont vu ni mon ouvrage ni ma thèse : pouvez-vous vous livrer à la fureur de leurs ennemis, au point de me proposer, sans rougir, la manœuvre indigne que vous exigez? » Que répond Mirepoix à ces paroles? Il répond par la menace d'une lettre de cachet. Il envoie ensuite des émissaires chez l'abbé de Prades pour lui conseiller de s'enfuir. Enfin il ose demander au roi une lettre de cachet contre lui; mais comment s'y prend-il pour l'obtenir? par une calomnie horrible. Il fait entendre au roi que l'abbé de Prades a soutenu en Sorbonne une autre thèse que celle qui avait été approuvée. Les lettres que l'abbé de Prades avait écrites à l'ancien évêque de Mirepoix et à l'archevêque de Paris firent ouvrir les yeux à toute la cour; on fut surpris, en les lisant, d'apprendre que la thèse qui faisait tant de bruit était la même que celle qui avait été approuvée en Sorbonne, et soutenue dix heures de suite en sa présence. On fut indigné en même temps qu'on eût osé porter la calomnie jusqu'à vouloir persuader au roi que l'abbé de Prades avait substitué une mauvaise thèse à celle qui avait été approuvée. Le roi, instruit de la vérité, fit perdre à l'ancien évêque de Mirepoix le pouvoir d'immoler ce jeune homme en abusant de son autorité. Ainsi, par cet odieux artifice, si ces lettres n'avaient point été envoyées à la cour, un théatin calomniateur réduisait un roi aimé de son peuple à être le persécuteur d'un innocent.

Enfin la Sorbonne s'assemble pour la quatorzième fois : un nommé Grageon, vicaire de Saint-Roch, docteur de Navarre, s'entretenant avec le docteur Foucher dans la salle avant l'assemblée, Foucher dit à Grageon ces propres mots : « Je vous avoue que je suis bien embarrassé; cette thèse est d'un latin extraordinaire que je n'entends pas; elle roule sur des points historiques que je n'ai jamais étudiés. Comment puis-je la condamner? — Je ne l'entends pas plus que vous, lui dit Grageon; je ne l'ai lue ni ne la lirai; il faut bien que je la condamne : je vous conseille d'en faire autant. »

Enfin la salle se garnit; on opine; le docteur Tamponnet élève sa voix, et commence par décider que la thèse est impie d'un bout à l'autre, et que la religion chrétienne est renversée.

M. Digotrets, le plus savant homme de la faculté et le meilleur logicien, dit : « Messieurs, permettez-moi de vous dire que, pour bien entendre cette thèse, il faut un peu de connaissances et de réflexion; c'est le système de religion depuis la création du monde jusqu'à nos jours; système où les raisonnements sont partout enchaînés aux faits. J'ai lu cinq fois cette savante thèse, et il s'en faut que j'y aie rien trouvé de répréhensible. Il faut revenir aux voix et motiver son avis, sans quoi nous allons nous déshonorer. » Grageon prit alors la parole, et dit : « Vous avez lu cinq fois la thèse, et vous n'y avez point trouvé d'erreurs? Moi je ne l'ai lue qu'une fois, et j'y ai trouvé cent impiétés. »

Foucher, qui une heure auparavant avait entendu l'aveu contraire de Grageon, ne put s'empêcher de dire avec indignation : « Monsieur, comment pouvez-vous affirmer devant la Sorbonne que vous avez lu la thèse, vous qui m'avez dit, il n'y a qu'une heure, que vous ne l'avez jamais lue? — Eh! comment pouvez-vous, répliqua Grageon à Foucher, abuser publiquement de la confidence que je vous ai faite en particulier? vous êtes un traître. — Vous êtes un menteur, » dit Foucher. Grageon fend la presse, et prend Foucher par le collet; ils se donnent plusieurs coups de poing en pleine Sorbonne; on se met entre deux. Le docteur Gervaise, grand maître de la maison de Navarre, les sépare avec peine; cette scène ne peut se passer sans un grand bruit. Les clameurs de tant de gens qui couraient çà et là dans la salle firent venir les voisins; le concours de ceux-ci alarma le peuple; ils disent qu'on s'égorge : les autres, que le feu a pris dans la Sorbonne : plus de deux mille hommes assiégent la porte en moins d'un quart d'heure.

Les docteurs, honteux de cette scène, reprennent à la fin leurs esprits. On fait faire silence, on procède avec plus de règles; on va aux voix. Le curé de Saint-Germain-l'Auxerrois arrive alors à travers la presse du peuple; il se fait ouvrir : « Messieurs, dit-il, j'ai affaire; je viens seulement donner ma voix : je suis de l'avis de Tamponnet. » Ayant dit ces mots, il se retire. L'assemblée, auparavant prête d'en venir aux coups, éclata de rire.

A peine le curé de Saint-Germain-l'Auxerrois a-t-il fait rire la Sorbonne, qu'un autre docteur vient diversifier la scène par une absurdité que les savants de l'Europe ne croiront pas. Mais, s'il est permis d'attester Dieu dans une affaire aussi contemptible, on prend ici Dieu à témoin que, dans toute cette relation, on n'avance pas un fait qui ne soit dans la plus exacte vérité.

Duport d'Auville, supérieur de la communauté des philosophes de Saint-Sulpice, arrive avec une traduction de Locke dans sa poche; il montre ce livre : « Voilà l'athée, dit-il, dans lequel l'abbé de Prades a pris sa thèse impie. Le précis du chapitre de Locke sur les idées innées est dans la thèse; et on sait assez que s'il n'y a point d'idées innées, il n'y a point de religion chrétienne. »

« Qu'est-ce que les idées innées? » se disaient plusieurs docteurs les uns aux autres. Les plus instruits expliquèrent la chose. Ils firent souvenir que les idées innées étaient du système de Descartes; que ces idées innées avaient été condamnées par la Sorbonne entière, dès que ce système avait paru; et qu'alors elles passèrent en Sorbonne comme tendantes à détruire la religion chrétienne, dont on veut aujourd'hui qu'elles soient devenues la pierre angulaire. Ils ajoutèrent que Locke a démontré l'absurdité de ce système des idées innées par les meilleures raisons, et qu'enfin Locke n'était point un athée. Malgré les raisonnements invincibles que firent ces docteurs, il fut décidé, à la pluralité des voix, qu'il était impie (ce qu'on avait autrefois déclaré orthodoxe) de dire qui nos idées nous viennent des sens

Au milieu de tous ces orages, l'abbé de Prades est conseillé de s'adresser à des membres du parlement, et d'implorer leur justice. Il demanda audience au procureur-général. Ce magistrat lui proposa de le faire entendre dans le parquet de la grand'chambre. M. Le Fèvre d'Ormesson, avocat général, l'interrogeait et rendait ses réponses à la grand'chambre. On ne peut concevoir comment dès ce moment l'abbé de Prades eut un nouvel ennemi dans cet avocat général. Il faillit à tomber de son haut quand ce magistrat lui soutint dans le parquet que c'est une impiété de combattre les idées innées. Il était auparavant son ami; mais cette fois-là il lui parla durement et en maître; soit qu'il fût prévenu par le bruit public que les jésuites avaient excité, soit par quelque autre raison qu'on ne peut pas pénétrer. Il fit longtemps le théologien avec l'abbé de Prades, et l'accusa toujours d'avoir fait un complot contre la religion chrétienne. Mais il ne put empêcher que la grand'chambre, convaincue que la thèse approuvée par la Sorbonne est devenue l'affaire de ce corps, ne renvoyât l'abbé de Prades absous.

Ce jugement de la grand'chambre attira à l'abbé de Prades l'inimitié du sieur d'Ormesson. Celui-ci attendait, pour l'accabler, que la Sorbonne eût achevé l'ouvrage que les jésuites et l'ancien évêque de Mirepoix lui avaient prescrit.

La Sorbonne, le 15 décembre, consomma sa honte. Elle proscrivit sa thèse, son propre ouvrage, malgré l'avis de plus de quarante docteurs. Elle condamna dix propositions, qu'il fallut tronquer, et par conséquent falsifier. Elle attribua à l'auteur ce qu'il avait expressément réfuté. Le décret fut dressé comme on put.

Le docteur Tamponnet fit la préface de la censure; et comme elle était en latin, il y fit quelques solécismes. Il eut d'ailleurs la prudence d'appeler ouvrage de ténèbres la thèse qui avait été soutenue en pleine Sorbonne, en présence de près de mille personnes. Une chose embarrassa Tamponnet et ses confrères : ce fut de se disculper d'avoir approuvé auparavant, avec unanimité, une thèse qu'il fallait condamner. Pour cet effet, Millet imagina de dire que la thèse avait été imprimée en trop petits caractères et que les docteurs n'avaient pu la lire. Cette belle évasion fut applaudie. On oubliait que la thèse avait été examinée en manuscrit par les députés. Mais lorsqu'il fut question d'exprimer en latin que ladite thèse avait été imprimée trop menu, la faculté ne put se tirer de ce pas : ils dirent tous qu'ils ne pouvaient exprimer en latin *une thèse imprimée menu;* et ils députèrent vers le sieur Le Beau, professeur de rhétorique, pour lui demander comment cette phrase pouvait être rendue en latin. Celui-ci envoya par écrit : *Thesim fusilium litterarum tenuitate digestam;* alors il n'y eut plus d'empêchement.

On exigea bientôt que l'archevêque de Paris donnât un mandement conforme au décret de la Sorbonne. Ses théologiens dressèrent le mandement, et ils y furent si embarrassés, ils sentirent si bien la difficulté, qu'ils réformèrent onze fois les planches imprimées.

Ce mandement fut lu au prône par tous les curés. L'abbé de Prades fut traité d'impie dans toutes les chaires. On prêcha publiquement que la thèse était un complot tramé contre la religion par tous les auteurs de l'*Encyclopédie*. On le dit tant, que tout Paris le crut, quoiqu'il fût très-certain qu'aucun de ces auteurs n'avait vu la thèse. Alors l'avocat général d'Ormesson eut la cruauté de demander à la tournelle ce qu'il n'avait pu obtenir de la grand'chambre; il obtint un décret de prise de corps contre l'abbé de Prades, décret rendu sans aucune formalité contre un homme déjà convaincu par la Sorbonne.

Cet abbé entièrement innocent, dont la thèse était celle de la Sorbonne, qui ne pouvait être coupable, puisqu'il avait offert cent fois de se rétracter s'il était besoin; lui qui est d'une famille qui a si bien servi l'État; lui que la grand'chambre n'avait pu condamner, et contre qui le roi équitable n'avait point voulu sévir, fut obligé de s'enfuir avec un de ses amis que les jésuites voulaient perdre aussi. Ils étaient tous deux tombés malades, et se trouvaient sans aucun secours; ils ont souffert toutes les calamités attachées à une fuite précipitée.

Tout lecteur impartial sera assurément touché de commisération en lisant cette suite de procédés affreux.

Il n'est pas étonnant qu'un vrai philosophe tel que le roi de Prusse, instruit de tous les maux qu'ont faits au monde les querelles théologiques, et convaincu de l'innocence d'un gentilhomme si indignement persécuté par les cabales des jésuites, l'ait pris sous sa protection. L'univers sait combien ce grand homme est le protecteur de la raison et de l'innocence opprimée. Le public commence déjà à penser comme lui sur cette affaire; tôt ou tard les tyrans particuliers trouvent dans le public un écueil contre lequel ils se brisent.

Nous en avons vu plus d'un exemple. En vain le docteur Lange avait fait persécuter le respectable docteur Wolf en qualité d'athée; ce même roi de Prusse, écoutant le public et sa propre raison, l'a fait chancelier de l'université de Hall, avec une pension de trois mille écus. En vain un tyran de Strasbourg avait fait condamner un innocent; le public a parlé, et après plusieurs années ce tyran même a été puni.

En vain dans nos provinces libres a-t-on voulu ôter à M. Kœnig la liberté de se défendre, dans une affaire purement littéraire, contre un despote littéraire [1] aussi orgueilleux que mauvais écrivain; nous avons vu M. Kœnig accabler son adversaire par le poids de ses raisons. C'est une mauvaise voie que celle de l'autorité quand il s'agit de science, et la vérité triomphe toujours avec le temps.

1. Maupertuis. (Éd.)

A M. DE***,

PROFESSEUR EN HISTOIRE.

Décembre 1753.

Vous avez dû vous apercevoir, monsieur, que cette prétendue *Histoire universelle* imprimée à la Haye, annoncée jusqu'au temps de Charles Quint, et qui contient cent années de moins que le titre ne promet, n'était point faite pour voir le jour. Ce sont des recueils informes d'anciennes études auxquelles je m'occupais, il y a environ quinze années, avec une personne respectable, au-dessus de son sexe et de son siècle, dont l'esprit embrassait tous les genres d'érudition, et qui savait y joindre le goût, sans quoi cette érudition n'eût pas été un mérite.

Je préparais uniquement ce canevas pour son usage et pour le mien, comme il est aisé de le voir par l'inspection même du commencement. C'est un compte que je me rends librement à moi-même de mes lectures, seule manière de bien apprendre et de se faire des idées nettes : car, lorsqu'on se borne à lire, on n'a presque jamais dans la tête qu'un tableau confus.

Mon principal but avait été de suivre les révolutions de l'esprit humain dans celles des gouvernements.

Je cherchais comment tant de méchants hommes, conduits par de plus méchants princes, ont pourtant à la longue établi des sociétés où les arts, les sciences, les vertus même ont été cultivées.

Je cherchais les routes du commerce, qui répare en secret les ruines que les sauvages conquérants laissent après eux ; et je m'étudiais à examiner, par le prix des denrées, les richesses ou la pauvreté d'un peuple. J'examinais surtout comment les arts ont pu renaître et se soutenir parmi tant de ravages.

L'éloquence et la poésie marquent le caractère des nations. J'avais traduit des morceaux de quelques anciens poëtes orientaux. Je me souviens encore d'un passage du Persan Sadi sur la puissance de l'Être suprême. On y voit ce même génie qui anima les écrivains arabes et hébreux, et tous ceux de l'Orient. Plus d'imagination que de choix ; plus d'enflure que de grandeur. Ils peignent avec la parole ; mais ce sont souvent des figures mal assemblées. Les élancements de leur imagination n'ont jamais admis d'idée fine et approfondie. L'art des transitions leur est inconnu.

Voici ce passage de Sadi en vers blancs :

Il sait distinctement ce qui ne fut jamais.
De ce qu'on n'entend point son oreille est remplie.
Prince, il n'a pas besoin qu'on le serve à genoux ;
Juge, il n'a pas besoin que sa loi soit écrite.
De l'éternel burin de sa prévision
Il a tracé nos traits dans le sein de nos mères ;
De l'aurore au couchant il porte le soleil ;

Il sème de rubis les masses des montagnes.
Il prend deux gouttes d'eau; de l'une il fait un homme,
De l'autre il arrondit la perle au fond des mers.
L'être, au son de sa voix, fut tiré du néant.
Qu'il parle, et dans l'instant l'univers va rentrer
Dans les immensités de l'espace et du vide;
Qu'il parle, et l'univers repasse en un clin d'œil
Des abîmes du rien dans les plaines de l'être.

Ce Sadi, né dans la Bactriane, était contemporain du Dante, né à Florence en 1265. Les vers du Dante faisaient déjà la gloire de l'Italie, quand il n'y avait aucun bon auteur prosaïque chez nos nations modernes. Il était né dans un temps où les querelles de l'empire et du sacerdoce avaient laissé dans les États et dans les esprits des plaies profondes. Il était gibelin et persécuté par les guelfes; ainsi il ne faut pas s'étonner s'il exhale à peu près ainsi ses chagrins dans son poëme en cette manière :

Jadis on vit, dans une paix profonde,
De deux soleils les flambeaux luire au monde,
Qui, sans se nuire, éclairant les humains,
Du vrai devoir enseignaient les chemins,
Et nous montraient de l'aigle impériale
Et de l'agneau les droits et l'intervalle.
Ce temps n'est plus, et nos cieux ont changé.
L'un des soleils, de vapeurs surchargé,
En s'échappant de sa sainte carrière,
Voulut de l'autre absorber la lumière.
La règle alors devint confusion,
Et l'humble agneau parut un fier lion
Qui, tout brillant de la pourpre usurpée,
Voulut porter la houlette et l'épée.

J'avais traduit plus de vingt passages assez longs du Dante, de Pétrarque, et de l'Arioste; et, comparant toujours l'esprit d'une nation inventrice et celui des nations imitatrices, je mettais en parallèle plusieurs morceaux de Spenser que j'avais tâché de rendre avec beaucoup d'exactitude. C'est ainsi que je suivais les arts dans leur carrière.

Je n'entrais point dans le vaste labyrinthe des absurdités philosophiques qu'on honora si longtemps du nom de *science*. Je remarquais seulement les plus grandes erreurs qu'on avait prises pour les vérités le plus incontestables; et, m'attachant uniquement aux arts utiles, je mettais devant mes yeux l'histoire des découvertes en tout genre, depuis l'Arabe Geber, inventeur de l'algèbre, jusqu'aux derniers miracles de nos jours.

Cette partie de l'histoire était sans doute mon plus cher objet; et les révolutions des États n'étaient qu'un accessoire à celles des arts et des sciences. Tout ce grand morceau, qui m'avait coûté tant de peines, m'ayant été dérobé il y a quelques années, je fus d'autant plus découragé que je me sentais absolument incapable de recommencer un si pénible ouvrage.

La partie purement historique resta informe entre mes mains; elle est poussée jusqu'au règne de Philippe II, et elle devait se lier au siècle de Louis XIV.

Cette suite d'histoire, débarrassée de tous les détails qui obscurcissent d'ordinaire le fond, et de toutes les minuties de la guerre, si intéressantes dans le moment et si ennuyeuses après, et de tous les petits faits qui font tort aux grands, devait composer un vaste tableau qui pouvait aider la mémoire en frappant l'imagination.

Plusieurs personnes voulurent avoir le manuscrit, tout imparfait qu'il était; et il y en a plus de trente copies. Je les donnai d'autant plus volontiers, que, ne pouvant plus travailler à cet ouvrage, c'était autant de matériaux que je mettais entre les mains de ceux qui pouvaient l'achever.

Lorsque M. de La Bruère eut le privilége du *Mercure de France*, vers l'année 1747, il me pria de lui abandonner quelques-unes de ces feuilles, qui parurent dans son journal. On les a recueillies depuis, en 1751, parce qu'on recueille tout. Le morceau sur les croisades, qui fait une partie de l'ouvrage, fut donné dans ce recueil comme un morceau détaché; et le tout fut imprimé très-incorrectement avec ce titre peu convenable : *Plan de l'histoire de l'esprit humain.* Ce prétendu plan de l'histoire de l'esprit humain contient seulement quelques chapitres historiques touchant les ix° et x° siècles.

Un libraire de la Haye ayant trouvé un manuscrit plus complet, vient de l'imprimer avec le titre d'*Abrégé de l'Histoire universelle, depuis Charlemagne jusqu'à Charles-Quint;* et cependant il ne va pas seulement jusqu'au roi de France Louis XI; apparemment qu'il n'en avait pas davantage, ou qu'il a voulu attendre, pour donner son troisième volume, que ses deux premiers fussent débités.

Il dit qu'il a acheté ce manuscrit d'un homme qui demeure à Bruxelles. J'ai ouï dire, en effet, qu'un domestique de monseigneur le prince Charles de Lorraine en possédait depuis longtemps une copie, et qu'elle était tombée entre les mains de ce domestique par une aventure assez singulière. L'exemplaire fut pris dans une cassette, parmi l'équipage d'un prince pillé par des housards dans une bataille donnée en Bohême [1]. Ainsi on a eu cet ouvrage par le droit de la guerre, et il est de bonne prise. Mais apparemment que les mêmes housards en ont conduit l'impression. Tout y est étrangement défiguré; il y manque les chapitres les plus intéressants. Presque toutes les dates y sont fausses, presque tous les noms déguisés. Il y a beaucoup de phrases qui ne forment aucun sens, d'autres qui forment un sens ridicule ou indécent. Les transitions, les conjonctions, sont déplacées. On m'y fait dire très-souvent tout le contraire de ce que j'ai dit; et je ne conçois pas comment on a pu lire cet ouvrage dans l'état où il est livré au public. Je suis très-aise que le libraire qui s'en est chargé y ait trouvé

1. La bataille de Sorr. (ÉD.)

son compte, et l'ait si bien ver du; mais, s'il avait voulu me consulter, je l'aurais mis en état de donner au moins au public un ouvrage
moins défectueux; et, voyant qu'il m'était impossible d'arrêter l'impression, j'aurais donné tous mes soins à l'arrangement de cet informe
assemblage, qui, dans l'état où il est, ne mérite pas les regards d'un
homme un peu instruit.

Comme je ne croyais pas, monsieur, que jamais aucun libraire voulût risquer de donner quelque chose de si imparfait, je vous avoue que
je m'étais servi de quelques-uns de ces matériaux pour bâtir un édifice plus régulier et plus solide. Une des plus respectables princesses
d'Allemagne [1], à qui je ne veux rien refuser, m'ayant fait l'honneur
de me demander les *Annales de l'Empire*, je n'ai point fait difficulté
d'insérer un petit nombre de pages de cette prétendue histoire universelle dans l'ouvrage, qu'elle m'a ordonné de composer.

Dans le temps que je donnais à S. A. S. cette marque de mon obéissance, et que ces Annales de l'Empire étaient déjà presque entièrement imprimées, j'ai appris qu'un Allemand, qui était l'année passée
à Paris, avait travaillé sur le même sujet, et que son ouvrage était
prêt à paraître. Si je l'avais su plus tôt, j'aurais assurément interrompu l'impression du mien. Je sais qu'il est beaucoup plus capable
que moi d'une telle entreprise, et je suis très-éloigné de prétendre
lutter contre lui; mais le libraire à qui j'ai fait présent de mon manuscrit, a pris trop de peine et m'a trop bien servi pour que je puisse
supprimer le fruit de son travail. Peut-être même que le goût dans lequel j'ai écrit ces *Annales de l'Empire* étant différent de la méthode
observée par l'habile homme dont j'ai l'honneur de vous parler, les savants ne seront pas fâchés de voir les mêmes vérités sous des faces
différentes. Il est vrai que mon ouvrage est imprimé en pays étranger,
à Bâle en Suisse, chez Jean-Henri Decker, et qu'on peut présumer
que les livres français ne sont pas imprimés chez les étrangers avec
toute la correction nécessaire. Notre langue s'y corrompt tous les jours
depuis la mort des grands hommes que la révolution de 1685 y trans-
planta; et la multitude même des livres qu'on y imprime nuit à
l'exactitude qu'on y doit apporter. Mais cette édition a été revue par
des hommes intelligents. Et je peux répondre du moins qu'elle est assez
correcte, etc.

DOUTES

SUR QUELQUES POINTS DE L'HISTOIRE DE L'EMPIRE.

(1753.)

I. Mundum tradidit disputationi eorum. *Dieu abandonna la terre d*
leurs querelles. (*Eccles.* III, 11.) N'est-ce pas là l'origine de toutes les

1. La duchesse de Saxe-Gotha. (Éd.)

dominations et de toutes les lois? Quel était le droit de Pepin sur la France? quel était celui de Charlemagne sur les Saxons et sur la Lombardie? celui du plus fort.

On demande si Pepin donna l'exarchat de Ravenne aux papes. Qu'importe aujourd'hui qu'ils tiennent ces terres de Pepin ou d'un autre, ou de leur habileté, ou de la conjoncture des temps? Quel droit avaient des ultramontains d'aller prendre et donner des couronnes dans l'Italie? Il est très-vraisemblable que la donation de Pepin est une fable, comme la donation de Constantin.

Le pape Étienne III mande à Charlemagne, dans une de ses lettres, que le roi lombard Didier, qu'il avait auparavant appelé un abominable et un lépreux, lui a restitué les justices de saint Pierre, et qu'il est un très-excellent prince : or les justices de saint Pierre ne sont point l'exarchat de Ravenne. Et comment cet infidèle lépreux ou cet excellent prince aurait-il donné cette belle province, quand il n'y avait point d'armée en Italie qui le forçât à restituer au pape ce que ses pères avaient ravi aux empereurs?

La donation de Charlemagne n'est guère moins suspecte, puisque ni Andelme, ni Aimoin, ni même Éginhard, secrétaire de ce monarque, n'en parlent pas. Éginhard fait un détail très-circonstancié des legs pieux que laissa Charlemagne par son testament à toutes les églises de son royaume. « On sait, dit-il, qu'il y a vingt et une villes métropolitaines dans les États de l'empereur. » Il met Rome la première, et Ravenne la seconde. N'est-il pas certain, par cet énoncé, que Rome et Ravenne n'appartenaient point aux papes?

II. Quel fut précisément le pouvoir de Charlemagne dans Rome? C'est sur quoi on a tant écrit, qu'on l'ignore. Y laissa-t-il un gouverneur? imposait-il des tributs? gouvernait-il Rome comme l'impératrice reine de Hongrie [1] gouverne Milan et Bruxelles? C'est de quoi il ne reste aucun vestige.

III. Je regarde Rome, depuis le temps de l'empereur Léon l'Isaurien, comme une ville libre, protégée par les Francs, ensuite par les Germains, qui se gouverna tant qu'elle put en république, plutôt sous le patronage que sous la puissance des empereurs; dans laquelle le souverain pontife eut toujours le premier crédit, et qui enfin a été entièrement soumise aux papes.

IV. Les prêtres ne se mariaient pas dans ce temps-là : je le veux croire. Tous les canons leur défendent le mariage. On craignit que les gros bénéfices ne devinssent héréditaires. Et les curés (surtout les curés de campagne), qui consument leurs jours dans les travaux pénibles, furent privés de cette consolation.

L'État y perdit de bons citoyens : on ne voit guère de meilleure éducation que celle des enfants des pasteurs en Angleterre, en Allemagne, en Suède, en Danemark, en Hollande. Des vues supérieures ont astreint l'Église romaine à des lois plus austères. Mais d'où vient

---

1. Marie-Thérèse, femme de l'empereur François Ier. (ÉD.)

qu'il est dit que le chantre de Saint-Jean de Latran et son fils étaient
dans Rome à la tête d'un parti, du temps du pape Étienne III? D'où
vient que le pape Formose était fils d'un prêtre? D'où vient qu'É-
tienne VII, Jean XV, étaient fils d'un prêtre? Rien ne nous apprend
que leurs pères avaient quitté ou perdu leurs femmes avant d'entrer
dans les ordres.

V. On regarde le xᵉ siècle comme un temps affreux : on l'appelle le
siècle de fer. En quoi donc était-il plus horrible que le siècle du grand
schisme d'Occident, et que celui d'Alexandre VI ?

Théodora et Marozie gouvernèrent Rome : on installa des papes de
douze ans, de dix-huit ans : Marozie donna le saint-siége au jeune
Jean XI, qu'elle avait eu de son adultère avec le pape Sergius III.
Mais je ne vois pas pourquoi tant d'historiens se sont déchaînés contre
cet infortuné Jean XI. Il fut l'instrument de l'ambition de sa mère, et
la victime de son frère. Il vécut, il mourut en prison. Il me paraît
bien plus à plaindre que condamnable.

VI. Il est bien peu important que ce soit ce Jean XI, fils de Marozie, ou son petit-fils Jean XII qui, le premier, ait changé de nom à
son avénement au pontificat; mais j'oserai disculper un peu la mémoire de ce Jean XII contre ceux qui l'ont tant diffamé pour s'être
opposé à Othon le Grand. Il n'a certainement entrepris que ce qu'ont
tenté tous les pontifes de Rome, quand ils l'ont pu, de soustraire Rome
à une puissance étrangère.

Je paraîtrai hardi en disant qu'il avait plus de droit sur Rome que
l'empereur Othon. Ce duc de Saxe n'était point du sang de Charlemagne. Jean XII était patrice. S'il avait pu chasser à la fois les Bérenger
et les Othon, on lui eût érigé des statues dans sa patrie. On l'accuse
d'avoir eu des maîtresses : étrange crime pour un jeune prince! La
plupart des autres chefs d'accusation intentés contre lui devant l'empereur et le peuple romain, sont dignes de la superstitieuse ignorance
de ces temps-là. On lui fait son procès pour avoir bu à la santé du
diable : cette accusation ressemble à celles dont Grégoire IX et Innocent IV chargèrent Frédéric II.

VII. Doit-on compter parmi les empereurs ceux qui régnèrent depuis Arnoud, bâtard de la maison de Charlemagne? Jusqu'à Othon Iᵉʳ,
ils ne furent que rois de Germanie. Il semble que les historiens ne
les aient mis au catalogue des empereurs que pour avoir une suite
complète.

VIII. Louis IV, surnommé l'*Enfant*, était-il bâtard comme son père?
On convient que ses frères n'étaient pas légitimes. Hubner le met au
même rang que ses frères, sans aucune distinction. Il est dit dans les
Annales de Fulde que la femme d'Arnoud vécut mal avec son mari,
qu'elle fut accusée d'adultère. Il est rapporté que, dans l'assemblée de
Forcheim, les seigneurs statuèrent qu'un de ces frères de Louis l'Enfant serait roi, s'il ne se trouvait point d'enfant né d'un mariage légitime.

Ces mêmes seigneurs, à la mort d'Arnoud, produisirent Louis, âgé
de sept ans. Il faut donc le regarder comme légitime; il faut donc dire

dans les vers techniques : « Louis, le fils d'Arnoud, » et non pas « Louis, bâtard d'Arnoud. »

IX. L'histoire moderne, et surtout celle du moyen âge, est devenue une mer immense, pleine d'écueils, où les plus habiles se brisent. Le très-savant auteur [1] de la *Méthode pour étudier l'histoire* répète encore la fable de l'adultère et du supplice de Marie d'Aragon, et du miracle opéré par une comtesse de Modène, tandis que cette fable est traitée d'absurde par Struvius, et qu'elle est si bien réfutée par Muratori.

Est-il possible qu'on trouve encore dans ses *Tablettes chronologiques* un archevêque de Mayence mangé par des rats! Mais ce ne sont pas là aujourd'hui les plus dangereux écueils de l'histoire.

Les Grecs et les Romains écrivaient tout ce qu'ils voulaient : on n'a aucun document qui les justifie, aucun qui les réfute; on les croit sur leur parole. Mais il faut à présent s'appuyer toujours sur des pièces originales. Il est plus difficile aujourd'hui d'écrire l'histoire d'une province que de compiler toute l'histoire ancienne.

X. C'est dans le choix de ces monuments que consiste le plus grand travail. Il n'y a que trop de matériaux à examiner, à employer, à rejeter.

Combien de fois nous a-t-on répété que le concile de Francfort, sous Charlemagne, avait mal interprété l'adoration des images, ordonnée par le second concile de Nicée! Cependant ce concile de Francfort condamne, au chapitre II, non-seulement l'adoration, qui est un terme équivoque, mais SERVITIUM, le *service*, le *culte;* ce qui est la chose du monde la plus claire.

Que ce concile de Francfort ait été réformé depuis, qu'on ait introduit dans le nord de l'empire de Charlemagne une discipline différente, des usages plus conformes à la piété éclairée; ce n'est pas ce dont il s'agit. Il n'est question que de faire voir ici que c'est un point de fait, une vérité constante que le concile de Francfort rejeta le culte des images.

XI. Je trouve un diplôme d'Othon III, de l'an 998, dans lequel il condamne comme un mensonge la donation de Constantin et celle de Charles le Chauve, sans daigner dire seulement un mot des donations de Pepin, de Charlemagne, et de Louis Ier. Que doit-on en conclure?

XII. Je vois dans le Goldast une constitution de Frédéric Barberousse en faveur d'Aix-la-Chapelle : cette constitution rapporte tout au long une charte de Charlemagne.

Charlemagne s'y exprime ainsi : « Vous savez que, chassant un jour auprès de cette ville, je trouvai les thermes et le palais que Granus, frère de Néron et d'Agrippa, avait autrefois bâtis. » Voilà, dit-on, pourquoi Aix est appelée *Aquisgrana.*

Ce diplôme de Charlemagne ressemble au discours de Trimalcion dans Pétrone sur la guerre de Troie.

[1]. L'abbé Lenglet Dufresnoy. (ED.)

Le diplôme est-il faux, ou doit-on seulement accuser celui qui fit parler Charlemagne?

Combien d'anciennes pièces non moins fausses! Combien de suspectes! et qu'il est pardonnable de se tromper!

TABLE.

MÉLANGES (SUITE.)

FIN DE LA TABLE DU VINGT-QUATRIÈME VOLUME.

Coulommiers. — Typ. Paul BRODARD.

RAPPORT = 15

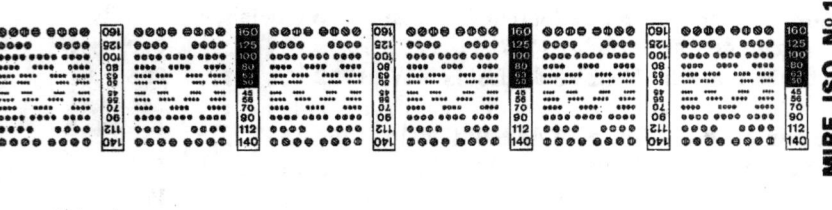

MIRE ISO N° 1

NF Z 43-007

CONTRÔLE :

BIBLIOTHÈQUE NATIONALE

CHÂTEAU
de
SABLÉ

1981